W0059589

MENSCHEN
DIE DIE WELT BEWEGTEN

MENSCHEN

DIE DIE WELT BEWEGTEN

Verlag Das Beste

Stuttgart · Zürich · Wien

Die Kurzfassungen in diesem Band erscheinen
mit Genehmigung der Autoren und Verleger
© 1997 by Verlag Das Beste GmbH, Stuttgart
Alle Rechte an Bearbeitung und Kurzfassung,
insbesondere das der Übersetzung, Verfilmung und
Funkbearbeitung, im In- und Ausland vorbehalten.

213

Printed in Germany

3 87070 655 4

INHALT

DIESEL

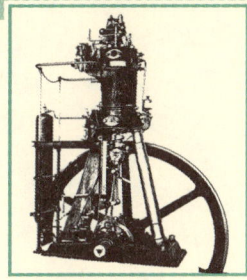

DER MENSCH, DAS WERK,
DAS SCHICKSAL

EINE KURZFASSUNG DES BUCHES VON
Eugen Diesel

Mit zahlreichen zeitgenössischen
Abbildungen

Anfang September 1913 erschien das letzte Buch Rudolf Diesels – „Die Entstehung des Dieselmotors". Seinem Sohn Eugen schrieb er als Widmung hinein: „Dieses Buch enthält bloß das rein Technische meines Lebenswerkes, das Skelett. Vielleicht gestaltest Du einmal aus diesem Skelett den lebenden Körper durch Hinzufügung des rein Menschlichen, das Du, mehr wie irgend jemand sonst, miterleben und mitverstehen konntest."

Dieser Aufforderung ist der Sohn, der in München Maschinenbau und später Naturwissenschaften studierte, bevor er freier Schriftsteller wurde, vorbildlich nachgekommen. Neben der ausführlichen Darstellung der technischen Erfindungen schildert Eugen Diesel (1889–1970) das Forscherschicksal seines Vaters einfühlsam mit allen Höhen und Tiefen.

Die Welt der Vorfahren

Die Vorfahren Rudolf Diesels waren zumeist selbständige Handwerker und Gewerbetreibende. Vom Ururgroßvater bis zum Vater hatten sie die Buchbinderei gelernt. Auch in den weiblichen und seitlichen Linien der Ahnentafel wiegen selbständige Handwerker wie Strumpfwirker, Metalldrechsler, Papiermacher, Zeugschmiede, Gürtelmeister, Spiegelmacher vor. Freilich ist auch einmal die Tochter eines Kärrners, eines Weinwirts und eines Pfarrers dabei, der aber gleichfalls der Sohn eines Handwerkers war. Die Schreibstube und das Beamtentum sind bei den Vorfahren durch einen Kämmerer und einen Kanzleiboten vertreten. In der männlichen Vorfahrenreihe der Diesels und unter den Vätern aller der in diese Reihe heiratenden Frauen befindet sich, soweit man es überblicken kann, kein Bauer, kein Gärtner, kein Soldat. Während zweihundertfünfzig Jahren, wahrscheinlich viel länger, hat offenkundig eine Auslese von handwerklichen, technologisch-gewerblichen, geschäftlichen und geistig-verlegerischen Eigenschaften unter vorwiegend städtischen, jedenfalls weder bäuerlichen noch höfisch-politischen Menschen stattgefunden.

Wohl alle der bis heute nachweisbaren Vorfahren waren protestantisch und stammten aus thüringischen, schwäbischen und fränkischen Städten, in der mütterlichen Linie auch aus dem damals salzburgischen Marktflecken Berchtesgaden. Besonders wichtige Wohnsitze waren drei freie deutsche Reichsstädte: Memmingen, Augsburg, Nürnberg. Sie waren geschlossene und stolze Gemeinden, die sich weniger auf Landbesitz als auf Handwerk, Gewerbe, erfinderischen Geist und Handel stützen mußten.

Viele Diesels drängte es zu wandern. Indessen war trotz dieser Unrast das Lebensbild oft lange Zeit hindurch recht beständig. Man hielt sich im Umkreis seiner Stadt, seines Gewerbes, arbeitete unermüdlich, heiratete die protestantischen Töchter aus benachbarten, dem Stand und Beruf entsprechenden Lebenskreisen, hatte sein Haus, sein Brot, seinen Kampf, sein bürgerliches und strenges Leben.

Mit unglaublicher Gewalt ballte sich das Streben nach Unabhängigkeit, die technisch-gewerbliche Leidenschaft und geschäftliche Unternehmungslust in Rudolf Diesels Persönlichkeit zusammen. Zahlreiche Wesenszüge sind aus der inneren und äußeren Welt der Vorfahren ablesbar. Aber Rudolf Diesel betrat mit seinem ungeheuren Willen nicht eine Handwerkerstube des achtzehnten Jahrhunderts, sondern die von Maschinen, Verkehr und Wissenschaft belebte Arena des neunzehnten Jahrhunderts. Der Dieselmotor ist, so darf man sagen, das Ergebnis aus der Berührung zwischen einem fast explosiv vorwärtstreibenden Zeitalter und dem Geist und Willen eines Menschen, der für die Erfüllung gewisser Ideen dieses Zeitalters wie geschaffen war.

UM DAS Jahr 1850 scheinen sich die Tore in ein ganz neues Zeitalter zu öffnen. Auf einmal wollte Rudolfs Vater, Theodor Diesel, als „Fabrikant" gelten, nachdem er doch wie drei seiner Vorfahren die Buchbinderei erlernt hatte. Die Industrie, die Fabriken gewannen höheres Ansehen als das Handwerk, und Theodor Diesel strebte danach, an solchem Ansehen teilzuhaben. Das gelang ihm sehr schlecht.

Damals begann im Kielwasser Englands auch auf dem Kontinent eine Schicht von Menschen größeren Einfluß zu gewinnen, die berufen war, einem Jahrhundert das Gepräge zu verleihen, ja das Schicksal der Menschheit überhaupt in ein neues Strombett zu zwingen. Die wirksamste Revolution jenes Zeitalters wurde nicht von den Politikern hervorgerufen, sondern durch das Denken und Arbeiten der Werktätigen, der Wissenschaftler, der Ingenieure und Unternehmer, die alle dem Glauben an den Fortschritt huldigten. Wissenschaft und Technik waren herangereift und begannen mächtige praktische Wirkungen hervorzubringen, welche die uralten, auf der Arbeit des Handwerkers und des Bauern beruhenden Zustände erschütterten. Im Laufe von wenigen Jahrzehnten wurde die Menschheit in eine von Grund auf neuartige Entwicklung der Industrie, des Verkehrs, der Wissenschaft und der sozialen Organisierung hineingedrängt.

Als Theodor Diesel im Jahre 1830 geboren wurde, waren für den

durchschnittlichen Bewohner Deutschlands die alten handwerklichen Zustände noch kaum erschüttert. Damals herrschte noch
die Zeit der bescheidenen bürgerlichen Ruhe, des Biedermeiers.
Dieses hatte sich durch das Zusammenspiel staatlich-autoritä-
rer Elemente des Metternichschen Systems mit dem Friedens-
bedürfnis des kriegsmüden Volkes, romantischer Gemüthaftig-
keit und dem Ansehen der humanistisch-literarischen Bildung
entwickelt. Es stellt sich uns als eine Epoche teils spießbürgerli-
cher, teils künstlerisch und menschlich bedeutsamer Art dar. Aber
zwei Wetterwolken standen beunruhigend am westlichen Hori-
zont Deutschlands.

Die eine stieg auf aus den immer wiederkehrenden Revolutionen in Frankreich. Diese nicht zu erstickenden Nachwehen von
1789 hielten im Deutschen das Gefühl wach, daß die Unfreiheit
und die Enge der deutschen Verhältnisse, die Schwierigkeit der
persönlichen wirtschaftlichen Entfaltung, der kleinstaatliche
Zwang nichts Endgültiges sein konnten und sollten. Die zweite
schwarze Wolke war die von England ausgehende technisch-
industrielle Revolution. Während Deutschland im Biedermeier
zaghaft seine ersten Dampfmaschinen baute, waren die Fabriken
Englands mit Tausenden von Dampfmaschinen, Transmissionen,
Drehbänken, Mühlen und Webstühlen angefüllt, und auf der Britischen Insel beförderten die Eisenbahnen Menschen und Waren
schon „velociferisch" (schnell, behende) von Stadt zu Stadt.

Hinter dem dritten, noch gärenden Stand der Französischen
Revolution begann schon ein „vierter Stand" aus den Fabriken
hervorzuquellen, der beängstigenden Einfluß auf die Ideen, den
Zusammenhang der Gesellschaft und die Politik zu nehmen und
sehr bald die Internationale zu singen begann. Aber noch standen
in all den klein gebliebenen, nur langsam über ihren Mauerring
hinauswachsenden deutschen Städten Bürger mit beiden Beinen
fest im Handwerk, und draußen auf dem Land lebten die Bauern
ihr altes Leben weiter, allerdings von den Schwankungen der
Getreide- und Viehpreise auf dem Weltmarkt immer häufiger
beunruhigt. Nur wenige Leute wie Friedrich List und Friedrich
Harkort lagen bewußt vor ihrer Zeit. Sie ahnten größere, freiere
und bewegtere Zustände, suchten mit Macht das herbeizuführen,
was trotz aller Gefahren auf diesem Weg herbeigeführt werden

11

mußte: ein großes Deutschland, das in Verkehr, Industrie, Macht, Selbstbewußtsein den Völkern im Westen ebenbürtig war. Und sie wußten, daß das mit Hilfe der Maschinen geschehen mußte.

Im Nachlaß meines Großvaters Theodor fand ich eine Eisenbahnkarte etwa vom Jahre 1849, auf der ich sah, wie sich das noch unvollendete Schienennetz über Europa zu spannen begann, so wie es Friedrich List vorausgesehen hatte. Noch fehlten Hunderte von Anschlüssen, noch waren viele Bahnstationen durch die Postkutsche verbunden. Aber ohne die Eisenbahn wäre mein Großvater kaum nach Paris gekommen. Das Schicksal der Diesels wurde nun gleichsam auf die Schienen gesetzt. Auch meine Großmutter Elise Strobel wäre als junges Mädchen ohne die Eisenbahn nicht auf den Gedanken geraten, von Nürnberg nach London und später nach Paris zu reisen. Hier begegnete sie Theodor Diesel. Diese Ehe ist durch die Eisenbahn gestiftet. Rudolf Diesel wäre ohne sie nicht in Paris geboren worden. Die Lokomotive, das Werk eines englischen Ingenieurs, zerriß die Fäden der alten Seßhaftigkeit.

Die handwerkende Bürgerschicht bemächtigte sich immer mehr der Maschinen aller Art und begann eine Fabrik nach der anderen zu bauen. Gewiß blieben zunächst viele Handwerker, was sie waren. Aber der Geist der Fabriken bedrängte sie, und ihm folgten viele dieser Bürger. Viele Handwerker wurden in die Fabriken hineingezogen und vermischten sich mit Tagelöhnern und Bauernsöhnen zur neuen Masse der Industriearbeiter. Menschen mit Unternehmungslust, Fantasie und Freiheitswillen wurden vom Rhythmus der Maschinen erfaßt und mußten, ob sie wollten oder nicht, ihre Gedanken und ihre Arbeit den Maschinen zuwenden. Man rief nach immer mehr Macht, mehr Geschäft, mehr Freiheit. Aber in die liberalen Rufe nach Freiheit mengte sich der sozialistische Schrei einer oft dem Elend preisgegebenen Masse von Arbeitern.

In der Klasse, die den Aufstieg vollführte, gab es natürlich auch manche seltsame Zwitterschicksale. Ein solches Opfer der Übergangszeit wurde Theodor Diesel. Er war weder eigentlicher Handwerker, noch wurde er Industrieller. Er wurzelte im alten religiösen und ständischen Gefühl, und doch stürzten schon tausend neue Erkenntnisse auf ihn ein, die er mit der ihm zuteil gewordenen Bildung nicht mehr bewältigen konnte. In der Zeit, als sein Sohn den Dieselmotor baute, versank er in Magie und Geisterspuk und suchte Kranke magnetisch zu heilen.

THEODOR DIESEL besuchte bis zu seiner Konfirmation die protestantische Volksschule in Augsburg und machte dann bei seinem Vater im Haus am Mauerberg die Lehrzeit durch. Ein prächtiger Bibeleinband war sein Gesellenstück. Er war ein begabter, zwischen Heftigkeit und Sanftmut, Fantasterei und praktischem Sinn seltsam hin und her geworfener Mensch und zudem von einem unklaren Berufsgefühl erfüllt. Das Revolutionsjahr 1848 wird den für Ideologien empfänglichen Jüngling sehr beeindruckt und seine Unrast gefördert haben. 1849 wanderte ein Memminger Vetter nach Amerika aus, ein zweiter und dritter folgten 1851 und 1853. Die Brüder Theodor und Rudolf Diesel gingen um diese Zeit auf Wanderschaft und gerieten etwa im Jahre 1850 nach Paris. Dort arbeitete Theodor an verschiedenen Stellen, unter anderem als Vorarbeiter in einer Werkstatt für Saffianlederwaren, einer „Maroquinerie". Vielleicht verursachte es der Mangel an einer geeigneten Stellung, vielleicht der Drang nach Selbständigkeit, daß sich bei Theodor eine Art von unabhängiger geschäftlicher Tätigkeit einstellte. Die Sorgen waren jedoch groß. Lange Zeit konnte er nur jeden zweiten Tag zu Mittag essen.

In London hatte im Jahre 1851 die erste Weltausstellung stattgefunden. Ein deutscher Berichterstatter stellte fest: „Das Volk wird das mächtigste Volk sein, welches die größte Maschinenkraft beherrscht." Die deutsche Abteilung war sehr gut, aber der Name „Deutschland" erschien nicht, sondern die verschiedenen deutschen Staaten traten unter ihrem Namen selbständig auf. Der Preuße Krupp zeigte einen Gußstahlblock von viertausenddreihundert Pfund, während die Engländer nicht über zweitausendvierhundert Pfund hinausgekommen waren. Damals wurde Krupp weltberühmt, was zur Folge hatte, daß die deutsche Industrie langsam Selbstbewußtsein erlangte.

FAST zur gleichen Zeit, als Theodor Diesel Augsburg verließ und in Paris Wohnung nahm, reiste die dreiundzwanzigjährige Elise Strobel von Nürnberg nach London.

Ihr Vater, der Sohn eines Fürther Spiegelfabrikanten, war der Gürtlermeister und Galanteriewarenhändler Georg Friedrich Strobel. Gürtler hatten in alten Zeiten Wehrgehänge für Schwerter und Messer gefertigt, später machten sie Gürtelschnallen aus Messing. Strobel besaß in der Carlstraße das schönste Galanteriegeschäft zu Nürnberg, in dem er unter anderem Brieftaschen, Kristall und Messer verkaufte. Seine Frau Katharina stammte aus der Familie von Schwer, die zur Zeit der Protestantenverfolgung im Erzbistum Salzburg 1732 aus dem damals salzburgischen Berchtesgaden nach Nürnberg auswanderte und dort vor allem Metall- und Silberdrechslerei betrieb. Durch sie kam bayrisch-österreichisches Blut in die Familie Diesel. Sie gebar acht Kinder und starb 1845 neununddreißigjährig im Kindbett. Die älteste Tochter Elise vertrat an den vielen kleinen Geschwistern die Mutterstelle.

Die erleichterten Reisemöglichkeiten, das Bedürfnis wohlhabenderer Leute, die Sprachen anderer Völker zu lernen, und zunehmender Wohlstand begannen damals die Gouvernante und Gesellschafterin als einen Typ des neunzehnten Jahrhunderts hervorzubringen. Elise Strobel bekleidete die Stellung einer Gesellschafterin in London bei Miß Wilton, einer alten Dame.

Am 15. Juli 1850 starb jedoch plötzlich der Vater. Elise kehrte sofort zurück. Es war kein Testament da. Alles wurde versteigert, auch das Haus in der Carlstraße mit dem großen Geschäft. Elise erwarb das Haus. Sie verstand zu sparen, und aus Rücksicht auf die Kinder hatte man den Preis des Hauses bei der Versteigerung nicht hochgetrieben. Sie vermietete, was zu vermieten war, nahm eine Freundin zu sich, welche die vielen kleinen Kinder betreute, und verdiente Geld durch Erteilung von Englischunterricht. Außer ihr konnte in ganz Nürnberg nur noch ein einziger Lehrer Englischunterricht geben. Sie arbeitete den ganzen Tag, um ihre Geschwister durchbringen zu können. Da tauchte, ohne daß man die Gründe kennt, der Plan der Auswanderung nach Paris auf. Mit Erlaubnis des Vormundes nahm sie die zehnjährige Schwester Pauline mit, deren Los es wurde, Gesellschaftsdame zu werden und es ihr Leben lang zu bleiben. Elise gab Deutsch- und Englischunterricht.

In der „Teutonia", einer deutschen Gesellschaft, lernten sich Theodor Diesel und Elise Strobel kennen. Die Heirat fand aber nicht in Paris, sondern in London am 10. September 1855 statt. In England war das Heiraten einfacher als auf dem Kontinent. Offenbar wäre es schwierig und umständlich gewesen, von den bayrischen Behörden die für die Trauung in Paris notwendigen Papiere zu erhalten.

Als die beiden 1877 nach München übersiedelten, wurden sie zur Polizei zitiert, weil die in London geschlossene Ehe nach deutscher Auffassung nicht gültig war. Sie mußten sich noch einmal standesamtlich trauen lassen, um dem Ordnungsgeist der deutschen Behörde zu genügen.

1858–70
Die Kindheit

In Rudolf Diesels in der Präfektur des sechsten Pariser Bezirks ausgefertigten Geburtsurkunde heißt es, daß Diesel, Rodolphe, Chrétien (Christian), Charles in der Wohnung seiner Eltern, Rue Notre Dame de Nazareth No. 38, am 19. März 1858 geboren wurde.

In Frankreich geben die Eltern die Neugeborenen oft zu einer Amme oder Pflegemutter außer Haus und nehmen sie erst wieder zu sich, wenn die größte Mühsal der Säuglingspflege überwunden ist. Die Diesels konnten bei der Art ihrer Hausindustrie den Säugling zu Hause nicht brauchen. So kam er sehr bald nach seiner Geburt *„en nourrice"* nach Vincennes in eine Bauernfamilie und wurde erst nach etwa einem Dreivierteljahr ins Elternhaus zurückgeholt.

Die Eltern zogen in Rudolfs ersten Lebensjahren in die Wohnung 49 Rue Fontaine-au-Roi um, die sie bis nach dem Krieg innehatten. Rudolfs erste Erinnerungen hängen mit dieser zweistöckigen Wohnung zusammen, die im Vorderhaus eines der ältesten Häuser der Straße lag. Darin war auch ein „Atelier", ein Raum, in dem fabriziert wurde. Dort hielt sich der kleine Rudolf mit Vorliebe auf, half mit und bastelte.

Hier hatte sich Vater Theodor als Maroquinier (Hersteller von Saffianlederwaren) und Portefeuilliste selbständig gemacht. Er pflegte etwa fünf bis sechs nach Möglichkeit deutsche Arbeiter und ein bis zwei Lehrlinge zu beschäftigen.

Es war ein handwerklicher Betrieb mit nur kleinen organisatorischen und fabrikatorischen Aufgaben. Seiner rechtlichen Verfassung nach war er ein selbständiges Unternehmen, doch war man meistens von größeren Exporteuren, Auftraggebern oder „Verlegern" abhängig, vor allem von dem großen Haus Keller, einem Geschäft für Maroquinerie, Reiseartikel und Silberetuis. Die aus Solingen stammenden Inhaber waren schon lange in Paris und ganz Franzosen geworden. Für den unabhängigen Wettbewerb auf dem freien Markt fehlte Theodor Diesel das Kapital. Sein Geschäft war ein Saisongeschäft.

Von Vater Theodor ist gesagt worden, daß er sich, wenn er studiert hätte, zu einem großen Erfinder hätte entwickeln können. Aber Ideenreichtum und Basteln ist noch kein Erfinden, und das Studium hat noch keinen großen Erfinder hervorgebracht, wenn nicht eiserner Wille und Zielstrebigkeit hinzutraten. Theodor Diesel war nicht zielstrebig. Sein Betrieb blieb embryonal wie sein Erfinden. Stets wußte er neue Muster zu ersinnen und herzustellen in allen erdenklichen Arten von Leder-, Samt- und Seidenartikeln. Schließlich wurde die Auswahl der hergestellten Artikel sehr groß, und es befanden sich dabei die ausgefallensten Dinge. Auf einer Geschäftskarte von Anfang der sechziger Jahre hatte sich Theodor Diesel zudem auch als Fabrikant von neuartigen patentierten Spielwaren bezeichnet, von denen er Drehspiele, atmosphärische Karussells, Gleichgewichts- und Laufspiele für Gärten und Salons ausführte. Lange vor der Erfindung des Gasglühstrumpfes stellte Theodor Diesel ein Hütchen aus Messinggaze her, das über die Leuchtgasflamme gestülpt werden sollte, um zu glühen, was aber nur sehr mangelhafte Ergebnisse erbrachte.

In seiner Arbeit war er lange Jahre hindurch sehr gewandt, unermüdlich und pünktlich. Aber sein Geist schweifte umher. Er war nicht hart, wenn auch oft heftig und jähzornig, und er strebte Zielen nach, die ihm wohl selbst unklar blieben. Oft zerstörte er unabsichtlich, was seine Frau aufbaute. Sie hingegen war sehr praktisch und klug, zielbewußt und von einer gewissen Härte. Rudolf erbte außer diesen mütterlichen Zügen den Hang zu verfeinerten Sitten und zum Luxus vom Vater, von der Mutter die fast pedantische Ordnungsliebe und genaue Sparsamkeit im kleinen, während er wiederum wie sein Vater leicht das Geld im

großen Stil ausgab. Mutter Elise hatte schon im väterlichen Gürt-
lergeschäft mit anpacken müssen und kannte das kaufmännische
Leben. Sie arbeitete auch im Pariser Betrieb mit und war besonders geschickt und flink beim Einteilen, Zuschneiden, Kalkulieren und beim Ausschreiben von Rechnungen. Es mußte sehr viel
genäht werden, und da erwies sie sich als Meisterin. Die vielen
Näharbeiten veranlaßten die Erwerbung einer der damals noch
ganz neuen Nähmaschinen.

Es war ein schweres, oft drückendes Leben in einer wenig heiteren Wohnung, wo immer das Gespenst der Sorge umging. Selten gab es Zeiten ohne Geldnöte. Die Löhnung der Arbeiter war
ein nie zu bannendes Schrecknis und das Eintreiben der Außen-
stände eine Qual. Der kleine Rudolf mußte tüchtig mithelfen und
viele Wege allein durch Paris machen, um Pakete abzuliefern
oder die Waren mit dem Schubkarren an ihren Bestimmungsort
zu bringen. So lernte er allmählich die große Stadt kennen und
kam auch oft in ihre Umgebung.

Mehr noch als das harte und sorgenvolle Leben mag ein
Mißverständnis in der Ehe der Eltern Rudolfs Gemüt überschat-
tet haben. Aber es ist schwer zu sagen, ob diese Ehe eigentlich
unglücklich war, die durch gemeinsame große Frömmigkeit doch
wiederum verklärt schien. Die Atmosphäre in diesem Haus war
seltsam, wohl sogar ein wenig unheimlich. Der Vater war gutmütig, aber auch hitzig, die praktische Mutter neigte zur Ironie.
Dazu kamen vor allem beim Vater manche Wirrnisse durch litera-
rische Einflüsse, durch philosophische und metaphysische, nicht
ganz ungeniale Strebungen, welche ihn in späteren Jahren als
Grübler und Denker erscheinen ließen. Er hatte Rousseaus
„Emile" studiert und suchte daraus die Nutzanwendung bei der
Erziehung seiner drei Kinder Louise, Rudolf und Emma. So
konnte es vorkommen, daß der Vater halb scherzend, halb aus
Grundsatz die Kinder auf Spaziergängen unverhofft in den Graben warf, daß er sie traben ließ und ihnen ein Bein stellte oder das
Bein mit der Stockkrücke festhielt, damit sie stolperten. Solche
unerwarteten Ereignisse sollten gegen die Unfälle des Lebens
wappnen helfen. Selbst auf dem Land in Vincennes, wo die Familie ein kleines Wochenendhäuschen gemietet hatte, wurde nach
Rousseauschen Prinzipien erzogen, und die Freude der Kinder an

der sonntäglichen Erholung war nicht ungetrübt. Sie haßten die Spaziergänge, auf denen es oft zu Meinungsverschiedenheiten kam. Nach Vincennes fuhr man mit dem Omnibus für sechs Sous die Person. Das war für die Eltern ein großes Geldopfer. Um zu sparen, brach die Mutter in Vincennes an den Montagen zuweilen bei Sonnenaufgang zu Fuß mit den Kindern auf. Die Kinder mußten ja rechtzeitig in der Schule sein.

Bei einem der sonntäglichen Spaziergänge stießen Vater und Sohn auf einen Selbstmörder, der sich erhängt hatte. Sie schnitten ihn vom Baum, was den Jungen ungeheuer beeindruckte.

Die Kinder wurden fortwährend belehrt. Morgens beim Anziehen soll zwischen der Mutter und den Kindern oft englisch gesprochen worden sein. Zu anderen Zeiten sprach man nur deutsch. Die Eltern, die nicht besonders gut französisch konnten, sprachen nur deutsch miteinander und nahmen nach Möglichkeit deutschsprechende Dienstmädchen, Elsässerinnen oder Österreicherinnen, damit die Kinder Deutsch hörten und redeten. In der Schule und beim Spielen sprachen sie französisch. Als Rudolf in die Schule kam, verspotteten ihn die Kameraden zunächst wegen seines schlechten Französisch.

Diesels wohnten im Vorderhaus. Durch einen großen Bogen kam man in einen Hof, wo rechts und links in ähnlichen Ateliers gearbeitet wurde wie bei Diesels. Hinten schloß ihn ein hochstöckiges Wohnhaus ab. Alle Kinder des Hauses und der Nachbarschaft spielten in diesem Hof. Aber Schulfreunde besaß der kleine Rudolf eigentlich nicht. Die Eltern erlaubten ihm nicht, daß er sie ins Haus brachte, weil sie bei der Arbeit störten. Auch war er scheu und schloß sich wenig an Kameraden an.

Bei aller Güte der Eltern waren die Strafen oft sehr streng. Als er einmal allein zu Hause war, öffnete er aus Spieltrieb alle Gashähne, ein andermal nahm er die Kuckucksuhr (oder auch mehrere Uhren) auseinander. Er vermochte sie nicht wieder zusammenzusetzen, ehe die Eltern zurückkamen, und wurde zur Strafe an ein Möbelstück festgebunden. So gefesselt, ließ man ihn allein in der Wohnung, während die anderen ihren Sonntagsausflug nach Vincennes machten. Wegen einer Unwahrheit mußte er mit einem Schild um den Hals zur Schule gehen, worauf stand: *Je suis un menteur* (ich bin ein Lügner). So war er früh verschüchtert und verbittert. Eine Stelle seiner Seele blieb bis an sein Lebensende verklemmt, und die Verklemmung und Verwundbarkeit war um so gefährlicher, als er auf der anderen Seite sehr stolz und von seinem Wert und seiner Klugheit überzeugt war.

Die Frommheit des Elternhauses, das Lesen guter Bücher, die Teilnahme an Gebetnachmittagen, der Einfluß eines strenggläubigen Geistlichen namens Appia wird die Herbheit dieser Atmosphäre nicht gemildert haben. Auch das Gefühl, im katholischen fremden Land nicht eigentlich zu Hause zu sein, war selbst für die Kinder kaum ganz zu überwinden. Rudolf Diesels Seele ist oft hart angepackt, verständnislos zurückgestoßen worden. Er sprach nicht gern von seiner Pariser Jugend. Viel war zusammengekommen, um ihm freudlose Erinnerungen zu hinterlassen. Früh fraß die Sehnsucht in ihm, aus dieser Düsternis, Herbheit und Bedrückung herauszukommen, etwas zu werden, Großes zu leisten, einst mit dem Triumph des Erfolgreichen auf die erschreckende Kindheit zurückblicken zu dürfen. In den langen Stunden, als er für die auseinandergenommene Uhr und seine technische Begierde büßen mußte, als er gefesselt und einsam in der Wohnung stand, hat sich vielleicht der trotzige Entschluß angemeldet, ein großer Techniker zu werden. Von lustigen Jugendstreichen in der Pariser Zeit hat er nie etwas erzählt.

Es gab aber auch Eindrücke, die ihn stolz und selbstbewußt machen mußten. Vor Besuchern wurde viel von seiner Schönheit und Klugheit gesprochen, und seine Mutter rühmte ihn liebevoll und stolz immer wieder wegen seiner ungewöhnlichen Eigenschaften. Der Hausarzt blickte einmal bewundernd auf den kleinen Jungen mit seinen frischen Farben, schwarzen Locken, braunen, etwas schwermütigen Augen und klugen Zügen, der in langer Hose, Bluse, Gürtel und Schürze vor ihm stand. Er streichelte ihm den Kopf mit der hohen Stirn und dem ausladenden Hinterkopf und meinte: *„Il y a quelque chose dans cette boule là"* (es steckt etwas drin in dieser Kugel da). Von seinen Kameraden wurde er wegen dieses Hinterkopfes oft geneckt.

Alle drei Kinder, Louise, die älteste, Rudolf und Emma, gingen in eine protestantische Schule, die der Kirche gehörte. Das Schulhaus war sehr alt und ursprünglich nicht für Schulzwecke bestimmt gewesen. Rudolf erwies sich als sehr begabt. Oft wurde er

„Pion", Führer oder Erster, und mußte auf die anderen Jungen aufpassen, was er ungern tat. 1870 wurde er zwölfjährig durch die Société Pour l'Instruction Élémentaire von 1815 wegen hervorragender Leistungen im Palais de l'Industrie öffentlich mit einer Bronzemedaille ausgezeichnet, auf der stand: *À Mr. R. Diésel 1870."* Seine zeichnerischen Leistungen dürften besonders aufgefallen sein.

IN DEN sechziger Jahren gab es in Europa eigentlich nur zwei Weltstädte, London und Paris. Wien, Berlin, St. Petersburg hatten die erste Million noch lange nicht erreicht, während Paris sich schon stark der Einwohnerzahl von zwei Millionen näherte. Es war die Hauptstadt eines blühenden geeinten Reiches, das an Einwohnerzahl nur von Rußland übertroffen wurde. Paris stand im damaligen europäischen Bewußtsein da als die einzige, kaum jemals zu überflügelnde Weltstadt des Festlandes und als Hauptstadt des nächst Großbritannien mächtigsten und aufgeklärtesten Staates.

Paris war wie London nach der Mitte des Jahrhunderts eine sehr moderne Stadt, welche über und unter der Erde die Eigenschaften eines riesigen physikalisch-technischen Apparates anzunehmen begann. Schon gab es da Millionen von Rohren für Wasser, Kanalisation und Gas. Eine unerhörte unterirdische Kloake strömte unter der Riesenstadt dahin. 1870 standen in den Pariser Straßen achthunderttausend Gaskandelaber, und die Compagnie du Gaz spielte als ein wichtiges und modernes Unternehmen in der Vorstellung der Pariser eine große Rolle. Während der Belagerung 1870/71 kreiste die Fantasie um diese Compagnie. Sie füllte ja die mythischen Luftballons mit Gas, welche den Verkehr mit der Außenwelt aufrechterhielten. Omnibus- und Straßenbahnlinien wurden eingeführt. Die Weltstadt hatte mehrere Fernbahnhöfe und eine Ringbahn, die berühmte *„ceinture"*.

Das französische Volk besaß vor 1870 auf dem Kontinent im großen und ganzen die Führung in der chemischen und physikalischen Wissenschaft und in der Technik. Mit seinem Schiffs- und Maschinenbau und seinen wissenschaftlichen Laboratorien war es Deutschland, Österreich, Italien und Rußland überlegen. Die Britische Insel blieb zwar das klassische Land der modernen

Maschinentechnik, aber auf dem Festland waren es vor allem Frankreich und Belgien, die Wissenschaft, Wirtschaft, Kapitalismus und Technik mit nationalem und fortschrittlichem Geist zu verschmelzen wußten. Hier wurde auf dem Festland zuerst ein wirtschaftlich-sozialer Zustand ausgebaut, den zu erreichen dann auch die anderen Völker anstreben mußten.

Frankreich war durch zahlreichere Revolutionen hindurchgegangen als irgendein anderes europäisches Volk. Es hatte demokratische und republikanische, liberale und sozialistische Ideen und Zustände ebenso entwickelt wie den modernen Nationalismus. In seinem zweiten Kaiserreich, dem „Second Empire", war alles zusammengemengt. Hier wurde versucht, mit Hilfe autoritärer Staatsgewalt und diktatorischer Führung dem „Fortschritt" zu dienen, die Kräfte der Wissenschaft und der Technik zur kulturellen Verklärung eines Kaiserreiches zu benutzen, das seinen politischen Ruhm durch künstlich vom Zaun gebrochene Kriege zu erlangen trachtete. Die großen Eisenbahnlinien waren in Frankreich damals viel weiter ausgebaut als in Deutschland. Börsen, Banken, Spekulation blühten. Man konnte sowohl in Frankreich als auch in Ägypten, in eigenen Kolonien wie in Übersee sein Geld spekulativ anlegen in Kakao, Zucker, Baumwolle, in allen möglichen Industrien, die ihre Maschinen in die Plantagen, die Hafenanlagen und zum Suezkanal lieferten. Frankreichs Glanz wird Rudolf Diesels Zielsetzungen stark beeinflußt haben.

Hell strahlte damals über Frankreich die Glorie des Triumphes, den Ferdinand de Lesseps 1869 durch die Vollendung des Suezkanals für die französische Nation und die Aktionäre errungen hatte. Physik und Chemie wiesen eine Reihe glanzvoller französischer Namen und viele praktische Erfolge auf. In Frankreich, wo der Luftballon erfunden worden war, bemühte man sich um die Schaffung des lenkbaren Luftschiffes. Henri Giffard hatte 1852 zum ersten Mal einen durch Dampfmaschinenkraft getriebenen, schiffsähnlichen Propellerballon achtzehnhundert Meter hoch über Paris durch die Luft gelenkt. Hier entstand 1860 auch der erste brauchbare Gasmotor von Lenoir, der die technische und wissenschaftliche Welt in die größte Aufregung versetzte. War diese Maschine doch neben den schwerfälligen und wenig entwicklungsfähigen Heißluftmotoren die erste Wärmekraftmaschine, welche die Dampfmaschine zu bedrohen schien! Die Dampfmaschine, nach der man das Zeitalter das „Zeitalter des Dampfes" nannte, beherrschte aber damals das Feld noch ganz und gar. Kurz, es lag zu dieser Zeit in Paris gerade etwas in der Luft, das über die vom Dampfkessel abhängige Dampfmaschine hinausstrebte.

Wer damals in Paris aufwuchs, hörte große physikalische, chemische und technische Namen, er hörte von Gas, Kraft, Motoren, Schienenfahrzeugen und dem Problem des Luftschiffes, von Aluminium, elektrischem Licht, Akkumulatoren, Induktion, Galvanisierung, Fotografie. Er sah die erste Dampfstraßenwalze und wohl auch gelegentlich ein Fahrrad auf den Straßen. Es wurde sehr viel erfunden, experimentiert und gewagt. Hier mußte sich die Überzeugung einstellen, daß die Aufgabe des Menschen der Zukunft im Erbauen von kühnen Kanälen, immer besseren Maschinen und Beleuchtungsanlagen, immer schnelleren Eisenbahnen bestand und daß man zu diesem Zweck die technische Wissenschaft beherrschen müßte.

In den sechziger Jahren war unter vielen anderen der Name Carnot wohl jedem Pariser bekannt. Während der Französischen Revolution hatte Lazare Nicolas Marguerite Carnot, ein sehr begabter Ingenieur, als Organisator des französischen Heeres und seiner technischen Ausrüstung, aber auch als Politiker, der in der Zeit des Terrors viel Unheil zu verhüten verstand, eine große Rolle gespielt. Sein Sohn Sadi Carnot beschäftigte sich in den zwanziger Jahren des neunzehnten Jahrhunderts als einer der ersten mit der Theorie der Wärmekraftmaschinen. Er lehrte einen physikalischen Wärmekreisprozeß, aus dem man einst einen neuen, der Dampfmaschine überlegenen Wärmemotor würde ableiten können. Die Lehrsätze selbst hat Rudolf Diesel wohl erst auf dem Polytechnikum in München kennengelernt. Aber den Namen Carnot, der ungewöhnliches Ansehen genoß, hatte er schon als Kind gehört.

In den dunklen Räumen eines alten Klosters, nicht weit vom Boulevard Sébastopol, befindet sich das älteste große technische Museum der Welt, das Conservatoire des Arts et Métiers. In diese stillen und etwas dunklen Hallen kam Rudolf Diesel öfters als zehn- bis zwölfjähriger Junge. Er bewunderte die Maschinen und zeichnete sie in sein Zeichenbuch. Da stand das erste von einer Kraftmaschine bewegte Automobil der Welt, Cugnots dreirädriger, mächtiger Dampfwagen aus dem Jahre 1770, ein seltsames Gefährt mit großen Rädern und dem in schmiedeeiserner Umfassung an den Eichenbalken des Fahrgestelles vor dem Vorderrad vorangetragenen dicken Kessel in der Form eines Teekessels. Dieser Wagen hatte Kanonen des französischen Heeres schleppen sollen, fuhr aber bei der ersten Ausfahrt gegen eine Mauer und zertrümmerte sie, ohne selbst viel Schaden zu leiden.

Da waren aber auch Schiffsmodelle, Dampfmaschinen, Winden, physikalische Apparate. Der kleine Rudolf Diesel war glücklich in dieser Einsamkeit zwischen Maschinen und Apparaten, die er liebte. Hier im Museum geriet sein technisches Gefühl in die Nähe religiöser Empfindungen.

DIE DIESELS dachten bis zum Jahre 1870 kaum jemals daran, nach Deutschland zurückzukehren. Sie hatten ihr wenn schon kummervolles Auskommen. Auch waren sie als bayerische Staatsangehörige keineswegs in einem feindlichen Land. Immer noch galten die Bayern den Franzosen als mögliche Bundesgenossen gegen die Preußen. Wäre der Krieg nicht ausgebrochen und Süddeutschland nicht auf die Seite Preußens getreten, so wäre Rudolf Diesel in Paris gewiß Ingenieur geworden und hätte sich begeistert in den Strom der wissenschaftlichen und technischen Entwicklung Frankreichs hineinbegeben. 1870 sollte er in die École Primaire Supérieure eintreten. Damit wäre er schließlich Franzose geworden. Aber es wurde nichts aus diesem Schulwechsel. Der Krieg brach aus. Der kleine Rudolf interessierte sich leidenschaftlich für die kriegerischen Vorgänge in Paris und teilte die patriotische Begeisterung seiner Klassengenossen.

Das Geschäft hatte sehr bald nach Ausbruch des Krieges starke Einbußen erlitten, so daß die Sorgen immer größer wurden. Bösartigen Verfolgungen und Bewachungen scheint man nicht ausgesetzt gewesen zu sein. Aber gegen Ende August wurde die Bevölkerung von einer schrecklichen Spionenfurcht ergriffen. Waren doch seit jeher viel mehr Deutsche in Frankreich ansässig als Franzosen in Deutschland. Man meinte, daß der preußische König Frankreich viel genauer kenne als Napoleon und schätzte die Zahl der Soldaten in der deutschen Armee, die Paris aus eigenem Augenschein kannten, auf zweihunderttausend. Wer nicht rein französisch sprach oder wer ein ungewöhnliches Aussehen hatte, war verdächtig. Die drei Diesel-Kinder durften nun auf der Straße kein deutsches Wort mehr reden.

In den letzten Augusttagen füllten unruhige Menschenmassen die Straßen. Finstere Gerüchte verbreiteten sich. Es herrschte fieberhafte Nervosität und Verwirrung.

Man begann zu begreifen, daß man eine Belagerung würde aushalten müssen, und legte Lebensmittelvorräte an. Viele Familien, vor allem Frauen und Kinder der besseren Stände, verließen aus Furcht vor der Belagerung freiwillig Paris. Unnötige Esser wurden von der Behörde ausgewiesen. Auf der anderen Seite aber strömten die Bauern aus der Umgebung von Paris mit ihrem Vieh, ihren Habseligkeiten, der ganzen Ernte schutzsuchend in die Stadt. Dazu trafen unaufhörlich riesige Transporte von Lebensmitteln, Wein, Getreide, Vieh, Kohlen ein.

Am 28. August 1870 begann Louise Diesel, die älteste, damals vierzehnjährige Tochter, ein Tagebuch zu schreiben. An diesem Morgen war in sämtlichen Straßen von Paris folgendes Plakat angeschlagen: „Die fremden Staatsangehörigen der im Krieg mit Frankreich befindlichen Länder müssen Frankreich innerhalb von drei Tagen verlassen, wenn sie nicht eine Aufenthaltserlaubnis des Gouverneurs von Paris besitzen." Die Mutter Diesel war der Ansicht, es sei unmöglich, daß die Familie Paris verließe. Wenn man einfach dabliebe, könne man sie nicht zwingen abzureisen. Der Vater solle allein nach London reisen und sie und die drei Kinder in Paris zurücklassen, denn die Ausweisung schien nur die Männer zu treffen. Sie fing an, Lebensmittel aufzuspeichern.

Am 29. und 30. August lief der Vater vergeblich von Behörde zu Behörde, ohne erfahren zu können, welche Papiere man dem Gouverneur vorweisen mußte, um in Paris bleiben zu dürfen. Die Mutter begann ein wenig zu packen, und Onkel Wilhelm, der Bruder des Vaters, welcher auch in Paris ansässig geworden war, machte sich reisefertig. Müde und krank reiste er am 31. August nach der Insel Hyères in Südfrankreich, wo er nicht lange danach an Lungenschwindsucht starb.

Seit dem 3. September, einem Sonnabend, waren Gerüchte

von einer großen verlorenen Schlacht im Umlauf, die tatsächlich am 1. September stattgefunden hatte. Es handelte sich um die Schlacht von Sedan, die der Bevölkerung und sogar der Regierung verheimlicht worden war. Am Nachmittag des 3. September bestieg General Palikao die Tribüne des Parlaments und schilderte die Lage als äußerst ernst. Um fünf Uhr nachmittags erhielt Kaiserin Eugénie einen telegrafischen Bericht über die Katastrophe von Sedan. Sie schloß sich ein und weinte. In der Nacht um ein Uhr zwanzig machte General Palikao der Kammer Mitteilung von der Kapitulation und der Gefangennahme des Kaisers. Bei Tagesanbruch begannen Zeitungsverkäufer in der Rue de Rivoli die noch schlafende Stadt mit den schreckenerregenden Worten zu wecken: „Napoleon III. gefangen." Um acht Uhr morgens war eine gewaltige Menschenmenge in Bewegung. Von allen Ecken und Enden und von allen Vorstädten strömte sie in die Stadtmitte.

An diesem Sonntag morgen hatte der Vater die Kisten zugemacht und in einer besonders großen Kiste noch alle Werkzeuge und Bücher untergebracht. Die Familie beschloß, daß der Vater und der kleine Rudolf zu den Kellers gehen sollten. Mama und die Mädchen wollten die Église des Billets besuchen, wo am Sonntag deutscher Gottesdienst gehalten wurde, um dann mit dem Vater bei Kellers zusammenzutreffen. Als sie die Kirche verließen, waren sie ruhig und doch traurig. An einer Straßenkreuzung sahen sie eine Schar von Menschen, die fast alle mit Gewehren bewaffnet waren, an deren Mündung grüne Zweige steckten. Diese Menschen hielten vor einem Haus an, über dessen Haupteingang zwei große Medaillen mit dem Bild des Kaisers angebracht waren. Gegen diese Bilder Napoleons III. richtete sich nun die ganze Wut des Volkes. Die Menschen versuchten mit den Gewehrkolben die Medaillen zu erreichen und sie zu zerbrechen. Aber sie vermochten nur darauf herumzuschlagen. Schließlich bearbeitete ein Mann sie mit einem Hammer und seinen Füßen, so daß sie herabfielen. Scharen von Männern und Frauen mit Fahnen, auf denen in großen Buchstaben *„Vive la République"* stand, liefen durch die Straßen. Frankreich war eine Republik geworden.

Nach einer halben Stunde kam die Mutter mit den zwei Mädchen zu Herrn Keller, bei dem sich der Vater und Rudolf aufhielten. Herr Keller war sehr froh, wie überhaupt die ganze

Bevölkerung in Paris fröhlich war und sich in diesen Tagen in der Hoffnung wiegte, daß durch die Proklamation der Republik eine Wendung zum Guten eintreten müsse. Die ganze Familie hoffte, daß der Krieg bald beendet sein würde.

Am Montag unternahm Diesel nichts, da alle viel zu erregt und abgespannt waren. Aber am Dienstagmorgen brachte ein Mitbewohner des Hauses die Nachricht, in allen Straßen sei wieder ein die Ausländer betreffendes Plakat angeschlagen worden. Der Vater eilte auf die Straße und kam mit der Nachricht zurück, daß alle Deutschen innerhalb von vierundzwanzig Stunden Paris verlassen müßten. Nichtbefolgung des Befehls würde mit Gefängnis bestraft. Sofort wurden nun die Koffer geschlossen und die letzten Anordnungen getroffen. Der Vater ging einen Wagen suchen. Alle Zimmer und Fensterläden wurden geschlossen.

ALS MAN am Nachmittag abreiste, waren Vater und Mutter sehr traurig, die Kinder aber angesichts des Reiseabenteuers sehr fidel. Um neun Uhr abends war man in Rouen und stieg in einen von Flüchtlingen überfüllten Zug um. Übermüdet kam man um halb drei Uhr nachts in Dieppe an und bestieg den Dampfer, der um sechs Uhr in See stechen sollte. In den überfüllten Kabinen war die Luft so schlecht, daß Eltern und Kinder es vorzogen, sich oben auf Deck auf die Bänke zu legen, die von einem abendlichen Regen noch naß waren. Aber hier war es empfindlich kalt. Der Hunger meldete sich. Der Vater ging nach fünf Uhr Brot kaufen, und man aß es mit einem Täfelchen Schokolade. Um sechs Uhr endlich tönte die Schiffsglocke, der Dampfer machte los. Mit Kummer sahen sie die Küste Frankreichs versinken. Das Meer ging hohler, die Seekrankheit herrschte. Nach siebenstündiger Fahrt landete man in Newhaven, nahm ein Zimmer im „Hotel London – Paris", trank eine Tasse Tee und würgte etwas vom mitgenommenen Mundvorrat hinunter.

Am 8. September, einem Donnerstag, kamen die fünf um zwölf Uhr mit einem Expreßzug in London an, wahrscheinlich auf der London-Bridge-Station. Da standen nun die Eltern mit ihren drei Kindern in der City am Themseufer, das kleine Gepäck in der Hand. Die Kinder mußten auf einer Bank warten, und die Eltern begaben sich auf die Suche nach einer billigen Unterkunft. Nach einer halben Stunde kamen sie zurück, ohne etwas Passendes gefunden zu haben. Sie kehrten schließlich in einem kleinen Café ein, um etwas zu essen. Hier blieben die Kinder wieder allein. Die Eltern begannen aufs neue, eine Wohnung zu suchen, und fanden im Stadtteil Hoxton in der Herbert Street 20 zwei Zimmer mit einem Bett und einem Schlafsofa. „Endlich waren wir bei uns und konnten uns ausruhen", schrieb Louise in ihr Tagebuch. Die Kinder drängten sich auf dem Sofa, aus dem eine Schlafstelle für drei zusammengebaut wurde.

Am Morgen wurde ausgepackt, und die leeren Kisten dienten als Tische, Kleiderständer und Waschtische. Nun verging Tag um Tag mit dem Aufsuchen von alten Bekannten der Mutter oder von Leuten, die der hilfreiche Pastor Appia in Paris genannt hatte. Es muß ein aufreibender Kampf mit den riesigen Entfernungen in dem damals noch telefonlosen London gewesen sein, ein Kampf ohne Geld mit geringem Erfolg, trotz mitgebrachter Empfehlungsschreiben, trotz der alten Beziehungen Mutter Elises aus ihrer Londoner Zeit. Louises Schicksal war ein Lichtpunkt. Sie war geistig weit entwickelt und bekam, vierzehnjährig, bald eine Stelle als Sprach- und Musiklehrerin in einer kleinen Privatschule. Erst Ende September gelang es dem Familienoberhaupt, Arbeit in einem Geschäft seines Berufszweiges zu finden. Sehr bald aber stellte sich heraus, daß der Lohn von einem Pfund die Woche nicht zum Leben und nicht zum Sterben reichte. Nach einigen Wochen war diese Stelle wieder verloren, bald darauf eine neue gefunden. Das Leben war Sorge und Entbehrung. Rudolf wurde auf eine englische Schule geschickt.

ERST am 19. September, dreizehn Tage nachdem die Diesels abgereist waren, war Paris von den nur langsam heranrückenden Deutschen vollkommen eingeschlossen. Nun hatte man keine Möglichkeit mehr, mit den Parisern in Briefwechsel zu treten. Das empfand die Familie als sehr schmerzlich, weil sie nicht wußte, was aus einigen Gepäckkisten geworden war, die man aus Sparsamkeit als Frachtgut hatte nachschicken lassen wollen. Zudem waren in der Pariser Wohnung noch in den letzten Tagen Lebensmittel aufgespeichert worden. Sollten diese verderben, wo die Pariser wahrscheinlich einer Hungersnot entgegengingen?

Da erfuhr man, daß ein Ballon Paris verlassen und Briefe und Brieftauben glücklich über die preußischen Linien gebracht habe. Mit Hilfe der Ballons und der Brieftauben entstand ein Nachrichtenverkehr zwischen den Belagerten und der Außenwelt. An einer Schwanzfeder der Brieftauben wurde ein kleines Federröhrchen befestigt, das mikrofotografisch auf leichtes, durchsichtiges Papier kopierte Nachrichten aus Zeitungen enthielt. Die winzige Schrift wurde in Paris durch eine riesige Laterna magica, deren Lichtquelle schon elektrisch war, auf eine weiße Fläche geworfen und von Beamten abgeschrieben. Auch Privatleuten war es gestattet, Mitteilungen nach Paris zu geben. Es gelang den Diesels, auf diese Weise von London aus ihrem Hausmeister mitzuteilen, daß er die in der Wohnung befindlichen Lebensmittel verwenden sollte.

Luftballons, Wetterdienst, Tauben, die Fotografie und die Projektions- und Beleuchtungstechnik wirkten zusammen, um Paris mit der Außenwelt in Verbindung zu halten. Daß infolge einer technischen Leistung die Lebensmittel zu Hause nicht verdarben und hungernden Menschen zugute kamen, hat auf das Gemüt des kleinen Rudolf Diesel einen tiefen Eindruck gemacht. Während der Belagerung von Paris trat auch die Dynamomaschine von Gramme bedeutsam in Erscheinung. Während der Ausfallskämpfe Ende November 1870 wurde vom Montmartre aus mit Hilfe einer mächtigen Gramme-Maschine, die 1869 zum erstenmal konstruiert worden war, die weite Ebene von Grenevilliers mit elektrischen Scheinwerfern bestrahlt. Und auch hiervon sprach die ganze Welt.

SORGENVOLLE Unsicherheit ließ die Familie in London bald erwägen, ob es nicht besser sei, nach Augsburg überzusiedeln. Theodors Bruder Rudolf hatte von Augsburg geschrieben und diese Übersiedlung für ratsam gehalten. Auf alle Fälle, so meinte er, empfehle es sich, schon der Schule wegen den kleinen Rudolf nach Augsburg zu nehmen. Der Briefwechsel mit den deutschen Verwandten ging hin und her. Schließlich erboten sich Professor Christoph Barnickel und seine Frau Betty, eine Cousine Theodors, bis auf weiteres Rudolfs Pflegeeltern in Augsburg zu werden und ihn dort auf die Schule zu schicken.

Barnickel war Mathematikprofessor an der Gewerbeschule in Augsburg. Der kleine Rudolf war technisch sehr begabt, und seine ganze Freude waren Maschinen. Frau Barnickel war als junge Waise selbst einmal das Pflegekind des Buchbinders Johann Christoph Diesel gewesen. Nun konnte sie auf diese Weise die ihr einst erwiesenen Wohltaten vergelten.

Am 17. Oktober 1870 schrieben die Eltern an Barnickels, daß sie Rudolf wegen der großen Unsicherheit, in der sie schwebten, noch in London zurückhielten. Einige Tage wollten sie noch warten, um zu sehen, ob sie nicht am Ende alle gezwungen sein würden, London zu verlassen, so daß sie dann mit Rudolf zusammen reisen könnten.

Am 31. Oktober ist Rudolf immer noch in London. Doch die Mutter schreibt, daß sie ihn jetzt abreisen lassen wird. Sie bedauert die ärmliche Ausstattung Rudolfs und bittet, das Fehlende zu kaufen, was die Eltern aber erst später ersetzen könnten. Sie gibt Rudolf für die Verwandten Geschenke mit, die aus der Pariser Fabrik stammen.

Anfang November 1870 war es sehr kalt. Rudolf wurde einem Transport vieler anderer Deutschen nach Rotterdam angeschlossen, mit wenig Geld, aber mit Mundvorrat für mehrere Tage versehen. Dem kleinen Jungen fiel der Abschied von den Eltern sehr schwer, auch fühlte er sich der deutschen Sprache noch nicht mächtig.

Zu der Zeit, als man in Augsburg den kleinen Neffen erwartete, ging Theodor Diesels Bruder, Onkel Rudolf, jeden Tag an die Bahn und erkundigte sich, wann Züge aus der Richtung Frankfurt–Würzburg ankommen sollten. Die Verbindungen waren wegen des Krieges sehr unregelmäßig. Oft war der Onkel vergeblich zum Bahnhof gegangen. Da kam eines Morgens früh ein Bahnangestellter und brachte den kleinen Rudolf zu seinen Verwandten.

Frühmorgens betrat er das Schlafzimmer der beiden Vettern Christian und Hermann, mit einer Tafel auf der Brust, worauf der Reiseweg und die Adresse seines Onkels Rudolf, Schaezlerstraße 8, zu lesen waren. Nach der ersten Begrüßung erfolgte nach der achttägigen Fahrt von London nach Augsburg eine gründliche Reinigung. Beim Frühstück, zu dem auch Professor Barnickel erschien, der ebenfalls im dritten Stockwerk wohnte, begann eine große Ausfragerei. Der zwölfjährige Junge wurde nach dieser langen Reise wie ein Wunder angestaunt. Alle waren überrascht, wie gewandt er sich auf der Reise benommen hatte.

Der Junge erschien Barnickels etwas zart; aber sie hatten ein von der langen Reise erschöpftes, zudem von rheumatischem Zahnweh und Halsschmerzen geplagtes Kind vor sich. Sie schickten es nicht gleich in die Schule, sondern ließen es sich erst gründlich ausschlafen und erholen.

Rudolf, so meinte der Professor, sei „ein sehr wohlerzogener und liebenswürdiger Knabe, dem man gleich auf den ersten Augenblick sein Herz schenken kann . . . Rudolf macht einen außerordentlich guten Eindruck, seine Bescheidenheit und sein verständiges Reden macht Eurem Erziehungssystem volle Ehre. Gott gebe, daß er in dieser Weise fortfährt, und es wird Euch ein Trost sein in Eurem Unglück, einen solchen Sohn zu haben."

Es war geplant, Rudolf nur während der Dauer des Krieges oder so lange bei Barnickels zu lassen, bis seine Eltern wieder ausreichend verdienten. Aber er blieb fünf Jahre lang in Augsburg. Denn es glückte den Eltern nicht wieder, zu einem einigermaßen geregelten Einkommen zu gelangen. Zudem war es nicht ratsam, Sprache, Land und Schule noch einmal zu wechseln.

1870–75
Schuljahre in heimatlicher Fremde

Augsburg, seit Hunderten von Jahren eine gewerbereiche Stadt, liegt zwischen dem Lech und der Wertach, zwei üppigen Gebirgsflüssen, deren Wasser in einem dichten Netz von Kanälen durch die Stadt strömt und schon früh zahlreiche Wasserräder antrieb. In den dreißiger Jahren des neunzehnten Jahrhunderts begann man in immer stärkerem Maße die neuen Spinnmaschinen und mechanischen Webstühle an die Wasserkräfte anzuhängen. Die Textilindustrie, auf der Augsburgs und der Fugger alter gewerblicher Ruhm beruhte, nahm einen neuen Aufschwung. Im Jahr 1902 waren in der Stadt neben 27 000 Pferdestärken, die von Dampfmaschinen erzeugt wurden, 12 600 Wasserpferdekräfte in Betrieb.

1824 endete die Alleinherrschaft der Wasserräder in der Augsburger Krafterzeugung. In Augsburg wurde die erste englische Dampfmaschine zum Antrieb einer Schnellpresse in der Freiherrlich von Cotta'schen Druckerei aufgestellt. Der berühmte Erfinder der Schnellpresse, König, hatte die Druckmaschine geliefert. Das Aufkommen der Dampfmaschine, der allgemeine Fortschritt der Technik, der Geist des neunzehnten Jahrhunderts ließen das Feuer des Gewerbegeistes wieder auflodern. Aber der Name änderte sich. Man sprach von Industrie. Augsburg begann Industriestadt zu werden.

Ludwig Sander, der sich mit Bankgeschäften, Schnupftabakfabrikation und der Textilindustrie befaßt hatte, begründete 1840 auch eine Maschinenfabrik, um einem seiner Söhne eine Existenz zu schaffen. Aber schon 1844 übernahm ein Neffe des Erfinders König, Carl Ludwig Reichenbach, der Maschinenmeister des Freiherrn von Cotta, zusammen mit seinem Schwager Karl Buz die Fabrik unter dem Namen O. Reichenbach'sche Maschinenfabrik. Hier stellten sie Dampfmaschinen, Wasserräder, Getriebe und alle möglichen anderen Maschinen her. 1852 sollte durch Ausgabe von Aktien der Betrieb kapitalkräftig gemacht werden. Die Aktiengesellschaft Maschinenfabrik Augsburg A. G. kam zustande. Seit 1864 stand Heinrich Buz, der Sohn von Carl Buz, der später bei der Entstehung und Entwicklung des Dieselmotors in entscheidender Weise mitwirkte, an der Spitze des Werkes. Nach 1870 betrug die Belegschaft der Maschinenfabrik bereits sechshundertdreißig Mann. Das Werk war zu einem Begriff in der deutschen und internationalen Industrie geworden.

AUGSBURG hatte 1870 einundfünfzigtausend Einwohner. Heute ist es ungefähr fünfmal so groß. Aber die Belegschaft der Maschinenfabrik hat sich etwa verzehnfacht! Ähnliche Entwicklungen fanden in ganz Deutschland und in vielen Ländern Europas statt. An der Schwelle eines Zeitalters ungeheurer Industrialisierung wuchs das Bedürfnis nach Schulen, die Ingenieure und industrielle Führer heranzubilden fähig waren. Industrie und Staat verlangten nach Männern, welche sich nicht nur aus dem Handwerk, dem Baugewerbe oder den Naturwissenschaften zur Technik hingefunden hatten, sondern die wissenschaftlich und technisch gründlich geschult waren.

Das Augsburger MAN-
Werk um 1900. Damals
hieß die Fabrik aller-
dings noch „Vereinigte
Maschinenfabrik Augs-
burg und Maschinen-
baugesellschaft
Nürnberg AG".

Heinrich Ritter von Buz stand der
Maschinenfabrik in Augsburg seit 1864 vor.

Napoleon I. hatte in Frankreich zur Zeit der Kontinentalsperre polytechnische Schulen errichtet. Nach diesem Vorbild gründete Bayern zwei Schulen. 1833 wurde eine dritte polytechnische Schule nach Augsburg gelegt, in der sich chemische Unterrichtsfächer mit künstlerischen, mathematischen und technologischen seltsam mengten. Diese drei Schulen wurden 1864 im Münchner Polytechnikum, später Technische Hochschule genannt, vereinigt, so daß die Augsburger Schule, mit Ausnahme ihrer Mechanischen Werkstätten, die man zu Lehrzwecken bestehen ließ, geschlossen wurde.

Nach der Aufhebung dieser polytechnischen Schulen entbehrte man bald eine mittlere technische Unterrichtsanstalt. Daher wurde vor allem auf Grund der Gutachten des Professors von Bauernfeind eine zweikursige Industrieschule geschaffen, und zwar in Augsburg unter Einbau der damals noch erhaltenen Mechanischen Werkstätten. Die neue Schule suchte in der Höhe der Anforderungen an die Schüler ihresgleichen. Sie zerfiel in eine mechanische, bautechnische und chemische Abteilung und sollte je nachdem unmittelbar für die Praxis oder für den Besuch der Hochschule, des Polytechnikums, vorbereiten, außerdem das Bildungsgut einer Mittelschule, Religion, moderne Sprachen, Geschichte, Geographie übertragen. Diese Zwitteraufgabe verursachte später die Aufhebung der Schule. Aber die unglaublich scharfe technische Schulung führte zunächst bei den Industrieschülern, die zur Technischen Hochschule übergingen, dazu, daß sie auf fast beispiellose Weise wissenschaftlich und praktisch vorbereitet waren. So geriet auch Rudolf Diesel in einen vorübergehenden und einmaligen Sonderzustand der technischen Erziehung hinein.

Ehe Diesel in die neu gegründete Industrieschule aufgenommen werden konnte, mußte er vom November 1870 an drei Jahre lang die Königliche Kreis-Gewerbsschule besuchen, die den Unterbau der Industrieschule bildete.

Beide Schulen waren in dem ehemaligen Katharinenkloster untergebracht. Im ersten Stockwerk des Kirchengebäudes befindet sich heute noch die berühmte Augsburger Gemäldegalerie, welche von den Gängen der Schule aus betreten werden kann. Hier hängen Werke von Burgkmair, Holbein, Veronese, Cranach.

33

Diese seltsame Nachbarschaft mag Diesels Leidenschaft für Kunstwerke frühzeitig erweckt haben. Überhaupt wehte durch den alten Bau trotz aller „Realien" der Geist einer humanistisch-scholastischen Kultur. In den Vorläuferinnen der Gewerbs- und Industrieschule hatte eine Kunstabteilung bestanden, und es war in Arbeitsgemeinschaften im Sinne einer Volksakademie gearbeitet worden. Der Übungsraum für Physik unter einer getäfelten alten Renaissancedecke mit großen Balken und Verzierungen hieß zu Diesels Zeit die maschinen-technische Abteilung. Es waren Hörsäle da nach Art der Hochschulen mit ansteigenden Bänken, großen Kathedern zu Vorlesungs- und Experimentierzwecken. „Ich glaube", schreibt Rudolf Diesel 1872 den Eltern, „. . . hier hat auch jedes Fach seinen extra Lehrer und in der Physik werden Experimente gemacht . . . in einem eigenen Saale für Physik in welchem experimentiert wird und eine Werkstätte in welcher diejenigen welche später Mechaniker werden wollen arbeiten können, und in welcher ihnen das Material wie Holz, Eisen, Messing und überhaupt was sie brauchen, sowie Werkzeuge zur freien Benützung geliefert werden. Auch können die Schüler Drehbänke und dergleichen benützen."

Die Schule war eine eigentümliche Mischung von altem Handwerksgeist und gediegenstem wissenschaftlichem Streben, durchsetzt von dem schweren pädagogischen Ernst des deutschen Wesens. Über allem aber schwebte der liberale Geist des neunzehnten Jahrhunderts, wie er in dem stark gewordenen Reich mächtig seine Schwingen regte. Kein Mensch konnte sich ihm entziehen, und auch Rudolf Diesel wird früh und unbewußt seine Wirkungen verspürt haben. Alles, was damals vom Kleinbürgertum zum Großbürgertum seinen Aufstieg nahm oder anstrebte, stand unter dem Einfluß dieses liberalen Geistes.

RUDOLF DIESEL zeigte in seiner Umwelt eine überraschende Anpassungsfähigkeit und Auffassungsgabe, und das Leben in der kleinen Stadt machte ihn körperlich frischer und geistig froher. Seine Briefe, kurz nach der Ankunft in Augsburg noch in unsicherem Deutsch geschrieben, werden im Handumdrehen sprachlich genau. Nach wenigen Wochen schreibt er ein gutes Deutsch. Schon mit zwölf Jahren sind Ansätze einer bewußten Erkenntnis vorhanden, daß nur Arbeit, Lernen, Selbstzucht ihn aus seiner Armut und Abhängigkeit befreien können, und dieses Bewußtsein ist nach ein bis zwei Jahren scharf entwickelt. Das Kind beginnt einen zähen Kampf, um sich dereinst aus quälenden Verhältnissen zu befreien. Es ist ungewöhnlich, wenn ein zwölfjähriger Junge die Güte seiner Schule mit der anderer Schulen vergleicht. Aber Diesel ist kein Streber im gewöhnlichen Sinne gewesen. Er war streng, fromm und pflichtgetreu erzogen. Früh sieht er ein, daß ihm, der von seinen Eltern fortgerissen wurde und nun fremdes Brot essen muß, nur ein einziger Weg zur Befreiung offensteht: methodische Hingabe an die Arbeit in der Form des Erlernens der Wissenschaft. Das war überhaupt die Straße des Bürgerkindes, das im neunzehnten Jahrhundert vorwärtskommen wollte. Auch für Diesel gab es keine andere. Das Zeitalter stand unter dem Zeichen der geistigen Schulung, der Bildung, der beruflichen Hingabe.

Nachdem Diesel bisher nur fremde Schulen besucht hatte, vollbringt er das Kunststück, schon nach wenigen Wochen zu den besseren Schülern seiner Klasse zu gehören. Am 20. Dezember 1870 schreibt er in seinem Weihnachtsbrief nach London: „Ich hätte Euch gern lauter Einsen zu Weihnachten geschickt, aber es ist mir nicht gelungen. Ich habe auch noch nicht alle Probearbeiten mitgemacht. Bei den nächsten will ich sehen lauter 1 zu bekommen."

Professor Christoph Barnickel, Wirklicher Lehrer für Algebra, Trigonometrie und Arithmetik an der Königlichen Kreis-Gewerbsschule zu Augsburg, soll sehr streng gewesen sein. Wenn einer an der Tafel beim Rechnen stockte, so konnte er ungemütlich werden. Aber vor seinem Pflegesohn Rudolf – bei Barnickels wohnten meist zwei oder drei Zöglinge – schien er Respekt zu haben.

Bei der endlosen Fahrt des kleinen Diesel von Rotterdam nach Augsburg hatte der Junge das Rangieren studiert und sich über das Bahnwesen seine Gedanken gemacht. Er baute mit seinem Vetter Hermann eine Eisenbahn aus Zigarrenkistenbrettern und einen Rangierbahnhof. Auf die Brettchen wurden mit kleinen Nägeln hölzerne Schienen aufgenagelt. Die Weichen waren beweglich und durch Haarnadeldrähte mit den Stellwerken verbunden. Beim Zinngießer wurden kleine Räder geholt und Wagen zusammengebastelt.

Rudolf Diesel hatte nun schwäbisch-bajuwarische Spielkameraden. Die meisten von ihnen waren, verglichen mit den Franzosen, knochige und fleischige Burschen, die aus einer alten zünftig-städtischen oder bäuerlichen Umwelt stammten und Bayrisch oder Schwäbisch sprachen, Söhne von Maurern, Metzgermeistern, Stärkemachern, Getreidehändlern, kleinen Gewerbe- und Handeltreibenden, „Ökonomen", das heißt Bauern, selten einmal von einem Offizier oder einem Beamten. Die Schulgenossen müssen dem jungen Pariser zunächst fremdartig und ungeschliffen vorgekommen sein.

In dem ersten Schülerverzeichnis mit dem Namen Rudolf Diesel, worin er der Zehnte seiner Klasse ist, steht als Beruf seines Vaters „Portefeuille-Fabrikant in London", was sehr großartig klingt. Dabei waren viele der Metzgermeister und Ökonomen wohlhabender als jener Fabrikant in London, dem es nicht gelang, regelmäßig ein Pfund in der Woche zu verdienen.

Aber die Armut der Eltern hatte nicht verhindert, daß Rudolf dem Einfluß zweier Weltstädte ausgesetzt gewesen war. Seine Augen blieben offen für Wirkungen, welche die ganze Welt angingen. Er war äußerlich und seelisch durch drei Länder geformt, er wirkte ebensogut französisch wie deutsch oder sogar englisch, und über weltmännische Einflüsse breiteten sich deutsche Gediegenheit und zuweilen leichte Pedanterie aus.

WÄHREND des ersten halben Jahres der Augsburger Schulzeit war noch Krieg. Paris blieb eingeschlossen, und die Gedanken des kleinen Rudolf wanderten täglich nach London zu den Eltern und den beiden Schwestern, aber auch nach Paris, wo die Freunde und Bekannten hungerten und, wie man glaubte, Ratten essen mußten und von den neuen schweren Kruppgeschützen bombardiert wurden.

Bei den Eltern in London stand es nach wie vor schlecht. Der Vater kam meist erst nachts um halb elf Uhr nach Hause und verdiente trotzdem wenig und unregelmäßig. Sie hofften auf das Kriegsende. Würde man dann zu den Franzosen zurückkehren können, die Deutschland haßten? In welchem Zustand würde man die Wohnung vorfinden? War es möglich, sich in London zu halten? Hundert Pläne schießen durch die Köpfe der Eltern. Vor allem die Mutter grübelt. Sie hat mehr Zeit als der Vater, zu Hause über die finstere Zukunft nachzudenken. Sie plant, in der Heimatstadt Augsburg ein Papier- und Galanteriewarengeschäft zu eröffnen. Gestützt auf die fabrikatorischen Fähigkeiten ihres Mannes, traut sich die geschäftserfahrene und selbstbewußte Mutter Elise zu, es zum ersten Geschäft dieser Art in Augsburg zu machen. Aber, so fragt man die Verwandten, wie steht es mit der Gewerbefreiheit in Augsburg? Wird man sich dort niederlassen, ein Geschäft eröffnen dürfen? Die Hoffnung blitzt auf, daß die deutsche Regierung für die in Paris erlittenen Verluste Schadenersatz leisten würde. Aber die Diesels besitzen das deutsche Heimatrecht nicht mehr und haben Schwierigkeiten.

An den Sonntagen ist die fromme Familie zuweilen zu müde, in die Kirche zu gehen. Da liest man sich dann aus der Bibel vor. Am 7. Dezember erfährt Louise den Fall von Rouen und ist darüber sehr traurig. Sie ist wohl französisch gesinnt. Es kommt eine Nachricht nach London, daß man beabsichtigt, den König von Preußen zum Kaiser von Deutschland zu machen. Mitte Januar erfährt man, daß die Lebensmittel in Paris knapp werden. Die Übergabe der Stadt scheint bevorzustehen. Angstvoll wartet man auf die Auskünfte der Augsburger Verwandten über die geschäftlichen Möglichkeiten in Deutschland, denn der Zustand in London wird als unhaltbar empfunden. Aber die Verwandten berichten, daß die geschäftlichen Verhältnisse äußerst mißlich seien, und warnen vor der Übersiedlung. Am 28. Januar schreibt Louise in ihr Tagebuch: „Paris hat heute kapituliert. – Ein großes Ereignis! Das hat uns ein wenig mehr Hoffnung gegeben nach Paris zurückkehren zu können, was uns alle sehr erfreuen würde." Am 28. Februar kommt die Eintragung: „Der Friede! Der Friede!" (Gemeint ist der Waffenstillstand). „Endlich ist der Friede erklärt und unterschrieben . . . und morgen werden die Deutschen in Paris einmarschieren."

Ende Mai hat man endlich den Beschluß gefaßt, so bald wie möglich nach Paris zu gehen, und Anfang Juni reisen die Eltern zu Erkundungszwecken dorthin. Nichts in der Wohnung ist angerührt, nichts gestohlen.

Nach London zurückgekehrt, erhält der Vater einen Brief, aus dem hervorgeht, daß die Geschäfte in Paris plötzlich sehr gut gehen. So sind sie denn im Juli alle wieder in Paris. Um Mitternacht steht man in der Wohnung. Die Frau des Hausmeisters schickt Brot und Wein hinauf, bringt aber auch die unangenehme Kunde, daß man so schnell wie möglich ausziehen müsse. Der Hausbesitzer wolle selbst die Wohnung übernehmen. Man entschließt sich, trotzdem in Paris zu bleiben. Vorteilhafte Angebote geben den Ausschlag, obwohl der Haß der Franzosen gegen die Deutschen groß ist. Die kleine Emma geht wieder zur Schule. Alles scheint sich anzulassen wie früher.

„IN DEUTSCHLAND muß man lernen", meint der dreizehnjährige Rudolf, der oft bis nach Mitternacht arbeitet. Er schreibt den Eltern heimwehkranke Briefe und klagt, daß er keine Nachrichten aus Paris erhalte. Der Vater ist ein schlechter Briefschreiber, und die Mutter hat endlose Sorgen. Rudolf ahnt das: „Wie geht das Geschäft? O wollte Gott es ginge recht gut! wäre es so, so könnte Ich Euch liebe, in der Nächsten Vakanz nach zweijähriger Trennung wieder Umarmen! o das wäre ein Glück." In all den Augsburger Jahren hat er sich trotz der Liebe seiner Pflegeeltern in Sehnsucht nach den Eltern verzehrt und vergebens nach einem Freund seines Alters gesucht. Er war schüchtern und galt darum vielen als hochmütig.

Rudolf bleibt noch jahrelang abhängig von seinen keineswegs mit Glücksgütern gesegneten Pflegeeltern, die ihn mit ihrer Liebe umhegen und ihm eines Tages sogar ein Klavier schenken. Zuweilen versucht der Professor auf taktvolle Weise, Beihilfe von den Eltern zu erhalten. Wenn dann einmal hundert Francs aus Paris eintreffen, so ist das ein großes Ereignis, und Rudolf schreibt erleichtert Dankesbriefe. Ehrgeizig, stolz und empfindsam, wie er war, muß er heftig unter diesen Verhältnissen gelitten haben. Er sucht nach Auswegen, und er findet nur zwei. Der eine ist, durch Stundengeben Geld zu verdienen, der zweite, Stipendien zu erhalten. Vierzehnjährig beginnt er Mathematikstunden zu erteilen. Aber um Stipendien erhalten zu können, muß er das bayerische Heimatrecht erwerben. Er möchte auch endlich wissen, daß er sich als Deutscher ansehen kann, was er für eine große Ehre hält. Der unentschlossene Vater jedoch verschleppt die notwendigen Schritte und weiß überhaupt dem Kind nicht zu helfen.

So kommt es, daß das Stipendium trotz Rudolfs Leistungen abgeschlagen wird. Rektor Pfeiffer erhascht aber trotzdem sechzig Gulden für den Schüler, dem er besonders zugetan ist, und ein Jahr lang können wenigstens die Kleider und Schuhe bestritten werden. Jahrelang muß so um jeden Gulden gekämpft werden.

Am 24. März 1872 wird Rudolf konfirmiert. Er nimmt den Spruch 1. Mos. 12, 1–2 mit großem Ernst auf: „Gehe aus deinem Vaterland und aus deines Vaters Hause, in ein Land, das ich dir zeigen will, . . . und ich will dich segnen." Rudolf deutet den Spruch: „Er paßt auch gerade für mich besonders am Anfange, denn ich bin ja fort vom Vaterhaus, und es ist mir zum Glücke geschehen, daß ich fortgekommen bin, denn wieviel habe ich nicht unterdessen hier gelernt . . . Und obgleich uns allen das Scheiden sehr schwer ankam war es Euch doch eine große Erleichterung in dieser schweren Zeit einen Kopf weniger zu ernähren und zu kleiden."

Drei Tage später, genau vierzehnjährig, hat er sich entschlossen, Ingenieur zu werden, und nimmt sich vor, sich zum ersten Schüler der Anstalt emporzuarbeiten. Ehrgeiz, aber auch sittliche Vorstellungen stärken diesen Entschluß. Er bemüht sich, „gut" zu sein. Mit allen Kräften will er verhindern, daß ihm ein anderer Schüler zuvorkommt, der allein im Wettbewerb mit ihm steht. Am 6. August 1872 bei der großen öffentlichen Prüfung der Gewerbsschule wird er als einer der besten Schüler am meisten aufgerufen. Die Lehrer wußten, daß er nicht wie alle anderen Schüler in Verlegenheit kam und sie daher mit ihm am meisten Ehre einlegten. Er gab klare, bestimmte Antworten. Als er nach der Prüfung zur Schule hinausging, hörte er einen Vater, welcher der Prüfung beigewohnt hatte, zu seinem Sohn von ihm sagen: „Das ist ein Mann! Wenn du so wärst, würdest du mir Freude machen."

Diesel war im Jahre 1872 schon einigermaßen zum Jüngling herangewachsen. Er war sehr schmal, seine Haltung war nicht gut, er setzte die Füße auf etwas seltsame Weise, strengte sich an, das zu verbessern, und fragte seinen Onkel, ob es glückte. Aber er war von frischem Aussehen. Zuweilen plagte ihn Kopfweh, denn schon damals überanstrengte er sich. Onkel Barnickel, der sich gelegentlich über seinen Widerspruchsgeist ärgerte, sagte von ihm, er sei ein Denker, somit ein brauchbarer Mensch. Sein Fleiß, seine Energie sind von fast erschreckenden Ausmaßen, und es bleibt so bis zu seinem Ende. Er liegt immer in der Zukunft, ist immer zielstrebig, sieht jeden Tag an als eine Stufe, die man zum Fortschreiten benutzen kann. Stets wird er von geistigem Druck gleichsam vorwärtsgeschnellt. Sehr viel später, als er auf der Höhe seines Erfolges steht, schreibt er einem künstlerisch veranlagten Verwandten, daß dieser endlich daran denken müsse, „seine Zukunft zu organisieren". Er selbst war beinahe vom Erwachen seines Bewußtseins an damit befaßt, seine Zukunft zu organisieren, und solches Tun hielt er offenbar für das normale Verhalten des Menschen. Nichts ist ihm greulicher als ein nützlicher und vernünftiger Schritt, der unterbleibt. Wie selbstverständlich übernimmt er die Führung, wenn sein zaudernder Vater versagt. Im gleichen Brief, worin er sein Examen beschreibt, versucht er als vierzehnjähriges Kind die Frage seiner Staatsangehörigkeit zu lösen. „Jetzt, lieber Papa, muß ich mit Dir noch ein ernstes Wort reden, welches, je nach der Entscheidung, viel in meiner Zukunft ausmachen kann." Er hat sich selbständig nach der Sachlage und den Gesetzen erkundigt. Er fleht seinen Vater an, nicht Franzose zu werden, denn dann würde auch er, der Sohn, Franzose werden müssen. Er brennt darauf, nach Erledigung seiner deutschen Dienstpflicht mit einundzwanzig Jahren seine „Mechanikerlaufbahn" beginnen zu können. „Hast Du hingegen den (französischen) Heimathschein so muß ich in Frankreich 9 Jahre dienen, eine Zeit, welche beinahe ewig ist, dann vergesse ich in so langer Zeit alles gelernte, und werde ich mit 30 Jahren wieder frei dann ist es schon zu spät nur etwas anzufangen. Zudem bin ich ja ein Deutscher, und diene höchst ungerne bei den Franzosen."

DIESEL wurde, wie er es sich vorgenommen hatte, schließlich der beste Schüler seines Kursus. Mit fünfzehn Jahren machte er die Schlußprüfung der Gewerbsschule. Soweit war also der Weg in die Zukunft als Ingenieur beschritten. Aber Vater Theodor hatte zur Qual seines Sohnes immer noch wichtige Entscheidungen in der Schwebe gelassen. Zwar war er nicht, wie sein Sohn gefürchtet hatte, Franzose geworden, aber er hatte doch alle Schritte

Rudolfs Mutter Elise Diesel

Rudolfs Vater Theodor

Links: Rudolf Diesel im
Alter von zwölf Jahren

Rechts: Christoph
Barnickel, Rudolfs
Pflegevater in Augsburg

versäumt, die notwendig gewesen wären, um ihm das deutsche Heimatrecht zu sichern. Rudolf lebt in nagender Sorge, daß die ewige Saumseligkeit seines Vaters ihm seine Zukunft verpfuschen, den Genuß von Stipendien und das Studium unmöglich machen würde. Immer wieder fleht er: „Oh lieber Papa versäume *jajanicht* die nöthigen Schritte so bald wie möglich zu thun . . ." Zu alledem setzten die Eltern dem Plan des Studiums am Polytechnikum Bedenken entgegen. In ihrer nie endenden Sorge um das Geld erfüllt sie der Wunsch, den Sohn möglichst rasch Geld verdienen zu sehen. Die Mutter, obwohl sehr gebildet und wissensdurstig und sicherlich für höhere Laufbahnen eingenommen, ironisiert jetzt den Ehrgeiz des Sohnes und die Wissenschaft. Rudolf will nach Paris reisen, um für seine Sache zu kämpfen. Die Eltern aber zittern vor den Kosten und legen wohl auch an den Sohn, den sie ja drei Jahre nicht gesehen haben, einen zu geringen Maßstab an. Durch Sparen und Briefwechsel bereitet Rudolf umsichtig seine Reise nach Paris vor.

Die Bahnfahrt nach Paris mit den billigsten Gelegenheiten – in Frankreich in einem Personenwagen, der an die Güterzüge gehängt wird – dauert zweiundvierzig Stunden. Nach drei Jahren schließt sich der Kreis von Paris über London nach Augsburg und Paris. Die Diesels wohnen nicht mehr in der Wohnung, in der Rudolf seine Kindheit verbrachte, sondern am Boulevard Voltaire 127 im XI. Arrondissement. Natürlich waren alle der Meinung, daß das Glück des Wiedersehens groß war. Die Eltern finden den Sohn leiblich und geistig gesund und stellen fest, daß er in Augsburg eine schöne Lehre durchgemacht hat. Aber dieser nimmt wahr, wie schwer sein Vater zu kämpfen hat, der sich immer noch *„Fabricant de Maroquinerie"* nennt. Rudolf ist älter geworden; er vermag die geschäftliche Untüchtigkeit und Wirrnis des Vaters nun zu beurteilen. Und die Arme der sorgenerfüllten Mutter schlingen sich um ihn, als wollten sie ihn ins Enge und Begrenzte zurückziehen, wo er doch ins weite Reich der Unabhängigkeit und des Erfolges strebt.

Wiederbegegnungen nach Jahren sind nicht selten eine gefährliche Sache. Man ist verschiedene Wege gegangen. Herz, Geist und Gemüt eines jungen Menschen haben den Lebenspfad nach einer bestimmten Richtung selbständig zu verfolgen begonnen.

Die Macht der Eltern findet Grenzen an den Einflüssen, die von fremden Menschen und Verhältnissen auf die Seele des Kindes ausgeübt wurden. Fremdheit prallt einem gerade im Augenblick des Wiedersehens entgegen. Auf die heiße Zärtlichkeit fällt der kalte Nebel der Scheu und der Befangenheit. Das Irrewerden beginnt. Rudolf war mit dem Bewußtsein in sein Vaterhaus zurückgekehrt, daß er ehrlich seine praktischen und sittlichen Aufgaben zu lösen versucht hatte. Er selbst war vorwärtsgekommen, aber der Zustand seiner Eltern zeugte von keinerlei Gelingen. Der Sohn hatte an seinen Eltern immer mit vertrauensvoller Liebe gehangen, und der Gedanke an sie hatte ihn gestärkt und gehalten. Plötzlich wurde dieser Halt erschüttert. Was er in Paris sah, bedeutete für ihn keine Hilfe. Die quälende Abhängigkeit von den Verwandten, das Studium, die Ziele seines Ehrgeizes – das waren von nun an Probleme, die nur er allein lösen konnte.

Sieben Wochen nach Rudolfs Ankunft in Paris starb seine Schwester Louise, das Lieblingskind der Eltern. Eltern und Geschwister waren tief erschüttert.

Louise, die am Musikkonservatorium studiert hatte und schon sechzehnjährig mit dem ersten Preis ausgezeichnet worden war, hatte durch Klavierstunden bereits Geld verdient. Ihr Tod minderte die Einnahmen der Familie. Unter verschlechterten Bedingungen und in tiefstem Kummer mußten die Eltern das sorgenvolle Geschäft in Paris weiter betreiben.

Rudolf wurde immer klarer, daß er wirtschaftlich nichts von seinem Elternhaus zu erwarten hatte. Im Gegenteil, er würde in Zukunft vor der Aufgabe stehen, seine Eltern vor Not zu bewahren. In diesen Wochen des Entsetzens und der Sorge verfehlte aber der nach dem Krieg neu erstrahlende Glanz seiner Heimatstadt Paris nicht, Eindruck auf sein Gemüt zu machen. Er war älter geworden, hatte eine neue Umwelt, die schwäbisch-deutsche der bayrischen Stadt Augsburg, kennengelernt. Die Weltoffenheit von Paris und der Arbeitsgeist des gewerblichen Süddeutschland begannen um seine Seele zu ringen. In Paris war Glanz, Freiheit, die große Welt; in Augsburg gediegenes Hausbrot. Beidem war er zugetan. Er war zugleich ein Weltkind, das genießen wollte, und eine Art von Arbeitsasket. Die Kulissen in seiner seelischen Szenerie müssen sich damals verschoben haben. Er ist plötzlich kein Kind mehr. Sein Weg führt ihn, zunächst noch unbewußt, von nun an von den Eltern weg, zu seiner eigenen Kraft. Er beginnt, was das Diesseits seines menschlichen Daseins betrifft, auf sich allein zu vertrauen. Dabei bleibt er kindlich fromm und der treue, seine Eltern ehrfürchtig liebende Sohn.

Nach Louises Tod begannen die Eltern mystische Pfade zu beschreiten. Ihre Verzweiflung über den Tod des liebsten Kindes war trotz aller Frömmigkeit fassungslos. Der Vater neigte ohnehin zu Magie und Metaphysik. Menschen, deren Schicksal sich schroff verändert hat und die sich weder seelisch anzupassen vermögen noch sich mit natürlichen Erklärungen zufriedengeben, verfallen leicht dem Okkultismus. Die Totenbeschwörung war wie nach allen großen Kriegen auch nach 1871 sehr beliebt. In ihrer maßlosen Trauer hofften die Eltern, mit ihrer Louise wieder in Verbindung treten zu können. Sie besuchten eine spiritistische Sitzung. Louises Geist meldete sich und verkündete zum Entsetzen der Eltern, daß sie im Jenseits sehr unglücklich sei. Theodor Diesel war von nun an gezeichnet. Er blieb bis an sein Lebensende Spiritist, war angezogen von dem, was ihm am Katholizismus magisch erschien, und geriet später in München unter den Einfluß eines bigott katholischen Mediums. Elise hingegen war von Grauen gepackt und schüttelte schon nach der ersten Sitzung den Spuk von sich ab. Sie weigerte sich, auf diesem Weg weiterzuschreiten. Ihre Frömmigkeit wurde noch herber. Die Wege der Gatten liefen auseinander. In Rudolfs Elternhaus begann eine Zerrüttung. Immer weniger konnte es für Rudolf Diesel, der auf Vernunft, Willen, Arbeit und Klarheit baute, eine Zuflucht sein.

Noch steht er zu seinen Eltern in einem Verhältnis kindlicher Ergebenheit. Aber er muß sich sagen, daß, was die Dinge dieser Welt betrifft, die Eltern auf dem falschen, er auf dem richtigen Weg ist. Es empört ihn, daß eine mißliche Lage nicht verändert wird, die verändert werden könnte. Als Fünfzehnjähriger fühlt er sich den Eltern überlegen. In dieser Zeit beginnt ein Wesenszug in ihm ausgeprägt zu werden, der ihm später viele Feinde macht: die Überzeugung von seiner Überlegenheit, von dem mangelnden Zupacken, der matten Fähigkeit der meisten Menschen, mit denen er zu tun bekommt, die Ungeduld vor dem geringen Willen und Tempo der anderen. Er will nicht begreifen, daß andere weniger tüchtig sind, weniger leisten als er, obwohl er doch wieder zu erkennen gibt, daß sie weniger tüchtig sind. Tragische Vorgänge werden die Folgen dieses Wesenszuges sein, vor allem, wenn er später selbst Fehler und Irrtümer begeht und – sie nicht eingestehen will.

Nach Augsburg zurückgekehrt, bemühte er sich sofort um eine Stelle für seinen Vater. „Man denkt, man wird schon eine Stelle hier finden. Aber du mußt, lieber Papa, dich in Buchhaltung üben, was du mit gutem Willen leicht aus einem guten Buch lernen kannst, und, vor allem, die Schrift bessern. Ohne eine bessere Schrift, sagen alle, kannst du nicht an eine Stelle denken. Was dir an Buchführung fehlt, dafür hat sich ein College von Onkel Barnickel erboten zu sorgen, und nachzuhelfen, wenn du nur gute Elemente hast. Aber vor allem die Schrift . . . Ich würde, an deiner Stelle, jeden Tag wenigstens eine halbe Stunde schreiben . . ." Und wieder fleht er ungeduldig seinen die Briefe monatelang nicht beantwortenden Vater an, für das deutsche Heimatrecht zu sorgen. Stolz berichtet er über die große Freude des Direktors Pfeiffer, als er seinen Schüler wiedersah, den er in Paris schon für Deutschland verloren glaubte. Stolz beginnt er einen Brief mit der Bitte, ihm kein Geld zu schicken. Öfter betont er, daß er selbst durch Stundengeben verdient, daß seine Kasse jetzt in besserem Stand sei. Er gibt in der Woche vier Stunden und bekommt für zwei je dreißig, für die beiden anderen je zweiundvierzig Kreuzer.

Die Eltern ertragen seine Briefe immer schwerer, und in dem Verhältnis zwischen Eltern und Sohn beginnt ein Wetterleuchten. Die Mutter mäkelt an ihm herum. Sie hat vor seinen Plänen Angst und spielt auf seinen unbefriedigten Ehrgeiz und seine Selbstliebe an. Er wehrt sich und meint, daß er unter Ehrgeiz und Selbstliebe ganz etwas anderes verstehe als sie. Aber nach allem, was er in Paris gesehen und erlebt hat, wird er durch die Vorwürfe der Eltern fast zur Verzweiflung getrieben. Doch plötzlich kommen Anfang 1874 aus Paris bessere Nachrichten. „Daß die Geschäfte gut gehen, freut mich herzlich, ich habe meinen Gott alle Tage darum gebeten, er möge Euch doch, nach den furchtbaren

Prüfungen und Schlägen der letzten Jahre einmal in eine bessere
Lage führen, bis Er mir einst die Gnade verleiht, Euch zu mir zu
nehmen und Euch glückliche alte Tage zu verschaffen. Es scheint,
er hat meine Gebete erhört."

VOM 1. OKTOBER 1873 an besuchte Diesel die Industrieschule,
den zweijährigen Überbau der von ihm absolvierten Gewerbsschule. Es lag im Aufbau dieser Lehranstalt begründet, daß er
sich jetzt mit fünfzehn Jahren endgültig für die Abteilung entscheiden mußte, die er besuchen wollte. Aber der Entschluß war
für ihn kein Problem, denn seit jeher wollte er ja Maschinenin-
genieur werden. So besuchte er die mechanisch-technische Abteilung, in welcher er allem, was er liebte, der Mathematik, der
Physik, dem Maschinenzeichnen, den modernen Sprachen, aus-
giebig frönen konnte. Für vieles Ungemach schien ihn das
Schicksal dadurch zu entschädigen, daß er nie zwischen mehreren Berufen schwankte, daß ihm seelische Qualen dieser Art
erspart blieben, die so sehr an der Arbeitskraft und dem Lebens-
mut zu zehren vermögen.

In das Jahr 1874 fällt Diesels erste Berührung mit reichen Leuten, mit der Bankiersfamilie von Stetten. Karl von Stetten war
Witwer und gab seine vier Söhne zu Professor Barnickel in Pension, wofür er ihm ein ganzes Haus am Moritzplatz B 219 zur
Verfügung stellte. So war Diesel mehrere Jahre lang mit den Stet-
tens zusammen. Barnickel schmiedete Pläne: einer der Söhne
würde einmal eine Fabrik erhalten, und vielleicht könnte dann
Rudolf dort Direktor werden. In dem neuen Haus genießt Diesel
den ersten Luxus seines Lebens, das fein gebohnerte Parkett in
seinem netten Zimmer, die duftenden Blumen und sein Tisch-
chen am Fenster, die hübschen Leinwandstores, welche die Son-
nenhitze abhalten und angenehme Kühle und Dämmerung
erzeugen. Es sei, so meint er, ein ganzes Boudoir, wo er für das
Examen arbeiten und die deutschen, französischen und englischen Bücher seiner kleinen Bibliothek genießen könne. Er
macht Musik und schreibt, trotz neun- bis zehnstündiger Arbeit
für die Schule und des Erteilens von Unterricht, die Klaviernoten
ab, die er nicht kaufen kann.

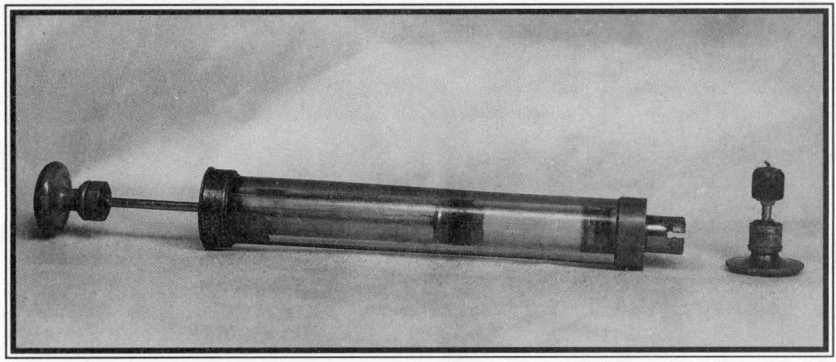

Das Kompressionsfeuerzeug beeindruckte Diesel auf der Industrieschule tief und half möglicherweise, die Idee zum Dieselmotor vorzubereiten.

IN DEN Jahren 1874 bis 1876, welche Diesel auf der Industrieschule verbrachte, wurde er mit dem pneumatischen Feuerzeug bekannt, einem physikalischen Apparat, der möglicherweise die Idee zum Dieselmotor vorbereiten half.

Im Sommer 1898 trat der Motor zum ersten Mal auf der zweiten Kraft- und Arbeitsmaschinenausstellung in München vor vielen Menschen in die Öffentlichkeit. Ehe wir Kinder in die gerade eröffnete Ausstellung gehen durften, versammelte uns der Vater im Eßzimmer. Er war wieder einmal in Augsburg gewesen, hatte die Industrieschule als ihr berühmt gewordener ehemaliger Schüler besucht und nach dem pneumatischen Feuerzeug geforscht. Dieses Feuerzeug war von der Vorgängerin der Industrieschule im Schuljahr 1833/34 für elf Gulden erworben worden. Rudolf Diesel hatte als Schüler diesen Apparat gesehen, und die Tatsache, daß man durch das Zusammendrücken von Luft Wärme, ja bei Zuführung eines besonderen Brennstoffes Feuer erzeugen könnte, hatte auf ihn tiefen Eindruck gemacht. Er fand das Kompressionsfeuerzeug im physikalischen Kabinett der Schule und lieh es sich aus. Damit trat er vor uns Kinder, um die Wirkungsweise seiner Maschine zu erklären. Das Feuerzeug glich einer Fahrradpumpe, deren Hauptteil ein langer Zylinder aus Glas war, um den noch ein größerer Glaszylinder gelegt war. Man konnte also hineinsehen. Oben und unten war es mit Metalldeckeln verschlossen, durch deren einen die Kolbenstange mit dem Handgriff herausragte. Am gegenüberliegenden Deckel war innen ein

Stückchen Zunder angebracht. Der Vater erklärte uns, daß Luft heiß wird, wenn man sie zusammendrückt. Wenn man sie besonders heftig zusammendrücke, dann würden sich sogar brennbare Gegenstände darin entzünden. Er setzte die Pumpe auf die Sesselkante und stieß den Kolben mit aller Wucht hinein. Zweimal mißglückte der Versuch. Beim dritten Mal sahen wir, daß der Zunder in der zusammengepreßten heißen Luft ins Glühen geraten war. „Stellt euch vor", sagte mein Vater, „da drin wäre nun etwas Benzin oder Petroleum oder Kohlenstaub gewesen, so hätte sich solcher Brennstoff entzündet, und der durch diese Verbrennung gestiegene Gasdruck – Hitze dehnt Gegenstände und natürlich auch die Luft aus – müßte den Kolben hinaustreiben. Der Dieselmotor ist nichts anderes als solch ein pneumatisches Feuerzeug, mit dem Unterschied, daß der Brennstoff fein zerstäubt in die zusammengepreßte glühende Luft eingeblasen wird. Hierin entzündet er sich von selbst und leistet dann Arbeit, indem das heiße und hochgespannte Gas den Kolben vor sich herschiebt, der mit Hilfe der Kurbel das Schwungrad dreht."

WIEDER fand 1874 ein Examen des nun Sechzehnjährigen statt. Wie üblich bestand er es glänzend und reiste dann nach Paris. An dem trostlosen Zustand des elterlichen Geschäfts hatte sich nichts geändert. Dem Sohn schnitt es ins Herz, wenn er einmal um Geld bitten mußte. Die Stimmung war schlecht. Fast jeden Tag rieb die Mutter ihrem Sohn unter die Nase, daß alle Theorie nichts tauge und daß Feilen und Hämmern genüge, um einen guten „Mechaniker" hervorzubringen.

Nach der Abreise des Sohnes bricht der schwelende Konflikt im Briefwechsel aus. Die Eltern wehren sich gegen das Studium des Sohnes, das im nächsten Jahr beginnen müßte. Geldsorgen quälten sie; die Mutter vermeidet sogar das Briefschreiben, um das Porto zu sparen. Am 22. November schreibt der Sohn triumphierend: „Und nun habe ich noch eine freudige Nachricht mitzuteilen . . . Wie ich nämlich schon in Paris vermuthete, hat unser Rektor schon wiederholt ausgesprochen, daß er es sehr gerne sehen würde, wenn ich in München studieren würde und hat auch gesagt, daß er ziemlich gewiß mir 400 fl. Stipendien verschaffen könne. Damit ist aber durchaus nicht gesagt, daß es wirklich zum Studieren komme, es ist nur vor der Hand einmal eine Chance dazu da." Er rechnet den Eltern vor, daß es auf lange Sicht sehr viel einträglicher sei, zu studieren, als Werkmeister oder kleiner Techniker zu bleiben.

Dieser Brief verletzte die Eltern. Aber erst zehn Wochen später beginnt der Vater mit einem langen, weichen und schwärmerischen, aber zugleich strengen und zurechtweisenden Brief, der fünf Wochen später abgesandt wird. Praktisch Verwertbares bekommt der Sohn wieder nicht zu hören. Der Vater entschließt sich auch diesmal nicht, dem Sohn das Studieren zu erlauben, und rät ihm, nun möglichst rasch Geld zu verdienen, damit die Schulden an Barnickel abgebürdet werden können. Alles übrige läßt der Vater in der Schwebe und predigt, daß es der einzig wahre Genuß sei, in seines Gottes wunderbarer, ewig neue Seiten darbietenden Schöpfung zu suchen, sich jeden Tag nach dem Zweck des Menschen in dieser reichen Schöpfung zu fragen.

Die Antwort des Sohnes vom 20. März zeugt von großer Sicherheit. Tatkraft und Verstand siegen über gefühlsbetonte Religion und Metaphysik. Rudolf Diesels spätere Abkehr vom Kirchenglauben und Dogma hat vielleicht mit der Auseinandersetzung jener Tage ihren Anfang genommen. Für den Abschluß seines Briefes hält er einen Triumph bereit: Die Polytechnische Schule in München war 1868 neu gestaltet und zur Technischen Hochschule erklärt worden. Die Pläne zu dieser Umgestaltung wie auch die zu den Industrieschulen stammten von Professor Karl Max von Bauernfeind, damals nicht nur als Ingenieur und Geodät und auf verschiedenen technischen Gebieten durch Leistungen berühmt, sondern auch ein Mann von großem Einfluß auf das technische Unterrichtswesen des Königreiches Bayern. Er konnte allerhand staatliche oder industrielle Geldquellen zum Fließen bringen. Vor allem standen ihm die durch den Nürnberger Großindustriellen Freiherr Theodor von Cramer-Klett gestifteten, bedeutenden Stipendienfonds zur Verfügung, die begabte Studierende der Technik unterstützen sollten. Eines Tages im Jahre 1875 kam Professor von Bauernfeind als Regierungs-Commissär nach Augsburg, um den Zustand der Industrieschule zu begutachten, deren Leistungsfähigkeit zu beweisen ihm besonders am Herzen lag, da er ja die Gründung solcher Schulen empfohlen hatte. Er fragte nach den besten Schülern. Diesel hatte in diesem Jahr alle Probearbeiten mit der Note Eins geschrieben. So wurde er dem königlichen Commissär als Wundertier vorgestellt und durch Direktor Pfeiffer empfohlen. Aber Bauernfeind war mißtrauisch. Um eine mögliche Gönnerschaft zu entlarven, stellte er mit Diesel eine Prüfung an, die zur Folge hatte, daß er ihm für zwei Jahre ein Stipendium von fünfhundert Gulden versprach. „Somit", schreibt Diesel an seine Eltern im letzten Abschnitt seines Briefes, „wäre allen euren Bedenken gesteuert."

Bei der Schlußprüfung im Sommer 1875 erhielt Rudolf Diesel, der jüngste Schüler der Klasse, für zwölf von dreizehn Fächern eine Eins, nur in der Vermessungskunde eine Zwei. Das war das beste Examen, das bis dahin und wohl überhaupt jemals in der Industrieschule abgelegt wurde. Die Ferien verbrachte Diesel zunächst in Paris. Herr von Bauernfeind kam nach Paris, ließ sich von Diesel die Stadt zeigen und nahm ihn dann als Sprachmentor mit auf eine achttägige Reise durch Frankreich, die Schweiz und das Allgäu. Jahrelang verkehrte Diesel von nun an im Hause Bauernfeinds, wo er Oskar von Miller kennenlernte, der auch am Polytechnikum studierte. Hier begann Diesels und Millers Freundschaft fürs Leben.

1875–80
Zielbewußtes Studium – erfinderischer Vorsatz

Diesel stand seit seiner Jugend unter einem geistigen Druck, den man im Umgang mit ihm immer spürte. Diese geistige Energie nahm ihre Richtung einerseits auf das „Exakte" (ein von Diesel ebenso bevorzugter Begriff wie „Prinzip" und „prinzipiell"), andererseits auf das nachweisbare „Resultat". Unermüdlich war ein ewig plänemachender Fleiß am Werk, der nie in der bloßen Idee verharrte, sondern durchführen wollte und die Hilfsmittel herbeizubefehlen wußte. Diesel hatte etwas Hinwegschnellendes und besaß doch zugleich Sitzfleisch. Er sah ein, daß in seiner Lebenslage seinem Geist nur durch unglaubliche Geduld Flügel wachsen konnten. Jeden Tag sah er wie eine Stufe an, auf die er am folgenden Tag seine Schritte zu setzen hatte, um das nächste Ergebnis zu erzwingen. Er löste die sich mit jedem Tag stellende Aufgabe aus dem Geist seines Berufungsgefühls.

Mit achtzehn Jahren ist er entschlossen, einst „in den Wissenschaften ein Wort mitzusprechen". Schon beim Beginn seiner Studien in der mechanisch-technischen Abteilung des Münchener Polytechnikums arbeitet er so viel, daß ihm der Kopf brummt und er nur spät Schlaf findet. Gewisse Probleme kann er sich nicht aus dem Sinn schlagen. Einige sind wissenschaftlicher Art, andere aber entspringen seinem Ehrgeiz. Er versinkt in einen Zustand der Übermüdung und vermag die einfachsten Geschichten nicht mehr mit Verständnis zu lesen. Daran erkennt er zu seinem Schrecken, daß der Mensch eben doch nicht alles kann, was er will, daß er von seinem Körper abhängt.

Seine Angehörigen in Paris zerbrachen sich den Kopf, wovon er eigentlich lebte und studierte, denn sie schickten ihm kein Geld, und Onkel Barnickel vermochte nicht auch noch Rudolfs Studium zu bezahlen. Bis Weihnachten 1875 zehrte Diesel von einem Stipendium, das ihm, wie er schrieb, aus der „Privatcassa" des Herrn von Cramer-Klett zugeflossen war. Als dies Geld gerade verzehrt und die Not am größten war, bekam Diesel auf Grund seiner Zeugnisse wieder ein Stipendium, diesmal vom Staat. Zudem hielt er zweimal in der Woche einen Kursus für französische Sprache ab und bestritt von den Erträgen die Miete für Wohnung und Klavier. Die Ergebnisse der nächsten Prüfung, so hoffte er, würden weitere Stipendien im Gefolge haben, womit er sich bis zum Herbst zu ernähren gedachte. Jahraus, jahrein aß er für fünfundfünfzig Pfennig zu Mittag.

Diesel hatte einen Schulfreund, Friedrich Lang, den Sohn eines Gärtnereibesitzers, welcher nun sein Studiengenosse wurde. Es entstand eine Freundschaft mit schöngeistigem und schwärmerisch-religiösem Einschlag. Zuweilen beteten sie inbrünstig, auf den Knien liegend, der Protestant Diesel neben dem Katholiken Lang. Diesel ging zunächst wenig in fröhliche Gesellschaft. Er fand die jungen Mädchen schrecklich oberflächlich und zweifelte, jemals einem weiblichen Wesen zu begegnen, das seinen hochgespannten Idealen entsprechen könnte.

Junge Leute jener Zeit trugen eine Anzahl als edel und hochstehend betrachteter Maßstäbe mit sich herum, die man Ideale

51

nannte. Man lebte ja noch im Ausklang der idealistischen und klassischen Epoche. Mit religiösen und kirchlichen Überlieferungen verschiedener Art, der Kantischen Morallehre, mit Goethe und Schiller mußte noch jeder junge Deutsche seinen geistigen Weg beginnen, aber auch mit Shakespeare und Byron, Beethoven, Mozart, Weber.

Diesel war ein Kind seiner Zeit, ein junger Mann „mit Idealen", dazu erfüllt mit den besonderen sittlichen und religiösen Vorstellungen seines Vaterhauses. Sein Ehrgeiz mischte sich mit moralischen Begriffen. Er verbringt schlaflose Stunden in ehrgeizigem Grübeln und fühlt sich klein neben all den berühmten Professoren, den Linde, Bauernfeind, Ratzel, Gümbel, Kobell, Thiersch, Pettenkofer, Haushofer, Neureuther, Reber.

Schon bei den ersten Prüfungen im Jahre 1876 erzielte Diesel wieder erstaunliche „Resultate". Hoffnungsfreudig und sachlich, siegesgewiß und doch nüchtern, schnell und doch abwägend geht er an die Dinge heran. All diese Eigenschaften waren so ausgeprägt, daß oberflächliche Beobachter, denen einer der Züge besonders auffiel, ihn oft einseitig und daher falsch beurteilten. Wenn er hofft, auf Grund seiner Leistungen neue Stipendien zu erhalten, so hält er sich gleichzeitig vor, daß diese Hoffnung trügerisch sein könne, und rechnet damit, sich auf andere Weise helfen zu müssen. Dann würde er sich aber auch allein durch die Welt schlagen. Das klinge sehr heroisch, meint er, aber mit diesem Satz fiele ihm ein schwerer Stein vom Herzen, da er jedesmal sehr gedrückt sei, wenn er von irgendeiner Seite Geld empfangen müsse.

Sein Schirmherr Bauernfeind wird von ihm nüchtern beobachtet. Bauernfeind ist einmal verstimmt und erweckt den Eindruck, als habe er eine Abneigung gegen seinen Schützling. Da rechnet Diesel sofort damit, daß seine Hilfe fortfallen könne. Er meint, daß der durch Huldigungen und Schmeicheleien verwöhnte Bauernfeind auch von ihm Schmeicheleien erwarte. Aber schmeicheln und kriechen, das wolle er nicht. Es ist ihm lieber, selbständig und frei durchzukommen, wenn er auch viel mehr arbeiten muß. Doch bald mußte er einsehen, daß er sich geirrt hatte und Bauernfeind, der ihn später sogar zum Ferienaufenthalt in Berchtesgaden einlud, es nach wie vor gut mit ihm meinte.

Eine Zeitlang wohnte Diesel mit seinem Freund Lang bei der

Witwe eines Zeichenlehrers Weiß in der Barerstraße 27. Sie hatte zwei Töchter, von denen eine mit ihm, wie es dem Bildungsstreben der Zeit entsprach, französisch sprach und Klavier spielte. Wenn er Schnupfen hatte, wurde ihm ein Schälchen mit Malzbonbons in sein Zimmer gestellt.

Diesel hörte jede Vorlesung, zeichnete jeden vorgeschriebenen Strich und büffelte, um ja nicht ins Hintertreffen zu geraten. Er gab französische und andere Stunden, lernte Englisch, trieb Musik und ging jeden Tag spazieren. Das Kopfbrummen verließ ihn, er empfand eine Freude am Studieren wie noch nie.

Das Verhältnis zu Lang, der später aus seinem Gesichtskreis verschwand, kühlte sich ab. Diesel suchte nun fröhliche Gesellschaft und besuchte während des Faschings Bälle. Vermutlich hat es ihm aber mehr Freude gemacht, achtzehn neue Gipsmodelle von mathematischen Körpern herzustellen, sogenannte Flächen zweiter Ordnung, also Ellipsoide, Hyperboloide und andere. Diese Modelle für Lehrzwecke fanden große Anerkennung und wurden durch einen Verlag an Lehrstätten und wissenschaftliche Institute verkauft. Bei dieser Gelegenheit ließ Diesel Anfang 1878 seine ersten kleinen Druckschriften über Flächen zweiter Ordnung erscheinen. Die Modelle gerieten durch die Verlagshandlung 1893 auf die Weltausstellung in Chicago und brachten dem Urheber eine bronzene Medaille.

ERST im Januar 1877 hatte sich endgültig entschieden, daß Diesel als Bayer und Deutscher zu gelten hatte. Er meldete sich beim Militär, wurde aber zur Reserve geschrieben und später wegen „Engbrüstigkeit" als dauernd untauglich ausgemustert. Im Frühjahr 1877 mußten seine Eltern, die er im Vorjahr das letztemal besucht hatte, das nicht mehr zu haltende Geschäft in Paris verkaufen. Sie zogen nach München, und ihr Sohn wohnte nun bis zur Beendigung seiner Studien bei ihnen in der Schommerstraße 3. Das hatte sicher viele seelische Konflikte im Gefolge, aber die Liebe zwischen Sohn und Eltern scheint die Kluft überbrückt zu haben.

Theodor Diesel versuchte es in München zunächst mit seinem alten Beruf. Er nahm eine Stellung in einem Geschäft für feine Lederwaren und Brieftaschen an. Seine innere Berufung trieb ihn aber bald von dieser Arbeit fort. Er las viel, hörte sogar Vorlesungen an der Hochschule und spekulierte. Er beschäftigte sich immer noch mit Spiritismus und entdeckte, daß er magnetische Heilkräfte besaß. Zum Entsetzen seiner Frau erkor er sich das magnetische Heilwesen als Beruf und ließ sich unter dem Titel „Heilmagnetiseur" in München einbürgern. Er soll bei vielen Leuten große Erfolge gehabt haben.

DIE IM letzten Drittel des neunzehnten Jahrhunderts lebenden Europäer hätten sich kaum vorstellen können, daß all ihr erfolgreiches Wollen und Wagen, Wirtschaften und Organisieren inmitten des allgemeinen Fortschritts sie in eine ebenso allgemeine Katastrophe reißen würde. Die Technik war für diese Generation nichts anderes als das großartigste Mittel zur Besiegung der Natur zum Zweck eines materiell wie moralisch besseren Lebens, zur Versöhnung der Völker, zum ewigen Frieden. Die Aufgeklärten dachten, die Wissenschaft im Bunde mit dem Maschinenwesen und dem freiheitlichen Denken würde die Überbleibsel einer vergangenen Zeit beseitigen. Die Monarchien würden eines Tages verschwinden und überall auf der Erde liberale Republiken und Völkerbünde fortschrittlicher und friedlicher Art entstehen. Vorderhand freilich war man noch nicht so weit, und Kriege waren nicht zu vermeiden. Aber diese Kriege würden nicht lange dauern und die Grundfesten der Gesellschaft nicht erschüttern können. Die Arbeiter hingegen lebten viel deutlicher als die bürgerliche Gesellschaft mit der Vorstellung von einer großen sozialen Revolution der Zukunft.

IN BAYERN regierte Ludwig II., der 1864 als achtzehnjähriger Jüngling auf den Thron gekommen war. Als erste Regierungstat hatte er Richard Wagner aus aller Not befreit, und seine romantischen Schlösser galten als eine phantastische und wahnsinnige Unternehmung, welche die Finanzen des Königshauses und des Staates in große Schwierigkeiten stürzen mußten. Aber derselbe romantische Ludwig II., der Neuschwanstein baute und durch „Tristan und Isolde" vor Entzückung außer sich geriet, stellte sich 1870 auf die Seite Preußens und hatte schon 1868 die Technische Hochschule gegründet. Denn die Gewerbe und technologischen

Wissenschaften in Bayern blühten mächtig auf, und München war trotz seiner Vorliebe für Kirchen, Kunst, Theater, Musik und Forschung als Haupt- und Residenzstadt eben doch verpflichtet, den Geist des Gewerbefleißes zu fördern. So stand die Königliche Professorenschaft der Technischen Hochschule neben den Kollegen von der Universität in ehrenvollem Ansehen. Der geniale Urbayer Oskar von Miller studierte damals am Polytechnikum; auch Ludwig Ganghofer, der später Romane schrieb, Georg Kerschensteiner, der Pädagoge, und andere, die in München und Deutschland berühmt werden sollten.

Der Glaube an die Wissenschaft und an die Würde des akademischen Betriebs war ungebrochen. Es trat kaum ins Bewußtsein, daß an den Universitäten viel Widerspruchsvolles gelehrt wurde. Die Dogmatik der Theologie und die Lehre der Abstammung des Menschen vom Affen, Naturwissenschaften und erkenntnistheoretische Spekulation, konservatives Staatsrecht und Marxismus, Liberalismus und nationaler Extremismus, Idealismus und Materialismus – alles wurde gleichzeitig gelehrt, jeder weltanschauliche Keil konnte getrieben werden, sogar unter Duldung und Förderung des Staates. Die Deutschen hatten einen großen siegreichen Krieg hinter sich. Die heraufziehende Wirrnis von Kultur, Religion, Gesellschaft und Wirtschaft ahnte man kaum. Fochten ja doch die Gelehrten, Theologen, Pädagogen und Parteiführer ihre Kämpfe nicht mit Maschinengewehren, sondern mit Worten und Büchern aus, sorgte doch der liberale Geist dafür, daß die Fülle der Widersprüche und Zündstoffe keine Explosion hervorrief. Die Ingenieure, Industriellen und Kaufleute arbeiteten darauf los und machten sich nur Gedanken über das, was sie ausrichteten, nicht über das, was sie anrichten würden. Und sie hatten recht. Sie waren die ausübenden Organe einer neuen Zeit, die über alle Krisen hinweg eine ganz neue Ordnung zu schaffen im Begriff stand.

Die Ingenieure, und so auch Diesel, sahen die Wirrnis späterer Zeit nicht voraus. Sie glaubten damit beschäftigt zu sein, eine Sache, die man früher mangelhaft gemacht hatte, nunmehr besser zu machen, sie zu vervollkommnen. Natürlich war es besser, mit Lokomotiven auf Schienen zu fahren und die Güter zu befördern, als mit Pferden auf Landstraßen einherzuholpern. Es war besser, schöne Quelleitungen anzulegen und Wasser in jeder Wohnung zu haben, wie es für München damals Pettenkofer in die Wege zu leiten begann, statt Wasser mit Krankheitskeimen aus dem Brunnen zu pumpen und typhuskrank zu werden. Besser, als die Kinder ersticken zu lassen, war es, ein Serum gegen Diphtherie zu erfinden, und es war wünschenswert, Petroleumlampen durch elektrisches Licht zu ersetzen. Man baute Dampfmaschinen, um die Fabriken zu betreiben. Das Zeitalter glaubte an den Fortschritt.

Wenn damals eine neue Steuerung an den schweren und langsam laufenden Dampfmaschinen angebracht wurde, wie es Corliss in Amerika und die Gebrüder Sulzer in der Schweiz getan hatten, so zwang das die Welt zur Bewunderung. Wie aber, wenn es gelingen sollte, die Dampfmaschine überhaupt von ihrem Thron zu stoßen, eine ganz neue Kraftmaschine ohne Kessel zu erfinden? Da mußte doch ein Rausch und Triumph über die Menschen kommen! Einen solchen Vorsatz faßte in diesen Jahren der Student Rudolf Diesel.

Die Studenten des Maschinenbaues an der Technischen Hochschule zeichneten damals große Dampfmaschinen, mächtige Dampfkessel, gußeiserne Armaturen, schmiedeeiserne Maschinenteile, schwere Drehbänke, Transmissionen, Dampfhämmer. Es herrschte der sogenannte klassische Maschinenbau. Rudolf Diesel las Ernst Haeckels Buch über die Abstammungslehre und Büchners „Kraft und Stoff". Noch hielt er am dogmatischen Christentum fest, aber der Darwinismus und Materialismus begannen seinen Glauben zu erschüttern. Die soziale Frage spukte in seinem Geist. Lebhafter jedoch beschäftigten ihn die hohen Schornsteine der Fabriken und der abscheuliche Rauch, der die Schönheit und Gesundheit der Städte gefährdete. Die Schornsteine waren zu jener Zeit das Symbol der Technik. Wenn man auf die Technik schimpfte, berief man sich, wie später auf das Stinken und den Lärm der Autos, damals vor allem auf die häßlichen Schornsteine und auf den Rauch, den das Zeitalter des Dampfes in nicht zu verantwortenden Schwaden über die Städte und Landschaften wälzte.

Diesel hörte in seinen ersten Semestern am Polytechnikum Vorlesungen über Ästhetik und Goethes Dichtungen, und er hat an der Universität Vorlesungen „geschunden", zum Beispiel über

Anatomie. Er riß möglichst viel Wissen und Bildungsgut an sich.
Er hörte die Klassiker, ging in Konzerte, machte Wanderungen in
den Bergen und war ein Bewunderer des umstrittenen Richard
Wagner. Wagner war ein Kind seiner Zeit. Einerseits Romantiker
und Künstler, andererseits unglaublich fleißig, Leistungen voll-
bringend und Ergebnisse herbeizwingend im Sinne des fast ener-
getisch zu nennenden neunzehnten Jahrhunderts. Im späteren
Alter ging Diesel selten in Wagneropern. Die gleichzeitige Häu-
fung von Drama, Poesie, Philosophie, Musik, Szenerie erregte
ihn, der alles höchst empfindsam in sich aufnahm, so sehr, daß er
das Anhören physisch und seelisch kaum mehr ertrug.

AM POLYTECHNIKUM lehrte Professor Carl Linde die theoretische
Maschinenlehre. Er war ein fränkischer Pfarrerssohn, der bis in
das hohe Alter orthodox fromm blieb. In Gemüt und Charakter
war er einfach und klar. Er besaß strenge sittliche Grundsätze
und eine unerhörte Arbeitskraft, aus der nicht nur gediegene,
sondern auch bedeutende erfinderische und konstruktive Leistungen hervorgingen. Schon als junger Mensch war er eine
Autorität für Wärmekraftmaschinen und Kühlmaschinen, aber er
las an der Hochschule auch über Spinnerei, Weberei und andere
Gebiete, bis er sich auf die theoretische Maschinenlehre konzen-
trierte. Bald nach 1870 gelangen ihm entscheidende Verbesserungen der Eis- und Kühlmaschinen, und in den neunziger Jahren wurde er berühmt durch die Erfindung der Luftverflüssigung.
Er war eine gediegene, kluge und stetige Persönlichkeit, die,
unbeirrbar im Glauben an die Arbeit und an Gott, durch das Zeitalter der Maschine ging und der Auffassung war, daß die Welt mit
der gesamten modernen Technik sehr wohl in Ordnung zu halten
wäre, wenn sie nur nicht vom Christentum abirrte.

Rudolf Diesel hörte Lindes Vorlesung 1878, wobei auch die
Wärmekraftmaschinen, vor allem die Dampfmaschinen behandelt wurden.

In einer Wärmekraftmaschine handelt es sich um die Hervorbringung von nutzbarer Kraft aus der Wärme, die man entweder
durch ein Feuer einem Dampfkessel zuführt oder durch Verbrennungsvorgänge der einen oder anderen Art im Zylinder der
Maschine selbst hervorruft.

Die Kraft begleitet alle Vorgänge in der Natur auf eine so auffallende und überall wahrzunehmende Weise, daß man versucht ist, sie als die wichtigste Erscheinung im Haushalt der Welt überhaupt anzusehen. Überall ist Energie mit dabei, wenn irgend etwas verursacht wird oder in Erscheinung tritt. Sie ist im Rauschen der Wälder sowohl wie in der Brandung der Meere, im strömenden Wasser der Flüsse, im Saft, der im Baum emporsteigt, im Licht, Leben, Denken, in der Bewegung, im Handeln, im Wirken und Dasein des toten wie des lebendigen Stoffes – kurz in allem.

Wo aber Kraft in Erscheinung tritt, wo sie fühlbar und meßbar wird, da ist sie unweigerlich auch mit Bewegung verbunden. Wenn sich nun die an einen Körper heftende Kraft mit diesem Körper und seiner Masse längs eines „Weges" bewegt, so wird etwas geleistet, oder es tritt etwas in Erscheinung, das wir Arbeit nennen. Die Physik hat die Formel geprägt: „Kraft mal Weg gleich Arbeit."

In unauflöslicher Verbindung mit dem Leben und Wirken des Menschen steht also die Kraft. Alles und jedes, was unternommen und geleistet wird, bedarf auch der Kraft. Daher hat der Mensch immer die Kraft bewundert. Über je größere Kräfte er verfügte, um so mehr konnte er leisten. Das ist so offenbar, daß kräftige und kraftvolle Menschen seit je in höherem Ansehen standen als physisch oder geistig schwache Menschen. Die Bewunderung der Kraft ist dem Menschen schon angeboren. Von Anfang an hat er erfahren, daß er Kraft benötigt, um Gegenstände zu befördern, Hütten zu bauen, Waffen zu schwingen, den Acker zu bearbeiten, das mit Fischen gefüllte Netz zu heben, um Gegenstände anzufertigen und überhaupt im Lebenskampf zu bestehen. Hinter jeglicher Wirkung wurde mit Recht eine Art von Kraft vermutet. Auch geistige Wirkung wurde einer geistigen „Kraft" zugeschrieben. Gott wurde zur Kraft oder je nachdem die Kraft zu Gott, und von der göttlichen Kraft ist schon sehr früh gesprochen worden.

Tritt also die Kraft in allen Erscheinungen der Welt auf, oder ist sie wenigstens jederzeit in der Lage, in Erscheinung zu treten, sobald sich ein ruhender Zustand ändert, so ist es um so erstaunlicher, ja fast magisch, daß sie selbst – die Mutter allen Wirkens – unsichtbar bleibt. Darum wirkt die Kraft viel rätselhafter als

Dinge, die dem Auge erscheinen und in die Hand genommen werden können. Die Kraft erscheint nur *an den Dingen,* auf die sie wirkt, und wird nur *durch die Dinge* empfunden.

In den Jahrtausenden der Geschichte bis zum achtzehnten Jahrhundert sammelten die Menschen Gegenstände für die Nahrung oder für anderen Gebrauch; sie formten die Gegenstände zu nützlichen und künstlerischen Zwecken, beeinflußten das Wachstum der Pflanzen, züchteten und zähmten die Tiere. Etwas Ähnliches auch mit der Kraft vorzunehmen, auf diesen Gedanken verfiel man nicht. Man erntete, trieb Fischfang und Viehzucht, aber daß man Kraft künstlich, ohne die Muskeln von Mensch oder Tier, hervorbringen und sogar ernten konnte, daran dachte keiner. Wenn man viel Kraft benötigte, etwa um Pyramiden zu bauen oder Lasten zu bewegen, so vereinigte man die Muskelkraft sehr vieler Menschen und Tiere. Auf die künstliche Hervorrufung von Kraft verfiel man nicht, und aufgespeichert wurde die Muskelkraft höchstens in Uhrfedern und Gewichten.

Modell der ersten Ammoniak-Kompressions-Kältemaschine der Welt von Carl von Linde

Auf die Wirkung des Hebels freilich geriet man sehr früh, sei es in eigentlichen Hebeln oder in Winden und Flaschenzügen, also in den sogenannten einfachen Maschinen. Aber das waren Vorrichtungen, welche den Weg der arbeitenden Muskelkraft auf eine sehr viel längere Strecke verteilten, so daß sie entsprechend höhere Lasten, wenn auch langsam, zu bewegen oder zu heben vermochten. Und auch die Verwendung der Naturkräfte wie Wasser und Wind ähnelte nicht der Anwendung einer modernen Wärmekraftmaschine. Das Segel des Schiffes stellte man ja in eine Naturkraft, wie man sie vorfand, hinein. Das gleiche gilt für die Wasserräder der früheren Zeit, die einfach in einen vorgefundenen Wasserlauf hineingehängt wurden, und für die Windmühlen, die man in den Wind stellte. Es waren Maschinen, welche vorhandene Kräfte benutzten und mit ihnen nutzbare Bewegung hervorriefen, nicht solche, welche auch die Kraft selbst erst schufen, wie es die Dampfmaschinen und die anderen Wärmemotoren tun.

Bis tief in die Neuzeit hinein hat man also für die Hervorbringung von Kraft keinen künstlichen Prozeß verwendet, keine schöpferische geistige Macht angerufen. Wenn man gewisse Vorarbeiten im siebzehnten Jahrhundert außer acht läßt, so begann man erst im achtzehnten Jahrhundert, die Kraft auch künstlich hervorzubringen, sie gleichsam zu ernten, ja sie zu speichern. Das war in der Menschheitsgeschichte ein Schritt von ähnlicher Bedeutung wie der Übergang zu Viehzucht und Ackerbau, ein Schritt, der notgedrungen zuerst etwas Unnatürliches und Revolutionäres darstellte. Mußte nicht das Zeitalter erschüttert werden, wenn man plötzlich mit ganz neuen Mitteln jenseits der Muskeln, des Wassers und des Windes, ja jenseits aller früheren Erfahrung Kraft hervorrufen und ernten konnte? So etwas bedeutete ja nichts anderes als eine fast grenzenlose Vermehrbarkeit aller Ausübungen und Wirkungen. Mußte die menschliche Welt und die Zukunft des Menschengeschlechts nicht in einem ganz anderen Licht erscheinen, wenn man Kraft in fast beliebiger Menge hervorzurufen verstand?

Es zeigte sich, daß die Hauptquelle künstlich hervorrufbarer Kraft die *Wärme* war. Wärme hervorzubringen, dazu war ja der Mensch seit Jahrtausenden imstande gewesen. Er lebte mit dem Feuer. Heißes Wasser, Dampf und heiße Luft gehörten zum Bereich seiner alltäglichen Erfahrung. Wärme konnte man durch Verbrennung des einen oder anderen Stoffes jederzeit hervorrufen. Das war eine uralte Gewohnheit und Fähigkeit.

Von einer höheren zu einer tieferen Temperatur gibt es Wärmegefälle, genauso wie es Wassergefälle (Wasserfälle) von einem höheren zu einem niedrigeren Ort gibt. Wie das Wasser in einer Kaskade herabspringt und dabei Kraft entwickelt, die man zur Arbeitsleistung zwingen kann, so fällt eine Wärmemenge bei der Abkühlung eine Temperaturkaskade hinab. Aber diese Wärmekaskade zur Verrichtung mechanischer Arbeit zu zwingen war wesentlich schwieriger als die Ausnutzung der Wasserkaskade. Dergleichen gelang zum ersten Mal mit der Dampfmaschine. Man heizte einen Kessel. Das Wasser verdampfte. Der heiße, gespannte Dampf strömte in den Zylinder der Maschine, trieb den Kolben der Maschine vor sich her und dehnte sich, hierbei kühler werdend, aus. Den Dampf leitete man in kühles Wasser, wo er sich niederschlug, sich „kondensierte", so daß ein luftleerer Raum entstand, der den Kolben zurücksaugte. Von dem heißen Dampf bis zur Abkühlung im Kondensator haben wir also ein einziges „Wärmegefälle", eine Wärmekaskade, in welche der Mechanismus der Dampfmaschine hineingestellt ist wie das Wasserrad in das Wassergefälle. Nur bedurfte es ganz anderer mechanischer Mittel als beim Wasserrad, um eine Maschine in gespannten Dampf hineinzukonstruieren, der sich während der Arbeitsleistung entspannte und abkühlte.

Die Schöpfer der Dampfmaschine verfügten über die Gabe, sich eine solche Maschine in der Fantasie auszumalen. Watt entwickelte in der zweiten Hälfte des achtzehnten Jahrhunderts seine Dampfmaschine, die zuerst mit Hilfe eines „Wärmegefälles" ein Schwungrad, welches Kraft liefern sollte, in Umdrehung versetzte. Seine Vorgänger hatten mit Hilfe eines sehr unvollkommenen Dampfzylinders nur ein auf- und abwärts gehendes schwerfälliges Gestänge bewegen können, welches Wasserpumpen in einem Bergwerksschacht antrieb.

Die Männer, welche diese ersten für vielerlei Zwecke verwendbaren Wärmekraftmaschinen schufen und praktisch zur Anwendung brachten, waren sich der Bedeutung ihrer Leistung bewußt. Die berühmte Anekdote über den bedeutenden Mitarbeiter von Watt, Matthew Boulton, deckte die Gefühle und Gedanken dieser Männer auf. König Georg III. soll Boulton einst bei einem Besuch in seiner Werkstatt gefragt haben: „Womit befassen Sie sich?" Er antwortete: „Ich bin, Euer Majestät, damit befaßt, ein Gut hervorzubringen, das die Sehnsucht der Könige ist." „Und was ist das?" fragte der König. „Kraft, Euer Majestät", soll Boulton erwidert haben. „Ich habe, was alle Welt begehrt, ich besitze das, was mehr dazu beitragen wird, die Arbeiter der Welt zu erlösen, und ich verfüge über etwas, das mehr dazu beitragen wird, die Zivilisation zu fördern, als jemals früher geschehen ist und auf irgendeine andere Weise in den nächsten zweihundert Jahren geschehen wird." Dies erinnert an Diesels stolze Worte an seine Frau im Jahre 1895: „Ich bin jetzt so weit über allem, was bisher

61

geleistet wurde, daß ich sagen kann, ich bin in diesem ersten und vornehmsten Fache der Technik, dem Motorbau, der erste auf unserem kleinen Erdbällchen, der Führer der ganzen Truppe diesseits und jenseits des Ozeans."

DIE VORHERRSCHAFT der Dampfmaschine war hundert Jahre lang so unbedingt, daß man vom Jahrhundert des Dampfes sprach und „Dampf" und „Technik" fast wie ein und derselbe Begriff wirkten. Kraft zu erzeugen war das vornehmste Gebiet der Technik. Diese Krafterzeugung geschah fast ausschließlich durch Dampf. Und dieser Dampf wurde fast ausschließlich durch die Wärme der Kohle hervorgerufen. Kein Wunder, daß die Kohle als der herrschende Brennstoff der Technik angesehen wurde. Die moderne Zivilisation schien sich auf die Kohle zu gründen. Man war so sehr daran gewöhnt, die Steinkohlenbergwerke als die eigentlichen und wichtigsten Energie- und Kraftvorräte der Menschheit anzusehen, daß jeder, der an die Erschaffung neuer Kraftmaschinen dachte, sich zunächst die Kohle als Energiequelle seiner Maschinen vorstellen mußte. Auch der Betriebsstoff der ersten Gasmotoren, das Leuchtgas, wurde aus Steinkohle gewonnen.

Überall, in England, Frankreich, Deutschland, Belgien, Amerika bildeten riesige Steinkohlenbergwerke eine der wichtigsten Grundlagen der Volkswirtschaft. Die Ölfelder waren um 1870 erst in früher Entwicklung. Man betrachtete sie damals als die Quelle des Lampenlichtes, des Schmieröls und des Benzins, womit man die Handschuhe reinigte. Der Petroleumlampe verdanken wir die erste große Entwicklung der Ölfelder, und für den Ölmagnaten war das Petroleumfaß des Gemischtwarenhändlers ebenso wichtig wie heute die Tankstelle. Man ahnte noch nicht, daß das Öl einst neben der Kohle als eine der gewaltigsten Kraftquellen in Erscheinung treten würde, obwohl Otto, Langen, Daimler, Benz und andere damals bereits mit Motoren experimentierten, deren Brennstoff aus dem „Steinöl" gewonnen war.

Das Zeitalter war in der Vorstellung befangen, daß die Kohlenlager den eigentlichen Brennstoffvorrat der Menschheit darstellten. Als 1878 Diesel den ersten, sehr undeutlichen Vorsatz zu einer Erfindung faßte, erschien der Vorgang der künstlichen Krafterzeugung noch vorwiegend durch Kohle und Dampf bestimmt. Der Plan, eine völlig neue Kraftmaschine zu schaffen, die von der Dampfmaschine abwich, war überaus kühn, denn er richtete sich gegen die klassische und unerschütterlich erscheinende technische Grundlage des neunzehnten Jahrhunderts. Es war „Zukunftsmusik", auch wenn man bei der Kohle blieb und zunächst nicht an das Erdöl dachte, das als Kraftquelle noch kaum in das allgemeine Bewußtsein getreten war.

Aber die Freude an der Dampfmaschine war getrübt, seit der „ökonomische" Gedanke, gleichfalls ein Kind des Zeitalters, an Einfluß gewann und man sich sagen mußte, daß mit Hilfe auch der besten Dampfmaschinen nicht mehr als etwa ein Zehntel der Wärmemenge, die in der Kohle steckt, wirklich in praktisch verfügbare Kraft verwandelt werden konnte. Neun Zehntel des Wärmegehalts der Kohle verloren sich mit den Rauchschwaden der Dampfkesselessen in die Luft oder strahlten aus den Kesseln, Rohrleitungen und Dampfzylindern aus, ohne Arbeit zu verrichten, oder mußten erst einmal in kaltes Wasser hineingeschickt werden, ehe es anfing zu kochen, Dampf zu werden und Arbeit zu verrichten, oder verlor sich bei der Rückverwandlung des Dampfes in Wasser. Der Gedanke, daß man neunzig Prozent der Wärmekraft verlor, die der Möglichkeit nach in der Kohle steckt, mußte die wissenschaftlichen Geister des Zeitalters des Dampfes in Aufruhr versetzen. Schon in den fünfziger Jahren hatte der bedeutende Ingenieur und Maschinengelehrte Ferdinand Redtenbacher an den Physiker und Ingenieur Gustav Zeuner, den großen Theoretiker der Wärmemechanik, geschrieben: „Das Grundprinzip der Dampfbildung und Dampfbenutzung ist falsch . . . in hoffentlich nicht zu langer Zeit werden die Dampfmaschinen verschwinden, wenn man nur erst über das Wesen und die Wirkungen der Wärme ins klare gekommen ist."

DER NAME Carnot war Diesel seit seiner Kindheit in Paris vertraut. Sadi Carnot, der Sohn des „großen Carnot" der Französischen Revolution, war Offizier und Physiker und befaßte sich schon in jungen Jahren zum ersten Mal auf geniale Weise theoretisch mit dem Wesen der „Feuermaschine", das heißt der Dampfmaschine. Er wies theoretisch nach, daß ein Wärmegefälle stattfinden und daß die Wärmekraftmaschine in eine „Wärmekaskade" hineingestellt werden muß, damit Arbeit geleistet werden kann. Wärme kann nach Carnot Arbeit nur leisten, wenn sie von einer höheren Temperatur zu einer niedrigeren sinkt. Carnot gab auch die Bedingungen an, unter welchen theoretisch in Kraftmaschinen die größte Wärmeausnutzung erzielt werden kann. Diese Bedingungen waren in dem sogenannten Carnotschen Kreisprozeß niedergelegt, der bis zur Entstehungszeit des Dieselmotors die technischen Gemüter als „Idealprozeß" beschäftigte, als eine Möglichkeit, sich der Vorherrschaft der Dampfmaschine zu entziehen, wenn es nur gelänge, praktisch eine Maschine zu bauen, die diesen Bedingungen entsprechen würde. Carnot hat keine erfinderischen Gedanken zu einer solchen Maschine bekanntgegeben, sondern nur die theoretischen Bedingungen, auf die sich die Erfindung und Konstruktion einer solchen Maschine stützen müßte.

Der Carnotsche Kreisprozeß hat in der Zeit, als Diesel studierte, eine ungeheure Rolle gespielt und die wissenschaftlichen Geister in seinem Bann gehalten, obwohl, wie die Wissenschaft inzwischen weiß, auch Fehler in den Carnotschen Gedanken enthalten waren. Reuleaux, Zeuner, Linde, Schröter und andere hervorragende Gelehrte und Techniker haben damals ebensowenig wie Diesel diese Fehler erkannt. Sie lebten in der Wissenschaft ihrer Zeit mit ihren Erkenntnissen und Irrtümern. Erst nach den neunziger Jahren, als der Dieselmotor entstanden war, und auf Grund der Gedankengänge, die durch die Erfahrungen mit ihm ausgelöst wurden, begann man sich zu anderen Anschauungen durchzuringen und die Carnotschen Ideen als teilweise falsch zu erkennen, an die Diesel und sein Zeitalter geglaubt hatten. Carnot hatte aber auch sehr grundlegende und richtige Dinge erkannt; er hat bewirkt, daß in Diesel der Vorsatz zur Schaffung der besten Wärmekraftmaschinen ausgelöst wurde. Wenn beide, und viele mit ihnen, auf diesem Weg auch wissenschaftliche Irrtümer begingen, so unterscheiden diese sich wenig von vielen, denen große Politiker, Wissenschaftler, Philosophen und Techniker immer ausgesetzt gewesen sind.

LINDE erklärte in seinem Kolleg das Wesen der Dampfmaschine, und Diesel schrieb im Kollegheft mit. Die Dampfmaschine, so stellte Linde fest, verwandele nur sechs bis zehn Prozent der im

Brennstoff verfügbaren Wärme in nutzbare Arbeit. Er erläuterte dann den Carnotschen Lehrsatz und führte aus, daß bei der isothermischen Zustandsänderung* von Gasen alle dem Gas zugeführte, durch Verbrennung entstehende Wärme in Arbeit verwandelt werde. Diesel faßte den Entschluß zu studieren, ob es nicht möglich wäre, die Isotherme praktisch zu verwirklichen. Er sagte hierzu: „Damals stellte ich mir die Aufgabe! Das war noch keine Erfindung, auch nicht die Idee dazu. Der Wunsch der Verwirklichung des Carnotschen Idealprozesses beherrschte fortan mein Dasein. Ich verließ die Schule, ging in die Praxis, mußte mir meine Stellung im Leben erobern. Der Gedanke verfolgte mich unausgesetzt." Notizbuch- und Heftblätter aus dem Jahre 1878 beweisen, daß Diesel mit zwanzig Jahren den Vorsatz faßte, eine bessere Wärmekraftmaschine zu erfinden.

Diesel war ein ökonomisch denkender Geist. Die Erzählung Lindes über die Dampfmaschinen hatte ihn empört. Er faßte den Entschluß, dem elenden Zustand der Verschwendung ein Ende zu bereiten. Er führte von nun an mit den Mitteln der Physik, der Mathematik und der Mechanik einen unerbittlichen Kampf gegen die Alleinherrschaft einer Maschine, welche neunzig Prozent der Kohle vergeudete, der Kohle, von der offenbar die Kultur und Zivilisation der Zukunft abhing. Von Diesels zwanzigstem Jahre an drehte sich sein Leben um die Schaffung einer neuen Kraftmaschine, zunächst noch unklar und tastend, vom Jahre 1884 an aber schon sehr zielbewußt.

IM JULI 1879 wollte der einundzwanzigjährige Diesel das Schlußexamen an der Hochschule machen. Mit Stipendien der Hochschule, des Staates, des Herrn von Cramer-Klett und durch Stundengeben war er bis hart an das Ziel gelangt. Aber da erkrankte er an Typhus, woran damals in München jährlich noch viele Menschen starben. Diesel wurde bald wieder gesund, hatte aber sein Examen versäumt und mußte es später nachholen.

Carl von Linde hatte längst die technischen Fähigkeiten seines Schülers erkannt, der zudem französisch sprach wie ein Franzose. Er hatte Pläne mit Diesel. Er sollte sofort nach dem Examen und

---

* Eine Zustandsänderung von Gasen bei gleichbleibender Temperatur. In der Tat wird nicht alle Wärme in Arbeit verwandelt.

nach einiger praktischer Arbeit bei Gebrüder Sulzer in Winterthur, welche Lindes Eismaschinen bauten, beim Aufbau der Lindeschen Eisfabrik in Paris mitwirken. Diesel reiste Ende Oktober nach Winterthur mit Empfehlungen seiner Gönner und der Aussicht, daß im Januar für ihn ein besonderes Examen veranstaltet würde. Er war auch durch Professor Moritz Schröter nach Winterthur empfohlen worden, dessen Praktikum für theoretische Maschinenlehre er noch in den letzten Semestern mitgemacht hatte und der später für ihn und den Dieselmotor entscheidend eintrat. Schon damals verband die beiden große Sympathie.

Die Maschinenfabrik der Gebrüder Sulzer, eine der klassischen Firmen des Maschinenbaus, war eine gediegene schweizerische Fabrik von Weltruf. Sie trieb allgemeinen Maschinenbau, goß alles, was in Eisen und anderen Metallen damals zu gießen war, baute große und kleine Dampfkessel und Dampfmaschinen, an denen sie die berühmte Sulzer-Ventilsteuerung entwickelte. Viele Dampfer auf den Alpenseen sind mit Sulzer-Dampfmaschinen ausgerüstet, die die Schaufelräder drehen. Sulzers bauten auch Pumpen aller Art und die Lindeschen Eismaschinen. Bei ihnen verkündete sich die maschinentechnische Begabung des schweizerischen Arbeiters und Ingenieurs mit den schweizerischen Eigenschaften der Genauigkeit, der Sparsamkeit und Gediegenheit. Zu den Sulzers als Volontär zu kommen galt als etwas Besonderes.

Die Maschinenfabrik war aus einer Gießerei hervorgegangen, und der Begründer hatte selbst mit zugepackt. Schon im achtzehnten Jahrhundert hat der Name Sulzer durch den 1720 in Winterthur geborenen Philosophen einen guten Klang gehabt. Die Familie hat eine Reihe genial veranlagter, vorbildhafter Männer hervorgebracht. Mit diesen Leuten bekam es Diesel jetzt zu tun.

Diesel lebte in einem Zimmer gegenüber einer mit fünfzehn Ingenieuren, Kaufleuten und Büroangestellten bewohnten Pension, wo er seine Mahlzeiten einnahm. Zuerst war er heimwehkrank, vor allem abends, wenn er für das Examen studieren wollte. Nach Paris, London, Augsburg und München lernte Diesel diese Schweizer Stadt Winterthur mit ihren zehntausend kleinbürgerlichen, aber gediegenen Demokraten kennen. Er nahm das nicht allzu Verbindliche, etwas Grobe, auf Tüchtigkeit Pochende des Schweizer Wesens wahr. Aber aus dem Geist dieser Stadt war das gewaltige Unternehmen der Sulzers mit seiner für damals riesigen Arbeiterzahl von dreizehnhundert hervorgewachsen, das Verbindungen in der ganzen Welt besaß. Trotz der gediegenen Enge des bürgerlichen Winterthur fühlte sich Rudolf Diesel bald wohl.

Auf seinem Weg zu Sulzers begegnete Diesel fast nur Arbeitern. Sonst sah er auf den Straßen von Winterthur vereinzelte Wesen schlichter Art einherwandeln, was ihn beruhigte, da er sofort wahrnahm, daß durch diese Verhältnisse seine Ausgaben für Kleidung sparsam bleiben konnten. Beim Chef und Mitassocié der Fabrik trat er während der „strengsten Arbeitszeit" an. Offenbar wurde er deshalb mit schweizerischer Liebenswürdigkeit empfangen. Der Chef führte ihn höchst persönlich zum Vorstand der Werkstätten und stellte ihn einem Büroingenieur vor, mit dem Diesel zum Mittagessen ging. Am nächsten Tag zog er sich den blauen Anzug an und machte sich mutig an das Behauen und Zurechtfeilen eines mächtigen Schraubenschlüssels, den man ihm als erste Arbeit mit der Bemerkung gab, daß daran nicht viel verdorben werden könne. Aber der ehemalige Industrieschüler hatte das Feilen schon gelernt! Glücklich und zur Zufriedenheit seines Werkmeisters, Herrn Egli, stellte er den Riesenschlüssel in einer Arbeitswoche fertig. In der Folge kam er an die Drehbank, die Bohrmaschine und in die Schraubenschneiderei. Was an all diesen Maschinen zu lernen war, hatte Diesel schon in der Industrieschule gelernt, und bald war ihm beim Drehen, Hobeln, Fräsen nicht mehr viel beizubringen. Nun nahm er sich aus eigner Machtvollkommenheit Bewegungsfreiheit und wanderte verbotenerweise in dem großen Etablissement umher. Er erhielt eine Rüge und das Verbot, seinen Arbeitsplatz zu verlassen. Das war ein Strich durch seine Rechnung. Aber er setzte sich durch und erhielt nun von Herrn Sulzer selbst die Erlaubnis, sich soviel ansehen zu dürfen, wie er wollte.

Solches Verhalten brachte freilich größere Ergebnisse als das der anderen Volontäre, die nur den ganzen Tag in den Werkstätten standen und feilten. Diesel verwendete die gute Hälfte seiner Zeit zum Umherwandern, um den Gang der Arbeiten zu verfolgen, den die einzelnen Stücke durchmachten, um das System der Arbeitseinteilung und die Fabrikeinrichtung, vor allem die

Verwaltung einer so komplizierten Anlage kennenzulernen. Er tat dies aus dem ihm angeborenen Interesse für alles Technische und für die Zusammenhänge des menschlichen Wirkens. Er dachte aber auch an die Aufgaben, die ihm im nächsten Jahr bei der Einrichtung der Eisfabrik in Paris gestellt werden sollten. Daher inspizierte er die Eismaschinen besonders genau.

In einigen Werkstätten arbeitete man bereits bei elektrischem Bogenlicht. Diesel stellte fest, daß dieses Licht dunkle Schatten warf und man infolgedessen oft nicht wußte, wie man sich drehen und wenden sollte, um deutlich zu sehen.

Nach vier Wochen hatte Diesel das Gefühl, viel gelernt zu haben, das wenigste davon allerdings am Schraubstock. In einem Jahr hoffte er, den Parisern imponieren zu können. Die Fabrik mit den Maschinen, ihren dreizehnhundert Arbeitern und Werkhallen war sein Element, in dem er sich glücklich fühlte, wenn auch zuweilen etwas bedrückt durch die sich ihm allmählich stellende soziale Frage.

Zu Anfang des Jahres 1880 kehrte Rudolf Diesel nach München zurück. Die wenigen Tage zwischen Rückkehr und Examen arbeitete er so angestrengt, daß seine Angehörigen ihn kaum zu sehen bekamen. Nun mußte er, der Aufmerksamkeit des gesamten Professorenkollegiums ausgesetzt, Rede und Antwort stehen. Das Examen dauerte mehrere Tage bis zum 15. Januar. Es war ein großer Tag für Diesel, denn es erwies sich, daß er das beste Examen seit der Gründung des Polytechnikums im Jahre 1868 gemacht hatte. Nur einem einzigen vor ihm war es gelungen, annähernde Leistungen zu erreichcn, aber auch diesen hatte er übertroffen. Die gesamte Professorenschaft gratulierte ihm.

1880–90
Beruflicher Aufbau – Klarheit des Ziels – die ersten Erfindungen

Einige Tage nach dem Examen war Diesel wieder in Winterthur. Er beobachtete das Wetter. Wenn es taute und regnete, freute er sich, denn dann gab es eine schlechte Natureisernte, und die Welt würde gerade in dem Augenblick Eis- und Kältemaschi-

nen bestellen. In Paris war die Gesellschaft für Lindes Eismaschinen im Begriff, mit dem als Finanzmann bekannten Baron
Moritz von Hirsch eine Eisfabrik am Quai de Grenelle zu errichten. Hirsch erwarb auch die französischen Patente auf Lindes
Eismaschinen. Am 20. März 1880 kam Diesel nach Paris und
wirkte bei der Aufstellung der Maschinen und der Ingangsetzung
der Fabrik mit. Es wurde verabredet, daß er sich bis Ende 1880
mit hundert Francs Monatsgehalt als „Lehrling" oder Volontär
einarbeitete. Zu Neujahr 1881 sollte er sich dann als Direktor der
Lindeschen Eisfabrik auf zwei Jahre mit einem Jahresgehalt von
2400 Francs verpflichten. Schon im August 1881 wurde sein Einkommen auf 4800 Francs erhöht.

Der von bayerischen Hofbankiers abstammende Baron Moritz
von Hirsch hatte damals in Paris den Gipfel seines geschäftlichen
Erfolges erklommen. Sowohl im internationalen Geschäftsleben
als auch in der französischen Politik besaß er gewaltigen Einfluß.
Seine Aufmerksamkeit hatte er vor allem dem Orient zugewandt,
und die Hohe Pforte gab ihm die Konzession für den Bau der otto-
manischen Eisenbahnen. Aber auch viele andere industrielle Un-
ternehmungen und erfolgreiche Finanz- und Grundstücksspeku-
lationen in zahlreichen Ländern schufen ihm ein ungeheures
Vermögen. Er unterstützte die Juden in Osteuropa und dem Orient,
gründete für russische Juden eine Kolonie in Argentinien und unterhielt in den großen Weltstädten jüdische Wohltätigkeitsbüros.

Auf die kristallklare Beschaffenheit des Eises wurde in Paris
besonders großer Wert gelegt. Die neue Fabrik erfüllte in technischer Hinsicht alle Erwartungen. Aber wirtschaftlich entwickelte
sie sich nie besonders günstig. Hirsch wurde der Sache nach einigen Jahren müde und verkaufte die Fabrik an den Natureishänd-
ler und Großindustriellen Fabry, der sie unter Diesels technischer
Leitung zur Blüte brachte. Auch den Bau und die Lieferung von
Eismaschinen gab Hirsch an Linde zurück, und Diesel wurde
Lindes Vertreter in Frankreich, später zudem in Belgien. Ein drit-
tes Tätigkeitsgebiet eröffnete sich Diesel dadurch, daß ihn Baron
von Hirsch und dessen Bruder Theodor für die Beaufsichtigung
und Beratung mehrerer industrieller Unternehmungen heranzo-
gen. Die Brüder Hirsch erkannten Diesels Fähigkeiten. Es kam
zu persönlichen Aussprachen und Beratungen.

Diesels Gedanken kreisten aber auch um das Problem, wie dem Elend in seinem Elternhaus abgeholfen werden könnte. Sein Vater, dem jeder Maßstab für Geld und die Möglichkeiten des Verdienens fehlte, quälte ihn ohne Unterlaß mit Geldforderungen, damit er seine „Studien" (darunter verstand er Spiritismus und Magnetismus) beenden könnte, und er wird nicht verfehlt haben, auf die Dankespflichten des Kindes hinzuweisen. Der Sohn aber verdiente in der ersten Zeit nur hundert Francs im Monat. Die Mutter ihrerseits warf dem Sohn vor, daß er nicht jeden Monat etwas sparte. Diese Quälereien brachten Diesel um so mehr außer sich, als er seine Eltern sehr liebte. Sie peitschten ihn aber auch an, diese mißliche Lage unter allen Umständen zu verändern. Sein Vater erhielt von ihm monatlich Geld.

Diesel dachte an Reichtum und wollte eine Machtstellung für sich herbeiführen, die ihn mit an das Steuer der Menschheitsgeschichte stellen würde. Er war zugleich sparsam und großzügig, richtete sich nach den Tatsachen und war doch von Phantasien über unermeßliche Möglichkeiten bewegt. Der Religion und dem Christentum war er keineswegs abgeneigt, aber die übertriebenen Forderungen seiner Mutter machten ihn skeptisch. „Jeder besitzt seine Weise an Gott zu glauben, jeder seine Weise zu lieben und glücklich zu werden, und ich verstehe nicht, daß man mich überreden will, daß ich nur auf diese oder jene Weise glücklich werden kann, wie man sie für mich einrichten möchte. Wie im allgemeinen die Religion heute gelehrt und ausgeübt wird, macht sie die Ideen klein und dürftig, schließt sie die Großmut des Herzens aus, unterwirft sich fremden Ideen gegenüber keiner Duldsamkeit . . ." Er begann an die christliche Religion unbarmherzig die Frage zu stellen, ob sie denn praktisch möglich sei.

Sein Vater hingegen verachtete das Geld und hielt sich an andere, die Geld zu erwerben verstanden. Er grübelte über der Bibel und suchte sich aus Schopenhauers Werken das heraus, was für seine okkulten Spekulationen taugte. Er verkehrte mit Geistern und begann unter dem Einfluß einer sich als Medium ausgebenden Frau immer mehr dem Katholizismus zuzuneigen. Sein Sohn beobachtete ihn mit kritischer Schärfe: „Niemals bin ich einem Mann begegnet, der so seine Phantasien und seine Gedanken für Tatsachen hält, der so wie er das verwechselt, was er tun möchte und das, was er tatsächlich unternimmt . . . der so wenig die Realitäten und die Welt, wie sie ist, kennt . . . Er wird uns und sich selbst noch sehr viel Unannehmlichkeiten verursachen." Er wird der vermeintlichen Berufung seines Vaters gegenüber sogar zynisch. „Papa wird niemals der große Reformator, der Neuerer sein, wonach er den Wunsch hat, und wie ich glaube, die Überzeugung hat. Es handelt sich nicht um ein originelles Genie, es ist eine mißverstandene Kopie, eine ohne Unterscheidungsvermögen unternommene Nachahmung. Ich gestehe, daß ich am ruhigsten daran denke, wenn ich erwäge, daß die ganze Sache aus einer geistigen Krankheit herstammt . . ."

In Versailles fand eine gewerbliche Ausstellung statt, auf der auch die Eismaschinen von Linde gezeigt wurden. „Diese Ausstellung hat nicht nur meine ganze Zeit, sondern auch meine Gedanken in Anspruch genommen. Oft mußte ich zwei Mal am Tage die Reise nach Versailles machen. Meine Fabrik hier, die Ausstellung drüben, eine ganze Anzahl von Besuchern zu empfangen – ich war davon völlig in Anspruch genommen, ermüdet und schlaff. Manchmal habe ich hier geschlafen, manchmal in Versailles, manchmal gar nicht. Ich dachte an gar nichts mehr als an meine Beschäftigung und an meine große Liebe. – Nun, es ist vorbei. Eine Goldmedaille ist die Belohnung für all die Mühe gewesen." Diesel war zu dieser Zeit dem Einfluß einer Frau ausgesetzt, die er sehr liebte und die ihn heiraten wollte.

Niemals tauchte in ihm der leiseste Zweifel auf, daß er zu Großem berufen sei und sein Ziel erreichen werde. „Ich sage Dir, daß ich Erfolg haben werde . . .", schrieb er seiner Schwester.

Diesel gehörte zu der Art von Persönlichkeiten, um die herum – man weiß kaum, wie – lediglich durch ihr Vorhandensein etwas wächst, sich bewegt und entwickelt. Schon in seiner Studienzeit war ein Kreis von Menschen um ihn hcrum cntstandcn, der einmal für seine Laufbahn wichtig werden sollte, und in Paris besaß er bald eine Klaviatur von Beziehungen, auf der er sehr bewußt spielte und die er rasch um eine wertvolle Oktave erweiterte.

Als junger Ingenieur begann er das Netz seiner Beziehungen in Voraussicht der zukünftigen Ziele strategisch zu mustern. Selten war eine Laufbahn so klar vorbereitet, selten schon vorher das geistige Rüstzeug so folgerichtig für die Erzielung des höchsten „Wirkungsgrades" geschmiedet worden wie im Fall Rudolf Diesels. Seit seiner Fahrt von London nach Augsburg im Jahre 1870 spielte er Zug um Zug sein Schachspiel, und als seine praktische Laufbahn begann, sah er seine Figuren gut vor sich aufgebaut. Er wußte, daß auch sein persönliches Leben nicht ohne kluge Abwägung aller Verhältnisse und richtige Menschenbehandlung, das heißt also nicht ohne Politik, zum Erfolg geführt werden konnte. Zahlreiche seiner Äußerungen deuten darauf hin, daß er scharfe Einsicht in das Wesen und die Gesetze des Lebenskampfes besaß.

Sofort nach Beginn seines Wirkens in Paris stürzt er sich in die Arbeit. Geschäftlich, technisch wächst es um ihn herum. Bauten entstehen, Maschinen werden errichtet. Als er nach kurzer Zeit den Baron Moritz von Hirsch um Erhöhung seines kargen Einkommens angeht, wird er von diesem „schnöde" abgewiesen.

Aber bald ist sein Einkommen doch gestiegen, und derselbe Baron und sein Bruder erschließen ihm zusätzliche Einnahmequellen. Alle paar Monate spürt Diesel am Wachsen seines Einkommens den Erfolg seines Wirkens.

DIESEL hatte Fabriken zu leiten und einzurichten, Maschinen zu berechnen, zu zeichnen und aufzustellen, stets neu auftauchende technische Probleme zu lösen. Er setzte Maschinen auf ihr Fundament, brachte sie in Gang, gab sich in der Hefefabrik des Barons Theodor von Hirsch mit den Problemen der Gärung ab. Er mußte Kunden betreuen, Aufträge hereinholen, sich um die Verwertung der Lindeschen Patente in Frankreich und seinen Kolonien bemühen. Er war Ingenieur, Konstrukteur, Erfinder, Fabrikdirektor, Berater, Organisator, Kaufmann, Patentverwerter. Man fand Diesel am Reißbrett, an Dampf- und Eismaschinen, an Retorten, Säurebehältern genauso wie in den Sud- und Kesselhäusern der Brauereien und der Zuckerfabriken.

Wenn Diesel nicht auf der Eisenbahn lag oder in der Provinz arbeitete, fuhr er jeden Morgen mit einem kleinen Dampfboot vom Pont des Arts stromabwärts nach dem Stadtteil Grenelle zur Eisfabrik. Seine Mittagessen nahm er für zweiundzwanzig Sous in einem kantinenartigen Restaurant ein, wo die Arbeiter verkehrten und zu seiner Belustigung ein Papagei dem Eintretenden *Merde!* entgegenzurufen pflegte.

Daß Diesel als Ingenieur für Kältetechnik anfing, erscheint verwunderlich, denn später mußte er ja bei der Schaffung des Dieselmotors mit ungewöhnlich hohen Temperaturen umgehen. Der Gegensatz zwischen Eismaschine und Wärmemotor ist indessen nur nach außen hin so groß. Wissenschaftlich und technisch ist er fast belanglos. Für die Physik ist alles Wärme, gerechnet von minus 273 Grad, dem absoluten Nullpunkt, an, bei dem alle Gase die Lust verlieren, noch die geringste Spannung auszuüben, bis zur Sonnentemperatur und darüber hinaus. Von minus 273 Grad, wo gar keine Wärme vorhanden ist, bis x Grad besteht für den Physiker eine einzige Stufenleiter der Wärme. Im Lexikon steht unter „Kälte": „siehe Wärme". Das Gebiet, auf dem Diesel als Eismaschineningenieur tätig war, ist physikalisch das gleiche wie das, aus dem sein Motor hervorwuchs. Diesel hatte es auch hier schon mit der Verdichtung von Luft und Gasen und ihrem Verhalten bei wechselnden Drücken und Temperaturen zu tun. Er hantierte mit den Maschinenelementen der Hochdrucktechnik, die für das Zustandekommen des Dieselmotors so wichtig war.

Früh und spät dachte Diesel an Gase, die zusammengepreßt werden oder sich ausdehnen, die sich erwärmen und abkühlen, an Ventile, die für Luft und Gase, für chemische und physikalische Beanspruchung geeignet waren, an die Kräfte, welche für die Zusammendrückung von Luft und Gasen erforderlich waren, an die chemischen Vorgänge beim Übergang von Flüssigkeiten in Dämpfe und Gase und an die Vorgänge der Absorption und Adsorption*.

Ihm schwebten zwei große Ziele vor. Erstens wollte er eine neue Wärmekraftmaschine erfinden, und zwar vor allem eine Kraftmaschine, die dem Kleingewerbe den Wettbewerb gegen die Großindustrie ermöglichen und es somit retten sollte. Seiner erfinderischen Absicht lag von Anfang an eine soziale Idee zugrunde. Seit dem Aufkommen der Dampfmaschine war das Proletariat in den Industrien und Großstädten zusammengeballt

---

* Adsorption = Ansaugung, z. B. Aufnahme eines gasförmigen Stoffes an der Oberfläche von Kohlenstaubteilchen. Absorption = Verschluckung oder Aufsaugung, z. B. von Gasen wie Ammoniak durch eine Flüssigkeit wie Wasser

worden. Das lag weniger im Wesen der Maschinen an sich begründet als darin, daß die Dampfmaschine um so mehr Brennstoff pro Pferdekraftstunde benötigte, je kleiner sie war. Dies
hatte zur Folge, daß die großen Dampfmaschinen der Großindustrie pro Pferdekraftstunde billiger arbeiteten als die kleinen
Dampfmaschinen, welche das Kleingewerbe und die Handwerker zu verwenden gezwungen waren. Man macht sich heute kaum
mehr einen Begriff davon, was es bedeutete, daß im Grunde die
Maschinenkraft nur den wirklich großen Betrieben zugute kam.
Darum ist bis in den neunziger Jahren des neunzehnten Jahrhunderts eine unermüdliche Bestrebung festzustellen, sparsame
kleine Kraftmaschinen zu bauen. Das versuchte man, ehe der
Sieg des Elektromotors entschieden war, auf sehr verschiedenen
Wegen.

Auch Diesel schwebte die Schaffung eines Motors für das
Kleingewerbe vor. Als er schließlich im Jahre 1887 seinem Ziele
nah zu sein glaubte, hat er eine große Liste mit unzähligen Verwendungszwecken für seinen Kleingewerbemotor aufgestellt.
Wir finden auf dieser Liste Zahntechniker, Uhrmacher, Nähmaschinen, Holzdrechsler, Velozipede, Droschken, Bügelmaschi-
nen, Krankenstühle, Wringmaschinen, Gemüseschneidemaschi-
nen usw. Vor seinen Augen stand die Vision einer Kleinmaschine,
welche die segenbringende Kraft in alle arbeitenden Kreise des
Volkes hineintragen sollte. Diesel glaubte dieses Ziel durch den
sogenannten Ammoniak-Absorptions-Motor erreichen zu können. Doch war sein erfinderischer Plan keineswegs auf die Schaffung einer Maschine für das Kleingewerbe beschränkt, sondern er
dachte auch an große und größte Motoren.

Sein zweites großes Ziel war die Lösung der Arbeiterfrage. In
seinen Briefen tritt die Arbeiterfrage früher auf als die Idee, einen
Motor zu erfinden, zum ersten Mal am 22. Juni 1880, also unmittelbar nach Beginn seiner Laufbahn in Paris. In einem Brief
berichtet er von einer Erfahrung: „Ich wollte es mit den Arbeitern
in Güte und Milde versuchen, bin aber total gescheitert; streng
muß man sein, drein fahren wie ein Donnerwetter, sonst ist unter
diesem Volk keine Disciplin."

Aber die meisten seiner Arbeiter gewannen ihn sehr lieb. Einer
von ihnen, ein Italiener, hatte von mehreren Frauen zweiund-

dreißig Kinder, vom Säugling bis zum gesetzten Mann. Viele dieser Menschen wohnten in Paris zusammen in einem großen Haus. Der Vater der Schar brachte jedes Jahr seine Ersparnisse nach Italien zu der dort wohnenden Gruppe seiner Familie und kehrte mit Salami und Chianti zurück, wovon er seinem Chef ein Geschenk zu machen pflegte, während ein französischer Meister zum neuen Jahr regelmäßig mit einem fetten Hahn und einem Korb voll Eiern aufwartete.

SCHON zu Anfang seiner Pariser Zeit traf Diesel ein Angebot Cramer-Kletts, auf vier Jahre als Hofmeister bei ihm einzutreten, um die Erziehung des sechsjährigen Sohnes Theodor zu leiten. Die übrigen Lehrer sollten ihm unterstellt sein. Das Angebot hatte Bauernfeind vermittelt, der wissen mochte, daß Diesel nur hundert Francs verdiente. Dieser aber wollte seine „selbständige, bald sehr einflußreiche Stellung" nicht mit der „armseligen Rolle eines als notwendiges Übel empfundenen Haushofmeisters" vertauschen. Er lehnte zur Enttäuschung seiner Eltern das Angebot ab.

Diesels Vertraute war damals seine Schwester Emma, die in München bei ihren Eltern lebte und französische Stunden gab. Ihr offenbarte er seine Lebensverhältnisse, seine Pläne und seine Liebe zu einer Amerikanerin. Am 11. Oktober 1881 bittet er die Schwester um die sofortige Überweisung von zweihundert Mark. Es handele sich um eine sehr wichtige Angelegenheit, die am 16. oder 17. des Monats geregelt werden müsse.

Die Schwester ist bestürzt. Sie glaubt nichts anderes, als daß ihr Bruder auf Irrwege geraten sei. Sie schickt ihm die zweihundert Mark, er quittiert sie am 26. Oktober mit der Bemerkung, daß er sie wahrscheinlich nicht benötigen werde. Ihren Verdacht weist er mit den Worten zurück: „Das Geld, das ich benötige, brauche ich einfach, um Patente zu nehmen und meine Rechte zu sichern, aber alles dies ist unbedingt rein und ehrenhaft und klar wie der Tag."

Am 24. Oktober 1881 erhielt Monsieur Rodolfe Diesel, Ingénieur à Paris, ein französisches Patent auf ein neues Verfahren zur Herstellung von Klareis und eine Quittung über hundertfünfzig, dem Patentanwalt gezahlte Francs. Schon am 24. September hatte er ein Patent (das erste Dieselsche Patent!) auf ein Verfahren zur Herstellung von Klareis in Flaschen *(Carafes frappées transparentes)* erhalten und gleichfalls hundertfünfzig Francs gezahlt. Dadurch war er in Geldschwierigkeiten geraten.

In Frankreich wurden gern Flaschen serviert, deren Inhalt teilweise zum Gefrieren gebracht wurde, so daß man das auftauende Getränk sehr kalt genießen konnte. Diesel glaubte bei der Herstellung solchen Eises in Flaschen durch sein erstes Patent neue Vorteile erzielen zu können. Sein zweites Patent betraf die Herstellung von besonders klaren Kristalleisblöcken. Obwohl Linde damals schon eine Reihe von Verfahren für die Herstellung von Klareis entwickelt hatte, wußte er, daß man von einer wirklich befriedigenden Lösung des Problems noch entfernt war.

Diesel hatte sofort einen Apparat zur Herstellung von Klareisblöcken bauen lassen. Wirklich gewann er schon mit dem ersten Versuchsapparat Kristalleisblöcke von hervorragender Beschaffenheit. Er schrieb an seinen Lehrer und Förderer Linde, und es entwickelte sich ein ausführlicher technischer Briefwechsel. Linde lehnte ab und machte keinen Gebrauch von der Möglichkeit, die in Paris erzeugten Kristalleisblöcke zu besichtigen. Nun schrieb Diesel mit Lindes Erlaubnis an Gebrüder Sulzer in Winterthur, mit denen er vom Anfang seiner Laufbahn an im Briefwechsel über technische und wissenschaftliche Fragen stand. Von Sulzer wurden seine Pläne günstig begutachtet; aber zu einer Ausführung der Idee scheint es nicht gekommen zu sein.

Nach Lindes ablehnendem Bescheid hatte sich Diesel auch persönlich an Heinrich Buz, den Direktor der Maschinenfabrik Augsburg, gewandt. Anfang Februar 1881 fand zwischen den beiden Männern eine Begegnung statt, die zur Folge hatte, daß Heinrich Buz in den nächsten Briefen auf seine charakteristische Weise kurz und bestimmt erklärte, die Maschinenfabrik Augsburg würde eine Versuchsanlage des Dieselschen Klareissystems bauen und Diesel möchte mehrere Wochen lang in Augsburg experimentieren – was beides nicht zustande kam. Ähnlich erklärte Buz 1893, er würde einen Versuchsmotor bauen und Diesel sollte in Augsburg experimentieren.

Die Begegnung zwischen Diesel und Buz und Buzens Entschluß sind von großer Bedeutung für die Geschichte der Technik. Die beiden Männer, deren Zusammenwirken später die

Durchführung der Dieselmotoridee glücken sollte, hatten sich nun kennengelernt. Buz hatte sich wohlwollend und sachlich verhalten. Es ist kaum zu bezweifeln, daß der Eindruck der Persönlichkeit Buzens auf Diesel ihn später den Vorsatz fassen ließ, unter allen Umständen bei der Erschaffung des Dieselmotors mit Buz und der Maschinenfabrik Augsburg zusammenzuarbeiten.

1883 baute Diesel eine Klareisanlage nach seinem System in der Eisfabrik zu Paris. Teile zu dieser Anlage lieferte die Maschinenfabrik Augsburg. Diesels Name ist im Zusammenhang mit den Klareisarbeiten kaum öffentlich genannt worden. Seine Verbesserung der *Carafes frappées,* der geeisten Flaschen, scheint durchgeführt worden zu sein. Diesel hat beim Anblick solcher Flaschen in den Cafés und Restaurants von Paris öfter geäußert, daß er das erfolgreichste Verfahren dieser Art erfunden habe.

DIESEL war unaufhörlich auf der Suche nach neuen Verfahren und Anwendungsgebieten der Kältetechnik. Systematisch legte er große Listen an und bezeichnete die Gebiete, an die seiner Auffassung nach er zum ersten Male gedacht hatte: Versand von Kühlfleisch im Krieg, Kühlvorlagen beim Reinigen der Wolle, künstliche Kälte bei der Chloroform-, Albumin-, Holzessig- und Nitroglyzerinfabrikation, künstliche Kälte beim überseeischen Transport von Obst, Gemüse und Getreide, bei der Eierkonservierung, gekühlte Eisenbahnwagen in heißen Ländern. Er stellte Versuche an, durch Kälte Glyzerin aus seinen Ausgangsstoffen zu extrahieren. Konzentration eines Rohstoffes auf einen Punkt war ein ganz moderner Gedanke. Diesel hat bei diesen Versuchen günstige Ergebnisse erzielt.

Wichtiger aber sind seine Versuche über „Paraffinextraktion aus dem Rohpetroleum durch Kälte". Schon mit vierundzwanzig Jahren hat er sich eingehend und systematisch mit dem Rohöl und dem Petroleum befaßt. Hunderte von Ölproben sind durch seine Hände gegangen. Er hat beobachtet, wie das Rohöl unter zahllosen chemischen und physikalischen Bedingungen reagiert. Über gewisse geologische Verhältnisse hat er nachgedacht, mit Ölfirmen korrespondiert und einen Begriff über den Petroleumhandel und die Weltbedeutung dieses Brennstoffes erhalten. Rohöl und Petroleum wurden ihm nach ihrer Bedeutung und ihrem Wesen als Brennstoffe klar und zu einem selbstverständlichen Begriff. Schon zu jener Zeit wurde der Wunsch in ihm rege, diese Brennstoffe zu motorischen Zwecken zu verwenden.

Ende Dezember 1881 war Diesel in München. Er verhandelte mit der Waggonfabrik von Rathgeber, die ihm Teile für seine Klareisanlage liefern sollte, und im Februar 1882 fand auch die erwähnte Begegnung mit Heinrich Buz statt.

Diesel trug damals eine Anzahl von Gedanken, Plänen und Vorschlägen ins Archiv der Technischen Hochschule ein. Er warnt die jungen Ingenieure vor dem Staatsdienst und der einseitigen Konstruktionsarbeit, die den Unternehmungsgeist lähme und die Weiterentwicklung behindere. Der junge Ingenieur Diesel hat bereits so viele Erfahrungen im lebendigen Leben gewonnen, daß er es wagt, der Hochschule vorzuschlagen, „vom Construiren und den damit zusammenhängenden Vorträgen einige Stunden zu streichen und sie durch allgemeine industrielle Vorlesungen zu ersetzen."

RUDOLF DIESEL hatte in München durch seine Schwester eine geschiedene amerikanische Malerin kennengelernt. Nun tauchte sie in Paris auf und bewegte sich in angelsächsischen Künstlerkreisen.

Diese Frau trug ab 1880 eine seltsame Färbung in Diesels Leben. Er wird durch eine leidenschaftliche Liebe in die bohemehaften Kreise armer angelsächsischer Künstler gezogen, feiert Atelierfeste auf dem Montmartre mit, wird wahrscheinlich gemalt, muß anhören, welchen genialen Plänen die Maler und Malerinnen nachhängen, welche Bilder im Louvre kopiert werden. Die Amerikanerin meinte über Rudolf Diesel: „Er ist ein liebenswerter, bescheidener, feiner junger Mann! Er hat ein künstlerisches Temperament und einen Geist weit über dem Durchschnitt junger Männer. Ich glaube, daß ich ihn ziemlich gut verstehe." Sie „glaubt" an Diesel.

Diesel hielt zum Entsetzen seiner Eltern, denen Unheil schwante, an seiner Liebe fest. Mehrere Jahre lang mag ihn zwar bei aller Leidenschaft das unheimliche Gefühl nicht verlassen haben, daß er mit dieser um einige Jahre älteren und etwas exzentrischen Frau ins Unglück geraten müsse; gleichwohl verteidigte er sie und seine Liebe vor den Eltern. Eine Zeitlang meinte er, daß Amerika für die Entfaltung seiner Gaben und die Verfolgung seiner Ziele das richtige Land wäre. Als sie in ihre Heimat reiste, fühlte er sich von Amerika angezogen „wie die Magnetnadel vom Nordpol". Aber er blieb in Europa und heiratete ein deutsches Mädchen.

DIESEL verkehrte im Haus des deutschen Kaufmannes Ernest Brandes, dessen Frau, wie es damals oft üblich war, jede Woche am Donnerstag einen Jour fixe abhielt. Als Diesel im Oktober 1882 einem solchen Jour fixe beiwohnte, kam ein junges Mädchen aus Deutschland bei den Brandes an, Martha Flasche, die Tochter eines früh verstorbenen Notars aus Remscheid. Sie hatte ihr Lehrerinnenexamen gemacht und sollte die Erziehung der beiden Kinder leiten. Auf dem Jour fixe wurde von dem jungen Mädchen gesprochen, das sich jedoch nicht zeigte. Man hörte, daß ihr Vater eine Witwe mit zehn Kindern in bescheidenen Verhältnissen zurückgelassen hatte. Martha stammte aus seiner ersten Ehe. Ihre jüngsten Geschwister waren noch sehr klein. Darum hatte das junge Mädchen eine Stellung gesucht. Sie war blond und blauäugig, heiter und lebenslustig, sprach sehr gut französisch und englisch, war somit als „sehr gut bürgerlich" zu bezeichnen.

Das hörte Rudolf Diesel und wurde neugierig. Nach acht Tagen erschien er wieder bei Brandes, lernte das Mädchen kennen, und die beiden trafen sich auch auf anderen deutschen Gesellschaften und im Deutschen Quartettverein. Sie sprachen von Malerei, Musik und Büchern, etwa von Viktor Hugos Roman „*Notre Dame de Paris*". Natürlich schickte der junge Herr der jungen Dame dieses Buch mit seiner Visitenkarte.

Schließlich schrieb Rudolf Diesel einen Brief und erhielt sofort Antwort. Am nächsten Tag, dem 2. Mai 1883, fielen sich die beiden im Gärtlein der Brandes in die Arme.

Fräulein Martha glaubte damals, daß sie den Direktor einer nicht allzu großen Eisfabrik heiraten würde, der sich auch mit Geschäften und Erfindungen auf dem Kältegebiet befaßte.

Die Verlobten sahen sich wenig während der halbjährigen Verlobungszeit. Er mußte viel in der Provinz arbeiten, und schon im

Rudolf Diesel zu der Zeit, in der er Martha Flasche kennenlernte   **Martha Flasche wurde im November 1883 Rudolf Diesels Ehefrau.**

Mai fuhr sie nach Deutschland. In jener Zeit glaubte man, eine Ehe dadurch gründlich vorbereiten zu müssen, daß man in beiden Familien tausend Dinge besprach, zahllose alte und neue Verwandte, Bekannte und Freunde besuchte und Wochen oder Monate bei den Verwandten verbrachte, um sie kennenzulernen und um seinerseits begutachtet zu werden. Und da der Schauplatz dieser Liebe Frankreich und Deutschland war, so ergab sich eine lange Trennung, die in den Brautbriefen als tragisches Schicksal schmerzlich empfunden und beklagt wurde.

DIESEL war sehr viel in Châteauroux, wo er eine große Eismaschinenanlage baute. Hier arbeitete er mit dreißig Maurern, Schlossern, Zimmerleuten von früh bis spät. Es gab noch keine Schreibmaschinen, und so waren Diesels Tage bis in die Nacht hinein ausgefüllt. Er war gezwungen, seine nachgesandte Korrespondenz in dem dumpfen Hotelzimmer bei schlechter Kerzenbeleuchtung zu erledigen. War er wieder einmal in Paris, so kam es vor, daß er Hals über Kopf zu dem Bau in Châteauroux zurückmußte. Der Sommer nahte – die Hauptsaison für einen Eismaschinenfabrikanten. Er hatte Rechnungen zu begleichen, die Arbeiter auszubezahlen, Abschlüsse zu machen. Von der Arbeit kommend, rannte er zu den Eisenbahnzügen und verbrachte die Nächte in den Abteilen. Dann steckte er wieder bei Maschinen, die nicht gehen wollten und eine Nachtwache verlangten.

Martha lebt derweil bei Diesels Eltern. Vater Theodor versucht, sie in seine spiritistischen Zirkel einzuspinnen. Rudolf und Martha korrespondieren über diese Dinge und über die Religion. Er schreibt: „Ich weiß aus Erfahrung, daß einseitige spiritistische Studien die Menschen momentan zu wahren Narren machen können und bitte Dich deshalb zur Vorsicht. Der Hauptvorwurf, den ich dem Spiritismus mache ist genau derselbe wie der Deinige: Kleinlichkeit und oft Unwürdigkeit. Man braucht nicht Spiritist, nicht Protestant oder Katholik oder Jude zu sein, um wahre Menschenliebe in der Brust zu fühlen und nach Kräften zu bethätigen . . . Jesus hat weder Protestantismus, noch Katholizismus, noch Kirchengehen und Predigen gelehrt, er hat Menschenliebe gelehrt."

Trotz seiner bedrückenden Erfahrungen mit dem Spiritismus und Magnetismus seines Vaters zwingt er sich zur Unvoreingenommenheit. „Warum sollte ich am Magnetismus nicht eben soviel Interesse zeigen, wie an Electricität und anderen Zweigen der Naturwissenschaft? Und warum sollte ich darin nicht mich zu informiren suchen, wie ich es für alles thue, was interessant ist . . .?"

Eines Tages erhält Diesel auf dem Weg zum Dampfboot neben vielen anderen Briefen einen dicken Brief von seiner Braut. Er eilt auf das Schiff, dann in die Fabrik, wo etwas Gefährliches an den Dampfkesseln passiert ist. In einer Arbeitspause greift er nach dem Brief. Doch der ist wie weggezaubert. „Dann sind mir aber doch alle Dampfkessel der Welt wurscht. Ich eile zurück, den Verlorenen zu suchen, frage alle Sergents de ville aus, vergebens! er ist und bleibt verloren. Gerade *Dein* Brief mußte weg . . . So kam ich heute um mein einziges Sonntagsvergnügen und bin den ganzen Tag geärgert, wie wenn ich Spinnen verschluckt hätte. Die Dampfkessel habe ich aber doch in Ordnung gebracht."

Einmal gerät er, sich nach Liebe sehnend und sehr einsam, in eine drei Wochen lang tobende Pein, in einen aus liebevollem

Überschwang und wütender Arbeit hervorgehenden Zustand der Überreizung. Da schreibt er seinem Mädchen nach Berchtesgaden:

> Ja, sei Du mein Sternelein und erhelle das Dunkel, das tiefe Dunkel in meinem Herzen . . . Das Leben ist kurz und die Zukunft unbestimmt; drum laß uns *dieses* Leben in Frieden und Glück und gegenseitiger Liebe und Hingebung führen, ungetrübt durch kleinliche Gedanken und unwürdige Thaten; und drum laß uns in *diesem* Leben für andere, für unsere Mitmenschen so viel thun, als unsere schwachen Kräfte erlauben; laß uns gut sein zueinander und zu den *anderen* und laß uns unser Erdenlooß so glücklich als möglich gestalten . . . Vertrauen, unbedingtes Vertrauen, bis in das Kleinste, ist der Grundstein ehelichen Glücks.

INZWISCHEN war in der Eisfabrik der Bau jener Klareisanlage begonnen worden, die Diesel erfunden und worüber er mit Linde, Sulzer und Buz korrespondiert hatte. Alle Sorgen des Erfindens lernte Diesel schon damals kennen. „Denke Dir, diese Blamage, ein ganzes Haus bauen zu lassen, 3/4 Jahre lang verschiedene in- und ausländische Fabriken beschäftigen, um schließlich Fiasko zu machen und 100 000 fr. umsonst ausgegeben zu haben! Glücklicherweise ist von dieser Blamage keine Rede; die bei neuen Erfindungen jederzeit vorhandenen Schwierigkeiten sind in diesem Falle natürlich auch nicht ausgeblieben." In diesen Tagen bringt er zwei neue Aufträge von der Reise mit nach Hause. Einen hat er in Bar-le-Duc erhalten, wo er seit 1882 den Ingenieur und Fabrikbesitzer Frédéric Dyckhoff kannte, der später mit ihm die französische Dieselmotorenfabrik gründete.

Die Brautzeit ist erfüllt von der Sorge, wie sich wohl die Klareismaschinen verhalten werden, bei denen Diesel jede Woche mehrere Nächte verbringt. In einer Nacht kommt er um halb zwei Uhr nach Hause, nur um zwei Stunden zu ruhen. Um fünf Uhr treibt es ihn wieder weg, abends fällt er ins Bett. Aber niemand kann ihm helfen. „Da die Maschinen neu und nur von mir als dem Erfinder gründlich gekannt sind, so muß ich erst das Personal einschulen. Da sie außerdem Tag und Nacht ununterbrochen gehen, so bin ich eben Tag und Nacht angestrengt . . . Ich werde sobald nichts mehr erfinden . . ."

Die Maschinen laufen. Eine Abordnung von Arbeitern findet sich bei Diesel ein und bringt ihm eine sehr schöne Fächerpalme. Der Führer der Abordnung liest eine Ansprache vor, in welcher es heißt, daß zur Feier des Gelingens der Dieselschen Erfindung sie ihm dies *„petit signe d'hommage"* (kleine Zeichen der Anerkennung) darbringen. Diesel drückt allen die Hand und verspricht, wie es die Sitte fordert, die Palme zu „arrosieren", das heißt mit Wein zu begießen.

Aber Diesel teilt die Begeisterung der Arbeiter über das Funktionieren der Maschine nicht. Noch bis Ende Oktober hat er zu tun, ehe die Anlage nach seinem Wunsch arbeitet. „Obgleich die Hauptsache fertig, lege ich jetzt Hand an die letzten Details und mache kleine Verbesserungen. Vor alles mathematisch klappt bin ich nicht zufrieden." Die letzte Äußerung ist für Diesel sein Leben lang charakteristisch geblieben. Man konnte oft von ihm hören, daß eine Sache mathematisch klappen müsse.

Das erhoffte Ergebnis stellte sich ein. In einem Brief vom 28. 10. 1883 schreibt er an seine Schwester: „Mein Apparat in Grenelle geht über alle Erwartung gut, so daß ich einige Stunden lang selbst staunend das schöne Resultat betrachtete. Ich kann also jetzt ohne Sorgen und mit Freuden meine Martha heimholen und werde nicht mehr lange warten."

Diesel hat wegen seines Vertrages mit der französischen Linde-Gesellschaft seine Gedanken und Erfindungen nicht selbständig verwerten dürfen, und er hat sich darüber sehr geärgert. Aber angestellte Ingenieure dürfen im allgemeinen eben nicht drauflos-erfinden. Ihre Arbeiten entstammen dem Arbeitskreis, dem sie angehören und verpflichtet sind. Darum pflegt ein Industriewerk vertraglich festzulegen, daß die Erfindungen seiner Ingenieure ihm gehören. Sonst bestünde die Gefahr, daß im eigenen Haus eine gefährliche Konkurrenz großgezüchtet wird. Diesel hat es später nicht anders gehalten, als seine Ingenieure am Dieselmotor herumzuerfinden begannen. Aber man begreift, daß es in solchen Fällen zwischen den Beteiligten immer wieder zu Auseinandersetzungen und Verstimmungen kommt. „Da mir . . . mein Contract mit Linde vollständig die Hände bindet, indem ich für Lebzeiten verpflichtet bin, keine eigene Erfindung an Eismaschinen ausbeuten zu dürfen, so habe ich natürlich die Eismaschinen und was damit zusammenhängt in meinen Privatstudien vollständig über Bord geworfen, und mich nach anderer Richtung gewendet. Ich hoffe bis Ende dieses Jahres einen gewissen Abschluß meiner Studien zu erreichen und vielleicht nächstes Jahr anzufangen, financielle Erfolge davon zu erblicken. – Bis das aber sicher ist, betreibe ich, als Broderwerb, die Anlage von Linde's Eismaschinen."

Diesels Erfahrung mit seiner Klareiserfindung entstammte wieder seinem unzähmbaren Trieb nach Selbständigkeit. Er löste sein Anstellungsverhältnis zu Linde, und ohne festes Gehalt, also als freier Kaufmann und „Ingénieur civil", übernahm er späterhin die Vertretung von Lindes Eismaschinen, blieb aber mit 3600 Francs Gehalt Direktor der Eisfabrik. Dies war, wenn er erfinden wollte, schon ein höherer Freiheitsgrad, obwohl er in mancher Hinsicht angekettet blieb.

DIE HOCHZEIT fand am 24. November 1883 in München im engsten Familienkreis statt, zu dem auch Professor Christoph Barnickel gehörte, welcher nach dem Tod seiner ersten Frau die Schwester Emma seines ehemaligen Pflegesohnes geheiratet hatte und jetzt sein Schwager war. Diesel zog mit seiner jungen Frau in seine Pariser Junggesellenwohnung in der Rue de Rivoli 40 b. Sie waren sehr stolz auf die erste Einrichtung mit grauseiden bezogenen Salonmöbeln und einigen Stühlen aus Birnholz mit eingelegtem Elfenbein, gingen viel in Museen und machten Ausflüge. Aber die französischen Freunde Diesels aus seiner Junggesellenzeit zogen sich von ihm zurück, weil er eine Deutsche geheiratet hatte. Die beiden verkehrten von nun an fast nur mit Deutschen und einigen Amerikanern. Nach einem Jahr wurde ihr erstes Kind Rudolf geboren.

ETWA zu Beginn des Jahres 1884 mag Diesel seiner Frau zum erstenmal erzählt haben, daß er einen Motor, den Ammoniakmotor, bauen wolle. Außer ihr erfuhr von diesem Plan wohl nur ein aus Hannover stammender vierzig- bis fünfzigjähriger Mann namens Louis Philippe Cohen, der zur gleichen Zeit Diesel offenbar nahegelegt hat, ein Compagniegeschäft für technische Agenturen zu begründen. Sie wollten unter anderem Treibriemen verkaufen. Aber die Geschäfte brachten nur Ärger und Verluste. Zum Beispiel bekam Diesel einmal den Besuch eines zuvorkommenden Herrn, der ihm einen durchfeuchteten Prospekt seiner Treibriemen zeigte, den er aus der Seine aufgefischt hatte. Ein Laufbursche, der mit Hunderten solcher Prospekte versehen war, um sie bei der Kundschaft abzugeben, hatte den ganzen Packen kurz entschlossen in die Seine geworfen.

Die Verbindung zwischen Diesel und Cohen bestand gute zwei Jahre lang. Cohen scheint große Hoffnung auf den Dieselschen Ammoniakmotor gesetzt zu haben, aber diese geschäftlichen Hoffnungen hat er schließlich nicht mehr genährt, und es kam zur Trennung. Ob wohl Cohen vor seinem Tod noch erfahren hat, daß er mit wenig Begeisterung die ersten nebelhaften Anfänge des Dieselmotors miterlebt hatte?

AM 3. APRIL 1885 heißt es: „Während ich vor zwei Jahren 33 000 Francs Einnahmen hatte, sank ich im vorigen Jahre auf die Hälfte und dieses Jahr wird es noch weniger, da überall alles voll Natureis ist und der Winter sehr kalt war. Ich habe jetzt anfangs April, noch nicht die Spur einer Bestellung . . . Übrigens erlaubt mir die Geschäftslosigkeit, an einigen Ideen zu laboriren, die mir immer mehr Zukunft versprechen, und auf denen ich meinen ganzen Lebensplan aufbaue. Aber eine Idee braucht viele Jahre um praktische Gestalt zu gewinnen. – An meinem ersten Patent (Krystalleis) habe ich $2^{1}/_{2}$ Jahre arbeiten müssen, bis es brauchbar war; seit cca einem Jahr arbeite ich an einem Motor, der ganz brauchbar zu werden verspricht; ganze Stöße von Zeichnungen, Rechnungen und Schreibereien, und einige Modelle liegen schon da, aber ganz zufrieden bin ich noch nicht damit, obgleich ich, wie gesagt, guten Muth und Erfolg habe."

IN DER Hefefabrik des Baron Theodor Hirsch zu Argenteuil arbeitete eines Tages ein Arbeiter in einem leeren Laugekessel. Versehentlich öffneten die anderen Arbeiter den Laugehahn, und Diesel hörte an dem Kessel die Jammerrufe des Unglücklichen. Er eilte herbei und zog ihn heraus. Die Haut des Arbeiters war verseift, er starb.

Am 15. Oktober 1885, am Tag der Geburt von Diesels Tochter,

platzte in der Eisfabrik ein Behälter mit Ammoniakgas. „Das Unglück geschah gerade unter meinem Bureau, und der Stoß hat die aus eisernen Balken bestehende Decke, also den Boden des Bureaus, um 10 cm nach oben gewölbt und Tische und Stühle sämmtlich umgeworfen. Glücklicherweise war niemand drin. – Durch den Ammoniakgeruch wurde eine Geis ohnmächtig und ein Hund bekam einen Brechanfall." Auch einige Arbeiter wurden schwer betäubt.

Dieser Vorfall brachte Diesel auf die Idee, Bomben mit Ammoniakgas oder anderen betäubenden Gasen zu füllen, um in gewissen Situationen eines Krieges den Feind in Massen zu betäuben, statt ihn zu töten. 1887 wollte er ein Patent nehmen, ging aber vorher auf die deutsche Botschaft, damit seine Idee an die deutschen Militärbehörden weitergeleitet würde. Der Sekretär des Botschafters Graf Münster wies dies Ansinnen ab.

DIESEL war viel in der französischen und auch in der belgischen Provinz unterwegs, die ihm 1886 als weiteres Vertretungsfeld für Lindes Eismaschinen zugewiesen worden war. Er lebte zuweilen wochenlang in französischen Familien, vor allem bei Bierbrauern. Viele dieser Familien erschienen ihm durch Gastfreundschaft und einfache Sitten vorbildlich. Aber er mußte auch ganze Nächte mit spießbürgerlichen Provinzialen verbringen, die in Frankreich nicht besser sind als anderswo. Sie sprachen von fast nichts anderem als von Kokotten, machten die Ehe verächtlich und – soffen.

Früh steht Diesel auf und eilt zu den Maschinen, um dann zum Frühstück wieder Champagner trinken zu müssen, während die Dampfmaschinen klappern und nicht ziehen wollen. Den ganzen Ärger mit fehlerhaften Anlagen oder verpfuschten Lieferungen muß er allein ausbaden. Kreuz und quer reist er mit der Bahn durch Frankreich und beruhigt seine Seele durch den Genuß der Landschaft. „Hart am Ufer der Rhône geht der Zug dahin, der Fluß rollt goldene Wellen im Schein der untergehenden Sonne. – Am jenseitigen Ufer Berge und Burgen; es ist sehr schön, hat aber doch nicht den Reiz und die Poesie unseres Rheins."

Diesel hatte die Eigenheit, die Leute wie Renngäule herumzuhetzen, damit die Dinge rasch erledigt wurden, und diese Leute brummten zuweilen. Hatte er Maschinen in Gang gesetzt, so pflegte er einen Teil der Nacht bei ihnen zu verbringen, damit alles gut ausging. Ein großer Augenblick war es jedesmal, wenn das erste Eis, die *glace vierge,* wie die Franzosen sagten, aus den Maschinen herausgezogen wurde. Aber meistens war das jungfräuliche Eis sehr schmutzig und wurde erst allmählich klarer und sauberer. Auf die neuen Eiskästen pflegten die Arbeiter einen Blumenstrauß zu setzen, damit er „begossen" wurde.

Da gab es also in Hülle und Fülle Arbeit und Ärger, noble und demütigende Behandlung, Abenteuer mit allen möglichen Menschen, die in einer ganz anderen Welt lebten als Diesel, dessen Herz immer schwerer wurde, der an seinem Motor arbeiten wollte und sich nicht verhehlte, daß unter Boulangers wachsendem Einfluß der Deutschenhaß stetig zunahm. Aber immer wieder war er stolz auf die Tatsache, daß er große Arbeiten in kurzer Zeit vollbringen konnte. Zwischendurch artete der Konkurrenzkampf mehr und mehr aus, wobei von den Franzosen gegen die deutschen Konstruktionen und Ingenieure gehetzt wurde, aber auch die Deutschen sich auf sehr unschöne Weise gegenseitig ein Bein stellten. Ein Konkurrent aus der Heimat bestach Lindes Maschinisten, damit die Maschinen während wichtiger Besichtigungen plötzlich schlecht funktionierten. Er reiste in ganz Frankreich stets hinter Diesel her und erzählte von Linde, Diesel und den Maschinen die tollsten Geschichten, so daß den Leuten, die schon eine Lindesche Maschine gekauft hatten, angst und bange wurde.

Diesel beginnt unter diesen Verhältnissen immer mehr zu leiden. Er sucht nach Möglichkeiten, aus diesen bedrückenden Zuständen herauszukommen. Kaum kann er sagen, wie furchtbar dick er die Eismaschinen hat, wie er sich sehnt, etwas Menschenwürdigeres unternehmen zu dürfen, als die Einfältigkeiten von Bauernmaschinisten wiedergutzumachen. Immer gibt es Ärger und Streiterei mit den Käufern. Zuweilen erhält er auch einen Monteur, der noch nie eine Eismaschine montiert hat, und er ist dann gezwungen, bis in alle Einzelheiten alles selber zu machen oder wenigstens zu kontrollieren. An den Tagen der Ingangsetzung muß er so oft die Treppen und Leitern auf und ab rennen und in den Fabriken umherlaufen, daß es an das Unglaubliche grenzt. Ein anderes Mal regnet es von der Decke herab, als er die

Maschinen in Gang setzen will. Man hat ein schlechtes Wasserreservoir geliefert. Im obersten Stockwerk muß das ganze Maschinenwerk auseinandergenommen werden, um einen neuen Boden zu machen. „Immer stärker wird der Wunsch in mir wach, mich von der Lumperei der lumpigen Eismaschinen los zu machen. Ich habe genug davon! Ich habe auch nicht mehr lange Geduld. – Wenn nur die Vernunft noch aushält bis es Zeit ist und nicht vor der Zeit lahm wird."

DER MOTOR sollte die Rettung werden. Diesel hatte gut verdient und gespart. Er stellte einen Zeichner an und ließ Modelle und Versuchsmotoren zeichnen, mit denen er in der Eisfabrik zu Grenelle Versuche machte. Die Modelle und Maschinenteile ließ er bei verschiedenen Firmen anfertigen, damit das Geheimnis seiner Erfindung gewahrt blieb. Das alles kostete ihn viel Geld.

Zuweilen traten in der erfinderischen Arbeit Stockungen ein. „Alles geht auf den Broderwerb hinaus und beinahe täglich bedaure ich, daß ich die Menge angesammelten Materials, die in meinen Schubladen liegt, so unnütz liegen lassen muß. – Selbst mein Motor, auf den ich doch meine Zukunft baue, ist momentan (21. März 1886), d. h. seit einem halben Jahre, verlassen; ich fühle jedoch, daß ihm das nicht schadet; wenn ich auch nicht direct daran arbeite, so reift doch die Idee immer mehr, und manches erscheint mir als Irrthum, was ich früher für richtig hielt. Alles braucht eben seine Zeit."

Der Gedanke an einen Motor, der die bisherigen Dampfmaschinen in den Schatten stellen, vor allem weniger Brennstoff verbrauchen sollte, ließ ihn nicht wieder los. Er stand dabei unter dem Einfluß seiner Umwelt und seiner Tätigkeit als Eismaschineningenieur. Da er es mit Ammoniak, Ammoniakdämpfen und hohen Drücken zu tun hatte, geriet er zunächst auf den Gedanken, durch die Anwendung von Ammoniakdampf statt Wasserdampf den Wirkungsgrad der Dampfmaschine verbessern zu können. Weil die Dampfmaschine die klassische Wärmekraftmaschine schlechthin war, gelang es Diesel damals noch nicht, sich von diesem gewaltigen Vorbild zu lösen. Er hoffte zunächst, sein Ziel durch Veränderungen und Verbesserungen der Dampfmaschine zu erreichen.

Während eines Sommeraufenthaltes 1886 zu Hindelang im Allgäu sagte er eines Morgens beim Erwachen zu seiner Frau: „Ich habe diese Nacht etwas Wunderbares erdacht, einen Wärmemotor, der durch die Sonnenwärme betrieben wird." Den ganzen Tag lang war er glücklich.

Was hatte es mit diesem Motor für eine Bewandtnis? In Diesels nachgelassenen Papieren findet sich ein Entwurf „Idee einer von der Sonne bewegten Maschine", dem man einige Anhaltspunkte entnehmen kann. In einem großen eisernen Kasten sollte Luft von der Sonne stark erhitzt werden, die, sich ausdehnend, einen Pumpenkolben bewegte und die dann durch Wasser gekühlt wurde. Die Luft zog sich zusammen, und der äußere Atmosphärendruck drückte dann den Kolben wieder zurück.

Diesel hat die sehr geringe Möglichkeit einer Kraftgewinnung auf diesem Weg durchgerechnet. Es handelte sich um einen jener tausend Gedanken, die durch sein Gehirn jagten, die alle nur den Zweck zu haben schienen, ihn im Laufe der Jahre allmählich von falschen oder unbrauchbaren Ideen auf den richtigen Weg zu bringen.

Die zahlreichen Entwürfe, Studien, Zeichnungen der achtziger Jahre haben in ihrer Vielfalt Ähnlichkeit mit den Studien Leonardo da Vincis. Plötzlich taucht zum Beispiel die Idee einer kleinen Kühleinrichtung für den Haushalt auf, die durch eine winzige Flamme betrieben wird, wie es in den modernen Gaskühlschränken geschieht. Es finden sich Studien über Eisbildung durch Ausnützung der Injektorwirkung. Er denkt an den Bau eines Motors, der durch die Gezeitenwelle betrieben wird. Seit seiner Studienzeit hatten sich Mappen gefüllt mit Untersuchungen zur mechanischen Wärmetheorie. Es finden sich zahlreiche Notizen wie die folgende: „In den dynamo-electrischen Maschinen wird Arbeit in Magnetismus und Electricität verwandelt; daneben auch in Wärme, durch Erwärmung des Eisens der Inductoren; daraus sollte doch auf Identität von Arbeit, Magnetismus, Electricität und Wärme geschlossen werden dürfen."

An eine Aufgabe, die sehr naheliegend erschien, ging Diesel damals aber überhaupt nicht heran. Er beschäftigte sich nicht mit der Viertakt-Explosionsmaschine, wie sie in Köln-Deutz durch die großen Ingenieure Otto und Langen geschaffen worden war und die man mit dem gleichen Recht Ottomotor nennen sollte, wie man vom Dieselmotor spricht. Es ist sehr seltsam, daß Diesel kaum an diese Maschine geriet, denn schließlich wurde der endgültige Dieselmotor ein Verwandter des Ottomotors und keineswegs der Dampfmaschine. Aber der Viertakt-Explosionsmotor war damals noch jung, seine Anwendung war auf einige Gebiete beschränkt, und vor allem erschien er Diesel keineswegs als ein Motor, der die Dampfmaschine verdrängen würde. Zudem lebte er damals in ganz anderen wissenschaftlichen und technischen Gedankengängen. Und das war gut so, denn durch Gedanken, welche die Verbesserung des Explosionsmotors betrafen, wäre er schwerlich auf die kühnen, ja verwegenen Ideen gekommen, die dem 1892 patentierten „Rationellen Wärmemotor" zugrunde lagen. Der Ottomotor und der Dieselmotor sind aus zwei verschiedenen Vorstellungswelten entstanden und schließlich durch wichtige gemeinsame Züge wesensverwandt geworden. Sie haben sich heute, aus ganz ungleichen Richtungen kommend, aufeinander zu entwickelt.

Diesel meinte es also mit anderen Dämpfen als dem Wasserdampf versuchen zu sollen, welche die Forderung des Carnotschen Kreisprozesses nach einem möglichst großen Temperaturgefälle, einer möglichst hohen Wärmekaskade ermöglichten. Aber der von ihm damals gebaute Motor war nicht nur eine Dampfmaschine, in welcher der Wasserdampf durch Ammoniakdampf ersetzt wurde, sondern er arbeitete auch mit den Kräften, die bei der Absorption des Ammoniaks in Glyzerin durch Erhitzen, Abkühlung, Verdichtung und Ausdehnung der Flüssigkeiten und Gase gewonnen werden konnten. Es zeigte sich aber, daß er in seinen Ammoniakdampfkesseln einen Druck von fünfzig bis sechzig Atmosphären erzeugen mußte, um zu guten Ergebnissen zu kommen. Das war zu jener Zeit aus verschiedenen Ursachen noch sehr schwierig und umständlich. Jedenfalls aber geriet Diesel in diesen Jahren auf die von ihm später als notwendig angesehene Forderung, sehr hohe Drücke zu verwenden. Mit der Ammoniakdampfmaschine hat er jahrelang experimentiert und in sie fast alle seine Pariser Ersparnisse gesteckt. Schließlich mußte er den Gedanken fallenlassen, gewann aber bei dieser Arbeit Einsichten, die ihn auf Umwegen zu Ideen führten, aus denen dann der Dieselmotor entstand.

AM 14. JULI 1886 schrieb Diesel an seine Frau, die sich mit den Kindern am Meer aufhielt: „Ich kann nicht daran denken diesen Monat noch an meinem Motor zu arbeiten." Im Sommer 1887 lautet es: „Mein Motor geht nun ordentlich vorwärts. Ich hoffe – *hoffe,* noch vor meinem Landaufenthalt etwas Gewisses zu wissen. Gegenwärtig arbeiten daran 4 Mann. Ich wende meine ganze Kraft an bald fertig zu werden." Er braucht jede verfügbare Stunde für den Motor. „Seit Sonntag bin ich in einer Hetzerei wie noch selten vorher. – Das kommt von meinem Motor. Ich merke wirklich, daß ich vor einem wichtigen Abschnitt meines Lebens stehe . . . Es geht langsam vorwärts, aber sicher, sehr sicher. Jedes Detail ist neu an der Sache, und doch ist bis jetzt alles auf den ersten Schlag gelungen . . . Ich bin den ganzen Tag fort, esse Mittags nicht zu Hause, komme abends meist sehr spät, und schreibe immer noch nach Tisch die Eindrücke des Tages auf. Darauf schlafe ich nicht einmal gut, sondern ich wache die halbe Zeit und denke immer über Alles nach. – Wenn es endlich gelungen sein wird, werde ich erlöst sein, wie von langjähriger Gefangenschaft; ich lebe jetzt in verzweifelter Aufregung." Am 23. Juli 1887: „Gestern bin ich kurz nach 6 von hier weg und war den ganzen Tag in Grenelle, wo ich einen der wichtigsten Versuche zu meinem Motor machte. – Nachmittags mußte ich gegen 2 Uhr aufhören, da ich nicht mehr weiter konnte, weil mir alles vor den Augen schwirrte. Ich setzte mich $1/2$ Stunde in einen Stuhl, trank einen Schluck Wein und konnte dann doch noch den Versuch zu Ende führen. Aber abends trugen mich meine Beine nicht mehr und ich mußte in einer Droschke nach Hause fahren." Im September 1887 schreibt er aus Löwen: „Ich habe Kopfweh – zum rasend werden, wirklich ganz fürchterlich."

Der erste krisenhafte Kopfwehanfall hatte ihn kurz vorher in der Eisenbahn heimgesucht. Wenn er beim Essen saß, konnte man beobachten, wie ihm vor Schmerzen die Tränen über die Backen liefen. Dieses Kopfweh hat ihn jahrelang auf die furchtbarste Weise gequält. Wahrscheinlich war es die Folge seiner unablässigen Überanstrengung seit seinem zwölften oder dreizehnten Lebensjahr. Aber es war auch die ihn vorwärtspeitschende Zielsetzung, der ewige Gedanke an seine Erfindung.

Am 2. März 1888 fand eine Sitzung der Société des Ingénieurs

Civils statt, die, wie ich glaube, Diesel auf eine entscheidende Fährte setzte. Der angesehene Ingenieur Polonceau berichtete, daß der Marquis de Montgrand einen Apparat zur gleichzeitigen Erzeugung von Wärme und Kälte erfunden habe, der auf folgenden beiden Prinzipien der Thermodynamik gegründet sei. „Bei Komprimierung eines Gases gibt es bei Verminderung seines Volumens Wärme ab. Wenn man das ursprüngliche Volumen sich ausdehnen läßt, so verbraucht es Wärme, die es von den benachbarten Körpern entlehnt." Das bedeutet ganz einfach, daß sich ein Gas, zum Beispiel Luft, erhitzt, wenn man es zusammendrückt, und abkühlt, wenn man es sich ausdehnen läßt.

Diesel hat diese Stelle im Sitzungsbericht, der sich zwischen Papieren mit Ideen und Berechnungen zur Ammoniakmaschine vorfand, dick blau angestrichen. Er ist damals zweifellos an das Kompressionsfeuerzeug in der Industrieschule zu Augsburg erinnert worden, und es ist wahrscheinlich, daß ihn der Apparat des Marquis de Montgrand plötzlich von neuem auf die Idee brachte, die Erhitzung von verdichteter Luft zu motorischen Zwecken zu benutzen. Schon vor 1880 war ja seine Fragestellung gewesen, wie man die Wärme ohne Vermittlung des Dampfes in Arbeit verwandeln könnte. Ich persönlich bin überzeugt, daß er vom März 1888 an nach einem anderen motorischen Prinzip als dem der Ammoniakmaschine zu suchen begann, die ja noch eine Art von Dampfmaschine darstellt.

AM 18. MÄRZ 1888 schrieb Diesel: „Dreißig Jahre bin ich jetzt alt; ich komme mir vor wie ein ganz alter Mensch und bin im Grunde traurig gestimmt, daß ich noch so wenig geleistet und gearbeitet habe, denn wenn ich überlege, was hinter mir ist, so bedeutet das nicht viel; *autant que rien* [so gut wie nichts]. Andererseits aber fühle ich, daß meine Kraft erst im Wachsen ist, und so ist denn doch noch nicht alle Hoffnung verloren . . . Ich arbeite wie ein Pferd, und wenn ich mir auch nicht viel über meine Fähigkeiten einbilde, so meine ich doch, daß eine so gewaltige Arbeit – ich strenge mich nämlich gewaltig an – schließlich ein Resultat ergeben *muß* und daß mein Streben nicht zu Irrthümern führen wird."

Es wird Juli 1888. „Mein Motor geht ganz rüstig vorwärts. Er wird dieses Mal nicht lange brauchen fertig zu werden." – Dann sagte er wieder zu seiner Frau, als ihm der Ammoniakmotor große Sorge machte: „Ich verzweifle ganz gewiß nicht. Ist es nicht dieser, so ist es ein anderer Motor. Gelingen muß und wird es." Seine Frau hat ihn nie wieder so glücklich gesehen wie während seiner erfinderischen Arbeit in den achtziger Jahren. Den ganzen Tag war er in Tätigkeit und so fröhlich, daß er bis in die Nacht hinein sang. Wenn er von langen Reisen heimkehrte, eilte er sofort an den Zeichentisch.

Es muß in dieser Zeit, jedenfalls noch vor dem Reifen der eigentlichen Dieselmotoridee, gewesen sein, daß Diesel zu seinem Vetter Christian sagte, er würde durch eine Sache, an der er arbeite, dereinst den Namen Diesel noch weltbekannt machen.

DAMALS war Algier in großem Aufstieg. In der Stadt entstanden Bierbrauereien, die wegen des heißen Klimas Eismaschinen besonders nötig hatten. Diesel reiste in den Jahren 1885 bis 1887 dreimal nach Algier, um Aufträge zu erhalten. Doch Eismaschinen wurden als zu teuer bezeichnet.

Ganz ergebnislos scheint die Reise nach Algier aber doch nicht gewesen zu sein. Im November 1886 taucht Diesel dort für kurze Zeit wieder auf, und im Mai 1887 meldet er aus Algier, daß die bloße Nachricht von seinem Herannahen die Maschinen wie durch Zauberschlag in den besten Stand versetzt habe, er hier somit nichts mehr zu tun habe, als zu sagen, man solle nur so weitermachen.

Seit Mitte der achtziger Jahre gingen die Geschäfte schlechter. Das hatte vor allem politische Gründe. Frankreich war chauvinistisch geworden. Nach einer großen Niederlage scheint ein Volk immer eine Zeitlang betäubt zu sein, erleidet dann eine seelische Krise, will den aus der Niederlage hervorgegangenen Zustand nicht anerkennen und sammelt seine nationalen Kräfte, um dem unwürdigen Zustand ein Ende zu bereiten. Die Hoffnungen der Nation richteten sich auf den chauvinistischen General Boulanger, der dem Volk die Revanche verhieß. Es gab kein Haus und keine Hütte, worin nicht sein Bild hing.

Alles, was deutsch war, hatte unter diesen Verhältnissen sehr zu leiden. Die Franzosen vermieden es, deutsche Waren zu kaufen und Deutsche anzustellen. Lindes Eismaschinen, obwohl für Frankreich hauptsächlich in der Schweiz bei Sulzers gebaut, galten nun einmal als deutsche Fabrikate. Linde beauftragte darum ein französisches Werk mit dem Bau seiner Maschinen, aber die Bestellungen gingen trotzdem zurück.

Ununterbrochen hallte Kriegsgeschrei. Europa wurde geraume Zeit in Unruhe gehalten. Diesel meinte, daß er sich wegen der unstabilen französischen Verhältnisse seit je so einzurichten versucht hatte, daß er auch für den Fall der Auswanderung noch eine Saite auf seiner Geige hätte. „Eine solche habe ich auch jetzt, wenn es los geht." Er meint die Motorerfindung. Am 7. Mai schrieb Frau Diesel ihrem abwesenden Mann über die Stimmung in Paris. Die Zeitungen brächten schreckliche Hetzartikel, und viele Deutsche würden namentlich als gefährliche Subjekte aufgeführt.

Im Juli 1887 erschien in einem Hetzblatt ein Aufsatz gegen die Deutschen, in dem auch die Familie Diesel genannt war, allerdings, so meinte Diesel, in einer Weise, die bei vernünftigen Leuten höchste Ehre einlegen mußte. Auch in Châteauroux, wo Diesel Eismaschinen aufgestellt hatte, kam es zu Hetzereien und Klatschgeschichten. Von da an hatte Diesel das Gefühl, daß es mit den Lindeschen Geschäften in Paris zu Ende ging, und er strebte nach Deutschland zurück.

Am 14. Juli 1888, dem Nationalfeiertag, nahm Diesel ganz unmittelbar wahr, wie der Wind wehte. Während seine Familie auf dem Land war, sah er in Paris das ganze politische Defilee, den Präsidenten Carnot, Floquet, alle Minister, den ganzen Generalstab. Boulanger hatte sich kurz vorher mit einem politischen Gegner geschlagen und lag verwundet zu Hause. Der ganze Tag gestaltete sich zu einer fast wütenden Manifestation für Boulanger.

Der Eiffelturm, das erste große Glanzstück für die Weltausstellung des Jahres 1889, war schon im Bau. Zwei Tage nach Eröffnung der Ausstellung wurde Diesels jüngster Sohn geboren. Auf der Weltausstellung betreute Diesel die Lindeschen Kälte- und Eismaschinen. Auch hatte er seinen Ammoniakmotor, der recht ordentlich lief, ausstellen wollen. Schon waren die Prospekte entworfen und die Vertriebsmöglichkeiten studiert worden. Im letzten Augenblick entschloß er sich, die Maschine doch nicht auszustellen. „Aber aufgeschoben ist nicht aufgehoben und ich gehe blos zurück, um besser springen zu können." Mit nie ermattendem Interesse studiert er alle auf der Ausstellung vertretenen technischen Phänomene, vor allem die Dampfmaschinen und Motoren, die Kessel und alles, was einen Fortschritt bei der Ersparnis von Brennstoff für Kraftmaschinen betraf. Es waren sicher besonders die Gasmotoren, die ihn auf dieser Ausstellung anzogen und ihn mit veranlaßten, von seinem Ammoniakmotor abzugehen und sich für die Erreichung seines erfinderischen Zieles der Verbrennungsmaschinen zuzuwenden. Wieder geriet er in einen Zustand übermäßiger Anspannung und geistiger Erregung. „Gestern hatte ich eine solche Krise von Kopfweh, daß ich mitten aus der Ausstellung lief, eine Droschke nahm, und gerade noch vor Büroschluß vom Arzt kam." Die Neurasthenie (Nervenschwäche) hatte Diesel in ihre Krallen genommen.

Anläßlich der Weltausstellung fand in Paris, im September 1889, ein Internationaler Kongreß für angewandte Mechanik statt. Diesel hielt als einziger Deutscher einen vielbeachteten, in der *Revue Technique de l'Exposition Universelle* veröffentlichten Vortrag über Kälte- und Eismaschinen und ihre Anwendungsgebiete.

Die Geschäfte ließen weiter nach, das Leben in Frankreich wurde für Deutsche immer unbehaglicher. Diesel empfand die Hemmnisse um so stärker, als sie auch die Durchführung seiner Erfindung erschwerten. Er wußte zudem, daß das technische und geschäftliche Leben in Deutschland energischer pulsierte als in Frankreich.

Anfang November 1889 traf er Linde in München. Auch Linde blickte mit Sorge auf seine abnehmenden Geschäfte in Frankreich, und er wünschte Diesel an einem wichtigeren Platze zu beschäftigen. Er fragte ihn, was er verlange, um in Berlin seine Geschäfte für das nördliche und östliche Deutschland zu übernehmen. „Ich sagte 30 000 francs gesicherte Einnahme. – Bewilligt. – Nun aber die große Frage meiner Erfindung! Ich sagte, daß ich nicht eine sechsjährige Arbeit um eines momentanen Vortheils halber an den Nagel hängen könne, und daß ich in dieser Arbeit meinen *eigentlichen* Lebenszweck erblicke." Aber Linde war die Erfinderei offenbar unangenehm. Er wußte aus eigener Erfahrung, was Erfinden bedeutet. Auch reizte ihn Diesels

Erfindung nicht sonderlich, die damals nur aus Ideen, Plänen und Studien zu bestehen schien. Diesel war betroffen und zunächst etwas ratlos. Zum ersten Mal zeichnete sich ab, daß er eines Tages zwischen einem bürgerlich gesicherten Dasein als angesehener Ingenieur und der erfinderischen Laufbahn mit ihren Wagnissen und Gefahren zu wählen haben würde.

Doch Lindes Vorschlag führt ihn aus der Zeit des Schwankens hinaus. Er überlegt: Erstens würde in Deutschland nicht das ewige Damoklesschwert der Ausweisung über seinem Haupt hängen, zweitens konnte er auftreten, ohne den Nationalhaß fürchten zu müssen, drittens würden sich in der Heimat feste und angenehme gesellschaftliche Beziehungen schaffen lassen, viertens wäre die Anlehnung an eines der größten Geschäfte in Deutschland und die daraus erwachsenden Beziehungen von unermeßlichem Vorteil, fünftens würde er nicht an eine bestimmte Zeit für das neue Verhältnis gebunden sein, sechstens würde sich für alle das Leben ruhiger und gesundheitlich zuträglicher gestalten, siebentens würde sich die Schulfrage regeln. Und endlich sei seine Sache doch noch nicht so spruchreif, daß er ohne Anlehnung allein seine Zukunft auf sie bauen könnte. „So ungefähr überlege ich und morgen entscheide ich." Er sagte für Berlin zu. „Sehr abgespannt", schreibt er, „wie nach jedem großen moralischen Entschluß."

Der in der Nacht vom 7. auf den 8. November gefaßte Entschluß war für das Zustandekommen des Dieselmotors von ausschlaggebender Bedeutung, denn es ist kaum anzunehmen, daß die Durchführung von Diesels Plänen in Frankreich geglückt wäre. Jedenfalls war die Folge jenes Entschlusses, daß der Dieselmotor von Deutschland aus seinen Weg über die Erde antreten sollte.

1890–97
Die Zeit der Erschaffung des Dieselmotors

Am 21. Februar 1890 traf Diesel zum erstenmal in seinem Leben in Berlin ein und spähte nach den Eigentümlichkeiten der preußisch-deutschen Hauptstadt. Als ihm seine Ingenieure vorgestellt wurden, fragte ihn gleich der erste ganz militärisch, wann er „befehle", ihn zu sehen. Auch begegnete er bald der etwas schnauzbärtigen preußischen Zucht. Aber im öffentlichen Leben nahm Diesel nicht die von ihm gefürchtete Steifheit wahr. Soldaten und Offiziere beherrschten durchaus nicht das Straßenbild, das Volk auf der Straße machte einen schlichten, ordentlichen Eindruck. Ein Windhauch der Kraftentfaltung und des Aufstiegs wehte Diesel entgegen.

Bald hat er Beziehungen zu Kommerzienräten und mehreren Direktoren großer deutscher Maschinenfabriken gewonnen. Nach einigen Tagen wird er als angesehener Ingenieur für Kältetechnik in den Vorstand der neu gegründeten Aktiengesellschaft für Markt- und Kühlhallen gewählt.

Diesels zogen in das Haus Kurfürstendamm 113. Die Gedächtniskirche stand noch nicht, der Kurfürstendamm lief bis Halensee und bis zum Grunewald als Reit- und Fahrallee zwischen Bauplätzen, Wiesen und Wald weiter. „Nach vorne sehen wir nur in grünende und blühende Bäume, und von unserem Schlafzimmer aus haben wir einen weiten Blick in grüne Wiesen und Bäume." Aber einer Naturgewalt vergleichbar, schoben sich die Hausmassen der werdenden Weltstadt in der Landschaft vor. Einige Tage nach Diesels Einzug wurde das Terrain für das nächste Mietshaus abgesteckt.

Außer den Lokomotiven der hoch geführten Stadtbahn waren noch nicht viele Maschinen zu sehen. Diese standen in den Fabriken; in die Straßen drangen sie zuweilen nur mit einer Lokomobile* ein, erst nach Mitte der neunziger Jahre mit den elektrischen Straßenbahnen, später mit Automobilen und motorisierten Baumaschinen. Die Pferdebahn hatte freilich schon etwas von einer Maschine an sich, weil sie auf Eisenrädern und Schienen lief und der Kutscher eine große Bremse drehen mußte, an der unten eine mit dem Fuß zu betätigende Sperrklinge saß.

Noch herrschte das Gas. Von der Elektrizität wurde viel gesprochen, aber man merkte wenig von ihr. Die elektrischen Kabel von Siemens lagen in der Erde, Telegrafen und Dynamomaschinen bewunderte der gewöhnliche Sterbliche nur auf den gewerblichen Ausstellungen. Vornehme leichte Kutschen liefen

---

* fahrbare Dampfmaschinenanlage

zuweilen auf Gummirädern und wurden sehr bestaunt. In den achtziger Jahren beleuchtete man die ersten Berliner Häuser mit elektrischen Glühbirnen. Wer in den „besseren Gegenden" wohnte und nicht zur Industrie gehörte, sah, außer von der Eisenbahn aus, nur selten die Fabriken mit ihren Maschinen und sozialdemokratischen Arbeitern. Der lebendige Begriff vom Werk und der Werkgemeinschaft hatte sich im Zeitalter des Klassenhasses noch nicht entwickelt.

Das Bürgertum war im großen und ganzen arbeiterfeindlich. Zwischen ihm, das mit der Industrie und dem Militär ein unausgesprochenes, aber mächtiges Bündnis geschlossen hatte, und dem Arbeitertum, das als gefährlich, antinational und staatsfeindlich galt, schien es keine Brücke zu geben. Sozialdemokratie, Kommunismus und Anarchie waren für den Staat und den Bürger nur Schattierungen ein und desselben großen Verbrechens. Das riesenhaft angeschwollene Proletariat in den Fabriken schien in wenigen Jahren aus dem Volk als etwas Fremdes und Furchterregendes unheimlich hervorgequollen zu sein. Es war nicht mehr wegzudenken, und doch lebte die Ober- und Mittelklasse so, als ob es fortgedacht werden könnte. Unter den Linden oder auf dem Kurfürstendamm begegnete man selten einem Arbeiter. Da erblickte man Offiziere, Adlige, Landjunker, Unternehmer, Geschäftsbürger. Die Atmosphäre strotzte vor Tüchtigkeit und Wohlfahrt. Man wurde von Lebenslust, Eifer und Vorwärtsdrang getragen, blieb immer noch einigermaßen altpreußisch, und doch eilte man mit Riesenschritten dem Luxus, dem Prunk und Protzentum der Weltstadt und mancherlei Sittenverfall entgegen. Man schwamm auf dem Strom des Kapitals, der durch Verkehr und Industrie brauste und worin sich die Sonne des Kaisertums spiegelte.

Mein Vater gedachte der Arbeiter immer mit Freundlichkeit, fast mit Liebe. Er sagte Sachen, von denen ich dunkel fühlte, daß sie dem kaiserlichen Geist Berlins widersprachen und gefährlich waren. Wir schwammen zwar mit im Strome des aufstrebenden Bürgertums. Aber seinem inneren Wesen nach gehörte Diesel zu den Rebellen. Er beobachtete sorgfältig alles, was in den Kreis der „sozialen Frage" gehörte. Er las die Romane Zolas, machte seine Kinder auf die Greuel der Mietskasernen mit ihren armseligen

Bewohnern aufmerksam und verfehlte nicht, uns immer wieder vorzuhalten, wieviel besser es uns ginge als dem durchschnittlichen Deutschen, der weniger als tausend Mark Jahreseinkommen hätte.

Außer den Arbeitern gab es da noch die vielen kleinen Bürger, die in den Läden standen, das Bier herumfuhren, die Zimmer tapezierten. Waren sie sozialdemokratisch, waren sie kaiserlich? Ein Schnauzbart schien zu gewährleisten, daß sein Träger Unteroffizier gewesen und kaiserlich gesinnt war. Aber auch gegen diese Kleinbürgerschicht hegten die gehobenen Bürger Mißtrauen. Die einwandfreie Bürgerschicht begann damals mit dem Einjährig-Freiwilligen-Examen, das daher zahllose Kleinbürgersöhne abzulegen sich beflissen.

Die Industrie begann in den Augen der Offiziere und des Adels allmählich mehr zu gelten, obwohl die Technik und der Ingenieur von ihnen als bloße Werkzeuge der Industrie auch wiederum geringgeschätzt wurden. Der Adel heiratete oft die Töchter der Großbürger mit dem vielen Geld. Sie alle aber verband die Idee des siegreichen neuen Deutschlands, des Kaiserhauses, des Fortschritts. Ihren konservativen Einschlag gaben die preußischen Offiziere dadurch kund, daß sie lieber von Preußen als von Deutschland sprachen. Die Industriellen hingegen bevorzugten den Begriff des großen geeinten Deutschland. Bayern war noch sehr lebendig und Preußen auch. Gesamtdeutschland war erst im Werden.

Rudolf Diesel war in jener Zeit, wenn man so will, ein „süddeutscher Demokrat" mit der Neigung, sich von allen politischen Vorstellungen des Zeitalters zu lösen, die ihm alle unzulänglich vorkamen. Frankreich hatte ihn beeinflußt, und er hatte große Achtung vor England. Er war zugleich ein Mann der Wissenschaft und der Maschine, der Geistigkeit und des Zupackens mit der Hand, des Gestaltenwollens um jeden Preis, voller Verachtung für alle Parteipolitik und alles, was nicht arbeitete. War Diesel schon fortschrittsgläubig – wie hätte es anders sein können –, so ahnte er doch eine dunkle Zukunft, weil er die soziale Frage für ungelöst hielt. Immer bekannte er sich mit Entschiedenheit zum Deutschtum, und doch war er Europäer, besser gesagt, ein europäischer Zukunftstyp, den aus der Voraussicht großer kommender Aufgaben seines Vaterlandes viele Eigenschaften der damaligen Deutschen mit Sorge und Unmut erfüllten. Er war aufs höchste aufgebracht gegen jeden geistlosen Drill, gegen jegliche Mechanisierung des Menschen, an den er aber, was geistige Disziplin betraf, die unglaublichsten Ansprüche stellte.

Es WAR ein ergötzlicher Zufall, daß Diesels erste Freunde preußische Adlige und Offiziere waren, als er mit der Motoridee im Kopf von Paris nach Berlin übersiedelte. Als die Diesels ihre Wohnung einrichteten, erzählte ihnen der Tapezierer, im Stockwerk darüber wohne eine Frau Lucie von Motz, welcher er ein prächtiges und sehr empfehlenswertes Himmelbett geliefert habe. Die Dame sei sehr liebenswürdig und würde eine Besichtigung ihres Schlafzimmers sicher zulassen. Diese Besichtigung erfolgte, man freundete sich an, verkehrte miteinander, und so wurden wir auch bekannt mit den Offiziersfamilien von Bertrab, von Kleist, von Kotze, von Luckwald, von Schack und anderen. Wir verkehrten natürlich auch mit Ingenieuren, Gelehrten und Industriellen.

Die Offiziere, die sich in diesen Kreisen bewegten, waren schneidiger, zurückhaltender, gedankenärmer als die Wissenschaftler und Industriellen. Nicht wenige standen vor dem, was Diesel trieb, ohne eigentliches Verständnis, wenn auch mit Respekt da. Dabei neigten manche von ihnen zu der Auffassung, der Ingenieurberuf sei doch wohl nur eine Art besserer Schlosser oder Klempner.

Die Technik war noch in den Fabriken eingekapselt. Die Armee war eine Fuß- und Pferdearmee, für welche Krupp die Kanonen baute. Daß die Technik später in die Gesamtheit aller menschlichen Gebiete einbrach und der Mensch nun auf Schritt und Tritt Maschinen und Apparaten zu begegnen begann, ist zum großen Teil eine Folge des von Otto geschaffenen Explosionsmotors, der Elektrizität und später auch des Dieselmotors. Motoren und elektrische Apparate aller Art drangen in die Straßen und Häuser. Das große Zusammenleben der Völker mit der Maschine begann. Die Dampfmaschine, welche bis in die neunziger Jahre fast allein als Motor, das heißt Beweger, herrschte, benötigte ja einen großen Dampfkessel, und mit diesem hinter sich war sie, soweit sie Wagen zu befördern hatte, auf die Eisenbahnschienen angewiesen.

DIESEL war noch mit dem Glauben an den Ammoniakmotor nach Berlin gekommen, aber dieser Glaube war nicht unerschüttert. Dampfmaschinen, Ammoniak- und Explosionsmotor, der Vorgang im Kompressionsfeuerzeug und vieles andere wurde unablässig gegeneinander abgewogen. Die Jugendidee, ohne Vermittlung von Dampf Arbeit zu gewinnen, trat in den Vordergrund. Die Gasmotoren, die das schon leisteten, aber dafür andere Nachteile hatten, waren etwa seit 1878 in allgemeineren Gebrauch gekommen. In Diesel vollzog sich die endgültige Abkehr vom Ammoniakmotor. Damals brach eine Arbeit von sechs Jahren zusammen, aber aus den Trümmern baute Diesels Begeisterung unverzüglich ein neues Gedankengebäude auf. Es zeigte sich, daß hundert Erfahrungen und Einsichten aus dem verlassenen Arbeitsgebiet für die neue Erfindung zu verwenden waren.

Der Ammoniakmotor war auch eine Art von Dampfmaschine gewesen, die an Stelle von Wasserdampf Ammoniakdampf verwendete und zudem gewisse andere physikalisch-chemische Möglichkeiten ausnutzte. Diesel hatte das arbeitende Mittel, Ammoniakdampf und überhitztes gasartiges Ammoniak, stets in einem Gefäß, in einem Dampfkessel oder in Rohrspiralen geschlossen gehalten und die Wärme genau wie bei der alten Dampfmaschine von außen mittels Heizungen zugeführt und durch Kühlmittel entzogen. Die Ammoniakdämpfe und -gase verursachten große technische Schwierigkeiten.

Auf keinen Fall wollte Diesel zum Wasserdampf „als arbeitendem Mittel" zurückkehren. Darum hatte er schon in Paris mit Luft gearbeitet, welche er möglichst hoch erhitzen und dann möglichst tief sich abkühlen ließ. Die Verbrennung des Brennstoffes, welcher die Luft in Diesels Kesseln heizte, benötigte den Sauerstoff der Luft. Da drängte sich Diesel der schon früher erwogene und an sich nahcliegende Gedanke auf, Luft als im Motorzylinder arbeitendes Mittel und gleichzeitig als chemisches Mittel zur Verbrennung des Brennstoffes ebenfalls im Motorzylinder zu verwenden. Beides, Verbrennung und Arbeit, sollte sich somit im Arbeitszylinder vollziehen und dadurch den Dampfkessel überflüssig machen. Die erste brennstoffsparende Folge hiervon würde sein, daß der Motor alle durch Wärmeausstrahlung in Rohrleitungen, im Dampfkessel und Schornstein auftretenden

Wärmeverluste vermied. Dieser Gedanke mußte Diesel von seinem damaligen Standort aus als eine neue Eingebung erscheinen. Und doch hatte er nur, wie er selbst schreibt, auf großen Umwegen einen fast selbstverständlichen Gedanken gewonnen, der im Ottomotor schon längst auf eine bestimmte Weise verwirklicht war: die Verbrennung im Arbeitszylinder der Maschine selbst. Die andere Herkunft des gleichen Gedankens verursachte aber, daß Diesel ihn ganz anders verwirklichte als Otto.

Über seinen eigentlichen erfinderischen Gedanken schreibt Diesel: „Wie nun die Grundgedanken entstanden, das Ammoniak durch ein wirkliches Gas, nämlich hochgespannte, hoch erhitzte Luft zu ersetzen, in solche Luft allmählich fein verteilten Brennstoff einzuführen und sie gleichzeitig mit der Verbrennung der einzelnen Brennstoffpartikel so expandieren [sich ausdehnen] zu lassen, daß möglichst viel von der entstehenden Wärme in äußere Arbeit übergeht, das weiß ich nicht. Aber aus dem fortwährenden Jagen nach dem angestrebten Ziel, aus den Untersuchungen der Beziehungen, zahlloser Möglichkeiten wurde endlich die richtige Idee ausgelöst, die mich mit namenloser Freude erfüllte."

Der Unterschied zwischen dem Ottomotor und dem Dieselmotor sei zunächst auf folgende Weise klargemacht. Der Ottomotor saugt ein *Gemisch* von Luft und einem gasförmigen oder flüssigen Brennstoff in den Zylinder ein, verdichtet es und entzündet es dann durch eine Zündvorrichtung. Der Dieselmotor saugt *reine* Luft ein und verdichtet vier- bis achtmal höher als der Ottomotor. Die überaus hoch verdichtete reine Luft wird *sehr heiß*. Spritzt oder bläst man in die glühende Luft den Brennstoff ein, *so entzündet er sich ohne Zündvorrichtung*. Man kann den Brennstoff so in den Motor einführen, daß keine wesentliche Drucksteigerung, also keine Explosion oder rasche Verpuffung wie beim Ottomotor, auftritt, sondern eine viel ruhigere Verbrennung.

Bis in die sechziger Jahre war es nicht gelungen, Wärmekraftmaschinen zu bauen, welche den Wettbewerb mit der Dampfmaschine aufnehmen konnten. Zuerst hatte man es mit Heißluftmaschinen versucht, welche einfach die Luft in Maschinenzylindern durch ein offenes Feuer erhitzten. Die Luft dehnte sich aus und trieb den Kolben vor sich her. Aber das funktionierte nicht.

Dann kamen die Gasmotoren. Der Franzose Lenoir hatte in den sechziger Jahren angefangen, brauchbare Gasmotoren zu bauen, die aber einen schrecklich hohen Gasverbrauch hatten. Erst den Deutschen Nikolaus Otto und Eugen Langen glückte es im Lauf der sechziger und siebziger Jahre, die Viertakt-Explosionsmaschine zu schaffen. Otto vor allem war es, der zum erstenmal eine brauchbare Wärmekraftmaschine neben die Dampfmaschine stellte, die den Vorzug hatte, keinen Kessel zu benötigen. Aus den Werkstätten Ottos und Langens ging dann die berühmte Gasmotorenfabrik Deutz hervor.

ICH WILL versuchen, einen Viertakt-Explosionsmotor nach Otto allgemeinverständlich zu erklären.

Eine Kanone ist einem Explosionsmotor sehr ähnlich. Das Kanonenrohr mit seiner Seele entspricht dem Zylinder und seinem Hohlraum, das Geschoß entspricht dem Kolben des Motors, der Sprengstoff dem explosiblen Gemisch von Luft und Gas (oder Luft und zerstäubtem Benzin), die Entzündung des Sprengstoffes im Geschütz entspricht der Entzündung des explosiblen Gasgemisches im Motor durch einen elektrischen Funken. Aber eine Kanone hat eine andere Aufgabe als ein Motor. Das Geschütz soll das Geschoß möglichst weit fortschleudern, der Kolben im Motor indessen soll nur einen gewissen kurzen Weg im Zylinder zurücklegen und mittels eines beweglich in ihm gelagerten Armes, den man Kurbel- oder Pleuelstange nennt, eine Kurbel mit einem Schwungrad drehen. Eine Kanone ist also nichts anderes als ein Explosionsmotor, dessen Kolben man frei hinausfliegen läßt, ein Motor nichts anderes als eine Kanone, deren Geschoß man nicht frei hinausfliegen läßt, sondern mittels Kurbel, Pleuelstange und Welle in dem Zylinder festhält, mit der Möglichkeit auf- und abzugehen. Damit sich in einem solchen Motor das Prinzip der Kanone in regelmäßigem Spiel immer wiederholt und das Schwungrad beliebige Zeit hindurch angetrieben wird, der Motor somit ununterbrochen läuft, wird man eine Anzahl von besonderen Mechanismen anordnen müssen. Das verbrannte Gas muß durch die *Ventile* ausgeschoben, frisches explosibles Gemisch, das neue Arbeit verrichten kann, ebenfalls durch Ventile in die Maschine eingesaugt werden. Durch Steuerungen müssen diese Ventile in regelmäßig wiederkehrendem Takt geöffnet und geschlossen werden. Die im Gemisch befindliche Luft hat den Auftrag, den Sauerstoff für die Explosion, das heißt die überaus rasche Verbrennung des im Gas und Benzin enthaltenen Kohlenwasserstoffs, zu liefern.

Erfolgt im Motor eine Explosion, wenn der im Zylinder auf und ab gehende Kolben an seiner höchsten Stelle nahe dem Zylinderdeckel (der dem Geschützverschluß entspricht) steht, dann wird der Kolben mittels der Pleuelstange und der Kurbel das Schwungrad so lange antreiben, bis er seinen untersten Stand erreicht. Das Schwungrad macht also eine halbe Umdrehung. Dann allerdings würde es nicht viel weiter gelangen, weil der über dem Kolben stehende Gasdruck seiner Drehrichtung entgegenwirkt. Darum also öffnet sich durch die Steuerung das Auslaß- oder Auspuffventil, welches den verbrannten Gasen den Weg freigibt. Die schießen knallend ins Freie oder in den schalldämpfenden Auspufftopf. Der Kolben ist entlastet, und das Schwungrad drückt durch seinen Schwung den Kolben im Zylinder zurück, der die verbrannten Gase vollends ausschiebt. Ist der Kolben wieder am oberen Totpunkt angelangt, dann schließt sich das *Auspuff*ventil, das *Einsauge*ventil wird geöffnet, und *frisches* brennbares *Gasgemisch* wird durch den *immer vom Schwung des Rades weiterbewegten Kolben*, der nun wieder in seiner Richtung umkehrt, in den Zylinder gesaugt. Etwa im unteren Totpunkt schließt sich das Einsaugeventil, die lebendige Kraft des Schwungrades schiebt den Kolben empor. Dieser drückt das explosible Gas-Luft-Gemisch in völlig geschlossenem Zylinder zusammen, das im oberen Totpunkt durch einen elektrischen Funken entzündet wird. Die dadurch entstehende Drucksteigerung treibt das Schwungrad wieder an. Das Spiel wiederholt sich also ewig im *Viertakt*, den man so nennt, weil die Arbeit der Maschine in vier Abschnitte zerlegt werden kann:

1. Einsaugen des brennbaren Gemisches durch den abwärts gehenden Kolben im Zylinder,

2. Zusammendrücken dieses Gemisches durch den aufwärts gehenden Kolben,

3. Entzündung dieses Gemisches durch eine Zündvorrichtung mit dem Ergebnis erheblicher Drucksteigerung, der Ausdehnung

Eugen Langen

Nikolaus August Otto

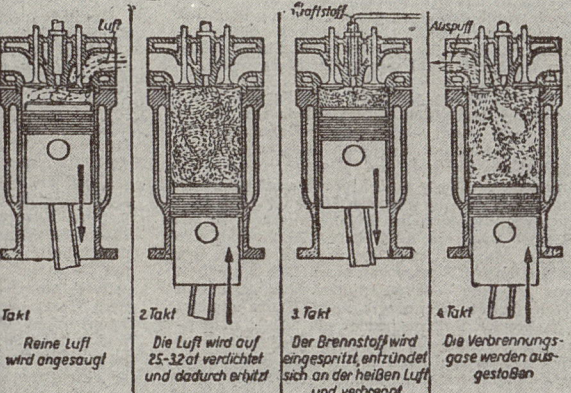

Luft | Kraftstoff | Auspuff

1.Takt — Reine Luft wird angesaugt

2.Takt — Die Luft wird auf 25-32 at verdichtet und dadurch erhitzt

3.Takt — Der Brennstoff wird eingespritzt, entzündet sich an der heißen Luft und verbrennt

4.Takt — Die Verbrennungsgase werden ausgestoßen

Viertakt-Schema des Dieselmotors

Links: Arbeitsweise des Dieselmotors, der reine Luft ansaugt, verdichtet und den Brennstoff einspritzt

Rechts: Ottos Viertakt-Gasverbrennungsmotor in liegender Anordnung

der Gase und der *Kraftabgabe an den zurückweichenden Kolben und damit an das Schwungrad,*

4. Auspuff, das heißt Ausschieben der verbrannten Gase, die ihre Arbeit verrichtet haben, aus dem Zylinder ins Freie.

Nur während eines dieser vier Takte erhält das Schwungrad seinen Vorrat an lebendiger Kraft, der es in den Stand setzt, während der drei anderen Takte die Maschine zu bewegen und Kraft nach außen zu liefern.

DER EXPLOSIONSMOTOR hat keinen Kessel, er muß selbst seinen Betriebsdruck im Zylinder hervorrufen. Wenn sich ein fähiger Erfinder und Mechaniker das Ziel der kessellosen Explosionsmaschine stellt, dann wird er notwendig auf den Viertakt geraten. Hierbei muß dann allerdings das zündfähige Gas während eines Aufwärtsganges des Kolbens zusammengedrückt (komprimiert) werden. Otto fürchtete ursprünglich diese als notwendiges Übel betrachtete Verdichtung und hielt sie so niedrig wie möglich. Erst allmählich erkannte er aus den praktischen Ergebnissen, daß die Verdichtung des Luftgemisches für einen niedrigen Brennstoffverbrauch von entscheidender Bedeutung war. Er hat also zunächst ganz ohne wärmetheoretische Erwägung lediglich nach den besten Wegen gesucht, den Motor mit explosiblem Gas zu laden und ihn dann wieder von dem verbrannten Gas zu befreien, aus welchem Bestreben sich der Viertaktmotor ergab.

Diesels erfinderischer Weg verlief gerade umgekehrt! Er fing nicht mit dem Basteln an einer Maschine an und geriet dann nachträglich auf wissenschaftlich begründbare Urteile, sondern er ging von der wissenschaftlich gewonnenen Vorstellung aus, daß sehr hohe Verdichtung des arbeitenden Mittels, nämlich der Luft, die Vorbedingung für ein sparsames Arbeiten und für ein vollkommenes Verbrennen des Brennstoffes in der Maschine sei. Otto versuchte am Anfang, der Verdichtung (Kompression) auszuweichen. Diesel ging umgekehrt in seiner Theorie von einer so unerhörten Kompression aus, daß man einen solchen Plan entweder als eine beispiellose Kühnheit oder als Verrücktheit betrachten mußte. Otto hatte überhaupt keine wissenschaftliche Theorie. Diesel übersteigerte in hohem Maße die wissenschaftlich-theoretische Forderung.

106

Otto kletterte also mit seiner Gaskompression allmählich gerade so weit hinauf, daß mit Sicherheit die Selbstentzündung des Gasgemisches noch vermieden wurde. Diesel hingegen kletterte bei der Kompression „reiner Luft" von seinen ihm theoretisch vorschwebenden zweihundert oder dreihundert Atmosphären schon beim Beginn seiner Versuche auf dreißig herab, denn die ungeheuren Drücke seiner Theorie hätten im Motor allzu starke Reibungsverluste erzeugt und sowohl den Bau des Motors erschwert wie den Brennstoffverbrauch erhöht. In der Praxis hat Diesel also von Anfang an mit Verdichtungsdrücken gearbeitet, die ein Bruchteil seiner theoretischen Drücke, aber noch vier- bis achtfach höher waren als die damals im Ottomotor angewendeten.

Diesel war auf einem gedanklichen Umweg zu der Aufgabenstellung gekommen, die Luft unmittelbar als arbeitendes Mittel im Motorzylinder zu verwenden. Dieser gedankliche Umweg hatte eine große Bedeutung gehabt. Denn Diesel stieß aus ganz anderen technischen Vorstellungen vor, als sie die Gasmotoreningenieure besaßen. Diesel war nicht Fachmann und Konstrukteur von Gasmaschinen. Er hatte für die beste Verbrennung ganz andere Bedingungen erkannt und ganz neue Vorstellungen gewonnen, als sie der Fachingenieur für seine Motoren besaß. Dadurch war Diesel imstande, unbelastet von voreingenommenen Ideen über Explosionsmotoren von einer ganz anderen Richtung her auf seinen Verbrennungsmotor zu stoßen. Die Drücke, die er anwenden wollte, erregten das Entsetzen der Gasmotorenleute. Weil er sie aber anwenden wollte, konnte er gar nicht vom Ottomotor ausgehen, in dem so hohe Drücke wegen der Selbstentzündung des Gas-Luft-Gemisches nicht zu verwenden waren. In Diesels Kopf herrschte also eine neue Perspektive, eine dritte Welt neben der Welt der Dampfmaschinen und der Welt des Ottoschen Gasmotors. Dieser psychologische Zustand ist maßgebend geworden für das Zustandekommen des Dieselmotors.

Die Gasmotorenleute haben trotz all ihrer Erfahrung den Dieselmotor nicht geschaffen, und wo sie, Söhnlein, Capitaine und Köhler, ähnliche Ideen zu einem motorischen Verfahren hatten wie Diesel, arbeiteten sie doch aus ganz anderen Vorstellungen heraus. Vor allem blieben sie, wie Köhler, entweder nur bei der theoretischen Idee stehen, oder sie experimentierten, wie Capitaine, mit unzulänglichen Mitteln und warfen die Flinte ins Korn. Keiner dieser Männer kann sich an Kühnheit, ja Verwegenheit, unbeugsamer Energie und Fähigkeit, alle Hilfsmittel in seinen Dienst zu zwingen, mit Diesel vergleichen.

TAG UND Nacht dachte Diesel an den Motor. Sein Hirn fieberte vor tausend mathematischen und physikalischen Formeln und mechanischen Konstruktionen. Oft antwortete sein Kopf auf viele halb durchgearbeitete Nächte mit den rasenden Kopfschmerzen, die schon in Frankreich begonnen hatten. In Diesels Verwandtschaft sprach man von seinem bedenklichen Kopfleiden. Es verleidete ihm alle Gesellschaften, die er auch mied, weil sie ihn bei der Arbeit am Motor hinderten. Alle anderen Tätigkeiten mußte er als entsetzliche Störung empfinden, so auch seine berufliche Arbeit. Aber noch damals füllten sich Akten mit Studien über Luft- und Bottichkühlapparate, Kompressoren, Fleischkühlhallen, mit Berechnungen und Theorien neuer und alter Kältemaschinen, und nach Lindes Zeugnis leistete er Ausgezeichnetes.

Die Berliner Stelle warf indessen von Anfang an bei unverminderter Arbeitslast sehr viel weniger ab als die in Paris. Diesel sah seine erfinderischen Pläne schwer gefährdet. Der finanzielle Rückschlag war so heftig, daß er im März 1892 vom Kurfürstendamm in eine bescheidenere Wohnung des Gartenhauses Brückenallee 15 zog und auch das Lindesche Büro aus der Kaiserstraße dorthin verlegte. Einige Tage vorher hatte er das erste Patent auf seinen Motor erhalten.

Der bei Linde angestellte Ingenieur Venator nahm freundschaftlich Anteil am Werden der Erfindung. Es mag im Jahre 1891 gewesen sein, als Venator Diesel auf ähnliche Ideen eines anderen Ingenieurs aufmerksam machte. Es ist nicht mehr festzustellen, ob es sich um Otto Köhler oder Emil Capitaine handelte. Von Köhler war 1887, als Diesel noch in Paris war, das Buch „Theorie der Gasmotoren" erschienen, worin eine den Dieselschen Gedanken ähnliche und doch in mancher Hinsicht von ihnen abweichende Idee beschrieben war, welcher Köhler aber keine Versuche zur Verwirklichung hatte nachfolgen lassen. Die Capitaineschen Arbeiten an einem Motor mit verwandten Zügen fallen vorwiegend in das Jahr 1891. Allen Dokumenten und Anzeichen nach hat Diesel erst einige Jahre später von ihnen gehört. Als er Anfang 1893 mit Krupp verhandelte, hat er selbst auf Köhler hingewiesen, und die Kruppschen Fachleute untersuchten, ob die Köhlersche Veröffentlichung Diesels Patent möglicherweise gefährdete. Sie äußerten sich, so berichtet Diesel, dahin, daß das nicht der Fall sei.

Diesel hat sich durch Venators Mitteilung nicht beirren und wahrscheinlich auch kaum beunruhigen lassen. Seine Perspektiven und theoretischen Vorstellungen waren seiner Auffassung und der Anordnung seiner Ideen nach so durchaus andere, daß er nicht an eine nähere Verwandtschaft seines gesamten erfinderischen Planes mit der Idee Köhlers glauben konnte und wollte. Aber sowohl Köhler wie Capitaine sollten für ihn noch furchtbar gefährlich werden.

Kaum irgendeine bedeutendere Erfindung hat zur Zeit ihrer Entstehung nicht in der Luft gelegen, und in jedem Fall haben sich Kämpfe über die Frage erhoben, wer den Gedanken zum ersten Mal äußerte und zum ersten Mal durchzuführen versuchte.

EIN GUT Teil des Jahres mußte Diesel auf Achse sein, um Aufträge für Eismaschinen hereinzuholen und mit seinen Monteuren und Ingenieuren Kühlanlagen zu errichten oder zu reparieren.

In Frankfurt am Main stieß er im Sommer 1891 auf eine bedeutende Leistung seines Jugendfreundes Oskar von Miller, der zu dieser Zeit in technischen Kreisen berühmt wurde. Miller hatte zum ersten Mal elektrische Kraft mit einer Spannung von fünfundzwanzigtausend Volt auf große Entfernung „über Land" geschickt, von Lauffen am Neckar bis zur elektrotechnischen Ausstellung in Frankfurt, wo mit dem fernher gekommenen Strom ein Elektromotor von hundertachtzig Pferdekräften betrieben wurde. Millers Leistung hat Diesel sicherlich zu weiterem Einsatz angestachelt.

AM 28. FEBRUAR 1892 wurde Diesel das deutsche Patent Nr. 67 207 „Arbeitsverfahren und Ausführungsart für Verbrennungskraftmaschinen" erteilt. Überaus erregende Zeiten waren vorangegangen.

Das Patentamt hatte ihm eine ganze Reihe anderer Patente entgegengehalten, erkannte aber nach langen Verhandlungen die
Dieselsche Erfindung als neu und richtig an. Monatelang hatte
Diesel mit der Möglichkeit rechnen müssen, daß er das Patent
nicht erhalten und damit die Arbeit von zwölf Jahren verlorenge-
hen würde. Er hatte zudem nicht wagen können, das Patent zu
nehmen, ehe er sich mit der Linde-Gesellschaft auseinanderge-
setzt hatte. Denn es war nicht ganz klar, ob die Gesellschaft nicht
etwa auf Grund alter Verträge Ansprüche auf alle Erfindungen
Diesels besaß. Diese Sorge hatte Diesel lange, aber man einigte
sich in Freundschaft.

DIESEL wußte, daß er scheitern würde, wenn er versuchte, den
Motor mit seinen eigenen unzulänglichen Geldmitteln in einer
kümmerlichen Werkstatt zu bauen. Nur die allerbesten und mächtigsten Werke kamen für den Bau einer Maschine in Betracht, die
mit unerhörten und gänzlich ungewohnten Drücken arbeiten
sollte. Diesel nahm sich vor, solche Firmen zu gewinnen. Zu ihnen
gehörten nach seiner Auffassung die Maschinenfabrik Augsburg,
Krupp, der aber in höherem Maße Gußstahlfabrik, Hüttenwerk
und Geschützwerkstatt war als Maschinenfabrik (mit Ausnahme
des Krupp-Gruson-Werks in Magdeburg, das Gasmotoren baute),
ferner Gebrüder Sulzer in Winterthur, die Gasmotorenfabrik
Deutz, Carels Frères in Gent. Diesel gewann sie alle, teils sehr bald,
teils im Lauf der folgenden Jahre.

Im März 1892 schrieb er an die Maschinenfabrik Augsburg, in
der sein Schul- und Studienfreund Lucian Vogel arbeitete, der
inzwischen Heinrich Buzens Schwiegersohn geworden war. Aber
der Dampfmaschinenkonstrukteur Krumper gab ein ungünstiges
Gutachten über Diesels Vorschläge ab, und Diesel erhielt folgende Antwort:

> Wir . . . bedauern Ihnen mittheilen zu müssen, daß wir auf Aus-
> führung fragl. Motors nicht reflectiren; wir haben die Sache reif-
> lich nach allen Richtungen überlegt und erachten die Schwie-
> rigkeiten der Ausführung derart groß, daß wir uns an die Sache
> nicht wagen können.
>
> Hochachtend!
> Maschinenfabrik Augsburg
> *H. Buz* Director

Die Absage der Maschinenfabrik Augsburg bedeutete für Diesel eine schwere Enttäuschung. Er wollte die Maschinenfabrik Augsburg unter allen Umständen dabeihaben und überlegte, wie es ihm glücken könnte, bei Buz neues Interesse zu erwecken. Er mußte rasch handeln, denn ein Patent war damals in Deutschland nur fünfzehn Jahre in Kraft. Jeder Monat, der ungenutzt verstrich, bedeutete eine Minderung des Patentwertes. Man mußte ja auch damit rechnen, daß im günstigsten Fall einige Jahre vergehen würden, ehe eine marktreife Maschine entstehen und mit der Erfindung Geld verdient werden konnte. Nach langem Schwanken und häufiger Ratspflege mit seiner Frau faßte Diesel damals den Entschluß, seine theoretischen Studien über den Motor in Buchform zu veröffentlichen. Damit wollte er das Interesse weiterer Kreise erregen, vor allem aber der Industrie beweisen, daß er den moralischen und geistigen Mut besaß, in der Öffentlichkeit für seine höchst neuartigen und daher leicht zu verspottenden Ideen einzutreten.

Am 2. Oktober 1892 bot er der technischen Verlagsanstalt von Julius Springer in Berlin das Manuskript an. In seinem Brief hieß es, daß sich mehrere hervorragende Techniker und Gelehrte sehr günstig über das Manuskript geäußert hätten. Linde habe ihm geschrieben: „Ich kann meine Ihnen bereits mündlich geäußerte Ansicht nur dahin bestätigen, daß die von Ihnen eingeschlagene Richtung scharf und richtig auf das Ziel lossteuert, diejenige Brennmaterialverwerthung zur Gewinnung mechanischer Arbeit zu erreichen, welche nach unserer derzeitigen physikalischen Erkenntniß und mit Rücksicht auf den gegenwärtigen Stand des Maschinenbaus als die vollkommenste zu betrachten ist . . . Ich spreche aus, daß ich die von Ihnen eingeschlagene Richtung als die allein richtige anerkenne, und . . . ich spreche weiter aus, daß auch der constructive Theil Ihrer Arbeit mir im Wesentlichen einwandfrei erscheint . . . "

Auch Professor Schröter und Geheimrat Eugen Langen, der Mitarbeiter von Otto und Direktor der Gasmotorenfabrik Deutz, hatten sich dem günstigen Urteil Lindes angeschlossen, wenn auch Langen unerhörte Schwierigkeiten bei der praktischen Verwirklichung der Maschine voraussah. Diesel schrieb an Springer: „Diese Maschine ist also berufen, eine gänzliche Umwälzung im Motorenbau hervorzurufen und das Bestehende *zu ersetzen.*"

In dem Brief ist erwähnt, daß der Motor gegenwärtig in der Maschinenfabrik Augsburg ausgeführt werde. Diesel hatte nicht lockergelassen und war, vielleicht nach Vorbereitung durch seinen Freund Lucian Vogel, etwa im September 1892 nach Augsburg gekommen, wo er mit Krumper und wahrscheinlich auch mit Heinrich Buz verhandelte. Die Verhandlungen führten zu dem Ergebnis, daß die Maschinenfabrik nunmehr doch erwog, eine Versuchsmaschine zu bauen, und anfing, durch ihre eigenen Ingenieure Zeichnungen herstellen zu lassen, die dann mit Diesels Konstruktionen zusammengearbeitet wurden. Der Vertrag mit der Maschinenfabrik Augsburg wurde am 21. Februar 1893 unterschrieben.

RUDOLF DIESELS Buch „Theorie und Konstruktion eines rationellen Wärmemotors" erschien im Januar 1893. Es ist angefüllt mit mathematischen Formeln und der Schilderung physikalischer Prozesse. Einem Laien den Inhalt des Buches klarzumachen und aufzudecken, wo die Ideen und Formeln Diesels recht behielten, wo sie irrig waren, was später bei der Ausführung anders wurde oder was noch hinzukam, erscheint nahezu unmöglich. Es ergibt sich aber eine recht große Übereinstimmung mit der Maschine, wie sie drei bis vier Jahre später lief. Wenn gelehrte Fachleute behaupteten, Diesel habe etwas anderes gewollt als das, was schließlich zufällig erreicht wurde, so ist das eine Übertreibung, die sich auf das theoretisch-wissenschaftliche Instrumentarium, nicht aber auf die schöpferische Gesamtsituation stützt. Wenn Diesel sagte, daß er einen Motor mit der besten bisher bekannten Brennstoffausnützung bauen wollte, so hat er es erreicht. Statt der siebzig bis achtzig Prozent Ausnutzung der Theorie wurden schließlich nach Jahren nur zwischen dreißig und vierzig Prozent erreicht. Diesel hat in seinen Briefen an Zeuner vom Februar 1893 errechnet, daß er in der Praxis 30,4 bis 31,6 Prozent Wärmeausnutzung erwartete, wie es dann auch eintraf.

Wenn Diesel mit sehr hohen Drücken arbeiten wollte, so hat er es getan, und er ist damit der vornehmste Wegbereiter der modernen Hochdrucktechnik geworden. Statt den theoretischen Druck von zweihundertfünfzig bis dreihundert Atmosphären zu erzwingen, hat er sich von Anfang an mit dreißig bis fünfunddreißig Atmosphären begnügen müssen, immer noch sechs- bis achtmal mehr als die Verdichtung der damaligen Gasmotoren.

Diesel hat ferner, wie er es wollte, reine Luft in den Motor einsaugen lassen, sie verdichtet, dann in diese heiße verdichtete Luft den Brennstoff eingespritzt und eingeblasen. Dieser Brennstoff hat, nachdem er sich ohne Zündvorrichtung entzündete, Arbeit geleistet. Der Motor sollte mit allen Brennstoffen, festen in Staubform, flüssigen und gasförmigen laufen. Schon nach den ersten Jahren lief er mit flüssigem Brennstoff, mit Gas und – wenn auch schlecht und mit einem abgewandelten Verbrennungsverfahren – mit Kohlenstaub. Daß der flüssige Brennstoff der wichtigste wurde, lag an Zeitverhältnissen und daran, daß er sich am besten für den Dieselmotor eignete. Der Gasbetrieb erhielt zunächst praktisch keine Bedeutung, da die alten Gasmotoren auf Grund von Erfahrungen und Erkenntnissen mit dem Dieselmotor wesentlich verbessert wurden, und der Kohlenstaubbetrieb war technisch so schwer durchzuführen, daß sich das Problem erst mehr als fünfundvierzig Jahre später der Lösung näherte.

Diesel hat also in sehr vieler Hinsicht recht behalten und auf alle Fälle den besten Wärmemotor geschaffen. Der technische und wirtschaftliche, jeweils „nach dem neuesten Stande der Wissenschaft" zugespitzte Fachgeist hat Diesel viele Irrtümer nachgewiesen und behauptet, daß er theoretisch einen in mancher Hinsicht anderen Arbeitsprozeß in seiner Maschine anstrebte, als ihm dann durchzuführen gelang. Er hat die theoretische Verbrennungskurve, das „Diagramm", nur sehr bedingt zu erreichen vermocht, und er hat den Motor mit Wasser kühlen müssen, obwohl ihm als Ideal vorschwebte, ohne Wasserkühlung auszukommen, und er auf die Idee des kühlungslosen Motors ursprünglich sogar besonders stolz gewesen ist. Freilich hat er lange den Wert der Theorie selbst so hoch veranschlagt, daß er damit viele Angriffe auf diese hervorgerufen hat.

Im Abschnitt „Anwendungen des Motors" finden sich in dem Buch neben abwegigen auch merkwürdig richtige, fast seherische Feststellungen: „Die Vortheile dieses Motors sind augenfällig; durch den Wegfall der Kessel, Schornsteine, offenen Feuerungen,

durch seine Kleinheit und Einfachheit ist derselbe allem Bestehenden gegenüber derart im Vortheil, daß dies allein einen Ersatz
der bestehenden Motore durch den neuen rechtfertigen würde.
Dazu kommt die Brennmaterialersparnis, welche nicht nur für
den Einzelnen, sondern für die Gesammtheit von so hoher Bedeutung ist, daß ihr der Hauptwerth beizumessen wäre, selbst
wenn der Motor komplicirter ausfiele als die bekannten ... Wir
haben heute lange Eisenbahnzüge, nur um die schweren Lokomotiven auszunutzen, weil dieselben nicht anders gebaut werden
können. In einem Zuge sind deshalb die verschiedenartigsten
Zwecke vereinigt, jede Person, jedes Gut hat einen anderen
Zweck, eine andere Bestimmung, und doch ist alles vereinigt ...
Jeder einzelne Eisenbahnwagen wird mit seinem eigenen Motor
versehen (was mit der vorgeschlagenen Maschine leicht durch-
führbar ist) ... Die neueren gewaltigen Schiffsmaschinen nehmen vier bis fünf Achtel des Schiffsraumes ein. Das Gewicht der
Maschinen, Kessel und der Kohle beanspruchen den größten
Theil der Tragfähigkeit des Schiffes. – Wie viel hier durch kleinere
Menschen, geringen Kohlenkonsum, Abschaffung der Kessel zu
gewinnen ist, läßt sich kaum absehen. – Die Schiffe können trotz
ebenso kräftiger Maschinen viel kleiner ausfallen und doch mehr
nützliche Last tragen und schneller gehen."

IN DER Schrift befanden sich somit eine Anzahl richtiger und
großartiger technischer Visionen zusammen mit großen und kleinen Irrtümern. Diese aber waren zum großen Teil die Irrtümer
des Zeitalters, denn hervorragende Gelehrte wie Zeuner, Linde,
Reuleaux, Schröter hielten Diesels Ideen für richtig. Schröter, der
sich von Anfang an unerschrocken in der Öffentlichkeit für Diesels Ideen einsetzte, erklärte sie noch 1897 für unanfechtbar. Am
27. Januar 1893 hatte Diesel in Dresden eine lange Unterredung
mit Zeuner, der ihm seine Bewunderung aussprach und ihn
beglückwünschte. Ingenieure von Augsburg, Krupp, Sulzer, Körting, Burmeister und Wain begutachteten Diesels Ideen und
schlossen sich ihm im großen und ganzen, wenn auch mit gewissen Vorbehalten und Einschränkungen, an.

Diesel selbst war überzeugt, daß in der Praxis sehr vieles
anders kommen würde als in seiner Theorie. „Die eben beschrie-

bene Maschine hat die Aufgabe, den *vollkommenen Carnot'-schen Proceß* direkt mit dem Brennstoff selbst durchzuführen. Dieser Motor ist daher als eine Art *Idealtypus* zu betrachten ... Diesem Idealtypus müssen wir bemüht sein, uns so weit als möglich zu nähern." Er hat in seinem Buch vom Idealprozeß abweichende Prozesse beschrieben, die mit dem verwirklichten Motor mehr übereinstimmen als der „Idealprozeß" der Theorie. Er hat von Anfang an den abweichenden, nicht den Idealmotor gebaut, und schon in seinem zweiten grundlegenden Patent 1893 kam er dem Dieselmotor, wie er dann praktisch verwirklicht wurde, um ein gutes Stück näher. Aber es ist kein Zweifel, daß Diesel von der Theorie wesentlich mehr zu verwirklichen gehofft hatte, als es dann möglich wurde. Welchem von der Wissenschaft ausgehenden Erfinder wäre es aber wohl anders gegangen?

Der Geschichtsforscher der Technik Conrad Matschoß, der das Wesen und die Geschichte der meisten wichtigen Erfindungen übersieht, hat den Satz geprägt: „In der Geschichte der Technik kommen diese Fälle, wo trotz anfänglich unrichtiger Auffassung der wissenschaftlichen Grundlagen doch große praktische, wirtschaftlich verwertbare Leistungen geschaffen werden, nicht allzu selten vor." Er sagt dies bei der Schilderung der Ottoschen Erfindung des Gasmotors, die durch einige falsche Anschauungen über Verbrennungsvorgänge nicht gehemmt, sondern gefördert wurde. Wie im Falle Diesel ergaben sich mehrere theoretisch richtige Einsichten erst aus den Erfahrungen mit der neu geschaffenen Maschine.

Sehr bald nach Erscheinen des Buches wurde von dem „Dieselschen Motor", ja sogar schon vom Dieselmotor gesprochen. Rudolf Diesel wurde plötzlich bekannt. Strömungen für und wider die neue Maschine entstanden, die noch gar nicht gebaut war. Man fühlte und erkannte: Hier ist etwas, das dem Geist der Zeit entspricht! Gerade die heftigen Fehden, die um das Buch geführt wurden, erwiesen seine geschichtliche Bedeutung. Diesel sagte: „Die Veröffentlichung meiner Broschüre löste heftige Kritiken ... aus, die durchschnittlich sehr ungünstig, ja eigentlich vernichtend ausfielen ... Günstig waren nur drei Stimmen, diese aber von Gewicht. Ich nenne die Namen: Linde, Schröter, Zeuner ... Diese Urteile gingen im wesentlichen dahin, daß die erfinderischen Grundgedanken und die daran geknüpften theoretischen Erörterungen richtig seien und waren von großem Einfluß auf den Entschluß der beiden Firmen: Maschinenfabrik Augsburg und Fried. Krupp, Essen, die neuen Ideen praktisch zu erproben." Der erfindungspolitische Zweck der Schrift ist also erreicht worden.

Otto Köhler meldete sich als Vorerfinder sehr bald in Vorträgen und Schriften zu Wort. Es kam zu literarischen Auseinandersetzungen, die bis 1897 nicht abrissen. Nach dem vier Jahre später offenkundig werdenden praktischen Erfolg Diesels steigerte sich die Wut der Gegner, die behaupteten, es „sei alles anders gekommen" und die Schrift sei nur ein einziger großer Irrtum gewesen. Sie sagten, er habe einen Petroleummotor geschaffen und nicht den Kohlenstaubmotor, einen Wassermantel angebracht, die Isotherme nicht durchgeführt. Capitaine verkündete, daß das, was Diesel geleistet habe, bekannt gewesen sei, und das, was neu war, nichts getaugt habe.

Dazu bemerkte Diesel:

> ... meine „Theorie und Konstruktion eines rationellen Wärmemotors" ... war nur eine Theorie, an der noch Vieles zu ändern und zu feilen war und die sich sehr unterschied vom späteren wirklichen Motor. *Das* ist es nun, wo die Professoren und Pedanten angreifen! Wo ist denn Diesels Motor? Was ist denn von seiner Theorie übrig geblieben? Der Dieselmotor ist Etwas ganz anderes; und darob *steinigen sie mich*, das taten sie 1897 nach meinem Vortrag zu Cassel, das tuen sie heute (1913) nach Veröffentl. der „Entstehung des Dieselmotors". Sie behaupten, ich wolle mit dieser Schilderung „Geschichte fälschen", ich gebe darin ganz andere Dinge an als früher in der Theorie.
>
> Sie vergessen dabei vollständig, daß dieses Buch gerade alle Phasen schildert, die von der Theorie bis zur fertigen Maschine eintraten, und daß daraus actenmäßig mit beispielloser Offenheit zu entnehmen ist, *warum* die Theorie geändert wurde und *warum* der Motor heute anders ist, als ich ihn ursprünglich dachte ...
>
> Warum haben denn früher (1893) und nach Cassel (1897) und heute (1913) auffallender Weise *nur* Professoren und *niemals* ein Mann der Praxis meine Arbeit angegriffen und verunglimpft? Weil der Mann der Praxis mehr Urteil darüber hat,

was Arbeiten und Schaffen heißt, der Professor aber meint, das Erfinden bestehe in *Schreiben* . . .

Wenn man mir nur nicht immer vorhalten wollte, was ich früher gesagt habe! Bin ich denn nicht heute gescheidter als früher? Besteht denn die Lebensweisheit darin, an alten Ideen starr festzuhalten oder darin, die Spreu vom Weizen zu sondern, in seiner Erkenntnis fortzuschreiten und sein Leben danach einzurichten?

Diesel will damit sagen: Hätte er seine Schrift als Arbeitskonzept in der Schublade behalten, dann hätte sich die Welt allein an das *Verwirklichte* gehalten. Philosophisch war er sich schon 1892 über die Notwendigkeit klar gewesen, seinem „Prinzip treu zu bleiben, und *erst* zu arbeiten, *dann* bekanntmachen". Aber er hat schließlich aus seiner damaligen Lage heraus doch wohl richtig gehandelt. Denn er gewann durch seine Schrift Augsburg, Krupp, bald darauf die Gebrüder Sulzer.

Diesel war nicht der Mann, sich durch Kritik und Widerstand einschüchtern zu lassen. Empfindsam, wie er war, litt er zwar sehr unter Angriffen und Verleumdungen, setzte sich jedoch gleichzeitig mit einer Art von Kälte darüber hinweg. Das war nicht ungefährlich, denn die Eisschicht, die er als Schutz über seine innere Leidenschaft und Verletzlichkeit spannte, kränkte manchen Gegner sehr schwer, und in seiner eigenen Seele konnten Risse entstehen, die lange Jahre hindurch unbemerkt blieben.

IM FEBRUAR 1893 spitzte sich alles zu einer ersten großen Entscheidung zu. Über die Mittel, um selbst seine Versuche zu finanzieren oder auch nur, um während der Versuchszeit seine Familie ernähren zu können, verfügte Diesel nicht. Er war zudem in die Lage geraten, zwei Herren dienen zu müssen: seiner Idee und seinem Brotberuf. Auch der größte Arbeitsaufwand für die Eismaschinenvertretung konnte nicht darüber hinwegtäuschen, daß er anderen Zielen nachging und daß jede Stunde ihn unglücklich machte, in der er nicht an seiner Erfindung arbeiten konnte. Bei seinen Reisen in die Provinz befiel ihn immer wieder schwere Melancholie. Finanzielle Sorgen stellten sich ein. Würde es gelingen, sich aus der beruflichen Qual zu lösen und sich ganz dem Motor zu widmen?

In den ersten Monaten des Jahres 1893 sprengte Diesels Arbeitskraft jedes gewöhnliche Maß. Leistungen, die Jahre hätten ausfüllen können, drängten sich damals in Monaten, ja in Wochen zusammen. Er mußte alte berufliche Pflichten erfüllen, das Eismaschinengeschäft abwickeln, in- und ausländische Patente bearbeiten und die Schrift veröffentlichen. Die Monate gingen hin und zehrten an der Patentschutzfrist. In Gedanken stellte Diesel schon Versuche mit dem Motor an, der noch auf dem Papier stand. Er suchte seine Familie vor Sorge zu schützen, hatte die sofort einsetzenden Angriffe auf seine Sache seelisch zu verarbeiten und zu erwidern, Vorträge über den Motor zu halten, eine umfangreiche Korrespondenz mit Gelehrten und Technikern zu führen und sie zu besuchen. Er verhandelte mit den Werken und mußte Verträge ausarbeiten, die über seine Zukunft entschieden. Viele Männer, sachliche und harte Geschäftsleute, sollten für die Sache gewonnen werden, und das war nicht ohne große seelische Verausgabung möglich.

Am 19. Januar 1893 hatte Diesel über seine Erfindung an Friedrich Alfred Krupp persönlich geschrieben, der am 20. Februar dem Krupp-Gruson-Werk in Magdeburg, das Gasmotoren baute, Diesels Brief und seine Schrift mit der Bemerkung sandte: „Ehe ich die entscheidende Besprechung mit Herrn Diesel vornehme, möchte ich jedoch auch Ihre Ansicht über die Sache kennen lernen . . ." Schon am 25. Februar wurde in Magdeburg-Buckau ein Vertrag ausgearbeitet, aber erst am 10. April unterzeichnet, nachdem die Interessenverteilung zwischen Krupp und Augsburg und der Plan der Zusammenarbeit klargestellt war.

Nach einer der entscheidenden Verhandlungen mit Krupp kam Diesel spät in der Nacht nach Hause, wo gerade ein kleines Fest ohne den verreisten Hausherrn gefeiert wurde. Seiner Frau und der treuen Freundin Lucie von Motz stockte vor Freude das Herz im Leibe, als er, etwa um Mitternacht eintretend, sagte, er habe einen schönen Vertrag mit Krupp abgeschlossen, der Bau des Motors würde durch Krupp finanziert. Die Freunde, preußische Offiziere, drängten sich um Diesel und ließen ihn mit Champagner hochleben.

Am 10. April 1893 trat Diesel alle deutschen Rechte auf seine deutschen Patente, die nicht bereits die Maschinenfabrik Augsburg besaß, und außerdem das Recht auf das österreichisch-ungarische Patent an Krupp ab. Vierzehn Tage später vereinigten beide Firmen ihre Interessen zu einem Konsortium Augsburg-Krupp, um die Versuche nicht getrennt, sondern in einem gemeinsamen Laboratorium auf gemeinsame Kosten vorzunehmen und die Erfindung gemeinsam auszuwerten. Diesel sollte von nun an keiner anderen Tätigkeit nachgehen, als die Versuchsarbeiten so lange zu leiten, bis eine verkaufsfähige Maschine hergestellt war. Er sollte während der Versuchszeit jährlich dreißigtausend Mark erhalten, die Krupp allein bezahlte, während an den anderen Kosten beide Firmen beteiligt waren. Das Laboratorium wurde nach Augsburg gelegt. Gewisse Sonderversuche zur Lösung einzelner Probleme sollten in Essen durchgeführt werden.

Auf Grund eines Patentes und einer theoretischen Schrift hatte somit Diesel zwei der gewaltigsten Firmen Deutschlands gewonnen, die schon ihres guten Namens wegen alles daransetzen mußten, einen Erfolg zu erzielen. Plötzlich war Macht und Geld da. Diesel konnte die Maschine bauen. Wie war das möglich geworden? Heinrich Buz war von Diesels Persönlichkeit und von seiner Idee überzeugt. Er suchte für sein Werk einen neuen Fabrikationszweig, aus dem sich weiteres würde entwickeln lassen. Er meinte, daß in den Dieselschen Vorschlägen etwas steckte, woraus auf diese oder jene Weise etwas werden könnte. Krupp sah in den Dieselschen Plänen vor allem eine neue *Gas*maschine, die einst auch die sogenannten armen Gase der vielen Kruppschen Hochöfen verwerten konnte, die jetzt ungenutzt in die Atmosphäre strömten, weil die bisherigen Gasmotoren sie nicht zu verbrennen vermochten. Durch den Dieselschen Motor schien sich für das Krupp-Gruson-Werk in Magdeburg ein verheißungsvoller Fabrikationszweig zu ergeben. Krupps Entschluß wurde vor allem auch dadurch ausgelöst, daß der Bau einer neuen Kraftmaschine, die besonders gute Werkstoffe erforderte, eine Vermehrung des Kruppschen Stahlabsatzes versprach. Die letztere Erwartung hat sich im Gegensatz zur ersten erfüllt, aber sehr viel später, als man ursprünglich gehofft hatte.

Den Ausschlag aber gab wohl Diesels unbedingter Glaube an seine Sache, den er fast hypnotisch auf andere zu übertragen

Oben: Die Werkanlagen der Firma Krupp in Essen. **Links:** Alfred Friedrich Krupp, der 1893 mit Diesel einen Vertrag über die Zusammenarbeit am Bau des Motors abschloß

wußte. Er verfügte auch über eine psychologisch und geschäftspolitisch überaus geschickte, diplomatische Art des Verhandelns.

Im Jahre 1893 konnte niemand wissen, ob Diesel, der bis zu seinem fünfunddreißigsten Jahr nicht nur die Idee und die Wissenschaft, sondern auch die Mittel zur Durchführung seines Zieles mobilisiert hatte, nun auch die Fähigkeiten besitzen würde, die Maschine zum Laufen zu zwingen. Das war eine ganz neue Aufgabe. Diesel war ja, wie seine Gegner mit Hohn behaupteten, kein Motoren-„Fachmann", sondern ein Eismaschineningenieur. Als solcher setzte er seine Arbeiten und Reisen fort bis zum Erlöschen seines Vertrages mit Linde im April. Aber er wußte, daß eine neue Epoche seines Lebens anbrach.

IN EINER großen Montagehalle der Maschinenfabrik Augsburg zog man Holzwände um einen Raum, der als Laboratorium dienen sollte. Dieser Versuchsraum lag etwas tiefer als die übrige Halle, so daß er halb versenkt erschien. Hier stellte man, während in den Werkstätten die Teile des Motors entstanden, das Zementfundament her, auf dem dann die Maschine montiert wurde.

In der Zeit, als der erste Motor gebaut wurde, strengte sich Diesel an, nach Augsburg und Krupp nun auch die Gebrüder Sulzer in Winterthur für seine Sache zu gewinnen. Man korrespondierte hin und her. Sulzers wollten den Ausgang der Versuche abwarten und waren dann bereit, zwanzigtausend Mark jährlich zu zahlen, um sich das Anrecht am schweizerischen Patent zu sichern. Schon jetzt wollten sie zehntausend Mark anzahlen, aber Diesel antwortete: „An der Summe selbst habe ich ja, der Lage der Sache nach, gar kein Interesse, wohl aber *an einem Vertrage mit Ihnen.*" Er dachte an die Zukunft. Sulzers sollten mitmachen. Am 16. Mai 1893 unterzeichneten sie einen Vertrag. Da die Entwicklung zur betriebsfähigen Maschine in Augsburg aber sehr viel länger dauerte, als man vorausgesehen hatte, kam es bei Sulzers eine Reihe von Jahren hindurch zu keinem rechten Entschluß, selbst an den Bau einer Versuchsmaschine heranzugehen. Der Vertrag bedeutete aber für Diesel eine weitere moralische Stütze.

Am 17. Juli traf Diesel in der Fabrik in Augsburg seinen Schulfreund Lucian Vogel, Buzens Schwiegersohn und Oberingenieur der Eismaschinenabteilung. Vogel unterstützte Diesel von Anfang an aus innerster Überzeugung und sollte nun an den Versuchen teilnehmen, vor allem auch Verbindungsmann zwischen Diesel auf der einen, Buz und der Fabrik auf der anderen Seite sein. Er hat während der harten Versuchszeit nie einen Augenblick der Schwäche oder des Schwankens gezeigt und viele gute Gedanken hinzugegeben.

Froh betraten die Freunde das Laboratorium. Diesel sah seinen Motor mit dem merkwürdig dünnen Zylinder, der noch keinen Wassermantel besaß, fast drei Meter hoch auf dem Fundament stehen. Fertig war die Maschine nicht, es waren nur ihre großen Hauptteile aufgestellt. Da lagen viele Stücke umher, die alle erst untersucht und montiert werden mußten.

Viele Rohrleitungen fehlten noch. Jedes einzelne Stück mußten Diesel, Vogel und der Eismaschinenmonteur Hans Linder vorsichtig prüfen und nach unzähligen Veränderungen in die Maschine einbauen. Die Sache war sehr zeitraubend, und Diesel mußte sich abends seine steigende Ungeduld vom Halse schreiben: „Auch heute noch (29. Juli) ist der Motor noch nicht soweit fertig, daß ich einmal das eigentliche Arbeitsprincip probieren könnte ... Ich glaube, daß die ganze Sache wohl 4 bis 5 Wochen dauern wird ..."

Für die ersten Versuche hatte man ein teerartiges Rohöl gewählt, also die Art von Brennstoff, welcher in Zukunft einer der wichtigsten Dieseltreibstoffe werden sollte. Diese dickflüssige Materie bewegte sich indessen nur schwer durch die Leitungen, und Diesel beschloß, die ersten Versuche mit Benzin vorzunehmen.

Es wurde August. Diesel hatte sich inzwischen eine Menge von Hilfsapparaten und Einrichtungen zum Messen und Probieren angeschafft und einen kleinen Luftkompressor aufgestellt, der die Druckluft für das Anlassen der Maschine liefern sollte. Auch eine Transmission wurde eingebaut, das heißt eine Welle mit Riemenscheiben, die von der Haupttransmission der Fabrik gedreht wird. Wenn man den Riemen von der Leerlaufscheibe auf die sogenannte Festscheibe hinüberschob, dann fing der Riemen an, das Schwungrad des Motors zu treiben. Der Motor konnte sich zunächst nur bewegen, wenn er von der Transmission angetrieben wurde. Auf diese Weise sollte er einlaufen, bis sich die Reibung vermindert hatte und alle Teile einwandfrei arbeiteten. Dann, so hoffte Diesel, würde er Benzin in die Maschine einspritzen können, um sie zu selbständigem Laufen zu zwingen.

Wenn es nicht gelang, die Verdichtung der Luft im Zylinder auf einen Druck von dreißig bis vierzig Atmosphären zu bringen, dann würde man schon am Anfang die größten Schwierigkeiten und Enttäuschungen erleben. Die Enttäuschungen kamen! Man verfügte noch nicht über die Erfahrungen und Materialien wie heute, und so kam man zunächst nur auf achtzehn Atmosphären Druck. Dabei wurden Zylinder und Kolben von der Reibung schon so heiß, daß der Kolben brummte, der Zylinder knurrte und seine Wände beschädigt wurden. Es war notwendig, die Reibungswiderstände zu vermindern, was die entsetzlichsten Schwierigkeiten bereitete.

Die Reibung wurde allmählich geringer, aber die Luft ließ sich immer noch nicht weit genug zusammendrücken. Diesel konnte seine Ungeduld nicht mehr bezähmen. Am 10. August 1893 stellte er die Hebel auf Betrieb, während der Motor, von der Transmission angetrieben, lief. Die Brennstoffpumpe fing an, ihren Benzinstrahl in die hochverdichtete glühende Luft im Motorzylinder einzuspritzen.

Die Männer warteten in hochgespannter Erregung auf die Wirkung der Einspritzung. Es erfolgte ein Knall wie ein Kanonenschlag. Der Indikator wurde durch eine heftige Explosion zerstört, und die Stücke flogen wie Geschosse an den Männern vorbei. Die Maschine war nicht beschädigt. Diesel hatte sie wegen der hohen Drücke konstruiert wie eine Kanone.

Er war gleichzeitig von Schrecken und Freude erfüllt. Fast in der ersten Sekunde des ersten Versuches hatte sich gezeigt, daß sich der Brennstoff in der hochverdichteten Luft von selber entzündete!

Vorsichtig wurde von neuem eingespritzt. Wieder wurde die Maschine von heftigen Explosionen erschüttert. Aber die Explosionen wechselten mit zahlreichen Versagern ab. Diesel stand vor einem Rätsel.

Bei all diesen Versuchen kamen aus dem Auspuffrohr, das aus dem Versuchsraum in die große Montagewerkstätte geleitet war, dicke schwarze Rußwolken, und zuweilen, wenn eine Explosion erfolgte, schoß zum Schrecken der Arbeiter mit gewaltigem Krachen ein Feuerstrahl in die Montagehalle. Die dort beschäftigten Arbeiter wurden unruhig, und man legte das Auspuffrohr ins Freie . . .

Es ist der 18. August: „Der Motor hat heute seinen ersten selbständigen Ruck gethan; nur einmal herum; aber das Princip ist damit gerettet. – Unsere Ambition geht nun vorläufig nur dahin, daß er ein Bischen alleine herum läuft und dann machen wir Pause . . .“

Während der Versuche stand Diesel sehr oft am Indikator, jenem kleinen Apparat, den James Watt erfunden hatte, um die Vorgänge im Innern seiner Dampfmaschine ergründen zu können. Der Indikator weist einen Zylinder mit darin beweglichem Kölbchen auf. Im Inneren des Motorzylinders wechselt mit den Arbeitsvorgängen der Maschine der Druck und bewegt das Kölbchen des Indikators auf eine solche Weise mit, daß ein vom Kölbchen abhängiger Bleistift eine Linie auf einem Papierblättchen zeichnet, das um eine Metalltrommel gelegt wurde. Es entsteht auf diese Weise eine Kurve, das sogenannte Diagramm einer Kraftmaschine. Nach Diesels Vorstellungen sollte die Kurve seines Motors eine ganz bestimmte Gestalt aufweisen. Je nachdem wie diese Kurve ausfiel, die er während der nächsten Jahre Hunderte und Tausende von Malen abnahm, verstellte er die Steuerung oder die Einspritzorgane oder versuchte ganz neue Konstruktionen.

Die Diagramme vermeldeten, daß wohl hie und da Verbrennungsvorgänge stattfanden, der Motor aber nach außen noch keine Arbeit leistete. Allmählich konnte man an der Kurve ablesen, daß im Zylinder der Maschine etwa zwei Pferdekräfte erzeugt wurden. Diese genügten noch nicht, um die Reibungswiderstände zu überwinden. Die Maschine vermochte in der ersten Versuchsperiode weder selbständig zu laufen noch nach außen Kraft abzugeben. Der Zylinder war nach einiger Zeit immer voller Ruß, die Ventile und Kolbenringe hielten nicht mehr dicht, die Luft blies ab, und die Verdichtung der Luft, die man immer höher treiben wollte, wurde immer niedriger.

Diesel erkannte, daß der Zylinderraum noch nicht die richtige Größe, Form und Lage hatte. Es dauerte Jahre, ehe er tastend die richtige Gestalt des Verbrennungsraumes fand. Das sei, so sagte er, die eigentliche Leidensgeschichte der Erfindung gewesen. Was heute einfach aussieht, mußte zuerst in jahrelanger Arbeit entwickelt werden.

In achtunddreißig Tagen waren die Versuchsmöglichkeiten mit dem Motor in seiner ersten Form erschöpft. Immerhin, er hatte gezündet. Aber selbständig konnte er in seiner ersten Gestalt nie laufen. Am 22. August schreibt Diesel: „Der erste Motor geht nicht, der 2te wird unvollkommen gehen und der dritte wird gut; leider geht es nicht schneller, es muß eben alles tropfenweise zusammengetragen werden, alle hier sind darüber einig, daß 5 Wochen Versuche für solch ein Werk kaum erwähnenswerth sind . . .“

Bedrückt kehrte Diesel nach Berlin zurück und begann sofort die Zeichnungen zu einem völligen Umbau der ersten Maschine. Die Ausführung des Motors nach den neuen Konstruktionen dauerte fünf Monate.

DIESEL pendelte zwischen Berlin und Augsburg hin und her, je nachdem ob er gerade in einer Versuchsperiode steckte oder auf Grund der Versuche neue Motorzeichnungen anfertigte. In Berlin arbeitete er fast noch fanatischer als in Augsburg, da es sich jedesmal darum handelte, Scharten auszuwetzen und neue Leistungen aufzuweisen, mit denen er sich vor der Maschinenfabrik Augsburg und Krupp rechtfertigen konnte.

Wir wohnten während der Versuchszeit zuerst in der Brückenallee Nr. 15 und zogen im Herbst 1893 in die Kantstraße 153 in Charlottenburg um. In unserer Wohnung herrschte der Geist der Arbeit, der Wissenschaft, des Fortschritts. Da war auch die Atmosphäre der Organisation und des Büros zu spüren, vor allem der Wille vorwärtszukommen.

In einem Zimmer zeichnete Ingenieur Johannes Nadrowski an einem großen schrägen Brett mit feinen hölzernen Schienen. Auch wir Kinder wußten, daß diese Ziffern, Bleistiftstriche, Reißfedern und das graue Pauspapier mit dem Motor in Augsburg zusammenhingen. Der Motor hauste wie ein Dämon in der Wohnung. Lucie von Motz hatte ihn Vater Diesels schwarze Geliebte getauft.

Auch in diesen Jahren fand der Vater die Zeit, oft mit den Kindern zu zeichnen und zu zimmern. Er feilte mit Leidenschaft und tischlerte Möbel. Er baute uns eine Liliputstube mit Möbeln, in der wir hausen konnten, einen Kaninchenstall, ein chinesisches Schattentheater. Werkzeug, Schraubstock, Säge, Holz, Tischlerleim und Nägel sehe ich in meiner Erinnerung mit der Person des Vaters verknüpft. Ich erblicke vor mir seine geschickten und energischen Hände, die immer eine Arbeit leisteten. Aber heute meine ich, daß ihnen bei allem Fleiß und Geschick zuweilen eine gewisse weiche Schmiegsamkeit fehlte. Sie drückten etwas „Prinzipielles" aus, sie hatten eine gewisse „grundsätzliche", unnachgiebige Härte des Schaffens. Später sah ich ihn am Automotor bei Pannen mit dem Chauffeur diskutieren und reparieren. Da war er zu wissenschaftlich, zu prinzipiell.

Meine erste sich auf den entstehenden Motor beziehende Erinnerung sind die Wörter „Kohlenstaub" und „Augsburg". Dazu traten allmählich andere Wörter: Kolben, Zylinder, Luftpumpe, Schmieröl. Ich konnte mir unter ihnen nichts vorstellen, für mich waren es nur Begriffe, aber eben solche, von denen, so ergab es sich aus den Äußerungen des Vaters, die Zukunft der Welt abzuhängen schien. Der Begriffsvorrat vermehrte sich. Ich hörte reden von Indikator, Diagramm, Krupp, Brennstoffverbrauch, den Abgasen des Motors, die rein und geruchlos sein sollten. Ich gewöhnte mich daran, die Dampfmaschine als etwas Minderwertiges, ja als Gegnerin der Familie Diesel anzusehen. Aber der Vater sprach begeistert und mit Ehrfurcht von dem großen James Watt.

AM 18. JANUAR 1894 war Diesel wieder in Augsburg. Diesmal wohnte er bei seinem Schwager, Professor Christoph Barnickel, in dem Haus Springergäßchen C 94, das während der Erfindungszeit sein Hauptquartier wurde. Das Haus lag hoch über dem Unteren Graben; vom Fenster sah Diesel in der Entfernung hohe qualmende Schornsteine von der Mechanischen Baumwollspinnerei und Weberei, von einer Maschinenfabrik, einer Gasanstalt und einer Brauerei. Die Maschinenfabrik Augsburg lag hinten links. Unten am Graben entlang, zwischen den Gebäuden der Papierfabrik hindurch, ging Diesel in diesen Jahren unzählige Male „zu seinem Motor".

Der Motor war umgebaut worden, aber viele Teile waren von den Arbeitern erst noch fertig zu machen. So arbeitete Diesel zu Hause an der Umarbeitung seiner vielen Patente in den verschiedensten Ländern. Schon im November 1893 hatte er sein zweites grundsätzliches deutsches Patent Nr. 82 168 angemeldet, worin er dem später verwirklichten Dieselmotor wesentlich näherkam und auch die Einblasung des Brennstoffes mit Hilfe von Druckluft geschützt hatte.

Diesel glaubt, daß der Motor diesmal seine Pflicht tun wird. Wieder werden Hunderte von Teilen untersucht und angepaßt, in Sonderversuchen wieder verworfen und durch andere ersetzt. Außerhalb der Maschine werden Einspritzversuche gemacht und der entstehende feine Petroleumnebel beobachtet. Mit der Petroleumpumpe stellen sich unzählige Schwierigkeiten und Fehlschläge ein.

Die umgebaute Maschine wird probiert: „Zündung geht vorzüglich. Auspuff kommt noch brennend aus dem Zylinder . . . das System muß verlassen werden."

Nun wird ein entscheidender Schritt getan. Von Linder ermuntert, greift Diesel zu der bereits zum Patent angemeldeten Idee, den flüssigen Brennstoff mit Luft in den Zylinder einzublasen, die noch höhergespannt ist als die Luft im Zylinder selbst. Er hatte bisher vor der Ausführung gescheut, weil die Maschine durch die Luftpumpe komplizierter und teurer wurde. Wieder kommt der Motor nicht selbständig in Gang. Wieder nur einzelne Verbrennungen, Rucke und knallende Feuerstrahlen! Diesel tastet und probiert herum, immer wieder, immer wieder. Er verstellt die Einspritzung, die Steuerung, die Pumpen. Plötzlich werden die Verbrennungen ruhiger.

Am 17. Februar 1894 hatte Diesel einmal seinen Blick nicht auf den Motor gerichtet, der vom Riemen angetrieben lief. Der Auspuff knallte. Linder bediente auf der hölzernen Galerie das Petroleumtropfventil und sah, wie der angespannte Teil des Riemens plötzlich schlaff wurde und der bisher schlaffe Teil sich straffte. Es hatte also ein Wechsel der treibenden Kraft stattgefunden. Statt den Motor anzutreiben, wurde nun der Riemen ruckweise vom Motor angezogen. Daran erkannte Linder die erste selbständige Kraftäußerung der Maschine. Von der Bedeutung des Augenblicks erfüllt, zog er schweigend die Mütze, und erst dadurch wurde auch Diesel auf die Wichtigkeit des Vorganges aufmerksam. In stummer Freude drückte er Linder die Hand.

Diesel hatte seine Frau nach Augsburg kommen lassen. Er wollte in Voraussicht großer seelischer Erregung und der Gefahr bei den Versuchen seine Frau in der Nähe wissen. Nachdem die Maschine gelaufen war, kam er am Nachmittag bleich und zitternd zu ihr in das Springergäßchen, nahm sie in die Arme und brach in Weinen aus. Er glaubte am Ziel zu sein und ahnte nicht, daß ihn davon noch Jahre schwerer Arbeit trennten.

Der Motor ging bei seinem ersten Leerlauf nur eine Minute lang und machte dabei ungefähr achtundachtzig Umdrehungen. Das scheint wenig. Aber Diesel hatte acht Monate lang auf eine Äußerung der Maschine gewartet, die von geordnetem Arbeitstakt zeugte. Diese Minute mußte ihm da sehr lang erscheinen.

Seine Frau begleitete ihn zum Versuchsraum. Sie durfte den

Hebel bewegen, der den Riemen von der Vorgelegescheibe* auf die Betriebsscheibe schob. Der Motor fing an, sich zu drehen, zündete und lief. Sie mußte glauben, daß die Erfindung geglückt war. In dieser Zeit wurde Heinrich Buz oft mit dem Ruf „Der Motor läuft!" ins Laboratorium gerufen. Wenn er kam, hatte die Maschine meistens schon wieder aufgehört zu arbeiten. „Ich bin es schon so gewohnt", sagte Buz.

Es folgten zahllose neue Versuche. Viele Maschinenteile versagten, litten Schaden, verbrannten in der ungeheuren Hitze des Zylinderinnern. Ganz neue Methoden mußten ausprobiert werden. Es war ein Hantieren mit Tausenden von Einzelheiten, deren jede wichtig, vielleicht ausschlaggebend war. Viele von ihnen waren neuartig und mußten unter bisher unbekannten Verhältnissen ausprobiert werden. So kam es, daß in diesen Jahren in kurzen Abständen ganze Kisten voll verbrauchter Ventile, Federn, Ringe, Dichtungen und Kölbchen aus dem Laboratorium getragen wurden.

Gelegentlich treten nun schon ruhige und schöne Diagramme auf, künden von einer Annäherung an den angestrebten Arbeitsvorgang. Schon leistet der Motor in seinem Innern 13,2 „indizierte" Pferdekräfte. Aber noch laufen viele unberechenbare, bisher im Maschinenbau unbekannte Vorgänge ineinander. Den geringsten Einzelheiten wird nachgegangen. Der Reibungsverlust ist riesenhaft und der Motor ungebärdiger als ein junges Füllen. Immer wieder treten Störungen und Explosionen auf. Aber Diesel hatte Vorsichtsmaßregeln getroffen, so daß sich in all den Jahren kein Unfall ereignete. Wo man neue Explosionen erwarten kann, sind Platzventile eingebaut, und ein Teil der Laboratoriumswand, auf welche die Schußrichtung der Platzventile gerichtet ist, wird mehr und mehr mit Schußlöchern bedeckt.

Auf die Tage im Laboratorium folgen die Nächte, in denen sich die Gedanken Diesels jagen. Schließlich blitzt es in seinem Kopf auf: „Sämtliche Nachteile werden wahrscheinlich vermieden, wenn man den Brennstoff dampfförmig einführt." Dieser Einfall stellte sich damals wie eine Erlösung dar, aber er war irrig und

---

* Vorgelege: Zahnradgetriebe zur Änderung des Übersetzungsverhältnisses zwischen treibender und angetriebener Welle

Erster Dieselmotor der Welt, 1897 gebaut in der Maschinenfabrik Augsburg AG, heute ausgestellt im Deutschen Museum in München

Versuchsraum der Maschinenfabrik Augsburg im Herbst 1897. Rechts der erste Dieselmotor, links der Compoundmotor

verhängnisvoll. Durch die endlosen Schwierigkeiten in Verwirrung gebracht, ahnte Diesel damals nicht, daß nur ganz wenig
zum Gelingen fehlte. Hart vor dem Ziel bog er in eine falsche
Straße ab. Er schloß diese zweite Versuchsreihe zwar mit großen
Erfolgen, zugleich aber mit einem Trugschluß ab, mit dem er in
die dritte Versuchsreihe eintrat, so daß während der nun folgenden sechs Monate nur Rückschritte eintraten.

Diesel konnte nicht ahnen, daß er furchtbaren Monaten entge-
genging. Der Motor war doch gelaufen, vieles sprach dafür, daß
die neue Idee die immer noch auftretenden Schwierigkeiten
überwinden würde. Direktor Gillhausen von Krupp hatte die
Maschine laufen sehen und war zufrieden. Am 6. März stellte
Diesel fest, daß die Aktien der Maschinenfabrik Augsburg gestiegen waren, seit der Motor lief.

SEINES Sieges schon fast gewiß, reist Diesel am 15. April 1894
nach Frankreich. Er hat hier so viele Beziehungen, daß er das
Feld für seinen Motor bestellen kann, der nach seiner Überzeugung in einigen Monaten fertig sein wird. In gehobener Stimmung
kommt er durch Straßburg, besucht seinen alten Freund Frédéric
Dyckhoff in Bar-le-Duc. Dyckhoff und Diesel gehen in der Umgebung der Stadt spazieren und suchen nach dem günstigsten
Gelände für den Bau der Fabrik für Dieselmotoren, die schon
halb beschlossen ist.

In Paris toastet man im Kreis der alten Freunde auf die Erfindung. Überall wird Diesel liebenswürdig aufgenommen. Große
Industrielle wollen Geld und andere Hilfsmittel zur Verfügung
stellen, wenn die Versuche endgültig geglückt sind. Schon bahnen sich Verhandlungen mit amerikanischen Interessenten an.
Industrielle in Mülhausen, Lüttich und Gent verlangen ihn dringend zu sprechen. Er wird aber in Paris zurückgehalten, weil ihn
die große Société des Forges et Chantiers de la Méditerranée
sprechen will. Geschäftsgründungen werden erwogen. Diesel ist
der kommende Mann, wird von einer Woge scheinbaren Erfolges
getragen und muß glauben, daß er sein Leben höchst folgerichtig
aufgebaut hat. Die Aktien der Maschinenfabrik steigen weiter, die
Akte „Litteratur über Diesel's Motor" in der Berliner Wohnung
wird immer dicker.

Diesel leidet unter gewaltigen Kopfschmerzen und anderen Folgen der Überbeanspruchung. Der ununterbrochene und oft jähe Wechsel von Hoffnung und Enttäuschung, Erfolg und Mißerfolg rütteln an seiner Gesundheit. Er nimmt viel Antipyrin.

Am 30. April 1894 ist er in Gent bei der Maschinenfabrik Carels Frères. Er gewinnt auch sie. Es wird ein Vertrag geschlossen, laut welchem Carels das Alleinrecht auf die Herstellung des Dieselmotors in Belgien erhalten. Als Folge jenes Vertrages bauten Carels später hauptsächlich Dieselmotoren.

Am 1. Mai triumphiert Diesel: „Carels machen den ersten Motor auf ihre Kosten und leisten nach einem zu machenden Besuch in Winterthur und Augsburg eine Anzahlung von 20 000 f." Das ist seit den ersten Verträgen mit Augsburg, Krupp und Sulzer die erste Erwähnung einer Summe, die mit der Erfindung verdient werden soll. Aber die Herstellung des Motors verzögerte sich. Lucian Vogel wirkte zum großen Ärger Diesels gegen diesen Plan, und er war damit im Recht. Die Sache war noch lange nicht so weit, wie sie sich im Geiste des Erfinders ausnahm. Das wurde diesem selbst bald auf die schrecklichste Weise klar. Und jetzt blickten nicht nur Augsburg, Krupp und Sulzer auf ihn und erwarteten Erfolge, sondern auch all die Firmen und die Gemüter, die er auf seiner Reise bearbeitet und in hoffnungsfreudige Erregung versetzt hatte.

Diesel kehrte an die Maschine zurück. Er traf Linder nicht mehr an, der wieder bei Eismaschinen arbeitete. An seine Stelle trat Monteur Schmucker, der von nun an beim Motor blieb.

Im Juni wurde die dritte Versuchsreihe vorbereitet. Auf allen Seiten waren die Erwartungen sehr hoch gespannt. Alles drängte: Augsburg, Essen, Dyckhoff, Sulzer. Diesel bekam Wind davon, daß einige Leute bei Krupp ungeduldig geworden waren. Er setzte sich in den Zug nach Essen und machte die Männer, die schwankend geworden waren, wieder etwas zuversichtlicher. Aber die Sorge nagte in ihm fort, daß Kräfte am Werk waren, die sein Verhältnis zum Haus Krupp zu unterwühlen trachteten.

Um die ungeheuren Schwierigkeiten bei der Einspritzung des Brennstoffes zu vermeiden, war Diesel, wie gesagt, auf den Gedanken gekommen, den Brennstoff zu verdampfen. Aber dabei erfolgte nur hier und da eine heftige Explosion. Die Maschine leistete keine Arbeit, durch das Auspuffrohr bliesen weiße Wolken von unverbranntem Petroleumdampf. Auch Benzin ergab keine besseren Ergebnisse. Nun verbiß sich Diesel. Er wollte Dinge erzwingen, beging Fehler, fand nicht zu dem richtigen Gedanken zurück. Sein Trugschluß hatte, wie er schreibt, eine Reihe weiterer Trugschlüsse im Gefolge, und alle Versuche bewegten sich in einem schädlichen Kreislauf.

Diesel geriet in eine schreckliche Lage. Wie, wenn er Schiffbruch erleiden würde? Das bedeutete ein Versinken in die Hölle, dorthin, wo man vom Genie zum Phantasten oder Betrüger hinabsinkt, das schlimmste Los für einen ehrenhaften Mann, der für die Erreichung seines Zieles das Geld anderer angenommen hat. Die Ausgaben stiegen, die Gegner höhnten. Immer mußte Diesel fürchten, daß die Beteiligten den Glauben verlieren und er ohne Geld und Achtung auf dem Trümmerhaufen seiner Ideen stehen würde. Während er aufblitzenden Wahrheiten und gleißenden Irrtümern nachjagte, fieberhaft alte und neue Theorien durchdachte, der Mißerfolg als schwerer Nachtmahr ihn nachts aus den Träumen jagte, maßlose Überanstrengung ihn fast zu Boden warf, galt es mehr als je zu forschen, zu denken und die Kampfgefährten bei der Sache zu halten. Aber er war überzeugt, daß ihn nur eine kurze Versuchsreihe vom endgültigen Ergebnis trennte. Nach Berlin kam er immer unglaublich erschöpft zurück, einige Male krank vor Ermüdung, Kopfweh und Schlaflosigkeit.

Über diesen schrecklichen Jahren lastete zudem der beklemmende Zustand, in den Diesels Vater geraten war. Theodor Diesel hielt sich für eine Art von Welterneuerer. Statt einem handfesten Broterwerb nachzugehen, hatte er sich seit seiner Übersiedlung nach München mit der magnetischen Heilung von Kranken abzugeben begonnen, womit er zwar gewisse Erfolge, aber nur kümmerliche Einnahmen erzielte. Die bürgerlichen Vorurteile, die man gegen ihn faßte, waren für seine Frau ein schwerer Kummer, während er selbst in dieser Hinsicht ganz unbekümmert gewesen zu sein scheint. Wie ein Klotz hing er an seinem Sohn, der ihm unentwegt Geld schicken mußte. Einmal hatte der alte Diesel viertausend Mark dringende und achttausend Mark länger befristete Schulden. Von seinem mit schweren Sorgen ringenden

Sohn glaubte er, daß er im Luxus lebte, und naiv hatte er den Gläubigern gegenüber diesen als den Schuldenmacher hingestellt, dem er, der Vater, immer wieder aus der Not helfen müßte. Die „große Erfindung" in Augsburg hatte ihm dann auch jenen Kredit verschafft, dessen Zurückzahlung er die Sorge des Sohnes sein ließ, der sich nun persönlich mit den Gläubigern herumschlagen mußte. Das alles war um so bedrückender, als Theodor Diesel in die Krallen einer älteren Frau geraten war, die sich als Medium ausgab und Katholizismus und Spiritismus zu einer wunderlichen Suppe zusammenkochte.

DIESEL glaubte durch die Anwendung eines Zündapparates weiterkommen zu können. Am 22. September reiste er zu Robert Bosch nach Stuttgart. Bosch stand schon damals in dem Ruf, die besten Magnetzündapparate zu liefern. Er half persönlich, den Apparat am Motor anzubringen, und war später während der nächsten Versuchsreihe noch einmal in Augsburg.

Am 3. Oktober endlich mußte Diesel sich eingestehen, daß die ganze Versuchsreihe gescheitert war. Sechs Monate waren mit diesen Versuchen ergebnislos hingebracht. Zwar waren auch dieses Mal Erfahrungen und Einsichten gewonnen und Gesetze gefunden worden. Aber diese dritte Versuchsreihe hatte infolge eines „hartnäckigen Trugschlusses" einen vollständigen Verlust des bisher Erreichten gebracht. „Diese Periode war die schlimmste der ganzen Entwicklungszeit, und es bedurfte des ganzen Vertrauens aller Beteiligten in die wissenschaftliche Wahrheit, die uns leitete, um die Sache damals nicht fallen zu lassen."

Zunächst, so schlug Diesel Krupp vor, müsse man einen neuen Motor für gasförmige Brennstoffe bauen, also die Versuche mit flüssigen Brennstoffen zurückstellen. Zwischen allen Beteiligten fanden viele Besprechungen statt. Diesels Gabe, seinen Glauben und Optimismus auch auf andere zu übertragen, spielte wieder eine große Rolle.

Doch hinter den Kulissen gab es Meinungsverschiedenheiten in Augsburg sowohl wie in Essen. Seit langem war kein rechter Fortschritt zu sehen gewesen. Der Dampfmaschinenkonstrukteur Krumper verhielt sich ganz ablehnend. Ein- bis zweimal im Jahr erschien er im Motorlaboratorium und verließ es stets wieder mit sarkastischen Bemerkungen. Heinrich Buz muß das Hauptverdienst dafür zugesprochen werden, daß die Sache damals nicht aufgegeben wurde.

Auch während der Periode der „Gasversuche" ging Diesel von einem neuen Trugschluß aus, der geeignet war, die Sache in noch größeren Verruf zu bringen. Da half ihm das Glück. Ehe er mit den Gasversuchen begann, spritzte er mit Hilfe neuer Einrichtungen Benzin in die Maschine. Siehe da, ohne elektrische Zündung ergaben sich die ersten grundsätzlich richtigen Diagramme. Triumphierend hielt sie Diesel in der Hand. Er rief am 12. Oktober 1894 die maßgebenden Herren zusammen. Krupp allein entsandte vier Leute, vor denen die Versuche mit Glück wiederholt wurden.

Trotz dieses Erfolges mit Benzin wurde beschlossen, zuerst die Versuche mit Leuchtgas durchzuführen. Krupp war ja vor allem am Zustandekommen einer Gasmaschine interessiert. Die Gasversuche wurden zunächst wieder ein Fehlschlag. Aber sie hatten die Beobachtungen zu klären und eine Reihe von konstruktiven und physikalischen Gesetzen festzustellen, welche die weitere Entwicklung des Motors entscheidend beeinflußten.

Mitte November 1894 war Diesel zuversichtlich. Aber er mußte ja immer noch mit dem ersten Motor experimentieren, an dem in all der Zeit endlos viel herumgebaut und -gepfuscht worden war, und zu endgültigen Ergebnissen war damit nicht zu kommen. Noch ging Augsburg trotz Buzens Verheißungen an eine ganz neue Maschine nicht heran, wahrscheinlich um zunächst aus der alten das Äußerste herauszuholen. Diesel suchte fieberhaft nach einer Möglichkeit, schneller vorwärtszukommen. Gegen Ende November hatte er nämlich entdeckt, woher die Schwierigkeiten und Hindernisse während der letzten Versuche gekommen waren. Gerade deshalb fürchtete er, mit der alten Maschine nichts mehr zu erreichen. In Bar-le-Duc hatte inzwischen Dyckhoff einen Motor gebaut, der von manchen ursprünglichen Fehlern frei zu sein schien. Diesel wollte diese Maschine nach Augsburg nehmen, aber aus irgendwelchen Gründen blieb sie in Frankreich. Er mußte weiterexperimentieren wie bisher, bis schließlich, anderthalb Jahre später, in der zweiten Hälfte des Jahres 1896 ein ganz neuer Motor zur Ausführung gelangte.

NACH dem österreichischen Patentgesetz mußten Erfindungen innerhalb einer bestimmten Frist ihre praktische Brauchbarkeit erweisen. Sonst verfiel das Patent. Diesels Motor war Anfang 1895 noch höchst unzuverlässig, aber er war für Benzinbetrieb immerhin schon so weit brauchbar, daß man mit ihm den Patentnachweis wagen konnte. Er wurde also von Augsburg nach der Metallwarenfabrik Berndorf in Niederösterreich verfrachtet, wo die sogenannten Berndorfer Krupps* sich für den Dieselmotor interessierten. Man hatte in Augsburg neue Zeichnungen einer Vorrichtung für Benzineinblasung hergestellt. Danach wurde in Berndorf diese Einrichtung gebaut und auf den Augsburger Motor montiert.

Am 7. Januar 1895 meldet sich Diesel in der Berndorfer Fabrik, reist aber nach Wien zurück, um zunächst die Zusammenkunft der Patentkommission abzuwarten. Diesel genießt die Stadt, wo er 1883 zum ersten Mal gewesen war, und besucht eine Anzahl von Patentbüros, um sich das anständigste herauszusuchen.

Am 17. und 18. Januar wird dann der Dieselsche Motor in Berndorf der Patentkommission vorgeführt. Er konnte noch nicht regelmäßig laufen und Kraft abgeben. Darum wurde ein wenig nachgeholfen. Das Schwungrad der Maschine war wie in Augsburg durch einen Treibriemen mit der Transmission der Fabrik verbunden, welche den Motor antrieb. Man ließ während dieses Laufens die Benzineinspritzung arbeiten, und es vollzogen sich eindrucksvoll lärmende Explosionen, der Auspuff knallte und rauchte. Die Kommission erkannte an, daß der Motor funktionierte. Das österreichische Patent war gerettet.

DIE ARBEIT in Augsburg nahm immer mehr zu, und Diesel erhielt einen jungen Assistenten, Fritz Reichenbach, den Schwager von Heinrich Buz. Immer noch handelte es sich um den ersten Motor vom Jahre 1893. Aber er hatte einen neuen größeren Zylinder erhalten, der mit einem angegossenen Kühlmantel versehen war. Bald hatte es sich ja gezeigt, daß die Kühlung nicht zu entbehren war, und Diesel hatte zu seiner Enttäuschung auf die

---

* Ein Bruder des großen Alfred Krupp in Essen, Hermann Krupp, hatte 1843 die Metallwarenfabrik Berndorf gegründet, die sein Sohn Arthur, somit ein Vetter des Essener Friedrich Alfred Krupp, fortführte.

Durchführung einer seiner liebsten Ideen, den kühlungslosen Motor, verzichten müssen. Doch der Verbrauch von Kühlwasser blieb niedriger als bei anderen Motoren.

Diesel hat vor der ersten Ingangsetzung der umgebauten Maschine ein gutes Gefühl. Am 29. April sehen alle Diagramme sofort sehr gut aus. Im Mai beginnt der Motor selbständig zu laufen. Es treten keine Versager mehr auf. Die indizierte (innere) Leistung der Maschine ist schon vierzehn Pferdekräfte! Die Verbrennung im Zylinder läßt sich durch Veränderung des Einblasedruckes bereits regeln. Mit verschiedenen Hilfsmitteln werden immer bessere Diagramme hervorgerufen. Bald steigt die innere Leistung der Maschine auf dreiundzwanzig Pferdekräfte! Man springt auf den Betrieb mit Lampenpetroleum über und erhält das gleiche Ergebnis wie mit Benzin, zudem eine viel ruhigere Verbrennung. Buz faßt den Gedanken, schon im nächsten Jahr einen Motor in Nürnberg oder in Berlin auszustellen.

Das Überspringen im Betrieb von Benzin auf Petroleum war von weltgeschichtlicher Bedeutung, denn mit ihm begann die Periode der Ölmaschine. Lief die Maschine erst einmal mit Petroleum, dann war kaum zu bezweifeln, daß sie auch mit Rohöl und jeder anderen Art von flüssigem Brennstoff laufen würde. Das Öl begann als krafterzeugender Stoff erster Ordnung sich neben die Kohle zu stellen. Die große Stunde der Brennöle war angebrochen. Die Ölfelder der Welt hatten eine neue Bedeutung gewonnen, und das sollte auf die Völkerschicksale im Frieden wie im Krieg Einfluß gewinnen.

Zwei Jahre nach Beginn der Versuche, am 1. Mai 1895, schrieb Diesel an seine Frau: „Zu unserem diesmaligen Verlobungstage kann ich Dir die Nachricht geben, daß der Motor seine Pflicht gethan hat, wenn auch nur auf kurze Zeit, aber gethan hat er sie und ich sehe das eigentliche Erfindungswerk jetzt als abgeschlossen an . . .“

Diesel steckte während des Sommers unablässig in dem heißen Laboratorium. Allabendlich kam er schmutzig und klebrig nach Hause. Mit wahrer Besessenheit arbeitete er fast in einer Art von Trancezustand weiter. Ende Juli machte der Motor täglich nachweisbare Fortschritte.

Fast genau zwei Jahre nach den allerersten Versuchen der Ingangsetzung fanden endlich am 26. Juli 1895 die ersten „Bremsversuche" statt. Die Messung der Motorarbeit und des Brennstoffverbrauchs ergab, daß dieser schon weit geringer war als die Hälfte des Verbrauchs aller damals bekannten Motoren, wenn man von dem Reibungsverlust absah, der noch sehr hoch war. Der praktische Brennstoffverbrauch war also schlecht, weil die großen mechanischen Fehler dieses allerersten Dieselmotors nicht hatten beseitigt werden können. Aber Diesel war so weit, daß er an seine Frau schreiben konnte: „Mein Motor macht immer noch große Fortschritte; ich bin jetzt so weit über allem, was bisher geleistet wurde, daß ich sagen kann, ich bin in diesem ersten und vornehmsten Fache der Technik, dem Motorbau, der Erste auf unserem kleinen Erdbällchen, der Führer der ganzen Truppe diesseits und jenseits des Oceans."

Anfang Oktober 1895 taucht in den Briefen zum ersten Mal der Name „Dieselmotor" auf. Die Bezeichnung „Diesels Motor" war schon sehr bald nach dem Erscheinen des theoretischen Buches im Jahre 1893 gebraucht worden, zuweilen sogar „Diesel-Motor". Monteur Linder sagt: „Gleich im Jahre 93 wars in der Fabrik Dieselmotor." In Augsburg sprachen die Arbeiter vielfach vom Motor als „Diesel". Auf den Zeichnungen stand „Motor Diesel". Aber Diesel selbst suchte nach einem anderen Namen. Er hatte den Namen „Rationeller Wärmemotor Patent Diesel" geprägt, und in all seinen Verträgen mit den Fabriken hat er verlangt, daß jede Maschine mit dem Namen Diesel bezeichnet würde. Das beruhte auf Ehrgeiz, aber auch auf Geschäftsklugheit. Diesel wußte, wieviel Erfolg von dem Bekanntwerden des Namens abhängt. Das Patent war wertvoller, wenn erst einmal der Name zu einem Begriff geworden war. Aber er hatte bis 1895 auch Hemmungen, den Namen „Dieselmotor" zu verwenden. Er dachte an einen Delta- oder Betamotor oder einen ähnlichen Namen, etwa Excelsior, was seine Frau banal fand. In der Zeit, als er diese Namensnöte hatte und ein Beschluß gefaßt werden mußte, saß er mit ihr im Berliner Büro in der Kantstraße, und sie riet ihm, den Namen „Dieselmotor" anzunehmen, der ja schon da war. Er antwortete: „Da hast du eigentlich recht."

DIE MASCHINENFABRIK richtete im Sommer 1895 ein eigenes Büro für den Motorenbau ein und traf Vorbereitungen für den Bau eines hundertpferdigen Motors, des sogenannten Compoundmotors. Die weiteren Arbeiten am Dieselmotor schienen sich ganz nach Augsburg ziehen zu wollen. Krupp wünschte mit dem Bau eines Motors in Essen zu warten, bis weitere Erfahrungen vorlagen. Daß die Weiterentwicklung des Motors zunächst in Augsburg und nicht in Essen erfolgen sollte, betrachtete Diesel als einen Erfolg seiner „langsam dahinzielenden Bestrebungen". In der Tat besaß er die Fähigkeit, die Dinge unbemerkt nach seinem Willen zu lenken. Er wollte in Essen nicht noch einmal solche aufreibenden Versuchszeiten durchmachen müssen wie in Augsburg.

Die Versuche mit dem Motor wurden fortgesetzt, zahllose Besprechungen geschäftlicher und technischer Art fanden statt, neue Maschinen wurden gezeichnet. Frédéric Dyckhoff war eifrig bei der Sache, um sie zu studieren und in Frankreich einzuführen. Neue Geschäfte und Gründungen bahnten sich an, die Bearbeitung der Patente in vielen Ländern führte eine riesige Arbeitsmenge mit sich. Diesel war dabei voll Ungeduld und Unrast, führte tausend Verhandlungen, sprach mit vielen Menschen, die aus dem In- und Ausland herbeikamen. Es lag für ihn nahe, nach Augsburg überzusiedeln, denn die Trennung von seiner Familie ertrug er nicht länger.

Es kam zu Auseinandersetzungen mit Vogel, der die Bestellung eines großen Dieselmotors zurückwies. Der optimistische Diesel glaubte an die Durchführbarkeit dieses Auftrages und hielt Vogels Gründe, die der damaligen Lage völlig entsprachen, für nichtig. „Wenn nicht mein Wohl und Wehe jetzt an Augsburg hinge, dann hätte ich mich mit Vogel gründlich entzweit; so aber muß ich schweigen, aber dafür sorgen, meine Geschäfte selbst vorzunehmen und in der Nähe zu sein . . . Dazu ist allerbaldigste Übersiedlung nach München nöthig." Am 1. Oktober 1895 kündigte Diesel die Berliner Wohnung und beschloß den Umzug nach Bayern.

DIE LUFTPUMPE, welche die hochgespannte Luft zur Einblasung des Brennstoffes in den Zylinder erzeugte, hatte man mit dem Motor fest zusammengebaut. Damit war eine ganz selbständig arbeitende Maschine geschaffen, die nicht mehr von Hilfsapparaten außerhalb der Maschine abhängig war. Die Herren von Krupp zeigten sich so erfreut, daß beschlossen wurde, während einiger Monate Dauerversuche zu machen. Man wollte ermitteln, ob die Maschine in lang anhaltendem Betrieb standhalten würde. Dann sollte mit einem Motor für Petroleumbetrieb „in die geschäftliche Tätigkeit" eingetreten werden. Der Dauerbetrieb begann im November 1895, wurde aber durch zahlreiche Vorführungen vor den Interessenten unterbrochen. Erst im Mai 1896, als eine ganz neue Maschine schon im Bau war, begannen wirkliche Dauerversuche unter Einhaltung der Fabrikzeit. Immer noch handelte es sich um den ersten Dieselmotor der Welt, freilich mit einem neuen Zylinder und anderen Steuerorganen.

Einmal lief der Motor siebzehn Tage lang in fabrikmäßigem Dauerbetrieb, das heißt, er wurde beim Heulen der Sirene morgens angelassen und abends abgestellt, und tagaus, tagein hallte der Auspuff in regelmäßigem Takt in den Fabrikhof. Der Motor galt schließlich als vollkommen betriebssicher. Nach Abschluß dieser Dauerversuche wurden noch einige andere Versuche gemacht. Damit aber hatte er endgültig seine Pflicht getan; er wurde abgebaut und auf die Seite gestellt.

WIR ZOGEN von Berlin weg. Ich war damals sechs Jahre alt, vier und fünf Jahre jünger als meine Schwester Hedy und mein Bruder Rudolf. Eines Morgens wachte ich nicht zu Hause im umgitterten Bett, sondern im Schlafwagen auf. Dann zeigte mir am 5. Dezember 1895 der Vater vom Gang des D-Zuges aus Kirchtürme mit seltsamen bauchigen Köpfen und kleinen Spitzen darauf. In Preußen waren die Kirchtürme spitz-pyramidenförmig. Das hier seien Zwiebeltürme, meinte mein Vater, der mich an der Hand hielt. Nun seien wir in Bayern, und zwar in Bayrisch-Schwaben, woher wir stammen.

Wir stiegen in Augsburg aus. Die Kinder wohnten elf Tage lang bei Professor Christoph Barnickel, der mit Tante Emma, der Schwester unseres Vaters, verheiratet war. Onkel Barnickel kam mir sehr alt vor mit seinen grauen Locken, dem grauen Vollbart und der Brille mit den kleinen Gläsern. Ich hörte wieder viel vom Motor reden, aber ich war noch zu klein, um meinen Vater in die Fabrik zu begleiten.

Zu Beginn des Winters 1895 bezogen wir in München eine kleine Parterrewohnung in der Giselastraße 14 in Schwabing, in der wir die Entwicklung der nächsten Zeit abwarten wollten. München wurde Mitte der neunziger Jahre sehr wenig durch Industrie oder Technik bestimmt. Hier qualmten hauptsächlich die mit großen Blechhauben gekrönten Schornsteine der vielen Brauereien, weniger zahlreich die Essen von Maschinenfabriken zum Himmel über der Haupt- und Residenzstadt an der grünlichen Isar. In München hatte Diesel seltener Gelegenheit, sich über die Rauchwolken auswälzenden Dampfkesselkamine zu erbosen, die er als einen Schandfleck der Technik ansah. Aber in der allgemeinen Meinung und sogar in Kunst und Literatur galten sie als die wahren Symbole des technisch-industriellen Werkgeistes und des fortschrittlichen Unternehmerwillens. In der Ludwigstraße leuchteten damals schon beim Eintritt der Dämmerung viele elektrische Bogenlampen auf. Die Pferdebahn fuhr mit niedlichen bayrisch-blauen Wagen. Eine Strecke indessen, die nach Giesing, war schon elektrisch, und man benutzte sie gelegentlich, nur um zu erleben, wie es eigentlich war, wenn man auf der Elektrischen fuhr. Als auch die grüne Linie durch die Ludwigstraße nach Schwabing elektrisch wurde, war in den Gymnasien der Ludwigstraße Feststimmung. Die Buben suchten ein „Zehnerl" zu ergattern, um eine der ersten Fahrten auf den bekränzten Wagen mitzumachen. Das war der fröhliche bayrische Geist, dem auch die Technik nie etwas anzuhaben vermochte. Es war der Geist Oskar von Millers, der es sich angelegen sein ließ, München und Bayern mitsamt seinen Bauern, Viehhäfen und Pfarrkirchen zu elektrifizieren, und der in vielem, was in Bayern elektrisch werden wollte, mitzusprechen hatte. München war damals mit jedem Pflasterstein königlich-bayrisch, doch es war sehr viel los im Sinne des Strebens nach Fortschritt.

Tüchtige Vertreter des technisch-industriellen Zeitalters haben später erklärt, Diesel hätte nicht nach München übersiedeln sollen. Er habe in eine von industriellem und wissenschaftlichem Hocheifer durchpulste Stadt gehört, aber nicht nach München mit seinen Theatern, Kunstausstellungen und heiteren Gesellschaften. Nach den Maßstäben, wie sie damals in dem gußstahlbeseelten Essen an der Ruhr und dem metallisch-elektrischen

Berlin herrschen mochten, war München freilich nicht ganz ernst zu nehmen. Aber es war ja gerade der frohe Geist der Stadt, der nicht dem technischen Übereifer verhaftet war, der Diesel nach München getrieben hatte. War er schon technisch besessen, so liebte er doch auch ein Leben, das frei war von dem Zwang mechanischer Tätigkeit. Er suchte die Lebensfreude, er sehnte sich nach der Kultur Münchens, nach der Heiterkeit, der Musik, der Kunst.

MIT DEM Motor, den Diesel in den Jahren 1893 bis 1895 zu regelmäßigem und ziemlich betriebssicherem Laufen gebracht hatte, war der Beweis für die Durchführbarkeit zwar nicht aller, aber einer Anzahl von Ideen gelungen, die ihm vorgeschwebt hatten. Der Brennstoffverbrauch war bei dieser ersten Maschine noch nicht annähernd so niedrig, wie man gehofft hatte. Aber Diesel und Buz glaubten es in der Hand zu haben, schon mit der nächsten Maschine wesentlich bessere Ergebnisse zu erzielen. Hätten sich diese nicht herbeiführen lassen, dann wäre trotz des bisher Erreichten alles doch nur ein riesenhafter Fehlschlag gewesen. Vor allem war überhaupt nicht zu beurteilen, ob dieser Motor einen wirtschaftlichen Sinn hatte. Denn in vielen Ländern war das Rohöl und Petroleum durch Transporte und Zölle so teuer, daß es gegen die mit Kohle geheizte Dampfmaschine nicht aufkommen konnte, und mit dem Kohlenstaubbetrieb lagen noch gar keine Erfahrungen vor. In Amerika waren umgekehrt Öl und Kohle so billig, daß es keinen Sinn hatte, wegen der Brennstoffersparnis eine teure Maschine wie den Dieselmotor zu bauen. Der eigentliche Erfolg lag noch im Nebel. Viele Fachleute betrachteten die neue Maschine mit mehr oder weniger Wohlwollen als eine Sonderbarkeit.

Für Diesel stand fest, daß mit dem neuen Motor wieder ein gewaltiger Sprung vorwärts erfolgen würde. Ohne Zweifel mußte sich die erfinderische Hauptabsicht erfüllen, eine Maschine mit dem denkbar geringsten Brennstoffverbrauch zu schaffen. Diesel, Buz und alle Mitarbeiter waren gezwungen, zu einem neuen großen Schlag auszuholen. Neue Einfälle mußten die Sache weiter vorantreiben.

Es war damals wie immer im schöpferischen Leben: auf jeder beschrittenen Stufe stellen sich die Mängel des bisher Erreichten besonders scharf dar. Man sieht ja hinab! Beim Weiterschreiten aber blickt man zur Höhe der riesigen Aufgabe. Männer, die erst in einem späteren Abschnitt Mitarbeiter werden, können die Schwierigkeiten des zurückgelegten Weges kaum ermessen. Warum hat der Erfinder nicht gleich die Sache besser gemacht? Wir waren eben nicht dabei, sonst hätten wir alles rascher und besser zuwege gebracht. Aber die Probleme, vor denen wir stehen, das ist erst die eigentliche Hauptsache!

Als mit der Konstruktion und dem Bau des zweiten Motors angefangen wurde, begann ein ganz neuer Entwicklungsabschnitt mit neuen Problemen, neuer seelischer Beschwingtheit. Es kamen neue Männer dazu. Diese Entwicklung war von Anfang an leichter als die früheren Abschnitte, so schwierig das Unternehmen auch blieb.

Während der erste Motor im Laboratorium lief, konstruierte Diesel, mit dem vierundzwanzigjährigen Immanuel Lauster Schulter an Schulter am Zeichenbrett stehend, einen neuen Motor.

Immanuel Lauster war der Sohn eines schwäbischen Schuhmachers, der mit Opfermut und Sparsamkeit bestrebt war, seinen fleißigen Sohn aus fast hoffnungslos engen Verhältnissen zu befreien. Vater und Sohn besuchten den berühmten Maschinenfabrikanten Kuhn in Stuttgart in der Hoffnung, daß er die Pforte zur Technikerlaufbahn öffnen würde. Ein Blick auf die Zeugnisse Immanuel Lausters bewirkte, daß Kuhn den Jungen einstellte. Lauster bahnte sich dann, ähnlich wie Diesel, durch unglaublichen Fleiß Schritt für Schritt den Weg.

1895 suchte die Maschinenfabrik Augsburg zu Diesels Unterstützung einen Motoringenieur, und Lauster erhielt auf seine Bewerbung den Bescheid, er möge die Stellung am 2. Januar 1896 antreten. Er meldete sich an diesem Tag bei Vogel, der ihn sofort zu Diesel schickte. Der begrüßte ihn kurz und sagte: „Bitte rechnen Sie das Schwungradgewicht für den Motor aus. Heute abend will ich das Gewicht des Schwungrades wissen." Nun war Lauster an solche Berechnungen nicht gewöhnt. Aber er machte sich mit seinen Hilfsmitteln daran, und als Diesel am Abend erschien und das Ergebnis hörte, sagte er: „Das stimmt aufs Kilo. Ich habe nur kontrollieren wollen, ob meine Berechnung stimmt." So begann Lausters Arbeit am Dieselmotor, die für die Schaffung des marktreifen Motors in Deutschland und damit in der ganzen Welt von großer Bedeutung werden sollte.

Am 30. April 1896 wurden die Zeichnungen für den neuen Motor in die Werkstatt gegeben, nach welchen zwei Maschinen gebaut wurden. Die eine wurde als Vorführungs- und Versuchsmaschine in Augsburg und die andere als Muster für das Krupp-Gruson-Werk in Buckau verwendet, wo Krupp den Dieselmotorbau aufnehmen wollte.

War der erste Dieselmotor von Diesel fast allein geschaffen worden, so begann jetzt die Zeit der Zusammenarbeit mehrerer mit allen psychologischen und praktischen Folgen, die eine solche Kollektivarbeit mit sich führt. Vieles liegt in der Luft, wird von allen gemeinsam überlegt. Wer hat zuerst dies oder jenes Ventil ausgedacht? Es kam vor, daß einzelne Chefingenieure und Monteure überzeugt waren, die Sache zuerst gemacht zu haben. Wie aber sollte man je das Werden einer Brennstoffpumpe, eines Einblaseventils, eines Kolbenringes so aus der Vergangenheit ans Licht ziehen können, daß der Forscher zu sagen berechtigt wäre, dieses oder jenes habe der oder jener ausschließlich allein gemacht.

Man hatte Schwierigkeiten mit dem Guß, mit den Ventilen, den neuen Pumpen, den Anlaßventilen. Fieberhaft wurde an zahllosen neuen Teilen herumprobiert, die man bei der ersten Versuchsmaschine, als Diesel fast allein war, nur mangelhaft hatte erforschen können. In der Fabrik bestand außer bei Diesel und seinen engeren Mitarbeitern nur bei Heinrich Buz volle Zuversicht. Lauster spürte bei seinem Eintritt sofort, daß die Sache Diesels viele Gegner hatte, vor allem in der Dampfmaschinenabteilung.

Konnte Diesel eine begeisternde Atmosphäre hervorrufen, so andererseits auch Störungen. Ideen wollte er sofort in einem Tempo verwirklichen, das dem Gegenstand oft unangemessen war. Dem widerspricht nicht, daß er über eine unglaublich zähe Geduld verfügte. Aber zuweilen beunruhigte und erschreckte er durch seine Forderungen.

Die neue Maschine sprang bei ihrer ersten Ingangsetzung Anfang Dezember 1896 tadellos an; die Diagramme waren richtig. Aber der Petroleumverbrauch war noch sehr hoch. Der Fehler war rasch gefunden. Diesel schrieb am 21. Dezember 1896 an Krupp: „Summa summarum werde ich gegen Ende Januar 1897 einen vollständig reifen, schönen und ökonomischen Motor haben, mit welchem sicherlich der Sieg unser ist."

Am 28. Januar 1897 hatte man dann mit einem Schlag einen Motor, der alles in der Welt bisher an Sparsamkeit Erreichte weit hinter sich ließ. Der normale Diesel-Viertaktmotor war entstanden, wie er jahrzehntelang allgemein gebräuchlich wurde. Im Prinzip war alles da, was von da an zum Dieselmotor gehörte: Nadelventil, Luftpumpe, Brennstoffpumpe, Anordnung der Ventile, Anlaßvorrichtung, Lage und Gestalt des Verbrennungsraumes.

„Das Laboratorium hatte demnach in ungefähr fünfjähriger Tätigkeit seine Aufgabe gelöst, die Erfindungsgedanken zu verkörpern und die grundlegenden Gesetze und typischen Konstruktionsformen des Dieselmotorbaues so festzulegen, daß die Fabriken den Bau der Maschinen aufnehmen konnten." Daß durch Erfahrung und neue Ideen, durch besondere Verhältnisse und Erfordernisse viele Dinge später anders konstruiert und angeordnet wurden, daß an Konstruktionsteilen und Hilfsapparaten Erfindungen gemacht wurden, ist selbstverständlich.

Die Aufgabe des Erfinders war damit erfüllt. Der Motor verbrauchte jetzt nur 258 Gramm Petroleum für die Pferdekraftstunde. Diesel wußte, daß der Brennstoffverbrauch noch weiter sinken würde. Er schrieb an Zeuner am 25. Februar: „Nach langjährigen Versuchen der mühsamsten Art, nach Überwindung ganz ungeahnter Schwierigkeiten ist es gelungen, eine schön und sanft laufende, sehr einfache und leicht zu handhabende Maschine herzustellen, welche den von mir vorgeschlagenen Prozeß verwirklicht (zunächst mit flüssigen und gasförmigen Brennstoffen) und damit Resultate erzielt, welche *weit* über allem bisher Erreichten stehen ..." Und an seine Frau: „Noch kein menschlicher Motor hat das erreicht, was der meine ergab, und so habe ich denn das stolze Bewußtsein, in meinem Fache der Erste zu sein, was mir lieber ist als der Michelsorden oder der Geheimratstitel."

Schon nach acht bis zehn Jahren war der Dieselmotor in die gemeinsame Arbeit der gesamten kultivierten Menschheit ein-

bezogen und zu einem Begriff des „allgemeinen Maschinenbaues" geworden wie die Dampfmaschine, die Lokomotive, die
Dynamomaschine.

1897–1900
Triumph und beginnender Rückschlag

Die Welt erfüllte sich mit Gerüchten, daß in Augsburg ein
neuer Wärmemotor lief, nicht eine verbesserte Dampfmaschine oder ein veränderter Explosionsmotor, sondern eine bisher unbekannte Maschine mit einem ganz andersartigen Arbeitsverfahren. Sie besaß keinen Kessel, und man brauchte daher
nicht zwei Stunden lang zu warten, bis der angeheizte Kessel
Betriebsdampf gab. Auch mußten zum Anlassen des Motors
nicht ein oder zwei Männer an einem Schwungrad schwitzend
drehen, bis im Zylinder die erste Explosion entstand. Vielmehr
zischte auf einen Hebeldruck hin Druckluft in den Zylinder und
brachte das Schwungrad in Umdrehung.

Die Maschine ging vom ruhenden und kalten Zustand sofort in
den Betrieb über und lief im Gegensatz zu den bisherigen Motor-
systemen anstandslos mit Petroleum. Vor allem aber nutzte sie
die im Brennstoff enthaltene Wärme rund drei- bis viermal besser
aus als die Dampfmaschine.

Das waren unerhörte Dinge! Die Briefe der damaligen Zeit
künden von der Begeisterung, welche die Menschen ergriff, die
mit dieser wunderbaren Maschine zu tun bekamen. Man fühlte,
es war ein Augenblick ersten Ranges in der Geschichte der Technik und des Fortschritts. Aber für Diesel war das Erreichte nur
eine Stufe, nicht der Gipfel. Er betrachtete diesen Motor nur als
eine Art von Versuchszylinder. Der eigentliche Dieselmotor, so
glaubte er, sollte erst geschaffen werden, und die Verwertung aller
schweren und sonst kaum verwendbaren Rohöle, des Gases und
des Kohlenstaubes wäre nur eine Frage der Zeit.

Der entzückte Dyckhoff sandte im Februar von Augsburg aus
begeisterte Briefe und Telegramme an die zukünftigen Haupt-
aktionäre der Dieselfabrik in Bar-le-Duc, und damit begann die
französische Entwicklung. In Deutschland, so wollte es Diesel,

145

sollte nunmehr auch die Gasmotorenfabrik Deutz neben Augsburg und Krupp Dieselmotoren bauen. Deutz verfügte über fast
unentbehrliche Beziehungen und Erfahrungen und über das
größte Ansehen auf dem Gebiet der Verbrennungsmotoren.
Aber würde es nicht für Deutz ein schweres Opfer bedeuten, an-
zuerkennen, daß der alte Ottomotor übertrumpft war, oder wenigstens, daß etwas Neues und Ebenbürtiges entstanden war?
Diesel strengte sich an, auch das stolze Deutz in das ihm vor-
schwebende Dieselsyndikat hineinzubringen. Die Deutzer Herren kamen und prüften den Motor, was sich für Diesel als ein
Markstein in der Entwicklung seiner Sache darstellte.

Die Besuche, die Verhandlungen drängten sich. Die Maschinenfabrik Mirrlees Watson Yaryan Co. in Glasgow telegrafierte,
daß sie ihre Vertreter entsenden würde. In der Zwischenzeit verhandelte Diesel mit Sulzers. Sein begeisterter Freund, Professor
Moritz Schröter in München, sollte die offiziellen Versuche mit
der Maschine vornehmen. Schröter, Buz und Diesel wußten, daß
die Veröffentlichung der Versuchsergebnisse gewaltiges Aufsehen
erregen würde. Die Glasgower trafen ein, um zu prüfen, ob sie die
britischen Patente erwerben sollten. Das versprach das erste
gewinnverheißende Geschäft mit dem Dieselmotor außerhalb
Deutschlands zu werden. Am 20. Februar waren die Schotten
grundsätzlich entschlossen, die englischen Dieselpatente zu
erwerben, aber in London und Glasgow sollten noch endgültige
Verhandlungen stattfinden.

DAS FRÜHJAHR 1897 ist der Höhepunkt in Diesels Laufbahn: 1878
hatte er sich vorgenommen, die Dampfmaschine zu übertrump-
fen, und 1897 wies sein Motor den besten Wirkungsgrad unter
allen Wärmekraftmaschinen auf. Sein Leben mußte ihm wie eine
Kette folgerichtiger Ideen, Arbeiten und Taten erscheinen, und in
seiner Vorstellung waren die Gedanken und wissenschaftlichen
Theorien noch unerschüttert, auf Grund derer er seine Maschine
geschaffen hatte. Der Erfolg bewies die Richtigkeit dieser Theorie, und das, was anders gekommen war, deutete er in aller Ehr-
lichkeit als Abweichungen von seiner Ausgangsidee, nicht aber
als Tatsachen, welche die grundsätzliche Richtigkeit seiner Theorie erschüttern könnten. Für diese seelische Lage hatten die Kri-

tiker, die nachzuweisen begannen, daß Diesel etwas anderes erreicht habe, als er ursprünglich angestrebt hatte, nur sehr geringes Verständnis, und die Versuche, ihn zu einem Eingeständnis seiner Irrtümer zu zwingen, hörten bis an sein Lebensende nicht auf.

In diesen Tagen des Triumphes erhob sich für Diesel und seine Sache eine tödliche Gefahr. Der Motor in Augsburg bereitete den Deutzern Unruhe. Er war der Idee nach einfach, in der Ausführung aber noch sehr kompliziert. Auf dem Versuchsstand in Augsburg lief er ausgezeichnet. Würde er es auch in der Hand weniger erfahrener Maschinisten in der rauhen Alltagsarbeit tun? Und sollte er wirklich technisch reif werden, so konnte ihm doch auf Grund wirtschaftlicher Erwägung nur ein kümmerliches Dasein vorausgesagt werden. Denn das Petroleum war teuer. Mit dem billigeren Rohöl war der Motor damals noch nicht gelaufen. Von einem erfolgreichen Betrieb mit Kohlenstaub hörte man nichts. Die Deutzer Motorleute mußten also berechtigte Zweifel hegen. Und doch! Die Dinge entwickeln sich weiter. Würde die Maschine vielleicht doch nach einigen Jahren auch für Rohöl, ja für alle Brennstoffe und für Schiffe, Lokomotiven, Automobile anwendbar werden?

Man verhandelt. Heinrich Buz ist ein sehr kluger Geschäftsmann. Er weiß, welche Trümpfe er in der Hand hält. Niemand kann ihm zumuten, sie billig aus der Hand zu geben, auch wenn Diesel, den Buz durchschaut, die Deutzer dabeihaben möchte. Buz ist zudem stolz darauf, daß seine Dampfmaschinenfabrik gerade den Deutzern einen neuen Motor vor die Nase gesetzt hat. Augsburg und Krupp, die alle deutschen Rechte besitzen, stellen den Deutzern sehr harte geschäftliche Bedingungen. Diese kalkulieren und stellen fest, daß es so nicht geht. Sie schauen sich Diesels Patente an und glauben, daß sie nicht haltbar sind. Sie meinen berechtigt und verpflichtet zu sein, die anderen darauf hinzuweisen. Da sind Otto Köhler, Emil Capitaine und Julius Söhnlein schon vor Diesel mit Ideen, Patenten und Versuchen hervorgetreten, die man so deuten kann, daß sie weitgehend mit der Dieselsache übereinstimmen. Sogar ein altes Patent von Daimler könnte Diesel entgegengehalten werden. Die Deutzer wissen aus schmerzlicher Erfahrung, daß man Patente stürzen kann. Hat doch Körting im Jahre 1886 das Ottosche Hauptpatent zum großen Kummer von Otto und Langen zu Fall gebracht.

Um die Zeit des 20. Februar eröffnet Deutz den Augsburgern, daß es Diesels Patente für anfechtbar halte. In den Diesel-Triumph fällt eine gefährliche Bombe. Aber Deutz macht gleichzeitig den Vorschlag, Augsburg, Krupp und Diesel möchten sich in den nächsten Tagen in Frankfurt mit ihnen treffen. Deutz wünscht sich zu einigen und gegen eine Lizenzgebühr von fünf Prozent, aber ohne Zahlung einer größeren Summe, die Motoren zu bauen. Augsburg, Krupp und Diesel konnte an solchen Bedingungen nichts gelegen sein. Wenn man sich aber nicht einigte, drohte ein gefährlicher Patentprozeß ins Rollen zu kommen.

Diesel empfand seine Lebensarbeit als gefährdet. Auch die Deutzer waren mächtig. Der Ausgang von Patentprozessen kann niemals vorausgesagt werden. Diesel und Buz glauben, daß Deutz einen Patentprozeß verlieren würde, und meinen, er habe wohl selbst dieses Gefühl. Diesel aber schließt aus der ganzen Sache, daß man seine Erfindung doch für sehr wichtig hält. „Buz überließ es mir, die Antwort zu schreiben und unterzeichnete sie unverändert. Ich antwortete, daß wir meine Patente auf Grund eines großen Documenten-Materials für unanfechtbar hielten und deshalb auf Grundlage der Wurmstichigkeit derselben nicht verhandeln könnten; daß wir zu dem proponirten Rendezvous nicht kämen, und daß wir, falls die Klage eingereicht würde, mit ihnen überhaupt nicht mehr verhandeln würden."

Zu jener Zeit war Otto Köhler beratender Ingenieur von Deutz, der 1887 jene Broschüre veröffentlicht hatte, worin den Dieselschen sehr verwandte Gedanken enthalten waren. Aber er hatte nichts für die Verwirklichung seiner Ideen getan. Durch seine seit 1893 fortgesetzten Angriffe auf Diesel erreichte er aber, daß jeder Ingenieur wußte, wie nahe er (in Gedanken) der Dieselschen Sache gewesen sei. Diesel hatte auf die Köhlerschen Aufsätze und Vorträge seit dem Herbst 1893 nicht mehr geantwortet. Inzwischen hatte sich die Sache Bahn gebrochen, während Otto Köhler nichts für die Durchführung seiner Ideen tat, wozu er zehn Jahre lang Zeit gehabt hätte. In den Augen der Welt hat darum der Köhlersche Gedanke von 1887 der Dieselsache nie wirklichen Abbruch getan, denn „Großtaten der Technik verlieren dadurch nichts von ihrer umfassenden Bedeutung, daß gleichlaufende Gedanken schon vor der erlösenden Tat im Schrifttum irgendwo einmal erschienen sind. Sie werden auch dadurch nicht herabgemindert, wenn nachgewiesen sein sollte, daß an anderer Stelle einmal eine Maschine mit gleicher Wirkungsweise gearbeitet hat. Gelungene Versuche ohne Erkenntnis der Bedeutung des Gewonnenen tragen zur Förderung der industriellen Technik wenig oder nichts bei", schrieb Arnold Langen, der Sohn von Eugen Langen, der mit Nikolaus Otto den Gasmotor schuf. Aber die Ähnlichkeit von Köhlers Gedankengängen mit denen Diesels konnte eine Nichtigkeitsklage gegen die Dieselpatente begründen, und die Dieselgruppe erkannte diese Gefahr. Köhler hat sich mit Diesel erst verglichen, nachdem die Deutzer später doch in Freundschaft die Dieselpatente erworben hatten.

Es kam zu einem Patentprozeß. Aber über dem Triumph in Augsburg war doch über Nacht eine drohende Wolke heraufgezogen. Auch Freunde wurden plötzlich schwankend. Selbst bei Krupp begann man zu zweifeln, ob die Patente standhalten würden.

Diesel eilte nach Essen. Am 10. März konferierte er von zehn bis sechs Uhr heiß mit den Kruppschen Männern und tat ihnen die Festigkeit seiner Patente dar. Und wirklich wurde der Beschluß gefaßt, überall mit Energie vorzugehen, in Augsburg und Magdeburg-Buckau Werkstätten für den Motorbau einzurichten.

Wieder war es Heinrich Buz gewesen, der die felsenfeste Stütze abgab, die durch kein Bedenken, keinen Zweifel der vielen anderen zu erschüttern war. Unter Abänderung der alten Verträge, wobei Diesel die an ihn zu zahlenden Lizenzgebühren ermäßigte, wurde ihm ein jährliches Mindesteinkommen von fünfzigtausend Mark als Vorschuß auf diese Lizenzgebühr garantiert. Bei Diesels Abschied von Essen herrschten eine herzliche Stimmung, feste Überzeugung und ein Feuereifer, wie Diesel es nicht für möglich gehalten hatte.

DIE INGENIEURE der schottischen Firma Mirrlees Watson Yaryan Co. in Glasgow hatten die Augsburger Maschine drei Tage lang untersucht und ihren Wunsch bekundet, eine Lizenz für

Großbritannien zu erhalten. Diesel eilt von Essen nach London, wo er Watson und Robertson aus Glasgow trifft. Diesel steht jetzt vor der Aufgabe, den Grundstein zu seinem Vermögen zu legen. Viele Erfinder sind nicht an ihrer Erfindung, aber an der oft viel schwierigeren Auswertung ihrer Erfindung gescheitert. Er ist entschlossen, nicht unter die Kategorie der „unglücklichen Erfinder" zu geraten.

Augsburg und Krupp schuldeten Diesel lediglich jährliche Zahlungen, wenn die Fabrikation einmal aufgenommen wurde und man Motoren verkaufte. Die laufenden Zahlungen galten als Vorschüsse und Arbeitsentschädigung. Augsburg und Krupp hatten aber alle deutschen und gewisse Rechte in anderen Ländern in der Hand. Dafür hatten sie die Erfindung finanziert, das Risiko übernommen, die Maschine gebaut. Diesel wollte nun aber reich werden. Eine neue Lebensepoche begann.

IN LONDON ging es langsam voran. Robertson war ein bedächtiger Schotte, der seinen Vertrag mit einem Wall von Klauseln zu umgeben trachtete. Sir Renny Watson, ein einfacher, aber weitblickender Geschäftsmann, warf jedesmal das ganze Gebäude von Robertson mit wenigen Worten über den Haufen und stimmte für das Einfache und Klare.

Am 17. März kam Diesel nach Glasgow. Er wohnte in Robertsons Haus, ganz in der Nähe der Universität, an der James Watt gewirkt hatte. Aber die von Deutz aufgestiegene schwarze Wolke war nach Schottland mitgewandert. Die Zweifel an der Beständigkeit der Dieselschen Patente waren keineswegs zu bannen, alles konnte scheitern. Der Ausschuß, welcher die Patentverhandlungen führte, wünschte seine Verantwortlichkeit gegenüber den Aktionären dadurch zu decken, daß sich der berühmte Lord Kelvin, einer der größten Physiker und Wärmetheoretiker der damaligen Zeit, noch über den Wert der Patente aussprach, ehe der Vertrag unterzeichnet wurde. Die Schotten betrachteten Diesel als ein großes Tier und sagten es ihm ins Gesicht. Er seinerseits empfand die Briten als durch und durch anständig und ehrlich. Daß seine Sache mit größter Behutsamkeit und Vorsicht behandelt wurde, wußte er zu würdigen. Da sich die Entscheidung viel länger hinzog, fühlten sich die Schotten verpflichtet, ihren Gast angenehm zu unterhalten und zu bewirten.

Endlich traf Diesel mit dem großen Lord Kelvin zusammen. In seinem Haus auf dem Gelände der Universität, wo der Geist von James Watt umging, führten die beiden Männer ein langes Gespräch über die Theorie und Konstruktion des Dieselmotors. Diesel zählte die Begegnung mit Kelvin zu den größten Stunden seines Lebens. Auf Grund des Kelvinschen Gutachtens kam dann der Vertrag zwischen Diesel und der Mirrlees Watson Yaryan Co. zustande. Die Schotten zahlten zwanzigtausend Mark jährlich. Mit den Krupp-Augsburgischen fünfzigtausend hatte Diesel nun siebzigtausend Mark im Jahr. Mit den wechselnden Erfolgen und Mißerfolgen hat sich Diesels Einkommen dann immerwährend geändert.

Diesel stürmte von London über Paris nach Winterthur weiter, um auch die großen Sulzers in Bewegung zu bringen. Die aber zauderten mit dem Bau des Motors. Sie wußten um die Kinderkrankheiten neuer technischer Schöpfungen, und ihr altes Dampfmaschinengeschäft schien derart gesichert zu sein, daß Diesels Gegenpartei im Werk es nicht für nötig hielt, die neue Sache aufzunehmen. Jakob Sulzer-Imhoff vertrat die Diesel-Partei, und auf ihn ist es zurückzuführen, daß man während des Jahres 1897 endlich an einem Probemotor zu arbeiten begann, der 1898 vollendet wurde.

Am 27. April berichtete Diesel in der Kantine der Maschinenfabrik Augsburg vor dem Technischen Verein und der Augsburger Industrie über seinen Motor. Buz hatte den ganzen Raum bayrisch weiß-blau ausschmücken lassen, die Wogen der Stimmung gingen hoch, die Ingenieure Augsburgs umjubelten Diesel. Es war seine erste öffentliche Kundgebung nach der theoretischen Broschüre von 1893. Diesel wurde der bayrische Michelsorden verliehen. Im Juni tauchte er wieder in Bar-le-Duc auf, wo die französische Gesellschaft für Dieselmotoren gegründet wurde, von der Diesel einen größeren Posten Aktien (600 000 frs) erhielt.

Schon zwei Tage darauf, am 13. Juli 1897, war er in Kassel auf der Hauptversammlung des Vereins Deutscher Ingenieure, wo er zum ersten Mal vor den versammelten Vertretern der Technik und den Spitzen der deutschen Industrie über seine Maschine sprechen sollte. Er fühlte, daß seine Sache fast beispiellos Interesse fand und die Welt die Bedeutung des Augenblicks empfand.

Diesel spricht am 16. Juni. Er nennt die Zahlen für die in der Dampfmaschine stattfindende Umwandlung der im Brennstoff enthaltenen Wärme in nutzbare Arbeit: nur zwölf bis dreizehn Prozent in den besten großen Maschinen! Er schildert, welche theoretischen und technischen Forderungen er aufgestellt hatte, um eine bessere Maschine zu schaffen, wie es zum Bündnis mit Augsburg und Krupp kam und schließlich nach vierjährigen Versuchen Ergebnisse erzielt wurden wie noch niemals vorher mit irgendeiner anderen Wärmekraftmaschine.

Diese jetzt mit Petroleum betriebene Maschine sei nur ein Anfang! Selbstverständlich würde sie noch viele Jahre hindurch verbessert werden, aber ganz abgesehen davon stelle sie gleichsam nur einen Versuchszylinder dar. In Augsburg sei ein großer Verbundmotor im Bau, der die einzylindrige Versuchsmaschine noch weit übertreffen würde! Diesel ruft aus, „daß es Pflicht der Gesamtheit wie des Einzelnen ist, der heutigen Brennstoffverschwendung Einhalt zu thun".

Nach ihm schilderte Schröter seine mit dem Motor vorgenommenen Untersuchungen und riß die Hörer durch die Verkündigung der Ergebnisse hin. Der Vortrag weckte Begeisterung. „Gestern", schreibt Diesel, „war der große Tag, ein wirklicher, aufrichtiger und durchschlagender Erfolg, der voraussichtlich auch viele geschäftliche Vorteile mit sich bringen wird. Sämmtliche deutschen Hochschulen waren durch einen oder mehrere Professoren vertreten und alles, was in Deutschland mit Motoren zu thun hat, war zur Stelle."

Bald nach den Kasseler Tagen unterzeichnete Deutz einen Vertrag mit der Dieselgruppe. Man zahlte fünfzigtausend Mark bar, verpflichtete sich zu Prämienzahlungen von zwanzig bis dreißig Prozent für jeden verkauften Dieselmotor, je nach der Größe der Motoren, und garantierte zudem eine jährliche Mindestzahlung von zwanzigtausend Mark. Weiter erkannte Deutz die Rechtsbeständigkeit der Dieselschen Patente ausdrücklich an. Ein Baurecht blieb auf Deutschland beschränkt, und das geschäftlich sehr wichtige Recht, nach Rußland Dieselmotoren zu liefern, konnte Deutz nicht erlangen, obwohl sich Diesel Mühe gab, ihm dieses Recht zu verschaffen. Es war ein harter Vertrag, der Deutz kaum in die Lage versetzte, erfolgreich mit Augsburg und Krupp zu konkurrieren, vor allem wenn der Motor noch mit Kinderkrankheiten zu kämpfen haben sollte.

Aber für Diesel stellte sich dieser Vertrag trotzdem als ein großer strategischer Erfolg dar. Die Erfinder, welche dem Dieselmotor ähnliche Ideen und Ziele verfolgten und seine Patente zu vernichten trachteten, sahen plötzlich das machtvolle Deutz in Diesels Lager. Deutz überblickte wie kein anderes Werk die Patente auf dem Gebiet der Verbrennungsmaschinen. Die Aussichten, von nun an erfolgreich gegen Diesel vorzugehen, waren stark vermindert. Das Dieselsche Hauptpatent war am 23. Februar 1893 ausgegeben, das heißt veröffentlicht worden. Innerhalb von fünf Jahren nach der Ausgabe kann jeder ein bereits erteiltes Patent anfechten, wenn er glaubt, eine ähnliche Erfindung gemacht zu haben. Von den fünf gefährlichen Jahren waren bereits viereinhalb verstrichen! Noch ein halbes Jahr ohne Anfechtung – und die Dieselschen Patente waren in Deutschland nicht mehr zu erschüttern.

Köhler und Diesel hatten sich nach dem Vortrag in Kassel vor aller Augen die Hände geschüttelt. Aber einige Tage darauf teilte Köhler Diesel mit, daß er beabsichtigte, auf die Nichtigkeit der Dieselschen Hauptpatente zu klagen. Diesel schlug Augsburg und Krupp vor, sich mit Köhler zu vergleichen, der dafür, daß er der ferneren Entwicklung des Dieselmotors seine Mitwirkung bis Ende 1904 lieh, ein Jahresgehalt von dreitausend Mark erhielt. Köhler konnte von nun an von den Gegnern nicht mehr zur Mithilfe bei einer Bekämpfung der Dieselpatente benutzt werden.

Sowohl Deutz als auch die Dieselgruppe haben offenbar um die Schachfigur Otto Köhler gekämpft, die Dieselgruppe hat sie genommen. Wäre sie nicht genommen worden, so hätte sie bei dem folgenden Patentprozeß zwischen Diesel und Capitaine wieder eine höchst gefährliche Rolle spielen können. Aber als Capitaine auftrat, war Köhler schon nicht mehr im Spiel. Köhler hat dann alle seine Angriffe eingestellt und sich ehrenhaft und freundlich verhalten. Er widerstand den Verlockungen, im Bund mit Emil Capitaine noch einmal den Versuch zu machen, die Dieselschen Patente zu erschüttern.

JEDER Triumph bedeutet unweigerlich die Niederlage anderer Ideen, deren Träger sich zur Wehr setzen. Diesels Erfolg hat andere Erfinder der Tragik einer verfehlten Laufbahn preisgegeben. Nichts ist verständlicher, als daß sich diese Männer gegen ein solches Schicksal wehrten.

Da war vor allem Diesels gefährlichster Gegner, Emil Capitaine, ein guter Ingenieur und mutiger Mann. Er war auf Einspritzanordnungen bei Motoren geraten, die eine Verwandtschaft mit dem Dieselmotor aufwiesen, aber seine Versuche im Jahr 1891 blieben ohne praktischen Erfolg. Seine Patentschriften beweisen, daß es ihm um gewisse Verbesserungen der alten Petroleummotoren zu tun war und daß ihm keineswegs die Erschaffung einer dritten Art von Maschinen neben der Dampfmaschine und dem Gasmotor vorschwebte. Er kam von ganz anderen Vorstellungen her als Diesel und steuerte ein viel kleineres Teilziel an. Er verstand es aber nicht, Macht um sich zu sammeln, seine Mitwelt zu begeistern, geschäftliche und strategische Situationen aufzubauen, unermüdlich weiterzuwirken, alles Eigenschaften, über die Diesel nun einmal verfügte.

Capitaine eröffnete den Feldzug. Am 31. Juli 1897, unmittelbar nach Diesels Triumph in Kassel, reichte Capitaine beim Patentamt die Nichtigkeitsklage gegen Diesels Patente ein. Der Zeitpunkt läßt erkennen, daß es Diesels Erfolg war, der Capitaine in Bewegung gesetzt hatte. Fast fünf Jahre lang hatte er Kenntnis von Diesels Patenten gehabt, ohne sie anzufechten. Ein halbes Jahr später wäre die Frist, innerhalb welcher das Patent anfechtbar war, abgelaufen gewesen. Ein Erfolg der Capitaineschen Klage hätte den Zusammenbruch von Diesels Lebenswerk bedeutet. Noch war es Diesel nicht geglückt, ein nennenswertes Vermögen zu erwerben. Und nun versuchte Capitaine sein Ansehen als Ingenieur und Erfinder zu untergraben.

Diesel schreibt am 22. August 1897: „Es ist doch unerhört, daß man gezwungen ist, Zeit, Geld und Gesundheit zu opfern, um ganz beliebigen boshaften Phantasien Anderer zu begegnen, die nicht einmal aufrichtig gemeint sind, sondern nur den Zweck haben, Störungen und Ärgerniss oder Mißtrauen bei Anderen hervorzurufen."

Am 22. August ist Diesel in Augsburg, wo Besuche aus allen Ländern eintreffen: Techniker, Industrielle, Werftdirektoren, Journalisten, Landtagsabgeordnete, einmal gleichzeitig zwölf Professoren aus Österreich. Mit all diesen Leuten und Firmen bekam es Diesel persönlich und schriftlich zu tun. Er leitete die Konstruktionsarbeiten an weiteren Motortypen, richtete sein Büro in München ein, reiste, führte Geschäftsverhandlungen. Zwischen allem wurde der große Verbund- oder Compoundmotor in Augsburg aufgestellt und die Entwicklung des Fahrzeugmotors angebahnt.

Diesel hatte einen wahren Hunger nach Betätigung. Aber die Zersplitterung legte den Keim zu vielen Leiden und schließlich zum Unglück.

SCHON 1897 war erwogen worden, den nun betriebsfähig gewordenen Dieselmotor für Schienenfahrzeuge und Automobile zu verwenden, wie es Diesel selbst von Anfang an geplant hatte. Aus den Briefen dieser Jahre geht hervor, wie wenig in Deutschland noch der Automobilismus interessierte, während er in Frankreich schon eine bedeutende Industrie hervorgerufen hatte. Die Deutschen Daimler und Benz, die als erste brauchbare Motorwagen geschaffen hatten, lieferten die meisten Wagen und Motoren nach Frankreich. Außer Benzinmotoren setzte man auch Dampf- und Luftdruckmaschinen und Elektromotoren auf kutschwagenähnliche Gestelle, die sich fortbewegten, wenn der Motor lief und seine Kraft auf die Hinterräder übertrug. Man war froh, wenn der Motor funktionierte.

Hervorragende Ingenieure und Industrielle hofften, man würde den Dieselmotor bald leichter und für höhere Drehzahlen bauen können, womit vielleicht der lang ersehnte vollkommene Automotor gefunden sein würde. In Wirklichkeit hat es dreißig bis vierzig Jahre gedauert, ehe der Dieselmotor für das moderne Auto brauchbar wurde.

Bei der Maschinenbaugesellschaft Nürnberg begann der Eisenbahningenieur Adolph Klose Motoren für Automobile und

Schienenfahrzeuge zu konstruieren. Eine französische Firma hoffte, bald Auto-Dieselmotoren aus Nürnberg zu erhalten.

Angeregt durch die blühende französische Automobilindustrie wollten in Wien die Ingenieure Professor Ludwig Czischek und Ludwig Lohner, der Chef der Hofwagenfabrik Jakob Lohner, eine österreichische Motorenwagenindustrie begründen. Es war aber sehr schwierig, einen geeigneten Motor zu beschaffen, denn Daimler und Benz waren verpflichtet, ihre Motoren nach Frankreich zu liefern, und mit Mühe und Not konnte einer der deutschen Motoren für Versuchszwecke aufgetrieben werden. In diesem Zustand der Dinge traf die Nachricht von Diesels Erfindung ein. Am 24. August 1897 besuchten Czischek und Lohner Diesel in München. Sie breiteten in seiner Wohnung einige hundert Zeichnungen von Motorwagen auf Tischen und dem Fußboden aus. Lohner wollte das Autorennen Paris-Wien im Frühjahr 1898 mitmachen und scheint schon auf ein Dieselauto gehofft zu haben. Diesel aber warnte zunächst vor allen Autoideen, da sein ortsfester Motor noch nicht aus dem Versuchsstadium heraus sei.

Im Oktober fand dann noch in Nürnberg eine Konferenz über den Dieselautomotor statt. Schon im Frühjahr 1899 scheiterten die inzwischen begonnenen Versuche. In den folgenden Jahren befaßten sich auch Carels Frères in Gent erfolglos mit dem Problem des Autodieselmotors.

Im Juli 1897 zog die Familie Diesel in die Schackstraße Nr. 2 in München, ein prächtiges Mietshaus am Siegestor mit vielen interessanten Bewohnern. Hier wohnte der Bildhauer Ruemann, der die Löwen vor der Münchener Feldherrnhalle geschaffen hat, der pensionierte Operntenor Franz Nachbaur, der als erster den Stolzing in Wagners Meistersingern gesungen hatte, und der italienische Gesandte. Man sah auch den berühmten Dirigenten Felix Weingartner im Haus ein und aus gehen.

Wir hatten im dritten Stockwerk eine schöne große Wohnung und führten darin das Großbürgerdasein, welches dem Geist der Zeit entsprach. Mit den wachsenden Einnahmen kam das alte Piano ins Kinderzimmer und ein neuer Bechsteinflügel für 1500 Mark in den Salon. Der Vater ließ sich für 1100 Mark in Öl malen und für einen ähnlichen Betrag auch die Mutter. Die Mietequipage kostete monatlich drei- bis vierhundert Mark. Es war ein Diener da und natürlich eine französische Gouvernante. Plötzlich tauchte ein großer Posten auf, weil die ganze Familie mit Fahrrädern versehen wurde oder weil ein größerer Möbelkauf stattgefunden hatte. Man abonnierte Zeitschriften, kaufte Bücher, Sonaten, Lieder und Klavierauszüge der Weltmusikliteratur, ging zu guten Schneidern, in Opern, Schauspiele, Konzerte, gab festliche Diners, schenkte den Freunden Vasen, Blumen, Bücher und Nippessachen, zahlte den Ärzten hohe Rechnungen und genoß jedes Jahr schöne Landaufenthalte und weitere Reisen. Ein Fotograf schickte für Porträtaufnahmen eine hohe Rechnung, und in der Familie begannen Fotoapparate eine große Rolle zu spielen. Der Weinlieferant war vertreten und eine Schokoladenfabrik. Auf ärztlichen Rat hin hatte sich der Vater an einer Jagd beteiligt, die Kinder bekamen Klavier- und Kerbschnittunterricht. Viel Geld ging an bedürftige Verwandte, auch an Arme, Vereine und die vielen Hilfseinrichtungen der liberalen Zeit. Regelmäßig tauchte die Pflege für das Grab Mutter Elises auf, die 1897 gestorben war. Vater Theodor Diesel lebte bis zu seinem Tod im Jahre 1902 weiter von seinem Sohn.

IM SPÄTSOMMER errichtete Diesel ein großes Studienbüro mit eigenem Personal, um die Dieselsache technisch und geschäftlich zu entwickeln. Die zweite große Wohnung in der Etage wurde dazugemietet, die Wand zwischen beiden Wohnungen durchgeschlagen, so daß eine lange Flucht von Wohn- und Büroräumen entstand. Noch besaß Diesel selbst die Rechte für fast alle Gebiete außer Deutschland. Die sollten nun verwertet werden. Die Dieselidee begann sich auch um Diesels Freunde und Beziehungen in Frankreich, Belgien, Amerika, Österreich, Rußland zu festigen.

Im Frühsommer 1897 hatte Diesel den jungen Ingenieur Ludwig Noé in Augsburg getroffen. Noé war ergriffen von Diesel und seinen Plänen. Er begann bei Diesel zu arbeiten. Im Augsburger Laboratorium und im Münchener Büro begannen sich junge Ingenieure und Konstrukteure um Diesel zu scharen, die erste „Dieselmotorschule". Es herrschte viel Begeisterung, und es kamen große Enttäuschungen. Man liebte Diesel, und man haßte ihn, man kritisierte ihn – je nachdem. Nicht alle konnten sich, wie Noé, vorstellen, wie es in Diesel nach den entsetzlichen Kämpfen und Mühseligkeiten der vergangenen Jahre aussah. Sie belasteten ihn zuweilen mit Vorschlägen, die er nicht brauchen konnte. Die Arbeit für Diesel wird mehr und mehr, täglich zeigt das Manometer seiner Lebensatmosphäre höheren Druck an.

Einer der Ingenieure, Rudolf Pawlikowski, glaubte eine Erfindung gemacht zu haben, die Diesel nicht genügend würdigte. Eines Tages entstand zwischen Diesel und Pawlikowski eine furchtbare Auseinandersetzung, und die beiden trennten sich.

IN AUGSBURG war inzwischen der Verbund- oder Compoundmotor, Diesels großes Ziel, gebaut worden. In ihm waren ungleich große Zylinder auf verschiedene Weise an dem Arbeitsverfahren der Maschine beteiligt, ähnlich wie es bei Compound- oder Verbunddampfmaschinen der Fall ist, deren Einführung ja einen der größten Fortschritte im Dampfmaschinenbau bedeutet hatte. Nichts schien aussichtsreicher, als eine noch höhere „Wärmekaskade" hervorzubringen, indem man den in einem Verbrennungszylinder erzeugten Druck in zwei weitere und größere Zylinder leitete, wo die Gase sich völlig ausdehnen und Arbeit verrichten sollten. Dieser Verbundmotor schwebte Diesel als der eigentliche Dieselmotor vor Augen.

Viele Leute warnten davor. In der Fabrik war man auch das Experimentieren leid. Man wollte das Gewonnene ausbauen. Aber Diesel setzte den kostspieligen Bau des Verbundmotors durch.

Nach einiger Zeit lief die Maschine. Neue Erscheinungen stellten sich ein, die man nicht hatte voraussehen können. Die Verbundmaschine war keineswegs besser, sondern viel schlechter als der Einzylindermotor. Sie verbrauchte mehr als doppelt soviel Brennstoff!

Das Verbundsystem scheiterte. Es war ein entsetzlicher Fehlschlag nach einer qualvollen und aufreibenden Versuchszeit.

IN DIESELS Leben gab es immer wieder einen erschütternden Gegensatz zwischen Triumphen und Demütigungen, himmelhohem Jauchzen und heftiger Melancholie. Nicht als ob er die Zügel so lockergelassen hätte, daß ihm das sehr anzumerken gewesen wäre. Über allem lag auch wieder kühle Gelassenheit, imponierende Ruhe, klare Überzeugtheit. Bei großen Auseinandersetzungen war er nicht aufgeregt. Durch diese Haltung wurden aber seine unglaublichen inneren Spannungen nicht beschwichtigt, sie gelangten nur, zunächst wenigstens, zu keiner verhängnisvollen Wirkung.

Die Herbstmonate 1897 brachten nicht nur die niederschmetternde Enttäuschung mit dem Compoundmotor, sondern auch den ersten Anstieg zu großem Reichtum. Diesel war im Begriff, Millionär zu werden.

Der jüdische Großhopfenhändler Bernhard Bing in Nürnberg hatte vom Dieselmotor gehört. Bing hatte einen guten Freund in St. Louis in Missouri, Adolphus Busch, den größten Bierbrauer Amerikas. Bing machte einen technischen Berater Buschs, den Colonel E. D. Meier, auf den Dieselmotor aufmerksam. Meier begann die Angelegenheit sofort zu untersuchen und benachrichtigte Busch.

Diesel und Adolphus Busch begegneten sich in der ersten Septemberhälfte 1897 in Baden-Baden, wo Busch im ersten Hotel des Kurorts den ganzen ersten Stock mit allen Schlafzimmern und Salons gemietet hatte. Seine Stenotypistin begleitete ihn wie ein Schatten. Diesel kam er vor wie ein *„brasseur d'affaires"*, das heißt wie ein rühriger Geschäftsmann, der unentwegt die verschiedenartigsten Geschäfte zusammenbraut. Busch war dabei ein grundehrlicher, biederer Mann mit einer scharfen Nase in einem freundlichen Gesicht, einem Buffalo-Bill-Bart und einer gemütlichen mainzerisch-deutsch-amerikanischen Sprechweise. Er schwärmte für Kaiser und Reich, war enthusiastisch und gemütvoll, dabei aber schlau und geschäftstüchtig, alles in allem, so fand Diesel, eine deutsche Gastwirts- und Brauernatur von amerikanischen Ausmaßen.

Diesels geistiges Feuer und seine suggestive Kraft wirkten auch auf Busch. Am 7. September hatte Diesel einen Vertrag in der Tasche, nach welchem der amerikanische Krösus bis zum 15. November Bedenkzeit hatte, die Patente zu nehmen oder nicht. Wenn er zusagte, würde er eine Million bar bezahlen. Inzwischen machte Adolphus Busch eine Reise nach Essen, Augsburg und anderen Städten und bestellte seinen technischen Sachverständigen Colonel E. D. Meier aus New York nach Deutschland. Busch schlug Diesel vor, nach Amerika zu kommen, damit sie dort in ganz großem Stil etwas zusammen unternehmen könnten.

Ende September stand Diesel mit Colonel Meier in Augsburg vor dem schön laufenden Motor. Meier war ein amerikanischer Bremer, Mitkämpfer im Bürgerkrieg, eine große, stolze Erscheinung mit weißem Haupthaar und schneeweißem Schnurrbart. Er besaß große menschliche Einfühlungsgabe. In Augsburg ging es damals zu wie in einem Taubenschlag. Außer den Amerikanern waren Belgier da, auch ein englischer Industrieller, der – leider zu spät – fünfmal mehr Geld für die englischen Patente bot, als der Schotte Mirrlees gezahlt hatte. Aus Wien kam eine Delegation, ein Großindustrieller mit Vertretern seiner italienischen und österreichischen Filialen. Das Geschäft nahm sichtlich „enorme Dimensionen" an. Der Sturm und Drang um den Motor imponierte dem Colonel sehr.

Am 4. Oktober 1897 schloß Colonel Meier seinen Bericht über den Dieselmotor ab. Busch erhielt eine lebhafte Schilderung von der Entstehungsgeschichte und den Eigenschaften des Motors, von den beteiligten Persönlichkeiten und der psychologischen Lage um die Maschine. Meier brachte auch die Äußerungen vieler Männer über den Dieselmotor zu Papier. Alle Beteiligten hielten damals die Maschine für so weit entwickelt, daß man glaubte, ins Geschäft eintreten zu können.

Meier stellt die Frage, ob der Dieselmotor die Dampfmaschine ersetzen wird, und antwortet: „Ich finde keinen Grund dafür, Kommerzienrat Buz' Voraussage als übertrieben oder unwahrscheinlich anzusehen, wonach in nicht allzu vielen Jahren auch mächtige Kriegsschiffe durch Dieselmotoren vorwärts bewegt werden." Er empfiehlt den Kauf der Patente.

BUSCH unterzeichnete am 10. Oktober 1897 in München den Vertrag. Reisinger, Meier und Diesel verbrachten daraufhin feierliche Stunden, die in einem Schwur gipfelten, den sie stehend Hand in Hand machten. Von da an nannten sie sich die drei Eidgenossen. Diesel war nun Millionär. Als er nachts nach Hause kam, sagte er es seiner Frau, der es unheimlich zumute wurde. Einiges war noch zu regeln, aber bald drahtete er, durch Köln nach Frankreich reisend, sehr trocken seiner Frau nach Thüringen: „Alles geordnet." Die antwortete ihm nach Glasgow: „Ich danke Dir nicht für die Million, aber daß der Alp von uns genommen. Und dann kommt die Freude bei mir erst, wenn ich Dich gesprochen habe, um *ganz* sicher zu sein, mir erscheint es immer noch wie eine Fata Morgana . . . Es ist schwer, sich an den Gedanken zu gewöhnen, reich zu sein."

Im nächsten Jahr begann man in Amerika Dieselmotoren zu bauen.

DIE EINBLASUNG von Kohlenstaub in den Dieselmotor war eine Aufgabe, deren unglaubliche technische Schwierigkeit Diesel ursprünglich nicht klar genug erkannt hatte. Es verschlang zehnmal mehr Zeit, einen gangbaren Kohlenstaubmotor zu schaffen, als für die Herstellung des ersten betriebsfähigen Dieselmotors für Ölbetrieb notwendig gewesen war. Nun bohrten gerade in der Zeit, als die ersten Dieselölmotoren in Augsburg arbeiteten, die Russen und Amerikaner immer mehr Öl aus der Erde. Das Öl trat neben die Kohle und wurde immer mehr ein Element des wirtschaftenden Menschen. Die Welt verlangte nach dem Ölmotor, und die Maschinenfabrik wollte diesen zunächst einmal entwickeln und nicht immer wieder neue Experimente anstellen. Diesel war in Sorge, daß die Kohlenstaubsache vergessen würde. Er machte Versuche. Auch mit Kohlenstaub lief die Maschine, aber sehr abgeändert und sehr mangelhaft, und er sprach selbst von einem völligen Fiasko. Dieses Problem konnte nur in opfervoller jahrelanger Arbeit gelöst werden, und nicht in wenigen Monaten.

Seit dem Herbst 1897 hatten in Augsburg unter Diesels Leitung viele Versuche stattgefunden, den Motor statt mit dem teuren Lampenpetroleum mit billigeren, schwer entzündlichen Brennstoffen zu betreiben, „welche in Lampen nicht brannten". Bei all diesen Gelegenheiten wurden zahlreiche neue Formen von Zerstäubern, Düsenmundstücken und Steuerungen konstruiert. Man wußte, daß man nun den Rohölmotor der Zukunft vor sich hatte. Damit hörte schon die Zeit auf, in welcher der Dieselmotor als Motor für Lampenpetroleum galt.

Durch diese Versuche kam man in Verbindung mit den Ölproduzenten aller Länder, für die es eine Sensation war, daß ein Motor überhaupt mit derartig billigen Schwerölen betrieben werden konnte. Emanuel Nobel in Sankt Petersburg, der Neffe des durch Dynamit und den Nobelpreis berühmten Schweden Alfred Nobel, der dort eine Maschinenfabrik und in Baku große Ölfelder besaß, war schon früher auf den Dieselmotor aufmerksam geworden. Sein Ingenieur Anton Carlsund hatte Diesel in Kassel reden hören und hatte dann mit Professor von Döpp aus St. Petersburg den Motor besichtigt. Seitdem stand Nobel mit Diesel in Verhandlungen. Vielleicht hat er als einer der ersten darauf gedrängt, daß die Versuche mit schweren Ölen möglichst bald begonnen wurden.

AM SONNTAG, dem 13. Februar 1898, war Diesel im Hotel Bristol in Berlin. Er wollte Emanuel Nobel treffen. Nobel war ein bedächtiger Mann von gewichtigem Auftreten, dessen Antlitz von einem kurzen braunen Vollbart umrahmt war. Er trug sich mit der Idee, die russischen Dieselpatente zu erwerben. Der Bau dieser Motoren würde seine Fabrik beschäftigen, und das Öl seiner Ölfelder in Baku, mit deren Erschließung sich seine Familie in der zweiten Generation befaßte, würde von den Motoren verbraucht werden.

Morgens im Hotel Bristol hörte Diesel, daß Nobel noch nicht eingetroffen war. Aber Friedrich Alfred Krupp sei im Hause, um das alljährliche sogenannte „Parlamentarische Frühstück" zu geben. Diesel sandte ihm, den er zufällig nie persönlich getroffen hatte, seine Karte und erhielt als Antwort eine Einladung zu diesem Frühstück, an dem viele der in Industrie und Politik glänzenden deutschen Männer teilnehmen sollten. Krupp setzte sich lange an Diesels Tisch und zeigte für seine Sache großes Interesse. Wiederholt und dringend lud er ihn in die Villa Hügel bei Essen, den Wohnsitz der Familie Krupp, ein.

Am selben Tag erfuhr Diesel, der schwedische Großbankier Markus Wallenberg trüge sich mit der Absicht, seinen Einfluß dahin geltend zu machen, Diesel den Nobelpreis zu verschaffen. Vorsichtig soll der Schwede geäußert haben, daß dies in Betracht käme, falls sich Diesels Erfindung bewähren würde. Diesel überlegte: „Schön wäre das ja, obgleich ich nicht beabsichtige, derartige Einkünfte für mich zu verwenden. Es wäre der Gründungsfonds für mein großes soziales Problem." Die soziale Frage begann Diesel wieder zu beschäftigen. Seine erfinderischen Ziele waren mit seinen sozialen Gedanken nahe verwandt.

Es war wohl der Drang, die Demütigungen der Jugend auszugleichen, der jetzt auch Diesels Machttrieb zu entzünden begann. Er glaubte im Kampf mit den großen Unternehmern seiner Zeit bestehen zu können. Plötzlich erschien er als Kapitalist, der zwar sein Geld benutzen wollte, um die soziale Frage zu lösen, aber auch um als reich gewordener Großbürger sich zunächst einmal ein wunderbares Haus zu bauen und herrliche Reisen zu machen.

Am Montag, dem 14. Februar, fand die erste Unterredung zwischen Diesel, dem bedächtigen Nobel und dem beweglichen Wallenberg im Palasthotel statt. Sie verlief nicht unbefriedigend. Nobel bekam in einigen Stunden so viel zu hören, daß er vierundzwanzig Stunden zur Verdauung brauchte.

Wieder vergeht eine Nacht im Hotel Bristol. Nobel wird nun langsam unter Diesels Behandlung warm. Er beginnt einzusehen, daß die Verbindung mit all den mächtigen Dieselfirmen für sein russisches Ölgeschäft eine Notwendigkeit sei. Diesel wird zur Achse großer geschäftlicher Pläne. Je mehr Dieselmotoren es in der Welt gibt, um so mehr Öl wird man brauchen. Die Versuche dieser Wochen, so sagt ihm Diesel, hätten den Dieselmotor in Augsburg zum regelrechten Ölmotor, russisch gesagt zum Naphthamotor gemacht. Nobel muß also nicht nur selbst Dieselmotoren bauen, sondern auch freundschaftlich mit den deutschen Dieselfirmen stehen, damit sie Motoren nach Rußland liefern und sein russisches Erdöl, Naphtha, verwenden.

Diesel versucht, das Tempo der Entschlüsse des Petroleumkönigs zu beschleunigen. Er winkt mit der Möglichkeit, sich mit Rockefeller zu verbinden. Aber damit meint er es nicht ernst. Im Gegenteil, er scheint ihm nicht gewogen zu sein und erblickt blitzartig die Möglichkeit, einen Machtkampf größten Stils auszufechten. „Vielleicht gelingt es mir, dem einzelnen kleinen Mann, das zu erreichen, was alle Regierungen zusammen vergebens versucht haben: Rockefeller rauß zu schmeißen. Das wäre amüsant!" – „Merke Dir dieses Datum (16. Februar 1898); es ist der Tag der Unterzeichnung meiner Association mit dem Petroleum-König Nobel und wahrscheinlich der Ausgangspunkt welterschütternder Ereignisse. Der kalte Schwede ist jetzt mehr als ich selbst Feuer und Flamme für meinen Motor. Erlasse mir das Detail. Ich bin immer nach einem solchen Abschluß, der tagelange Anspannung aller Kräfte erfordert, vollständig physisch vernichtet und kann einfach nicht mehr."

Von Nobel erhielt er 800 000 Mark, 600 000 Mark in bar, 200 000 Mark in Anteilen der damals neu gegründeten Russischen Dieselmotorengesellschaft in Nürnberg, welche alle russischen Lizenzen vergeben und die betreffenden Interessen bewachen sollte. Frau Diesel sagte sorgenerfüllt: „Also der 16. Februar macht dich zum Umstürzler und zum Todfeinde Rockefellers! Ich will mir's einprägen, aber lieber wäre mir des Petroleumisten Freundschaft als seine Gegnerschaft. – Mir schwindelt . . ."

Diesels erfolgreiche Verhandlungsweise ist oft bewundert und auch oft heftig angefochten worden. Manche Leute sagten von ihm, er sei nur ein Geschäftsmann mit großen hypnotischen Gaben, aber kein Ingenieur oder guter Konstrukteur gewesen. Sie wollten ihm die meisten technischen Verdienste absprechen. Umgekehrt hat man ihn auch als einen unpraktischen Erfinder von rein technischer Begabung bezeichnet und von seinen geschäftlichen Gaben gar nichts gehalten. Wie hätte er sonst am Ende seines Lebens so ins Unglück geraten können?

In Wahrheit sind diese summarischen Urteile falsch. Diesels Klugheit, seine geschäftspolitische, ja diplomatische Befähigung, seine nicht lockerlassende Behandlung aller Angelegenheiten befähigte ihn ohne weiteres, große geschäftliche Erfolge zu erringen. Wäre er weniger empfindsam oder sogar schüchtern und dafür brutaler gewesen, hätte er nicht philosophischen und sozialen Erwägungen und damit gewissen Hemmungen Raum gegeben, dann hätte er viel reicher, ja unglaublich reich werden können.

DIESEL eilt nach England, um dort, wie er hofft, vielleicht auch den englischen Kanonenkönig Maxim zu gewinnen. In London hat er einen Samstag und Sonntag Zeit für sich. Er sieht sich den Tower und Westminster an und saugt möglichst viel von dem

Lebensgefühl Englands in sich ein. Dabei lassen ihm aber die Erlebnisse der letzten Zeit keine Ruhe. Er denkt über das Geld, über die soziale Frage nach. „Nachts schlief ich recht gut; ich habe überhaupt, seitdem ich in die dritte Million eingetreten bin, vollkommen schöne Nächte ohne künstliche Mittel; gerade umgekehrt wie die sonstigen Financiers, die mit jeder Million weniger schlafen. Es scheint, ich bin zum Finanzmann nicht geschaffen, ich träume schon davon, wie ich all den Mammon für einen schönen edlen Zweck wieder hinauswerfe . . . Mein liebes Weib, laß uns, wenn wir reich werden, nicht Geldmenschen werden, laß uns Gutes thun und wohlthätig sein; laß uns human und menschlich bleiben, das ist mein Sehnsuchtsruf in all dem ruhelosen Treiben!"

ZUM ERSTENMAL zeichnete sich in Schottland der später so tragische Rückschlag in der Dieselsache ab. Mirrlees in Glasgow fürchteten, daß der Dieselmotor doch nicht die glanzvollen Hoffnungen erfüllen würde. Die Schotten erschienen Diesel sparsam, vorsichtig und langsam. Er begriff ihre Zurückhaltung nicht und dachte daran, statt mit ihnen mit Maxim zu arbeiten, der sich für den Motor interessierte und mit Diesel in London verhandelte. Diesel bietet Mirrlees eine Viertelmillion für den Rückkauf der Patente, aber sie fangen an zu schachern, bis Diesel sie einfach sitzenläßt. Mit Maxim ist also nichts zu unternehmen, denn Mirrlees bleiben ja im Besitz der Patente. Schließlich haben sie im Juli 1898 eine Maschine fertig. Diesel besucht die Fabrik in Glasgow.

Den Mirrlees war es gegangen wie den anderen Fabriken jener Zeit, die sich an den Dieselmotor gewagt hatten. Sie brachten eine Maschine zuwege, die lief. Aber sie war noch kompliziert, teuer, und an allen Ecken und Enden machten sich Kinderkrankheiten bemerkbar, gewiß keine grundsätzlichen Sachen, aber zusammengenommen so viele ärgerliche Schwierigkeiten, daß man doch Bedenken bekam. Augsburg mit seinen geschulten Ingenieuren und Monteuren war fern, und es zeigte sich, daß die Augsburger Ergebnisse kaum mit fremden Arbeitern und Monteuren zu wiederholen waren. In diesen ersten Jahren des Dieselmotorbaus hatte man noch keine geschulten Ingenieure und

165

Monteure. Furchtbare Enttäuschungen waren durchzumachen. Man rief nach dem Erfinder, der bei tausend Einzelheiten und Kleinigkeiten raten sollte. Diesel war nach hundert Richtungen hin zersplittert und gezerrt. Seine Akten schwollen an, er mußte über alle technischen Rätsel nachdenken, die ihm und seinem ermüdeten Geist entgegenschlugen. Dabei zerrten die geschäftlichen Dinge an ihm und ließen ihm nicht die Muße für tiefes und fruchtbares Nachdenken. Er sollte die Hauptidee vertreten, sie entwickeln, die Sache in der Welt unter fremden Arbeitern durchsetzen, die keine Ahnung von der neuen Maschine hatten. Jeder Rückschlag, jedes Versagen mußte ihn seelisch treffen. Die kritischen Blicke wandten sich auf ihn, die Feinde tuschelten und höhnten, der geringste Fehler wurde verzerrt und vergrößert. Um Capitaine und Lüders bildete sich die Gruppe der schärfsten Dieselgegner.

Die Zeit der Rückschläge und Enttäuschungen begann und legte sich mit schwerem Druck über den ermattenden Diesel, der, wie er selber bekennt, die große moralische Pflicht fühlte, welche auf ihm ruhte, der seine Freunde aufgerufen, sich mit ihnen eine große Zukunft ausgemalt hatte. Der Motor ging in Augsburg gut. In Kempten arbeitete ein Motor sogar schon in der harten Praxis. Er ging schlecht und recht. Aber der Gegenwind hatte zu blasen angehoben. Indessen, man würde die Kinderkrankheiten schon überwinden und dann mit Riesenschritten vorwärtskommen; so wenigstens schien es Anfang 1898. Diesel arbeitete wie ein Besessener. Augsburg, Nürnberg, Essen, Deutz bauen Motoren für die Ausstellung in München, die ein Triumph werden sollte. Welch eine Sorge, welch eine Riesenarbeit bedeutete allein die Vorbereitung dieser Ausstellung!

Über dieser schwer und trübe werdenden Zeit schwebte das Damoklesschwert des Patentprozesses mit Emil Capitaine. Diesel glaubte zwar nicht im Ernst, daß Capitaine gewinnen könnte. Aber wenn er doch gewann, dann brach der ungeheure Aufbau jahrzehntelanger Dieselscher Arbeit zusammen.

Zu Beginn des Jahres 1898 ist Diesel erschöpft und mit seinen Nerven fertig. Er kann nicht mehr. Die Ärzte sagen, daß er infolge beruflicher Überarbeitung an einer hochgradigen Nervenschwäche (Neurasthenia cerebralis) erkrankt ist. Manchmal vermag er sich im Büro kaum mehr zu beherrschen. Bei Fehlern und Torheiten, die niemals zu vermeiden sind, gerät er außer sich und schafft sich damit Feinde.

AM 1. JANUAR 1898 wurde in Augsburg die Dieselmotorenfabrik Augsburg AG. gegründet, ein ganz neues Unternehmen, das mit der Maschinenfabrik Augsburg nichts zu tun hatte. Sie sollte dem Zweck dienen, Dieselmotoren und „Maschinen überhaupt" zu bauen. Diese Gründung hatte für Diesel tragische Folgen.

Wer auf den unglücklichen Gedanken geraten war, neben der Maschinenfabrik Augsburg und der altbewährten Maschinenfabrik L. A. Riedinger, die im Begriff stand, den Dieselmotorbau aufzunehmen, noch eine dritte Motorfabrik in Augsburg zu gründen, kann nicht mehr aufgehellt werden. Sicher hat Diesel selbst mit dem Gedanken einer solchen Gründung gespielt, ohne daß er selbst wirklich die treibende Kraft gewesen wäre. Aber aus dem Namen des Unternehmens schloß man, daß Diesel auch ihr Direktor oder Chef sein müßte, obwohl Diesel von anderthalb Millionen Mark Aktienkapital nur hunderttausend zeichnete und keineswegs Direktor war, sondern nur dem Aufsichtsrat angehörte. Diesel seien, so wurde gesagt, die Dinge in der Maschinenfabrik Augsburg nicht schnell genug gegangen.

Aber Diesel besaß einen nüchternen Sinn für Tatsachen und wußte, wie schwierig es war, die Fabrikation des Dieselmotors in einem ganz neuen Unternehmen mit unerprobten Arbeitern und Ingenieuren zu beginnen. Er hat oft deutlich ausgesprochen, „man" habe ihn zu dieser Gründung gedrängt. Wer war dieser „man"? Die Begeisterung der Welt, der Industrie für den Dieselmotor hatte Ende 1897 ungefähr ihren Höhepunkt erreicht. Diesel war optimistisch, Buz war optimistisch, Riedinger, Busch, Nobel, Dyckhoff – alle waren begeistert, alle glaubten, schon die marktreife Maschine zu besitzen. Es ist verständlich, daß die Bankiers bei dieser Entwicklung mittun wollten. Man darf mit Bestimmtheit annehmen, daß es die Bankiers Schwarz und Gerstle in Augsburg waren, welche die Idee zur Dieselmotorfabrik hatten, und natürlich wandten sie sich damit an den Erfinder. Sie brachten ihn dazu mitzumachen, und auch sein Vetter Christian Diesel, ein in Augsburg hochangesehener Kaufmann, beteiligte sich und verstärkte damit das Gewicht des Namens Diesel nach außen hin. Buz soll geäußert haben, man könnte ohnehin nicht so viele Dieselmotoren bauen, als bald verlangt werden würden. Auch versprach die Maschinenfabrik dem jungen Unternehmen zu Aufträgen anderer Art zu verhelfen. Es ist aus der Kenntnis der Umstände nicht schwer, sich vorzustellen, wie Diesel mit geringer persönlicher Überzeugung in diese unglückselige Sache hineinschlitterte, aber natürlich war es ein großer Fehler, daß er sich nicht stärker wehrte.

Das Publikum gründete mit unglaublicher Begeisterung mit. Die Leute rissen sich die Aktien aus den Händen, sie stiegen in schwindelnde Höhen, und die Bankiers verdienten riesige Summen. Man kaufte eine stilliegende Maschinenfabrik. Da die Maschinenfabrik Augsburg, Krupp und Diesel über die deutschen Patente verfügten, mußte die neue Fabrik zunächst eine Baulizenz für hunderttausend Mark erwerben und dann die gleichen Lizenzgebühren zahlen wie Deutz, was ihre Motoren wenig konkurrenzfähig machte. Als das Unternehmen endlich in Gang kam, war Diesel in einer Heilanstalt. Während des Baues der ersten Motoren war er überhaupt nicht in der Fabrik. Als er heimkehrte, war der Zusammenbruch schon in vollem Gange.

Jeder wichtigen Erfindung sind in Schriften und Patenten Ideen vorausgelaufen, die nicht in die Tat umgesetzt wurden, weil entweder die Zeitlage noch nicht reif war oder dem Urheber der Idee die Kraft gefehlt hat, sie durchzuführen. Die Idee allein stellt niemals, wie es Laien oft glauben, das erfinderische Werk dar. Erfolgreiches Erfinden ist eine Summe aus Ideen, Arbeiten, Fortentwicklung der Ideen, endlosen Versuchen, Einsatz von Kräften des Willens und der Seele, aus der Fähigkeit, Bundesgenossen zu gewinnen und eine „Patentpolitik" zu führen, welche den Erfindungsvorgang trotz der Unzulänglichkeit des Patentwesens wirksam zu schützen vermag.

EMIL CAPITAINE wurde während der Monate, in denen seine Nichtigkeitsklage gegen die Dieselpatente schwebte, immer mehr von der Vorstellung beherrscht, er sei der eigentliche Erfinder des „sogenannten" Dieselmotors, dessen Idee Diesel ihm geraubt habe, der dann „nur durch den äußeren Zufall, daß er auf Grund einer theoretischen Erörterung größere Geldmittel fand, als er (Capitaine)", die Idee durchzuführen in der Lage war. Capitaine hatte 1891 eine Vorrichtung zur Bildung von Petroleumstaub in Gasmaschinen der bekannten Art patentieren lassen, also nur eine Zerstäubungsanordnung, deren Anwendung dann allerdings zu dieselmotorähnlichen Verfahren in der Maschine hätte führen können. Zur Zeit, als Diesel seine Erfindung theoretisch ausarbeitete, wußte er nichts von Capitaines Versuchen. Köhler hatte sehr bald nach Diesels erstem theoretischen Hervortreten den Kampf um den Wert seiner eigenen Ideen und ihr zeitliches Vorrecht eingeleitet. Capitaine aber hat sich erst nach Diesels Erfolg (an den er vorher sicher nicht hat glauben wollen) zu Wort gemeldet. Kurz vor Ablauf der fünfjährigen Einspruchsfrist gegen das Dieselpatent versuchte er durch einen heftigen Patentkrieg das Recht auf die Maschine zu erobern, die von anderen verwirklicht worden war.

Capitaine jagte jeder wirklichen oder vermeintlichen Schwäche der Dieselschen Patente nach, deckte auf, wo die Praxis anders geworden war als die Theorie; er verhöhnte Diesel als unwissenschaftlich, berief sich auf die „Fachleute" und „Sachverständigen", die gegen Diesel seien und geraumer Zeit bedürfen würden, um das „Dieselsche Durcheinander" zu klären. Er sprach von Diesels Überhebung, spottete über das Schlagwort „rationeller Wärmemotor", verkündete, jeder Mensch sei berechtigt, die Motoren zu bauen, die zu Unrecht Dieselmotoren hießen. Mit allen Mitteln suchte er Diesel einzukreisen. Er war ein furchtbarer Gegner.

Aber in entscheidenden Augenblicken focht Capitaine nicht überlegen genug. Niemandem kann es verargt werden, wenn er seine Lebensarbeit und seine eigene Erfinderlehre mit allen Mitteln zu retten sucht, daß er in dem erfolgreichen anderen seinen Feind erblickt. Capitaine hatte über seinen eigenen steckengebliebenen Versuchen und seinen Ideen, denen er nachträglich – wahrscheinlich in gutem Glauben – eine grundsätzlichere und großartigere Bedeutung gab, als ihnen zukam, die Dieselsche Sonne in ihrem ganzen Glanz emporsteigen und ihn verdunkeln sehen. Er wollte nicht erkennen, auf welche ganz andere Weise Diesel zu seinen Ideen gekommen war, welchen Aufwand an

Willensstärke und geschäftspolitischer Klugheit er hatte aufbringen müssen, um seine Sache zu verwirklichen. Eine falsche Theorie, so behauptete Diesels Gegner, sei die einzige Leistung Diesels gewesen, während er, Capitaine, die Sache ohne Theorie ungefähr ebenso gemacht habe. Was er doch noch nicht genau so gemacht habe, das wäre dann „von selber" so geworden wie der Dieselmotor. Natürlich geriet Capitaine auch auf Otto Köhler und suchte ihn in die Front der Dieselgegner einzuordnen. Aber Köhler war über das Durchsetzen von Erfindungen anderer Ansicht als Capitaine. Er antwortete ihm (wobei nicht zu vergessen ist, daß Köhler inzwischen ins Diesellager übergetreten war): „Übrigens kann ich Herrn Diesel die Erfolge, die er mit seinem Motor erlangt hat, gönnen, und zwar im Interesse des Fortschritts. Ich halte Herrn Diesel für den Erfinder dieser neuen Motorengattung, ist er doch der erste gewesen, der denselben in Verwirklichung seiner *theoretischen Forderungen auch wirklich praktisch ausgeführt* hat. Deshalb habe ich den Wunsch, derselbe möge nunmehr auch die materiellen Erfolge ernten. Außerdem bin ich der festen Überzeugung, daß die Diesel-Patente nicht angreifbar sind, und ich glaube deshalb, daß Sie sich ganz unnöthig den Mühen, Aufregungen und Kosten einer Nichtigkeitsklage unterziehen."

Capitaine goß die Schale seines Hohns über Diesels „nervöse Erkrankung" aus, die, wie er mit Genugtuung andeutete, wohl eine Folge seiner Klage gegen die Dieselpatente sei. Diesel aber erhielt von Capitaine den Eindruck eines Mannes, der auf dem Wege des Patentprozesses versuchte, an dem Ruhm und dem Glanz teilzuhaben, den er aus eigener Kraft nicht herbeizuführen imstande gewesen war.

Am 20. April 1898 hatte Capitaine in Frankfurt am Main einen Vortrag gehalten, worin er den Dieselmotor kritisierte. Gestützt auf Professor Lüders und andere Fachleute, mengte er Richtiges und Falsches und suchte die öffentliche Meinung gegen Diesel zu stimmen und die Atmosphäre um seinen Patentprozeß zu seinen Gunsten vorzubereiten. Capitaine ließ seinen Vortrag drucken und verbreiten. Diesel antwortete auf manche hämische Frage seines Gegners nicht, der das triumphierend ausbeutete, aber später zu seinem Leidwesen erkennen mußte, daß Diesel den Ärger heruntergeschluckt hatte, um sein Pulver nicht vorzeitig zu verschießen.

Capitaines Nichtigkeitsklage gegen die Dieselschen Patente wurde am 21. April 1898 kostenpflichtig abgewiesen, unter anderem mit folgenden Gründen: „Die Klage beruht zum einen Theil auf einer irrthümlichen Auffassung der Bedeutung des angefochtenen Patents, zum anderen Theile auf einer zu weit gehenden Auslegung der klägerischen Patente . . . Abgesehen davon, daß die Arbeitsweise derartiger Maschinen eine von der durch das angegriffene Patent geschützten durchaus abweichende ist, ist an keiner Stelle der beiden Patentschriften etwas von hochgradiger Verdichtung reiner Luft und demnächstiger Einführung von Brennstoff in dieselbe erwähnt. Alles, was die beiden Patentschriften enthalten, steht dem Patent Nr. 67 207 (Diesel) so fern, daß von einer Beschreibung der durch dasselbe geschützten Erfindung durch den Inhalt jener älteren Patentschriften nicht die Rede sein kann." Die von Capitaine aus dem Gedächtnis hergestellten Zeichnungen seiner Maschine hatten vor dem Gericht keine Beweiskraft erlangt.

Siegreich kehrte Diesel von dem Termin vor dem Patentamt in Berlin zurück, wo er seine Sache selbst verfochten hatte. Capitaine wollte sich in der zweiten und letzten Instanz an das Reichsgericht wenden. Der Endkampf begann. Zwischen den Parteien Diesel und Capitaine stand ein Patentverwerter. Offenbar von beiden Parteien beauftragt, versuchte er sie zu vergleichen. Capitaine war an sich und seiner Sache irre geworden. Verlor er auch in der zweiten Instanz, so war er ruiniert. Aber er steigerte sich in gekünsteltes Selbstvertrauen hinein. Bei den Vergleichsbemühungen formulierte er seine Forderung schriftlich. Er verlangte dreißigtausend Mark Anzahlung und sechs Prozent vom ganzen Umsatz des Dieselmotorenbaus.

Capitaine erhielt den bündigen Bescheid, daß bei weiterem Vorgehen in dieser Sache Erpressungsklage gegen ihn gestellt würde. Der Vermittler stellte ihm dar, mit welcher mächtigen Gruppe er es zu tun hatte, und warnte ihn ausdrücklich vor den Folgen eines weiteren Streits. Am 12. Juli 1898 unterzeichnete Capitaine den Vergleich, wonach er sich gegen einen baren Betrag von zwanzigtausend Mark und unter Verzicht auf die

Benutzung weiterer Rechtsmittel verpflichtete, Diesels Patente nicht anzugreifen, sich jeder Art von Polemik und Agitation zu enthalten, Zeitschriften, Flugschriften usw. nicht mehr zu veröffentlichen und auch indirekt nichts mehr zu veranlassen.

Aber Capitaine muß in eine tragische seelische Verfassung geraten sein. Er verfolgte Diesel weiter mit seinem Haß, sprach sich mit Dieselgegnern aus, von denen einer einen ehrabschneiderischen Drohbrief an Diesel richtete. Immer wieder bezeichnete er sich als Erfinder des Motors. Vor Ablauf der Dieselpatente in den Jahren 1907 und 1908 bereitete er eine große Aktion vor, um im rechten Augenblick mit seinen Ansprüchen dazusein. Aber er starb 1907. Im Deutschen Museum ist er unter den Vorläufern Diesels ehrenvoll erwähnt.

DIESEL war während des Patentprozesses sehr krank geworden. Im Sommer 1898 konnte er seine Nervenkräfte nur noch aus letzten Reserven schöpfen, deren Verbrauch ihn an den Rand der Zerrüttung führen mußte.

Auf der II. Kraft- und Arbeitsmaschinenausstellung in München sollte eine große Sonderausstellung von Dieselmotoren stattfinden, deren Vorbereitung vor allem Diesel und seinem Büro anvertraut war. Die Motoren für die Ausstellung mußten gebaut und tausend Dinge überlegt werden zu einer Zeit, in der der Erfinder täglich mit Besuchen aus aller Welt überschüttet wurde und die Arbeiten und Sorgen lawinenartig anschwollen.

Noch mitten im „Diesel-Dusel", wie die Skeptischen die herrschende Stimmung spöttisch kennzeichneten, wurde die Ausstellung mit vier Motoren beschickt, die man in äußerster Eile gebaut hatte und die zum Teil noch kaum ausprobiert waren. Ein Zwillingsmotor aus Nürnberg wurde nicht rechtzeitig fertig.

Die Dieselmotoren wurden jetzt zum ersten Mal der Öffentlichkeit vorgeführt. Den furchtbaren, von der Capitaineschen Gefahr überschatteten Monaten folgte ein großer Triumph. Die „Kollektivausstellung von Dieselmotoren" erwies sich als das große Ereignis der Ausstellung, die auf der Halbinsel in der Isar dort errichtet war, wo heute das Deutsche Museum steht. Motoren von Augsburg, Krupp, Nürnberg, Deutz, vier der gewaltigsten Namen der deutschen Industrie, arbeiteten in einem hellbraun

Kollektiv-Ausstellung von Dieselmotoren auf der zweiten Kraft- und Arbeitsmaschinen-Ausstellung in München 1898

gefirnißten, hübschen hölzernen Pavillon. Die Maschinenbaugesellschaft Nürnberg hatte ebenfalls den Bau von Dieselmotoren aufgenommen. Im Dezember 1898 vereinigte sie sich mit der Maschinenfabrik Augsburg zur Maschinenfabrik Augsburg-Nürnberg, der berühmten MAN.

Im Holzpavillon standen die vier Dieselmotoren. Der Vater führte selbst seine drei Kinder dorthin. Ich war damals neun Jahre alt und begann den Unterschied zu begreifen zwischen den Werkzeug- oder Arbeitsmaschinen, welche arbeiteten, um Dinge zu formen, Strom zu erzeugen, Wasser zu pumpen, und den Kraftmaschinen, welche die Kraft zum Antrieb all dieser Arbeitsmaschinen lieferten. Diesel mochte von diesem Gang mit seinen Kindern zu seinen Motoren schon seit langem geträumt haben. Er führte uns in die Maschinenhalle des Pavillons. Da standen vier für unsere Begriffe große und schöne Maschinen mit großen Schwungrädern, alle mit nur einem Zylinder. Einer von diesen

Motoren lief. Ich empfand den Zauber des auf den kreischenden Rädern stehenden Lichtscheins, der sich drehenden Nockenscheiben hoch oben an den Zylindern, der auf- und abgehenden Ventilhebel. Der Augsburger und der Kruppsche Motor trieben Wasserpumpen an, deren eine einen gewaltigen Wasserstrahl aus dem Pavillon weit in den Isarkanal schleuderte. Der Nürnberger Motor diente nur zur Demonstration. Der Deutzer Motor fiel besonders durch seinen hochglänzend lackierten Zylinder auf. Er lieferte die Kraft für die Lindesche Luftverflüssigungsmaschine, die damals gleichfalls zum ersten Mal der Welt gezeigt wurde.

Die Familie Diesel und andere Zuschauer drängten sich um die noch stillstehende Kruppsche Maschine. Einer der jungen Ingenieure, Ludwig Noé, ergriff den großen Schalthebel am Schwungrad, drehte es über den toten Punkt der Kurbel, stieg dann auf die Bedienungsplattform oben am Zylinder und ließ die zischende Druckluft einströmen, welche die Maschine anwerfen sollte. Ich reichte mit meinem Kopf nicht weit über das Schutzgeländer am Schwungrad. Meine Wange lag an der metallenen Stange, als auf einige Hebeldrücke hin die Maschine, von der ich von dem Augenblick meiner Bewußtwerdung an hatte reden hören, zu laufen begann.

CAPITAINE spähte nach Mängeln des gegnerischen Motors. Seine Leute pflegten sich beim morgendlichen Öffnen des Pavillons einzufinden, um alle Schwierigkeiten beim Anlassen der Motoren zu beobachten, die in der Tat auftraten, solange die Maschinen noch kalt waren. Das beruhte auf einem kleinen Mangel an den Einspritzdüsen, der aber noch nicht erkannt war. Diese kleine Ursache hatte immerhin die Wirkung, daß der Auspuff zuweilen entsetzlich knallte und die ganze Gegend in Aufregung versetzte. Darum brachte man die Motoren sehr früh in Gang, ließ sie sich warmlaufen und setzte sie vor der Öffnung der Ausstellung wieder still. Vor dem Publikum liefen sie dann tadellos an. Der Bundesgenosse Capitaines, Professor Johannes Lüders, schon damals ein alter Mann, tauchte spähend und schmähend im Dieselpavillon auf. Er ließ sich den Dieselmotor von Noé, der zusammen mit Paul Meyer die Motoren betreute, erklären und zeterte dann los, daß alles Schwindel und Betrug sei. Auch den jungen Ingenieur, der nichts anderes als seine Pflicht tat, beschimpfte Lüders persönlich auf das gröbste, und er stieß die Drohung aus, daß er schon für die Aufdeckung des ganzen Betruges sorgen würde. Bis zum Jahr 1913 hat Professor Lüders an der Sache herumgekaut und dann, kurz nach Diesels Tod, das berüchtigte Buch „Der Dieselmythus" veröffentlicht.

Im Dieselpavillon wurde auch die flüssige Luft gezeigt. Die Tatsache, daß man Luft, ein unsichtbares Gas, in eine Flüssigkeit verwandeln konnte, war damals etwas Unerhörtes. Man war wegen dieser flüssigen Luft froh und fortschrittsfreudig, obwohl man noch gar nicht recht wußte, was man eigentlich mit ihr praktisch anfangen sollte. Man suchte nach Verwendungszwecken. Vorderhand wurde experimentiert. Ich sah, wie Noé einen Gummischlauch in flüssige Luft tauchte, die ja unerhört kalt war, und daß dieser glashart gewordene Gummischlauch durch einen Hammerschlag zersprang.

Carl von Linde, der die Herstellung flüssiger Luft erfunden hatte, war Diesels Lehrer gewesen. Eine seiner Vorlesungen hatte Diesel auf die erste Fährte zu seinem Motor gesetzt. Da stand nun dieser Motor und lieferte die Kraft für die Luftverflüssigungsmaschine, die der Lehrer des Motorerfinders erfunden hatte. Mein Vater erzeugte in seiner Maschine sehr hohe Temperaturen, Linde sehr tiefe. Linde war „Wärme"-Theoretiker, und der ehemalige Ingenieur für die Eismaschine baute jetzt Wärmekraftmaschinen. Unser Vater erklärte uns, daß das kein Widerspruch sei, daß vielmehr Kälte und Wärme zusammen in eine einzige große Lehre der Physik, in die Wärmelehre, hineingehörten.

Die Ingenieure aus Augsburg, Nürnberg, Essen, Deutz kannten einander und arbeiteten zusammen. Es bildete sich der erste Stamm von Diesel-Ingenieuren. Die Namen Boettcher, Dieterichs, Ensslin, Lauster, Paul Meyer, Noé, Pawlikowski, Reichenbach, Vogt, Worsoe und andere sind mit der Entwicklung des Motors verknüpft. An der Zentrifugalpumpe stand der große Name Sulzer aus Winterthur. Anderswo auf der Ausstellung sah man die Namen Daimler, Benz, Körting, Parseval. Schöpferische Menschen der treibenden Mächte des Zeitalters der Naturwissenschaft und der Technik griffen in Kreisen ineinander, wie zur

Renaissancezeit die Kreise und die Schulen der Kunst ineinandergegriffen haben mögen. Fast alle, die damals an der technischen Gestaltung der Zukunft arbeiteten, kannten einander auch persönlich, sie waren Schul- und Studiengenossen oder Schüler und Lehrer.

Fast unmittelbar nach dem Abschluß der Ausstellung kamen furchtbare Rückschläge in der Dieselsache, und man hat daher von einem Scheinerfolg gesprochen. Aber das Bewußtsein vom Dasein des Dieselmotors, das durch die Ausstellung ins Volk getragen wurde, und sein Verknüpftsein mit den besten Namen der deutschen Industrie hat doch sehr stark zur Erhaltung und Förderung der neuen Sache beigetragen. Blickt man über die Jahrzehnte der Entwicklung, so ist und bleibt diese Ausstellung ein Markstein und ein Triumph auf dem Weg des Motors.

BEI DIESEL gingen Deutsche, Engländer, Österreicher, Schweden, Amerikaner, Franzosen ein und aus, und fast jeden Tag waren Fremde an seiner Tafel. Sie sprachen über den Motor, die Wärmetheorie, den Brennstoffverbrauch, die große Zukunft der Auto- und Schiffsmotoren und die Petroleumgebiete, welche in Amerika und Rußland und anderswo auf der Welt in gewaltigem Maßstab erschlossen wurden. Später brachten sie Bilder mit von den Dieselmotoren, die sie inzwischen in anderen Ländern gebaut hatten, auch Bilder von Fabriken und Ölfeldern. Man sah darauf die Gerüste der Bohrtürme, und die Ölsprudel sprangen in die Luft wie Springbrunnen. In dem ölreichen polnischen Galizien, wo es furchtbar schmutzig war, kaufte Diesel Ölquellen in der Vorstellung, daß er dafür sorgen müßte, Brennstoff für seine Motoren bereitzustellen. Er wollte in die Ölpolitik eingreifen, da ihn die Sorge quälte, die hohen Ölzölle in Deutschland und anderen Ländern, welche jetzt schon die Entwicklung seines Motors aufs schwerste hemmten, könnten ihm überhaupt das Ende bereiten.

Die nie endende Folge von Erregungen und Triumphen, eine nach allen Seiten zerrende Arbeitslast, das Übermaß der seelischen und geistigen Beanspruchungen drohten Diesel den Untergang zu bringen. Er fürchtete selbst, er könnte in geistige Umnachtung fallen oder sterben. Was er an Vermögen in der Hand hielt, war nur zum Teil Bargeld, zu einem anderen Teil waren es Aktien und Beteiligungen, deren Wert von Umständen und Entwicklungen abhing, die er nicht in der Hand hatte. Er fürchtete, daß seine Familie nicht annähernd der Bedeutung seiner Erfindung entsprechend versorgt sein würde, wenn er sterben oder sein Geist versagen sollte.

So entstand der Gedanke, durch die Gründung einer besonderen Gesellschaft alle noch nicht vergebenen Rechte und Werte, die in Verbindung mit dem Motor standen, zusammenzufassen, eine Zentrale zu schaffen, von der aus der Dieselmotor in der ganzen Welt entwickelt und gefördert werden konnte. Diesel schrieb an Krupp, er sei zu der Einsicht gekommen, daß seine „Kräfte allein zu einer richtigen und sachgemäßen Bewältigung der Geschäfte nicht mehr ausreichen. Meine Bestrebungen, derselben Herr zu werden, haben nur zu einer bedeutenden Erschütterung meiner Gesundheit geführt . . . Ich bin . . . den wiederholt an mich gelangten Aufforderungen, meine sämtlichen Motor-Unternehmungen zu *einer* Gesellschaft zu vereinigen, . . . doch nähergetreten."

Die Idee hatte einen überraschenden Erfolg. Buz, Krupp, Bing, drei große Banken, mehrere Finanzleute gingen auf den Vorschlag ein und gründeten am 17. September 1898 die Allgemeine Gesellschaft für Dieselmotoren AG. Die Gesellschaft übernahm das Konstruktionsbüro Diesels, welcher der Gesellschaft alle seine inzwischen erworbenen Aktien von Dieselfirmen, außerdem alle übrigen noch nicht vergebenen Rechte und Patente auf den Dieselmotor übertrug.

Am selben Tag wurde ein Kaufvertrag geschlossen, dessen Paragraph 2 lautet: „Der Kaufpreis beträgt dreieinhalb Millionen Mark. Herr Diesel hat hievon 875 000 Mark bei Abschluß dieses Vertrages baar empfangen und quittiert hiemit den Empfang dieses Betrages; der Rest von Mk. 2 625 000 wird innerhalb zehn Tagen nach Registrierung der Gesellschaft ebenfalls baar berichtigt."

In Wirklichkeit war die Sache nicht so großartig, wie sie klingt. Denn die „Barberichtigung" war Formsache. Diesel erhielt in bar nur 1 250 000 Mark. Die Restsumme wurde mit Aktien der „Allgemeinen" bezahlt. Diesel besaß somit alles in allem im Herbst

1898 fünf Millionen – auf dem Papier. Die Welt hielt ihn für einen fünffachen Millionär, und auch Diesel hat damals an diesen Reichtum geglaubt, weil er von der baldigen riesigen Entwicklung des Dieselmotors überzeugt war. Aber die Aktien der „Allgemeinen" waren nie besonders viel wert, und Dividenden wurden so gut wie niemals ausgeschüttet. Diesel ist nie so reich gewesen, wie er selbst und die Welt geglaubt haben. Fünffacher Millionär wäre er in Wirklichkeit nur gewesen, wenn seine Motoren einen raschen Siegeszug angetreten hätten. Aber die Entwicklung der Sache hat um fast eine Generation länger gedauert.

Für Diesel war die Gründung dieser Gesellschaft die Erlösung von einer seelisch wie körperlich untragbar gewordenen Last. Mit den letzten Kräften kämpfend, erfocht er wieder einen großen Sieg. Aber es war ein Scheinsieg. So richtig sein Schritt für einen *Kranken* war, mußte er sich für den *gesunden* Diesel als falsch erweisen. Er hatte sich trotz einiger kluger Paragraphen seines maßgebenden Einflusses begeben.

DIESELS Nervensystem war seit seiner Jugend unablässig angestrengt worden, er hatte in den letzten Jahren rücksichtslos aus den letzten Reserven seiner Kraft schöpfen müssen. Die zahllosen Vorgänge, die seinen Geist durchbrausten, waren kaum mehr abzustellen oder zu beruhigen und drohten ihn in einen schwarzen Abgrund zu reißen. Oft klagte er, hinter seinen Augen fiele ein dunkler Vorhang hinab. Die Ärzte verboten ihm auf das allerstrengste jede, auch die allergeringste Tätigkeit. Es war ihm untersagt, geschäftliche Vorschläge anzuhören, an die Maschine zu denken, zu konstruieren, Ratschläge zu geben, Vermögensverhandlungen zu führen. Ein solches Verbot war leicht ausgesprochen, aber schwer durchzuführen. Wie würde alles laufen ohne ihn? An allen Ecken und Enden wurde der Erfinder gewünscht, um bei Maschinen zu helfen, die nicht recht gehen wollten. Er war vertraglich verpflichtet zu helfen und zu raten. Was würden die tausend Menschen sagen, die auf ihn hofften und nun monatelang keine Nachricht von ihm erhalten konnten? Was würden inzwischen seine Feinde und Neider unternehmen?

Im Herbst 1898 umschloß Diesel die Heilanstalt Neuwittelsbach bei München. Verbotenerweise nahm er Pläne und Zeichnungen seines Hauses mit, das auf einem Platz an der Maria-The-resia-Straße in Bogenhausen entstehen sollte. Ich besuchte ihn einmal mit meiner Mutter. Er wohnte in einem etwas finsteren Zimmer eines roten Ziegelhauses mit Ausblick auf einen begrün-ten Hof. Auf dem Tisch lagen Baupläne.

Fast niemand fand Zutritt zu Diesel. Aber einem Mann glückte es doch. Es war wohl das große Talent dieses Mannes, immer dort zu sein, wo er nicht hätte sein sollen. Es war einer von jenen Leu-ten, die, ohne geistige oder handfeste Arbeit zu leisten, sich in die gespenstische Welt der abstrakten geschäftlichen Beziehungen und Verbindungen hineinbegeben, allen möglichen großen Un-ternehmungen Briefe schreiben und die Antworten dieser Firmen wieder anderen gegenüber als Referenz benutzen. Er hatte durch sein gewandtes Auftreten und die Vorteile, die er immer zu ver-heißen schien, in die Münchener Gesellschaft Zutritt gefunden. Als er von Diesel und seinen Millionen erfahren hatte, gab er frühzeitig spekulative Anregungen im Dieselmotorengeschäft. In München waren damals Bauplätze und Bauplatzspekulationen die große Sache, durch welche bald darauf manche Leute um Gut und Geld kommen sollten. Jener Mann hatte seine beziehungs-reiche Hand vorwiegend in solchen Geschäften. Er wußte, daß Diesel ein Grundstück gekauft hatte und somit weiteren Grund-stücksgeschäften zugänglich sein mochte. Frau Diesel begleitete er liebenswürdig abends von einer Gesellschaft nach Hause, flü-sterte ihr alles mögliche von den Gefahren, die ihrem Mann droh-ten, ins Ohr, wollte das Genie und die Gesundheit dieses großen Mannes schützen und wußte natürlich zu sagen, daß weder seine Fähigkeiten noch sein Geld auch nur annähernd richtig ausge-wertet wären. Martha Diesel hegte einen tiefen Widerwillen ge-gen ihn. Sie warnte ihren Mann vor dem Fürsorglichen. Diesels Vermögen war noch nicht „angelegt". Der Mann empfahl Vermö-gensanlagen in Bauplätzen und begann einen gefährlichen Bruch in das Dieselsche Vermögen zu tragen.

IN DEN letzten Januartagen schickten die Ärzte Diesel bis Ende März 1899 nach Meran. Alles in allem war er ein halbes Jahr wäh-rend einer Zeit außer Gefecht, in der jeder Monat neue Probleme, Schwierigkeiten, Kämpfe, Konstruktionen und Erfahrungen in

179

der Dieselsache brachte. Vor allem mußte die junge Dieselmotorenfabrik in Augsburg ihren Weg ohne Diesel gehen, obwohl die Welt glaubte, daß sie von ihm geführt wurde und daß er die dort entstehenden Maschinen konstruierte. Auch Diesel wäre gewaltigen technischen Schwierigkeiten bei der Entwicklung einer marktfähigen Maschine begegnet, auch er hätte die Probleme nur schrittweise zu lösen vermocht. Aber sein Ideenreichtum, vor allem sein unermüdlicher Wille, seine gewissenhafte Art zu arbeiten, hätten sich doch geltend gemacht, und die Sache wäre nicht auf so schreckliche Weise drunter und drüber gegangen.

Als Diesel im April von Südtirol nach München zurückgekehrt war, begannen die Unglücksberichte ins Haus zu prasseln.

Eine Brauerei hatte von der jungen Dieselmotorenfabrik in Augsburg einen Motor bezogen, der nicht zu brauchen war. Die Firma stellte den Motor zur Verfügung und verlangte ihr Geld zurück. In der Fabrik war man erregt und bedrückt. Mit Lorbeer bekränzt waren die ersten Maschinen auf den Eisenbahnwagen in die Welt hinausgefahren, nun war eine schreckliche Niederlage offenkundig. Auch die anderen Motoren kamen als unbrauchbar zurück. Der bleiche Schrecken brach aus, der Pleitegeier kreiste über der Fabrik.

In der Fabrik war auf die fürchterlichste Weise gepfuscht worden. Gewissenlosigkeit und Unfähigkeit hatten sich breitgemacht. Die Direktoren und Ingenieure saßen herum, rauchten, tranken Bier und taten wenig oder nichts. Einer der Direktoren kam von Zeit zu Zeit großspurig in Diesels verwaistes Büro nach München und konstruierte wenig brauchbare Dinge. Die neuen Werkmeister und Arbeiter pfuschten mehr oder weniger führungslos nach den Zeichnungen die Motoren zusammen. Noé berichtet, nie in seinem Leben habe er jemals wieder so miserable Werkmannsarbeit gesehen wie in der Dieselmotorenfabrik. Und das an einem fast unerprobten Maschinensystem, welches an Ingenieure, Arbeiter und Material die höchsten Ansprüche stellte!

Wenn die Werkmannsarbeit gut gewesen wäre und pflichtbewußte Direktoren sich eingesetzt hätten, dann hätten auch hier diese Motoren, wenn schon mit Kinderkankheiten behaftet, laufen und allmählich besser werden können. Aber die Welt schloß aus diesem Mißerfolg, daß der Dieselmotor grundsätzlich nichts taugte. Diesel, dessen Name mit dem Werk verknüpft war, wurde die Schuld für die Katastrophe aufgehalst. Er aber konnte die Mißwirtschaft der Direktoren nicht öffentlich an den Pranger stellen, weil es sonst geheißen hätte, er wolle sich herausreden.

Die Aktien sanken rapide, Panik ergriff die Aktionäre. Die Wut richtete sich gegen den Erfinder. In Winkelblättchen erschienen Skandalaufsätze. Diesel wurde alles mögliche angehängt, und sein Leben lang krächzte ihm aus einem gewissen Teil der Kollegenschaft entgegen: Du hast keine Dieselmotoren bauen können (abgesehen davon, daß du ihn aus purem Irrtum und Zufall erfunden hast).

Diesel überblickt blitzschnell die Situation. Er weiß, daß die Folgen der Mißwirtschaft der Dieselsache den Todesstoß versetzen können. Er eilt zu Noé: „Es ist furchtbar! Keiner der Motoren geht! Alles um mich bricht zusammen!" Noé bringt einen Motor in Gang – es ist zu spät. Der Kapitalverlust ist zu groß.

Der Traum, mit den Motoren der jungen Fabrik rasch ins Geschäft zu kommen, war ausgeträumt. Aber sollte nun das Unternehmen und das Geld der Aktionäre verloren sein? Die „Expreßpumpen" des berühmten Professor Riedler erregten damals großes Aufsehen in der technischen Welt. Die Dieselmotorenfabrik sollte sie bauen, und Dieselmotoren sollten sie antreiben. Die Hoffnung flackerte auf, die Fabrik retten zu können. Aber die Riedlerschen Pumpen haben sich, wo sie auch gebaut wurden, nicht bewährt. Die Fabrik stellte ihren Betrieb ein.

Die Maschinenfabrik Augsburg hatte ebenfalls ernste Schwierigkeiten mit den von ihr gelieferten Maschinen, die zuweilen so groß waren, daß man, als auch von anderen Seiten Hiobsbotschaften kamen, den Mut verlieren wollte, zumal eine Gegenpartei im Werk gegen den Dieselmotor wühlte. Ventile fielen in den Luftpumpenzylinder und verursachten Betriebsstörungen und Schäden. Öldichtungen und Brennstoffnadeln hielten nicht dicht, der Pumpenkolben ließ Brennstoff durchströmen. In der Petroleumpumpe und Leitung bildeten sich Luftsäcke und störten den Betrieb. Kolben fraßen, Pumpengehäuse verzogen sich. Das Kühlwasser kochte und verdampfte, zwischen den Kolbenringen blies die heiße und rauchige Verbrennungsluft ab, mischte sich mit dem Dampf und hüllte den Maschinenraum in Dunst ein, was sich noch bedenklicher ausnahm, wenn etwa einmal in der Luftpumpe eine Ölexplosion stattfand oder ein Brennstoffventil mit Krachen zurückschlug und eine Leitung zersprang. Manchmal versagten die Maschinen beim Anlassen, oder die Druckluft in den Anlaß- und Einblasegefäßen war verlorengegangen, so daß die Motoren nur nach Überwindung großer Schwierigkeiten anliefen und im Betrieb zunächst nicht richtig arbeiteten. Aber die Konstruktionen der Maschinenfabrik waren, gemessen am Kindheitsstadium der Maschine, gut, das Material und die Werkmannsarbeit waren ausgezeichnet. Der Oberingenieur Vogt war damals Abteilungschef für den Motorenbau. Ihm gebührt nach Diesel neben Lauster ein großes Verdienst daran, daß in der schweren Übergangszeit die Schwierigkeiten überwunden wurden. Und so sind denn diese ersten Maschinen nach vielen Umbauten allmählich in einen durchaus brauchbaren Zustand gekommen und haben Jahre und Jahrzehnte lang ihre Pflicht getan wie auch mehrere Kruppsche Motoren. 1899 kam ein begeisterter Bericht über eine Augsburger Maschine von Nobel in St. Petersburg, wo man sofort marktreife Motoren zu bauen verstand.

Je nach dem Geschick der beteiligten Ingenieure oder Monteure liefen die Maschinen schlechter oder besser. Lauster, der Konstrukteur unter Vogt war und später die ganze Leitung des Motorbaues anvertraut erhielt, scheute keine Anstrengung, sofort helfend einzugreifen, wenn sich eine Störung ereignete. Er ging ganz im stillen jeden Morgen zu einem der ersten Motoren, der in einer Fabrik arbeitete, und ließ die Maschine selbst an, weil der Maschinenmeister wegen des schrecklichen Knallens des Motors hierzu den Mut nicht aufbrachte. Lauster suchte alle kleinen und großen Fehler zu ergründen, und durch viele kleine und große Verbesserungen führte er allmählich die Betriebssicherheit des Dieselmotors herbei. Er verhinderte damit ein Abschwenken Buzens vom Dieselmotor.

Die Gasmotorenfabrik Deutz sammelte schreckliche Erfahrungen. Sie konstruierte sofort sehr kühn, sprang in eine Serie von dreizehn Stück und – wagte dann keines davon für den praktischen Betrieb zu verkaufen. Daß die angesehenste Gasmotorenfabrik der Welt nicht mit dem neuen Motor zurechtkam, schien der Sache einen fast ebenso tödlichen Schlag versetzen zu sollen wie der Zusammenbruch der Dieselmotorenfabrik. „Wenn Deutz keine Dieselmotoren bauen kann, dann kann es kein anderer", verkündete stolz ein Deutzer Konstrukteur. Gerade diese Schwierigkeiten beweisen indessen, wie groß die Leistungen der Maschinenfabrik Augsburg, Diesels und Lausters waren. Auch Deutz hätte die technischen Schwierigkeiten damals gewiß überwinden können. Aber Deutz sollte dreißig Prozent Lizenz an Augsburg und Krupp zahlen, wodurch es nicht konkurrenzfähig war, zumal es nicht nach Rußland liefern durfte. Wie sollte es da die Kosten tragen, wie die Begeisterung für eine Erfindung aufbringen können, die doch der Idee des Ottomotors Abbruch tat? Deutz trat vom Vertrag zurück.

Kaum ein Tag verging ohne eine erschütternde Nachricht. Auch die Franzosen erlagen fast den Kinderkrankheiten der Maschine, auch sie erlitten Verluste und große Enttäuschungen. Das Öl war in Frankreich zu teuer.

Auch von der Diesel Motor Company of America kommen um die Jahrhundertwende plötzlich schlechte Nachrichten. Colonel Meier, der Direktor der Diesel Company geworden war, erkennt schon im Juli 1899 sehr klar, welche Fehler von fast allen an der Dieselsache Beteiligten von Anfang an gemacht worden sind. Man hatte der geschäftlichen wie der finanziellen Entwicklung das Hauptaugenmerk zugewandt, während man noch einige Jahre ruhig an die Herstellung eines wirklich marktreifen Motors hätte daransetzen sollen. Nun mußte man in Amerika viel Geld investieren, um erst einmal eine Maschine zu entwickeln, die den Bedürfnissen des praktischen Betriebes entsprach. Meier weiß, daß jede neue und geniale Sache Jahre der Entwicklung bedarf. Er sieht voraus, daß die amerikanische Dieselgesellschaft noch viele Opfer bringen muß. Warum aber habe man ihnen, den Amerikanern, die Überzeugung beigebracht, daß die Maschine des Jahres 1897 marktreif gewesen sei? Colonel Meier hatte indessen selbst die Maschine geprüft und war wie andere Experten der damaligen Zeit zu der gleichen Überzeugung gekommen wie der Erfinder und die Leute von der Maschinenfabrik Augsburg. Meier schreibt nach der Jahrhundertwende an Diesel: „Ihre große

Erfindung . . . hat sich in jeder Beziehung bewährt. Auf der anderen Hand aber sehen wir, hüben wie drüben, ein, daß die maschinelle Anlage an verschiedenen Constructionsfehlern leidet . . . Es kommen eben in der Praxis stets neue Fragen auf, welche kein Sterblicher voraussehen kann."

Ähnlich lauten Jahre hindurch die Dokumente. Einmal heißt es: „Alle unsere Motoren laufen gut." Ein andermal zerbrechen die Kurbelwellen, versagen die Ventile. Einmal ereignete sich eine Explosion, welche den jungen Neffen Meiers tötet. Das Interesse für die Maschinen aber bleibt ungeheuer groß.

Alles in allem: Widerwärtigkeiten, Verzweiflung, schwere Verluste, und dann doch wieder so viel Verheißungsvolles, daß man die Sache nicht aufgeben will.

Man hat später Diesel vorgeworfen, daß er viele der Schwierigkeiten nicht genügend voraussah. Man hat ihn sogar beschuldigt, daß er die finanziellen Ergebnisse für sich vorweggenommen habe, ehe die Maschine reif war. Aber eine Reihe hervorragender Ingenieure, Industrieller und Gelehrter teilten damals Diesels optimistischen Glauben durchaus. War er ein Phantast gewesen, so waren es all die anderen Beteiligten gleichzeitig mit ihm, der als Erfinder das Recht hatte, Optimist zu sein.

Kaum einer anderen großen Erfindung ist es im Anfang viel besser ergangen als dem Dieselmotor. An sich war die Entwicklungszeit des Dieselmotors bis zur marktreifen Maschine erstaunlich kurz. Im Sommer 1893 hatte Diesel mit den Versuchen begonnen. Im Jahre 1897 lief, höchst erfolgreich, die Versuchsmaschine, die alle wesentlichen Züge des Dieselmotors der späteren Jahrzehnte aufwies, und nach 1900 wurde die Maschine durch die Maschinenfabrik Augsburg wirklich und objektiv „marktreif". Das ist, gemessen daran, daß der Motor „gleichsam aus dem Nichts zu schaffen war", sehr schnell und spricht für die Fähigkeit aller Beteiligten. Denn der Dieselmotor stellte die weitaus schwierigste Aufgabe des damaligen Maschinenbaus dar.

Viele geschäftliche Grundlagen, die von Diesel gelegt wurden, durchziehen heute noch den Dieselmotorbau wie ein ursprüngliches Tragwerk. Es war der Optimismus Diesels, Augsburgs und Krupps gewesen, der die Errichtung dieses Tragwerks ermöglicht hatte. Diesel hat die Grundlagen der Dieselmotorenindustrie gelegt.

Die deutsche Entwicklung hatte mit besonderen Schwierigkeiten zu kämpfen. Denn das Öl, auf welches die deutschen Maschinen als Betriebsstoff angewiesen waren, verteuerte der Zoll so sehr, daß es trotz der großen Wärmeverwertung des Dieselmotors kaum einen Vorteil brachte, statt der zuverlässigen alten Dampfmaschine die teure und fast unerprobte neue Maschine zu verwenden. Es war damals kaum möglich, die deutsche Regierung davon zu überzeugen, daß wegen dieser neuen Erfindung etwa die Ölzollpolitik geändert werden müßte, zumal andere Industrien sich gegen die Beseitigung der Ölzölle aussprachen. Die Maschine mußte also für billigere Brennstoffe betriebsfähig gemacht werden, was Augsburg und mehreren ausländischen Werken, vor allem auch den Russen, wirklich gelang.

Diesel aber stand rund fünf Jahre lang unter dem drückenden Gefühl, daß sein Motor nur sehr langsam Fortschritte machte und Boden gewann. Er hat in all diesen Jahren nicht einen Augenblick lang gezweifelt, daß seine Maschine sich durchsetzen werde.

KAUM erholt, stürzt sich Diesel im Sommer 1898 wie ein Besessener in die Arbeit. Er muß den Bau des Dieselmotors verbilligen und denkt an die Zweitaktmaschine. Aber wieder dauert es zehn bis zwanzig Jahre, ehe das Problem des Zweitakt-Dieselmotors praktisch gelöst wird. Diesel grübelt über die Beschaffung billigerer Brennstoffe nach. Er opfert einen Teil seines Vermögens, um galizische Ölfelder zu erwerben, von wo aus er Einfluß auf die Ölpolitik zu gewinnen hofft. Seine seelische Lage muß schrecklich sein. Aber er läßt sie nach außen nic in Erscheinung treten, scheint immer kühl, stolz und gelassen. Er glaubt an seine Sache. Als sein Hauptverdienst im letzten Jahr der Jahrhundertwende muß bezeichnet werden, daß er bei europäischen und amerikanischen Ingenieuren immer wieder den Glauben an den Dieselmotor wachgehalten und neu erweckt hat.

Mit seiner Frau sprach er sich wenig über Geschäfte und technische Dinge aus. Das war alles viel zu kompliziert und mannigfaltig geworden. Was konnte sie bei diesen Dingen schon raten?

Er gönnt der geliebten Frau das schöne und sorglose Leben in der Münchner Gesellschaft. Er gewöhnt sich an, die unausgesetzten Enttäuschungen zurückzudrängen und auf seine Weise sein Leben zu genießen. Aber wenn er im Sommer des furchtbarsten Dieseljahres 1899 in Madonna di Campiglio auf einer Bergmatte lag, ein Tuch gegen die Sonnenstrahlen schützend über den Kopf gelegt, durchschossen neue Gedanken seinen Kopf, Enttäuschungen durchwühlten sein Herz, mit Macht wollte er Lösungen herbeizwingen, um den Dieselmotor zu retten. Angesichts der Dolomiten versuchte er damals wie ein Besessener, das Problem des mit Kohlenstaub betriebenen Dieselmotors zu lösen. Aber es dauerte fast vierzig Jahre, ehe dies Teilproblem des Dieselmotors durch Diesels Mitarbeiter Pawlikowski einer Lösung nähergebracht wurde.

In München war das wundervolle Haus im Bau. Diesel war berühmt, er galt als reich. Aber er wußte, daß er von seinen Plänen, Ideen und Hoffnungen nur einen Torso in der Hand hielt, einen Torso allerdings, der genügen sollte, um die Kraftmaschinenwirtschaft, die Ölfelder und die gesamte Hochdrucktechnik der Welt umzugestalten.

Im Mai 1899 reiste Diesel nach Österreich-Ungarn, wo mehrere Werke Dieselmotoren zu bauen anfingen. Trotz der beginnenden Rückschläge war man dort noch optimistisch. Diesel mußte sich im Interesse der „Allgemeinen Gesellschaft für Dieselmotoren", welche die Patente verkauft hatte, in Österreich zeigen. Die Fragen des Prestiges und der Propaganda mit ihren gefährlichen Einschlägen tauchten plötzlich im Leben des berühmten Mannes auf. Eine Versammlung und Besprechung folgte auf die andere. Essen und Feiern jagten einander.

Die Ölfelder in Galizien machten Diesel große Sorgen. Überall hatte sich Diesel zuviel aufgehalst. Es war unmöglich, von München aus ein solches Geschäft nebenbei zu kontrollieren, das sich doch bei einer fremden Bevölkerung abspielte. Wie war es möglich, daß Diesels früher so gesunder Menschenverstand sich auf diese Sache hatte einlassen können? Es war klar, daß man versuchte, wenn nicht ihn zu betrügen, so doch Kapital aus seiner Unkenntnis Galiziens und der Ferne seines Wohnsitzes zu ziehen. Die Ölsache zehrte und zerrte noch viele Jahre an ihm. Schließlich mußte er sie aufgeben, nachdem er schwere Verluste erlitten hatte.

Diesels Gesundheit war wieder erschüttert. Er nahm viel Antipyrin und Bromidin, um sein Nervensystem in der Gewalt zu behalten. Ein neuer Patentprozeß, diesmal mit Julius Söhnlein, war auszufechten. Manche Briefstellen deuten darauf hin, daß die Enttäuschungen und Sorgen seit dem Zusammenbruch der Dieselmotorenfabrik ihn wieder an die Grenze seiner Kraft gebracht hatten.

1900–13
Ruhm und Verhängnis

Die Silvesternacht 1899 war voller Verheißungen. Wir wußten, daß wir spätestens 1901 in das neue Haus draußen in Bogenhausen ziehen würden, das eines der schönsten und reichsten Häuser Münchens zu werden versprach. Der Dieselmotor machte trotz aller Rückschläge seinen Weg. Zudem hielt sich mein Vater mit Recht für reich.

Diesel war gelassen und schien gesund, aber er war zuweilen nervös und verärgert, unentwegt um die Zukunft seines Motors besorgt und hielt deshalb nach neuen Zielen Ausschau. Die Kämpfe der letzten Jahrzehnte hatten in ihm doch einen Bruch zurückgelassen. Mir scheint, daß die unglaubliche geistige und seelische Beanspruchung, die wahnsinnigen Pendelschläge der Kampfzeit eine Überdehnung von Diesels seelischer Elastizität mit sich geführt hatten, einen Verbrauch der das ganze Wesen des Menschen zusammenspannenden seelischen und geistigen Bänder.

Zudem führt ja bei empfindsamen Menschen der Erfolg nicht selten Melancholie mit sich, unter der Diesel, auch wenn er sie nach außen immer verbarg, ohnehin von Zeit zu Zeit gelitten hatte. Der Erfolg läßt gerade das hervortreten, was man *nicht* erreicht hat, und erregt dadurch in schüchternen Naturen eine seltsame Art von schlechtem Gewissen. Oft mag Diesel schon damals in einem nie geoffenbarten, einsamen Tal der Seele geweilt haben. Darum war auch die große Sympathie, die viele für ihn empfanden, zuweilen durch seine unter lebhaftem Wesen verborgene Verschlossenheit beeinträchtigt. Vielleicht war seine erstaunliche Weltgewandtheit und äußere Besonnenheit nichts anderes als eine Methode, die Schüchternheit seines Inneren zu verbergen. Er wirkte im Lärm und Getümmel der Welt wie unter ewiger Selbstüberwindung. Nur der Glaube an seine Sache ließ ihn das Rednerpult besteigen, und da riß er in seiner großen Zeit die Menschen hin, aus Schüchternheit die Energie gleichsam erst hervorrufend. Prunk und Gesellschaft mied er. Er verachtete Titel und Orden und war doch ehrgeizig.

Bis an sein Ende verstand er es meisterhaft, die in ihm ruhende Schwäche zu verbergen, so daß auch seine Frau sie nicht wahrnahm. Bis zuletzt wehte merkwürdige Frische um ihn, eine Ausstrahlung, der vielleicht ein Teil seines Erfolges zu verdanken ist und die die tödlichen Keime in seinem Inneren verbarg.

Er war älter geworden. Der Reichtum legte sich als dämpfende Bremse vor die Versuchung, noch einmal solche Leiden und Kämpfe zu entfesseln. Daran fehlte es auch jetzt nicht. Nach wie vor wurde Diesel ebensoviel geschmäht wie geehrt. Die langsamen Fortschritte des Dieselmotors quälten ihn sehr. Er wußte, daß der Motor noch viele Kinderkrankheiten hatte, aber auch, daß fünf bis sechs Jahre Kinderkrankheit wenig, für das einzelne individuelle Leben freilich viel bedeuten. Bitternis, Ärger und manches Gefühl eines Makels und der Grenzen seines Könnens mögen ihn behelligt haben, denn das Erreichte war hinter seinem Idealbild zurückgeblieben, und Erinnerungen an die vergangenen Schrecknisse erschütterten ihn auch jetzt noch. Was hatte er alles verschluckt und verdrängt!

Diesel war zur Mitarbeit bei der Allgemeinen Gesellschaft für Dieselmotoren verpflichtet. Aber die Arbeit am Motor über diese Zwischenschaltung einer zuerst mangelhaft geführten Gesellschaft mußte er unter sehr ungünstigen psychologischen Verhältnissen leisten, und ein Ertrag war für ihn allenfalls durch die Dividenden der Allgemeinen zu erlangen, die so gut wie ausblieben. Täglich kam ein Berg von Post. Unendlich viel Arbeit mußte er ertraglos leisten, weil er Diesel hieß. Dabei arbeiteten in Deutschland viele darauf hin, ihn auszuschalten. Seine Krankheit während der großen Dieselmotorkrise hatte an seinem Prestige genagt. Der Strom der Entwicklung ging zum Teil eigene Wege. Trotz aller Verträge hatte man nicht überall Lust, ihm das zu zeigen, was er hätte sehen sollen. Denn er stand zwischen allen Firmen, die sich trotz der ursprünglich geplanten Lenkung ihrer gemeinsamen Interessen durch die Allgemeine Gesellschaft einander wohl auch wichtige Ergebnisse zu verbergen suchten.

Das Jahr 1900 brachte jedoch einen neuen Triumph. Der Dieselmotor erhielt auf der Weltausstellung in Paris den Grand Prix. Fünf Dieselmotoren, vier französische und ein Augsburger, waren auf der Ausstellung zu sehen.

In einer französischen Zeitschrift wurde erörtert, welche Fortschritte der Wissenschaft einem Besucher, der die Weltausstellung von 1889 angeschaut hatte, nun beim Besuch der Ausstellung von 1900 besonders auffallen müßten. Genannt wurden das Fahrrad, das Automobil, die elektrischen Eisenbahnen, die Fernübertragung von elektrischem Kraftstrom, der Dieselmotor, das Azetylen, die Röntgenstrahlen, die flüssige Luft, die Farbphotographie, die drahtlose Telegrafie, die Lumineszenzlampe, die Hochfrequenzströme. Das waren die technischen Verheißungen der Jahrhundertwende.

Für Diesels vulkanische Energie genügte der neue Zustand, auf den die Leute trotz allem so neiderfüllt blickten, nicht. Seine sozialen Ziele tauchten wieder auf. Er begann, an die Lösung dieser Aufgabe so siegessicher heranzutreten wie an die Erfindung des Motors.

DIESEL hat wohl früh von einer technischen Dynastie geträumt. Seine fanatische Leidenschaft für den Ingenieurberuf ließ ihn versuchen, diese Liebe in einem seiner beiden Söhne zu erwecken. Er schenkte den Söhnen Maschinchen, chemische und physikalische Experimentierkästen, elektrische Batterien, Eisenbahnen, Planetarien. Er erzog sie mit technischen Spielsachen etwa so, wie man Prinzen mit Uniformen, Ponys und Orden erzieht. Aber der älteste Sohn Rudolf wollte, das stellte sich ziemlich früh heraus, nicht Ingenieur werden. So richtete sich die Hoffnung des Vaters, das Reich des Dieselmotors zu vererben, auf mich, den jüngsten Sohn. Er begann, mich in die Maschinenhäuser und großen Fabriken zu führen, am häufigsten in die Maschinenfabrik Augsburg.

Der Vater erklärte mir die Unterschiede zwischen Gußeisen, Schmiedeeisen und Stahl. Ich erfuhr, was man gießen, schmieren, drehen mußte, was Drehbänke, Fräsmaschinen und Transmissionen waren. Er erklärte mir, daß alle Maschinen, die Arbeit zu verrichten hatten, von der Transmission mittels eines Lederriemens angetrieben werden mußten und daß eine Dampfmaschine durch ihre Kraft die große Transmissionswelle antrieb, an der all die Arbeitsmaschinen hingen und an der auch der erste Dieselmotor gehangen hatte, als er noch nicht von selbst laufen wollte.

Ich fragte den Vater, warum die Dampfmaschinen gerade hier im Krafthaus der Maschinenfabrik Augsburg nicht schon durch Dieselmotoren ersetzt worden seien. Ich wußte nicht, wie sehr die Motoren mit unserem Familiennamen in den Kinderschuhen steckten und daß man sie noch gar nicht so groß bauen konnte, wie man sie für die Kraftzentrale der Fabrik benötigte. Ich erhielt die Antwort, die Dinge seien noch nicht soweit, aber eines Tages würden auch hier die Dampfmaschinen verschwinden.

Die Dieselsache begann sich nach der Jahrhundertwende gewaltig zu entwickeln. Diesel besichtigte eines Tages Lausters erste kreuzkopflose Maschine, als sie gerade ausprobiert wurde. Diesel erkannte die Arbeit an, welche Lauster geleistet hatte.

Er muß es als Triumph empfunden haben, daß seine Idee sich als unerschütterlich lebensfähig erwies. Zugleich aber muß ihn Trauer erfüllt haben, daß vieles ohne seine unmittelbare Beteiligung weitergelaufen war. Von diesen seelischen Vorgängen ahnte ich damals nichts. Ich sah nur die Motoren, wie sie mächtig dastanden und arbeiteten.

In einem abgesonderten Raum stand noch der Dieselmotor des Jahres 1897. Er lief nach wie vor sehr gut und diente dazu, die verschiedensten Brennstoffe auszuprobieren. Die Urmaschine der Jahre 1893–96 stand verlassen in einem Schuppen.

IM FRÜHJAHR 1900 fand die erste Berührung zwischen Graf Zeppelin und Diesel und damit zwischen dem Luftschiff der Zukunft und dem Motor statt, der fünfunddreißig Jahre später die Propeller der *Hindenburg* antreiben sollte. Man stand vor dem Stapellauf des ersten Zeppelins. Diesel schrieb am 15. Mai 1900 dem Grafen, er möge ihm eine Karte zum Stapellauf übermitteln, und erwähnte, daß er sich mit dem Bau leichter Motoren beschäftigte. Hierauf antwortete Zeppelin unter Beifügung einer Eintrittskarte von Friedrichshafen aus am 21. Mai: „Die Probefahrten meines Luftfahrzeuges werden von Dampfbooten begleitet sein, welche die beste Gelegenheit zum Zuschauen bieten. Leichte Motoren sind für die Luftschiffahrt gewiß erwünscht, aber sie müssen sich, meines Erachtens, bei anderen Betrieben durchaus bewährt haben, bevor man es wagen dürfte, sie an Luftfahrzeugen anzubringen."

So nüchtern stellt sich die erste Berührung zwischen Diesel und Zeppelin dar. Diesel hat damals wohl viel eher als Zeppelin geglaubt, daß seine Motoren einst die Luftschiffe antreiben würden.

DER BAU des Hauses Maria-Theresia-Straße 32 durch Professor Max Littmann dauerte etwa zwei Jahre. Diesel beschäftigte sich bis in alle Einzelheiten sowohl mit der baulich-technischen wie mit der künstlerischen Seite des Hausbaus. Er lud sich dadurch eine große, neue Arbeitslast auf, die ihm viel Freude, aber auch viel Ärger verursachte und seine Gesundheit schädigte.

Der Bauplatz war sehr teuer gewesen. Er hatte etwa zweihunderttausend Mark gekostet. Der Bau selbst wurde viel kostspieliger, als es Diesels Plänen entsprach. Der eine Grund war, daß Diesel das Haus nicht gut genug haben konnte. Er ließ besondere doppelte Grundmauern bauen, damit das Haus rasch trocknete und nie durch Bodenfeuchtigkeit gefährdet war. Alle Doppelfenster wurden mechanisch durch die denkbar beste Anordnung gekoppelt, so daß sich beide Fenster gleichzeitig bewegen ließen, und alle handwerklichen und technischen Arbeiten wurden auf die vollkommenste Weise ausgeführt. Die Küche war eine der schönsten Münchens. Neben ihr lag eine große Abwaschküche. Das „hochherrschaftliche" Haus war ein Mittelding zwischen Großbürgervilla und kleinem Schloß. Parkett, Fliesen, Wände – alles war großartig.

Der zweite Grund des Teurerwerdens war, daß die Mode der reichen Häuser der Jahrhundertwende die Halle war, der Mittelraum des Hauses. Hallen kann man groß und klein, stolz oder behaglich machen. Zuerst war ein kleiner Raum geplant, aber meine Mutter wünschte sich eine geräumige Halle, ganz gegen ihr sonstiges etwas ängstliches Wesen. So wurde die Halle sehr groß. Sie ging durch zwei Stockwerke, hatte eine breite Treppe mit einem geschnitzten Eichenholzgeländer, oben das Billard- und Jagdzimmer und die umlaufende Galerie, unten in den Ecken behagliche Sitzräume, einen gewaltigen Kamin mit dem Bild des Hausherrn darüber und Glasmalerei in den hohen Fenstern. An der großen Südwand, die mit grünem Samt bezogen war, hing ein riesiges Gemälde aus der Schule des Paolo Veronese. Diese gewaltige Halle sprengte die ursprünglich geplanten Ausmaße des Hauses und trieb die Kosten erschreckend in die Höhe.

Die Erfolgreichen pflegten sich damals nun einmal „Villen" mit großen und kleinen Hallen zu bauen. Nur einer in München hatte es anders gemacht, Oskar von Miller mit seinem gesunden Menschenverstand. Er verspottete die Leute mit ihren „Villen" und sagte das Ende der Villenherrlichkeit voraus. Er baute sich ein schönes „Zinshaus" mit richtigen Stockwerken. Darin konnten einmal alle seine Kinder hausen, und wenn sich die Zeiten änderten, konnten die Wohnungen vermietet werden. Tatsächlich sind aus fast allen Villen die alten Bewohner verschwunden. Niemand konnte die Lasten dieser Häuser mehr tragen. Oskar von Millers Kinder aber wohnten auch später noch im „Zinshaus" am Ferdinand-Miller-Platz in München.

Das Dieselhaus kostete schließlich mit dem Bauplatz und der Einrichtung wohl an neunhunderttausend Mark. Fast eine Million von den fünfen war also nicht mehr zinsgebend, sondern unkostenfressend geworden. Diesel wußte damals kaum mit voller Klarheit, daß mindestens zwei von seinen fünf Millionen so gut wie wertlos waren. Es brauchte nur ein gar nicht ungewöhnliches Unglück bei der Anlage des Kapitals einzutreten, dann waren plötzlich, außer dem Wert des Hauses, nur noch ein bis zwei Millionen da, und man mußte beginnen, vom Kapital zu leben. Das trat denn auch sehr bald ein.

Aber es war schön, dieses Haus mit seinem lieblichen Gartenzimmer, dem großartigen englischen Wohnzimmer, dem Louis-quinze-Salon und Diesels Arbeitszimmer. Ein Prachtraum war das Eßzimmer mit seiner Mahagonitäfelung und dem Marmorkamin. Es waren fünf Badezimmer da, und die Dienstboten hatten eine Flucht bequemer Zimmer. Die Kellerhalle war so groß, daß die Jungens darin radeln konnten, und ein schöner Garten umgab das Haus. Von 1905 an pflegte ein rotes Auto vor dem Tor der Villa bereitzustehen.

IM FRÜHJAHR 1901 bezogen wir das Haus. Am Haustor nahm mich mein Vater ergriffen an die Hand und sagte: „Eugen! Nun schwöre mir, daß du ein großer Ingenieur wirst!" Das war schweres Geschütz auf den Zwölfjährigen. Ich habe wohl etwas von „Ja" oder „Schwören" gestammelt. Viele Jahre lang stand ich unter dem gewaltigen Eindruck dieser Szene. Zunächst bewirkte sie, daß es mir von da an als selbstverständliche Pflicht erschien, Ingenieur zu werden. Ich fing an, Maschinen zu zeichnen oder sie aus Holz und Eisen zu basteln und sie meinem Vater zu Weihnachten oder zum Geburtstag zu schenken. Außerdem begann ich, mich sehr viel mit meinem Vater über Technik zu unterhalten und in seiner technischen Bibliothek zu wühlen.

Fast unmittelbar nach dem Einzug wurde Diesel krank. Er setzte sich in seinem Arbeitszimmer in die Hocke, um Bücher einzuordnen, fühlte plötzlich einen grausamen Schmerz im Fuß und mußte sich mit heftigem Podagra ins Bett legen. Er glaubte, daß er sich diesen Gichtanfall durch den Ärger zugezogen hatte, der ihm durch den Hausbau und die Auseinandersetzungen mit dem Bauunternehmer verursacht worden war. Kaum hatte sich Diesel von seinem Gichtanfall erhoben, fiel er wieder in sein schweres Nervenleiden und seine Schlaflosigkeit zurück und mußte lange Zeit in einer Konstanzer Heilanstalt verbringen.

DIESEL war berühmt, reich, besaß Verbindungen in der ganzen Welt, residierte in einem großen Haus. Die Spannung zweier Jahrzehnte schien gewichen. Die im Herbst 1900 gegründete Diesel Engine Company in London begann eine lebhafte Tätigkeit zu entfalten. Es war eine Verkaufsgesellschaft, die im Lauf der folgenden Jahre in Augsburg, bei Sulzers, Carels und englischen Firmen Dieselmotoren bauen ließ und sie in von Jahr zu Jahr wachsender Zahl im ganzen Britischen Empire und in vielen Überseeländern absetzte. Diesel hatte bei der Gründung dieser

Gesellschaft mitgewirkt, war einer ihrer Direktoren und saß im Aufsichtsrat.

Schon im Mai 1902 waren auf der ganzen Welt 359 Motoren mit 12 367 Pferdekräften in Betrieb und in Ausführung, und etwa vom Jahre 1903 an setzte in der ganzen Welt eine gewaltige Entwicklung ein, welche „in allererster Linie den Erfolgen zuzuschreiben ist, welche die Maschinenfabrik Augsburg erzielt hat", wie Schröter sich ausdrückte.

Bei manchen Firmen wirkten die unmittelbare Arbeit Diesels und sein Einfluß bei der Fortentwicklung des Motors viel stärker mit, als es nach außen hin in Erscheinung trat. Auch durch große Vorträge in zahlreichen Ländern und Städten trieb er die Dinge weiter und sagte Entwicklungen und Anwendungsarten seiner Maschine voraus, die damals fast als utopisch galten, inzwischen aber längst Wirklichkeit geworden sind. Ein gut Teil des Jahres verbrachte er im D-Zug und in Hotels. Wer ihn am Bahnhof abholte, sah ihn immer als ersten aus dem Zug springen und mit lebhaften, etwas hüpfenden Schritten der Sperre zueilen. In den Werken sah er den Dieselmotorbau sich immer gewaltiger entfalten. 1903 fuhr er auf dem ersten Dieselschiff der Welt, einem französischen Kanalboot. 1905 arbeitete auf der Weltausstellung in Lüttich schon ein fünfhundertpferdiger Motor der Gebrüder Carels. Einige Jahre später fuhren auf den Schweizer Seen Schiffe mit Sulzerschen Zweitaktmotoren. Etwa 1905 faßte Diesel den Entschluß, eine große Diesellokomotive zu bauen.

DANK der volkhaft-demokratischen Art Alt-Bayerns und Münchens durchdrangen sich in der damaligen Münchner Gesellschaft zwanglos die verschiedensten beruflichen Schichten. Die Grenzen flossen zwischen Adel und Bürgertum, zwischen Offizier, Wissenschaft, Verwaltung, Kunst und Technik. In München herrschte eine Atmosphäre der Zutraulichkeit und des gegenseitigen Bedürfnisses nach Anschluß und Aussprache, was allein schon eine allzu scharfe Scheidung nach Rang und Vermögen nicht zuließ.

Die Diesels gehörten weder zu der bodenständigen Münchner Schicht, wie die Familie Oskar von Millers, noch zu den Bayern im eigentlichen Sinn, noch zu den Leuten, die durch Amt und

Würden dem Hof oder der Akademie oder der Regierung und den wissenschaftlichen Instituten nahestanden. Wir waren Vertreter jener damals immer zahlreicher werdenden Gruppe, die aus allen Gauen des Reiches nach München herbeigeströmt war, in deren Adern das Blut aller deutschen Stämme floß, die dann durch den Verdienst in die aufnahmebereite Münchner Gesellschaft geraten war und nun plötzlich auf ihre Weise mit zu München gehörte. Diese zum großen Teil protestantischen Menschen haben vor allem den besonderen bayerischen Aufschwung auf vielen Gebieten innerhalb des Reiches hervorgerufen, aber dank der Tatsache, daß sie eben in München waren. Sie trugen einen größeren Arbeitsernst und einen unternehmenderen Geist in das gemütliche München und halfen auf diese Weise, München an die Spitze der deutschen Städte zu stellen. Das galt sowohl in der Kunst wie in der Wissenschaft, in der Technik, in der Industrie und im Gewerbe, im geistigen wie im staatlichen Leben.

HALB im verborgenen schwelte im Hause Diesel etwas, das die Lebensfreude trübte und gefährliche Keime entwickelte. Diesel muß unter der allmählich einsetzenden Erkenntnis gelitten haben, daß er nicht so reich war, wie es nach außen hin schien, daß sein Vermögen immer mehr zweifelhafte Werte aufwies. Dieselmotorenfabrik, Allgemeine Gesellschaft für Dieselmotoren, Ölfelder in Galizien – das waren alles schon nahezu abschreibbare Werte. Dazu kam der verhängnisvolle Besitz von Grundstücken, an die er durch jenen Vermittler geraten war, der es verstanden hatte, zu ihm in die Heilanstalt vorzudringen.

Damals hatte auf dem Münchner Terrainmarkt Hausse geherrscht, aber dann war eine Krise gekommen, und bald ereignete sich eine große Zahl von Vermögensverlusten und Tragödien. Über Diesel und seine Grundstücksgeschäfte schrieb viel später ein Berichterstatter: „Mit Diesel . . . fing sich . . . ein nüchterner, klarer, geschäftsgewandter Kopf in jenen Schlingen unseres Immobilienwesens, die wir selbst durch unsere Einrichtungen gelegt haben . . ."

Um die Jahrhundertwende hatte Diesel, abgesehen von seinem Privatgrundstück und Haus, wohl rund eine Million in Grundstückswerten angelegt. Das war nicht, wie er geglaubt hatte, ein

Fünftel, sondern ein Drittel seines wirklich verfügbaren Vermögens. Der Wert der erworbenen Grundstücke erwies sich bald als sehr viel geringer als die Kaufsumme. Diesel gelangte zu der Überzeugung, daß ihm über den Wert der Grundstücke unzutreffende Angaben gemacht worden waren. Er strengte Prozesse gegen die Heilmann-Gesellschaft an, die er aber unter großen Kosten verlor. Er mußte an die Grundstücks-Gesellschaft einen großen Betrag bar bezahlen und von ihr für eine Riesensumme hochbelastete Grundstücke übernehmen, deren Zinsendienst von nun an am Rest seines Vermögens nagte.

Die Dieselmotorenfabrik in Augsburg war längst zum Erliegen gekommen. In Briefen der damaligen Zeit bezeichnet sich Diesel als „Besitzer" der Fabrik. Die Bankiers dürften ihn mit Erwägungen etwa der Art beim Ehrenzipfel genommen haben, daß er moralisch verpflichtet sei, die Aktien aufzunehmen, um dadurch selbst das größte Vertrauen zu seiner Sache zu bekunden. In der Familie hat er nie ein Wort über diesen Aktienbesitz geäußert. Er hat öfter vergeblich versucht, ihn zu verkaufen. Die Firma wurde erst 1911 gelöscht. Diesel hatte also durch die Kinderkrankheiten und das zunächst langsame Vorwärtsdringen des Motors große Verluste gehabt, denn auf diesen Umständen beruhte ja vor allem der geringe Wert der zwei Millionen Aktien der Allgemeinen Gesellschaft für Dieselmotoren, in gewisser Hinsicht auch der endgültige Untergang der Dieselmotorenfabrik.

Da waren schließlich die unheilvollen Ölfelder in Galizien, die endlose Sorgen verursachten. Sie mußten verpachtet werden. Die Gelder waren fast nicht einzutreiben. Diesel mußte fern in österreichisch Polen Prozesse führen oder Zwangsmaßnahmen gegen die Schuldner ergreifen lassen. Jahraus, jahrein schleppten sich diese Dinge weiter. Diesel selbst und sein Sekretär reisten nach Galizien. Aber was konnten sie, einzelne Männer aus Deutschland, dort ausrichten? Nach einigen Jahren mußte alle Hoffnung aufgegeben werden. Das war ein weiterer großer Verlust mit einem Unternehmen, das als Förderung des Dieselmotors gedacht gewesen war.

Und da schwelte die ewige Plage mit den Grundstücken und der gefährliche Prozeß gegen die Terraingesellschaft. Nachdem

Diesel infolge jener Prozesse zahlreiche schlechte Grundstücke hatte übernehmen müssen, scheint ihm der Ausweg zu sein, gegen diese Terrains Häuser einzutauschen. Denn Terrains fressen Geld, und Häuser bringen Geld. Doch per Saldo wird alles schlechter und schlechter, da die Objekte eben von Anfang an schlecht waren. Diesel prozessiert unversöhnlich. Das schleppt sich jahraus, jahrein fort, frißt Geld, zerstört die Nerven, verbraucht Arbeitskraft. Es wäre verkehrt, ihn von aller Schuld freizusprechen. Spekulative Ideen haben bei alledem mitgewirkt. Aber viel maßgebender war sein Kampf um die Erhaltung eines Vermögens, das ihm die Freiheit gewährleisten sollte und das – kein Mensch wußte es damals außer ihm – gefährdet war. In dieser ihm wesensfremden Welt spielte er eine Rolle, an die er im Innersten selbst nicht glaubte. Er besaß nicht die Fähigkeit des großen Kaufmannes, einen Verlust rechtzeitig zu erkennen, einzugestehen und – hinzunehmen, damit er nicht lawinenartig wächst. Sein jüngster Sohn sagte schon früh zu ihm, man solle sich mit solchen Geldsachen und Geschäften nicht befassen. Sie seien unproduktiv. Der Vater erwiderte: „Es ist mir ganz wurscht, ob ich eine Million verliere. Morgen gewinne ich sie wieder." Er hat selbst an diese Worte nicht geglaubt, er war in der eigensinnigen Überzeugung befangen, daß er all diese Schlachten schließlich doch gewinnen müßte.

Das Leben in dem großen Haus kostet sehr viel. Aber man heißt Diesel und ist jung. Und schließlich – es sind noch große Mittel da. Davon wird freilich viel benötigt werden. Denn Diesel will Schiffsmaschinen, die ersten Diesellokomotiven und Automotoren bauen, sobald die Dieselpatente abgelaufen sind und er ganz frei an seine eigene Erfindung heran kann. Und sind da nicht die Sulzers, die mit ihm arbeiten wollen, wenn die Maschinenfabrik Augsburg nicht will, die kühler geworden ist, seit neben Buz ein neuer Direktor, mit dem Diesel durchaus nicht harmoniert, großen Einfluß besitzt? Manche Verschiedenheit der Auffassung in einer Reihe grundsätzlicher Fragen führte im Laufe der Jahre zu Trübungen, und auch zwischen Buz und Diesel sind Verstimmungen aufgetreten. Diesel empfand dies als eine Tragödie. Bis an sein Lebensende hat er Buz verehrt.

WIE SICH der junge Diesel vorgenommen hatte, einen neuen Wärmemotor zu schaffen, so hatte er sich auch in den Kopf gesetzt, das soziale Problem zu lösen. Diesel blieb sein Leben lang überzeugt, daß die Zukunft unerhörte soziale Erschütterungen bringen würde.

Die endlose Flut der geschäftlichen und technischen Belastungen war in den ersten Jahren des neuen Jahrhunderts allmählich abgeebbt. Diesel las die großen volkswirtschaftlichen und sozialen Werke und stellte statistische Erhebungen an, und er schrieb ein Buch, zu dem er jahrzehntelang Beobachtungen und Notizen gesammelt hatte.

Das Werk heißt „Solidarismus – Natürliche wirtschaftliche Erlösung des Menschen", wobei unter „natürlich" offenbar „vernunftgemäß" gemeint ist. Es ist in zwei Bücher eingeteilt. Das erste Buch „Wesen, Organisation und Wirkung des Solidarismus" enthält, wenn man so will, die Theorie, in dem zweiten Buch „Die solidaristischen Verträge" gibt Diesel gleichsam die Konstruktion für die soziale Maschinerie an. Bis in alle Einzelheiten stellt er in fast siebzig Paragraphen den Volksvertrag und den Arbeitsvertrag auf. Er geht vom Begriff des Arbeitsproduktes aus und von dem, was für das Leben und die soziale Wohlfahrt des einzelnen erforderlich ist. Er erkennt die ungeheuren Fehler des kapitalistischen Wirtschaftssystems. Er hat durchaus richtige Einsichten in die Verteuerung des Lebens durch die Dazwischenschaltung des Kapitals und der Spekulation. Er ist ergriffen von der wirtschaftlichen Not und den Schwankungen der Konjunktur, welche die Existenz der Massen immer wieder bedrohen.

Vor allem aber war er von der Vorstellung bewegt, daß einmütiges Verhalten der Menschen, daß eine Durchleuchtung des ganzen sozialen Körpers der Völker mit den Gedanken der Solidarität, also der Einmütigkeit im Handeln und Wirken, zu überraschenden Ergebnissen führen müßte. „Dieses Neue, die Gleichsetzung des Eigeninteresses mit dem Gesamtinteresse nenne ich Solidarismus; ich verstehe aber darunter noch mehr, nämlich die gesamte wirtschaftliche Organisation, den gesamten sozialen Aufbau und seine materiellen und ethischen Consequenzen und die sozialen Verträge selbst, auf welche dieser soziale Aufbau sich gründet." Er vermied das Wort „sozialistisch", das damals einen

marxistischen Klang hatte. Er setzte an die Stelle des gesellschaftlichen Begriffes den ethisch höheren Begriff der Einmütigkeit des Handelns und Fühlens, des Dienstes von allen für alle.

Diesel hatte den Einfall, daß sich Pfennigbeträge, die von der
Masse aufgebracht werden, in kurzer Zeit zu Millionen, ja zu Mil-
liarden zu vermehren imstande sind. Er machte den Vorschlag,
daß jeder Volksgenosse jeden Tag nur einen Pfennig in diese
Kasse zahlen sollte, und er bewies, daß schon nach kurzer Zeit
aus diesen Beträgen die ersten selbständigen nichtkapitalisti-
schen Betriebe in Gang gebracht werden könnten. Er sieht aus
kleinem Anfang allmählich sich große solidaristische Betriebe
entwickeln, in der Industrie sowohl als auch in der Landwirt-
schaft. Er glaubt an eine unerhörte, durch „Solidarismus" hervor-
gerufene wirtschaftliche und kulturelle Blüte der Zukunft.

Aber in dem Buch fehlt das große Hauptstück, das wirklich die
sittlichen Kräfte des Solidarismus im Herzen des Menschen
lebendig zu machen vermocht hätte. Es fehlt die Psychologie der
Volksmasse, die Rücksichtnahme auf die gewachsenen geschichtlichen Kräfte, es fehlt die Kenntnis der Politik. Das Ganze wirkt,
obwohl seinem Wesen nach durchaus nicht konstruktiv, sondern
idealistisch und menschlich gemeint, doch konstruktiv, und der
einfache und im Grunde überzeugende wirtschaftliche Gedanke
tat daher auch so gut wie keine Wirkung.

Das Buch wurde 1903 in zehntausend Exemplaren gedruckt
und war sehr billig. Aber es wurden höchstens einige hundert verkauft. Es fehlte nicht an begeisterten und „freundlichen" Zustim-
mungen, weder an haßerfüllten Äußerungen noch an spöttischer
und gönnerhafter Kritik.

Diesel fing in seinem Büro den Solidarismus zu organisieren
an und gab viel Geld für die Sache aus. Er stellte einen jungen
idealistischen Volkswirtschaftler an, der die Presse beobachtete,
Kritiken ausschnitt, Korrespondenzen führte, Versammlungen besuchte. Eine Zeitlang schien sich eine beachtliche Wirkung einzu-
stellen. Die bürgerliche Gesellschaft fand Diesels Veröffentlichung
merkwürdig und sogar peinlich. Gewisse Arbeiterkreise horchten
auf. Aber gerade aus sozialistisch-marxistischen Kreisen kam
auch der Gegenwind, da ja eine der ersten Forderungen Diesels
die Bekämpfung des Klassenhasses und der Klassengegensätze

war. Die Sozialdemokraten witterten einen Angriff auf ihre besten Agitationswaffen. Auch wagte sich Diesel mit Vorträgen nie mit der gleichen Energie hervor, die er für den Motor aufgebracht hatte und immer noch aufbrachte. Er scheute sich vor Menschenmassen und Versammlungslokalen. Die große Bewegung, die Diesel sich erhofft hatte, blieb aus.

DIE DIESEL MOTOR COMPANY OF AMERICA hatte sich gut zu entwickeln begonnen. Adolphus Busch und Colonel Meier waren begeisterte und treue Freunde Diesels und seiner Sache geblieben. Diesel hatte das Bedürfnis, Amerika endlich kennenzulernen und zu sehen, wie es denn drüben mit seinen Motoren und der Technik überhaupt stand. Der unmittelbare Anlaß zu seiner ersten Amerikareise im Jahre 1904 aber war die Weltausstellung in St. Louis. Dort wohnte ja auch Adolphus Busch.

Rücksichtslosigkeit und eine zwischen Kultur und Unkultur merkwürdig wechselnde wilde und weite Atmosphäre schlug den Diesels in Amerika entgegen. Die Züge rasten mit höchster Geschwindigkeit über die Kreuzungen. Die Zeitungen meldeten zahllose Unfälle. Von Zeit zu Zeit sah man die Reste von Eisenbahnkatastrophen neben der Bahnlinie liegen. „Die amerikanischen Bahnen wollen von ihrer anerkannt schlechten Kuppelung nicht abgehen, weil bei den vielen Zusammenstößen und Unfällen die Wagen sich leicht trennen; die europ. Kuppelung würde, da sie die Wagen fest aneinander kettet, die Folgen der vielen Unfälle enorm vermehren." Aber die Wagen fuhren ruhiger als in Europa, Schienenstöße waren kaum zu spüren. Im übrigen war der Betrieb kolonial und roh. In den Rocky Mountains beobachtete Diesel an einem Zug, daß die Bremsbacken festhingen und rotglühend wurden.

DIESEL beobachtet die Jagd nach dem Dollar und stellt fest, daß es daneben kaum ein anderes Interesse gibt. Alles in Amerika sei unter dem Gesichtspunkt des Großkapitalismus zu betrachten. Nur Dinge, deren Anwendung Massenfabrikation und Großbetriebe und umfangreiches Geldverdienen ermöglichen, seien dort brauchbar. Erst wenn eine Erfindung zur Massenfabrikation reif sei, werde sie aufgenommen. Zum rasenden Tempo der Wirt-

1904 reiste Diesel zur Weltausstellung nach St. Louis erstmals in die USA.

schaftsmaschine stehen die tagelangen langweiligen Eisenbahn-
fahrten in seltsamem Gegensatz. Aber überall, wo es nur geht,
wirken die zeitsparenden Maschinen. Die Erbitterung über das
Großkapital, die Rockefellers und andere Milliardäre sei im Wachsen, stellt er fest.

Diesel fand eine andere amerikanische Welt vor, als er sie sich
vorgestellt hatte. Seine Sympathien wurden gewissen Belastungen ausgesetzt, aber durchaus nicht zerstört. Er sah auch die andere Seite, die Großzügigkeit der Einrichtungen, das frische Anpacken, die unmittelbare Herzlichkeit der Menschen.

In St. Louis war Diesel Gast bei Adolphus Busch. Die Dieselmotoren hatten Fortschritte gemacht. Aber das amerikanische
Leben war keineswegs auf Sparsamkeit eingestellt. Neben gewaltigen Ölmengen verfügte das Land auch über große Kohlen-
schätze. So handelte es sich weniger darum, Brennstoffe zu sparen, als mit möglichst billigen Maschinen zu arbeiten. Der
Dieselmotor konnte aber, wenn er zuverlässig sein sollte, nicht
billig gebaut werden. Die große Zeit des Dieselmotors in Amerika
begann erst kurz vor dem ersten Weltkrieg, vor allem infolge der
Vorteile des Motors für die Schiffahrt.

Am 8. November verließen die Diesels Amerika. Sie hatten die interessantesten Städte der Staaten und Kanadas, die Niagarafälle, den Yellowstone Park, Salt Lake City, San Francisco, den Mississippi mit seinen großen Heckraddampfern gesehen. Diesel hatte erkannt, welche Wege die technische Welt nehmen konnte. Vielleicht stammt von dieser Reise eine erste gewisse Skepsis gegenüber einer technischen Entwicklung, wie sie sich für die Zukunft des Planeten abzuzeichnen begann. Aber noch war er von der Idee des Fortschrittes erfüllt. Die Reise hatte ihn vor allem in technischer Hinsicht stark erregt. Aber er war zu ernst und zu deutsch-gewissenhaft, um nur enthusiastisch zu sein. Acht Jahre später kam er mit sehr viel mehr freudiger Anerkennung von Amerika zurück. Er hatte die Amerikaner in ihrer unmittelbaren Menschlichkeit näher kennengelernt.

1904 WAR Diesel mit seinen alten Freunden Gebrüder Sulzer in Winterthur wieder in technischen und geschäftlichen Gedankenaustausch getreten, und um die Jahresmitte kam es zu einer Vereinbarung. Vor allem war es Jakob Sulzer-Imhoof, mit dem er in eine zukunftsfrohe Arbeitsgemeinschaft trat. Sie sprachen über Schiffsmaschinen, Lokomotiven, über ein neues Motorsystem, das Diesel vorschwebte. Diesels Besuche in großen Werken häuften sich, er nahm an Aussprachen teil, die zur Gründung der Gesellschaft für Thermolokomotiven führten, einer Studiengesellschaft, die sich der Konstruktion und Entwicklung großer Diesellokomotiven widmete. Im Februar 1906 sprach man in Berliner Industriekreisen schon überall von der kommenden Motorlokomotive.

Die Annäherung zwischen Diesel und Sulzer wurde von anderen Firmen nicht gerade gern gesehen. Aber die Verhältnisse waren nicht mehr die gleichen wie zu der Zeit, in welcher die ersten Lizenzverträge geschlossen wurden. Alle Dieselfirmen waren ursprünglich zum Gedankenaustausch, zum Austausch von Konstruktionen und Erfindungen verpflichtet. Aber viele von ihnen gingen mit jedem Jahr, das verfloß, ihren Weg selbständiger. In den verschiedenen Ländern waren Leute am Werk, die auf ihre Weise den Dieselmotor förderten, Patente nahmen und sehr gute Konstruktionen zuwege brachten. Es ist verständlich, daß jeder seine Sache für die beste hielt und sie nicht gern andern zeigte. Augsburg hat am meisten hergegeben, und seine Konstruktionen wurden am Anfang von vielen Firmen, auch von Sulzers, benutzt. In diesen Jahren waren viele neue Abmachungen hinzugekommen, neue Firmen gegründet worden, wie die Diesel Engine Company in London, durch welche wiederum weitgehende Verschiebungen in der Lage eingetreten waren. Diesel war schließlich im Nachteil, denn er war mitten in diesem juristischen Dickicht von klaren und unklaren und sehr verschieden deutbaren Beziehungen zu verhältnismäßiger Untätigkeit verdammt. Man hatte damals hier und dort die Formel, daß Diesel ohnehin schon genug an der Sache verdient hätte und sich aus diesem Grund ruhig verhalten sollte. Das war natürlich eine starke Zumutung für einen ehrgeizigen und schöpferischen Mann.

Diesel hat immer wieder lebhafte Klage geführt über die Veränderung seines Verhältnisses zur MAN seit dem Auftreten des neuen Direktors, eines Juristen, der in der Erfindungszeit gar nicht dabeigewesen war. Diesel wollte frei werden. Er hat die MAN und Heinrich Buz darauf aufmerksam gemacht, daß die Verhältnisse, die zur Zeit der Vertragsabschließung galten, nicht mehr zutrafen. Diesel wollte zur technischen Arbeit am Motor zurückfinden, an der er auf Schritt und Tritt gehemmt war. Der MAN war die Bestrebung Diesels nach Auflösung oder Lockerung der bestehenden Verträge nicht willkommen. Aber sie scheint nicht den Vorschlag gemacht zu haben, Diesel wieder zu näherer Zusammenarbeit heranzuziehen.

Es kam 1906 zu einem Prozeß, den Diesel 1907 gewann. Er war damit aus dem wirren Rechtsknäuel früherer Zustände befreit. 1908 stellte er einen Konstrukteur an, allmählich wurden es mehrere. Hervorragende Leute arbeiteten in seinem Haus, und als die Patente frei geworden waren, dehnte sich das Büro immer mehr aus. Das ganze zweite Stockwerk der Villa wurde ein Konstruktionsbüro. Große Techniker und Industrielle aus aller Welt gingen im Haus ein und aus.

Es entstand eine große Menge von Konstruktionen und Plänen. Sie hatten fast alle das gemeinsame Kennzeichen, ihrer Zeit im Ziel weit vorauszuliegen. In Zusammenarbeit mit Sulzer und

Die erste Diesellokomotive fuhr 1913 von Berlin nach Magdeburg.

Klose entstand die Thermolokomotive, die erste Diesellokomotive, welche versuchte, den Fahrbetrieb der Dampflokomotive
nachzuahmen. Das war damals die schwierigste Konstruktions-
aufgabe des Maschinenbaus. Der doppeltwirkende Zweitaktmo-
tor arbeitete direkt wie eine Dampfmaschine auf die Kurbel der
Triebräder. Man bediente sich also nicht der Getriebe oder der
Elektrizität als Übertragung.

Die Lokomotive lief und wurde von der Preußischen Staats-
bahn übernommen, aber sie lief wie alle großen und kühnen Neu-
konstruktionen schlecht und recht. Im März 1913 fanden auf den
deutschen Bahnen immerhin erfolgreiche Probefahrten statt. Die
Lokomotive führte große Züge und erreichte Geschwindigkeiten
bis 100 km/h. Sie war selbstverständlich noch mit Kinderkrankheiten behaftet. Erst eine ganze Generation später gelang es der
Motorenfabrik Humboldt-Deutz, das Problem der Lösung näher-
zubringen.

In Diesels Büro konstruierte Heinrich Dechamps den ersten
brauchbaren kleinen Dieselmotor. Er lief gut und wurde auf
der Weltausstellung in Brüssel 1910 mit dem „Grand prix" aus-

gezeichnet. Wenige Exemplare dieses fünfpferdigen kleinen Maschinchens mit hoher Umdrehungszahl wurden auch nach einigen Ländern verkauft. Aber Diesel hatte in fremden Werken fabrizieren lassen müssen, wo nur ununterbrochene Anwesenheit bei der Maschine in der Werkstatt sie nach Jahren zur völligen Reife hätte bringen können. Es entstand auch der erste vierzylindrige Diesel-Automobilmotor der Welt. Er lief auf dem Probierstand, aber seine hohen Herstellungskosten und einige damals nicht zu überwindende technische Schwierigkeiten hinderten seine Einführung in den praktischen Fahrbetrieb. Später entstanden Zwei- und Viertaktschiffsmaschinen in französischen und belgischen Werken. Auch mit diesen Maschinen versuchte Diesel einen zu großen Sprung nach vorn. Alles in allem: Es war wieder eine Zeit stürmischen Vorwärtsdrängens, eines Experimentierens, eines Schaffens mit Erfolgen und mit Mißerfolgen. Diesel arbeitete bei vielen Werken mit vielen Zielen, statt an einem Ziel in einem großen Werk. Die acht Jahre, welche er ohne engste Zusammenarbeit mit einem solchen Werk hatte verbringen müssen und in welchen Tausende von Ingenieuren und Arbeitern viele Einzelheiten verbessert und zahllose Erfahrungen gesammelt hatten, waren auch durch großen Willenseinsatz nicht wieder einzuholen. Diese Einsicht hat meinem Vater gefehlt.

DIE IDEE des Autos hat Diesel von Anfang an ungemein gefesselt. Wohl das erste technische Werk, das ihn in dieser Hinsicht begeisterte, war der im Pariser technischen Museum aufbewahrte Cugnotsche Dampfwagen aus dem Jahr 1770. Wann mein Vater zum ersten Mal mit einem Benzinwagen gefahren ist, weiß ich nicht, vermute aber, in den neunziger Jahren. In den Korrespondenzen und Akten der Allgemeinen Gesellschaft spukte um die Jahrhundertwende mehrere Jahre lang der Dieselautomotor.

Im Jahre 1900 begegnete unserem Pferdefuhrwerk auf der Landstraße von Berchtesgaden nach Salzburg ein Automobil. Der Kutscher sprang vom Bock und hielt die Pferde. Vermummt, mit Brillen bewaffnet, leicht vornübergebeugt, vorsichtig und doch machtbewußt polterten diese Automobilisten an uns vorüber. Meine Mutter erfreute die Begegnung nicht. Mein Vater war sehr interessiert, aber offenbar über die Art dieser Erscheinung nicht sonderlich begeistert. Er schrieb mir von Paris, ob ich denn das Automobilrennen Paris–Wien verfolgte. „Der erste, der in Belfort ankam, hatte einen Stundendurchschnitt von über 100 km. Man erzielt also mit diesen wunderbaren kleinen Maschinen Resultate, welche die Eisenbahnen bisher vergeblich zu erreichen trachten. Das ist höchst erstaunlich." Im Juni 1904 wohnte er dem Gordon-Bennett-Rennen im Taunus bei. Am Tag vor dem Rennen schrieb er: „Alles ist schon voll von Automobilen. Jeder Windstoß bringt eine angenehme Benzinbrise."

Schon im Jahre 1905 hatten wir unser erstes Auto bekommen. Es war ein siebensitziger roter NAG-Wagen mit Kettenantrieb von zwanzig bis vierundzwanzig PS, womit man einen Reisedurchschnitt von dreißig bis fünfunddreißig Stundenkilometern erzielte. Die Anschaffung eines Automobils war damals ein entscheidender Vorgang. Ich glaube, daß fast ein Jahr lang von der Sache gesprochen worden war. Schließlich begründete mein Vater den Autokauf hauptsächlich damit, er müsse das Automobil gründlich kennenlernen, um den Diesel-Automotor bauen zu können.

Eine Reihe von Jahren hindurch reisten wir in jedem Sommer im Auto durch ein anderes Land. Wir erlebten die Landstraße, die vorbeirauschenden Bäume, die wechselnden Landschaften Deutschlands, Belgiens, Englands, Frankreichs, der Schweiz, Italiens. Wir lernten die Kraft der Maschine im Vergleich zum Gewicht des Wagens und zur Landstraße gefühlsmäßig abschätzen, lebten mit der Umdrehungszahl, mit dem Gashebel, dem Getriebe. Die Größenverhältnisse der Welt verschoben sich in uns, sie kamen in Beziehung zur Kraft der Maschine, zur Stellung des Gashebels, zum persönlichen Machtbewußtsein.

Vater Diesel beobachtete weniger instinkthaft als die jüngere Generation. Obwohl Schöpfer eines Motors, wurde er nie Chauffeur oder Automobilmechaniker. Seine Fahrweise war hart. Er hat sich nie am Steuer zurechtgefunden und gab das Fahren bald wieder auf. Wenn die Ventile der damals noch unvollkommenen Maschinen eingestellt werden mußten, dann dachte er zuviel nach. Er hatte zuviel Konstruktion und Mathematik im Kopf und gab dem Chauffeur zuweilen falsche Anweisungen. Ich könnte mir vorstellen, daß auch Gottlieb Daimler im Grunde nie ein Automobilist geworden ist. Äußerte er doch eines Tages, als man ihm vorschlug, einen rascheren Wagen zu bauen, die jetzigen Wagen mit fünfunddreißig Stundenkilometern seien ohnehin schon viel zu schnell! Automobile und Motoren aus dem wissenschaftlichen und technischen Geiste des neunzehnten Jahrhunderts zu erfinden und zu bauen ist etwas anderes, als Motoren und Automobile im Sinne des zwanzigsten Jahrhunderts zu steuern.

Am 15. September 1913, vierzehn Tage vor seinem Tode, schrieb Diesel seinem Schwager Hans Flasche, der bei Nobel in Petersburg als Motoringenieur tätig war, daß sein Schwiegersohn Arnold von Schmidt bei den Adlerwerken Versuche mit dem Fahrzeug-Dieselmotor machte. Die bisherigen Ergebnisse seien ermutigend. Wenn sich diese Versuche bewährten, dann könnte man endlich mit dem Diesel-Automobilmotor beginnen. „Wie Du weißt, hatte ich ja selbst früher schon einen vollständigen Automobilmotor gebaut [der heute sich im Deutschen Museum befindet] und der auch an der Unzuverlässigkeit der Brennstoffpumpe bzw. der Unmöglichkeit, die Brennstoffpumpe den schwierigen Betriebsverhältnissen anzupassen, scheiterte. Ich habe immer noch die feste Überzeugung, daß auch der Automobilmotor kommen wird, und dann betrachte ich meine Lebensaufgabe als beendigt."

DAS LEBEN im großen Haus ging weiter. Zuweilen gab es ein Ereignis, etwa einen Vortrag im Dieselhaus, bei dem die Münchner Gesellschaft und eine Königliche Hoheit erschienen, oder ein Fest, von dem man sprach. In der Familie erlebte man das Übliche an Freud und Leid, Krankheiten, Irrtümern, Torheiten; Fehlschläge in der Erziehung und der Laufbahn und Problemstellungen durch die Liebe.

Die einzige Tochter Hedy hatte 1909 den Ingenieur Arnold Freiherr von Schmidt geheiratet, der nach einiger Zeit seinen Wirkungskreis in der westfälischen Industrie verließ, um bei seinem Schwiegervater zu arbeiten. Der älteste Sohn Rudolf war schon seit seiner Kindheit die meiste Zeit außer Haus gewesen. Der jüngste Sohn, seit vielen Jahren mit diktatorischer

Selbstverständlichkeit zum Ingenieur bestimmt, ging gleich nach dem Abitur als Ingenieur-Volontär zu Sulzers nach Winterthur. Es gab Jahre, in denen das riesige Haus eigentlich nur vom Elternpaar bewohnt war.

Im Sommer 1911, als wir in einem Hotel in Perugia waren, bestand zwischen meinem Vater und mir eine gewisse seelische Spannung. Er fühlte, daß ich nicht einfach seine Bahn weitergehen und seine Pläne verwirklichen wollte. Ich aber wußte, daß sein Werk sich ohne mich genausogut erfüllen würde. Warum sollte auch ich Dieselmotoren bauen? Mich interessierte es viel mehr, das Zeitalter und die Wirkungen der Maschine zu beobachten, ich philosophierte, dichtete und fühlte Triebe in mir, denen ich nun einmal genauso verfallen war wie mein Vater dem Ingenieurtrieb.

Am Abend entlud sich in dem mit Palmen geschmückten Lichthof des Hotels ganz plötzlich die auf beiden Seiten angestaute Spannung. Es fielen nur wenige, aber blitzartige Worte. Irgendein kurzer Satz setzte meinen Vater in Flammen, und sein Gesichtsausdruck verwandelte sich auf eine Weise, die mir bis heute nachgeht. Plötzlich schwieg er, wandte sich von mir und meiner Mutter ab und ging einsam in die Nacht hinaus. Lange blieb er draußen.

DIESELS Ruhm wuchs zu Weltruhm an. Vor aller Augen offenbarte sich die Tatsache, daß vieltausendpferdige Maschinen gebaut werden konnten und die Seeschiffahrt damit in einen neuen Abschnitt der Entwicklung eintrat. Das erste große Ozeanmotorschiff der Welt, die dänische *Selandia* mit Maschinen von Burmeister und Wain in Kopenhagen, war Anfang 1912 in Dienst gestellt worden. Augsburg, Sulzer, Carels, Krupp, englische, französische, italienische Werke bauten Motoren für große und kleine Schiffe. Die französische Marine beeilte sich, den Dieselmotor für Unterseeboote zu entwickeln. Auf den großen russischen Strömen und auf dem Kaspischen Meer fuhren Motorschiffe mit Rädern und Schrauben. Die Welt begann unter dem Zeichen der Dieselmaschinen zu stehen. Nansens *Fram* war unter Amundsens Führung mit einem Dieselmotor zur Antarktis vorgedrungen. Gleichzeitig nahm die Anwendung des Motors auch zu Lande von Monat zu Monat zu. Schon 1906 war Diesel in Japan berühmt, und aus aller Welt reisten Ingenieure in Deutschland umher, um die Motoren zu studieren.

Ein freudiger Taumel hatte die technisch interessierte Menschheit ergriffen. Es gab feierliche Stapelläufe und Versuchsfahrten mit großen Ehrungen des Erfinders, und vom ersten großen Motorschiff in deutschem Besitz, der in Dänemark bei Burmeister und Wain gebauten *Christian X* der Hapag, erhielt Diesel am 6. Oktober 1912 das Telegramm: „Dem genialen Erfinder der Motoren des heimkehrenden Schiffes senden ehrfurchtsvolle Grüße Kapitän, Ingenieur und Offiziere." Eines Tages kam unangemeldet eine große Schar italienischer Studenten mit ihren Professoren in zahlreichen Wagen vor Diesels Haus gefahren und brachte dem Erfinder eine lebhafte Huldigung dar.

Ein großer Stamm von Diesel-Ingenieuren und Monteuren war allmählich in der ganzen Welt herangezogen worden. „Du glaubst nicht", schrieb Diesel im Januar 1910, „welcher Hexentanz jetzt mit diesen Motoren überall los ist. Ich kann hinkommen, wohin ich will, überall zeichnet, baut, construirt und verhandelt man über Dieselmotoren. Daß das zu einer Krisis führen wird, ist sicher. Manche werden den Hals dabei brechen." Der Motor wurde ein selbstverständlicher Begriff des allgemeinen Maschinenbaues, und es gab Leute, die gar nicht mehr wußten, daß der Name Diesel ursprünglich einem Menschen angehört hatte, die vielmehr meinten, er stellte einen technischen Begriff dar wie die Elektrizität oder der Dampf.

Die Zeitungen und Zeitschriften brachten zahlreiche Aufsätze über die Seeschiffahrt der Zukunft, wiesen auf den vervielfachten Fahrbereich des Motorschiffes hin, das, ohne ein Kilo Brennstoff aufzunehmen, anderthalbmal um die Welt fahren konnte, keinen Kessel benötigte, sofort ohne Anheizen fahrbereit war, einen Bruchteil des Raumes für die Maschine und ein Drittel der Bedienungsmannschaft eines Dampfschiffes beanspruchte. Zahllose Heizer würden von einem qualvollen Beruf erlöst werden. Man malte sich die Schlachtschiffe der Zukunft aus, schrieb Abhandlungen über „Dieselmotor und Seeherrschaft" und über die politische Bedeutung der Ölgebiete der Welt. Schon im Februar 1912 fand in Anwesenheit Diesels in Kiel der Stapellauf des größten

Panzerschiffes der deutschen Flotte, der *Prinzregent Luitpold,*
statt, von deren drei Maschinen eine, die sogenannte Marschma-
schine, ein Motor der MAN werden sollte. Ein englischer Schiffbauer äußerte, daß der Dieselmotor die größte, die Schiffahrt
beeinflussende Erfindung darstelle, seit das erste Dampfschiff
seine epochemachende Laufbahn begann.

Um die Mitte des Jahres 1912 erreichte die Zahl der in der
ganzen Welt arbeitenden oder im Bau befindlichen Dieselmotor-
pferdekräfte etwa 1 720 000 PS. Davon entfielen auf Deutschland
ungefähr 774 000 PS. Bei einem Umsatzpreis von 250 Mark pro
PS ergab sich damals schon eine durch den Dieselmotor umge-
setzte Summe von 430 Millionen Mark. Zu Ende des Jahres wird
sich die Anzahl der Pferdekräfte schon der zweiten Million
genähert haben. Ein Jahr vor Diesels Tod haben sich ungefähr
hundert Maschinenfabriken der ganzen Welt mit dem Bau von
Dieselmotoren befaßt, und 1913 waren mehrere hundert Seeschiffe mit Motoren ausgerüstet.

IN DIESEN Jahren nahm Diesel an zahlreichen Veranstaltungen
der Technik, der Wissenschaft und des Schiffbaus teil, hielt Vorträge, saß an der Tafel von Fürsten und Königen. Überall wurde
er gefeiert. Bei einem überfüllten Vortrag vor den englischen
Schiffbauern 1911 wurde er schon während seines Eintritts in
den Saal frenetisch begrüßt. Bei seinem Schlußwort sagte der
Präsident, die englischen Schiffbauer hätten erst jetzt erfahren,
was ihnen bevorstünde. Bei einer anderen Versammlung im gleichen Jahre hieß es: „Es entstand eine Art von milder Sensation,
als Dr. Diesel aufgerufen wurde . . . Dr. Diesel begab sich schnell
zum Rednerpult und gewann sofort das Ohr der Hörerschaft
durch die ruhige Art und die behutsamen Feststellungen des Wis-
senschaftlers, eines Mannes der Tat eher als eines Redners." Er
wurde beim Bankett neben den großen Dampfturbinenkonstruk-
teur Parsons gesetzt, „Schiffsmotor neben Schiffsturbine", was
die große technische Auseinandersetzung symbolisierte, welche
die beiden Systeme darstellten, über deren Aussichten, Ergebnisse, Vorteile und Nachteile auf dem Kongreß hauptsächlich
debattiert wurde.

Bei der Weltausstellung in Turin 1911 gehörte Diesel zur Jury.

Als er auf der Ausstellung auftauchte, wurde er mit den Worten begrüßt, daß kein anderer Name in der technischen Welt so bekannt sei, worauf die ganze Versammlung stürmisch applaudierte. Ein Redner meinte, das historische Merkmal der Ausstellung sei der Motor Diesels. Man nannte ihn einen Fürsten des Geistes. Er wurde mit einem Orden ausgezeichnet, den er, wie seine anderen Orden, fast nie trug.

Im Verein Deutscher Ingenieure setzte er sich für die Steigerung des Ansehens des deutschen Ingenieurs ein. Er hat immer sehr darunter gelitten, daß der Ingenieur in Deutschland im allgemeinen nicht das gleiche gesellschaftliche Ansehen besaß wie andere Berufe, wie der Offizier und der Jurist. Er war auch einer derjenigen, welche erfolgreich auf die wirtschaftspolitische Schulung und Erziehung des Ingenieurs Einfluß nahmen.

IM FRÜHJAHR 1910 reiste Diesel mit seiner Frau nach Rußland. Ihm schwebte vor, mit Nobel zu einem Arbeitsabkommen zu gelangen. Die Reise war reich an Eindrücken, Begegnungen und Ehrungen. Vor allem lernten die Diesels bei den Nobels in Sankt Petersburg, bei Spieß und Wogau in Moskau das russische Leben auf die „breiteste" Weise kennen. In beiden Städten wurde Diesel nach seinen Vorträgen von Ingenieuren umjubelt. Zu geschäftlichen Ergebnissen hat die Reise allerdings nicht geführt.

Hingegen kam es Ende 1910 zu einer Vereinbarung zwischen Busch, Sulzer und Diesel. Die Zeiten waren anders geworden. Im Frühjahr 1901 hatten die Amerikaner den Dieselmotor in tiefer Enttäuschung verlassen wollen. Diesel rang damals zäh um die Erhaltung des amerikanischen Unternehmens, und seinem Eingreifen ist wahrscheinlich die Rettung der ersten Zelle des amerikanischen Dieselmotorbaus zu danken. Sieben bis acht Jahre später hatte sich der Dieselmotor in der ganzen Welt so ausgebreitet, daß die alte Diesel Motor Company of America sich zur Fabrikation in großem Maßstab entschloß. Busch verband sich mit Sulzers, die ihr Ansehen und ihre Erfahrungen in das Unternehmen einbrachten, und mit Diesel, der sich in Amerika ausschließlich an diese neue Gesellschaft band. Er bekam dafür Aktien, die aber bis zu seinem Tod keine Dividenden abwarfen. Das neue Unternehmen erhielt den Namen Busch-Sulzer

Bros.-Diesel-Engine Co., und in St. Louis sollte eine große Fabrik gebaut werden. Adolphus Busch schickte am 31. Dezember 1910 ein enthusiastisches Glückwunschtelegramm zur neuen Gründung aus Pasadena in Kalifornien nach Berchtesgaden an Rudolf Diesel.

DAS TÖDLICHE Geschwür am Dieselschen Vermögen waren die Bauplätze und der zweifelhafte Häuserbesitz. Wäre Diesel fähig gewesen, die schweren unverschuldeten Verluste aus dem ersten großen Grundstücksgeschäft hinzunehmen, so hätte er sich langsam aus den Verstrickungen lösen können. Aber das Bewußtsein seines Rechts, zu dem ihm die Gerichte nicht hatten verhelfen können, machte ihn zu einer Art von Michael Kohlhaas.

Eines Tages im Jahr 1908 sah er plötzlich die Möglichkeit, gegen die verhaßte Grundstücksgesellschaft einen furchtbaren Schlag zu führen. Es zeigte sich nämlich, daß ein Kaufvertrag zwischen der Heilmannschen Immobiliengesellschaft und der von dieser gegründeten Terraingesellschaft Gräfelfing angefochten werden konnte. Große Juristen gaben ein Gutachten ab, wonach dieser Vertrag nichtig war. Derjenige, der in den Besitz der Gräfelfinger Aktien gelangte, schien in der Lage zu sein, die Heilmannsche Immobiliengesellschaft zu sprengen. Sie hätte unter Umständen etwa zwei Millionen Mark zahlen müssen.

Diesel erwarb die Aktien und leitete den Prozeß ein. Zwei Jahre wurde prozessiert. Diesel gewann in der zweiten Instanz, verlor aber vor dem Reichsgericht. Das Gutachten der Juristen hatte eben doch nicht gestimmt. Neue schwere Verluste waren die Folge.

Als im Juni 1910 die Nachricht von der Entscheidung des Reichsgerichtes eintraf, schien mein Vater gelassen und kalt, aber ich sah ihm die Erschütterung und Sorge an. Er war plötzlich um eine große Summe ärmer, und das Vermögen war noch undurchsichtiger und komplizierter geworden. Die Lawine begann zu rollen.

Nach dem Gräfelfinger Prozeß bestand fast das ganze Vermögen aus zweifelhaften Werten. Natürlich kamen von hier und dort Zinsen und Dividenden, Einnahmen aus dem einen oder anderen Vertrag, was aber über die wahre Lage hinwegtäuschte. In den folgenden Jahren lebte Diesel in schweren Sorgen und war dann wieder aufgepeitscht durch Hoffnungen und finanzielle Erfolge. Um 1910 äußerte er: „Nur noch etwas Geduld und eine Zeit harter Arbeit, dann kommen schöne Tage und Erfolge für unser Alter und eine schöne Zukunft für unsere Kinder."

Diesel nahm auf sein bisher unbelastetes Haus Hypotheken auf und veräußerte allmählich den Restbestand seiner Wertpapiere, um zu Bargeld zu kommen. Und nun kam die verhängnisvolle Wendung. Es stellte sich der Zwang ein, Geld verdienen zu müssen, ehe die Früchte des neuen technischen und geschäftlichen Aufbaues geerntet werden konnten. Dieser brachte gewisse Summen. Aber was waren sie gegen die Gelderfordernisse in seiner Lage? Sein Vermögen war wenig flüssig und verursachte große Verwaltungskosten, stand aber immer noch mit gewaltigen Werten zu Buche, wofür hohe Steuern aufgebracht werden mußten. Diesel gab sich Mühe, das Vermögen wieder ertragreicher zu gestalten. Bis etwa ein Jahr vor seinem Tod glaubte er daran, daß er wieder vor großem Reichtum stand, und gewisse Anzeichen deuten darauf hin, daß dieser Glaube noch bis zum Frühjahr 1913 nicht völlig erschüttert war.

Bis zur Reifeprüfung hatte ich nur daran gedacht, Ingenieur zu werden. Gegen alle anderen Berufe hatte mein Vater Einwendungen, die mir schon das Nachdenken darüber, ob ich einen von ihnen ergreifen sollte, versperrten. Er wiederholte den Fehler vieler Väter, zu glauben, daß ihre Söhne dazu da seien, ihre inneren Wunschbilder zu erfüllen.

1908 und 1909 sah ich als Volontär die Sulzerschen Werkstätten mit Dieselmotoren angefüllt. Ich war selbständig, eigenwillig und fühlte das Vorbild meines Vaters auf mir lasten, der mich obendrein auf die soziale Frage aufmerksam gemacht hatte. Da waren Tausende von Arbeitern in der Fabrik, und die sozialen Spannungen waren sehr wohl zu spüren. Mein Vater hatte mir gesagt, daß der Zustand der Arbeiter nicht richtig wäre, und ich fand seine Ansicht bestätigt. Abends nach zehneinhalbstündiger Fabrikzeit las ich Goethe und den Geographen Friedrich Ratzel. Dichtung, Philosophie, Geographie nahmen Besitz von meiner Seele. Nach einem guten halben Jahr schrieb ich meinem Vater, daß ich nicht Ingenieur, sondern Geograph werden wollte. Das war sicher ein Stoß in sein Herz. Noch aber hielt er das für jugendliche und vorübergehende Unerfahrenheit. Er schrieb mir liebevoll, suchte meine Zweifel zu zerstreuen, und eines Tages sagte er, mir wäre das Leben in der Fabrik wohl zu schwer. Da blieb mir nichts anderes übrig, als das Jahr durchzumachen. Ich beobachtete die Maschinen und die Menschen, freilich anders, als mein Vater sie beobachtet hatte. Der schriftstellerische Trieb begann in mir zu wüten.

Das dann beginnende Studium an der Technischen Hochschule mißfiel mir sehr. Es war mir unmöglich, meinen Geist in die Schienen der Mathematik und der Mechanik zu zwingen und die unkünstlerische Luft der Technischen Hochschule zu atmen. An der Universität fand ich viel mehr Leute, mit denen ich mich unterhalten konnte. Ich hörte dort ebenso viele Vorlesungen wie an der Technischen Hochschule und verzettelte mich.

Ich wollte umsatteln, aber mein Vater begann von Examensfurcht zu sprechen. Wiederum blieb mir nichts anderes übrig, als dieses Examen zu bestehen. Es kam zu quälenden Aussprachen. Wir waren beide ratlos; ich, weil ich trotz allem die Technik und meinen Vater liebte, der Vater, weil er seinen Ratschlag von dem Gesichtspunkt aus gab, daß der Sohn eben ein unreifer Mensch sei und zu guter Letzt doch einsehen würde, daß er sich für die Technik zu entscheiden habe. Hatte mein Vater doch mit Liebe und unendlichem Eifer ein Geschäft aufgebaut, das vor allem für mich bestimmt war. Er entdeckte, daß ich schrieb und dichtete, und sagte: „Es gibt genug Kunst in der Welt." Ich wollte erwidern: Es gibt genug Maschinen in der Welt, aber ich schwieg.

Schließlich, nach dem Vorexamen an der Technischen Hochschule, erklärte ich, in einem Augenblick, als mein Vater glaubte, die Schlacht gewonnen zu haben, im Frühjahr 1912, daß ich nicht mehr mitmachen und Geologie studieren wollte. Geographie traute ich mich nicht zu sagen. Das war ein allzu brotloser Beruf. Bei Geologie konnte ich vorschützen, daß ich mich dem Studium der Ölfelder zuwenden wollte. Im Grunde wollte ich nur Zeit gewinnen.

Die Auseinandersetzung war nicht heftig, aber seelisch für beide Teile furchtbar. Ich hatte seit jenen Tagen des Einzuges in unser Haus, als ich den Eid geleistet hatte, Ingenieur zu werden, unter diesem Zwang gelebt. Mein Vater hielt mir vor, ich hätte mich immer mit Technik beschäftigt, es sei von nichts anderem die Rede gewesen. Als ich ihm erwiderte, er hätte mich als Zwölfjährigen schwören lassen, Ingenieur zu werden, sagte er überrascht und in leicht ironischem Ton: „Oh, so etwas ist mir nie eingefallen. Das hast du dir eingebildet." Ich war wie vom Donner gerührt. Jedenfalls war ich nun von dem Eid entbunden.

Nachdem mein Vater sich in den folgenden Monaten von der Festigkeit meines Entschlusses überzeugt hatte, fing er an, sein großes Büro langsam auszuräumen. Er wird Angst um meine Zukunft gehabt haben, und meine Absage hat sicherlich seine Schwermut vermehrt.

AM 26. MÄRZ 1912 reiste Diesel mit seiner Frau zum zweiten Mal nach Amerika. Rudolf Diesel junior lebte damals jung verheiratet in New York. Die 1910 neu gegründete Busch-Sulzer Bros.- Diesel-Engine Co. wollte jetzt mit dem Bau einer neuen Fabrik in St. Louis beginnen. Es lag nahe, Diesel eine große Propagandafahrt für den Dieselmotor durch die Staaten unternehmen zu lassen. Die Reise war gut vorbereitet und löste in Amerika eine Art von Diesel-Enthusiasmus aus. Während seines ganzen Aufenthaltes in den Staaten wurde Diesel von Zeitungsreportern verfolgt. Immer standen sie in den Hallen der Hotels und überfielen ihn mit Fragen und Fotoapparaten. Zahllose Industrielle und Gelehrte suchten ihn auf. Die Zeitungen waren voller Schlagzeilen über den Beginn eines neuen Ölzeitalters nach dem Kohlenzeitalter, über den deutschen Erfinder, der mit seinem Ölmotor die Dampfmaschine verdrängte und das Ende des Dampfzeitalters und der Dampfschiffe voraussagte, über die kommenden Dieselautomobile, die großen Seeschiffe, die schon mit Dieselmotoren betrieben wurden, über die Motorschlachtschiffe der Zukunft.

Diesel hielt in der Society of Mechanical Engineers in New York, zu deren Ehrenmitglied er ernannt wurde, einen Vortrag über die Entstehungsgeschichte und den Stand der Dieselindustrie, den er dann in verschiedenen Städten wiederholte. Er reiste zur Marineakademie in Annapolis. Er kam in die Universitätsstadt Ithaka, wo ihn die Professoren und Studenten nicht nur als großen Erfinder umjubelten, sondern ihm auch herzliche amerikanische Gastfreundschaft entgegenbrachten.

In St. Louis, wo Diesel seine Freunde Adolphus Busch und Colonel Meier traf, fand zunächst eine Aufsichtsratssitzung statt. Dann hielt er in einer großen Kirche seinen Vortrag, wobei er den St. Louisern zurief, ihre Stadt müßte ein Maschinenzentrum ersten Ranges werden. Auf dem Baugelände des neuen Werkes tat er den ersten Spatenstich.

Bemerkenswert war das Zusammentreffen zwischen Diesel und Edison am 6. Mai 1912 in Orange City, dem Wohnsitz Edisons. Edison hatte im Januar öffentlich erklärt, daß die Ausbreitung und Verbesserung des Dieselmotors während des Jahres 1911 eine der größten Taten der Menschheit in diesem Jahr gewesen sei. Edison begrüßte die Diesels in schlichter Kleidung und nahm mit ihnen in seinem Arbeitsraum ein einfaches Frühstück ein. Sein Haus bestand aus zwei niedrigen Stockwerken und war im wesentlichen nur ein Riesenraum, in dem sich alles befand, was er für seine Tätigkeit benötigte. Rings an den Wänden waren unterhalb der Fenster hölzerne Kammern eingebaut, in deren einer Edison auf einem schmalen Feldbett schlief. In der Mitte des Riesenraumes waren Arbeits- und Schreibtische, viele Gestelle und Regale mit physikalischen Instrumenten. Das Ganze wirkte wie ein weites Arbeitsfeld. Edison gab Diesel auch Einblick in die Organisierung seines Erfindens. So wollte er durch Kollektivarbeit vieler Physiker nach systematischen Gesichtspunkten einen neuen leichten Akkumulator schaffen.

Auf dieser Reise hat Diesel Tausenden von Menschen die Hände gedrückt, Vorträge gehalten, Gesellschaften mitgemacht, technische Konferenzen über den Motor und seine Anwendung auf Schiffen und Lokomotiven abgehalten. Er freute sich über die aufrichtige Begeisterung und tröstete sich damit über die mannigfachen Widerstände in seiner Heimat, unter denen er sehr litt.

In New York versuchte ein großer Industrieller, Diesel seinen Freunden in St. Louis abspenstig zu machen. Er sollte unter Preisgabe der Busch-Sulzer-Diesel Co. jedes Jahr sechs Monate in den Staaten verbringen und eine große Dieselindustrie aufbauen. Selbst für amerikanische Begriffe war das angebotene Jahreseinkommen sehr bedeutend, aber Diesel lehnte wegen der bestehenden Verträge und seines Freundschaftsverhältnisses zu Busch das Anerbieten ab. Trotzdem drangen falsche Gerüchte in die Welt und wurden von einem Direktor der Busch-Fabrik zu bösen Intrigen gegen Diesel benutzt.

DER ZWANG, rasch Geld verdienen zu müssen, ließ Diesel verhängnisvolle Fehler begehen. Er war zu stolz und eigenwillig, mit großen Banken und ehrenhaften Geldleuten die Lage durchzusprechen und sofort die richtigen Maßnahmen Zug um Zug zu ergreifen, was ihm ein großes Vermögen hätte erhalten können. Statt dessen ließ er sich, um rascher Geld zu verdienen, in spekulative Geschäfte reißen, die ihm ganz wesensfremd waren. Er gründete zum Beispiel eine Gesellschaft für Elektromobile in München, die zu Verlusten führte. Es sickerte durch, daß er ein Mann war, der nach neuen Geldanlagen suchte, und der entsprechende Besuch ließ nicht lange auf sich warten. Da kam ein Mann, der ein großes Lotteriegeschäft in München besaß, das ausschließlich dem katholischen Kirchenbau diente. Wieder war es der jüngste Sohn, der meinte, daß solche Geschäfte nicht gutgehen könnten, da es sich um ein katholisches Unternehmen handelte und wir doch Protestanten waren. Aber der Mann, der dies Geschäft anbot, scheute nicht davor zurück, Diesel anzuflehen, er möge ihn retten, denn er habe sich zu einem Manöver verleiten lassen, das ihn ins Unglück reißen mußte. Wenn ihm aber geholfen würde, so könnte er Diesel großen Gewinn verschaffen. Eine Mischung von Mitleid und Hoffnung auf großen Verdienst bewog Diesel zum Eingreifen. Aber das Geschäft wurde eine Enttäuschung. Dieser Mann, den Diesel gerettet hatte, gründete unter juristischen Vorwänden und Ausflüchten plötzlich ein neues Geschäft und nahm sämtliche Kirchenbausachen mit zu sich hinüber. Das Dieselsche Geld – 167 678 Mark – war verloren. Der Mann hatte seinem Helfer und Retter einen Tritt versetzt und damit wahrscheinlich auch den letzten Anlaß zu seinem Tod gegeben.

Als dies Unglück bekannt wurde, saßen wir beim Frühstück in unserem mahagonigetäfelten Eßzimmer. Mein Vater wurde kreidebleich. Im übrigen kam, wie es zu gehen pflegt, das Unglück nicht allein. An demselben Morgen müssen auch andere Nachrichten gekommen sein, die alle in die Richtung eines furchtbaren finanziellen Zusammenbruchs wiesen. Aber der Familie wurde das damals nicht klar. Wir wußten zwar, daß wir Verluste erlitten hatten. Aber da stand das Haus, da lief das Büro, der Vater war uns als ein umsichtiger Mann erschienen. Überhaupt ist es bezeichnend für das komplizierte Gefüge seiner Seele, daß er, der ehrenhafte, in Geldsachen peinliche und moralische Zuverlässigkeit als höchstes Gut empfindende Mann sich in jene spekulativen Geschäfte hatte reißen lassen. Ein tragisches Schicksal hat Diesel in seinen letzten Jahren dazu gebracht, im Lebenskampf mit Waffen zu kämpfen, die ihm nicht angemessen waren. Ein englischer Freund stand nach seinem Tod vor einem völligen Rätsel. Er äußerte unter anderem: „Etwas Bezaubernderes als sein privates Leben kann ich mir gar nicht vorstellen. Er war einer der glücklichsten Menschen, die ich je getroffen habe. Er war sehr ausgewogen und schien die deutsche Gründlichkeit mit dem Takt und der Kultur Frankreichs zu verbinden . . . Die Maßstäbe für seine Lebensführung schienen geistige Haltung und moralische Geradheit zu sein, und auch bei den andern erwartete er etwas Derartiges. Er hatte keine Spur von Snobistischem oder Gewöhnlichem an sich."

Zu einer Zeit, als Diesel noch völlig überzeugt war, wieder reich zu werden, hatte er bei einem Verwandten und einem Freund Kredite aufgenommen. Als er schließlich in der sich plötzlich überstürzenden finanziellen Entwicklung keine Möglichkeit mehr sah, in absehbarer Zeit dieses Geld zurückzuzahlen, fiel meiner Überzeugung nach die Entscheidung für sein tragisches Ende. Alles andere hätte er ertragen – doch niemals, seine Lage eingestehen und die Rückzahlung des Geldes vertagen zu müssen.

Etwa ein halbes Jahr muß Diesel in einer Art von Hölle gelebt haben. Vorher war es noch ein Schwanken zwischen großen Hoffnungen und niederdrückenden Sorgen gewesen.

1913
Das Ende

Den Freunden begann aufzufallen, daß Diesel nicht mehr der alte war. Ein Berliner Freund traf ihn in Südtirol und erhielt von ihm den Eindruck eines mit schweren Sorgen ringenden

Mannes. Diesel schloß seinen Gram in sich ein. Einmal sagte er zu mir: „Was geht mich das an, was nach mir sein wird. *Après moi le déluge.*" Aber das war ein Selbstbetrug, denn es war ihm durchaus nicht gleich. Wiederholt warnte er seine Kinder vor der Annahme, einmal viel Geld zu erben. Er stand mit mir vor den Dolomiten und sagte: „Man beginnt Abschied zu nehmen von den schönen Gegenden der Welt."

Im Frühjahr 1913 reiste Diesel mit seiner Frau nach Sizilien, das er noch nicht kannte. Er genoß Landschaft, Kultur, Geschichte. Diese Reise verlief besonders schön und harmonisch, und seine Lebensgefährtin hat nicht in den Zustand seiner Seele zu blicken vermocht. Für sie war diese Fahrt noch einer der Höhepunkte ihres Daseins.

Auf Sizilien erhielt Diesel die Schrift „Beiträge zur Geschichte des Dieselmotors" von Paul Meyer, einem Ingenieur, der mit ihm in den Jahren um 1899 gearbeitet hatte. Dies kleine Werk bemüht sich auf ehrliche und sachliche Weise, der geschichtlichen Wahrheit und der Person Diesels gerecht zu werden, und erörtert die Abweichungen des verwirklichten Motors von Diesels Theorien. Aber der Standort, von dem aus Meyer die Dinge sah, war nicht der Diesels, in dessen Seele ein ganz anderes Bild der Vorgänge stand, die er bis 1897 fast ganz allein erlebt hatte. Er war auch in einer Gemütsverfassung, in der ihn jegliche, noch so objektive Kritik quälte.

Auf der Rückreise über Rom, Neapel und Capri äußerte er: „Hier können wir Abschied nehmen, das sehen wir kaum wieder." Zum Verlobungstag am 2. Mai schrieb er meiner Mutter: „Schön wars, schön solls bleiben bis zum Ende" und versicherte sie dann in ergreifenden Worten seiner Liebe.

WÄHREND des Siegeszuges des Dieselmotors in der ganzen Welt war viel Feindschaft, Kritik, Mißgunst aufgerührt worden. Alles, was an Diesel fehlerhaft war oder wo er sich geirrt hatte, wurde von gewissen Leuten so scharf und grausam wie möglich beleuchtet. Zu der Last, welche Diesel damals zu tragen hatte, kam noch das Bewußtsein, daß man beabsichtigte, ihn um die Ehre seines technischen Namens zu bringen. Er wußte, daß der achtundsiebzigjährige Hagestolz, Professor Johannes Lüders, seit fast zwanzig

Jahren vom Dieselhaß geschüttelt, eine Schrift „Der Dieselmythus" vorbereitete, die an Unsachlichkeit, Hohn und Verachtung alles Bisherige überbieten würde. Ehe die Schrift erschien, gab der Verlag einen Prospekt heraus, der Diesel zugeschickt wurde. Diesel zeigte sich nach außen hin kalt, aber seine Qual wurde vergrößert.

Er fragte bei Leuten, welche die Verhältnisse übersahen, an, was es mit diesem Lüders für eine Bewandtnis habe, über den er selbst schon vor dreizehn Jahren geschrieben hatte: „Lüders Veröffentlichungen sind gehässig aus Prinzip." Er erhielt unter anderem folgende Antwort: „Lüders ist von jeher ein Krakehler ersten Ranges gewesen, der keine Gelegenheit vorübergehen läßt, wo er sein Gift loswerden könnte . . . Antworten Sie, wenn Lüders Sie angreift, überhaupt nicht. Kein Mensch kümmert sich heute noch um Herrn Lüders und weiß etwas von ihm . . . Er ist unzweifelhaft ein wissenschaftlich außerordentlich gebildeter Mann und ein kluger Kopf, bei allen Meinungsverschiedenheiten ein subjektiv denkender, mit Vernunftgründen nie zu überzeugender und oft bis zu Böswilligkeit halsstarriger Gegner . . . Lüders hat sich von jeher durch eine unglaubliche Zähigkeit bei seinen Streitereien ausgezeichnet, so daß man am besten tut, sie von vornherein mit Stillschweigen zu übergehen, da er bei einem Wortwechsel, sei er schriftlich oder mündlich, stets das letzte Wort behält."

Was Lüders bewogen haben mag, jahrzehntelang mit einem fanatischen Haß gegen Diesel aufzutreten und als fast achtzigjähriger Mann seine Lebensarbeit mit diesem ehrabschneiderischen Pamphlet zu beschließen, das selbst Diesels Gegnern peinlich war, ist ein interessantes psychologisches Problem. Seine verschachtelten, pedantischen Sätze, sein Versuch, eine erfinderische Tätigkeit, die er gar nicht miterlebt hatte und deren inneres Wesen ihm fremd blieb, mit seinem greisenhaften Schullehrerverstand zu maßregeln, lassen auf einen einzigartig verknöcherten Menschen schließen, dessen Element die Schmähsucht war. Er wollte offenbar verhindern, daß in Zukunft noch einmal eine erfolgreiche Erfindung gemacht würde, die nicht vorher die Zensur eines Professors hatte.

Das Buch erschien nach Diesels Tod. Lüders konnte es nicht unterlassen, sein Pamphlet mit einigen hämischen Bemerkungen über diesen Tod abzuschließen.

ICH HATTE die Ingenieurlaufbahn aufgegeben und begonnen, Geologie zu studieren. Das Verhältnis zwischen meinem Vater und mir war menschlich nicht getrübt worden, er war nicht nachtragend, aber es lag von nun an über ihm etwas wie Trauer oder Entsagung und über mir eine gewisse Scheu. Sicher machte er sich auch Sorgen um die Zukunft seines Sohnes. Er konnte ihm ja nichts hinterlassen als einen großen technischen Namen und zahllose Beziehungen. Diesels Kapital anzunehmen hatte der Sohn verschmäht. Für seine eigene Laufbahn hatte Diesel jede Unselbständigkeit von sich gewiesen; er sprach verächtlich von den „gemachten Betten". Aber bei seinem Sohn hielt er Stolz für töricht. Diesels Anschauung vom Lebenszuschnitt hatte sich unter dem Eindruck seines Erfolges so verändert, daß er sich seinen Sohn als einen Gelehrten oder Schriftsteller doch nur als einen armseligen Schlucker vorzustellen vermochte.

Wir waren gewöhnt, viel vom Dieselmotor zu sprechen. Nun trat die gespenstische Lage auf, daß ich auch nach meiner Flucht vor dem väterlichen Beruf mit ihm immer wieder über seine Maschine sprach, und das um so mehr, als eine gewisse Befangenheit uns beide hinderte, von anderen Dingen zu sprechen. Mit Hilfe des altgewohnten sachlichen Themas überbrückten wir die Befangenheit am besten. Mein Vater litt bei alledem sicherlich noch mehr als ich.

Im Spätfrühjahr 1913 ereignete sich ein Vorfall, der mich ein wenig befremdete und zugleich erfreute. Eines Tages sagte mein Vater zu mir: „Du hast umgesattelt und Zeit verloren. Ich gebe dir für die Beendigung deines Studiums zehntausend Mark. Mit diesem Geld mußt du deine Studien beenden und dir eine Stellung in der Praxis suchen. Von dann an kann ich nichts mehr für dich tun." Er überreichte mir einen Scheck über zehntausend Mark auf die Dresdner Bank und befahl mir, damit ein Konto bei der Reichsbank in München zu eröffnen, auf keinen Fall aber zu einer anderen Bank zu gehen.

Das berührte mich seltsam. Ganz ernst konnte ich den Vorfall nicht nehmen. Da stand ja das reiche Haus, und wenn wir schon Verluste erlitten hatten, Gelder waren wohl noch da. Aber mein Vater meinte es, wie es sich später herausstellte, bitterernst. Gelegentliche andere Hinweise, wie „meine Vermögensverhältnisse sind nicht so, wie du glaubst. Ich und Mama können zwar sehr schön leben, beabsichtigen es auch bis an unser Lebensende zu tun, aber bildet euch nicht ein, daß ihr ein wesentliches Vermögen erbt, und wenn trotz allem einmal noch viel Geld kommen sollte, dann erbt nicht ihr das Geld, dann mache ich eine große soziale Stiftung", hatte ich nur mit halbem Ohr zur Kenntnis genommen. Wohl war mir freilich bei alledem nicht gewesen.

Ich ging mit meinem Scheck zur Dresdner Bank und bekam die zehntausend Mark ausgezahlt. So viel Geld hatte ich noch nie in der Hand gehabt. Ich ging damit zur Reichsbank. Aus irgendeinem Grund – sei es, daß die Schalter nicht geöffnet waren oder ich mich von einer Unhöflichkeit schrecken ließ – kam ich nicht dazu, dort das Konto zu eröffnen, und ging daher mit meinem Geld zur Bayerischen Hypotheken- und Wechselbank, die in meinen Augen genauso gut war wie die Reichsbank. Ich sehe heute noch das ärgerliche Gesicht meines Vaters, als ich ihm berichtete, daß ich das Konto bei der Bayerischen Hypotheken- und Wechselbank eröffnet hatte. Ich begriff nicht, warum ein Student sein Konto unbedingt bei der Reichsbank haben sollte. Später verstand ich es, denn mit der Reichsbank hatte mein Vater keinerlei Geschäfte gehabt.

Um die gleiche Zeit übermachte meinem Freund Karl Max von Barth sein Vater einen beträchtlichen Teil seines Vermögens, damit er Selbständigkeit und Verantwortung lernte. Obwohl mir mein Vater streng verboten hatte, mit irgend jemandem über die zehntausend Mark zu sprechen, die er mir gegeben hatte, berichtete ich, unter dem Eindruck der Duplizität der Ereignisse stehend, meinem Freund den Vorfall. Wir waren damals romantisch und erblickten in dieser Gleichzeitigkeit der Vorgänge eine Angelegenheit von symbolischer Kraft.

Nicht viel später saß ich in meinem Arbeitszimmer, als mein Vater abgespannt und etwas hastig in mein Zimmer eintrat und sagte: „Du, Eugen, ich wollte dir nur sagen, du weißt, daß diese Möbel in deinen Zimmern dir gehören, daß sie dein Eigentum sind." Er verließ das Zimmer sofort wieder. Später hörte ich, daß derselbe Vorfall sich bei meiner Tante Hedwig, der Schwester meiner Mutter, die seit langem in unserem Haus wohnte, ereignet hatte.

Ein andermal tauchte mein Vater wieder in meinem Zimmer auf. „Du studierst doch gern Philosophen. Was soll ich da von deinen Büchern lesen?" Ich überlegte: „Nietzsche? Nein! Fichte? Nein! Aber Schopenhauer, ja! Nicht ,Die Welt als Wille und Vorstellung', aber die ,Parerga und Paralipomena'." Ich gab ihm die Bände.

MEINE Mutter fühlte nichts von einem herannahenden Unheil. Zwar kamen Dinge vor, die sie befremdeten. Im Vorjahr war das große Auto verkauft worden. Ihr fiel auch auf, daß sie nicht mehr wie früher den Geldschrank öffnen und nach Belieben Geld entnehmen durfte. Sie fragte ihren Mann zwar nach dem Grund. Aber er lächelte nur und gab eine spaßhafte Antwort. Ein Argwohn kam ihr nie, denn sie hatte felsenfestes Vertrauen in alles, was er beschloß und tat. Sie besaß nicht die Gabe, die Tragik und Gefahr des Lebens zu durchschauen. Sie war eine heitere Natur und wehrte instinktiv die traurigen Seiten des Lebens ab, dabei war sie ängstlich und sehr anlehnungsbedürftig. Und daß dieser Mann, an den sie sich anlehnte, wirklich das erreicht hatte, was er als junger Mann vorausgesagt hatte: die Erfindung der Maschine, Ehre, Reichtum – das mußte sie in völliger Sicherheit wiegen.

So war es kein Wunder, daß sie sich etwa ein Jahr früher gesträubt hatte, das Haus zu verkaufen. Es hatte sich eine Gelegenheit geboten, und er wies darauf hin, daß zwei Kinder der Familie entwachsen seien und auch der Jüngste im Begriff stünde, das Haus zu verlassen. Wozu also die riesenhafte Villa? Warum sagte er nicht: „Wir müssen das Haus verkaufen, unsere Verhältnisse gestatten es nicht mehr, es noch zu halten"? Seine Frau hätte sogleich eingewilligt. So aber bat sie, eine Nacht über die Sache schlafen zu dürfen, und meinte dann am anderen Morgen, daß sie sich nicht von dem Haus trennen könne. Lange tastete Diesel auf diese Weise an einer dünnen Wand herum, deren rechtzeitige Durchstoßung ihn gerettet hätte. Aber er durchstieß diese hemmende Wand nicht. Es war etwas in ihm, das vor einem solchen Entschluß zurückbebte, der doch das Eingeständnis eines falsch eingeschlagenen Weges, eines großen Irrtums enthielt. Lieber suchte er seinen Ausweg in der Einsamkeit und Verschlossenheit. Er besaß neben seiner Empfindlichkeit eine erstaunliche Fähigkeit zur Kälte und Gelassenheit.

Ein Verwandter, der Diesels Güte und Opferwilligkeit nicht genug rühmen kann, schrieb über ihn: „Aber abgesehen von solchen zahllosen, greifbaren Wohltaten stützte sich meine Liebe zu Deinem Vater von je her auf andere unfaßbare Qualitäten seiner Persönlichkeit. Er *war* eben liebenswert durch sein vornehmes, feines Wesen – durch seine Kultur. Nicht verschweigen kann ich dabei, daß die Zuneigung, die er einflößte, leider begleitet war von eben solcher *Scheu*, und zwar flößte er auch viel weniger schüchternen Naturen solche Scheu ein, als ich damals war. Ich . . . glaube, daß es ihm nicht gegeben war, sich anderen Menschen ganz *hinzugeben*, vielleicht mit Ausnahme seiner Frau. Und ich kann mich des Gedankens nicht erwehren, daß sein tragisches Ende zum Teil durch diesen Mangel an Hingebungsfähigkeit herbeigeführt worden ist." Im Nachlaß meines Vaters fand ich die Notiz: „Zwei Menschen lernen sich nie ganz kennen."

IM SEPTEMBER 1913, einige Wochen vor Diesels Tod, erschien sein Buch „Die Entstehung des Dieselmotors", das auf der Grundlage eines Vortrags entstanden war, den er in der Schiffbautechnischen Gesellschaft im November 1912 gehalten hatte. Er hat ein gut Teil seiner letzten Lebenszeit für den Abschluß dieses Buches aufgewendet.

Aus Diesels Nachlaß sei ein Gedanke angeführt:

> Auch die wirkliche Begabung bedarf der Förderung. Es gibt kein verlogeneres Sprüchwort als das vom Genie, das sich selbst durchringt. Von 100 Genies gehen 99 unentdeckt zugrunde, und das 100. pflegt sich nur unter unsäglichen Schwierigkeiten durchzusetzen. Aus dieser letzten Tatsache zieht dann die Allgemeinheit den falschen Schluß, geniale Begabung sei immer mit einer ebenso großen Begabung für die Überwindung äußerer Schwierigkeiten verbunden. Aber zwischen Genie und Lebenszähigkeit besteht nicht der mindeste Zusammenhang, viel wahrscheinlicher ist von vornherein die Annahme, die hervorragende Ausbildung des Genies nach der Seite der genialen Begabung hin lasse nicht mehr viel Raum für all die Künste, die für den erfolgreichen Kampf um die äußeren Lebensnotwendigkeiten erforderlich sind. Logisch wäre der Schluß: Wenn ein Genie sich durchringt, hat es mehr

Schwierigkeiten als jeder andere Mensch, sich im Lebenskampf zu erhalten. Wer also nicht ausnahmsweise neben seiner genialen Begabung auch noch eine außergewöhnliche
Begabung für den Lebenskampf hat, hat sehr wenig Aussicht,
sich im *Lebenskampf* zu *erhalten*, wenn ihm nicht dabei geholfen wird.

GEGEN die sonstige Gewohnheit wurde von keiner großen Som-
merreise gesprochen. Ich selbst mußte die Ferien benutzen, um
im Fränkischen Jura geologisch zu forschen. Es wurde lediglich
beschlossen, daß die Eltern einige Wochen lang den Landaufenthalt der Familie ihrer Tochter in Hohenschwangau teilen wollten.
Dahin kam auch ich im August auf einige Tage, weil mein Vater
es so gewünscht hatte.

Wir wohnten etwas östlich vom Ort Hohenschwangau in der
Villa Augusta. Nördlich breitet sich die Ebene aus. Südlich steigen unmittelbar aus der Ebene bewaldete kleine Felshänge auf.
Mein Vater klagte zwar zuweilen über Herzbeschwerden, sah aber
gesund aus und machte große Spaziergänge. Zuweilen merkte
meine Mutter, daß ihn etwas Seltsames überkam. Fragen, die auf
diese plötzlichen Veränderungen hinzielten, wehrte er ärgerlich
ab. Als Merkwürdigkeit fiel uns auf, daß er Detektivromane las,
was er früher nie getan hatte.

Diesel begab sich dann mit seiner Frau auf Reisen. Er besuchte
Freunde in der Schweiz und anderswo, seine Schwester Emma
in Bad Ragaz, Kloses in Rorschach. Kloses fanden ihn freundschaftlicher als sonst, dabei gelassen. Manche der Besuchten er-
zählten später, sie hätten ihn fast ungewohnt weich gefunden
und er habe sich herzlich, ja fast wehmütig von ihnen verabschiedet. Frau Sulzer-Imhoof in Winterthur, der er immer besonders freundlich zugetan war, sagte: „Das war nicht mehr der
stolze Herr Diesel." Es war eine Abschiedsreise, auf der er sparte
und in einfachen Hotels wohnte.

Wenn Diesel zu Hause in München war, arbeitete er – so
wenigstens hatte es den Anschein –, wie er seit je gearbeitet hatte.
Er beantwortete die Post, bearbeitete technische Probleme und
widmete sich der Verwaltung seiner Häuser. Er versuchte, seinen
Ingenieuren Stellungen zu verschaffen, denn das technische Büro

hatte er nach und nach fast ganz stillgelegt. Aber mit jeder Woche wurde alles unfruchtbarer. Es war ein gespenstisches Inganghalten einer leerlaufenden Maschine. Es mag ein Drang, sich durch Arbeit zu betäuben, und eine Art von unbewußter Hoffnung mitgespielt haben, die fortlaufende Arbeitsmaschine werde die Lage retten. Während er die Arbeit in Gang hielt und während die Dinge den Anschein des Fortlaufens erzeugten, ordnete er peinlich genau einiges für den Fall, daß er einmal nicht mehr sein würde.

Am 1. Oktober hätte es eine Katastrophe gegeben, denn an diesem Tag war das Geld für viele Zinsverpflichtungen nicht mehr vorhanden.

In England war der Bau einer neuen Dieselmotorenfabrik zu Ipswich beschlossen worden. Die Engländer wollten nunmehr in großem Maßstabe fabrizieren, obwohl eine Wirtschaftskrise nahte. Carels aus Gent und andere Freunde Diesels waren dabei. Diesel war einer der Direktoren, und Ende September sollte er zur Generalversammlung nach London und zur Einweihung der Fabrik in Ipswich reisen.

Am 5. September schrieb George Carels aus Gent, Diesel möge doch am Sonntag, dem 28. September, in Gent eintreffen. „Sie könnten dann den Sonntag und den Montag mit uns verbringen, und Dienstag Morgen, den 30. September würden wir dann zusammen das Schiff nach London nehmen." Carels bat, er möge Frau Diesel mitbringen.

Auch die Londoner Dieselgesellschaft hatte schon am 7. August gemeldet, daß die Generalversammlung am Dienstag, dem 30. September, in London abgehalten würde. Dies Datum ist entscheidend geworden für den Abschluß von Diesels Leben. Die letzten Wochen seines Lebens waren auf diesen Tag abgestimmt. Er hat alle Briefe in diesem Zusammenhang sehr sorgfältig beantwortet und auf ihnen vermerkt, wohin er kommen sollte. Auch eine Einladung des Royal Automobil Club von London zum 30. September nahm er an. Die ganze entsprechende Korrespondenz nahm er mit auf die Reise. Kurz vorher hatte er noch veranlaßt, daß gewisse Papiere sehr billig veräußert und ihm der Barbetrag nach London geschickt werden sollte.

Einige Wochen vor seinem Tod hatte er meinen Bruder gebeten, einige Tage lang bei ihm zu schlafen. Er war überaus liebevoll. Sie waren dann auch noch am Starnberger See zusammen und kamen auf Selbstmord zu sprechen. Mein Bruder meinte, es sei wohl das beste Verfahren, von einem schnellfahrenden Schiff abzuspringen.

Diesel hatte seine Frau zu ihrer Mutter nach Remscheid geschickt und mit ihr vereinbart, daß sie sich um die Zeit des 22. September in Frankfurt am Main bei ihrem Schwiegersohn treffen wollten. Rudolf Diesel jr. befand sich in Hamburg auf Geschäftsreise. Diesel weilte zu dieser Zeit allein in seinem Münchener Haus.

Am Sonntag, dem 14. September, schickte er die Dienstboten und das Hausmeisterehepaar fort. Das fiel nicht weiter auf, denn er hatte öfter solche freundlichen Anwandlungen. Er ging abends ins Residenztheater und sah den „Grünen Kakadu" von Arthur Schnitzler.

Als der Hausmeister am Abend nach Hause kam, waren seine Zimmer mit Rauch erfüllt. Vor dem Gang seiner Wohnung ging es in den großen Kesselraum für die Heizung und Warmwasserversorgung, in dem ein großer und ein kleiner Kessel standen. Einer von ihnen war in Betrieb. In diesem Feuerraum waren viele Papiere und Akten vernichtet worden. Alles war voll von der Papier- und Pappasche. Der Hausmeister unseres Nachbarn, des Architekten Professor Littmann, hatte an diesem Tag Diesel öfter mit Akten unter dem Arm in die Hausmeisterwohnung gehen sehen.

Diesel hatte nicht lange vorher die wichtigsten Akten über die Erfindung des Dieselmotors dem Deutschen Museum überwiesen. Bei dieser Gelegenheit waren zahllose andere Akten wieder durch seine Finger gegangen. So hat er an diesem Sonntag vieles von dem vernichtet, was sich während seines Lebens und Arbeitens auf Papier niedergeschlagen hatte. Er wollte wohl vieles in die Vergessenheit weisen. Die Akten, welche geschäftlich nötig und für die Geschichte des Dieselmotors und seine Lebensgeschichte wichtig waren, fanden sich jedoch alle vor. Selbst die Akten aus seiner Kampfzeit, in denen er sich mit allen Mitteln seiner Haut wehren mußte, sind noch vorhanden. Er hat nichts in einem Sinne vernichtet, der das geschichtliche Bild hätte umbiegen können. Auch was für ihn ungünstig lautet, ist erhalten.

Was mag in diesen Wochen vor seinem Tode an Visionen durch sein Gehirn geflackert sein! Er sah einen riesenhaften Scherbenberg, endlos viel erfolglose Arbeit, erinnerte sich der Schmähungen und Verfolgungen, der falsch gesteckten Ziele, der Enttäuschungen. Schließlich hatten ihn die Geschäftsleute der Lotteriebank an den Rand des Abgrunds gestoßen, das Lüderssche Buch sollte herauskommen. Alles mußte ihm jetzt vergrößert und verzerrt erscheinen. Sein Ziel war Vollkommenheit gewesen. Aber vieles in seinem Leben mußte ihm verfehlt vorkommen, und in seiner Not fühlte er sich zu Tode gehetzt. Aber freilich hatte er auch mit Stolz geäußert: „Nach meinem Tode wird man mich suchen." Immer war er zwischen stolzes Selbstbewußtsein und das Gefühl des Verlorenseins, der Melancholie, des Verfehlten gespannt. Immer kämpfte er darum, die schwache Seite seines Wesens zu verbergen und die Fahne des Stolzes wehen zu lassen.

SEIT den Tagen, die ich mit meinen Eltern in Hohenschwangau verbracht hatte, arbeitete ich schon eine Anzahl von Wochen im Ries bei Nördlingen, einer flachen, fast kreisförmigen Einsenkung in der Juratafel. Hier, im Wildbad Wemding, dessen Wirt Hans Seebauer war, pflegte ich frühmorgens zu Rad oder zu Fuß aufzubrechen und die Gegend geologisch forschend zu begehen. Ich war in diesen Wochen auch einmal in München und sah meinen Vater. Anfang September war sein Buch herausgekommen, und er gab es mir nach dem 6. September.

Am 17. September schrieb er mir, daß er nach Frankfurt am Main zu meiner Schwester reisen würde, wo meine Mutter sich aufhielt. Von dort würde er über Belgien nach England weiterfahren. Auf der Fahrt nach Frankfurt aber wollte er, wie es schon seit dem 30. August geplant war, bei mir in Wemding Station machen. So holte ich ihn denn am Sonntag, dem 20. September, am späteren Nachmittag in Nördlingen ab, und wir fuhren zusammen weiter zum Wildbad Wemding.

Die Ankunft des berühmten Mannes war in dem Haus mit seinen schlicht bürgerlichen Gästen ein Ereignis. Freundlich, etwas still nahm er an den Mahlzeiten teil und trank auch von der schweflig schmeckenden Quelle, die in Bierseideln gereicht wurde. Er verbrachte zwei Nächte in dem Haus. Wir gingen viel spazieren. Unsere Gespräche waren nicht lebhaft, aber liebevoll.

Einmal auf dem Heimweg, als es in der Allee, die auf unser Gasthaus führte, schon dunkelte, faßte er sich ans Herz. Er war bleich. Ich erschrak und fragte ihn, was er denn hätte. Solche Herzanfälle habe er, so sagte er, in der letzten Zeit öfters gehabt. Er sei wohl herzkrank. Ich erschrak noch mehr, und ein Gefühl der Trauer wehte mich an, daß mein Vater sterblich war und ich ihn vielleicht schneller, als ich gedacht hatte, verlieren könnte.

Am nächsten Morgen frühstückten wir zusammen, und schon zeitig wollte mein Vater mit einem Pferdewagen östlich nach dem etwa neun Kilometer entfernten Bahnhof Weilheim-Otting fahren, um von dort über Treuchtlingen nach Frankfurt zu reisen. Ich fragte im Scherz: „Soll ich mitfahren?" Und zu meiner großen Überraschung sagte er: „Ja, wenn du Lust hast." Er sah es sonst nicht gern, wenn Arbeiten unterbrochen oder unnötige Kosten verursacht wurden. Aber wie hätte ich auch ahnen sollen, warum er wünschte, daß ich noch bis Frankfurt mitfuhr?

Wir saßen im Wagen nebeneinander, sagten nicht allzuviel. Ich freute mich, daß er wohl aussah. Auf dem einsamen kleinen Bahnhof hatten wir noch einige Zeit zu warten. Später, als wir im D-Zug von Marktbreit an am Main entlangfuhren, aßen wir im Speisewagen, unterhielten uns über den Muschelkalk, der den Main in steilen Ufern umsäumt, über Dieselmotoren, England und die Fabrik, die in Ipswich eingeweiht werden sollte.

In Frankfurt war Diesel bis zum 26. September. Die Adlerwerke stellten uns einen starken Wagen zur Verfügung, mit dem wir in einem für uns alle ungewohnten Tempo, das mein Vater ohne Widerspruch hinnahm, eine Tagesfahrt machten und auf den Feldberg im Taunus fuhren. An einem Abend aßen wir gut und in fröhlicher Stimmung im „Frankfurter Hof".

Aber viermal glitt, wie ich später begriff, der Hauch der Verlassenheit und des Endes über die Seele meines Vaters.

In Frankfurt lebte noch Pauline Strobel, die Schwester der Mutter meines Vaters, mit der sie als kleines Mädchen in den fünfziger Jahren in Paris gewesen war und deren Schicksal darin bestanden hatte, ihr Leben lang Gesellschaftsdame zu bleiben. Sie war auf ihre alten Tage im Nellini-Stift untergebracht, wo wir sie besuchten. Wieder ein Abschiedsbesuch! Wir wollten dann den Garten durch eine kleine Pforte verlassen, deren Klinke eine verborgene Mechanik aufwies. Mein Vater vermochte sie nicht zu öffnen, aber ich hatte die Mechanik erkannt und drückte die Klinke nieder. Da sagte er leise lächelnd: „Man wird alt. Man muß der Jugend weichen und sollte abgehen."

Das zweite Mal hielt er bei meiner Schwester seine kleine Enkelin Mirjam auf dem Arm, und dicke Tränen liefen ihm über die Wangen. Das beobachtete in München auch mein Bruder, als der Vater seinen Enkel Arnold auf dem Arm hatte.

Das dritte Mal war es in den Adlerwerken, in denen mein Schwager Arnold von Schmidt Direktor war. Ich stand mit meinem Vater auf der Bedienungsplattform eines achthundertpferdigen Dieselmotors. Kurz nachher äußerte er: „Es ist schön, so zu gestalten und zu erfinden, wie ein Künstler gestaltet und erfindet. Aber ob die ganze Sache einen Zweck gehabt hat, ob die Menschen dadurch glücklicher geworden sind, das vermag ich heute nicht mehr zu entscheiden."

Der vierte Fall ist der ergreifendste. Er hatte von allen Abschied genommen, um nach England zu reisen. Zur Bahn begleitete ihn niemand außer mir. Mein Schwager war in der Fabrik, meine Schwester im Haushalt beschäftigt, meine Mutter abgehalten. Vielleicht hatte mein Vater auch unbemerkt darauf hingewirkt, daß meine Mutter ihn nicht zum Bahnhof brachte. Beim Abschied im Haus hat er ihr aber dringend nahegelegt, mit nach Gent zu fahren. Sie hatte keine Lust, fürchtete den großen gesellschaftlichen Trubel bei den reichen Carels in Gent. Vor dem Abschied gab ihr mein Vater noch einen Handkoffer, den er mitgebracht hatte, und sagte gewichtig: „Gib auf den Koffer acht, gib auf den Koffer acht!" So daß sie etwas ungeduldig wurde. Ich fuhr mit an die Bahn und begleitete ihn an einen Billettschalter rechts in der großen Halle. Er verlangte eine Fahrkarte erster Klasse in einem Personenzug, der den Rhein entlang der belgischen Grenze fuhr. Das überraschte mich. Sonst fuhr er immer D-Zug und in der letzten Zeit nur noch selten erster Klasse. Erster Klasse in einem langsam fahrenden Zug – das war seltsam.

Heute ist mir klar, daß er ganz allein, ganz einsam sein wollte. An seinem Abteil sprachen wir noch ein wenig, und dann meinte ich, es habe wohl keinen Sinn, auf die Abfahrt zu warten. Wir küßten uns, und während ich auf dem Bahnsteig zurückging, fühlte ich die Blicke meines Vaters auf mir ruhen. Ich wendete mich um und nahm wahr, wie er mir aus dem Fenster gebeugt nachblickte. Ich habe ihn nicht wiedergesehen und war der letzte von meiner Familie, der ihn sah.

In Wemding war ich bedrückt und kaum fähig zu denken. Wahrscheinlich hatte sich vieles von dem, was ich an meinem Vater wahrgenommen hatte, in meinem Unterbewußtsein zu einer Unheilsahnung verdichtet. Ich wanderte bedrückt umher, stand entschlußlos und in tiefer Melancholie in den Steinbrüchen und an den Hängen der Felsen. Der 30. September, an dem mein Vater schon nicht mehr lebte, war am schlimmsten. Ziemlich früh kehrte ich in den Gasthof zurück, tat nichts, warf mich auf mein Bett und ging dann, so früh es möglich war, zum Abendessen, um mich dann sofort, obgleich ich nicht krank war, hinzulegen. Ich schlief bald ein und hatte schreckliche Träume.

Abends nach acht Uhr kam noch Post ins Wildbad, die ich diesmal nicht abgewartet hatte. Plötzlich klopfte es heftig an meine Tür. Ich fuhr auf, lief zur Tür und öffnete sie. Da reichte mir eine Hand durch die Spalte eine Postkarte meines Vaters aus Gent vom 29. September, die mit den Worten schloß: „Im Begriff über Antwerpen-Harwich nach London zu reisen sende ich Dir Gruß und Kuß. In inniger Liebe Dein Vater." Es war seine letzte Nachricht an mich.

Am nächsten Vormittag fuhr ich mit meinem Rad fort, aber es lag mir wie Blei in den Gliedern. Melancholie hinderte mich am Arbeiten. Ich stand wie betäubt an den Felswänden umher und weiß nicht, wie ich die Stunden verbrachte. Schließlich schwang ich mich gegen die Mittagszeit aufs Rad und fuhr nach dem Wildbad zurück. Einige hundert Meter vor dem Gasthaus sah ich den Wirt Hans Seebauer mit seinem kurzen weißen Vollbart mir entgegenkommen. Er winkte mir und sagte: „Steigen S' ab." Seine Augen waren voller Tränen. Ich wußte sofort, daß mein Vater tot war. Seebauer sagte etwas von einem Unglück auf See. Er hatte das Telegramm entgegengenommen, denn das Wildbad hatte eine

Postagentur. Das Telegramm meines Schwagers aus Frankfurt lautete: „Komme sofort zu uns. Papa scheint auf See verunglückt zu sein."

Meine Mutter war in Frankfurt von einem Polizeibeamten aufgesucht worden, der ihr unbeholfen meldete, das deutsche Generalkonsulat in London hätte dem Oberbürgermeister von Frankfurt telegrafiert, man möge Frau Diesel benachrichtigen, ihr Mann sei nicht in London angekommen. Nach einem Verzweiflungsausbruch schlief meine Mutter mit Hilfe eines Schlafmittels doch recht gut. Es war ja noch alles unklar, und man brauchte noch nicht das Schlimmste zu befürchten.

Mit dem nächsten Zug fuhr ich ab und stieg in Nördlingen in den Frankfurter Zug. Vergebens hatte ich in den Zeitungen nach einem Schiffsunglück geforscht, und der Zeitungsmann in Nördlingen war sehr verwundert, als ich ihn danach fragte. Nach geraumer Zeit blickte ich zum Fenster hinaus. Aus dem Nachbarfenster beugte sich mein Bruder Rudolf, der zufällig diesen ungewöhnlichen Reiseweg von München nach Frankfurt gewählt hatte. Wir setzten uns zusammen. Wir hatten böse Ahnungen und erörterten die Möglichkeit eines großen Vermögensverfalles. Aber erst in den nächsten Tagen sollte diese Ahnung zur Erkenntnis werden.

In Frankfurt trafen wir unsere Mutter. Praktisch auszurichten war nicht viel. Wir hörten nur immer wieder, unser Vater sei am Abend des 29. September an Bord des Dampfers *Dresden* gegangen und dann nicht in London angekommen. Behörden, Verwandte, Zeitungen, Freunde, Firmen telegrafierten. Plötzlich kamen Telegramme, daß Dr. Diesel wohlauf in London sei. Aber die Nachricht war falsch. Mein Bruder und mein Schwager reisten nach Belgien, um Nachforschungen anzustellen.

ICH WILL den Versuch machen, die letzten Tage meines Vaters von dem Augenblick an zu rekonstruieren, in welchem er auf dem Hauptbahnhof in Frankfurt von mir Abschied genommen hatte. Am 26. September, einem Freitag, fuhr er ganz allein in dem Abteil erster Klasse rheinabwärts. Als Reiselektüre hatte er den ersten Band von Schopenhauers „Parerga und Paralipomena" mitgenommen. Wir erhielten später das Buch mit den anderen

Sachen zurück, die sich noch in seiner Schiffskabine vorgefunden hatten. Mein Vater hatte das als Lesezeichen dienende Seidenband zwischen die Seiten gelegt, auf welchen sich die folgende Stelle findet:

> Vorhandenes Vermögen soll man betrachten als eine Schutzmauer gegen die vielen möglichen Übel und Unfälle; nicht als eine Erlaubniß oder gar Verpflichtung, die Plaisirs der Welt heranzuschaffen. Leute, die von Hause aus kein Vermögen haben, aber endlich in die Lage kommen, durch ihre Talente . . . viel zu verdienen, gerathen fast immer in die Einbildung, ihr Talent sei das bleibende Kapital und der Gewinn dadurch die Zinsen. Demgemäß legen sie dann nicht das Erworbene theilweise zurück, um so ein bleibendes Kapital zusammenzubringen; sondern geben aus, in dem Maaße, wie sie verdienen. Danach aber werden sie meistens in Armuth gerathen; weil ihr Erwerb stockt, oder aufhört, nachdem . . . das Talent selbst erschöpft ist . . . Daher . . . soll, was sie erwerben ihr Kapital werden; während sie, vermessener Weise, es für bloße Zinsen halten und dadurch ihrem Verderben entgegengehn.

Daß mein Vater das Lesezeichen zwischen diese Seiten legte, war ein Signal an mich. Er wollte sagen, daß er den höheren Wert der früher verachteten Philosophie nun begriffe. Es war auch eine Mahnung an mich, es im Leben in Geldsachen anders zu halten, zugleich ein Beweis für die geistige Besonnenheit, die ihn bis an sein Ende beherrschte.

In Gent war er am 27. September und stieg dort programmgemäß im „Hotel de la Poste" ab. Am selben Tag fuhr er nach Brüssel und besuchte dort den deutschen Ingenieur Fritz Faudi, der eine neue Art von Kolbenringen erfunden hatte und fabrizierte, die auch bei Carels für die Dieselmotoren benötigt wurden. Beim Wiedersehen fiel Faudi auf, daß Diesel nicht den großen Schwung der früheren Zeit besaß. Auch Faudi litt unter den schlechten Geschäftsgängen, und die Unterhaltung kam aus dem Bereich der persönlichen, drückenden Angelegenheiten kaum heraus. Diesel war zurückhaltender als früher. Faudi sagte sich, daß dieser Mann noch größeren Kummer hatte als er selbst. Er tat ihm in der Seele leid, und er versuchte, die trübe Stimmung, von der sie beide erfaßt worden waren, beiseite zu schieben. Ziemlich spät verabschiedeten sie sich. Sie gingen zusammen zum Brüsseler Nordbahnhof. Diesel rief ihm aus dem Fenster des Abteils zu: „Auch das wird vorübergehen!"

Diesel schrieb am 28. und 29. September mehrere Briefe an seine Frau und Postkarten an seine Kinder. In diesen Mitteilungen klagte er wieder über seine Gesundheit. Er schildert seinen Besuch auf der Ausstellung mit Carels, alles nimmt er in sich auf, Technik, Gewerbe, Kunst, und gibt sein Urteil über die Ausstellung bis ins einzelne ab. Seinem Sohn Rudolf in München gibt er geschäftliche Anweisungen und erbittet von ihm telegrafische Bestätigungen. In den nächsten Tagen, so meinte er, werde er unstet herumirren. Er werde auch nach Ipswich zur Besichtigung der neuen Dieselmotorenfabrik gehen, und er gibt seine englische Adresse an. Am 29. September, nachmittags 4 Uhr, schreibt er von Gent aus an Rudolf jr.: „Bin eben im Begriffe mit Herrn George Carels über Antwerpen nach Harwich zu reisen (Linie Antwerpen–Harwich, die Schelde hinunter) morgen früh 6 Uhr (30. Sept.) Ankunft in Harwich, Fahrt nach Ipswich, Besichtigung der neuen Fabrik, nachmittags Fahrt London. Abends Diner mit Ellis im royal Autom.-Club. – Ich drahtete heute früh, daß ich doch in de Keysers Royal Hotel in London absteige, aus alter Gewohnheit. Dorthin sind also, meinen gestrigen Mitteilungen gemäß *wichtige* Mitteilungen zu richten." Und an seine Frau schreibt er wohl in der gleichen Viertelstunde: „Es ist sommerlich warmes Wetter, nicht ein Lüftchen regt sich. Die Überfahrt scheint gut werden zu wollen." Und an seine Tochter: „Eben reise ich nach England ab über eine für mich ganz neue Linie: Antwerpen, Schelde abwärts nach Harwich."

Diesel, George Carels und sein Chefkonstrukteur Alfred Luckmann besteigen am Nachmittag in Antwerpen das Schiff nach Harwich, die *Dresden* der Great Eastern Railway. Als das Schiff am Morgen anlegte, war Diesel nicht zu sehen, aber seine Kabine war leer. Ein Schiffsoffizier fand in der Nähe der Schiffsreling seinen Hut und seinen Überzieher.

George Carels und Luckmann sagten am 1. Oktober vor dem deutschen Generalkonsulat in London das folgende aus:

> Wir sind am 29. September nachmittags in Begleitung von Herrn Dr. Rud. Diesel von Antwerpen nach Harwich abgefahren, und zwar mit dem Dampfer *Dresden* der Great Eastern Linie. Kurz nachdem wir Vlissingen passiert hatten, etwa ge-

gen 10 Uhr abends, verabschiedeten wir uns mit Händedruck
von Herrn Diesel und begaben uns zur Ruhe. Herr Diesel ging
in seine Kajüte, nachdem er den Steward beauftragt hatte, ihn
am nächsten Morgen um 6.15 Uhr zu wecken.

Wir standen um die gleiche Zeit auf und wunderten uns, als
wir angekleidet waren, daß Herr Diesel noch nicht aus seiner
Kajüte gekommen war. Luckmann ging alsdann auf die Suche
und da er ihn im Frühstückssaal nicht fand, klopften wir an
seiner Kajütentür an. Da wir aber keine Antwort erhielten, traten wir ein und sahen, daß das Bett nicht berührt war, sein
Nachthemd lag gefaltet auf dem Bett, und seine Reisebedarfs-
sachen waren, soweit wir sehen konnten, alle vorhanden. Alles
Suchen nach seinem Verbleib war erfolglos. Die Schiffsleitung
wurde unverzüglich und die Behörden in Harwich nach dem
Eintreffen des Dampfers benachrichtigt. Auch dem deutschen
Vizekonsul in Harwich machten wir Mitteilung, und die von
demselben angestellte eingehende Durchsuchung des ganzen
Schiffes war ergebnislos. Es wird angenommen, daß Diesel auf
bisher nicht aufgeklärte Weise über Bord gefallen ist.

Das Gepäck sowie die vorgefundenen Schlüssel des Herrn
Dr. Diesel befinden sich in Verwahrung der Verwaltung der
Great Eastern Railway in Harwich.

Die Herren Carels und Luckmann erklären, daß Herr Dr. Diesel am Abend noch guter Dinge und auch nicht seekrank war.
Die See sei völlig ruhig gewesen.

Carels hat mündlich noch manches über sein letztes Zusammentreffen mit Diesel berichtet. Er sei in ausgezeichneter Laune
und bester Gesundheit gewesen und habe sich mehr als je enthusiastisch über die Zukunft des Dieselmotors geäußert. Die drei
Herren aßen, als das Schiff Antwerpen verlassen hatte, zusammen zu Abend, und Diesel soll mit Appetit gespeist haben. Nachher promenierten sie an Deck, und gegen 10 Uhr verabschiedeten
sic sich, um schlafen zu gehen.

Am nächsten Morgen gab es eine große Aufregung, als man
Diesel vermißte. Er hat nicht in seinem Bett gelegen. Sein Schlüs-
selbund hing am Schloß eines kleinen Koffers, und die Uhr hing
so, daß er sie vom Bett aus hätte sehen können. Alles war im
Zustand peinlichster Ordnung. In seinem Notizbuch befand sich
hinter dem 29. September, mit Bleistift eingetragen, ein kleines
Kreuz. Ich berichte diese Tatsache, ohne sie zu deuten. Das Kreuz
sollte vielleicht nur den Reisetag bezeichnen.

UNSERE Mutter geriet in den ersten Tagen nach dem Unglück nicht auf den Gedanken, daß unser Vermögen in Verfall geraten sein könnte. Sie war zwar sehr betroffen, als sie den ihr von ihrem Mann vor seiner Abreise anvertrauten Koffer öffnete und darin zwanzigtausend Mark fand. Arglos, wie sie war, vermochte sie daraus keinen bedenklichen Schluß zu ziehen, während uns Kinder diese Tatsache nicht nur befremdete, sondern in tödlichen Schrecken versetzte. Böse Ahnungen trieben mich und meinen Bruder sehr bald nach München zurück. Da stand, als wir vorfuhren, das prächtige Haus wie seit je. Die Dienerschaft war vollzählig beieinander, Dampfheizung und Warmwasserversorgung funktionierten. Noch brauchten wir bloß unsere Wünsche zu äußern, um sie erfüllt zu sehen. Aber die in München umherschwirrenden Gerüchte waren auch schon an die Ohren unserer Hausangestellten gedrungen. Nun stellte sich heraus, daß es in München schon früher nicht an Äußerungen und Beobachtungen gefehlt hatte, die auf Diesels schwierige Vermögensverhältnisse hindeuteten. Mit einem Schlag hatten sich diese Gerüchte zu festen Behauptungen verdichtet, und auch wir beiden Söhne vermochten plötzlich viele Anzeichen, die uns bisher nur unbewußt beunruhigt hatten, klar zu deuten. Mein Vater hatte zum Beispiel meinem Bruder Angaben über die

Zur Übergabe des Diesel-Reliefs (oben) im Ehrensaal des Deutschen Museums in München am 22. 9. 1932 erschienen Diesels Tochter, Baronin Schmidt, ihr Bruder Rudolf, Diesels Ehefrau Martha und Sohn Eugen (v. l. n. r.).

Schlüssel zum Kassenschrank gemacht, in dem sich die Familienpapiere und Dokumente aller Art befanden und auch einige Vermögensakten sich finden mußten. Er hatte vor seiner Abreise meinen Bruder ausdrücklich darauf hingewiesen, wo die Schlüssel zu finden seien, und ihn an einen kleinen Schrank im Wohnzimmer geführt, wo er die Probe des Auf- und Zuschließens machen mußte. Wir öffneten den Schrank, holten die Schlüssel und fanden dann auch mehrere Bücher und Papiere. Warum uns diese Bücher und Papiere und das Fehlen gewisser Pläne mit einem Schlag klarmachten, daß ein verfügbares Vermögen so gut wie nicht vorhanden sein konnte, das vermag ich heute nicht mehr zu sagen. Wahrscheinlich hatte uns das Fehlen jeglicher Angaben über ein solches Konto blitzartig zu der Erkenntnis gebracht, daß kein Vermögen da sein konnte. Mein Bruder, der am Schränkchen gebeugt gestanden hatte, sank mit Dokumenten in der Hand in die Knie, als ihm diese Erkenntnis kam. Wir suchten weiter, telefonierten, machten den oder jenen Besuch, um irgendwo bei der Bank, einem Freund oder einer sonstigen Stelle etwas herauszubekommen. Die Kondolenzbesuche mehrten sich, Briefe und Telegramme aus aller Welt gingen ein. Die geschäftliche Post häufte sich. Gehälter mußten gezahlt werden. Und zu allem waren wir von der Weltöffentlichkeit umgeben.

Es war eine schreckliche Lage. Wir waren bald gezwungen, unsere Mutter nach München zu rufen, da nur sie der Rechtslage nach Auskünfte bei den Banken und anderen Stellen erreichen konnte. Sie kam (wie Freunde sagten, zu Stein verwandelt), durch unsere Nachrichten endlich auf das Schlimmste gefaßt. Noch einmal gingen wir alle an den Kassenschrank, durchforschten ihn und brachen dann angesichts des absoluten Nichts in ein nervöses Gelächter aus. Freunde griffen ein. Louise von Faber half und tröstete. Oskar von Miller kam, die Augen voller Tränen, umarmte meine Mutter und ließ sie erkennen, daß er nicht am Zusammenbruch des Vermögens zweifle. Er und andere Freunde rieten uns, die Abwicklung des Nachlasses einer Treuhandgesellschaft zu übergeben. Alle unsere übrigen Schritte, Klarheit zu gewinnen oder überhaupt an dieses unübersichtliche Vermögenschaos ordnend heranzugehen, waren gescheitert, zumal wir fast arbeitsunfähig waren. Noch einmal leuchtete ein

kleiner Strahl der Hoffnung, wenigstens ein Bankguthaben vorzufinden, als wir uns erinnerten, daß unser Vater seit einigen
Monaten Beziehungen zur Dresdner Bank unterhalten hatte. Der
Direktor erklärte uns, Herr Diesel habe zwar ein Konto eröffnet
und es habe auch den Anschein gehabt, als würde sich ein gewisser Geschäftsverkehr anspinnen; aber alle Beträge, die zuletzt
nicht mehr bedeutend gewesen seien, seien abgehoben. (Das
waren vor allem die von mir abgehobenen zehntausend Mark.)
So irrten wir von Bank zu Bank, von Stelle zu Stelle, saßen beim
Rechtsanwalt oder bei der Treuhandgesellschaft. Letzte Klarheit
brachte endlich der Tag, an welchem der Leiter der Treuhandgesellschaft alle Vermögensposten, alle Aktiva und Passiva, deren er
aus unseren Akten und auf andere Weise habhaft werden konnte,
zusammenstellte, um dann am Abend zu erklären, daß die Bilanz
hoffnungslos sei. Es könne sich jetzt nur noch darum handeln,
den Gläubigern eine möglichst hohe Quote zufließen zu lassen.
Wir waren arm.

Bei ruhigem Vorgehen und behutsamer Abwicklung dieser
Dinge unter Führung meines Vaters und unter gleichzeitigem
Einsatz seiner Arbeitskraft in neuer schöpferischer Richtung wäre
noch einige Monate früher die Rettung erheblicher Werte sicher
möglich gewesen. Geborene Generaldirektoren oder Bankdirek-
toren hätten die Lage gemeistert. Diesel war weder das eine noch
das andere. Wie gewaltig sein Name war, welche Möglichkeiten
sich ergeben hätten, wurde sofort nach seinem Tod klar. Hunderte von Telegrammen und Kondolenzschreiben von großen
Technikern, Wissenschaftlern, Industriellen, alle möglichen Vorgänge ließen die Macht erkennen, über die Diesel verfügte, ohne
sie anzuwenden.

Adolphus Busch hörte auf dem Krankenlager von Diesels Tod
und ahnte sofort eine finanzielle Katastrophe. Er sagte: „Hätte
mein Freund Diesel mir nur ein Wort gesagt. Ich habe gewußt,
daß es ihm schlechtging." Kurze Zeit darauf starb auch er.

Hätte man den bereits vor den Toren stehenden Weltkrieg vorausgesehen oder gar die Inflation, so wäre Diesel als einer der
vermögendsten Leute aus der allgemeinen Vermögenszerstörung
hervorgegangen, denn er besaß Grundstücke, Häuser, Aktien, und
seine Schulden wären verschwunden.

Wir lebten in einer gespenstischen Lage. Immer noch waren wir im Haus. Was von diesen Sachen gehörte jedem einzelnen von uns? Wo sollten wir mit alledem hin? Wohin sollten wir überhaupt? Zahllose Papiere waren durchzusehen, der Verkehr mit den Rechtsstellen aufrechtzuerhalten. Freunde wollten helfen und eingreifen. Aus aller Welt kamen Nachrichten. Das alles brach in wahren Sturzfluten über uns herein. Mehr als je benötigten wir Zeit und Geld, um in dieser Lage standzuhalten. Unser aller Nerven waren so angepeitscht, daß tagsüber die Trauergefühle in den Hintergrund traten. Dafür behelligten uns in der Nacht Träume von der nächtlichen Fahrt nach England unseres einsamen Vaters, dessen Leiche immer noch nicht gefunden war.

Schlagartig setzte die Mythenbildung ein. Ein deutscher Fremdenlegionär schrieb uns aus Sidi bel Abbès in Algerien, daß er die Verschwörung aufdecken könne, die zur Ermordung Diesels geführt habe.

Wir schickten unsere Mutter nach Frankfurt zurück. Mein Bruder, der mit Frau und Kind in München wohnte, mußte zunächst dort bleiben. Ich aber wollte so rasch wie möglich München verlassen, um in einer anderen Stadt meine Studien zu beenden. In diesen Tagen war mein Freund Karl Max von Barth fast immer bei mir. Ich packte meine Koffer, um das Haus meines Vaters für immer zu verlassen. Emanuel Nobel hatte mir eine Summe zur Beendigung meiner Studien überweisen lassen. Lucie von Motz bot mir eine kleine Wohnung in Berlin an, über die sie verfügte.

Ich stand am Nachmittag des 12. Oktober vor meinen Koffern, mein Freund am Fensterbrett. Da hörte ich plötzlich von der Halle meinen Bruder nach mir rufen. Ich eilte an die Rampe des oberen Umganges, und er rief mir zu: „Eugen! Jetzt haben sie den Papa gefunden!" Es war ein Telegramm von dem deutschen Konsulat in Vlissingen eingelaufen, wonach man offenbar meinen Vater gefunden hatte. Wir mußten nach Vlissingen fahren, die Leiche unseres Vaters agnoszieren und zur Beisetzungsstätte begleiten.

Mein Bruder als Ältester wollte fahren. Doch dann entschieden wir, daß nicht er, sondern ich reisen sollte. Er hatte mehr in der Nachlaßregelung zu tun, meine Handkoffer waren ohnehin gepackt. Ich bestellte sofort ein Auto und fuhr in Begleitung meines Freundes an den Bahnhof, um den nächsten Zug nach Vlissingen zu nehmen. An der Sperre sagte er: „Du, ich fahr mit." Er holte sich eine Fahrkarte und fuhr ohne Gepäck nach Holland mit. Wir saßen die Nacht hindurch in einem Abteil zweiter Klasse. Als wir nach Holland kamen, ging die Sonne auf.

In Vlissingen empfing uns der deutsche Konsul mit seinem Sohn. Der Konsul teilte uns mit, daß man vom Regierungslotsenboot *Coertsen*, welches auch das Aufstellen und Warten der Seezeichen versah, am Freitag, dem 10. Oktober, vormittags 10.30 Uhr, bei heftigem Seegang die Leiche eines Mannes habe treiben sehen. Nun ist es nicht üblich, Ertrunkene an Bord zu nehmen. Das Boot besaß keine Funkeinrichtung, und der Kapitän wußte nichts von Diesels Verschwinden. Zudem war es bei dem starken Seegang nicht unbedenklich, das Boot auszusetzen. Trotzdem entschloß sich der Kapitän, es zu tun. Unter großen Schwierigkeiten näherte sich das Boot der Leiche, die in Auflösung war. Trotzdem erkannte ich aus den Schilderungen der Matrosen meinen Vater. Sie entnahmen den Kleidern einige kleine Gegenstände, fanden aber keine Papiere oder größere Summen und überließen den Toten wieder dem Meer.

Ich ging mit dem Konsul und meinem Freund zur Polizei, wo die dem Leichnam abgenommenen Gegenstände in Verwahrung genommen waren. Als ich durch die Tür kam, trat uns der Polizeichef entgegen. Er hatte die Gegenstände bereits auf das Schreibpult vor sich hingebreitet. Ich erkannte sie sofort.

Es war eine kleine Pastillendose, russische Tulaarbeit. Die Pastillen waren geschmolzen, und in einer Ecke der Büchse hatte sich ein wenig Seesand angesammelt. Dann das schwarze Portemonnaie mit sehr wenig englischem und holländischem Hartgeld, ein Taschenmesser und ein Brillenetui mit der Firma unseres Münchener Optikers. Die belgische Behörde und das deutsche Generalkonsulat in London sahen dann aufgrund verschiedener Berichte und Tatbestände den Tod Diesels als erwiesen an und stellten die Sterbeurkunde aus.

Mir wurde gesagt, daß die *Coertsen* inzwischen wieder mit dem Auftrag in See gestochen sei, nach dem Toten zu suchen. Die Aussichten, ihn zu finden, seien allerdings sehr gering. Es sei an sich schon ein außerordentlicher Zufall, daß man ihn überhaupt gefunden habe, denn in der Regel pflegen Ertrunkene in der Weite des Meeres zu verschwinden. Alle Behörden westlich der Scheldemündung waren benachrichtigt worden, und die Fischer-flottille von Domburg war ausgefahren in der Hoffnung, den Leichnam zu finden. Domburg lag bei den Sandbänken, in deren Nähe man auf dem Regierungsschiff die Leiche gesehen hatte.

Mir wurde eine Zeit genannt, um welche das Regierungsschiff voraussichtlich wieder in die Schleusen von Vlissingen einfahren würde. Ich ging pünktlich mit meinem Freund an die Schelde. Bald sahen wir von See her ein kleines Schiff daherqualmen, von dem wir uns sagten, daß es der Regierungsdampfer sein müßte. Er drehte vor der Schleuse bei und fuhr ein. Kaum wurde die Besat-zung des einfahrenden Schiffes unser ansichtig, als alle Mann und der Kapitän schweigend die Mütze vor uns zogen. Sie ahn-ten oder wußten sofort, wer ich war. Ich kletterte die eiserne Lei-ter an der Schleusenmauer hinab und stieg zum Kapitän auf die Kommandobrücke. Wir sprachen englisch. Die Fahrt war ergeb-nislos gewesen. Alle Mann der Besatzung hatten Ausschau gehal-ten, aber die Leiche war nicht wieder zu entdecken gewesen.

Ich blieb noch einige Zeit in Vlissingen, um alles für den Fall zu ordnen, daß man meinen Vater doch noch finden würde. Aber man hat den Toten nicht wieder gesichtet.

Die Stelle, an der man ihn am 10. Oktober hatte treiben sehen, war die Gegend der Zeehondenplaat vor der Mündung der Osterschelde zwischen den Inseln Noordland und Schouwen. In den dortigen Sanden liegen wahrscheinlich die Gebeine meines Vaters.

1858	18. März: Rudolf Christian Karl Diesel wird in Paris geboren.
1870	4./5. September: Familie Diesel muß Paris verlassen und kommt am 8. September in London an. 1. November: Rudolf Diesel reist allein von London nach Augsburg, wo ihn Prof. Barnickel und seine Frau für fünf Jahre als Pflegekind aufnehmen.
1873	Diesel schließt die Gewerbsschule ab und wechselt auf die neugegründete Industrieschule in Augsburg.
1878	Erste Pläne für eine Dampfmaschine mit höchstem Wirkungsgrad
1880	Januar: Diesel holt das Abschlußexamen an der Technischen Hochschule München nach (beste Leistung seit Bestehen der Anstalt). März: Diesel tritt als Volontär in die Lindesche Eisfabrik in Paris ein.
1881	Diesel wird Direktor der Lindeschen Eisfabrik in Paris. 24. September: Erstes Patent Diesels auf ein Verfahren zur Herstellung von Klareis in Flaschen
1883	24. November: Hochzeit mit Martha Flasche in München
1887	Idee zu einem Ammoniak-Absorptionsmotor für das Kleingewerbe
1889	September: Diesels Vortrag über Kälte- und Eismaschinen auf dem Internationalen Kongreß für angewandte Mechanik findet große Beachtung.
1890	Diesel läßt sich in Berlin nieder.

1892	Patent auf eine Verbrennungskraftmaschine
1893	Der Arbeitsvertrag mit Linde erlischt.
1893–97	Entwicklung des Dieselmotors in der Maschinenfabrik Augsburg; finanzielle Beteiligung der Firma Krupp
1895	17./18. Januar: Die Patentkommission erklärt Diesels Motor für funktionsfähig. Umzug nach Augsburg, dann nach München November: Der Dieselmotor läuft im Dauerbetrieb.
1897	Fertigstellung des Diesel-Viertaktmotors
1898	1. Januar: Gründung der Dieselmotorenfabrik Augsburg. In Amerika werden die ersten Dieselmotoren gebaut.
1899	Zunehmende gesundheitliche Zerrüttung Diesels
1900	Gründung der Diesel Engine Company in London
1903	Diesel veröffentlicht sein Buch „Solidarismus, natürliche wirtschaftliche Erlösung der Menschen". Er fährt mit dem ersten Dieselschiff der Welt, einem französischen Kanalboot.
1908	Bau des ersten Klein-Dieselmotors, des ersten Lastwagens und der ersten Diesellok
1913	„Die Entstehung des Dieselmotors" erscheint. 29./30. September: Auf der Überfahrt nach England ertrinkt Rudolf Diesel im Ärmelkanal.

MATA HARI

Roman ihres Lebens

Eine Kurzfassung des Buches von

Friedrich Wencker-Wildberg

Mit zahlreichen
historischen Fotografien

Im Jahr 1906 ereignet sich in Paris eine Sensation: Eine geheimnisvolle fernöstliche Tempeltänzerin namens Mata Hari löst mit ihren exotischen „Nackttänzen" Begeisterungsstürme aus. In den Jahren bis 1914 wird sie in ganz Europa umschwärmt und bewundert – niemand ahnt, daß es sich bei der „Bajadere" aus Indien in Wahrheit um die Niederländerin Margaretha Geertruida MacLeod, geb. Zelle, handelt. Doch mit dem Ausbruch des 1. Weltkriegs beginnt Mata Haris Stern zu sinken, und drei Jahre später wird die einst gefeierte Tänzerin unter dem Verdacht der Spionage für Deutschland verhaftet und hingerichtet.

Friedrich Wencker-Wildberg (1896–1970), Redakteur, Übersetzer und Autor, zeichnet den Lebensweg einer faszinierenden Frau nach, die noch immer die Aura des Rätselhaften umgibt: Die Akten über ihre angebliche Spionagetätigkeit liegen bis heute im französischen Verteidigungsministerium unter Verschluß.

Junggeselle sucht Frau

Frühlingsstürme brausen durch die Straßen von Amsterdam. Schneegestöber, gefolgt von Regenböen, wirbelt vom wolkenbehangenen Himmel, breitet für einen Augenblick sein weißes Leichentuch über Pflaster und Dächer, um sich sogleich in einen breiigen, triefenden Matsch zu verwandeln. Wer nicht muß, hütet sich, bei diesem Hundewetter das Haus zu verlassen.

Die Milchglaskugeln des großen Gaslüsters gießen warmes, gedämpftes Licht über den holzgetäfelten Saal des Cafés im „American Hotel". Um den schweren runden Eichentisch in einer Nische, abseits vom Hauptlokal, hat sich eine Herrengesellschaft versammelt. Es sind Junggesellen, deren Heim das Wirtshaus ist. Journalisten, Beamte, Offiziere, Schulfreunde, die sich nach getaner Berufsarbeit hier zu treffen pflegen. Heute befindet sich einer unter ihnen, den sie seit Jahren nicht mehr gesehen haben: ein Hauptmann der holländischen Kolonialarmee, der zu längerem Urlaub aus Batavia* in der Heimat eingetroffen ist – schmal, hochgewachsen, das scharfgeschnittene, hagere Gesicht von der Tropensonne gebräunt. Ein langer, dünner Schnurrbart verleiht dem Mund einen etwas harten, strengen Ausdruck, der durch den festen Blick der graublauen Augen noch verstärkt wird. Man sieht diesem Mann an, daß er zu befehlen gewohnt ist. Die durchtrainierte, muskelgestählte Gestalt verrät Rasse, die sich auch in Haltung und Bewegung ausdrückt, trotz einer gewissen nervösen Gereiztheit und physischen Erschlaffung, die sich bisweilen in Gesten und Mienen ausprägt. Kein Wunder, wenn man fast achtzehn Jahre in den Tropen gedient und die Heimat nur während kurzer Urlaubsmonate gesehen hat. Unter der sengenden Sonnenglut des Äquators kreist das Blut rascher und dünner durch die Adern. Das Herz arbeitet lebhafter,

---

* Bis 1950 der Name von Jakarta, der Hauptstadt von Indonesien auf Westjava

verdoppelt seine Tourenzahl, und die Nerven werden rascher verbraucht als in der kühlen, konservierenden Luft des Nordens.
Fast bei jedem Europäer stellt sich nach einiger Zeit eine seltsame
Veränderung seines Temperaments ein, die sich auf seinen Gemütszustand auswirkt und auch den Körper in Mitleidenschaft
zieht. *Cafard* nennen die Franzosen diesen Zustand, den wir mit
Tropenkoller bezeichnen. Eine Gemütskrankheit, die unter der
Einwirkung von Alkohol und Weib zu Tobsucht und Irrsinn
führen kann. Junggesellen erliegen dieser Gefahr leichter als Ehe-
männer.

Auch dieser Offizier ist nicht vom Cafard verschont geblieben. Er ist empfindlich gegen den Klimawechsel, der immerhin
dreißig Grad zwischen Java und Holland ausmacht, und wenn
draußen der Sturm heult und Regenschwaden wider die Scheiben peitschen, geht ein Frösteln durch seine Glieder, auf das
sogleich fieberähnliche Hitze folgt. Dann hört er kaum auf das
Gespräch der Freunde, seine Gedanken scheinen anderswo zu
weilen, und gleichgültig stieren die trüben Augen auf einen
Punkt.

„Ich weiß, was dir fehlt, alter Freund", wendet sich Balbian
Verster an den Träumer und schlägt ihm mit seiner schweren
Hand vertraulich auf die Schulter. „Es ist nicht gut, daß der
Mensch allein ist, am allerwenigsten in Indien*. Du brauchst eine
Frau. Mußt heiraten."

Eine Beifallssalve der andern gibt dem Sprecher recht. Mit
müdem Lächeln und abwehrender Handbewegung protestiert
der Offizier gegen den wohlgemeinten Vorschlag. Aber die
Freunde lassen nicht locker. Und schon hat Verster, seines Zeichens Reporter der *Nieuws van den Dag,* aus der Brusttasche
Schreibblock und Bleistift gezückt und beginnt mit verschmitz-
tem Lächeln eifrig zu schreiben. Streicht aus, verbessert, fängt
nochmals an, dann stehen ein paar Zeilen auf dem Blatt: *Hauptmann der Kolonialarmee, auf Urlaub in Holland, sucht passende junge Dame zwecks Ehe kennenzulernen. Etwas Vermögen erwünscht. Gefl. Zuschriften unter . . .*

---

* Die Bezeichnung „Indien" gebraucht der Autor hier und im folgenden stets für „Niederländisch-Indien", das damalige niederländische Kolonialreich, das das Gebiet des
heutigen südostasiatischen Staates Indonesien umfaßte.

„Du willst dir gewiß einen Kuppelpelz verdienen?" meint der Offizier lachend. Aber schließlich gibt er doch seine Einwilligung, und so wird Verster die Anzeige in der übernächsten Ausgabe der *Nieuws van den Dag* erscheinen lassen.

Warum nicht? denkt Rudolf MacLeod auf dem Heimweg. Ein Versuch verpflichtet zu nichts. Und zum Heiraten muß man bekanntlich zu zweit sein. Bis dahin ist aber ein weiter Weg . . .

Und doch beherrscht ihn von Stund an der Gedanke an seine künftige Ehe. Immer wieder malt er sich aus, wie die Frau wohl aussehen könnte, die imstande wäre, ihn zur Aufgabe seines bisherigen sorgenlosen Junggesellenlebens zu bestimmen, die bereit wäre, sein Los zu teilen und den Stamm der MacLeod fortzusetzen.

Obwohl er bereits neununddreißig ist, hat er bislang noch nie an die Gründung einer Familie gedacht. Der beschwerliche Dienst in den Kolonien hat seine Kraft voll und ganz in Anspruch genommen und ihn jederzeit restlos befriedigt.

Tradition und Neigung führten Rudolf MacLeod zum Soldatenberuf, denn er entstammt einem alten schottischen Geschlecht, das seit grauer Vorzeit stets den Degen geführt hat. Der erste Leod, dessen Namen die Geschichte nennt, war der Sohn Olafs des Schwarzen, der als König der „Isle of Man" gegen Ende des 12. Jahrhunderts lebte. Dunvegan Castle war der Stammsitz des Geschlechtes in Schottland. Söhne des Clans haben in der Fremde ihr Glück gesucht, sind nach Irland, Frankreich und den Niederlanden ausgewandert und dort seßhaft geworden.

Einer von ihnen war Norman MacLeod, der sich im 17. Jahrhundert in Holland niederließ. Er diente im schottischen Regiment der Generalstaaten* und starb 1729 in London, wo er für seine Wahlheimat tätig gewesen war. Sein Sohn John wurde holländischer Oberst. Der Sturz des Hauses Oranien**, der Holland vorübergehend unter französische Herrschaft brachte, nötigte ihn zur Flucht über den Kanal, wo er sich mit Sarah Evans, einer Gälin, vermählte. 1814 kehrte er nach Holland zurück.

---

* Bis 1795 Bez. für die Niederlande und deren regierende Abgeordnetenversammlung
** Seit dem Einmarsch frz. Revolutionstruppen 1794/95 standen die Niederlande unter frz. Herrschaft, bis 1815 auf dem Wiener Kongreß das Königreich der Vereinigten Niederlande geschaffen wurde.

Einer seiner Söhne war John MacLeod. Er starb 1868, kaum dreiundvierzig Jahre alt, an den Folgen eines Unglücksfalles. Aus seiner Ehe mit Dina-Luisa, aus dem Hause der Barone Sweerts van Landas, war ein einziger Sohn hervorgegangen, der am 1. März 1856 in Heukelom geborene Rudolf MacLeod.

Bereits mit sechzehn Jahren hatte er die Uniform angezogen und war 1877 als Unterleutnant zur holländischen Kolonialarmee nach Sumatra* versetzt worden. Schon wenige Monate nach seiner Ankunft in Padang empfing er die Feuertaufe: Vier Jahre währte der Feldzug gegen das Sultanat Atjeh, an dem er ruhmvollen Anteil nahm. Dann folgen zehn ruhige Garnisonsjahre in Magelang auf Java** und in Bandjarmasin auf Borneo***, und in dieser Zeit rückt der Unterleutnant zum Oberleutnant und schließlich zum Hauptmann auf.

Vermögen besitzt Rudolf MacLeod zwar nicht, aber sein Offiziersgehalt ist immerhin so bemessen, daß er eine Familie damit ernähren kann. Wenn man älter wird und sich zur Ruhe setzt, gewährt es doch Befriedigung, Frau und Kinder um sich zu haben und im geborgenen Schoß einer gemütlichen Häuslichkeit seine Tage zu beschließen.

Den Vater hat er bereits verloren, als er eben erst zwölf Jahre alt war. Nur eine Schwester hat Rudolf noch, Mevrouw Luisa Johanna, die ein Jahr jünger ist als er. Gemeinsam sind sie in Kampen und Elburg herangewachsen, und das feste Band geschwisterlicher Liebe hält sie zusammen.

Luisa Johanna hat 1882 den Notar Wolsink geheiratet; seit 1888 ist sie Witwe und hat eine kleine Wohnung an der Leidschen Kade in Amsterdam. Dort verbringt der Bruder seinen Heimaturlaub.

Zwei einsame Menschen, von denen der eine bereits mit dem Leben abgeschlossen hat, während der andere eine Frau sucht, die es ihm ergänzen und verschönern soll.

---

* Sumatra, zu Indonesien gehörig, ist die zweitgrößte der Großen Sundainseln im Malaiischen Archipel, also der gesamten zwischen Asien und Australien gelegenen Inselwelt (ohne die Philippinen). Padang ist eine Hafenstadt an der Westküste der Insel.
** Hauptinsel Indonesiens
*** Größte der Sundainseln und damit zugleich größte Insel des Malaiischen Archipels; Bandjarmasin ist einer der wichtigsten Häfen.

Fünfzehn Bewerberinnen melden sich

Grietje Zelle ist nicht die einzige, die sich auf das Heiratsgesuch des Hauptmanns meldet. Noch vierzehn andere junge Mädchen haben ebenfalls die Anzeige in den *Nieuws van den Dag* gelesen und ihre sauber geschriebenen Briefe auf der Expedition abgegeben – jedoch vergebens. Rudolf MacLeod hat ihre Briefe gelesen, ohne daß sie das Verlangen in ihm weckten, die Schreiberinnen persönlich kennenzulernen. Achtlos hat er die Briefe, an die sich so viele Jungmädchenträume knüpften, in den Papierkorb geworfen. Vierzehn junge Holländerinnen werden sich andere Männer suchen müssen . . .

Nur die fünfzehnte findet Gnade. Ihr Brief oder vielmehr das Bild, das sie beigelegt hat, fesselt den Empfänger. Wir würden über die steife, konventionelle Aufnahme einer jungen Dame im Stil von 1895 heute gewiß lachen; die Haltung unnatürlich und gezwungen, der Blick starr geradeaus gerichtet, direkt auf das Objektiv des schwerfälligen Atelierapparates; der Hintergrund eine kitschige Kulisse, die eine überladene Parklandschaft vortäuschen soll, und davor ein junges Mädchen in Wespentaille, mit häßlichem Kleid und einer ebensolchen Frisur; beides läßt sie um mehrere Jahre älter erscheinen, als sie in Wirklichkeit zählt. Nach dem Bild könnte man Grietje für Mitte Zwanzig halten, und doch ist sie kaum achtzehn.

Immerhin ist es eine Fotografie, und eine solche gibt das Bild des Menschen naturgetreu wieder. Sinnend betrachtet MacLeod die Züge der jungen Dame. Ist es das üppige tiefschwarze Haar, das ihn fesselt, ist es die feine Linie der Körperformen, die trotz des entstellenden Modekleides zur Geltung kommen, oder ist es der faszinierende Blick der dunklen Augen, die ihn unwillkürlich in ihren magischen Bann ziehen? Bei näherer Prüfung findet er zwar die Nase etwas stark und breit geraten, auch die dicken, sinnlichen Lippen verleihen dem Mund einen etwas abstoßenden, unharmonischen Zug, aber dazwischen blitzt eine Doppelreihe kleiner, wohlgeformter Zähne auf, die all die kleinen Schönheitsfehler reichlich aufwiegen und vergessen machen.

Rudolf MacLeod hat das Bild vor sich auf dem Schreibtisch stehen, und während er Grietjes Brief beantwortet, ertappt er sich mehrmals dabei, wie seine Augen kosend die Gestalt des verführerischen Mädchens abtasten.

Ist es die Nachwirkung des Cafard, die seine Sinne vernebelt, oder ist es das geheimnisvolle magische Fluidum, das diese Frau ausstrahlt und das ihn schon jetzt gefangenhält? Das Unterbewußtsein sagt ihm, daß sie sein Schicksal sein wird.

Grietje träumt vom Märchenprinzen

Der Brief Rudolf MacLeods ist an die *weledele Jongvrouw Margaretha Geertruida Zelle* gerichtet, die in Den Haag bei Mynheer Taconis wohnt. Er ist seines Zeichens Tabakhändler und mit der Schwester des Vaters seiner Nichte verheiratet.

Margaretha oder Grietje hat bereits als Kind die Schattenseiten des Lebens kennengelernt. Als sie am 7. August 1876 zu Leeuwarden in der holländischen Provinz Friesland geboren wurde, lebten ihre Eltern recht und schlecht vom Ertrag eines Mützengeschäftes, das der Vater Adam Zelle führte.

Die Legende hat später, als die Tochter im Rampenlicht der großen Varietébühnen eine Berühmtheit geworden war, aus dem simplen Bürgerhaus ein Luftschloß „Camingha State" gemacht und die Großmutter zur Baronin Margaretha van Wynbergen erhoben, während der Vater Adam seinen Stammbaum in direkter Linie von den Herzögen von Braunschweig-Lüneburg-Celle ableitete. In Wirklichkeit aber lag das Schloß „Camingha State" im Mond, die adlige Großmutter schrumpft zu einer einfachen Friesin mit Namen Grietje Hamstra zusammen, und die welfische Abstammung des guten Adam Zelle geht auf einen frei erfundenen welfischen Herzog Hermann Otto von „Zelle" zurück, dessen Spur man vergebens in den genealogischen Nachschlagewerken sucht.

Grietjes Mutter Margaretha van der Meulen war eine Bürgerstochter aus Fraeneker; als sie 1891 im Alter von neunundvierzig Jahren starb, hinterließ sie außer ihrer damals vierzehnjährigen Tochter drei Söhne im Alter von elf, neun und sechs Jahren. Der wirtschaftliche Zusammenbruch ihres Mannes hat gewiß zum frühen Tod der unglücklichen Frau beigetragen, denn Adam Zelle hatte Bankrott gemacht. Er verließ seine Vaterstadt und zog nach Amsterdam, wo er sich bald darauf wieder vermählte. Solange die Mitgift seiner zweiten Frau reichte, konnte er einigermaßen sorglos leben, dann aber klopfte aufs neue Frau Sorge an seine Tür. Er stieg noch eine Stufe tiefer, übersiedelte in das Proletarierviertel der Lange Leidsche Dwarsstraat, wo er in einer düsteren Kellerwohnung einen Kleinhandel mit Petroleum betrieb.

Margarethas Vater Adam Zelle

Die Kinder bewahrte ein gütiges Schicksal vor dem Elend des Vaterhauses, denn die Großmutter van der Meulen nahm sich ihrer an, indem sie die Kosten ihrer Erziehung bestritt. Grietje kam in das Haus ihres Onkels Visser in Sneek, der mit einer Schwester ihres Vaters verheiratet war. Sie sollte Lehrerin werden, zu welchem Zweck sie der Vormund in ein Pensionat nach Leiden schickte.

Trotz ihrer fünfzehn Jahre war Grietje bereits eine zu voller Reife und Schönheit erblühte junge Frau. Und so kam es, daß der Institutsvorsteher, ein betagter Herr, der längst über die erste Jugend hinaus war, sich in seine Schülerin verliebte, obwohl er dem Alter nach ihr Großvater sein konnte. Beim Anblick des stattlichen Mädchens mit den strahlenden Augen und dem tiefschwarzen Haar empfand der grauköpfige Pädagoge Frühlingsgefühle, die sich in jünglingshaften, verliebten Gedichten an die Angebetete und in eifersüchtiger Überwachung seiner Schutzbefohlenen äußerten, die er selbst vom Verkehr mit ihren Mitschülerinnen fernhielt und wie eine Gefangene beaufsichtigte.

Gretha, wie sie jetzt genannt wurde, empfand für seine seltsame Zuneigung nur Ekel. Die Schule war ihr verleidet; sie brach ihre

Studien ab, verließ die Anstalt in Leiden und zog zu ihrem Onkel Taconis nach Den Haag.

Statt einen Beruf zu erlernen, der ihr Verdienst und selbständige Existenz gewährte, vertändelte sie ihre Zeit jedoch mit Spiel und Flirt. Vom Haus des Onkels hat sie es nicht weit nach Scheveningen, dem Seebad der niederländischen Hauptstadt. In den Sommermonaten ist Gretha fast täglich dort. Die Menge der Badenden ist so recht nach ihrem Geschmack. Mit ihren achtzehn Jahren kann sie sich unter ihnen sehen lassen: Ihr hoher Wuchs, das harmonische Ebenmaß der Glieder lenken unwillkürlich die Blicke der Herrenwelt auf die jugendliche Schönheit, die zum erstenmal hier auftaucht.

Gretha ist nicht verlegen und spröde, sie wird keinem einen Korb geben, der sich mit ihr in einen kleinen, harmlosen Flirt einlassen will. Vor allem haben es ihr die jungen Offiziere angetan mit den im Sonnenschein funkelnden goldenen und silbernen Achselstücken, den eleganten bunten Uniformen und den scharfgeschnittenen, sonnengebräunten Gesichtern unter den kokett sitzenden Käppis. Das sind die Märchenprinzen, die durch ihre Jungmädchenträume ziehen. Sie weiß: Der Mann, dessen Lebensschicksal sie einmal teilen will, muß ein solcher schmucker Offizier sein.

Was sie in die Waagschale zu werfen hat, ist freilich nicht viel. Ein paar tausend Gulden, das Erbteil der Großmutter van der Meulen – das ist nur eine Bagatelle, die keinen der anspruchsvollen Kavaliere locken kann, um die sich die Töchter der reichen Handelsherren und Reeder von Rotterdam und Amsterdam recht auffällig bemühen. Diese bescheidene Mitgift könnte nur einen kleinen Angestellten reizen, dessen Wünsche nicht über die Einrichtung eines unbedeutenden Lädchens hinausreichen.

Doch Gretha kennt die Erbärmlichkeit dieses Lebens – sie braucht ja nur an das Elternheim in Leeuwarden zurückzudenken, an den eigenen Vater, der in einem düsteren, muffigen Kellergewölbe von früh bis spät stinkendes Petroleum viertel- und halbliterweise verkauft und mit dem sie wirklich keinen Staat machen kann.

Aber das alles wird durch den Reichtum ihrer blendenden Schönheit mehr als ausgeglichen. Darin nimmt es so leicht keine mit ihr auf. Wer sie sieht, wird nicht lange nach Geld und Gut fragen. Der Liebreiz ihrer Erscheinung ist die reichste Mitgift, die die Natur ihr in die Wiege gelegt hat.

Gretha Zelle weiß, was das bedeutet und was sie wert ist. Sie wird sich nicht an den Nächstbesten wegwerfen. Klug und berechnend wird sie mit ihren Pfunden wuchern, bis sie den richtigen Mann eingefangen hat. Die junge Frau ist mutig und tatenfroh. Warum sollte sie sich nicht den Scherz erlauben, dem Hauptmann, der durch die Zeitung zu einer Frau zu kommen hofft, ihr Bild zu schicken? Im schlimmsten Fall wird sie es mit ein paar unverbindlichen Zeilen zurückerhalten. Dann war es eben nichts – ihr junges Herz wird davon gewiß nicht brechen. Mag er ruhig mit einer anderen glücklich werden, sie gönnt der Mitschwester diesen Triumph.

Oder er äußert den Wunsch, mit dem Original des Bildes in Briefwechsel zu treten und sie persönlich kennenzulernen . . . Dann wird sie schon wissen, was sie zu tun hat, um dem Schicksal den richtigen Lauf zu geben – vorausgesetzt, daß der Bewerber Gnade vor ihren Augen findet.

Seelen, die sich durch die Zeitung finden

Als die Post ihr einen Brief mit unbekannter, steiler Herrenschrift ins Haus bringt, beginnt Grethas Herz lauter zu schlagen. Hat das Glück an ihre Tür geklopft?

Es ist Rudolf MacLeods Antwort auf ihr Schreiben. Kurz und sachlich, wie man das von einem Offizier erwartet, aber auch ebenso höflich und galant. Ein warmer Ton schwingt zwischen den Zeilen mit und verbreitet eine hoffnungsvolle Atmosphäre.

Der Briefschreiber äußert den Wunsch, mit der Bewerberin in nähere Verbindung zu treten. Allerdings bittet er um Entschuldigung, wenn er zunächst noch nicht ihre persönliche Bekanntschaft machen kann: Das rauhe, unbeständige Frühlingswetter hat ihm eine heftige Erkältung beschert – kein Wunder, wenn man so lange in den Tropen gewesen ist. Ein Malariaanfall fesselt ihn vorerst ans Krankenbett. Aber sobald er hergestellt ist, wird er nach Den Haag kommen.

Gretha hat Zeit; sie kann ein paar Wochen warten. Den kranken Mann wird ihr inzwischen keine andere wegschnappen.

Zwanzig Jahre ist er älter als sie, rechnet sie nach. Da könnte er ja ihr Vater sein! Ist ein Offizier aber mit neununddreißig etwa ein alter Mann? Mitnichten! Da beginnt für ihn erst das Leben. Über die erste Jugend ist er hinaus – Gott sei Dank also keiner dieser albernen Laffen, die sie anwidern. Er kennt das Leben, kennt die Welt und die Frauen. Kein Vergleich mit dem lächerlichen Großpapa in Leiden, dem Schulmeister mit schlechtsitzendem, abgetragenem Gehrock, einem häßlichen Spitzbauch und der goldenen Brille auf der leicht geröteten Nase, den unschönen Lippen, über die ein zottiger graumelierter Bart herabhängt. Diese Karikatur von Mann konnte ihr wahrlich nicht imponieren.

Aber so sieht ein Offizier bestimmt nicht aus. Ein paar Tage später hält sie sein Bild in der Hand und ist beruhigt. An der Seite dieses gepflegten, eleganten Mannes mit den vornehmen, energischen Zügen würde sie sich bestimmt nicht schlecht ausnehmen.

Fast täglich schreiben sie sich. Rudolfs Genesung schreitet nur langsam vorwärts, immer wieder klagt er über Rückfälle, fühlt sich noch zu matt und angegriffen, um eine Reise zu machen. Er fürchtet, dem jungen Mädchen, das um zwei Jahrzehnte jünger ist als er, zu mißfallen und es zu enttäuschen, wenn er in dieser Verfassung vor ihm erscheinen sollte. Sie könnte den Altersunterschied allzu deutlich merken und sich über ihn lustig machen.

Gretha weiß: Der Mann ist verliebt in sie, er will sie gleich bei der ersten Begegnung beeindrucken.

In gegenseitigem Briefwechsel vergehen mehrere Wochen. Schon beginnt sie ungeduldig zu werden. Sollte sie nicht den ersten Schritt wagen? Es schickt sich zwar nicht, daß eine junge Dame dem Mann nachläuft – aber hier liegen doch besondere Umstände vor, die diesen außergewöhnlichen Schritt rechtfertigen. Warum sollte sie da nicht eine Reise nach Amsterdam vorschützen können und bei dieser Gelegenheit eben den Herrn kennenlernen, der sich für sie interessiert?

Sie macht ihm diesen Vorschlag und findet sogleich seine

Zustimmung. Am 24. März 1895, einem Sonntag, treffen sie sich vor dem Rijksmuseum.

Es ist ein voller Erfolg für Gretha: Sie kommt, sieht und – siegt. MacLeod ist aufs angenehmste überrascht. Das Original sieht noch bedeutend besser aus als das Lichtbild. Das ist wirklich eine Schönheitskönigin, denkt er, als er mit prüfendem Blick die Partnerin unauffällig mustert. Der Mund mit den vollen, sinnlichen Lippen stört zwar ein wenig die Harmonie der bezaubernden Gesichtszüge, aber diese Lippen brauchen nur zu lächeln – und das tun sie fast beständig –, dann ist alles Unschöne und Störende sofort ausgelöscht.

MacLeod ist verwöhnt, er kennt die herrlich gewachsenen Frauen Insulindes* – aber diese Europäerin kann es mit ihnen aufnehmen. Sie wird sie alle in den Schatten stellen.

Aber auch Gretha ist befriedigt: Der Mann an ihrer Seite entspricht ihrem Ideal. Er ist von gleicher Körpergröße wie sie; in der tadellos sitzenden Uniform und mit dem klirrenden Degen an der Seite gleicht er dem Kriegsgott Mars selber. Das ist der Märchenprinz, den sie sich erträumt hat. Sie wird ihn festhalten, er muß ihr gehören.

Plaudernd gehen sie durch die Anlagen, in denen die ersten Frühlingsblumen blühen. Dann suchen sie ein Lokal auf, um gemeinsam zu speisen, und schließlich nehmen sie einen Wagen, um eine Rundfahrt durch Amsterdam zu machen. Aber für die Sehenswürdigkeiten der holländischen Hauptstadt haben die beiden keine Augen, sie merken kaum, daß die Scheiben der Wagenfenster von der frischen Luft angelaufen und wie mit einem milchigen Schleier überzogen sind, der die Aussicht verhindert.

Gegen Abend fährt Gretha nach Den Haag zurück. Ihr „Jonnie" begleitet sie bis zum Zug, mit Küssen und Tücherschwenken nehmen sie Abschied.

Tags darauf schreibt sie ihm einen langen Brief, in dem sie noch einmal ihre Eindrücke der gestrigen Begegnung schildert. „Deine kleine zukünftige Frau, die Dich so sehr liebt", lautet die Unterschrift.

Fünf Tage später ist sie wieder in Amsterdam, und diesmal

---

* Insulinde *(Inselindien)*: Bezeichnung für den Malaiischen Archipel; insbesondere gebraucht für die niederländischen Besitzungen in Südostasien

feiern sie und Rudolf MacLeod ihre Verlobung. Sie haben es beide sehr eilig – der Mann, der zwanzig Jahre gewartet hat, und die Braut, die sich ihr Glück sichern will. Von nun an zeichnet sie nur noch: „Deine kleine Frau" – „künftige" läßt sie weg, denn die Zukunft ist für sie bereits Gegenwart geworden.

Gretha ist eine fleißige Briefschreiberin. Kein Tag, an dem ihr „Einziggeliebter", ihr „geliebter Engel" und „einziger Schatz" nicht ein paar Zeilen von ihrer Hand erhält. Der Inhalt der Briefe entspricht der Vorstellungswelt eines jungen Mädchens von achtzehn, das im Taumel der ersten Liebe schwelgt. Der Stil läßt zu wünschen übrig, die Gedanken sind naiv, kindlich und einfach, dann aber auch wieder sprunghaft, wissend und lockend. Mit weiblicher Eitelkeit studiert sie, wie sie sich möglichst reizend und verführerisch kleiden kann. Alles, selbst die kleinste Kleinigkeit, erzählt sie ihrem Jonnie und bittet ihn um Auskunft in Toilettefragen, in denen er selbst nicht Bescheid weiß. So schreibt sie ihm einmal:

> Du fragst mich, ob ich Lust hätte, Dummheiten zu machen. Aber bestimmt, Jonnie, und zwar lieber gleich zehn auf einmal als eine. Du weißt doch, in wenigen Wochen bin ich schon Deine Frau. Welches Glück, daß wir beide dasselbe glühende Temperament besitzen. Nein, ich glaube wirklich nicht, daß unsere Lust jemals ein Ende nehmen könnte. Gewiß, mein Lieber, ich will alles tragen, was Du hübsch findest. Rosa Seide kleidet mich außerordentlich gut, da ich so braun bin und eine matte Gesichtsfarbe habe . . . Gewiß finde ich diese Hemden entzückend. Verzeihe meine Unwissenheit, aber sage mir, wie lang ein solches Hemd sein muß? Soll es bis zum Knie oder noch weiter herabreichen? Gewiß müssen sie weit ausgeschnitten sein – sage es mir, ich werde sie mir dann machen lassen.

So bespricht sie ganz unbefangen die Ausstattung der Wäsche, die sie nach seinen Angaben und auf seinen Wunsch tragen soll.

Schatten warnen

Voll Ungeduld wartet sie auf den Hochzeitstag, der auf Anfang Juli festgesetzt wird. Aber bis dahin sind noch einige unangenehme Formalitäten zu erledigen.

Da Gretha noch nicht volljährig ist, bedarf sie zur Eheschließung der gesetzlichen Zustimmung ihres Vaters. Mit dem Petroleumskrämer und ehemaligen Mützenhändler kann sie bei ihrem vornehmen Bräutigam keine Ehre einlegen, und sie hat es daher vorgezogen, ihren Erzeuger bisher überhaupt nicht zu erwähnen. Nun tritt er aber doch in Erscheinung, und er rächt sich für die bisherige Zurücksetzung. Wenn meine Tochter schon einen Offizier aus vornehmer Familie heiratet, dann ist es nicht mehr als recht und billig, daß auch der Brautvater etwas von dieser Ehre abbekommt, denkt Herr Adam Zelle. Man braucht ihn, und er wird daher seine Bedingungen stellen. Das Brautpaar muß ihm einen offiziellen Besuch abstatten, dann wird er gnädigst seinen Segen erteilen.

MacLeod ist diese Angelegenheit äußerst peinlich. Gretha hat ihm wenig Rühmliches von ihrem Vater erzählt, und was er im übrigen von dritter Seite über Vorleben und Charakter des ehrenwerten Herrn Zelle in Erfahrung gebracht hat, weckt in ihm keineswegs den Wunsch, nähere oder gar familiäre Beziehungen zu diesem Schwiegervater anzubahnen. Er heiratet die Tochter, aber nicht die Familie, und im übrigen soll der Alte froh sein, daß seine Gretha als Offiziersfrau eine gesellschaftliche Stellung einnehmen wird, die der Petroleumskrämer mit dem Offenbarungseid in der Tasche ihr niemals hätte verschaffen können.

Aber was tut man nicht alles, wenn man verliebt ist! Jonnie liest seiner Braut jeden Wunsch von den Augen ab – er wird auch vor diesem bitteren Gang nicht zurückschrecken. Nur eine Bedingung stellt MacLeod: Der Besuch darf nicht länger als eine Viertelstunde dauern – dann wird er sich ebenso höflich und förmlich empfehlen, wie er gekommen ist.

Und so fährt an einem schönen Sommertag eine elegante Victoria* vor der dürftigen Kellerwohnung in der Lange Leidsche Dwarsstraat vor. Das Brautpaar achtet nicht auf die neugierigen Blicke der Männer, Weiber und Kinder, die das Gespann umlagern. Herr Zelle hat es sich nicht nehmen lassen, zu Ehren des Tages seinen alten schäbigen Bratenrock anzulegen und seinen

---

* auch „Mylord" genannter, ein- oder zweispännig zu fahrender, vierrädriger Luxuswagen

Besuch auf der Straße zu empfangen – damit es die Nachbarn sehen sollen.

Auch diese Viertelstunde wird vergehen, denkt MacLeod, als er die muffige, niedrige Kellerwohnung betritt. Gewiß, sie vergeht, und der Gast verspürt kein Verlangen, auch nur eine Minute über die vorgeschriebene Zeit hinaus zu verweilen.

Schon will der Hauptmann erleichtert aufbrechen, da rückt Zelle mit einer neuen Forderung heraus: Er wird seine Einwilligung geben, aber er verlangt dafür, an der Hochzeit seiner Tochter teilzunehmen; als Brautvater muß er im Wagen abgeholt werden.

MacLeod ist peinlich berührt. Das war nicht ausgemacht – wer weiß, was der Mann noch alles begehren wird. Aber neben ihm steht Gretha strahlend in Schönheit und Glück, und sie wirft ihm einen so bittenden Blick zu, daß er nicht länger widerstehen kann und auch diese demütigende Bedingung annimmt. Das ist aber auch das letzte Zugeständnis, denn MacLeod kommt allmählich zu der Erkenntnis, daß er eine Ehe eingeht, die unter seinem Stand ist.

Seine Schwester Wolsink rät ihm dringend ab, den letzten verhängnisvollen Schritt zu wagen – ihr ist die Braut des Bruders vom ersten Augenblick an unsympathisch gewesen. Die beiden passen nicht zusammen, das ist der Eindruck, der sich bei der erfahrenen Frau immer mehr zur Überzeugung verstärkt.

Zwanzig Jahre Altersunterschied – das ist eine Kluft, die sich nur überbrücken und ausgleichen läßt, wenn eine gewisse innere Harmonie und Anziehungskraft besteht. Die ist hier aber nicht vorhanden. Und es ist nicht nur das entgegengesetzte Milieu, aus dem die beiden kommen, der Unterschied in Bildung, Weltanschauung und Lebensauffassung, der sie trennt. Diese Braut von neunzehn Jahren stellt andere Anforderungen an das Leben, tritt mit ganz anders gearteten Wünschen und Vorstellungen in die Ehe als der reife Mann von vierzig Jahren, der bereits eine Vergangenheit besitzt. Was hinter ihr liegt, ist doch nur Kindheit und erste Jugend – alles andere steht ihr noch bevor, ist unbekanntes Neuland für sie. Achtzehn Jahre Offiziersdienst in den Tropen haben MacLeod ernst, verschlossen, grüblerisch und wortkarg gemacht. Er sucht in der Ehe die lang entbehrte Häuslichkeit, das

gemütliche Heim, die Familie. Erholung, Ruhe, Ausspannung –
kann ihm das alles die lebenshungrige, unerfahrene Gretha gewähren?

Diese Frage muß die Schwester nach allem, was sie bisher gesehen hat, verneinen. Sie kennt ihren Bruder, kennt seinen Charakter und sein Temperament und weiß daher, daß diese Ehe für
ihn eine Enttäuschung sein wird, die mit einer Katastrophe enden
muß. „Gib dich keinen Illusionen hin, Jonnie – jetzt bist du noch
blind, weil du verliebt bist. Du siehst nur das Äußere, siehst nur
den schönen Körper und die bezaubernden Augen deiner Braut.
Aber tiefer blickst du nicht. Was willst du mit diesem Kind in
Indien, auf einem verlorenen Posten inmitten des Urwaldes, fern
von der Vorstellungswelt europäischer Zivilisation! Sie wird sich
in dieser fremden Umgebung unglücklich fühlen, wird Dinge ver-
missen, die du ihr weder geben noch ersetzen kannst. Hier in der
Heimat, in der Großstadt oder auch in einer kleinen Garnison
wäre es vielleicht noch gegangen, da hätte Gretha langsam in
ihren Pflichtenkreis hineinwachsen können. In Indien aber fehlt
dieses ausgleichende Element, fehlen Abwechslung und Anpas-
sungsmöglichkeit. Da seid ihr beide zu sehr auf euch selbst angewiesen, und da werdet ihr bald erkennen, wie fremd ihr euch
gegenseitig seid."

Aber MacLeod schüttelt mit verträumtem Lächeln den Kopf.
Wie alle Verliebten ist er nüchternen Vernunftgründen nicht
zugänglich. Die Liebe, meint er, wird alles ersetzen und ausgleichen. Es gehört nur ein wenig Vertrauen und Mut dazu. Und
selbst wenn auch ihm Bedenken kommen, gebieten ihm doch
Takt und Ehrgefühl, das einmal gegebene Wort zu halten. Dieses Mädchen hat ihm in jugendlicher Schwärmerei Vertrauen
geschenkt – darf er es nun enttäuschen, darf er seine Illusionen und Luftschlösser grausam zerstören, indem er im letzten Augenblick zurücktritt und es seinem Schicksal überläßt?
Was soll aus diesem haltlosen Geschöpf werden, wenn es auf
sich selbst gestellt, wenn es in seine Umwelt zurückgeschleudert
wird?

Nein, als Schuft kann und darf er nicht an Gretha handeln.
Das verbietet ihm seine Offiziersehre. Er wird zu ihr stehen und
sie heiraten. Alles andere wird sich dann schon finden, wenn

sie erst drüben in Indien sind. Gerade dieses Aufeinanderange-
wiesensein, das die Schwester fürchtet, wird sie einander näher-
bringen.

Ein Sommernachtstraum

Am 24. März haben sie einander zum erstenmal gesehen – ein
Vierteljahr später findet bereits die Hochzeit statt.

Am 11. Juli 1895, einem strahlenden Sommertag, fahren sie
zum Amsterdamer Standesamt. Gretha trägt eine Robe von gelber
Seide, dazu Schuhe von derselben Farbe, die sie liebt und die
ihr vortrefflich steht. Vom blauschwarzen Haar wallt der von
einem Orangenblütenkranz gehaltene Schleier herab. Unendli-
ches Glücksgefühl leuchtet aus ihren Zügen. So betritt sie, gefolgt
von zwei weißgekleideten Brautjungfern, an der Seite ihres Verlobten, der Helm und Paradeuniform trägt, das Standesamt, und
manch neugieriger Blick, in dem sich Bewunderung und Neid
paaren, folgt ihnen.

Sie haben es beide eilig, und so findet auch keine großartige
Feier statt, verbunden mit umständlicher Abspeisung der beider-
seitigen Verwandtschaft und Freundschaft. Der Schwiegervater
wird vereinbarungsgemäß zugelassen und darf als Trauzeuge fun-
gieren. Damit ist aber auch seine Tätigkeit beendet, und auf seine
weitere Anwesenheit wird gern verzichtet, denn das junge Paar
wird sich vom Standesamt unmittelbar zum Bahnhof begeben,
um die Hochzeitsreise anzutreten.

Herr Adam Zelle macht ein enttäuschtes Gesicht, als er mit dieser Begründung abgeschoben wird. Er hat das Gefühl, daß man
ihn los sein will, daß Tochter und Schwiegersohn sich seiner
schämen.

Ganz so eilig, wie sie es dem unerwünschten Schwiegervater
darstellten, haben es die Neuvermählten aber doch nicht. Denn
nach der Trauung findet im American Hotel eine intime Feier
statt, zu der MacLeod die Schwester und seine nächsten Freunde
eingeladen hat. Auch der Journalist Balbian Verster befindet sich
unter ihnen, derselbe, der hier noch vor wenigen Monaten seinem Freund den wohlgemeinten Rat gegeben hat, sich eine Frau

262

zu suchen. Schneller, als er wohl selbst gedacht hatte, ist sein Einfall Wirklichkeit geworden.

Nach ein paar Stunden verabschieden sich die beiden Gatten von ihren Gästen, kleiden sich rasch um und fahren noch am selben Tag rheinaufwärts nach Deutschland. In einer stillen Pension in Wiesbaden verleben sie die Flitterwochen.

Nach ihrer Rückkehr nach Amsterdam wohnen sie bei Frau Wolsink, deren beide Töchter, junge Mädchen zwischen zwölf und vierzehn, bald die intimsten Freundinnen ihrer neuen Tante werden. Zum größten Entsetzen der puritanisch-nüchternen Witwe Wolsink gibt Frau MacLeod den Mädchen Unterricht in Schönheitspflege und weiht sie in all jene kosmetischen Geheimnisse ein, in deren Anwendung sie mit wahrer Meisterschaft Bescheid weiß.

Das ist aber auch so ziemlich das einzige, worauf die junge Frau sich versteht und wofür sie Verständnis besitzt. Im übrigen geht sie ganz im Glück ihrer jungen Ehe auf und lebt fröhlich und sorglos wie ein Kind in den Tag hinein. Mit Geld kann sie nicht umgehen; sie kauft Kleider, Wäsche und alle möglichen Dinge und Nichtigkeiten, die ihr gefallen, ohne erst lange nach dem Preis zu fragen, als wenn ihr Mann Millionär wäre.

Aber der Hauptmann MacLeod besitzt außer seinen Ersparnissen, die für die Kosten der Hochzeit und der Reise so ziemlich draufgegangen sind, nur sein bescheidenes Offiziersgehalt, mit dem man in Europa keine allzu großen Sprünge machen kann. Auch er selbst ist ein schlechter Rechner, der mehr ausgibt, als er hat. Und so sieht er sich oft gezwungen, die Hilfe seiner Freunde in Anspruch zu nehmen, denn Gretha soll keine Not leiden, und ihr einen Wunsch abzuschlagen, dazu fehlt ihm jetzt noch der Mut. Wenn wir erst in Indien sind, haben wir ohnedies keine Gelegenheit mehr, unnötig Geld auszugeben, tröstet er sich. Dann wird Gretha schon sparen lernen.

Bereits am 30. Januar 1896, sie sind noch nicht sieben Monate verheiratet, schenkt Frau MacLeod einem Sohn das Leben – das Paar hatte also allen Grund, die Hochzeit zu beschleunigen. Bei der Taufe erhält das Kind den Vornamen Norman, den zahlreiche Verwandte und Vorfahren des Vaters getragen haben.

Noch trübt keine Wolke das junge Glück. Gretha ist guter

Laune, sie findet die Ehe so, wie sie es sich erträumt und wie sie es in Romanen gelesen hat. Und als sie am 23. April 1896 sogar zu einem Empfang bei der Königinmutter Emma und der jungen Königin Wilhelmina zugelassen wird und die Majestäten ihrer Schönheit Tribut und Anerkennung zollen, da kommt die überglückliche Frau sich wie eine Märchenprinzessin vor.

Kleine Garnison in Insulinde

Länger als zwei Jahre ist der Hauptmann MacLeod zur Wiederherstellung seiner Gesundheit in der Heimat gewesen. Jetzt geht der Urlaub zu Ende, der Augenblick rückt näher, wo der Dienst ihn nach Indien zurückruft. Vielleicht wäre ihm der Abschied von Europa schwerer geworden, hätte er die Reise allein antreten müssen. Aber er bringt ja Frau und Kind mit, das Kostbarste, was er besitzt und was ihn allein an das Vaterland fesseln könnte. Wie schön wird es sein, in der herrlichen Tropenwelt im Kreis der Familie leben zu können ...

Am 1. Mai 1897 begibt sich das Ehepaar MacLeod an Bord des Dampfers *Prinses Amalia;* der Hauptmann übernimmt den Befehl über eine Abteilung Kolonialtruppen, die nach Indien geschickt wird.

Die beiden Gatten haben es eilig fortzukommen, denn sie wollen einer Begegnung mit Vater Zelle ausweichen, der sich gern noch einmal an der Seite seines Schwiegersohnes zeigen möchte. Aber sie haben sich längst von ihm verabschiedet, und als er gegen Abend noch einmal erscheint und verlangt, an Bord gelassen zu werden, wird ihm einfach der Zutritt verweigert.

Fast fünf Wochen dauert die Reise, die Gretha in die geheimnisvolle Welt des Fernen Ostens führt. Anfang Juni geht die *Prinses Amalia* im Hafen von Batavia vor Anker. Die Truppen werden gelandet und MacLeod nach Ambarawa beordert – der Ort liegt im Herzen der Insel Java, inmitten tropischer Wälder und riesiger Reispflanzungen.

Für eine junge Frau von zwanzig Jahren, die zum erstenmal nach Indien kommt, ist es nicht leicht, sich dieser eigenartigen, fremden Umwelt anzupassen. In den Küstenstädten, wo zahlreiche Kaufleute ihre Kontore und Villen haben, wo es Klubs, Kaffeehäuser, Theater und Häuser wie in der Heimat gibt, empfindet man den Übergang vom Abendland zum Orient weniger schroff als im Inneren Javas, in diesem weltentrückten Ambarawa, wo die Handvoll Soldaten, die die holländische Staatsautorität vertreten, unter den eingeborenen Malaien fast verschwinden.

Es ist ein wenig gemütliches Gefühl, inmitten dieser wenn auch nicht feindlichen, so doch zurückhaltenden fremden Menschen leben zu müssen, deren Sprache man nicht versteht und deren Sitten und Lebensart den Holländer seltsam berühren. Die junge Frau kann kein Auge schließen, wenn MacLeod während der gespenstischen Tropennächte die Runde macht oder entlegene Posten im Urwald aufsuchen muß. Sie bangt um sein Leben, das beständig von tausend Gefahren umlauert ist, und atmet erst erleichtert auf, wenn sie die Schritte des Heimkehrenden auf der Veranda ihres Hauses hört.

Zum Glück dauert die Verbannung nicht lange. Ein halbes Jahr, dann dürfen sie das unheimliche Ambarawa mit dem freundlichen Malang vertauschen. Gleichzeitig wird MacLeod zum Major befördert, was, abgesehen von der höheren Rangstufe, zugleich mit einer wesentlichen Steigerung des Einkommens verbunden ist.

Glückliche Zeit

Malang ist eine der freundlichsten und zugleich gesündesten Städte Niederländisch-Indiens. Hier herrscht nicht die drückende Hitze wie im Innern des Landes, die Luft ist trocken und fieberfrei, und von den umliegenden Bergen wehen frische Winde. Und hier gibt es vor allem eine ausgedehnte europäische Kolonie – Kaufleute, Offiziere und Beamte, von denen die meisten schon seit Jahrzehnten in Indien leben. In Malang hat das 1. Infanterie-Reservebataillon, dessen Kommandeur MacLeod ist, seinen Standort.

Auf einer Anhöhe, von schattigen Bäumen und blühenden Sträuchern umrahmt, erhebt sich der stattliche Bungalow, den das Ehepaar bewohnt. Ein allerliebstes Puppenheim, dieses Haus

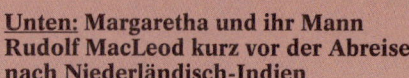

Unten: Margaretha und ihr Mann Rudolf MacLeod kurz vor der Abreise nach Niederländisch-Indien

Oben: Tochter Luisa Johanna, genannt Non (geb. 1898)
Unten: Sohn Norman (1896–99)

Vorstadtstraße von Batavia, der Hauptstadt von Niederländisch-Indien

mit den blendendweißen Mauern und den luftigen, ringsum laufenden Veranden, den freundlichen, mit zierlichen japanischen Möbeln geschmackvoll eingerichteten Zimmern. Dazu als Hintergrund die farbenglühende üppige Tropenwelt mit ihrem Reichtum an duftenden Blüten und seltsamen Formen, als Bedienung hübsch gewachsene braune Menschen in weißen Gewändern, still, fleißig, gewandt und klug und ihrer schönen jungen Herrin treu ergeben. Hier kennt man weder Langeweile noch Einsamkeit, denn die europäische Kolonie bildet eine einzige große Familie. Man besucht sich gegenseitig, veranstaltet Gesellschaften, Gartenfeste, spielt Tennis, hat beständig Gäste und ist überall eingeladen. Alles wirbt um die Freundschaft der jungen Majorin, deren Gatte der höchste Offizier und Platzkommandant des Ortes ist. Wahrlich, es ist eine Insel der Verheißung, ein Paradies, über dem ein ewiger Frühling lacht. Die Menschen, die hier leben, müssen glücklich sein. Und sie sind es auch.

Im Garten unter majestätischen Blattpflanzen spielt, von einer Malaiin betreut, der kleine Norman und macht die ersten unbeholfenen Schritte. Er zählt noch nicht zweieinhalb Jahre, da stellt sich ein Schwesterchen ein: Am 2. Mai 1898 wird die kleine Luisa Johanna geboren.

Nichts fehlt mehr zum Glück der jungen Eltern. Kein Schatten trübt die Harmonie ihres Ehelebens. Hätte Rudolf MacLeod eine bessere Wahl treffen können? Alle Männer beneiden ihn ehrlich um diese wunderbare Frau, die eine klassische Schönheit ist.

Im Herbst feiert Malang die Thronbesteigung der jungen Königin Wilhelmina. Dieser Tag wird in ganz Niederländisch-Indien festlich begangen. Monate zuvor werden schon die Vorbereitungen getroffen, an denen sich alle beteiligen.

Die Offiziere haben für diesen Zweck eigens eine Operette komponiert, deren Hauptrolle ihre Majorin spielen soll. Mit wahrem Feuereifer widmet sich Gretha der Einstudierung. Zum erstenmal soll sie vor der Öffentlichkeit auftreten, gefeiert und bewundert von allen – ein großes Ereignis für die junge Frau von zweiundzwanzig Jahren.

Auch MacLeod teilt die Freude seiner Frau. Und damit sie auch wirklich als Königin des Festes glänzen kann, läßt er ihr aus Holland teure Kleider kommen: ein Kostüm aus gelber Seide – Grethas Lieblingsfarbe –, mit Kamelien geschmückt, und ein mit Perlen besticktes Ballkleid aus violettem Samt mit weitem Ausschnitt, der den herrlich modellierten Nacken und die schlanken Arme allen Blicken freigibt.

Gretha ist die unbestrittene Königin des Festes. Neben ihr kann keine zweite Frau bestehen. Mit Anmut und Grazie spielt sie ihre Rolle, und erst ihr Tanz! Die Männer sind wie berauscht, die Offiziere bringen ihrer Majorin stürmische Huldigungen dar. Keiner ist unter ihnen, der in die Unvergleichliche nicht verliebt wäre.

MacLeod nimmt aufrichtigen Anteil an dem Triumph seiner Frau, aber gleichzeitig sieht er mit Besorgnis, welch gefährliches Feuer diese Huldigungen der Männerwelt im Herzen seiner unbesonnenen eitlen Frau entfachen. Ein unbestimmtes Gefühl der Eifersucht regt sich in ihm. Ob es klug war, seine Frau so vor aller Öffentlichkeit zur Schau zu stellen, sie vor den gierigen Augen der Männer im Rampenlicht erscheinen zu lassen? Dieser Schwarm von Verehrern, die sie sich erobert hat, wird sie unablässig umschmeicheln, die Männer werden ihr nachstellen wie einem Edelwild, werden die blutjunge, unerfahrene, gefallsüchtige Frau, dieses große Kind, so lange betören, bis sie zu Fall kommt . . .

MacLeod wacht mit scharfen Augen über sein Glück, er verdoppelt seine Aufmerksamkeit und umgibt Gretha mit allem, was ihr Herz begehrt. Als er ihr einmal seine Befürchtungen gesteht, von seiner Sorge um sie spricht, streicht sie ihm lachend über die ernste Stirn: Wie konnte er sich nur das Herz schwermachen mit solch trüben Gedanken! „Wie blind du bist, Jonnie, da du nicht siehst, daß du allein mein Leben ausfüllst, daß für mich kein anderer Mann außer dir existiert! Und ist nicht Norman da und unsere süße kleine ‚Non'?"

„Verzeihe meinen Argwohn, Gretha. Die Liebe hat mich blind gemacht."

Er irrt sich – sie hat ihn tiefer schauen, hat ihn einen Blick in die Zukunft werfen lassen . . .

Aber der Schatten weicht vorerst, und die Sonne leuchtet wieder für Rudolf MacLeod.

EIN WENIG mehr als ein Jahr dauert das Idyll von Malang. Im März 1899 wird der Major als Militärkommandant nach Medan auf Sumatra versetzt, und damit ist die glückliche Zeit zu Ende.

In Europa vollzieht sich die Übersiedlung von einer Garnison zur andern ohne besondere Schwierigkeit. Man mietet eine Wohnung, ein paar Wochen später ist der Umzug überstanden, und man hat seine gewohnte Ordnung und Häuslichkeit wieder.

Anders liegen jedoch die Dinge in den Tropen. MacLeod kennt die Verhältnisse, er hat fast zwei Jahrzehnte in Indien als Junggeselle gelebt. Wenn er noch allein wäre – für ihn als Mann und Soldat wäre es gleichgültig, wohin der Dienst ihn ruft. Er wird sein Zelt auch ohne Murren inmitten des Urwaldes oder der Steppe aufschlagen. Aber er hat eine verwöhnte Frau und zwei kleine Kinder, auf die er Rücksicht nehmen muß. Er will erst sehen, wie die Verhältnisse in Medan sind, will die Wohnung herrichten lassen, damit seine geliebte Gretha gleich in das fertige neue Heim einziehen kann.

So trennen sich die beiden Gatten zum erstenmal seit ihrer Hochzeit. Aber es ist ja nur für ein paar Wochen, und bis dahin ist seine Frau mit den Kindern im Landhaus der befreundeten Familie van Rheede in dem reizend gelegenen Toempang, ein paar Meilen vor Malang, aufs beste aufgehoben.

Erste Gewitterwolken

Zwei Monate bleiben sie getrennt, und in dieser Zeit gewinnt MacLeod den nötigen Abstand, um den Charakter seiner Frau mit kritischem Verstand, ohne gefühlvolle Verliebtheit zu beurteilen.

Seine Gedanken weilen bei ihr, und da sie sich nicht gegenseitig aussprechen können, sucht er die Verbindung durch die Brücke eines regen Briefwechsels aufrechtzuerhalten. Kein Tag vergeht, ohne daß er seiner fernen Gretha mit gewissenhafter Sorgfalt Bericht über alle Ereignisse und Eindrücke erstattet. Es sind behagliche Stimmungsbilder, wie sie unsere nervöse, schnelllebige Zeit nicht mehr kennt. Von allem, was ihn umgibt, weiß er lebendig zu erzählen: vom Leben und Treiben der Eingeborenen und Europäer in Medan, von seinem Pferd King und dem treuen Hund Blackie, seinen ständigen Begleitern.

Aber diese Briefe sind noch mehr als Tagebuchblätter und Reiseskizzen. Sie sind auch ein getreuer Niederschlag der Sorgen und Gedanken, die sich der Ehemann um Frau und Kinder macht. Täglich erkundigt er sich besorgt nach der Gesundheit seiner Lieben, und wenn einmal ein Brief ausbleibt oder verspätet eintrifft, verbringt er den Tag in qualvoller Unruhe und Ungewißheit über das Schicksal seiner Familie. Beständig ermahnt er Gretha zur Achtsamkeit – die malaiischen Kindermädchen, deren Obhut der kleine Norman anvertraut ist, erscheinen ihm nachlässig: Vielleicht hat eine Giftschlange das Kind gebissen, oder es hat eine vergiftete Speise gegessen. Unablässig suchen den besorgten Vater solche Zwangsvorstellungen heim und rauben ihm den Schlaf. Es ist, als ahne er ein tragisches Verhängnis, das seinen Stammhalter bedroht, und als sei es ihm nicht möglich, das Unheil von dem Haupt des geliebten Kindes fernzuhalten.

In seiner Ungeduld kann er das Eintreffen der Briefpost nicht abwarten. Er schickt Telegramme an Gretha, doch diese lächelt über die ihr unbegreifliche Angst des Vaters. Was soll den Kindern schon zustoßen? Sie sind gesund und munter, und kein Mensch denkt daran, ihnen etwas zuleide zu tun. Erst vor wenigen Tagen hat sie ihrem Gatten geschrieben; der Brief ist noch unterwegs, vielleicht hat er ihn inzwischen längst erhalten.

Aber die Antwort trifft nicht ein, die Post ist irgendwo liegengeblieben. In seiner Verzweiflung befürchtet der unglückliche Mann schon das Schlimmste; mit zitternder Hand schreibt er:

> Weiß Gott, was Norman oder der kleinen Luisa zugestoßen ist ... Du lieber Gott, was sollte ich wohl machen, wenn sie ein Unglück getroffen hätte? Ich bin voll Unruhe; ich weiß wohl, daß Du Dich nicht um diese Dinge kümmerst; Du stellst Dich nur so, bist aber in Wirklichkeit unempfindlich dafür. Du kennst mich und weißt daher, in welcher Aufregung ich mich befinde. Aber schließlich kann ich weiter nichts tun als warten, hoffen und bitten ... Ich mache mir alle möglichen schlimmen Gedanken, und meine Unruhe steigert sich immer mehr. Noch jetzt, da ich diese Zeilen schreibe, muß ich unablässig daran denken, was wohl passiert sein mag ...

Erleichtert atmet er dann auf, als vierundzwanzig Stunden später das so heiß ersehnte Telegramm eintrifft und ihn beruhigt.

In der Zwischenzeit hat er in seinem neuen Wirkungskreis ein gemütliches Heim eingerichtet. Nun drängt er Gretha, Toempang und Malang zu verlassen und zu ihm zu kommen. Aber es ist nicht mehr die geliebte Frau, nach der er sich sehnt, es sind seine Kinder, um deren Los er bangt und die er um sich haben will.

Zwischen MacLeod und Gretha ist langsam eine unheilvolle Entfremdung eingetreten. Eine unsichtbare Mauer wächst zwischen den beiden an Alter und Temperament, Charakter und Bildung so grundverschiedenen Gatten und beginnt den bitteren Trennungsstrich zu ziehen. Ist es die Wirkung des Tropenklimas, das wie ein Alp auf der Seele dieses schwermütigen, ernsten Mannes lastet, der kein lebensbejahender Optimist, sondern ein einsamer Grübler, ein engherziger Pedant mit allzu kritischer Einstellung ist, der Kleinigkeiten größere Wichtigkeit beimißt, als sie verdienen, und der daher in beständiger Aufregung und Sorge lebt, weil er immer wieder einen Gegenstand findet? Zweifellos ist er ein grundehrlicher, aufrechter Charakter, aber im ganzen doch ein schwer umgänglicher Mensch, der sich und seiner Umgebung das Leben unnötig verbittert, weil ihm das innere Gleichgewicht fehlt. Zu ihm hätte eine hausbackene Frau mit trägem Blut gepaßt, eine stille, beschauliche Natur, die in der ruhigen Erfüllung ihrer häuslichen Pflichten gegenüber Gatten und Kindern aufgegangen wäre, eine gleichaltrige Frau oder doch eine, die nur wenige Jahre jünger gewesen wäre als ihr Mann – aber nicht dieses blutjunge, unerfahrene Mädchen mit seinem leichten, flatterhaften Sinn. Gretha nimmt das Leben von der schönen Seite, sie sieht nur das Äußere, die bunte, schillernde Schale. Ihr stark ausgeprägtes Geltungsbedürfnis drängt sie zur Schaustellung des eigenen Ichs, von dessen Wichtigkeit sie überzeugt ist. Sie kokettiert, läßt sich umschmeicheln und wird schließlich der Verführung erliegen, da sie in der Bewunderung und Anbetung der Männer den Triumph ihrer Schönheit erblickt.

Der Rausch der ersten sinnlichen Leidenschaft ist verflogen. MacLeod ist wieder nüchtern geworden und hat seinen klaren Blick zurückerlangt. Die Illusion beginnt vor der nüchternen

Wirklichkeit allmählich zu zerrinnen. Auf den schönen Traum folgt das Erwachen. Die Vernunft verlangt ihr Recht.

Aber auch er ist nicht frei von jeder Schuld. Sein kühler, abstrakter Sinn hat nicht den Weg zum Herzen seiner Frau gefunden. Er hat es nicht verstanden, sie, die noch ein halbes Kind war, als sie seine Gattin wurde, zu erziehen, zu sich emporzuheben. Wahrscheinlich hat er nicht den richtigen Ton angeschlagen, und so hat sich ein Mißklang eingeschlichen, der sich jetzt zur schrillen Dissonanz verschärft.

Man erkennt das an der Kritik, die er über Grethas Briefe äußert. Da wird er zum Schullehrer, der die Aufsatzhefte seiner Schüler zensiert. In ihrer naiven Unbefangenheit plaudert sie in ihren Briefen von gleichgültigen und belanglosen Dingen, die ihren Mann langweilen. Ein anderer hätte verzeihend über diesen Schmetterling gelächelt. MacLeod aber in seiner strengen, puritanischen Einstellung fühlt sich gleichsam beleidigt und tadelt mit harten, häßlichen Worten die Briefschreiberin:

> Ein kindischer Brief wie der gestrige dient mir zu nichts, und wenn Du nichts Besseres zu schreiben weißt, solltest Du es lieber ganz unterlassen ... Wenn Du wüßtest, wie Dein nichtiger und oberflächlicher Brief mich gestern empört hat, würdest Du Dich vielleicht schämen ... Du bist gewiß zufrieden, wenn Du mit Deinem Geschwätz eine Seite gefüllt hast, ohne daß Dein Inneres den geringsten Anteil daran nimmt ... Du bist viel zu beschränkt, zu dumm und zu oberflächlich, um jemals einen interessanten Brief zu schreiben, wenn Du nicht von schönen Kleidern, Frisuren oder anderen Belanglosigkeiten sprechen kannst, denn außer diesen Dingen interessiert Dich nichts, und alles andere ist Dir fremd. Verstehst Du jetzt, daß ich mich fortwährend über Dich ärgern muß?

Auch Gretha dürfte sich nicht über diese Gardinenpredigt gefreut haben, in der ihr Mann sie so derb abkanzelt; leider ist uns ihre Antwort nicht erhalten.

Aber kann man das alles nicht auch weniger verletzend sagen als in diesem rauhen Kommißstil? In anderer Form vorgetragen, hätte diese Kritik vielleicht eher ihren Zweck erfüllt. MacLeod ist ein Nörgler und Querulant, dem seine Frau nichts recht machen kann und der immer etwas an ihr auszusetzen und zu korrigieren haben muß. Dabei leistet er ihrem Leichtsinn selber Vorschub.

Wenn er weiß, daß sie nicht mit Geld umgehen kann, warum bietet er ihr dann an, es per Telegramm anzufordern? Gewiß, sie soll damit die Reisekosten bestreiten und zu ihm nach Medan kommen. Aber daß sie das Reisegeld vorher zwei- und dreimal ausgeben wird, kann er sich eigentlich denken. Natürlich bringt ihn das aufs neue gegen Gretha auf, und das Ergebnis ist ein von Vorwürfen und Klagen wimmelnder Brief, der so recht den erregten Gemütszustand des Pessimisten offenbart:

> Denke um Gottes willen daran, Deine Ausgaben aufzuschreiben, denn ich schwöre Dir, wir haben nicht viel, und alle Sorgen fallen auf mich zurück, da Du unfähig bist, sie zu teilen und selbst etwas auf Dich zu nehmen. Du wirst immer genug zum Leben haben, obwohl der liebe Gott sich schämen sollte, ein so völlig wertloses Wesen wie Dich geschaffen zu haben. Wir leben in einer seltsamen Welt: Der eine muß alle Lasten auf sich nehmen, muß schwer arbeiten und ist unglücklich, während der andre gemächlich seine Hände in den Schoß legt und sich aushalten läßt, ohne sich um jemand zu kümmern.
>
> Aber glaube mir, Griet, wenn ich nicht mehr da bin und Du noch dieselbe unnütze Kreatur bist wie heute, wirst Du blutige Tränen vergießen, daß Du Deine Pflicht nicht besser erfüllt, Deine kostbare Zeit nur zum Anziehen, Essen und Schlafen verwendet und Deine armen Kinder in Dein wohlverdientes Elend hineingezogen hast – doch brechen wir lieber damit ab ... Auf Menschen ohne Gefühl und Ehre, ohne Verstand und Erziehung machen derlei Ermahnungen doch keinen Eindruck ... Glaube mir, das Herz krampft sich mir zusammen, wenn ich an die Zukunft meiner armen Kinder denke.

Innerlich ist MacLeod mit Gretha bereits fertig und hat mit ihr gebrochen; er gibt sie als hoffnungslos auf, und wenn er ihr überhaupt noch schreibt und die Beziehung zu ihr aufrechterhält, so geschieht es nur, weil er um die Zukunft seiner Kinder bangt, die er bei der Mutter in schlechter Pflege und Obhut glaubt.

Liebe verwandelt sich in Haß

Am 26. Mai trifft Gretha endlich in Medan ein. Außer dem Reisegeld, das er ihr geschickt hat, hat sie noch vierhundert Gulden ausgegeben, die ihr die Bekannten ihres Mannes vorgestreckt haben. Sie mußte doch ihre Garderobe erneuern, und in Surabaja und Batavia, die sie auf der Fahrt berührte, waren so entzückende Modelle ausgestellt . . . Und Gretha will sich schön machen, um ihrem lieben Jonnie, der leider ein rechter Brummbär geworden ist, zu gefallen.

Doch er würdigt ihre eleganten Toiletten, auf die sie so stolz ist, kaum eines Blickes. Der Empfang, den er der heimkehrenden Gattin bereitet, ist kühl und förmlich. Seine ganze Liebe und Aufmerksamkeit gilt den Kindern. Doch wie sehen die aus! Bleich, abgemagert, verwahrlost – kein Wunder bei der langwierigen und beschwerlichen Reise. Der dreijährige Norman hat sich unterwegs den Magen verdorben und leidet an Brechdurchfall.

Neuer Anlaß für den Ehemann, gegen seine Frau zu wüten und sie gröbster Vernachlässigung ihrer Mutterpflichten zu beschuldigen. Sofort holt er den Bataillonsarzt, der den Gesundheitszustand der Kleinen untersuchen muß. Nicht schlimm, meint der Doktor. Ein paar Tage Ruhe, Pflege und kräftige Nahrung, dann ist alles wieder in Ordnung.

Aber der besorgte Vater läßt sich nicht beruhigen. Tagelang redet er mit seiner unglücklichen Frau kein Wort. In beredten Worten klagt er der Schwester in Amsterdam sein Leid und ergeht sich in maßlosen Schmähungen der armen Gretha. So sehr hat er sich in seine künstliche Erregung verrannt, daß er sich von der einst so geliebten Frau trennen möchte. Wenn er die Gemeinschaft mit ihr überhaupt noch fortsetzt, so bringt er dieses Opfer nur seinen Kindern zuliebe, denn „diese eitle und egoistische Kreatur hätte sie getötet, indem sie sich nie um sie kümmerte".

Gewiß ist das einseitig und übertrieben; seine Beschuldigungen stützen sich zunächst mehr auf Vermutungen als auf Tatsachen, denn die Erkrankung des kleinen Norman kann ebensogut, wenn nicht wahrscheinlicher, eine Folge der Reise als mangelnder mütterlicher Pflege gewesen sein, aber diese Vorstellung ist im Gehirn des eigensinnigen Mannes schon zur fixen Idee, zu einem manischen Wahn geworden, der seine Sinne völlig im Bann hält. „Ach, wenn doch die Pest mich von dieser Kreatur befreien wollte, damit ich wieder glücklich werden könnte! Bisweilen wird es mir fast unmöglich, diese Dirne noch länger um mich zu haben, aber was soll ich tun, um sie mir vom Halse zu schaffen? Mit oder ohne Skandal, mir ist es gleichgültig."

Dirne? Noch fehlt ihm jeder Beweis für die geringste Untreue seiner Frau, aber in seiner krankhaft gesteigerten Wut, die wohl eine Folge des Tropenkollers ist, beschuldigt er die unglückliche Frau eines jeden Verbrechens.

Und doch sind MacLeods Befürchtungen nicht ganz grundlos gewesen. Ein paar Wochen geht alles gut, das Befinden des kleinen Norman bessert sich zusehends. Da stellt sich eines Tages plötzlich heftiges Erbrechen ein. Das Kind nimmt ab, es klagt über Schmerzen im Leib. Der Arzt wird gerufen, aber auch er vermag die Ursache der Erkrankung nicht zu erkennen.

Der Vater weicht nicht vom Bett seines Lieblings, der von Schmerzen und Fieber geschüttelt wird. In der Nacht vom 27. zum 28. Juni 1899 stirbt das Kind im Alter von dreieinhalb Jahren.

Der unglückliche Vater bricht zusammen, sein Schmerz ist maßlos und aufrichtig – sein Liebstes ist von ihm gegangen. Tagelang schließt er sich in seinem Zimmer ein, beständig glaubt er die zarte Stimme des Kleinen zu hören, der nach ihm ruft . . .

Der Arzt ist sich über die Todesursache nicht im klaren gewesen. Der Befund schien auf eine Vergiftung zu deuten; Anzeichen einer solchen waren gegeben, doch die mikroskopische Untersuchung des Auswurfs erbrachte keine sicheren Beweise für das Vorhandensein giftiger Substanzen. Wer sollte auch ein Interesse am Tod des Kindes gehabt haben? Die einzige Schuldige war Gretha, die den Kleinen vernachlässigt hatte.

Aber ihr Schmerz war nicht minder groß und aufrichtig als die Verzweiflung des Vaters, und mit rührender Hingabe hatte sie ihr unglückliches Kind während seiner Krankheit gepflegt. Nein, eine schlechte Mutter war sie gewiß nicht, und die gemeinsame Trauer um den Verlust des Sohnes scheint die beiden Gatten einander wieder menschlich nähergebracht und ausgesöhnt zu haben – wenn auch nur für kurze Zeit.

Wenige Wochen später wird durch einen Zufall das Geheimnis der Krankheit aufgeklärt, die das Kind hinweggerafft hat. Eine eingeborene Dienerin des Majors erkrankt an der Cholera. Auf dem Sterbebett legt sie ein Geständnis ab: Sie hat das Kind vergiftet, um sich an ihrem Herrn zu rächen, weil dieser ihren

Liebhaber, einen Kolonialsoldaten, wegen eines Dienstvergehens bestraft hat. Die kleine Luisa ist dem verbrecherischen Anschlag nur entgangen, weil sie noch von der Mutter gestillt wurde und sich ständig unter deren Aufsicht befand. Dem Sohn hatte sie das Gift unauffällig ins Essen gemischt.

MacLeod ist ein gebrochener Mann; der Tod des geliebten Kindes hat ihn um Jahre altern lassen. Auch zu Gretha findet er nicht mehr zurück; die Versöhnung ist nur von kurzer Dauer, dann bricht der einmal angefachte Haß aufs neue los.

Hölle im Paradies

Die schönen Tage von Malang kehren nicht wieder. Das Verhältnis bessert sich auch nicht, als der Major bald darauf nach Banjoe Biroe ins Innere Javas versetzt wird. Die beiden Gatten zanken sich ständig, und es kommt zu häßlichen Szenen, die dem Mann die Häuslichkeit verleiden und ihm das Leben zur Hölle machen. Seine Nerven befinden sich in einem Zustand ständiger Gereiztheit, auch der Dienst gewährt ihm keine Abwechslung und Entspannung mehr. Mit kaum fünfundvierzig Jahren fühlt er sich am Ende seiner Kräfte; die seelischen Erschütterungen der letzten Monate haben ihn vor der Zeit aufgerieben.

Im September 1900 erhält er den erbetenen Abschied; er legt Uniform und Degen ab und zieht sich mit Gretha und der kleinen Non, der jetzt seine ganze Liebe gilt, ins Privatleben zurück. Im Oktober übersiedeln sie nach Sindanglaja, dem Hauptort der Regentschaft Preanger, der auf einer Hochebene am Fuße des Gedehgebirges auf Java liegt und als einer der gesündesten und schönsten Plätze der Welt gilt. Inmitten dieser zauberhaften Tropenwelt hätte MacLeod wieder ein fröhlicher, gesunder Mensch werden müssen. Aber das Glück flieht sein Haus, in dem nur Streit und Unfrieden herrschen.

Gretha beginnt sich bald in der Einsamkeit zu langweilen. Das Leben in der Natur hat für sie keinen Reiz, die ewigen Zwistigkeiten mit dem nervösen, aufbrausenden Mann machen ihr das Haus zur Qual. Sie braucht Zerstreuung, Abwechslung. Aber hier gibt es keine Modegeschäfte wie in Medan und Batavia, auch fehlen die Offiziere, die der schönen Majorin ihre schwärmerische Verehrung ausdrücken können. Wirft ihr Mann ihr nicht vor, sie habe mit einem jungen Unterleutnant in Banjoe Biroe ein mehr als platonisches Liebesverhältnis gehabt?

Aber Jonnie kümmert sich ja kaum noch um sie; die beiden Gatten leben aneinander vorbei, und wenn sie sich begegnen, entlädt sich die gespannte Stimmung in häßlichem Zank.

Immer wieder schlägt MacLeod seiner Frau die Scheidung als einzige Lösung vor, allerdings unter der Voraussetzung, daß sie ihm die Tochter überläßt. Natürlich geht Gretha nicht darauf ein, sie stellt vielmehr Forderungen, die ihr Mann, der ausschließlich auf seine Pension angewiesen ist, nicht erfüllen kann.

Der Kampf geht weiter. Schließlich wird das Leben in dem Landhaus von Sindanglaja für beide Teile unerträglich.

In ihrer Not erinnert sich die verzweifelte Frau ihres Vaters, und wie ihr Gatte sich seiner Schwester anvertraut, so weiht sie jetzt den Vater in die Geheimnisse ihrer unglücklichen Ehe ein. Natürlich schildert sie die Verhältnisse von ihrem Standpunkt aus, und ihre Darstellung ist ebenso einseitig, wie die leidenschaftlichen Ergüsse MacLeods nicht frei von Übertreibungen sind. Gretha wälzt selbstverständlich alle Schuld auf ihren Gatten; alle Vorwürfe, die er gegen sie erhebt, fallen auf ihn zurück.

Im Auftrag seiner Tochter erhebt Adam Zelle beim holländischen Gericht in Batavia Klage gegen den Major MacLeod. Und eines Tages erscheint zu dessen größter Überraschung eine Gerichtskommission, um die Verhältnisse an Ort und Stelle zu prüfen und die beiden Ehegatten zu vernehmen. Aber die Beschuldigungen, die sie gegen ihren Mann erhoben hat, erweisen sich in vollem Umfang als unbegründet; Gretha wirft sich ihrem Jonnie zu Füßen und bittet ihn unter Tränen um Verzeihung. Sie wird ihr gewährt, und der häusliche Frieden ist vorläufig wiederhergestellt, der Riß notdürftig gekittet.

Doch die Ehe ist nur ein Nebeneinanderherleben, denn die alten Reibungsflächen sind geblieben. Das frühere gute Verhältnis, die Harmonie zwischen beiden Gatten, kehrt nicht wieder. Die Mauer, die sie trennt, ist unübersteigbar hoch gewachsen.

Im herrlichsten Klima der Welt, inmitten einer paradiesisch schönen Umgebung fühlen zwei Menschen sich unglücklich, weil sie wie Galeerensträflinge an die Kette geschmiedet sind.

Heimweh bemächtigt sich der unglücklichen Frau. Wenn sie fortkönnte von dem reizbaren, verbitterten Mann, mit dem sie sich den ganzen Tag herumstreitet, weil er wegen jeder Kleinigkeit in maßlosem Jähzorn aufbraust. Der Tropenkoller beherrscht seine Sinne, macht ihn blind gegen den Liebreiz dieser Frau, die weniger schwerfällig und schwermütig ist als er. Das Billett für die Rückreise nach Holland hat sie bereits bezahlt. Wohin soll sie sich aber wenden, wovon in der Heimat leben? In bitteren Worten klagt sie der Schwägerin ihr Leid. „Jeden Abend, bevor ich mich niederlege, bitte ich Gott, daß mein Wunsch recht bald in Erfüllung gehe, denn dieses Leben hier kann ich nicht mehr ertragen . . . "

Mit der hausbackenen Witwe Wolsink hat sie sich nie sonderlich verstanden. Eifersucht und Mißtrauen lassen keine freundschaftlichen Beziehungen zwischen den beiden Frauen aufkommen. Gretha ist eifersüchtig auf die Schwägerin, weil diese den Bruder bemuttert. Will sie ihr den eigenen Mann entfremden? Instinktiv ahnt Gretha, daß sich hinter dieser geschwisterlichen Liebe eigennützige Beweggründe verbergen. Frau Wolsink besitzt kein Vermögen, hat aber zwei bald erwachsene Töchter, die nichts verdienen. Will sie den Bruder an sich ziehen, um ihn auszunutzen? Spekuliert sie auf seine Pension? Gretha steht ihren Berechnungen im Wege. Was liegt da näher, als daß sie versucht, den Bruder in seiner Abneigung gegen die Frau zu bestärken?

Trotzdem überwindet Gretha diese Gefühle und bittet die Schwägerin, Jonnie zur Übersiedlung in die Heimat zu überreden. Die „gute Luisa" geht auf ihren Wunsch ein, sie schickt das Reisegeld und lädt den Bruder ein, mit Frau und Kind zu ihr zu ziehen. Im März 1902 treten sie zu dritt von Batavia aus die Heimreise an.

Als sie vor fünf Jahren als junges Ehepaar denselben Weg zurücklegten, um nach Indien zu gelangen, verlief diese Reise in bestem Einvernehmen. Es war eine Fahrt ins Glück. Jetzt folgen ihnen Hader, Streit und Unfrieden wie die eigenen Schatten.

So endet eine Liebe

An Bord kommt es fortgesetzt zu Streitigkeiten, und die Mitreisenden sind nur zu oft unfreiwillige Zeugen häßlicher Szenen zwischen den beiden Ehegatten.

Für einen Augenblick glätten sich die Wogen, als Frau Wolsink die Heimkehrenden umarmt und in ihr neues Heim geleitet, das sie ihnen in ihrer Wohnung eingerichtet hat. Doch schon nach wenigen Tagen bewölkt sich der Himmel, und die alte Zwietracht kommt aufs neue zum Ausbruch. Vertragen sie sich nicht mit der Schwägerin? Sie ziehen aus, nehmen eine eigene Wohnung und versuchen es noch einmal. Aber es ist wieder dieselbe Geschichte. Es geht einfach nicht mehr.

Das Wort Scheidung fällt erneut. Es ist die einzige Lösung.

Der Major befragt den Anwalt van Gigh. Der belehrt ihn über die Rechtslage: Ohne triftige Beweise für den Ehebruch der Frau wird die Klage abgewiesen. Die Gesetze sind unerbittlich.

Beweise? MacLeod kann sie nicht erbringen. Er weiß nur, daß diese Ehe für ihn eine Fessel ist, eine unerträglich gewordene Qual. Seine Tochter Luisa, die kleine Non, wächst unter diesen unerfreulichen Verhältnissen heran. Welch verheerenden Eindruck müssen die häßlichen Auftritte, die das Kind täglich im Elternhaus sieht und hört, in seinem Seelenleben hinterlassen!

Ohne seiner Frau nähere Mitteilung zu machen, bringt er seine Tochter in das Haus eines befreundeten Kameraden nach Velp, wo er sie in guter Obhut und Pflege weiß.

Das Kind war das letzte Bindeglied, das Gretha an Heim und Gatten fesselte. Jetzt, da man ihr Luisa genommen hat, verläßt auch sie das ungastliche Haus. In Arnheim, bei der Familie des Bankiers Goedvriend, dessen Frau eine Base MacLeods ist, findet sie gastliche Aufnahme. Auf Anraten ihrer Gastgeber geht Gretha zum Angriff über und reicht ihrerseits Scheidungsklage gegen ihren Mann ein. Sie beschuldigt ihn des Ehebruchs, der Mißhandlung und Beleidigung, bezeichnet ihn als Säufer, mit dem sie nicht länger zusammenleben kann.

279

Sind ihre Behauptungen berechtigt? Fast hat es den Anschein, denn MacLeod rechtfertigt sich nicht, bleibt den Gegenbeweis schuldig. Fühlt er sich schuldig, oder verzichtet er absichtlich auf seine Verteidigung, um von seiner Frau loszukommen? Jedenfalls pariert er den Hieb nicht, und ein gerichtlicher Versöhnungsversuch bleibt erfolglos. Beide Gatten weigern sich, die unterbrochene Gemeinschaft wiederaufzunehmen.

Das Urteil lautet auf vorläufige Trennung wegen Verschulden des Mannes; er wird zur Zahlung einer monatlichen Rente von hundert Gulden an seine Frau verurteilt, der gleichzeitig das Recht zugesprochen wird, die Tochter zu sich zu nehmen. Die endgültige Klärung soll durch den Scheidungsprozeß erfolgen. Gretha strengt ihn nicht an; sie will die Brücke zu ihrem Mann nicht vollends abbrechen. Mit der kleinen Non mietet sie sich in einer Hotelpension in Worth-Rheden bei Arnhem ein.

Hundert Gulden sind viel, mehr als der ewig in Schulden steckende Major a. D. von seiner Pension entbehren kann. Es fällt ihm schon schwer genug, nur sechzig Gulden zu zahlen – das sind knapp die Pensionskosten für Frau und Kind.

Abgesehen davon hat MacLeod jedoch Freiheit und Ruhe erlangt und könnte nun also zufrieden sein. Doch es dauert nicht lange, da beginnt der vereinsamte Mann sich zu langweilen. Ist es nur das Kind, das er vermißt und das er um sich haben möchte, oder empfindet er nicht auch ein bißchen Sehnsucht nach seiner Frau? Tatsache ist, daß er noch vor Ablauf des Jahres 1902 Annäherungsversuche an Gretha unternimmt, die nicht zurückgewiesen werden. Seine Freunde vermitteln, und Gretha zeigt sich einer Versöhnung sofort zugänglich. „Der Gedanke, daß alles wieder in Ordnung ist, befriedigt mich und macht mich glücklich", schreibt sie ihrem „geliebten Jonnie". Und als wäre nie etwas zwischen ihnen vorgefallen, kehrt sie jubelnd zu ihrem Mann zurück.

Ein neues Leben beginnt. Aber die Sonne scheint nur wenige Tage, dann bricht der Sturm aufs neue los, ärger denn zuvor. Abermals kommt es zum Krach.

Der mißtrauische Gatte fragt die kleine Non aus, wo sie so lange mit ihrer Mutter gewesen sei. Was er aus dem viereinhalbjährigen Kind herausbringt, läßt Schlimmstes befürchten, vorausgesetzt, daß es der Wahrheit entspricht.

„Wir sind in einem Haus gewesen, in dem es sehr viele Zimmer gibt", erzählt Luisa. „Wir sind in ein solches gegangen. Da stand ein Bett. Und ein Herr war auch da, der war sehr freundlich zu mir. Schokolade hat er mir gegeben. Und dann hat er Mama geküßt."

Geküßt? Vielleicht hat er bei der Begrüßung nur ihre Hand an die Lippen geführt – eine Geste galanter Höflichkeit, weiter nichts. Aber daran, daß seine Frau nur einen Besuch gemacht haben könnte, denkt der mißtrauische Ehemann nicht. Sein pessimistischer Geist kombiniert sofort: Haus mit vielen Zimmern, Betten darin – das ist ein Hotel . . . Und der fremde Herr, der Mama geküßt hat – ihr Liebhaber. Die ganze Szene hat also in einem Stundenhotel gespielt, seine Frau hat ihn betrogen, vor den Augen ihrer eigenen Tochter, während er krank daheim im Bett liegt. Wenn er jetzt stürbe, was würde da aus seiner lieben kleinen Non . . .

Es gibt eine furchtbare Szene. Gretha gesteht: „Es ist dein Kamerad Hauptmann X. Ich treffe ihn öfter."

MacLeod weist seiner Frau die Tür, verstößt sie aus dem Haus, ohne sich von der Richtigkeit seiner Vermutungen persönlich zu überzeugen, ohne von seinem Nebenbuhler Genugtuung zu fordern. Schweigend geht Gretha. Kaum einen Monat hat die Versöhnung gedauert.

Zukunftssorgen – Schauspielerin oder Modell?

Sie wendet sich an ihre Schwägerin Wolsink, die sie freundlich aufnimmt. Wenn sie mit ihrem Mann nicht mehr leben kann, soll sie sich eine Existenz suchen. Ein Konfektionsgeschäft braucht Mannequins, das wäre etwas für Gretha: vier Stunden Dienst am Tag und 25 Gulden Wochenlohn. Ein leichter Verdienst.

Doch Gretha lehnt ab. Sie hat andere Pläne. Schauspielerin möchte sie werden – und denkt an die schönen Tage von Malang zurück, an die Feier der Thronbesteigung der Königin, als sie unter dem tosenden Beifall der Offiziere zum erstenmal im Rampenlicht stand . . .

Sie erkundigt sich bei einer Theaterschule. Die Antwort zerstört alle Illusionen: Gretha soll zuerst sprechen und sich bewegen lernen, wie eine Anfängerin. Dazu hat sie keine Lust.

Unterdessen kann ihr Mann, der ihr die vom Gericht festgesetzten Alimente weiterbezahlen soll, nicht einmal mehr 50 Gulden aufbringen, obwohl er in Velp auf dem Lande lebt. Er strebt aufs neue eine Versöhnung mit Gretha an, aber sie lehnt ab. Sie weiß, daß es doch keinen Zweck hat, denn nach ein paar Wochen ist es so schlimm wie zuvor.

Im Sommer 1903 hält sie sich kurze Zeit in Den Haag bei ihrem Onkel Taconis auf, aber hier suchen sie die Erinnerungen an ihre kurze Brautzeit heim; Träume, die sich nicht erfüllt haben.

Sie muß fort, weit weg von Holland und ihrem Mann, um die Vergangenheit zu vergessen . . .

Sie ist jetzt siebenundzwanzig, eine reife, zu voller Schönheit erblühte Frau. Das Leben liegt noch vor ihr. Sie will es genießen.

Im Oktober 1903 fährt sie nach Paris.

Paris ist die Stadt schöner Frauen. Dort wird sie Karriere machen. Abermals eine bittere Enttäuschung: In der Weltstadt kümmert sich kein Mensch um die unbekannte Ehefrau des holländischen Kolonialoffiziers. Sie wohnt in einem kleinen gutbürgerlichen Hotel, besitzt weder Mittel noch Empfehlungen, um sich in der Gesellschaft zu zeigen. Als die wenigen Gulden, die sie mitgebracht hat, zur Neige gehen, muß sie sich nach einem Verdienst umsehen. Wenn sie nun einem der vielen Maler, die in Paris wohnen, Modell stünde?

Sie versucht es. Eines Tages – es ist ein trüber Novembertag, grauer, feuchter Nebel hängt über Sacré-Cœur – steht sie vor der Tür des Malers Octave Guillonnet am Boulevard de Clichy auf dem Montmartre. Verlegen trägt sie dem Künstler ihren Wunsch vor. Sie ist schüchtern und linkisch wie ein Schulmädchen.

Gut, sie solle sich einmal ausziehen und ihren Körper zeigen, meint der Maler. Er müsse doch sehen, ob sie sich für seine Zwecke eigne. Es böten sich ja so viele Modelle an.

„Wo denken Sie hin, Monsieur? Ich bin eine Dame, Witwe

eines Offiziers, Mutter zweier Kinder. Ich dachte, es würde Ihnen genügen, mein Gesicht als Modell zu verwenden . . ."

„Sie sind allerdings eine schöne Frau. Aber ich brauche eine ganze Figur, Akte. Ich glaube, ich kann Sie einsetzen. Aber nur ohne Hülle . . ."

Womit soll sie die Hotelrechnung zahlen? Sie reißt sich zusammen, entkleidet sich. Mit kritischem Blick prüft der Künstler ihren Körper. Schultern und Taille tadellos, auch die Beine sind herrlich modelliert. Dürfte im allgemeinen etwas voller sein, die schlanke Linie ist noch nicht Mode. Doch die Brüste enttäuschen. Zu wenig entwickelt, zu schlaff. Der Zeitgeschmack verlangt vollbusige Frauen. Auch die Hüften sind zu schmal. Sie müssen breiter, massiger hervortreten, sich scharf von der durch Korsettpanzer künstlich erzeugten Wespentaille abheben.

„Nein, es geht nicht. Bedauere, Sie können nur bekleidet Modell stehen. Die Kleidung verdeckt diese Mängel."

Gretha ist am Ende mit ihrer Kraft und Selbstbeherrschung. Geduldig hat sie ihren Körper enthüllt, ihn den prüfenden Augen des Mannes preisgegeben. Sie hoffte, er würde entzückt sein, würde sie auf der Leinwand verewigen, die sieghafte Schönheit ihres Körpers würde ihn bezaubern. Das Gegenteil ist der Fall. Er kritisiert, bemängelt. Nicht einmal als Modell kann sie ihr Brot verdienen. Das Leben ist grausam, es erspart ihr keine Enttäuschung und Demütigung.

Ohnmächtig bricht sie zusammen. Ihre Nerven versagen den Dienst. Guillonnet hat Mitleid mit der armen Frau, die er so bitter enttäuscht hat. Er ist gerade dabei, ein Plakat für das „Gaité-Theater" zu skizzieren, dazu braucht er den Kopf einer Messalina. Diese Frau hier wäre ein passendes Modell.

Und so bekommen die Pariser zum erstenmal ihr Bild zu sehen. Acht Tage später prangt an allen Litfaßsäulen der Kopf der unbekannten Schönheitskönigin.

Eine Woche kann sie von diesem Verdienst leben und noch eine zweite von dem Geld, das sie bei Guillonnets Kollegen Gustave Assire verdient, der sie ebenfalls als Kostümmodell verwendet.

Der Weg zum Erfolg ist schwer – so schwer, daß Gretha Mac-Leod schon nach einem Monat den Mut verliert, ihn jemals zu beschreiten. Paris ist für sie eine harte Enttäuschung gewesen. Wieder ist ein schöner Traum in nichts zerronnen.

Gretha kehrt nach Holland zurück. Der Vetter ihres Mannes, General Eduard MacLeod, bietet ihr seine Gastfreundschaft an. In seinem Haus in Nimwegen wird sie freundlich aufgenommen. Nach den Pariser Erlebnissen fühlt sie sich glücklich und geborgen in dieser behaglichen bürgerlichen Umwelt mäßiger Wohlhabenheit.

Sie schildert dem General ihre unglückliche Ehe. Er will vermitteln, die Sache wieder in Ordnung bringen. Die Antwort des Majors zerstört die letzten Hoffnungen. Das Ergebnis ist, daß Gretha das gastliche Haus verlassen muß.

Das Auge der Morgenröte

Trotz der wenig ermutigenden Erfahrungen, die sie dort gemacht hat, zieht die *Ville lumière** sie erneut in ihren magischen Bann. Sie ahnt instinktiv, daß sie nur hier etwas werden kann. Und sie versucht es noch einmal. Diesmal als Tänzerin.

Gretha ist in Indien gewesen, hat Länder gesehen, die der Durchschnittsfranzose nur vom Hörensagen kennt, die er kaum auf der Landkarte findet und von denen er sich phantastische Vorstellungen macht. Indien – für den Laien eine geheimnisvolle Wunderwelt der Märchen und Fabeln. Üppiger Reichtum, funkelnde Juwelen, goldstrotzende Paläste, bevölkert von berauschend schönen Bajaderen** – beziehungsweise dem, was man in Paris darunter versteht: orientalische Tänzerinnen, die als einzige Kleidung kostbare Brustpanzer und vielleicht noch eine Perlenkette oder einen hauchdünnen Schleier tragen, der mehr entblößt als verhüllt.

Exotik ist große Mode in Paris. Die Theaterdirektoren ersinnen unablässig neue Attraktionen, überbieten sich gegenseitig in kostspieligen Schöpfungen, um ausverkaufte Häuser zu erzielen.

---

*(frz.) die Lichterstadt (Paris)
**(aus portug. bailadeira): indische Tänzerin; sowohl Bezeichnung für die im Tempeldienst beschäftigten *Dewadasis* (Gottesdienerinnen) als auch für gewerbsmäßige Tänzerinnen, die auf privaten Festlichkeiten auftreten

Immer Neues, bisher nicht Dagewesenes muß man diesem verwöhnten, anspruchsvollen Publikum bieten, dieser blasierten Lebewelt, die sich beständig langweilt, weil ihre erschlafften Sinne stets stärkerer Reize bedürfen. Das Publikum spendet nur dem Exzentrischen Beifall. Es will mit Wissen und Absicht getäuscht werden.

Indische Tänze hat man in Paris noch nicht gesehen. Das ist etwas Neues. Daß Gretha aus dem nüchternen, langweiligen Holland kommt, aus den Marschen Frieslands, würde ihr niemand ansehen. Eine blonde, vollschlanke Rubensfigur ist sie wahrlich nicht. Man könnte eher annehmen, sie wäre unter der heißen Sonne Indiens geboren und im magischen Dämmerlicht buddhistischer Tempel herangewachsen. Gretha erinnert sich ihres ersten glücklichen Ehejahres unter den Palmen Javas, und mit einemmal wird Indien für sie das Land Orplid*, das ferne leuchtet. Das Verlangen, andere zu täuschen, wird in ihr so stark, daß sie sich schließlich selbst in eine schönere Scheinwelt hineinträumt, die den Alltag ihres eigenen bitteren und nüchternen Erlebens in ein ideales Traumreich entrückt. Die Tochter des Mützenhändlers Zelle aus Leeuwarden und Frau des Hauptmanns MacLeod verwandelt sich in eine Orientalin. Mata Hari – „das Auge der Morgenröte" – nennt sie sich in der poetischen Bildersprache des Fernen Ostens.

> In Malabar, an der Küste Südindiens, kam ich als Tochter einer Brahmanenfamilie zur Welt. Meine Mutter war eine berühmte und gefeierte Bajadere im Tempel Kanda Swany; mit vierzehn Jahren, als sie mich gebar, starb sie. Als ihre Leiche auf dem Scheiterhaufen verbrannt war, zogen mich die Priester auf und gaben mir den Namen Mata Hari. Schon als kleines Kind wurde ich in der unterirdischen Grotte der Pagode Schiwas in die heiligen Tänze des Gottes eingeweiht, da ich die Nachfolgerin meiner Mutter werden sollte. Eintönig war dieses Leben: In den Morgenstunden mußte ich die rhythmischen Bewegungen des Tanzes studieren, nachmittags durfte ich im Garten des Tempels zum Schmuck der Altäre Jasminblüten pflücken. So reifte ich allmählich zur Jungfrau heran, und in einer warmen Frühlingsnacht, als die silberne Mondscheibe am Himmel hing, wurde ich in die Geheimnisse der heiligen Liebe der Göttin Saktyjudja eingeweiht . . .

---

* Insel der Sehnsucht in „Maler Nolten", einem Roman Eduard Mörikes (1804–75)

Als Bajadere durfte ich nie irdische Liebe empfinden. Mein Leben war dem Gott geweiht. Da lernte ich einen britischen Kolonialoffizier kennen, der entführte mich aus dem Heiligtum Schiwas und machte mich zu seiner Gattin. So bin ich Lady Gretha MacLeod geworden . . .

Es war ein frei erfundenes Märchen, das sie ihren Zuhörern erzählte und das diese mit neuen Ausschmückungen weitergaben, aber es war als Rahmen für ihre Tanzdarbietungen geschickt erfunden, und es erfüllte vor allem seinen Zweck: Es suggerierte dem Publikum die Legende ihrer indischen Abstammung.

Was sie von indischen Tänzen und Liebeskünsten wußte, hat sie wahrscheinlich einer Übersetzung des „Kamasutra", der indischen *Ars amandi**, entnommen und für ihre Zwecke zurechtgeformt. Denn Gretha MacLeod hatte gar keine Gelegenheit, Einblick in die geheimnisvolle und den europäischen Reisenden unzugängliche Welt des Buddhismus zu gewinnen. Nie ist sie im eigentlichen Indien gewesen, denn sie ist nicht über das holländische Insulinde hinausgekommen. Hier gibt es aber weder Bajaderen noch Buddhatempel. Überflüssig zu sagen, daß sie in Java und Sumatra niemals indische Tänze gelernt oder sich mit ihnen beschäftigt hat. Was sie den Parisern vortrug, waren samt und sonders Tänze eigener Erfindung, es waren ebenso persönliche und willkürliche Schöpfungen wie das Märchen ihrer indischen Abstammung. Aber gerade diese exotisch-romantische Note wirkte und bahnte ihr den Weg zum Erfolg.

Zuerst tritt sie in den geschlossenen Kreisen der Pariser Salons auf. Nie hätte die unbekannte Holländerin, die von ihrem Mann getrennt lebende, mittellose Frau, Zutritt zu diesen exklusiven Zirkeln der Hautevolee des Adels und der Finanzaristokratie erlangt – vor der indischen Bajadere öffneten sich alle Türen. Der Zauber tat seine Wirkung.

Die Zuschauer waren begeistert. Und das will etwas heißen, denn das Publikum bestand nicht aus naiven Provinzlern, die zum erstenmal in ihrem Leben in die Hauptstadt kommen und nun kritiklos alles anstaunen, was sie in billigen Vorstadtvarietés

---

* (lat.) „Die Kunst zu lieben", nach einem Gedicht des röm. Schriftstellers Ovid

286

zu sehen bekommen. Es waren kultivierte und blasierte Menschen, denen nicht so leicht etwas imponieren konnte.

Aber das Geheimnis des Erfolges lag darin, daß die Frau, die sich Mata Hari oder auch Lady Gretha MacLeod nannte, wirklich etwas Neues bot. Es war nicht der erotische Reiz seidener Spitzenwäsche, nicht die Farbensinfonie bunter, phantastischer Kostüme, es war die ästhetische Anziehungskraft eines schönen, harmonisch gebauten Körpers, den sie offen und unverhüllt zur Schau stellte.

Die indische Tempeltänzerin aus Friesland

Was man in den Pariser Varietés um die Jahrhundertwende an angeblich „orientalischen Tänzen" zeigte, waren ordinäre Bauchverrenkungen, die nur auf rohen Sinnenkitzel abzielten und den kultivierten Zuschauer mehr abstießen als fesselten.

Hier aber stand im abgeblendeten magischen Licht eine Frau, die mit weihevoller Gebärde das Wunder eines schön gewachsenen Leibes enthüllte. Brustpanzer und der schmale Leibgürtel verhüllten nur, was die klassische Reinheit der übrigen Formen gestört hätte. Ihre Tanzdarbietungen waren, wie Kritiker sagten, „erdacht und erlebt", es waren natürliche, anmutige Bewegungen, nicht gekünstelt und auch nicht auf derbe Sinnenwirkung berechnet. Es waren Stellungen und Schritte, die die Harmonie ihres Körpers vorteilhaft hervortreten und in stets wechselnder Form sehen ließen. Mit einfachen, natürlichen Mitteln erzielte Mata Hari eine überwältigende Wirkung.

Aus dem engen Kreis der Salons tritt sie vor die Öffentlichkeit. Am 15. März 1905 gastiert sie im Musée Guimet zum erstenmal vor einem erlesenen Publikum geladener Gäste. Erste Gesellschaft ist anwesend; unter den Zuschauern bemerkt man den japanischen und den deutschen Botschafter, Fürst Radolin, der mit seiner Gemahlin erschienen ist.

Die Bühne hat sich für diesen Abend in einen indischen Tempel verwandelt. Schlangenumwundene Säulen, mit Rosengebinden geschmückt, Buddhastatuen, kniende Tempeldienerinnen,

Zwei der Kostüme, in denen Mata Hari
ihre berühmten Schleiertänze aufführte

Oben: Mata Haris Auftritt
im Musée Guimet geriet
1905 zu einer Sensation.
Rechts: Bilder wie dieses
machten die „indische
Tempeltänzerin" zu einer
erotischen Ikone ihrer Zeit.

ehrwürdige Brahmanen als Statisten. Gedämpftes Licht verbreitet magische Beleuchtung. Auf seinem Bronzealtar, von flackernden Kerzenzungen umstrahlt, thront Schiwa Nadaraja, der sechsköpfige Gott des Tanzes, der Vater der Vernichtung und zugleich der Fruchtbarkeit.

Es ist der Tag des Gottes. In langem Zug betreten die Priester den Tempel, um den schlummernden Gott zu erwecken. Sie baden und salben ihn, kleiden seinen Bronzeleib in kostbare Gewänder, behängen ihn mit Schmuck. Früchte, Blumen, erlesene Speisen und Wasser aus den heiligen Fluten des Ganges haben sie ihm dargereicht. Und nun führen sie ihm zu Ehren die alten sakralen Tänze vor . . .

Ein Gongschlag. Die Priester treten zurück. Von vier schwarzgekleideten Dienerinnen umgeben, naht sich die Bajadere dem Gott. Mit elastischen Schritten, in einen brillantenfunkelnden Schleier gehüllt, der die Lenden umschließt, mit goldenen Armbändern geschmückt, im vollen schwarzen Haar einen blinkenden Halbmond, tanzt Mata Hari vor Schiwas Thron, wogend wie eine lodernde Flamme. Ihr biegsamer Körper vermählt sich bisweilen mit dem Feuer, biegt und dehnt sich geschmeidig wie die Klinge eines Degens. Die zweite Nummer zeigt ein mimisches Bewegungsspiel. Der Sturm hat sich gelegt, der Regen aufgehört. Blumen und Sträucher atmen die frische, erquickende Luft. Vom dunklen Himmel herab erstrahlt die Mondscheibe in mildem Licht.

Mata Hari wandelt durch den Garten, beugt sich nieder und pflückt eine Lotosblüte als Gabe für den Gott. Dann erscheint sie mit Lanze und Dolch bewehrt und tanzt den wilden, orgiastischen Kriegstanz. Unsichtbare Musik fällt ein, schwingt aufreizend und mitreißend durch den Saal. Mata Hari wirft die Waffen weg, ein Schleier nach dem andern fällt zu Boden, mit rascher Gebärde öffnet sie die Schließe des Gürtels – in völliger Nacktheit sinkt die Bajadere erschöpft und aufgelöst vor dem Standbild des unerbittlichen Gottes in die Knie.

Einen Augenblick verharrt das Publikum wie gelähmt unter dem Eindruck dieses Erlebnisses, dann bricht brausender Beifall los. Mata Hari, das Auge der Morgenröte, die Tempelbajadere Schiwas, feiert einen glänzenden Triumph. Mit einem Schlag hat sie Paris erobert.

In überschwenglichen Worten feiert die Presse sie als die Königin des Tanzes. Die Zeitungen überbieten sich gegenseitig in Lobsprüchen auf die gefeierte Künstlerin. Reporter bestürmen sie, ihnen Interviews zu gewähren. Huldvoll empfängt die vor wenigen Wochen noch unbekannte Frau, die nicht einmal als Modell für gut genug befunden wurde, die Journalisten und erzählt ihnen den frei erfundenen Roman ihres Lebens.

Mata Hari ist der *dernier cri** der Boulevards geworden. Es gehört zum guten Ton, sie tanzen zu sehen. Die exklusivsten Kreise des Hochadels reißen sich um die Ehre, die große Künstlerin zu ihren Soireen einzuladen.

Die Bühnen überhäufen die indische Tänzerin mit Engagementangeboten. Das Olympiatheater verpflichtet sie zu einem Gastspiel, in der Saison tritt sie in Monte Carlo in einem eigens für sie geschriebenen, prunkvollen orientalischen Ausstattungsstück auf, in Massenets „König von Lahore" bewundert man sie in der Großen Oper.

Über die Grenzen Frankreichs dringt der Ruhm der „indischen Prinzessin", die europäischen Hauptstädte wetteifern um ihr Auftreten. Im Winter 1906 können die Wiener Mata Hari bewundern. Auch am Donaustrand entfesselt sie die gleichen Begeisterungsstürme wie vordem in Paris. Über Nacht ist sie die gefeiertste Tänzerin der Welt geworden.

Und in Amsterdam steht noch immer Vater Zelle im muffigen Kellerladen hinter der Theke und verkauft viertel- und halbliterweise stinkendes Petroleum an die Bewohner der Hinterhäuser. Weiß er schon, daß seine Tochter eine gefeierte Berühmtheit geworden ist, die in einem Monat mehr verdient als er in seinem ganzen Leben . . .?

Endlich geschieden

MacLeod hat seine Frau in Paris überwachen lassen. Er hat die diplomatischen Vertreter Hollands für seine Sache interessiert, als handelte es sich um eine politische Angelegenheit,

---

* (frz.) wörtlich „der letzte Schrei": die neueste Mode

von der Krieg und Frieden abhängig sind. Gesandtschaft und Generalkonsulat übernehmen die Aufgabe eines Detektivinstituts, die Pariser Kriminalpolizei wird in Bewegung gesetzt. Die Ermittlungen ergeben, daß Frau MacLeod in einem Hotel in der Rue Balzac wohnt, sich eine Zofe hält und „Herrenbesuche" empfängt.

Das ist aber noch immer kein stichhaltiger Beweis für ihre Untreue. Eine Künstlerin muß im Laufe des Tages viele Männer empfangen, um mit ihnen zu verhandeln: Theaterdirektoren, Lieferanten, Regisseure, Reporter.

Vergebens bemüht sich MacLeod mit Hilfe der Polizei und verschiedener Detektive, die an seiner schmalen Pension zehren, Mata Hari in flagranti zu überraschen. Selbst die Argusaugen der gutbezahlten Spitzel entdecken keine verdächtige Spur.

Auf diesem Wege kann MacLeod nicht zum Ziel kommen. Weshalb drängt er so nachhaltig und beharrlich auf Scheidung? Seine Frau besteht längst nicht mehr auf Zahlung der vereinbarten Alimente; sie kann ruhig auf die hundert oder auch nur fünfzig Gulden verzichten, die er ihr monatlich zahlen soll und die doch nur selten und fast immer unpünktlich eingetroffen sind. Was er wollte, hat er erreicht: Seine Tochter befindet sich in seiner Obhut, die Mutter hat auf ihre Rechte verzichtet; niemand macht die kleine Non dem Vater streitig. Eine Tänzerin, und noch dazu eine, die ihren Körper den Augen anderer hüllenlos preisgibt, ist in den Augen des strengen Puritaners eine Dirne, die den Namen des Mannes, den sie trägt, in den Schmutz tritt.

Das ist die äußere Begründung, die moralische Entrüstung über das Leben seiner Frau. Der tiefere Grund besteht darin, daß MacLeod eine andere Frau kennengelernt hat, die er heiraten will: ein junges, hübsches Mädchen, Elizabeth van der Mast, die um mehr als zwei Jahrzehnte jünger ist als der bald fünfzigjährige Major.

Will er noch einmal die gleichen Enttäuschungen erleben wie mit seiner ersten Frau, die ebenfalls um zwei Jahrzehnte jünger war als er? Wie kann der Herbst sich mit dem Frühling verbinden, September und Mai?

Die erste Erfahrung genügt MacLeod nicht; auch diese Ehe wird geschieden werden.*

Aber zunächst ist Gretha noch vor dem Gesetz seine rechtmäßige Frau. Gewiß, das Band seelischer Gemeinschaft zwischen diesen beiden so verschieden gearteten Menschen ist längst durchschnitten. Aber dieser Grund genügt dem Gesetz nicht. Es verlangt überzeugende, handgreifliche Beweise körperlicher Untreue.

Endlich kommt MacLeod der Zufall zu Hilfe, und zwar in Gestalt seiner eigenen Frau, die den Beistand des Mannes benötigt. Es ist eine etwas heikle Sache: Ein Pariser Bildhauer hat Mata Hari als Nackttänzerin modelliert. Mata Hari hat Aufnahmen vom Original anfertigen lassen. Diese Bilder pflegte sie ihren bevorzugten Freunden und vor allem den Direktoren der internationalen Varietés zu zeigen, die mit ihr wegen eines Engagements verhandelten. Insgeheim jedoch hatte der Photograph Abzüge dieser Aufnahmen ohne Wissen und gegen den Willen der Auftraggeberin ausgestellt und an Liebhaber verkauft. Noch schlimmer: Geschäftstüchtige Reporter hatten sich diese Bilder von ihren Redaktionen mit Gold aufwiegen lassen, und so konnte man Mata Hari im Evaskostüm in den Pariser Boulevardblättern sehen.

Die Künstlerin fühlt sich durch diese Indiskretion geschädigt und in ihrer Ehre beleidigt. Sie strengt einen Prozeß gegen den unredlichen Photographen an. Für die französischen Gerichte, die sie anrief, ist die Tänzerin Mata Hari aber nur die Ehefrau Margaretha Geertruida MacLeod, geborene Zelle, und als solche braucht sie, um selbständig als Klägerin vor französischen Tribunalen auftreten zu können, die ausdrückliche Ermächtigung ihres Gatten. Irgendein uralter Paragraph schreibt das vor, und da er,

---

* Anm. d. Verf.: Bereits 1912 trennten sich die seit 1907 verheirateten Gatten; die gerichtliche Scheidung erfolgte erst 1917. Die aus dieser Verbindung hervorgegangene Tochter Norma wurde der Mutter zugesprochen. Noch im gleichen Jahre, am 3. November 1917, heiratete MacLeod zum drittenmal: Grietje Meyer zählte erst 25 Jahre, er dagegen bereits 61. Trotz des großen Altersunterschiedes gestaltete sich diese Ehe jedoch sehr glücklich. – Luisa Johanna, die kleine Non, erhielt von ihrem Vater, der sie zärtlich liebte, eine gute Erziehung und Ausbildung. Sie besuchte die Lehrerinnenanstalt in Den Haag und sollte nach bestandenem Examen im Herbst 1919 eine Anstellung auf Java finden, als im August, wenige Wochen vor ihrer Abreise, eine tückische Krankheit die kaum Einundzwanzigjährige dahinraffte. MacLeod selbst starb am 9. Januar 1928 und wurde in Heiderust bei Worth-Rheden an der Seite seiner ihm im Tode vorausgegangenen Tochter beigesetzt.

wie so mancher andre vorsintflutliche Plunder, noch immer Geltung besitzt, bleibt Gretha nichts übrig, als die Buchstaben des Gesetzes zu erfüllen.

Sie wendet sich zu diesem Zweck durch ihren Anwalt an Major MacLeod. Dessen Rechtsbeistand triumphiert: Nun hat er endlich einen greifbaren Anhaltspunkt. Flugs reicht er beim Bezirksgericht in Arnheim, dem Wohnort ihres Mannes, die Ehescheidungsklage ein.

Diesmal klappt es: Vorschriftsmäßig wird Margaretha Geertruida MacLeod für den 27. Januar 1906 vor das holländische Tribunal geladen. Zum Termin erscheint der Ehemann als Kläger, gemeinsam mit seinem Anwalt. Aber das Gericht erlebt keine Sensation: Die Beklagte findet sich nicht ein.

Sie hat die Ladung unbeantwortet gelassen. Was soll sie auch vor den holländischen Richtern? Eine Ehe verteidigen, die praktisch für beide Teile nicht mehr besteht, sich gegen die Anschuldigungen eines Mannes rechtfertigen, auf den sie als Ernährer nicht mehr angewiesen ist? Wie fern liegt für die gefeierte Tänzerin Mata Hari das Eheleben der Frau Margaretha Geertruida MacLeod! Sie lebt in einer anderen, glanzvolleren Welt, nach der sie sich von Kindheit an gesehnt hat. Wie im Märchen haben sich ihre kühnsten Träume verwirklicht. Vergessen, vergessen . . . Vergessen das Leben an der Seite eines Mannes, den sie einmal geliebt hat, als sie noch ein unerfahrenes kleines Mädchen war, das nichts von der Welt wußte. Sie denkt nicht gern an jene Zeit zurück, die für sie mit einer bitteren Enttäuschung endete. Ihre Kinder? Ihr Sohn Norman schläft friedlich und still in den verzauberten Gärten Insulindes, und ihr Liebling Luisa, die kleine Non, um die sie so lange gekämpft hat, ist ihrem Herzen inzwischen entfremdet. Die Erinnerung an die bürgerliche Zeit ihres Lebens ist ausgelöscht aus ihrem Gedächtnis. Frau MacLeod, die Tochter des Krämers Adam Zelle aus Leeuwarden, ist tot. Eine unscheinbare Raupe hat sich in einen schillernden Schmetterling verwandelt, in den bunten Falter Mata Hari, der sich jetzt im Glanz der *Ville lumière* sonnt. Mit nüchterner Sachlichkeit stellt das Gericht fest, daß die Beklagte trotz rechtzeitig ergangener Vorladung – die Zustellungsurkunde befindet sich bei den Akten – weder zum Termin erschienen ist noch einen Anwalt mit ihrer

Vertretung beauftragt oder wenigstens ihr Fernbleiben schriftlich begründet hat. „Wir haben gewonnenes Spiel", flüstert der Anwalt Hymans siegesbewußt seinem Mandanten zu. Das Gericht wird ein Versäumnisurteil fällen. Und er reicht unter Berufung auf die Gesetzesparagraphen den entsprechenden Antrag ein.

Am 26. April 1906 ergeht das Urteil: Dem Antrag des Ehegatten entsprechend, wird die Ehe des Majors a. D. Rudolf MacLeod geschieden, und zwar aus alleinigem Verschulden der Ehefrau Margaretha Geertruida, geborene Zelle. Da sie sich gegen die von seiten ihres Mannes erhobene Beschuldigung des begangenen Ehebruchs weder verteidigt noch einen entsprechenden Gegenbeweis erbracht hat, wird dieses Vergehen als tatsächlich erwiesen unterstellt. Das Verhalten der Frau, die in öffentlichen Vergnügungslokalen fast völlig nackt als indische Tänzerin auftritt und sich außerdem von einem Bildhauer unbekleidet modellieren ließ, erhärtet und rechtfertigt diesen Spruch. Dementsprechend wird die aus dieser Ehe hervorgegangene Tochter dem Kläger als dem gesetzlichen Vater zugesprochen, die Beklagte dagegen zur Übernahme der gesamten Kosten des Verfahrens verurteilt, die auf 86 Gulden 65 Cents festgesetzt werden.

Endlich ist der Schlußstrich unter dieses unerfreuliche Kapitel einer Eheirrung gezogen worden. MacLeod kann sich aufs neue von Hymens* Banden fesseln lassen, und Mata Hari hat ihre unbeschränkte Freiheit wiedererlangt.

Die Öffentlichkeit hat von diesem Ehescheidungsprozeß niemals Kenntnis genommen. Für sie gibt es nur die berühmte Tänzerin Mata Hari, die geheimnisvolle indische Tempelbajadere, über deren romantische Herkunft die Zeitungen phantasiebeschwingte Märchen zu erzählen wissen.

Mata Haris Triumph

Der Ruhm folgt ihr getreulich wie ihr Schatten. In Wien tritt sie mit dem gleichen rauschenden Erfolg auf wie in Paris. Die genußfrohe Lebewelt der Stadt huldigt mit gefühlvoller Galanterie

---

* griech. Mythologie: Gott der Eheschließung

der orientalischen Märchenkönigin. Ein solches Wunder kann eben „nur das Morgenland hervorbringen, jene zauberhafte Welt des verlorenen Paradieses".

Und wieder kniet sie vor ernsten, starren Brahmabildern, tanzt geschmeidig ihre improvisierten Reigen zwischen indischen Vasen und schlangenumwundenen Säulenhallen, umflutet vom bunten Scheinwerferlicht. In wehende weiße Schleier gehüllt, die wie Nebelschwaden ihren Körper umfließen, kniet sie vor Brahmas Thron und bringt dem Gott mit demütiger Gebärde Blumen, Wasser und Erde als Opfergaben dar. Umgürtet mit funkelndem Bronzepanzer und klirrenden Perlen naht sie sich Wischnu. Dann fallen die Hüllen, und in überirdischer Körperschönheit tanzt Mata Hari den sinnbetörenden, nervenaufpeitschenden Kriegstanz vor dem blutgierigen Indra*.

Wenn sich im Wiener Apollo-Theater – der Zuschauerraum ist bis auf den letzten Platz gefüllt, und alles verharrt in höchster Spannung – der Vorhang teilt und Mata Hari sich aus kniender Stellung erhebt, um den Schleiertanz zu beginnen, der gleichsam den Kampf zwischen Keuschheit und Sinnenglut verkörpert, „läuft es einem eiskalt über den Rücken", schreibt die Kritik. Von Tanz zu Tanz steigert sich die bedrückende, schwüle Spannung, die über dem ganzen Haus liegt. Die Schleier gleiten lautlos zu Boden, einer nach dem andern, bis nur noch ein durchsichtiger Hauch den Körper bedeckt. „Ohne Zweifel der aufreizendste Tanz, den der Kenner sich vorstellen kann. Die wunderbaren Formen dieses Frauenleibes, dieses träumerische Gesicht, aus dem Heimweh und Trauer spricht, das süße, lockende Spiel dieses geschmeidigen Körpers, dazu der Rahmen des Bühnenbildes – das alles entfesselt den brausenden Beifall des Publikums." Seit den Tagen der Fanny Elßler und Otero hat Wien keine Tänzerin mehr so überschwenglich gefeiert wie diese angebliche Inderin aus Leeuwarden in Friesland.

Die nächste Etappe auf Mata Haris Triumphzug ist Berlin, wo sie im Herbst 1906 mit ähnlichem Erfolg gastiert. Wieder ist ihr der gleiche Sieg beschieden wie in Paris und Wien.

Erst als graue Winternebel über der Reichshauptstadt hängen

---

* bedeutende indische Gottheit

und die kahlen Kronen des Tiergartens sich starr in den düsteren Dezemberhimmel recken, verläßt Mata Hari Berlin. Plötzlich packt sie die Sehnsucht nach der Traumwelt des Orients, die sie bisher nur in pomphafter Theateraufmachung erlebt hat. Sie flieht den nordischen Winter, um, einer Laune folgend, an Bord des Lloyddampfers *Schleswig* von Hamburg aus eine Reise nach Ägypten anzutreten.

Ein ganzes Jahr hört man nichts mehr von ihr. Mata Hari, die gefeierte Tänzerin, ist verschollen. Sie weilt im Nilland, um die uralten Mysterien der ägyptischen Tempeltänze zu studieren, berichten die Zeitungen.

Im Frühjahr 1908 kehrt sie nach Europa zurück. Im Élysée Palace Hotel in Paris bewohnt sie eine prunkvoll eingerichtete Zimmerflucht. Noch hält sie sich vor jedem Auftreten in der Öffentlichkeit zurück. Aber ihre Anwesenheit bleibt nicht verborgen, sie spricht sich herum, und bald sieht sich Mata Hari von einem Schwarm neugieriger Reporter mit gezückten Blocks und Bleistiften umringt. Es schmeichelt ihr, daß die Pariser sie nicht vergessen haben. Noch immer ist sie eine Berühmthcit, mit der sich die Öffentlichkeit beschäftigt. Bereitwillig plaudert sie von ihren Reisen, die sie vom Nil zum Ganges geführt haben, in ihre „Heimat" Indien. Eine Fülle neuer Eindrücke hat sie gesammelt, phantastische Tänze studiert, die sie den Parisern vorführen wird.

Während ihrer langen Abwesenheit ist die Konkurrenz nicht müßig gewesen. Mata Hari hat Schule gemacht. Nackttänze mehr oder minder exotischer Färbung sind plötzlich Mode geworden. Es gibt fast keine Bühne mehr, auf der sich nicht allabendlich Nachahmerinnen der großen Mata Hari zur Schau stellen. Aber es gibt nur eine Mata Hari, und diese braucht keine Konkurrenz zu fürchten. Wenn sie wieder auftritt – und sie spricht von außergewöhnlichen Sensationen, die sie diesmal auf die Bühne bringen wird –, wird man ihr aufs neue zujubeln.

Geschickte Pressepropaganda sorgt für die nötige Stimmungsmache und peitscht die Neugier des Publikums auf. Die großen Pariser Varietés Folies-Bergère, Trocadéro, Marigny, das Theater der Champs-Élysées und Moulin Rouge schließen mit ihr ab. Ein Engagement jagt das andere.

Von 1908 an wurde Mata Hari von einem indischen Orchester unter Leitung von Inayat-Khan begleitet.

Abermals eilt Mata Hari von Triumph zu Triumph. Sie kennt ihr Publikum und weiß, daß man Abwechslung bieten muß. An Nackttänzerinnen hat man sich allmählich müde gesehen. Die erste Sensation der Neuheit ist vorüber und hat einer gewissen Ernüchterung Platz gemacht, seitdem man weiß, daß es zahllose gut gewachsene Tänzerinnen gibt, die die Schönheit ihrer Körperformen im Rampenlicht zeigen können. Auf die Dauer wirkt dieser Exhibitionismus langweilig und geschmacklos.

Das Publikum verlangt neue Sensationen. An die Stelle wehender Schleier, die mehr enthüllen als verdecken, treten lange, wallende Gewänder in griechischem Schnitt, deren Faltenwurf dem klassischen Schönheitsideal entspricht. Man besinnt sich darauf, daß nicht rohe Nacktheit des Körpers, sondern Anmut der Bewegung, Rhythmus und Mimik Endzweck des künstlerischen Tanzes sind.

Dieser veränderten Geschmacksrichtung paßt Mata Hari sich an. Und abermals bleibt ihr der Erfolg treu. In den neuen javanischen und indischen Tänzen zeigt sie sich bereits halb bekleidet. Die Wirkung auf die Zuschauer wird durch die Kleidung nur noch gesteigert, denn der ursprüngliche Sinnenreiz, den der nackte Körper ausstrahlt, wird jetzt durch den ästhetischen Genuß der Bewegung ersetzt.

Zu ihrem Gastspiel, das sie mit einem Tanzabend vor der exklusiven Gesellschaft der „Université des Annales" eröffnet, hat

Mata Hari diesmal außerdem ein echt indisches Orchester gewonnen, das sich zufällig auf einer Europareise befindet. Sein Dirigent ist Inayat Khan, der sich „Kapellmeister des Nizams von Haiderabad" nennt. Ob er wirklich im Dienst des reichsten indischen Fürsten stand, mag ebenso zweifelhaft erscheinen wie der Professorentitel, den der Tonkünstler führt – auf alle Fälle ist er ein tüchtiger Geschäftsmann, der es ausgezeichnet versteht, aus der Leichtgläubigkeit der Pariser Kapital zu schlagen. Immerhin ist es eine indische Kapelle, und dieser Umstand verleiht dem Programm eine stilechte Note, denn bisher hatte man sich mit einer Musikbegleitung begnügt, die alles andere als „indisch" war.

Die Bajadere und der Kronprinz

In den letzten Jahren vor dem Weltkrieg trat Mata Hari wiederholt im Berliner Wintergarten und im Admiralitäts-Theater auf. Hier war es vielleicht weniger ihre Tanzkunst als der eigenartige hypnotische Zauber ihrer Persönlichkeit, der ihr die Sympathien der ersten Kreise eroberte. Sehr anschaulich schildert Guido Kreutzer in seinem 1923 erschienenen Buch „Der deutsche Kronprinz und die Frauen in seinem Leben" als Augenzeuge eine Begegnung, die er im Winter 1913 mit der Tänzerin „mit dem gertenschlanken Leib und dem berückenden Spiel der Glieder" hatte: „Nachmittagstee in der Halle des Bristol-Hotels ‚Unter den Linden'. Ein erlesenes Publikum: Mitglieder der Hofgesellschaft, Landadel, Plutokratie*, Ausländer von Distinktion, einige wenige Demimondäne** ganz großen Stils. Fremdartig die Frau, die im behaglichen Fenstereckchen meinem Freunde und mir gegenübersitzt. Schmal das von dunkler Cléo-de-Mérode-Frisur umrahmte Oval des Gesichts. Nervös das rastlose Spiel der Hände. Seltsam zwingend der leuchtende Glanz schwarzer Augen, über denen es doch wie ein leiser Schleier zu liegen scheint . . ."

Diese interessante und anziehende Frau war Mata Hari, die

---

* (griech.) Herrschaft der Reichen; hier: Angehörige der reichen Oberschicht
** Angehörige der „Demimonde" (frz. Bezeichnung für Halbwelt)

Kreutzer für „die Tochter eines Holländers und einer Javanerin"
hält, wie die von ihr verbreitete Legende behauptete.

„Aus dem paradiesischen Surabaja war sie nach Europa und
auch nach Deutschland gekommen, um uns ihre eigenartige
Kunst zu zeigen und die mystischen Tanzrhythmen des fernen
Südostens zu vermitteln . . . Und nun saß uns diese eigenartige
Frau gegenüber, zeigte die herrlichsten Zähne der Welt, plauderte ungezwungen und radebrechte in lustigem Niederlän-
disch-Indisch-Deutsch, bis sie unvermittelt zum Französischen
oder Englischen übersprang. Von sich selbst sprach sie wenig.
Doch ein unendlich feines, behutsames Lächeln verstehender
Frauenklugheit umspielte ihre Lippen, sobald man ihr eine galante Schmeichelei zu sagen versuchte, die – so oder so – ja doch
nur Phrase blieb, weil sie der Wirklichkeit nicht nahezukommen
vermochte.

Entzückend wußte sie von ihren Erlebnissen in aller Herren
Länder zu erzählen, doch auch Europas übertünchte Höflichkeit hatte sie in tausend Werbungen gefürsteter Lebemänner
und sonderbarer Schwärmer kennengelernt. Kapriziöse Zwi-
schenspiele, die ihr kaum noch ein flüchtiges Lächeln galten.
Weil sie aus ihnen allen ihre Selbständigkeit und Freiheit unan-
getastet hinübergerettet hatte in ein Leben, wie sie es sich mit
eigenen Händen geformt. Für sie gab es keine Situationen und
Stimmungen, von denen sie sich überlisten ließ; und die Gunst-
bezeugungen hoher Herren nahm sie mit derselben gleichgültigen Gelassenheit hin wie die staunende Bewunderung irgendei-
nes Bühnenarbeiters, der ihr heimlich nachschaute, wenn sie,
von frenetischem Beifall umrauscht, in die Seitenkulisse zurück-
trat.

Und doch war diese Frau, die der ganzen Welt gehören wollte,
wie die ganze Welt ihr gehörte, nicht herzlos oder spielerisch,
nicht übersättigt oder gefühlsarm. Sie mußte nur innerlich einsam bleiben, weil der Mann, dem ihr Herz gehörte, für sie uner-
reichbar blieb . . . "

Dieser Mann, dem Mata Haris heimliche Liebe und Anbetung
galt, war – der deutsche Kronprinz.

Kreutzer weiß darüber aus eigener Beobachtung folgendes zu
berichten: „In den Wipfeln der Linden, die den breiten Mittelweg

flankieren, spielten bereits die Schatten des sinkenden Abends, als wir das Bristol-Hotel verließen und langsam die wundervolle historische Prunkstraße dem Schloß zu hinabschlenderten. Mata Hari sprach von ihrem Ringen und Kämpfen, von ihren Plänen und Hoffnungen; erzählte gerade eine lustige Episode, die ihr irgendwo da draußen in der Welt begegnet war . . . – als von rückwärts, vom Brandenburger Tor her, Hurrarufe kamen. Dazu das scharfe Knattern eines näherbrausenden Kraftwagens.

,Der Kronprinz! . . . Da kommt der Kronprinz!'

Im Augenblick waren die Bürgersteige mit Menschenreihen flankiert. Hüte wurden gelüftet, Taschentücher geschwenkt, Stimmen schwirrten zu Hochrufen durcheinander.

Auch wir hatten den Schritt verhalten.

Da schnarrte das kronprinzliche Auto schon vorüber. Im offenen Fond, irgendeinen Adjutanten neben sich, der Thronfolger, in Uniform seiner ersten Danziger Leibhusaren, die er damals gerade führte. Mochte aus dienstlicher oder familiärer Veranlassung zu kurzem Aufenthalt in der Reichshauptstadt weilen und jetzt ins Schloß fahren . . . Sekunden nur, dann war der Kraftwagen schon unten an der Kranzler-Ecke.

Im Augenblick aber, da der Kronprinz an uns vorüberkam, hatte ich zufällig Mata Hari angesehen – wohl um den Eindruck zu prüfen, den in ihr, als einer Frau der großen internationalen Welt, Deutschlands künftiger Kaiser hervorrief. Da sah ich eine fast verkrampft zu nennende Starrheit in ihrem Blick; hörte, wie über ihre Lippen ein abgerissener, jäher Laut kam, den ich im Donner des rasend vorüberknatternden Motors nicht zu deuten vermochte . . .

Als wir nachher unsern Weg fortsetzten, war ihre vorherige unbefangene Lebhaftigkeit wie fortgeweht. Sie blieb einsilbig, versonnen, vergrübelt. Wir wagten keine neugierige Frage. Bald darauf verabschiedete sie sich von uns unter dem Vorgeben, sie sei mit Bekannten zum Abendessen verabredet. Fast überhastet ließ sie uns allein, die wir keine Lösung für diesen seltsamen Stimmungsumschwung fanden.

Auf dem Heimweg aber bannte meine Gedanken noch immer jene blitzschnell verhuschte Szene, für die sich so schwer eine

Deutung finden ließ. Jetzt, nachträglich, schien mir, als hätten Mata Haris dunkle Augen im Augenblick der Vorbeifahrt des Kronprinzen fast etwas Hypnotisch-Beschwörendes gehabt oder auch ein angstvoll verhetztes Verlangen, das ich nicht in Worte zu fassen vermochte."

Hatte die Ausländerin, „vielleicht aus irgendwelchen Motiven fanatische Feindin Deutschlands", ein Attentat auf den Kronprinzen geplant, das nur durch die rasche Fahrt des Autos oder auch durch die Gegenwart der beiden Begleiter vereitelt wurde? Kreutzer neigte zu dieser Annahme und erzählte seinem Freund von seinem Verdacht, doch „er nannte mich lachend einen Phantasten" . . .

Die Lösung des Rätsels sollte er indes bald erfahren: „Am übernächsten Tag bat meinen Freund die Javanerin (!) in ein paar kurzen Billettzeilen um seinen Besuch. Er traf sie im Salon ihrer Hotelräume in der gleichen ernsten Stimmung, mit der sie uns zwei Tage vorher Unter den Linden verlassen hatte. Müde lächelnd bot sie ihm die Hand, deutete einladend auf einen Sessel am bereits gedeckten Rundtischchen, versorgte ihn mit Tee und Cracknels – und fragte mitten im plaudernden Gespräch ohne jeden Übergang: ,Bitte, kennen Sie jemanden, der gute Beziehungen zum Hofmarschallamt des Kronprinzen oder zu ihm selbst besitzt? Ich möchte die Möglichkeit haben, im Rahmen irgendeiner gesellschaftlichen Veranstaltung vor ihm zu tanzen.'

,Sie möchten –'

Mit hastigem Kopfschütteln unterbrach sie ihn. ,Ich wäre Ihnen sehr dankbar, wenn Sie nicht Fragen stellen würden, die ich doch nicht beantworten kann. Auch Ihre stummen Kombinationen bleiben ein Irrtum. Denn es gibt keinen persönlichen Zusammenhang. Ich will nicht einmal eine Auszeichnung von dem deutschen Kronprinzen, ich will durch Sie lediglich erreichen, daß er mich tanzen sieht. Werden Sie mir das ermöglichen?' Und dabei glomm in ihren Augen jener rätselhafte, hypnotisch-beschwörende Ausdruck, den auch ich gesehen hatte. Mein Freund versprach ihr, die erforderlichen Schritte zu unternehmen. Doch obwohl ich mich jeder Beeinflussung enthielt, mochte mein unklarer Verdacht, den er zuerst als Phantasterei verlacht, immerhin von gewissem Eindruck gewesen sein; denn er unterließ es, dieses so sehnlich gewünschte Gastspiel zu vermitteln.

Inzwischen neigte sich der Monat seinem Ende zu. Am letzten Tag verließ Mata Hari enttäuscht Berlin."

Romantische Liebe einer Tänzerin

Im Sommer darauf – August 1914 – bricht der Weltkrieg aus. Mata Hari weilt zu dieser Zeit in Paris. Aber noch einmal hat der ungenannte Freund Kreutzers eine Begegnung mit der Tänzerin, die er im Laufe des Jahres 1916 unverhofft in Köln auf der Straße trifft, als sie deutsche Verwundete, die von der Front in Flandern kommen, beschenkt. Der Freund knüpft mit ihr ein Gespräch an, in dessen Verlauf sie ihm ihre Sympathie für Deutschland gesteht und sich dann eingehend nach dem Kronprinzen erkundigt.

„Man liebt ihn anders, als . . . Sie ihn lieben!" erwidert der Freund.

„Unwillkürlich hatte sie den Kopf gesenkt", läßt Kreutzer seinen Gewährsmann berichten, „wie in Scham, daß er mit schürfendem Instinkt ein sorgsam gehütetes Geheimnis entdeckt und den Schleier von ihrer Seele gerissen habe. Minutenlang schritt sie stumm neben ihm. Schließlich begann sie wieder zu sprechen."

In erregten Worten macht sie ihrer Empörung über die Hetze der französischen Presse gegen Deutschland und den Kronprinzen Luft: „Weil ich mich mit dem deutschen Kronprinzen durch irgendeinen rätselhaften Zusammenhang eins fühle."

Der Freund ist erstaunt über dieses Bekenntnis, das er aus dem Mund einer Ausländerin, die dazu lange Zeit in Paris gelebt hat, nicht erwartet hat. Doch Mata Hari fährt fort: „Ja – ich habe ihn geliebt; ich liebe ihn noch. Und es tut so wohl, einmal davon sprechen zu dürfen. Vergessen Sie nicht die langen, langen Monate, die ich, umgeben von seinen schlimmsten Feinden und Verleumdern, durchleben mußte und die mir das Schweigen unsäglich schwermachten."

Im Hinterzimmer einer Konditorei, wo „sie die einzigen Gäste waren", erzählt Mata Hari ihrem Begleiter die Geschichte ihrer romantischen Liebe: „Da begann sie zu sprechen. Fiebrig, nervös, überstürzt, als hetzten die Worte den zurückgreifenden Erinnerungen nach: ‚Brauche ich Ihnen erst zu versichern, daß Ihr Kronprinz von dieser Liebe einer Tänzerin nichts ahnt? Vermutlich hat er mich auch nie auf der Bühne gesehen, kennt vielleicht kaum meinen Namen. Wäre es anders, es würde weder für ihn noch für mich Glück bedeuten. Genügt es nicht, wenn ein Mensch durch seine Liebe leidet und bangt und verblutet?'

Er musterte sie überrascht. ‚Sie sagen, gnädige Frau, Sie hätten den Kronprinzen niemals gesprochen und niemals Gelegenheit gehabt, ihn persönlich kennenzulernen?'

‚Niemals.'

‚Und trotzdem ... '

‚Ja – und trotzdem!' bestätigte sie. Durch ihre Worte drängte es sich wie leise selbstironisierende Bitterkeit. Dann hub sie abermals an: ‚Ich sah ihn zum erstenmal auf der Rückkehr von einer Parade in Berlin. Er plauderte mit einem älteren Offizier, der neben ihm ritt. Mich frappierte sein Gesicht, seine Figur, seine Haltung ... Ich schwärmte meinen Freunden gegenüber von ihm. Man warnte mich lachend; doch dieser Warnung bedurfte es damals noch nicht. Bald darauf hatte ich das Glück, ihn im Theater des Westens in einer Nebenloge zu sehen. Mehrmals blickte er zu mir herüber. Mein sehr undeutscher, fremdländischer Typ mochte ihm wohl aufgefallen sein. Schließlich machte er in taktvoll diskreter Form seinen neben ihm sitzenden militärischen Begleiter aufmerksam, der mich mit dem abwägend kühlen Blick des routinierten Lebemannes musterte. Den Vorgängen auf der Bühne folgte der Kronprinz mit gespanntem Interesse, besaß nicht die geringste Blasiertheit und konnte über harmlose Szenen herzlich lachen. Immer mehr bewunderte ich sein zwangloses, freies Wesen und begann zu vergleichen. Während der Pause wurde ihm eine Künstlerin vorgestellt. Er reichte ihr die Hand und hielt die ihrige wohl einige Sekunden länger, als die Form es zuließ. Da stieg brennender Neid gegen jene Frau in mir auf. Jahre meines Lebens würde ich dafür gegeben haben, hätte ich diesen Abend an ihrer Stelle sein

Kronprinz Friedrich Wilhelm

dürfen. – In meinem Hotel erwarteten mich nach Theaterschluß liebe Freunde zum Essen. Unter nichtigem Vorwande suchte ich jedoch sofort mein Zimmer auf. Die Gegenwart fremder Menschen dünkte mich an diesem Abend unerträglich. Denn nun wußte ich, daß der Mann – nicht der Erbe der deutschen Kaiserkrone – mein Fatum geworden war. Bis dahin hatte ich immer über jene Schwärmer gelächelt, die an eine Liebe auf den ersten Blick glauben. Von diesem Tag an tat ich es nicht mehr. – In der Folgezeit, sobald ich in Berlin war, suchte ich unablässig nach jeder Möglichkeit, dem Kronprinzen zu begegnen. Das letztemal – Sie entsinnen sich – sahen wir ihn gemeinsam Unter den Linden.'

Sie schwieg wie erschöpft. In ihrem schmalen, fremdartig schönen Gesicht zitterte mühsam verhaltene Erregung. Doch noch einmal raffte sie sich auf.

,Jetzt kennen Sie die Geschichte meiner Liebe zum deutschen Kronprinzen. Sie werden sie harmlos nennen – harmlos und romantisch für eine javanische (!) Varietétänzerin, die nicht einen Tropfen deutschen Blutes in ihren Adern hat. Und harmlos blieb sie auch, bis ich während des Weltkrieges nach Paris kam. Da habe ich nicht immer geschwiegen, wenn man die *boches**, die Hunnen, den Kaiser und vor allen Dingen dessen ältesten Sohn mit den niedrigsten Beschimpfungen verfolgte. In meinem Hotel wohnten Staatsmänner und hohe Offiziere. Anfangs hatte man mich in mehr oder weniger chevaleresker Form umworben. Doch als ich mich einmal – und in der Folgezeit häufiger – zur Verteidigerin Deutschlands und des Hohenzollernhauses aufwarf,

---

* (frz. „Dickschädel"), frz. Schimpfname für die Deutschen

begann man mich wie eine Aussätzige zu behandeln. Bald darauf wurde ich gezwungen, mein Hotel zu wechseln. Sogar als ich kürzlich einen Paß nach Holland forderte, machte man mir Schwierigkeiten. Vielleicht dachte man an die gefährliche Nähe Deutschlands. Außerdem weiß ich, daß man mich in Paris während der letzten Wochen heimlich auf Schritt und tritt überwachen ließ.'

,Und Sie wollen trotzdem nach Paris zurück, gnädige Frau?'

,Spätestens morgen muß ich fahren.'"

Soweit die Darstellung Kreutzers, die – besonders im zweiten Teil – reichlich romantisch und unglaubwürdig klingt. Aber der Autor bemerkt ausdrücklich, daß sein Buch „nach authentischen Aufzeichnungen, Belegen und Untersuchungen" geschrieben sei, und so dürfte immerhin feststehen, daß seine Schilderung sich tatsächlich auf persönliche Erinnerungen an Mata Hari und auf Mitteilungen eines Freundes stützt, der ihr im Jahr 1916 in Köln begegnet ist. Die Legende ihrer angeblich holländisch-javanischen Abstammung, die sie selbst verbreitet hat, galt als erwiesene Tatsache und wurde erst 1930 durch den holländisch-französischen Journalisten Charles S. Heymans widerlegt.

Vielleicht verbargen sich hinter dieser romantischen Liebessehnsucht der Tänzerin nur sehr realistische und materialistische Absichten – Tatsache ist jedenfalls, daß Mata Hari niemals in persönliche Beziehungen zu dem Kronprinzen getreten ist.

Dieser Punkt leitet über zu einem vielerörterten und in Romanen mit besonderem Wohlbehagen ausgeschmückten Kapitel: Die Spionin Mata Hari.

War Mata Hari eine deutsche Spionin?

Eine ganze Literatur ist im Laufe der letzten zwanzig Jahre zu dieser Frage entstanden, aber es handelte sich dabei doch nur um bloße Vermutungen, für die keinerlei überzeugende Beweise erbracht wurden, oder um Phantasieprodukte übelster Hintertreppen- und Kolportageromanfabrikanten.

Die These von der deutschen Spionin Mata Hari bot französischen Autoren in der Zeit unmittelbar nach dem 1. Weltkrieg
willkommene Gelegenheit, ihren maßlosen Haß und ihre ab-
grundtiefe Feindschaft gegen Deutschland geradezu orgiastisch
auszutoben. Aus der Tatsache, daß Mata Hari als junges Mädchen im holländischen Lyzeum auch die deutsche Sprache gelernt hat und als Tänzerin später wiederholt in Berlin aufgetreten ist, folgern die phantasiebegabten Deutschlandfeinde, daß
die Tänzerin bereits seit 1904 (!) im Dienst der deutschen Spionage gestanden haben soll. Daß sie in den Briefen an ihren
Verlobten einmal ein paar Verse in deutscher Sprache anführt
und daß das junge Ehepaar seine Hochzeitsreise ausgerechnet
nach Deutschland und nicht nach Paris oder Italien machte,
beweist angeblich hinreichend, welchem Volke ihre Sympathien
galten. Jedenfalls habe sie schon damals – als achtzehnjährige
Frau eines holländischen Kolonialoffiziers! – engere Beziehungen zu einflußreichen Persönlichkeiten des deutschen Generalstabes und des Auswärtigen Amtes geknüpft, denn es sei gewiß
kein Zufall, daß ihrem ersten Auftreten als Tänzerin im Musée
Guimet ausgerechnet der deutsche Botschafter Fürst Radolin
mit seiner Gemahlin beigewohnt habe – so mutmaßen französische Phantasten. Dies erscheine im höchsten Grade verdächtig und „beweise" natürlich, daß die Tänzerin schon ein Jahrzehnt vor dem Weltkrieg im Sold der bösen *boches* gestanden
habe und daß ihre Tanzkunst eigentlich nur Mittel zum Zweck
der besseren Tarnung ihrer geheimnisvollen Tätigkeit gewesen
sei. Daß sich unter den Zuschauern jener Vorstellung neben
dem deutschen Botschafter auch der japanische befand, fällt dabei weniger auf, „denn er stammte ja selbst aus dem Fernen
Osten".

Natürlich habe Mata Hari bereits 1912 gewußt, daß Deutschland zum Krieg entschlossen sei. Ihre Berliner Auftraggeber hätten ihr das wohl so nebenbei zu verstehen gegeben, in Verbindung mit einer besonderen Mission, die darin bestanden habe,
einflußreiche französische Staatsmänner, Journalisten und Offiziere in ihre Netze zu ziehen, um ihnen „die Geheimnisse der
nationalen Verteidigung" zu entlocken. Solche Männer habe sie
fortan als Freunde bevorzugt und sie regelmäßig in ihrer Villa in

Neuilly-Saint James empfangen, in die sie 1908 aus dem mondänen Hotel an den Champs-Élysées übergesiedelt war.

Daß die Tänzerin außerdem gute Beziehungen zur Presse unterhielt, bestärkte ebenfalls die gegen sie erhobenen Beschuldigungen: Sie wolle „die Geheimnisse der Pariser Presse" erkunden – eine Aufgabe, die ein Berufsjournalist entschieden rascher und gründlicher hätte erfüllen können als die Holländerin, die gar nicht „vom Bau" war. Für eine Artistin, von der die Öffentlichkeit sprechen soll, hing der Erfolg im wesentlichen von der Aufnahme ab, die ihre Vorstellungen in der maßgebenden Presse fanden. Was war für Mata Hari naheliegender, als einflußreichen Kritikern und Reportern der führenden Pariser Blätter ihre Gunst zu schenken und sich um die Freundschaft dieser Herren zu bemühen? Bevor sie ihre Berliner Gastspielreise antrat, erkundigte sie sich nach den Namen und Anschriften der ständigen Berliner Berichterstatter des *Matin* und anderer französischer Blätter – ein weiteres Verdachtsmoment, obwohl sie Wert darauf legen mußte, daß die Berliner Korrespondenten über den Verlauf ihres dortigen Auftretens möglichst ausführlich und günstig an ihre Zeitungen schrieben, damit das Interesse des Pariser Publikums auch während ihrer Abwesenheit nicht erlahmte.

Und natürlich stand ihr Duzfreund Signor Saracco, der Ballettmeister des Theaters in Monte Carlo, ebenfalls im Sold des deutschen Spionagedienstes. Daß allerdings Mata Hari sich mit ihrem Kollegen duzte, war durchaus nichts Auffallendes, denn das entspricht dem kameradschaftlichen Verkehrston, der in den Kreisen der internationalen Künstler und Artisten herrscht.

Ein volles Jahrzehnt vor Kriegsausbruch ist diese Frau also für eine feindliche Macht tätig, empfängt ausländische Diplomaten und Offiziere, duzt sich vor aller Öffentlichkeit mit bekannten Spionen? Wenn das alles zutrifft, dann ist es ein trauriges Zeugnis für die geringe Intelligenz des französischen Geheimdienstes, dessen Agenten sich von einer Tänzerin, die jedermann kannte und deren Lebensweise und gesellschaftlicher Verkehr unauffällig und unschwer überwacht werden konnten, täuschen und hinters Licht führen ließen.

Am Boulevard Richard Wallace, der südlichen Verlängerung der Avenue de Madrid im Vorort Neuilly-Saint James, liegt, von einem wohlgepflegten Garten umgeben, die Villa Rémy. Von ihren Fenstern aus genießt man einen herrlichen Blick auf den Bois, den beliebten Ausflugsort der Pariser, und über den Kronen der Bäume sieht man aus Rauch- und Nebelschwaden den Triumphbogen, die Kuppeln des Pantheons, des Invalidendoms und die schlanken Umrisse des Eiffelturms aus dem endlosen Häusermeer der Weltstadt emporragen.

Dieses Landhaus – es trägt die Nummer 11 – hatte Mata Hari gemietet; hier wohnte sie, wenn sie sich in Paris aufhielt, hier gab sie vielbesuchte Gesellschaftsabende und empfing ihre Freunde und zahlreichen Verehrer. Die Geheimnisse, die hier hinter geschlossenen Türen und verhängten Fenstern besprochen und gezeigt wurden, waren intimer und privater Natur. Alle Besucher huldigten der Schönheit der Dame des Hauses, die hier als Kurtisane ihre Triumphe über die Lebewelt der französischen Hauptstadt feierte.

Das Leben, das sie führte, kostete Geld, mehr Geld, als ihre Gastspiele einbrachten. Wirtschaften war stets ihre schwache Seite gewesen – bereits in Indien hatte sie für Kleidung, Schmuck und Nichtigkeiten der Eitelkeit mehr ausgegeben, als sich mit dem Einkommen ihres Mannes vereinbaren ließ. Jetzt, wo sie sich hemmungslos ihren Neigungen und Wünschen hingeben konnte, waren ihre Ausgaben ins Unermeßliche gestiegen. Sie sparte nicht, sie kaufte ohne Berechnung, was ihr gefiel, und ihr Leben war auch jetzt ein beständiger Krieg mit ihren Gläubigern und Lieferanten, die auf Bezahlung ihrer Forderungen drängten.

Aber sie verstand es auch, mit dem Kapital, das ihr die Natur mitgegeben hatte, zu wuchern. Ihre eigenartige exotische Schönheit betörte zahllose Männer und zog sie in den magischen Bann dieser Circe. Es ging hier um andere, realere und greifbarere Dinge als um militärische und staatspolitische Geheimnisse. Man feilschte um den Sold der Liebe und dachte dabei an alles andere als an einen bevorstehenden europäischen Krieg. Unbeschwert von düsteren Zukunftssorgen, lebte diese internationale Gesellschaft der *Jeunesse dorée** fröhlich und unbekümmert in den Tag hinein . . .

---

* (frz., wörtlich „vergoldete Jugend"): reiche, genußsüchtige junge Leute der Pariser Oberschicht oder allgemein der Großstädte

Abenteuer im Schatten des Weltkrieges

Über Nacht aber kam der Krieg. – In den gewitterschwülen letzten Julitagen soll – so behauptete später die Anklage – Mata Hari in Berlin gewesen und sich sehr auffällig in den Kreisen führender Persönlichkeiten bewegt haben. Am ersten Mobilmachungstag habe sie mit dem Polizeipräsidenten von Jagow gefrühstückt und sei dann an seiner Seite im offenen Wagen durch die belebtesten Straßen der Reichshauptstadt gefahren. Natürlich brachte die Kriegspsychose die Tänzerin auch mit Diplomaten und Generalen in Berührung – als wenn diese Leute, auf deren Schultern eine ebenso große Verantwortung wie Arbeitslast ruhte, in jenen entscheidenden Tagen Zeit gehabt hätten, mit einer Artistin und Kurtisane zu flirten! Und selbst wenn dem so gewesen wäre, so ist das doch der beste Beweis für die völlige Harmlosigkeit der gegenseitigen Beziehungen, denn eine im deutschen Sold stehende Spionin würde man gewiß nur heimlich und unter Ausschluß der Öffentlichkeit hinter verschlossenen Türen empfangen und sich nicht mit ihr vor aller Augen gezeigt haben, da die Agenten und Spitzel der Entente*, die sich damals in Berlin aufhielten, schließlich auch nicht gerade blind waren.

Dreißigtausend Mark soll ihr der deutsche Geheimdienst bei Ausbruch des Krieges als Vorschuß auf ihre Prämien für wichtige Erkundungen ausgezahlt haben – in Wirklichkeit bestand gar keine Veranlassung, die Leistungen einer Spionin, die ihre Tüchtigkeit doch erst einmal unter Beweis stellen mußte, im voraus derart großzügig zu entlohnen. Es fehlen alle Anhaltspunkte für die Richtigkeit dieser später aufgestellten Behauptungen, durch die man nachweisen wollte, daß Mata Hari schon seit Jahren für Deutschland gearbeitet habe. (Generalmajor a. D. Gempp, der frühere Leiter der Heeres-Abwehr-Abteilung im Reichswehrministerium, erklärte ausdrücklich, daß Mata Hari „in Wirklichkeit

---

* Entente cordiale (frz., „herzliches Einvernehmen"): 1904 zwischen England und Frankreich aus dem kolonialpolitischen Ausgleich hervorgegangene Verbindung mit dem Ziel, alle Fragen freundschaftlich zu lösen; 1907 trat Rußland der Entente bei.

Die einfache Wohnung, die Mata Hari 1915 in Den Haag bezog

Auf dem Höhepunkt des Erfolgs: Mata Hari in Monte Carlo im Jahr 1912

Die Villa in Neuilly, wo Mata Hari Prominenz aus Kreisen von Politik, Militär und Kultur empfing

Ausritt im Bois de Boulogne auf Cacatôes, einem ihrer Lieblingspferde

nichts für den deutschen Nachrichtendienst geleistet hat" und der Fall nur „ungeheuer ausgeschlachtet" wurde.)

Von Berlin reiste Mata Hari im Spätsommer 1914 nach Amsterdam, wo sie im Hotel Viktoria Wohnung nahm. Die Geschäfte gingen schlecht – wer hatte in den Ländern der kriegführenden Parteien jetzt noch Sinn und Lust, sich an den Darbietungen einer indischen Nackttänzerin zu ergötzen! Über Nacht hatte die Zeit ein ernstes, heroisches und zugleich trauriges Gesicht angenommen. An den Fronten von den Vogesen bis zur Nordsee, von den Karpaten bis zur Memel verbluteten die Völker Europas in verzweifeltem Ringen. Die Männer, die früher Mata Haris Tanzabende besucht hatten, lagen in den Schützengräben. Sollte sie vor Witwen und vor Frauen tanzen, die stündlich um das Leben ihrer Männer bangten?

In Paris, Berlin, Wien oder London war an ein Auftreten gar nicht zu denken – und gerade in diesen Weltstädten hatte sie früher ihre größten Triumphe gefeiert und die höchsten Gagen erhalten. Nur in den wenigen bisher neutral gebliebenen Staaten herrschte noch etwas von der ehemaligen internationalen Geselligkeit. Heereslieferanten aller Art, die mit dem Leiden und Sterben ihrer Mitmenschen glänzende Geschäfte machten, gaben sich hier ein Stelldichein und verpraßten die reichlich und leicht verdienten Gelder. Den kostspieligen Pariser Villenhaushalt konnte Mata Hari nicht mehr bestreiten; Gläubiger präsentierten ihre unbezahlten Rechnungen und ließen sich nicht länger vertrösten, während Theaterdirektoren und Agenten, die Kontrakte abschließen wollten, oder Millionäre, die ihr Reichtümer zu Füßen legten, ausblieben.

Ende Oktober 1914 mietete sie in Den Haag auf drei Jahre ein kleines Haus; die jährliche Miete betrug 750 Gulden – die Ansprüche der verwöhnten Frau waren erheblich bescheidener geworden, sie mußte an allen Ecken und Enden sparen. In den Wintermonaten konnte sie in den großen Varietés der holländischen Städte auftreten und einigermaßen Geld verdienen. Noch war sie trotz ihrer achtunddreißig Jahre eine Schönheit, deren Körper nichts von seinen früheren Reizen verloren hatte. In Den Haag und in Amsterdam gab sie als Gast der französischen Oper zahlreiche Tanzabende. Das Geschäft ging leidlich, die Nummer besaß noch ihre alte Zugkraft und war für das holländische Publikum immerhin etwas Neues. Häufig konnte man sie in den Ateliers der Porträtmaler sehen, die das Bild der schönen Frau auf der Leinwand festhielten. Hier traf sie auch einen Berichterstatter der *Kölnischen Zeitung*, der darüber erzählt: „Mein Eindruck war, daß sie vom Kriege nichts wissen wollte. Als das Gespräch einmal darauf kam, sagte sie: ‚Bitte sprechen Sie nicht darüber. Das kann ich nicht ertragen.‘ Später begegnete ich Mata Hari noch auf einigen Festen, die zugunsten der französischen Kriegsgefangenen gegeben wurden. Gelegentlich dieser Veranstaltungen zeigte Mata Hari ihre Kunst.“

Aber zur gleichen Zeit soll sie die intime Freundin des Leiters der deutschen Spionagezentrale in Holland gewesen sein . . .

Unsichtbare Fäden zwischen Paris, Amsterdam und Madrid

Im Frühjahr 1915 kehrte sie nach Paris zurück, angeblich, um wichtige Erkundigungen über die französischen Offensivvorbereitungen einzuziehen. Hauptzweck dieser Reise war aber doch die Auflösung des kostspieligen Villenhaushaltes in Neuilly, den Mata Hari auf Dauer nicht mehr bestreiten konnte. Sie befand sich zu dieser Zeit schon in Not, denn Dr. Bizard, der Pariser Präfekturarzt, begegnete ihr häufig in den besseren Stundenhotels. Die einst so gefeierte Tänzerin war zur Dirne herabgesunken. Zwischendurch trat sie noch in Madrid auf, wo sie ein ähnliches internationales Publikum fand wie in Holland.

Bereits Mitte 1915 wurde der französische Spionageabwehrdienst des zweiten Büros des Generalstabes auf Mata Hari aufmerksam. Auf der Fahrt nach Spanien war sie bei der Landung in Southampton den Behörden des englischen „Intelligence Service“ aufgefallen, die von ihren Agenten aus Madrid bereits einen Wink erhalten hatten. Sie reiste mit einem Paß, der auf den Namen „Gertrud Benedix“ lautete. Die Polizei fand ihre Papiere nicht in Ordnung und verfügte daher die Festnahme der verdächtigen Reisenden. Mata Hari wurde nach London gebracht und Sir

Basil Tompson, dem Leiter des englischen Spionageabwehrdienstes, vorgeführt, der sie einem eingehenden Verhör unterzog. Sie verstand sich derart geschickt zu verteidigen, daß selbst Tompson, der große Erfahrung im Umgang mit Spionen besaß, ihren Angaben vollen Glauben schenkte. Auch der britische Polizeibeamte unterlag der eigenartigen Anziehungskraft, die von der bereits reifen, aber immer noch schönen Frau ausging. Sie behauptete, die Geliebte eines deutschen Militärattachés namens Benedix zu sein, blieb aber fest dabei, sie habe keine Ahnung, daß ihr Freund sich als Spion betätige. Schließlich bat sie Sir Basil Tompson – wie dieser in seinen Memoiren berichtet –, ihm eine Erklärung unter vier Augen machen zu dürfen. Als die Polizeibeamten das Zimmer verlassen hatten und sie mit Tompson allein geblieben war, gestand sie dem englischen Polizeichef, daß sie tatsächlich Spionin sei – jedoch nicht im Dienste Deutschlands, sondern Frankreichs.

Tompson kam die Sache verdächtig vor, doch konnte er ihr andererseits auch nicht das Gegenteil nachweisen. Er stellte sich jedoch wissend und sagte zum Abschied zu ihr: „Glauben Sie ja nicht, wir wüßten nicht alles von Ihnen. Ich rate Ihnen, in Zukunft vorsichtiger zu sein und den deutschen Agenten aus dem Wege zu gehen. Reisen Sie jetzt nach Holland zurück; nach Spanien lassen wir Sie nicht durch." Gleichzeitig hielt Tompson es aber für angebracht, die französische Geheimpolizei in Kenntnis zu setzen.

Das zweite Büro seinerseits benachrichtigte sofort seine Madrider Agenten, die sich nun an Mata Haris Sohlen hefteten und sie auf Schritt und Tritt überwachten. Die Tänzerin hatte keine Ahnung, daß sie beobachtet wurde, denn die Geheimpolizisten traten als vollendete Kavaliere auf.

In Madrid stieg sie im Palace-Hotel ab. Die Gäste waren Angehörige aller Nationen; Beamte der französischen Botschaft hatten hier Tür an Tür mit deutschen Agenten ihr Quartier aufgeschlagen. Hier soll Mata Hari auch in nähere Beziehungen zu den deutschen Militärattachés Kalle und Krohn getreten sein. Im Verkehr mit den beiden Offizieren soll sie verschiedene wichtige Einzelheiten über die Landungsplätze der deutschen U-Boote an der spanischen Küste erfahren haben, soll aber gleichzeitig den Auftrag erhalten haben, nach Frankreich zu gehen und sich dort Gewißheit über bestimmte militärische Dinge zu verschaffen.

Mata Hari reist nach Paris, wo sie sich um einen Paß nach Vittel bemüht. Vittel liegt an der Westseite der Vogesen, unmittelbar hinter der französischen Front; hier befindet sich das Sammelbecken der französischen Luftflotte.

Die Tänzerin erhält die Genehmigung, sich nach Vittel zu begeben. Angeblich will sie sich dort als Krankenpflegerin betätigen, da ihr Freund, ein russischer Hauptmann namens Masloff, dort schwer verwundet im Lazarett liege.

Dichtung und Wahrheit um Hauptmann Masloff

Dieser Russe ist keine Romanfigur; er hat tatsächlich gelebt und kam im Juli 1916 mit dem ersten russischen Hilfskontingent nach Frankreich. Während einer Urlaubsreise nach Paris lernte er dort Mata Hari kennen und wurde ihr Freund.

Die Legende hat sich später dieses Masloff bemächtigt und aus ihm einen tragischen Helden zu machen versucht. Es hieß, der Russe sei schwer verwundet und durch eine Gasvergiftung seines Augenlichts beraubt worden; Mata Hari habe den armen Kriegsblinden, der in Frankreich keine Angehörigen und Bekannten hatte, mit rührender Aufopferung und Hingabe gepflegt und ihn sogar heiraten wollen. In Wirklichkeit verhält sich die Sache ganz anders: Solange Mata Hari den Hauptmann Masloff kannte, ist dieser weder verwundet noch blind gewesen. Er hielt sich auch nicht in Vittel auf, sondern lag mit seiner Kompanie im Frontabschnitt vor Reims. Hier wurde er bei einem Gefecht in der Nähe des Dorfes Courcy am 17. August 1917 verwundet. Mata Hari konnte sich aber um die Pflege ihres Freundes nicht kümmern, da sie sich zu dieser Zeit bereits seit einem halben Jahr in Haft befand. Ein Jahr später hat Masloff eine Französin geheiratet und ist nach Beendigung des Krieges nach Rußland zurückgekehrt.

In Vittel knüpfte Mata Hari intime Beziehungen zu französischen Fliegeroffizieren an. Ihr Verhalten erregte schließlich

Mißtrauen, da sie sich angeblich nach militärischen Dingen erkundigte. Sie mußte Vittel verlassen und kehrte nach Paris zurück.

Unterdessen hatte sich das zweite Büro des Kriegsministeriums eingehend mit Mata Haris Tätigkeit befaßt. Was man aber bisher ermittelt hatte, reichte nicht aus, um ihr den Prozeß als Spionin zu machen. Es fehlte an einwandfreien Beweisen, die sie überführen konnten. Fest stand allerdings, daß sie im neutralen Ausland mit Deutschen verkehrt und auch mit ihnen Briefe gewechselt hatte; da diese aber chiffriert waren, blieb der Inhalt unbekannt. Scotland Yard hatte vor der Frau gewarnt, und ihr Verhalten mußte entschiedenen Verdacht erwecken; aber schließlich war sie ja nicht französische, sondern holländische Staatsangehörige, und so konnte man sie als lästige Ausländerin über die Grenze abschieben.

Major Ladoux, der Chef des französischen Spionageabwehrdienstes, ließ die Tänzerin in sein Büro kommen, um sie von ihrer bevorstehenden Ausweisung in Kenntnis zu setzen. Mata Hari beteuerte ihre Unschuld und leugnete jedes Einvernehmen mit den *boches* entschieden ab; ihre Sympathien hätten von Kriegsbeginn an ausschließlich den Franzosen und deren Verbündeten gehört.

„Sie erzählte mir", so schreibt Ladoux, „sie sei in einen russischen Hauptmann Masloff verliebt, und diese Leidenschaft verzehre sie fast. Masloff sei der Sohn eines Admirals; er könne eine Frau ohne Vermögen nicht heiraten. Da schien mir nun die Gelegenheit gegeben, etwas zu sagen. Ich bemerkte zufällig: ‚Wieviel Geld brauchen Sie denn?'

‚Oh, mehr als Sie zahlen können. Eine Million!'

Ich gab ohne Zögern zu, daß die arme französische Spionage eine so große Summe nicht auftreiben könne. Aber auch die Deutschen wären nicht in der Lage, soviel aufzuwenden, es sei denn für wirklich außerordentliche und wichtige Dienste.

‚Wenn ich in Kontakt mit dem Kronprinzen komme – würden Sie mir dann die Million geben?' fragte Mata Hari plötzlich.

Welche Idee! An was dachte sie? Ich war erstaunt. War sie aufrichtig? Oder wollte sie nur Geld herausschwindeln? War sie wirklich in den Russen verliebt?

‚Niemand wird Sie in Stenay (dem Hauptquartier des Kronprinzen) empfangen, wenn man weiß, daß Sie geradewegs aus Frankreich kommen', erwiderte ich.

‚Allerdings. Aber es gibt dort einen Mann', antwortete sie, ‚und dieser Mann ist mein Geliebter. Er ist ein angesehener und einflußreicher Armeelieferant, der jederzeit Zutritt zum Hauptquartier hat.'

‚Wirklich?' meinte ich. ‚Und wie heißt er denn?'

‚Krämer.'

Der Name pfiff an meinen Ohren vorbei wie eine Gewehrkugel. Eine Kugel, die bestimmt war, das Leben dieser unglücklichen Frau zu beschließen. Krämer war einer der führenden Agenten der ‚Mademoiselle Docteur' in Holland, also der Agent der deutschen Spionin.

Ich sagte nun Mata Hari auf den Kopf zu, ich sei überzeugt, daß sie in deutschem Dienst stünde. Ich machte sie darauf aufmerksam, daß sie ein sehr gefährliches Spiel treibe, bei dem es um Kopf und Kragen gehe.

‚Wenn ich Ihren Antrag annehme', fuhr ich nach einer Pause fort, ‚müssen Sie entweder die Deutschen betrügen oder uns. Sie sind eine Spielerin. Sie haben in der vorigen Nacht im Roulette verloren. Und jetzt setzen Sie Ihr Leben ein.' Ich sagte ihr noch, daß sie besser täte, Frankreich unverzüglich zu verlassen, und daß sie vor das Kriegsgericht käme, wenn sie uns falsch bediente.

Mata Hari war bereit, jedes Risiko zu übernehmen, und ich wollte die Hand im Spiel behalten. Ich sandte sie nach Spanien, wo wir einen vorzüglich arbeitenden Spionageabwehrdienst hatten und von wo mir alles, was sie tat, berichtet wurde. Von Spanien ging sie nach Holland, aber schon hatten wir Gewißheit, daß sie Briefe abschickte, die mit Geheimtinte geschrieben waren. Diese Mitteilungen wurden mit der holländischen Diplomatenpost – sicher ohne Wissen des holländischen Gesandten – über die Grenze geschmuggelt. Das genügte, um Mata Hari schuldig zu sprechen."

Major Ladoux stellte ihr gleichzeitig eine Falle, um sich von ihrer Zuverlässigkeit zu überzeugen. Er gab der Tänzerin die Namen von sechs belgischen Agenten, die sie aufsuchen sollte.

Fünf von ihnen standen im Verdacht, irreführende Meldungen zu liefern; der sechste arbeitete gleichzeitig für Frankreich und für Deutschland. Vierzehn Tage nach Mata Haris Abreise von Paris wurde der sechste von den Deutschen erschossen, während die fünf übrigen unbehelligt blieben.

Nun wußte Ladoux, daß Mata Hari die Namen der Spione den deutschen Militärbehörden verraten hatte. Bevor man zugreifen konnte, mußte man ihre Rückkehr nach Frankreich abwarten. Sie reiste zunächst von Belgien aus nach Spanien, wo sie auf Schritt und Tritt überwacht wurde. Ladoux ließ sich gleichzeitig von der Funkstation des Eiffelturms Abschriften aller Berichte geben, die von Madrid aus nach Deutschland gingen.

Das Ergebnis ließ nicht lange auf sich warten. Zehn Tage später fing der Eiffelturm einen Bericht auf, dessen Absender die deutsche Botschaft in Madrid war. Der Inhalt lautete: „Nr. H 21 soeben hier eingetroffen. Wir haben erreicht, daß sie in französischen Dienst eingestellt wurde. Verlangt Order und Geld." Die Antwort aus dem Großen Hauptquartier traf zwei Tage später ein: „H 21 soll nach Frankreich zurückkehren und beobachten. Sie erhält Scheck über 5000 Francs, gezogen von Krämer auf Comptoir d'Escompte."

Am 3. Januar 1917 traf Mata Hari in Paris ein, um ihren Scheck einzulösen und ihre Tätigkeit fortzusetzen. Nun hatte das zweite Büro alle Beweise in Händen, um die Spionin zu überführen. Erstaunlicherweise ließ man sie gleichwohl zunächst noch unbehelligt; sie konnte das Geld in aller Ruhe abheben und ausgeben.

Dann aber erfüllte sich ihr Schicksal.

Die Spinne im Netz

Am Morgen des 13. Februar 1917 betreten vier Herren das Élysée Palace Hotel in der Avenue des Champs-Élysées. Sie erkundigen sich beim Portier nach der Wohnung der Tänzerin Mata Hari.

Zwei der Herren warten im Foyer; sie nehmen in den bereitstehenden Sesseln Platz und beobachten Treppe und Fahrstuhl.

Die beiden anderen lassen sich unterdessen von einem Boy zu den Räumen der Tänzerin führen. Der eine Herr wartet vor der Tür, während der andere kurz entschlossen eintritt. Es ist Polizeikommissar Priolet vom französischen Spionageabwehrdienst. Unauffällig hat er vorhin dem Portier seine Erkennungsmarke gezeigt.

Das trübe Licht eines regnerischen Februarmorgens dringt durch die zugezogenen Gardinen. Der Beamte schaltet die Deckenbeleuchtung ein: Inmitten eines breiten Messingbettes liegt, nur mit dem Nachthemd bekleidet, die Tänzerin Mata Hari. Sie ist gerade im Begriff, das auf dem Nachtschrank stehende Frühstück einzunehmen. Erstaunt richtet sie sich auf und fragt den frühen Besucher nach seinem Begehr.

Der Kommissar, der unliebsames Aufsehen vermeiden will, erklärt, er komme in Sachen der belgischen Spione; daß er einen Haftbefehl in der Tasche hat und beauftragt ist, sie festzunehmen, verschweigt er vorsorglicherweise zunächst der ahnungslosen Frau.

Mata Hari zeigt sich verlegen und fragt, ob man sie nicht ein paar Tage vorher hätte benachrichtigen können; sie sei augenblicklich unpäßlich.

„Die Polizei meldet ihre Besuche niemals im voraus an, Madame", erwidert der Beamte.

Dann bitte sie wenigstens um Erlaubnis, sich in ihr Ankleidekabinett zurückziehen zu dürfen, um sich empfangsbereit zu machen. Der Kommissar hat dagegen nichts einzuwenden; er weiß, daß das Kabinett keinen Ausgang nach dem Korridor besitzt. Außerdem steht dort sein Kamerad auf dem Posten. Mata Hari kann ihm also nicht entfliehen.

Nach wenigen Augenblicken kommt die Tänzerin zurück – völlig unbekleidet, die Arme im Nacken verschränkt, steht sie mit lockendem Sirenenlächeln vor dem Kommissar. Monsieur Priolet weicht erstaunt einen Schritt zurück; der Anblick des nackten Frauenkörpers, der schon so viele Männer betört hat, blendet seine Augen. Aber das steinerne Herz eines im Dienst ergrauten Polizisten wird durch diesen Anblick nicht erschüttert.

„Beeilen Sie sich, Madame, und lassen Sie diese Mätzchen!" ist alles, was er zu sagen hat. Seine Stimme klingt hart und drohend.

In seiner Rocktasche rasseln die Handschellen, die er vorsorglicherweise mitgenommen hat, um sein Opfer zu fesseln, falls es
Widerstand leisten sollte.

Er kehrt ihr den Rücken zu, während sie aus dem Schrank Kleider und Wäsche nimmt, um dann im Nebenraum zu verschwinden. Endlich erscheint sie wieder – sie trägt ein einfaches Kleid,
darüber einen kostbaren Pelz. Mit liebenswürdigem Lächeln
reicht sie dem Polizisten einen deutschen Stahlhelm, der bis zum
Rande mit Pralinen gefüllt ist – ein Geschenk ihres Freundes
Masloff, das er ihr aus der Champagne geschickt hat. Dann tritt
sie vor den Spiegel, setzt einen wagenradgroßen Hut auf ihr
nachtschwarzes Haar und folgt ihrem Besucher. Lautlos schließen sich ihnen die übrigen Beamten an.

Ein Taxi bringt sie auf dem kürzesten Weg zum Justizpalast.
Erst hier erfährt Mata Hari die bittere Wahrheit: Priolet zieht den
Haftbefehl aus der Tasche, liest ihn der jäh erblassenden Frau vor
und trägt seine Bemerkungen ein. Dann klopft er an eine Tür, an
der ein einfaches Pappschild mit der Aufschrift CAPITAINE BOU-
CHARDON hängt. Hauptmann Bouchardon ist der Untersuchungsrichter des Kriegsgerichts.

Das Verhör dauert nur wenige Minuten. Bouchardon beschränkt sich auf die Feststellung der Personalien der Gefangenen und eröffnet ihr, daß sie als der Spionage zugunsten des
Feindes dringend verdächtig vorläufig nach Saint-Lazare in
Untersuchungshaft gebracht werde. In dem düsteren alten Gebäude am Faubourg Saint-Denis wird der Gefangenen zunächst
eine Einzelzelle angewiesen, deren Wände gepolstert sind, um
jeden Selbstmordversuch der Insassen zu verhindern. Ein Fenster
ist nicht vorhanden; nur durch einen schmalen Lichtschacht in
der Decke fällt spärliches Licht in den engen, unfreundlichen
Raum, dessen ganze Einrichtung aus einer einfachen Pritsche
besteht. Durch eine vergitterte Scheibe über der Tür dringt bei
Einbruch der Dunkelheit der matte Schimmer der Gasbeleuch-
tung des Ganges herein.

Nur zwei Tage bleibt Mata Hari in dieser trostlosen Umgebung.
Dann ist sie am Ende ihrer Kräfte; die plötzliche Verhaftung,
das Herausgerissenwerden aus der Welt des Luxus und der Be-
quemlichkeit lassen die unglückliche Frau zusammenbrechen.

Die Worte des Majors Ladoux fallen ihr ein: „Wenn Sie uns hintergehen, setzen Sie Ihr Leben aufs Spiel." Sie weiß: Sie hat das Spiel verloren . . .

Der Wärter, der ihr das Essen bringt, findet sie ohnmächtig auf der armseligen Matratze liegend.

Der Gefängnisarzt, der sogleich geholt wird, ordnet die Überführung der Gefangenen in eine freundlichere Zelle an. Sie trägt die Nummer 12 und genießt besonderen Ruf, denn sie hat schon manche Berühmtheit der Pariser Kriminalgeschichte beherbergt: Madame Steinheil, die Freundin des ermordeten Präsidenten Félix Faure; Thérèse Humbert, die gerissene Millionenschwindlerin, und zuletzt Madame Caillaux, die Gattin des Finanzministers, die als Rächerin der Ehre ihres Mannes den Chefredakteur des *Figaro*, Gaston Calmette, erschossen hatte.

Die Zelle ist hell und geräumig; zwei vergitterte Fenster sorgen für hinreichende Beleuchtung. In der Mitte des Raumes stehen drei Betten. In einem davon schläft nachts eine Aufseherin. Dieses Amt versehen in Saint-Lazare fünfzig Nonnen vom Orden Marie-Joseph du Dorat.

Mata Hari ist der Obhut der Schwester Leonide anvertraut, einer mütterlich gütigen Nonne, die ihr schweres Amt bereits seit einem halben Menschenalter mit Takt, Umsicht und Mitgefühl versieht. Sie ist die Trösterin der Gefangenen, und sie hilft auch der nur allzu irdischen Tänzerin ihr bitteres Los mit Fassung und Ruhe ertragen.

Wer hinter den vergitterten Fenstern des Gefängnisses Saint-Lazare sitzt, ist von der Außenwelt abgeschlossen wie der Tote im Grab. Nicht einmal ihre Zelle dürfen die Insassen verlassen, jede, selbst die geringste Bewegungsfreiheit ist ihnen geraubt. Erst auf Fürsprache des Gefängnisarztes Dr. Bizard wird Mata Hari ein täglicher kurzer Spaziergang im Gefängnishof bewilligt.

Außer Dr. Bizard und seinem Assistenten Dr. Bralez haben noch die beiden Anstaltsgeistlichen Pastor Arboux und Abbé Doumergue Zutritt zu der Gefangenen; später gesellt sich zu ihnen noch der Anwalt Maître Clunet, der ihre Verteidigung übernommen hat. Ihre zahlreichen Freunde haben sich zurückgezogen, und keiner wagt es, sich durch seine Beziehungen zu der einst gefeierten Tänzerin, jetzt verachteten Spionin bloßzustellen. Selbst der russische Hauptmann Masloff gedenkt mit keiner einzigen Zeile der unglücklichen Geliebten. Nur ihre Gläubiger verfolgen sie bis ins Gefängnis und schicken ihr Rechnungen und Mahnbriefe. Sie müssen sich gedulden; wenn Mata Hari erst wieder auf freiem Fuße ist, wird sie alles regeln. Sie blickt voll Hoffnung und Zuversicht in die düstere Zukunft und zweifelt keinen Augenblick, daß man sie in kurzer Zeit wieder freilassen wird. Ihre Hauptsorge gilt ihrem Haus in Den Haag; sie erkundigt sich, ob die Miete und alle sonstigen Ausgaben regelmäßig beglichen werden – durch ihren dortigen Freund –, und schreibt ihrem Dienstmädchen, daß sie kommen werde, sobald die augenblicklichen Schwierigkeiten überwunden wären, die sie am Verlassen Frankreichs hinderten.

Sucht sie sich selbst über ihre Lage hinwegzutäuschen und sich Mut zu machen, oder hält sie sich wirklich für unschuldig? Noch ahnt sie nicht, daß die französischen Behörden ihr Fallstricke und Fußangeln gelegt haben, in die sie sich verwickelt hat.

Vor den Schranken des Kriegsgerichtes

Die französischen Spionagebüros hatten Ball mit ihr gespielt. Von Anfang an hatten sie ihr mißtraut und daher beschlossen, sie nur scheinbar als Agentin zu benutzen. Die Methode war einfach: Wenn ein Agent unbequem geworden war oder – wie in ihrem Fall – im Verdacht stand, doppeltes Spiel zu spielen, pflegte man ihn möglichst bald auf die Seite des Gegners abzuschieben, in der stillen Hoffnung und mit dem frommen Wunsch, daß er dort erschossen würde.

„Es wäre zweifellos das korrekteste gewesen, wenn die Franzosen Mata Hari bis zur Beendigung des Krieges einfach hinter Schloß und Riegel gesetzt hätten", meint der englische Hauptmann Tuohy, der selbst im britischen Spionagedienst tätig war. „Das paßte aber dem zweiten Büro nicht, das die Spionin wohl loswerden, sie aber gleichzeitig noch dazu benutzen wollte, den deutschen Geheimdienst irrezuführen. Diese gefährliche Frau sollte Frankreich also noch im Sterben ihre Dienste leisten."

Ihre Mission nach Belgien, die sie leichten Herzens übernahm, war eine solche bewußte Irreführung mit eigens zu diesem Zweck gefälschtem Material: Die Franzosen hofften im stillen, die Deutschen würden Mata Hari gemeinsam mit dem belgischen Doppelspion an die Wand stellen. Da dies wider Erwarten nicht geschah, mußten sie wohl oder übel das Amt des Henkers selber übernehmen. Am 13. Februar 1917 wurde Mata Hari verhaftet und ins Gefängnis Saint-Lazare eingeliefert. Erst am 24. Juli – volle fünf Monate später – war endlich die Anklageschrift fertiggestellt, und das eigentliche Verfahren konnte eröffnet werden.

Die Akten wurden niemals veröffentlicht, sondern im Archiv des Kriegsministeriums aufbewahrt, so daß es fast unmöglich ist, die wahren Zusammenhänge und Hintergründe dieses Falles aufzuklären. Man kann daraus schließen, daß der französische Geheimdienst sich gewisser Mittel und Wege bedient hat, die das Licht der Öffentlichkeit scheuen müssen. Das Opfer dieser Methoden war die unglückliche Tänzerin Mata Hari, die ihre Unbesonnenheit und Unerfahrenheit mit dem bitteren Tod durch französische Kugeln büßen mußte.

Das Urteil stand wohl schon fest, bevor der Gerichtshof die Angeklagte vor seine Schranken forderte. Sieben Offiziere – darunter sechs aktive – hatten den Fall zu bearbeiten. Der Verteidiger hatte als Zivilist von vornherein einen schweren Stand gegenüber dieser militärischen Einheitsfront, die er durch seine juristischen Darlegungen und gefühlsmäßigen Appelle nicht erschüttern konnte. Es war ein alter Herr, der die Siebzig bereits überschritten hatte: Maître Eduard Clunet, ein in Künstlerkreisen beliebter und angesehener Anwalt, hatte im Laufe seiner langen Praxis viele bekannte Schauspieler und Artisten vor Gericht vertreten, doch das waren meist harmlose Zivilprozesse gewesen, Forderungsklagen gegen Direktoren und Agenten. Hier aber ging es um Leben und Tod: Die Angeklagte wurde des Hochverrates und der Unterstützung des Feindes beschuldigt – Vergehen, für die das Gesetz nur die Todesstrafe kennt.

Der alte Maître Clunet war trotz seiner siebzig Jahre wie ein Jüngling in seine schöne Mandantin verliebt. Auch ihn, der bereits an der Schwelle des Todes stand, hatte die Circe bezaubert. Mit rührender Liebenswürdigkeit nahm er sich der unglücklichen Frau an und bot alles auf, was in seinen Kräften stand, um sie zu retten. „Er behandelte die Angeklagte wie ein verwöhntes Kind und machte sich durch seinen übertriebenen Eifer und seine Fürsorge um sie vor dem Kriegsgericht lächerlich. Während die Zeugen vernommen wurden, sahen die Richter sie Bonbons essen, die ihr Verteidiger ihr gegeben hatte", berichtet der Journalist Heymans.

Für das Gericht war die ganze Verhandlung lediglich eine Formsache. Das Urteil konnte weder durch die juristischen Spitzfindigkeiten des Anwalts noch durch die Persönlichkeit der Angeklagten abgeschwächt und gemildert werden. Die Richter waren keine Rechtsgelehrten, die sich bei der Rechtsfindung durch geistreiche Auslegung der Gesetzesparagraphen beeinflussen lassen, und es standen ihnen auch keine Geschworenen als Laienrichter zur Seite, die sich gefühlsmäßigen Regungen niemals verschließen können und daher mehr mit dem Herzen als mit dem nüchternen Verstand ihren Spruch abgeben. Die Richter waren aktive Offiziere, Berufsmilitärs, und sie hatten hier eine Frau abzuurteilen, die man des schwersten Verbrechens bezichtigte, das es in ihren Augen gab: Sie hatte den Feind im Kampf gegen die Armee, die sie vertraten, unterstützt. Wenn man wegen solcher Taten Männer erschoß, warum sollte man dann Rücksicht auf eine Frau nehmen, die als solche um so weniger Anlaß hatte, sich um Dinge zu kümmern, die außerhalb ihres natürlichen Wirkungskreises lagen!

Daß der Anwalt sich mit dem Brustton der Überzeugung für seine Mandantin einsetzt, berührt die Richter nicht. Sie wissen, daß es zum Beruf des Verteidigers gehört, an die Unschuld des Angeklagten zu glauben, auch wenn er vom Gegenteil überzeugt ist. Man wird ihn reden lassen, solange er will, um der Form zu genügen, aber es ist ebenso Pflicht der Richter, anderer Meinung zu sein und demgemäß zu handeln.

Die Verhandlung beginnt.

Maître Clunet hat in seinem ganzen Leben niemals eine Sache vor einem Kriegsgericht zu vertreten gehabt. Seine Plädoyers waren stets auf die Mentalität der Zivilrichter eingestellt, die menschlicher Rührung zugänglich waren und auf die Stimmung des Publikums Rücksicht nahmen. Hier aber war die Öffentlichkeit ausgeschaltet, und den Richtern konnten nur sachliche Beweise und nüchterne Tatsachen imponieren. Doch Maître Clunet führt seine Sache wie gewohnt rein gefühlsmäßig, seine Worte sind auf Gefühle und Empfindungen berechnet, die den Richtern fremd sind. Er sucht seine Mandantin zu heroisieren und zur Märtyrerin zu machen und übersieht dabei, daß seine Taktik nur das Gegenteil bewirkt.

Lang und breit geht er auf die Lebensgeschichte der Angeklagten ein, die er als das bedauernswerte Opfer eines brutalen Mannes hinstellt. Laßt ihn reden, er wird dafür bezahlt, es ist sein Handwerk, denken die Richter und spielen gelangweilt mit ihren Bleistiften. Der Vorsitzende, Oberstleutnant Somprou, hört kaum zu, er vertieft sich in das Studium der Anklageakte, die, zu einem dicken Konvolut zusammengeheftet, vor ihm liegt. Was interessiert es ihn, ob die Angeklagte eine treue Gattin und der Mann ein Säufer oder Spieler gewesen ist? Diese Frage steht hier gar nicht zur Debatte, sie ist völlig gleichgültig und nebensächlich. Ganz abgesehen davon, daß man doch nicht nachprüfen kann, ob Clunets Darstellung zutrifft oder vielleicht das Gegenteil eher der Wahrheit entspricht.

Spionin sei sie niemals gewesen, fährt Maître Clunet fort, nur eine mondäne Dame, die mit besonderer Vorliebe in Offizierskreisen verkehrte. „Nicht wahr, Mata, Sie haben die Offiziere stets geliebt?" wendet er sich mit naiver Treuherzigkeit an seine Mandantin, die diese Frage eifrig bejaht.

„Die Gründe für diese Vorliebe kennen wir auch", fällt ihm Oberleutnant Mornet sogleich ins Wort. „Sie sind in den beträchtlichen Summen zu suchen, die Sie vom deutschen Generalstab für die Preisgabe wichtiger Geheimnisse erhielten, die Sie Ihren französischen Freunden geschickt zu entlocken wußten. Hier ist von ganz anständigen Summen die Rede: Einmal waren es 15 000, später sogar 40 000 und 60 000 Francs. Man hat Sie nicht schlecht bezahlt, Madame, das steht fest."

Die Beziehungen zu französischen und ausländischen Offizieren gibt die Angeklagte ohne weiteres zu. Aber sie waren nur galanter Natur, weiter nichts als Liebesverhältnisse. Und die hohen Geldbeträge, die sie erhalten hat? Mein Gott, nichts

Außergewöhnliches, nur die übliche Belohnung für ihre Gunst-
bezeugungen. Der Vorsitzende Somprou blickt von seinen Akten
auf; ein spöttisches Lächeln verzieht sein Gesicht zu einer höh-
nischen Grimasse. Die Geschichte kennen wir. Frauen reden sich
immer auf die Liebe hinaus.

„Sie geben also zu, daß Sie das Leben einer Kurtisane geführt
haben?" fragt der Vorsitzende weiter.

Mata Hari wirft den Kopf in den Nacken und strafft sich stolz
empor: „Kurtisane – meinetwegen! Das will ich nicht leugnen.
Aber Spionin – niemals! Als der Krieg ausbrach, lebte ich im
Ausland, befand mich in völliger Sicherheit. Ich wußte, daß man
mich auf Schritt und Tritt überwachte, daß man mich überall
beobachtete. Freunde warnten mich dringend vor der Rückkehr
nach Frankreich. Sagen Sie selbst: Wenn ich mir auch nur der
geringsten Schuld bewußt gewesen wäre, wozu wäre ich dann
wieder nach Frankreich gekommen? Etwa um mit offenen Augen
in eine Falle zu gehen?"

Doch gerade dieser Umstand und die wiederholten Reisen, die
sie nach Holland, England und Spanien führten, mußten Verdacht erwecken und gegen sie sprechen, ihr Verkehr mit deutschen Agenten in Den Haag und in Madrid . . . Harmlose Liebes-
abenteuer, über die man eine Dame nicht ausfragt.

Aber die unerbittlichen Richter bleiben dabei: Der Sicher-
heitsdienst hat ermittelt, daß die Angeklagte im Winter 1914/15
wiederholt im Gebäude der deutschen Kommandantur in Brüssel gesehen wurde, daß sie sich in Berlin, Köln und anderen
deutschen Städten aufgehalten hat, daß sie in Den Haag und
in Madrid in der Gesellschaft deutscher Offiziere und Diplomaten verkehrt ist. Und ebenso ist sie während ihres Aufenthaltes
in Frankreich auf Schritt und Tritt von Geheimpolizisten überwacht worden. Sehr auffällig war ihr Verhalten in Vittel, wo
sie angeblich den kriegsblinden russischen Hauptmann Masloff
pflegen wollte, der in Wirklichkeit kerngesund an der Front in
der Champagne weilte. Statt dessen suchte sie hier mit den
französischen Fliegeroffizieren bekannt zu werden und bekun-
dete ihnen gegenüber ein verdächtiges Interesse für technische
und militärische Dinge. Auch in Paris hatte sie sich an hochge-
stellte Persönlichkeiten herangepirscht und mit ihnen intime

Beziehungen angeknüpft, um für den Feind zu arbeiten, stellt der Vorsitzende fest. So soll die Angeklagte ihr Verhältnis zu einem früheren Kriegsminister zu Spionagezwecken mißbraucht haben.

Liebesbriefe eines Kriegsministers

Oberstleutnant Somprou blättert in dem vor ihm liegenden Dossier. Nun geht aber auch Maître Clunet zum Gegenangriff vor. Er weiß, daß der Vorsitzende seine soeben ausgesprochene Behauptung nicht beweisen kann; er sucht dadurch nur die übrigen Richter gegen die Angeklagte zu beeinflussen.

Der Verteidiger kennt den Inhalt des angeblich belastenden Materials, auf das Somprou sich beruft: Es sind einige Briefe, die ein früherer Minister an die Tänzerin gerichtet hat, und darin ist von den galanten Beziehungen zwischen den beiden die Rede. Mata Hari ist dies peinlich; sie kann eine auffallende Erregung nicht verbergen. Man merkt, die Sache ist ihr aus irgendwelchen Gründen unerwünscht.

„Wenn Sie die Briefe wirklich verlesen wollen, Herr Oberstleutnant", wendet sie sich an Somprou, „so bitte ich Sie, die Unterschrift zu verschweigen."

„Warum?" fragt der Vorsitzende erstaunt.

„Weil der Briefschreiber verheiratet ist und ich nicht durch eine Indiskretion das Glück einer schuldlosen Familie zerstören möchte."

Diese Begründung ist gewiß sehr taktvoll, sie erscheint aber angesichts der Lage, in der sich die Kurtisane jetzt befindet, zum mindesten unangebracht. Für sie geht es hier um Tod und Leben, und da ist ihr persönliche Rücksichtnahme auf den häuslichen Frieden eines Ehemannes wichtiger als ihre Verteidigung? Die Richter blicken erstaunt diese Frau an, die so zuversichtlich dreinschaut und mit solcher Naivität Rede und Antwort steht, als handle es sich um eine gänzlich nebensächliche Angelegenheit. Hat sie den Ernst der Lage noch immer nicht begriffen? Oder will sie absichtlich etwas verschweigen, was sie belasten kann . . .?

Doch diese Offiziere mit den strengen, kalten Mienen, die über sie zu Gericht sitzen, lassen sich weder auf eine falsche Fährte locken, noch unterliegen sie der Koketterie einer schönen Frau. Für sie gewinnt die scheinbare Diskretion der Angeklagten eine ganz andere Bedeutung: Ihr liegt nichts an dem Namen des Briefschreibers und an den Eifersuchtsszenen, die seine Frau ihm machen könnte, wenn sie erfährt, daß ihr Mann galante Briefe mit einer Tänzerin gewechselt hat – für sie ist das nur ein willkommener Vorwand, um der unbequemen Tatsache auszuweichen, daß sie, wie die Anklage behauptet, intime Beziehungen zu einem Minister unterhalten hat, die sie zu Spionagezwecken ausgenutzt haben soll. Deshalb möchte sie diese Angelegenheit durch eine ritterliche Geste einfach aus der Welt schaffen. Die Richter merken indes sofort: Diese Frau hat etwas zu verbergen. Und so ist es auch.

Der Brief trägt nur die abgekürzte Unterschrift „My". Dem letzten Vorkriegskabinett gehörten zwei Minister an, deren Namen mit einem M anfingen und mit y endeten: Malvy und Messimy.

Für das Gericht ist die Lösung dieses Geheimnisses sehr einfach: Der Briefschreiber war der frühere Kriegsminister Messimy. Es verzichtete darauf, den Mann als Zeugen zu laden, und ersparte ihm die peinliche Verlegenheit, vor dem Tribunal seine Beziehungen zu einer Spionin zugeben zu müssen.

Das Kriegsgericht bewahrte Stillschweigen, so daß die Öffentlichkeit sich noch jahrelang um die wahre Persönlichkeit des Briefschreibers stritt. Allgemein vermutete man zunächst, Malvy, der frühere Innenminister, sei der Liebhaber der erschossenen Spionin gewesen. Vergebens leugnete er, die belastenden Briefe geschrieben zu haben, vergebens gab er die ausdrückliche Erklärung ab, er habe Mata Hari weder gekannt noch jemals gesehen – der Verdacht blieb doch an ihm hängen. Noch im März 1926 kam es deshalb im Parlament zu einer erregten Aussprache, als Malvys politische Gegner die geheimnisvollen Mata-Hari-Briefe zum Gegenstand eines heftigen Angriffs auf den Minister machten. Die Blätter der Rechtsopposition hatten den Stoff mit Wohlgefallen aufgegriffen, und nun mußte Malvy sich vor den Deputierten rechtfertigen. Das Blut stieg ihm zu Kopf, auf der Stirn schwollen ihm die Adern, als er seinem Gegner zurief:

„Muß ich es erst noch von dieser Stelle aus sagen und ins Land hinausschreien, daß das eine niederträchtige Verleumdung ist? Wenn sich in den Gerichtsakten von Mata Hari tatsächlich Briefe eines Ministers befinden, so muß ich ausdrücklich feststellen, daß sie nicht meine Unterschrift tragen, sondern die eines andern."

Der untersetzte ältliche Herr, der damals schon stark an Atembeschwerden und gesteigertem Blutdruck litt, geriet im Laufe der Debatte über den gegen ihn geäußerten Verdacht so sehr in Erregung, daß er einen Ohnmachtsanfall erlitt und in bewußtlosem Zustand aus dem Saal getragen werden mußte. Wenn Malvy jene Briefe nicht geschrieben hat, wer ist dann der Liebhaber der Spionin gewesen? fragten die indiskreten Abgeordneten und fanden sofort die Antwort: Messimy, General und ehemaliger Kriegsminister. Ein französischer Kriegsminister hat also in den Liebesbanden einer Kurtisane geschmachtet, die als Spionin entlarvt und erschossen wurde!

Eine recht peinliche Angelegenheit für den General, daß man ihn in diesem Zusammenhang vor die Öffentlichkeit zerrte und in der Presse allerlei Vermutungen an sein um mehr als ein Dutzend Jahre zurückliegendes galantes Abenteuer knüpfte. Der Sensationshunger der Zeitungen und die Neugier des Publikums zwangen Messimy zu einem offenen Geständnis. Was er über sein Verhältnis zu Mata Hari verriet, klang sehr gewunden und ausweichend und suchte sein Verhalten natürlich ins beste und vorteilhafteste Licht zu rücken, indem er sich als standhaft und unerschütterlich gegenüber den Versuchungen hinstellte. „Während langer Monate", so hieß es in Messimys Erklärung, „bemühte sich Mata Hari vor vierzehn Jahren mit allen Mitteln der Verführung und Geschicklichkeit, über die sie unbestrittenerweise verfügte, das Recht zu erwerben, sich meine Mätresse zu nennen. Ich fand sie entzückend, aber voller Geheimnisse und ebenso verführerisch wie beunruhigend. Ich beging die Unvorsichtigkeit, es ihr nicht nur zu sagen, sondern auch zu schreiben. Aber das Abenteuer war ganz unschuldig und harmlos", beeilte er sich entschuldigend hinzuzufügen. Und der Inhalt jener Briefe? Darauf kann man sich nach vierzehn Jahren zum Glück nicht mehr besinnen: „Ich gestehe, daß ich nach so langer Zeit vergessen habe, was ich geschrieben hatte. Sicherlich waren sie sehr galant."

Und die Moral von der Geschichte? Messimy ließ sich die Gelegenheit nicht entgehen, an sein Abenteuer mit der Tänzerin eine moralische Nutzanwendung anzuknüpfen, indem er mit salbungsvollen Worten „allen jungen Politikern, die einmal Minister werden wollen", den guten Rat gab, „jungen Frauen zu mißtrauen, vor denen ein unbestimmtes Gefühl sie warne".

Der Inhalt jener geheimnisvollen Briefe scheint also demnach wirklich völlig harmloser Natur gewesen zu sein: Liebeserklärungen eines älteren Lebemannes, der zufällig General in verantwortungsvollster Stellung war, an eine leichtlebige Tänzerin. Ein Beweis dafür, daß Mata Hari ihre Beziehungen zu dem Kriegsminister zu Spionagezwecken mißbraucht und ausgenutzt hat, ist damit keineswegs erbracht, und das Kriegsgericht hat sich wohlweislich gehütet, einen derartigen Verdacht gegen den General zu äußern.

„Eine bezahlte Spionin – weiter nichts . . ."

Den Richtern war es auch gar nicht darum zu tun, Mata Haris angebliche frühere Spionagetätigkeit zugunsten Deutschlands aufzuklären. Ihnen genügten zur Verurteilung der Angeklagten die Fälle, die sich während des Krieges zugetragen hatten und für die sich immerhin einige Beweismittel beibringen ließen. Auf diese Punkte stützt sich die Anklage, die Oberleutnant Mornet mit Nachdruck vertritt, denn hier hat er leichtes Spiel: Sein Opfer kann ihm nicht entrinnen. Die Frau, die mit unbefangener Miene, ohne sich des furchtbaren Ernstes ihrer Lage bewußt zu sein, den Gerichtshof mit dem Publikum des Theaters verwechselt und die Richter durch die graziöse Koketterie der Tänzerin zu gewinnen sucht, ist verloren.

Und jetzt erhebt sich der Anklagevertreter Oberleutnant Mornet, um seine letzten Trümpfe auszuspielen. „Angeklagte", wendet er sich mit scharfer Stimme an Mata Hari, die ihm traumverloren zulächelt, „Sie haben unserem Geheimdienst Ihre Dienste angeboten. Wir sind scheinbar auf Ihren Vorschlag eingegangen und haben Ihnen einen Brief an einen unserer Agenten in Belgien zur Besorgung übergeben. Sie sind auch tatsächlich nach Belgien gereist und haben Ihre Aufgabe erfüllt. Wissen Sie aber auch, was das Schicksal des Empfängers dieses Briefes war?"

„Nein", kommt es zaghaft und leise über Mata Haris Lippen.

„Nun, ich will es Ihnen sagen: Die Deutschen haben den Mann erschossen. Und Sie waren es, die ihn verraten hat. Was hat Sie überhaupt dazu bewogen, uns Ihre Dienste anzubieten?"

Die Angeklagte blickt verlegen zu Boden und schweigt. Dann erwidert sie langsam, fast schamhaft: „Ich befand mich in Geldverlegenheit . . . "

Da strafft sich Mornets hagere Gestalt, und er wendet sich mit einer verächtlichen Handbewegung nach der Angeklagten an die Richter. „Sie sehen, Messieurs: eine bezahlte Spionin, weiter nichts!" Damit ist die Beweisaufnahme abgeschlossen. Die Plädoyers beginnen.

Vier Stunden spricht Maître Clunet, versucht die Anklage abzuschwächen und zu widerlegen. Indizien sprechen gegen seine Mandantin, aber es sind nur Kombinationen, Vermutungen, für die überzeugende Beweise fehlen. Die Kriegspsychose wittert überall Spione und verdächtige Elemente. Clunet dringt nicht durch; seine Bemühungen, gefühlsmäßig auf die Urteilsfindung des Gerichtes einzuwirken, sind vergebens. Nicht Mata Haris früheres Leben steht hier zur Debatte, ihre Reisen und Beziehungen aus der Vorkriegszeit, sondern ihr Verhalten während der beiden letzten Jahre. Die Tatsache, daß sie sich dem französischen Geheimdienst angeboten hat, während sie gleichzeitig für Deutschland arbeitete, gilt als erwiesen.

„Ich vertraue auf die Gerechtigkeit . . ."

Während des temperamentvollen und warmherzigen Plädoyers ihres Verteidigers, das die Richter gelangweilt anhören, läßt Mata Hari nochmals alle Künste ihrer persönlichen Reize spielen. Sie fühlt sich in der Rolle einer Artistin, die das Publikum, und vor allem die Männer, durch die üblichen Mittel weiblicher Koketterie zu gewinnen sucht.

Die Beschuldigung, daß sie sich als Spionin betätigt habe, weist sie zurück. Sie sei nur Kurtisane gewesen, die sich ihre Liebe habe bezahlen lassen. Und als Mornet ihre Behauptungen bezweifelt, wirft sie ihm mit lockendem Augenaufschlag vor: „Sie sind nicht galant, Monsieur!"

Worauf der Offizier kühl und sachlich erwidert: „Verzeihung, Madame, aber wir verteidigen unser Vaterland."

Briefe und sonstige Unterlagen, die das Gericht als Belastungsmaterial vorlegt, sucht sie abzuschwächen, indem sie meint, man habe sie falsch ausgelegt oder man überschätze ihre Bedeutung. Bisweilen gerät die Angeklagte auch in Erregung. Das verführerische Lächeln, der lockende Blick verwandeln sich in Zorn und Wut. Die dunklen Augen sprühen unheimliche Blitze, die vollen, sinnlichen Lippen krampfen sich zusammen, unwillig stampft sie mit den Füßen, die Arme geraten in Bewegung, und die Stimme überschlägt sich in kreischendem Diskant. In solchen Augenblicken droht Mata Hari einem Nervenzusammenbruch zu erliegen, und der Vorsitzende muß die Verhandlung unterbrechen, bis die Angeklagte sich wieder beruhigt hat.

Die Entlastungszeugen, die Maître Clunet laden ließ, sollen bestätigen, daß Mata Hari mit ihnen nie über militärische Dinge gesprochen oder irgendwelche Mitteilungen und Auskünfte von ihnen verlangt hat. Einer unter ihnen, ein Mann, „der eine der höchsten Stellen bekleidet, die es in Frankreich gibt" und dessen Name aus Zartgefühl sorgsam verschwiegen wird, stand mit der Angeklagten fast unmittelbar bis zu ihrer Verhaftung in Verkehr.

„Bei meiner Rückkehr von Madrid habe ich ihn getroffen", erklärt Mata Hari. „Er war mein erster Freund nach meiner Scheidung, und es ist also ganz natürlich, wenn ich mich über unser Wiedersehen freute. Wir waren dann drei Abende beisammen. Ich lege ihm nun folgende Fragen vor: Habe ich ihn jemals um irgendwelche Auskünfte ersucht? Habe ich unser vertrauliches Verhältnis benutzt, um ihm ein Geheimnis zu entlocken?"

„Madame hat niemals derartiges von mir verlangt", gibt der Zeuge zu Protokoll. Ein glühender Blick der Tänzerin dankt dem ritterlichen Freund für seine Diskretion.

Dann tritt Maître Clunet vor: „Da sehen Sie, meine Herren,

daß diese Frau keine Spionin ist!" triumphiert er. „Wenn sie wichtige Auskünfte und Aufschlüsse hätte sammeln wollen, hätte sie hier doch nur die Hand danach auszustrecken brauchen."

„Schön, aber worüber haben Sie sich denn sonst an jenen drei Abenden unterhalten?" setzt der Vorsitzende das Verhör fort. „Da wir mitten im Krieg stehen, haben Sie doch gewiß vom Krieg gesprochen, der uns alle beschäftigt."

„Nein, wir haben uns nur über Kunst unterhalten, von indischer Tanzkunst war die Rede", versichert der Zeuge.

Will der General, Minister oder Diplomat aus ritterlicher Galanterie die Frau decken, die ihm ihre Liebe geschenkt hat, oder hütet er sich, Dinge einzugestehen, die ihn selbst belasten könnten, wenn er als verantwortlicher Staatsmann zugibt, daß zwischen ihnen Angelegenheiten erörtert wurden, die die Sicherheit des Staates gefährden und die ihm gegenüber Dritten unbedingte Schweigepflicht auferlegen? Wird er sich selbst der – wenn auch nur unvorsichtigen und unbeabsichtigten – Preisgabe militärischer oder politischer Geheimnisse bezichtigen und zugeben, daß er sich selbst strafbar gemacht hat? Nein, das wird der Zeuge gewiß nicht tun, und so vermag seine Aussage weder die Angeklagte von dem gegen sie erhobenen Verdacht reinzuwaschen noch das Gericht von ihrer Unschuld zu überzeugen, zumal noch zahlreiche andere Indizien gegen sie sprechen.

So wirft man ihr vor, sie habe den Plan der französischen Offensive am Chemin des Dames, in dessen Besitz sie nur durch die Indiskretion oder Unvorsichtigkeit eines hohen Militärs gelangt sein könnte, dem deutschen Generalstab verraten. Aber wenn diese Behauptung zutrifft – warum zieht dann das Kriegsgericht den pflichtvergessenen Offizier nicht ebenfalls zur Verantwortung? Er hätte sich als Franzose doch in viel höherem Grade strafbar gemacht als diese Holländerin, der er im Verlauf einer Schäferstunde Geheimnisse preisgab, von denen das Leben Hunderttausender, ja das Schicksal seines Vaterlandes abhing!

Das ist die schwache Seite der ganzen Prozeßführung: Alle Schuld wälzt man auf die unglückliche Frau ab, die für alles einstehen muß, während man ihre hochgestellten Freunde, die ihr allein die nötigen Unterlagen geliefert haben können, mit größter Rücksicht behandelt und peinlichst bestrebt ist, sie zu decken. Aber alle Anträge, die der Verteidiger in diesem Sinne stellt, werden vom Kriegsgericht als unbegründet verworfen. Sie allein ist es, die Frankreich verraten hat, obwohl sie im schlimmsten Falle doch nur weitergeben konnte, was leitende Staatsmänner und Militärs ihr in einer schwachen Stunde anvertraut haben oder was sie ihnen entlockt hat.

Auf die Frage des Vorsitzenden: „Haben Sie noch etwas zu Ihrer Verteidigung vorzubringen?" antwortet sie ruhig und zuversichtlich: „Nein. Mein Verteidiger hat die Wahrheit gesagt. Ich bin nicht Französin. Ich durfte also Freunde im Ausland haben, selbst in Ländern, die mit Frankreich gegenwärtig Krieg führen. Ich bin stets neutral geblieben. Und ich vertraue auf die Gerechtigkeit und das edle Herz französischer Offiziere."

Das Todesurteil

Nach diesem Schlußwort der Angeklagten ziehen die Richter sich in das Beratungszimmer zurück. Zur Urteilsfindung werden ihnen fünf Fragen vorgelegt, von deren Beantwortung das Leben der Tänzerin Mata Hari abhängt:

Hat die Angeklagte im Jahre 1916 in Spanien, Holland und Frankreich mit dem Feind im Einvernehmen gestanden?

Hat sie deutschen Agenten in Spanien militärische Auskünfte erteilt?

Hat sie sich Zutritt zu dem Pariser Festungsgürtel verschafft, um Informationen zugunsten des Feindes einzuholen?

Hat sie den Feind über eine bevorstehende französische Offensive unterrichtet?

Hat sie ihm die Erfindung einer Geheimschrift verraten?

In allen fünf Fällen bejahen die Richter die Schuldfrage – und sprechen damit zugleich das Todesurteil über Mata Hari aus . . .

Maître Clunet plaudert mit seiner Mandantin, die wohl etwas angegriffen und bleich aussieht, aber doch zuversichtlich ist und keine Furcht bekundet. Im schlimmsten Fall, so hofft sie, wird man sie als lästige Ausländerin aus Frankreich ausweisen oder für die Dauer des Krieges in Haft behalten.

Da öffnet sich die Tür des Beratungszimmers, die Richter kehren in den Saal zurück. Mata Hari und ihr Verteidiger wechseln einen Händedruck. Es herrscht die feierliche Stille erwartungsvoller Spannung. Die im Saal anwesende Wache tritt unter Gewehr – beim Rasseln der Flinten läuft Mata Hari unwillkürlich ein eisiger Schauer über den Rücken.

Oberstleutnant Somprous scharfgeschnittene Züge sind noch ernster geworden. Seine Stimme zittert, als er dem Schriftführer den Befehl gibt, das Urteil zu verlesen. Auch die Angeklagte erhält eine Abschrift, damit sie den Wortlaut vergleichen kann. Maître Clunet steht an ihrer Seite, das Blatt raschelt in seiner welken Hand.

„. . . in allen Punkten schuldig befunden und daher einstimmig zum Tode verurteilt . . . "

Das verhängnisvolle Papier fällt zu Boden. Bebend klammert sich Mata Hari an den Arm ihres Verteidigers. Noch hat sie es nicht begriffen, ihre Sinne sträuben sich, das Furchtbare zu glauben. Nein, nein, es kann nicht sein, sie hat es in ihrer Erregung nicht richtig gehört . . .

„Das ist nicht möglich, Maître Clunet, sagen Sie mir doch, daß es nicht wahr ist!" fleht sie mit zitternder Stimme.

Doch der Anwalt vermag nur eine verlegene Handbewegung zu machen. Dann verbirgt er das Gesicht in den weiten Ärmeln seiner Robe und weint, weint hilflos wie ein Kind . . .

Mata Hari gewinnt als erste die Fassung wieder. Starr, aufgerichtet, mit bleichen, zuckenden Lippen steht sie da. Blaue Schatten liegen um ihre großen dunklen Augen. Der Protokollführer reicht ihr das Urteil, dessen Kenntnisnahme sie durch ihre Unterschrift bestätigen muß. Mit festen Schriftzügen, denen man keine Spur der inneren Erregung anmerkt, setzt sie ihren Namen neben die Unterschriften der Richter, die sie zum Tode verurteilt haben. Dann gibt sie dem Beamten den Federhalter zurück und verläßt mit ruhigen Schritten, ein verkrampftes Lächeln auf den fahlen Zügen, den Saal.

„Diese Frau wird zu sterben wissen", flüstern die Gendarmen, die ihr folgen, einander zu. Schon so manchen Mann haben sie in diesem Augenblick hier zusammenbrechen sehen. Diese Frau, für deren Leben sie keine fünf Sous geben würden, bewahrt Haltung und Mut. Man muß sie bewundern. Diese höchste Achtung können ihr auch die Richter nicht versagen, diese strengen, unerbittlich kühlen Offiziere, die mit einem Federzug Mata Haris Namen aus der Liste der Lebenden gestrichen haben ...

Das Gesetz ist unerbittlich

Natürlich legt Maître Clunet gegen das Urteil Berufung ein, natürlich wird sie vom Kassationshof als unbegründet verworfen, da dieser keinen Formfehler und keinen Verstoß gegen einen Gesetzesparagraphen in dem Urteil des Kriegsgerichtes feststellen kann. Vergebens verlangt Mata Hari, vom Kassationshof persönlich vernommen zu werden – das Gesetz läßt eine solche Möglichkeit nicht zu. Auch der Rechtsstreit über die Zuständigkeit des Kriegsgerichtes, den Maître Clunet als letzten Ausweg ergreift, wird zuungunsten der Verurteilten entschieden.

Damit sind alle Rechtsmittel erschöpft, die das Gesetz der Verurteilten bewilligt. Es bleibt die letzte schwache Hoffnung auf Begnadigung durch den Präsidenten der Republik.

Daneben besteht noch eine weitere, allerdings ebenfalls ungewisse Möglichkeit, das Leben der Verurteilten zu retten, wenn die holländische Regierung sich in Paris für Mata Hari verwendet. Frau Margaretha Geertruida MacLeod, geborene Zelle, ist nicht Französin, sondern holländische Staatsangehörige, die – wenn auch geschiedene – Frau eines Offiziers der niederländischen Kolonialarmee. Die diplomatischen Vertreter ihres Geburtslandes hatten sich bisher kaum um die Tänzerin gekümmert. Nicht einmal ihre Verhaftung war ihnen bekannt – Mata Hari saß bereits zwei Monate in Saint-Lazare, als sie sich zum erstenmal an ihren Konsul wandte und ihn von ihrem Schicksal in Kenntnis setzte. Sie bat den Konsul, ihren Anwalt in Den Haag zu verständigen, denn „in Holland bilden sie sich ein, ich hielte mich zu meinem Vergnügen in Paris auf". Die Briefe enthalten keinerlei Hinweis, sich für ihre Freilassung bei den französischen Behörden zu verwenden oder gegen ihre Festnahme Einspruch zu erheben. „Mich hat schweres Unglück getroffen, aber ich bin unschuldig", das ist alles, was sie über ihren Fall sagt. Offenbar rechnete sie damals noch mit einem günstigen Ausgang ihres Prozesses. Die holländische Regierung scheint die Verhaftung Mata Haris überhaupt erst durch die Presse erfahren zu haben. Ende Juni 1917 erkundigt sich der Außenminister Loudon bei der Pariser Gesandtschaft nach dem Verhandlungstermin. Zwei Tage nach der Verkündung des Urteils depeschiert der Minister nach Paris und ersucht seinen Gesandten, sich bei der französischen Regierung für die Umwandlung der Todesstrafe einzusetzen, falls Mata Haris Berufung verworfen werden sollte. Nachdem dieser Fall eingetreten ist, wiederholt die Haager Regierung ihr Verlangen.

Wenige Tage darauf wendet sich die Verurteilte selbst an den Gesandten de Stuers und bittet um seine Hilfe, da sie unschuldig und nur infolge juristischer Irrtümer, aus Eifersucht und Rache verurteilt worden sei. Auch die Haager Regierung dringt nochmals auf energische Schritte, um die Hinrichtung einer Holländerin durch die französische Militärjustiz zu verhindern.

Das war alles, was die holländischen Behörden unternahmen, um das Leben der Tänzerin zu retten. Es war sehr wenig und in der abgeschwächten Form, in der es geschah, von vornherein so gut wie aussichtslos. Wenn es sich um die Angehörige eines neutralen Staates gehandelt hätte, die etwa von deutschen Kriegsgerichten wegen des gleichen Deliktes zum Tode verurteilt worden wäre, es wäre gewiß ein Proteststurm der Entrüstung über die deutschen „Barbaren" und „Henker" durch die Weltpresse gegangen, und es wären Himmel und Hölle in Bewegung gesetzt worden, um das kostbare Leben der „Heldin" zu retten. Da aber die Richter Franzosen waren und Mata Hari angeblich für Deutschland gearbeitet hatte, begnügte man sich holländischerseits mit einem formalen Gnadengesuch, dessen pflaumenweicher Kanzleistil natürlich keinen Eindruck auf die französischen Behörden machte; denn man wußte in Paris nur zu gut, daß das neutrale Holland denkbar größten Wert auf die Pflege freundschaftlicher Beziehungen zu den Ententemächten und vor allem zu Frankreich legte. Was bedeutete das Leben einer Tänzerin und Kurtisane! Mochte sie ruhig ihr Schicksal erleiden – ihre Landsleute nahmen keinen Anteil daran.

Von ihren vielen ausländischen Freunden hat sich nur ein einziger um ihre Rettung bemüht. Das war der spanische Senator Don Emilio Junoy, ein ritterlicher Hidalgo*, der von Mata Haris Unschuld felsenfest überzeugt war. Er hatte sie 1915 während ihres Aufenthaltes in Madrid kennengelernt und war ihr treuester Freund und wärmster Verteidiger geworden. Nach seiner Auffassung war Mata Hari das Opfer einer Eifersuchtstragödie. Ein französischer Militärattaché hatte sich in die Tänzerin verliebt, war aber von ihr abgewiesen worden und suchte sich für diese Niederlage zu rächen.

Nicht viel besser war es dem spanischen Schriftsteller Gomez Carillo ergangen, der sich später in einem vielgelesenen, auch ins Deutsche übertragenen Roman für Mata Hari eingesetzt hat. Carillos Frau war die berühmte katalanische Tänzerin Raquel Meller; sie wußte von den Bemühungen ihres Mannes um die Rivalin und hielt sie für dessen Geliebte. Aus Eifersucht verbündete sie sich mit dem französischen Offizier und denunzierte ihre Rivalin als Spionin.

Das war wenigstens die Auffassung Don Emilios; wenn sie auch nicht völlig den Tatsachen entspricht, so mag doch ein Körnchen Wahrheit daran sein. Als Junoy von der Verurteilung seiner Freundin erfuhr, wandte er sich telegrafisch an Clemenceau und bat ihn unter Berufung auf ihren gemeinsamen Freund Salmeron um die Begnadigung der als „Frau und Tänzerin gleich großen" Mata Hari. Die Antwort war von lakonischer Kürze und zerstörte die letzte Hoffnung: „Ein Freund Salmerons darf nicht um Gnade für eine Verräterin Frankreichs bitten."

Das Leben Mata Haris hing indes nicht von dem guten Willen eines Georges Clemenceau ab, der zur Zeit ihrer Verurteilung noch einfacher Senator war; alles, was er bestenfalls hätte tun können, wäre seine Fürsprache beim Präsidenten der Republik gewesen, dem allein das Begnadigungsrecht zusteht. Präsident der französischen Republik war Raymond Poincaré, und an ihn

---

* Mitglied des niederen Adels im früheren Spanien und Portugal

wandte sich, als alle anderen Rechtsmittel erschöpft waren, Maître Clunet als Verteidiger seiner Mandantin. Vergebens bat der greise Anwalt den Präsidenten fußfällig und unter Tränen um Gnade – Poincaré blieb ungerührt und lehnte die Begnadigung ab.

Der Tanz am Rande des Grabes

Unterdessen saß Mata Hari in ihrer Zelle in Saint-Lazare und nahm Abschied vom Leben, das sie so sehr geliebt hatte und das sie nun mit kaum einundvierzig Jahren verlassen sollte. Bis zum letzten Augenblick hoffte sie auf Gnade und Milderung ihres furchtbaren Loses; der Selbsterhaltungstrieb in ihr sträubte sich hartnäckig, an das Ende mit Schrecken zu glauben.

Noch ein volles Vierteljahr schleppt sie hinter den düsteren Gefängnismauern ihr verlorenes Leben zwischen Hangen und Bangen dahin. Sie weint nicht, keine Klage kommt über ihre Lippen. Mit fast buddhistischem Fatalismus ergibt sie sich in das unerbittliche, unabänderliche Schicksal, das sie erwartet. Langsam schleichen Tage, Wochen und Monate im ewigen Einerlei der nüchternen Gefängniszelle dahin. Die Blätter welken, schon wird es Herbst, die Schatten werden länger. Bald wird es Nacht um sie sein . . .

Noch immer donnern die Kanonen, morden Völker einander in wahnwitziger Vernichtungsgier. Fünfzigtausend Franzosen sollen ihr Leben durch Mata Haris Spionagetätigkeit verloren haben, behauptete die Anklage. Mata Hari lächelt traurig. Sie, die Priesterin froher Sinnenlust und lachender Lebensfreude, soll eine finstere, blutige Todesgöttin gewesen sein?

Ein Tag vergeht wie der andere. Die Gefangene führt lange Gespräche mit dem evangelischen Pastor, mit dem katholischen Abbé und mit der frommen, gütigen Schwester Leonide, die ihr Trost spenden.

Bisweilen besucht sie der Gefängnisarzt Dr. Bizard, erkundigt sich teilnahmsvoll nach ihrem Befinden und vernimmt mit Genugtuung, daß sie sich vollkommen wohl fühlt und es ihr an

Die letzten Aufnahmen aus dem Gefängnis, kurze Zeit vor der Hinrichtung

Das Kriegsgericht: rechts außen Anklagevertreter Mornet, zweiter von links Untersuchungsrichter Bouchardon

Vincennes, 15. Oktober 1917: Hinrichtung durch ein Erschießungskommando

nichts fehlt. Als er wieder einmal da ist und das Gespräch ins Stocken gerät, hat die Nonne Leonide einen wunderbaren Einfall. Um die Todesschatten zu verjagen, die um die Zelle schweben, sagt sie plötzlich: „Mata Hari, wir haben Sie niemals tanzen sehen. Nonnen gehen ja nicht ins Varieté. Und doch möchte ich Sie so gerne einmal sehen . . . Sie dürfen Ihre Kunst nicht ganz vergessen . . ."

Die schüchterne, fast schamhafte Bitte der Nonne findet sogleich Widerhall. Mata Hari springt von ihrem Bett auf, ihre Augen glänzen, ihr bleiches Antlitz leuchtet auf. Sie tritt in die Mitte der Zelle, vor die Betten, rafft den Rock und versucht einige Tanzschritte.

Enttäuscht hält sie inne. Das enge Kleid hemmt ihre Bewegungsfreiheit. „In einem solchen Kleid kann man nicht tanzen!" sagt sie mißmutig.

„Das macht nichts, versuchen Sie es nur", ermuntert sie die Schwester.

· Da reißt Mata Hari mit einem Griff Kleid und Unterwäsche vom Lcib und zeigt in voller Nacktheit ihren herrlichen bronzefarbenen Körper. Nonne und Arzt stehen wie gebannt da, starren mit aufgerissenen Augen auf die Bajadere, die ihren letzten Tanz tanzt, den Tanz am Rande des Grabes . . .

Dann bricht sie erschöpft zusammen, sinkt auf das Bett und vergräbt schluchzend ihren nackten Körper in den kalten Laken. Am Abend vor dem Schlafengehen gibt ihr Schwester Leonide nach den Anweisungen des Arztes die doppelte Dosis Chloralhydrat.

Ahnungsvoll richtet Mata Hari ihre großen dunklen Augen auf die Nonne und fragt leise: „Glauben Sie, liebe Schwester, daß es morgen sein wird . . .?"

Zur gleichen Zeit bringt eine Ordonnanz dem Major Massard folgenden Befehl:

> Die Hinrichtung der Verurteilten Zelle, genannt Mata Hari, wird morgen, den 15. Oktober 1917, 6 Uhr 15 Minuten, auf dem Schießplatz in Vincennes stattfinden.
>
> Die Verurteilte wird um 5 Uhr vom Gefängnis Saint-Lazare abgeholt.
>
> Capitaine Bouchardon

„Ich sterbe den Tod der Unschuldigen"

Vier Uhr morgens. Noch ist es Nacht, ein kühler, frostiger Oktobermorgen dämmert allmählich über der Weltstadt. Von den Bäumen raschelt welkes Laub. Feuchter Nebel liegt über den Straßen. Als eine halbe Stunde später das Auto des Gefängnisarztes vorfährt, stehen im Hof bereits vier Wagen. Soldaten in hechtblauen Mänteln und Stahlhelmen, das Gewehr über die Schulter gehängt, hocken zigarettenrauchend schlaftrunken herum.

Heller Lichtschein fällt aus Türen und Fenstern in den Hof. Im Hause ist bereits alles lebendig. Als Dr. Bizard eintritt, stellt er mit Erstaunen fest, „daß – während früher bei ähnlichen Anlässen höchstens dreißig Menschen erschienen waren – sich diesmal etwa hundert Besucher eingefunden hatten". Oberstleutnant Somprou, der Präsident des Kriegsgerichts, Major Massard, der Leiter des Spionage-Abwehrdienstes, Hauptmann Bouchardon als Befehlshaber des Exekutionskommandos, Oberleutnant Mornet, der Ankläger, dazu noch ein paar Dutzend andere Offiziere, die sich rauchend, lärmend und sprechend in der Kanzlei versammelt haben.

Dort in der Ecke am Fenster sieht man die ernste dunkle Gestalt des evangelischen Pastors Arboux, daneben klein, in sich zusammengesunken, mit fahlem, verstörtem Gesicht Maître Clunet, die Aktentasche krampfhaft unter den Arm geklemmt, die tiefliegenden Augen von Tabaksqualm oder heimlichen Tränen gerötet. Bei seiner Ankunft war für ein paar Sekunden peinliche Stille eingetreten. Lärm und Gespräche verstummten. Einige Offiziere zeigten auf den greisen Advokaten, lächelten verächtlich oder schüttelten den Kopf über den alten Mann, der bis zum letzten Augenblick für das Leben einer Spionin gekämpft hatte.

Plötzlich zieht Oberstleutnant Somprou die Uhr: „Meine Herren, es ist Zeit. Gehen wir hinauf. Major Julien, übernehmen Sie die Führung."

Der Offizier tritt vor, salutiert und verliest die Namen derjenigen, die ihn auf diesem Gang begleiten sollen. Es sind außer ihm die Ärzte Dr. Bizard und Dr. Bralez, Pastor Arboux, einige Gefängnisbeamte und der Verteidiger Maître Clunet.

Zitternd am ganzen Körper, ein Bild des Jammers, steht der alte Herr hilflos inmitten des Saales. „Herr Oberstleutnant", wendet er sich händeringend an Somprou, „ich habe nicht den Mut hinaufzugehen . . ., sie jetzt zu sehen . . . Aber sagen Sie ihr, tun Sie mir den Gefallen, sagen Sie ihr, daß ich hier bin, daß ich sie nicht verlassen habe . . ."

„Ich bin nicht dazu da, Ihre Aufträge entgegenzunehmen", fertigt ihn der Offizier mit schneidender Kälte ab. „Wenn Sie dieser Frau noch etwas zu sagen haben, dann gehen Sie hin und tun es gefälligst selbst!" Und er dreht sich brüsk um und unterhält sich mit seinen Kameraden.

Da reißt Maître Clunet sich mit dem Aufgebot aller Kräfte zusammen und folgt mit wankenden Knien dem kleinen Zug, der seine Mandantin zum letzten Gang abholen soll.

Unheimlich, wie das Klopfen des Todes, trommelt Major Juliens Faust an die Tür der Zelle Nr. 12. Schwester Leonide öffnet.

Die diensttuende Nonne sitzt vor dem von zwei brennenden Kerzen umrahmten Kruzifix und betet leise. In der Mitte des Raumes stehen drei Betten. Drei Frauen schlafen darin.

Major Juliens Hand greift zu flüchtigem Gruß an das Käppi. „Welche ist es?" fragt er die Schwester und deutet auf die Betten.

„Die in der Mitte", erwidert Leonide und eilt an das Lager der Verurteilten.

Mata Hari schläft noch. Das barmherzige Chloralhydrat tut seine Schuldigkeit. Der Offizier ergreift ihren Arm, schüttelt sie, bis sie erwacht.

Sie öffnet die großen schwarzen Augen, blickt schlaftrunken und erstaunt um sich, was diese fremden Menschen zu so früher Stunde von ihr wollen. Sie sieht Uniformen, rote Käppis und dazwischen ihren Anwalt Clunet. Da hat sie begriffen . . .

„Madame Zelle", wendet sich Julien an sie, „fassen Sie Mut. Der Präsident der Republik hat Ihr Gnadengesuch verworfen. Die letzte Stunde ist gekommen."

Einen Augenblick droht Mata Hari die Fassung zu verlieren. Mit verzweifelter Gebärde vergräbt sie ihr aschfahles Gesicht in den Händen. Aber schon nach wenigen Sekunden hat sie die Krise überwunden. Sie reißt sich zusammen, will angesichts des Todes, dem sie doch nicht mehr entrinnen kann, Haltung bewahren und ohne feige Schwäche ihr Leben hingeben.

Hinter Julien steht Maître Clunet. Dicke Tränen rollen über seine bleichen, welken Wangen. Schwer geht sein Atem. „Ach, meine liebe Margaretha!" stößt er schluchzend hervor. Lächelnd reicht Mata Hari ihm die Hand, dankt ihrem getreuen Anwalt für sein Kommen, denn sie sieht, wie schwer es ihm geworden ist.

Die gute Schwester Leonide, die allzeit hilfsbereite Trösterin der Gefangenen, kann ihre Tränen nicht länger zurückhalten. „Seien Sie unbesorgt, liebe Schwester", tröstet Mata Hari die Nonne, „ich werde ohne Schwäche sterben, denn ich sterbe einen schönen Tod – den Tod der Unschuldigen."

„Madame, wünschen Sie noch etwas?" erkundigt sich Dr. Bralez, der Assistenzarzt. Sie bittet um ein Glas Grog.

Als sie ihn getrunken hat, richtet sie sich auf, um ihre Toilette zu machen. Während die Zellengefährtinnen ihr dabei helfen, verlassen die Herren mit Ausnahme des Arztes das Gemach und warten auf dem Gang. Sie verlangt die schönste Wäsche und ihre besten Kleider: eine blaue Robe, Strohhut und Lackschuhe. Dazu den beigefarbenen Sommermantel. Die Kleidung ist etwas luftig für die Jahreszeit, aber sie wird sich nicht mehr erkälten . . .

Während sie sich ankleidet und vor dem kleinen Spiegel sorgfältig ihre Frisur ordnet, schüttelt sie bisweilen den Kopf. Noch glaubt sie zu träumen, noch kann sie das Furchtbare nicht fassen.

„Nein . . ., nein . . ., es ist ja nicht möglich . . ., nicht möglich!" ruft sie leise, und ihre Stimme zittert. Doch sie meistert auch diese Schwäche.

Als erster erhält Pastor Arboux wieder Zutritt zur Zelle. Die Verurteilte betet mit ihm, empfängt den Segen.

Dann zieht sie ihre langen Handschuhe an und drückt den Hut auf die schwarzen Locken.

Abschied vom Leben

Mata Hari ist bereit. Auf der Schwelle erscheinen die Offiziere und Gefängnisbeamten.

Freundlich streckt Mata Hari der schluchzenden Schwester Leonide die Hand entgegen, um Abschied zu nehmen. „Ich habe viele Reisen in meinem Leben gemacht, liebe Schwester. Aber diese wird meine letzte sein. Ich reise nach der großen Station, von der niemand zurückkehrt. Gehen wir also. Weinen Sie nicht, liebe Schwester, ich tue es ja auch nicht!"

Ein paar letzte Formalitäten, die das Gesetz vorschreibt, sind noch zu erledigen. Ein Beamter fragt die Verurteilte, ob sie nichts mehr zu sagen habe – ein Geständnis *in extremis*.

Mata Hari schüttelt den Kopf. „Nichts. Und wenn ich noch etwas zu sagen hätte – seien Sie versichert, daß ich es für mich behalten würde."

Dann eine zweite Frage, deren Bejahung der dem Tode Geweihten noch im letzten Augenblick Aufschub des Strafvollzuges, wenn nicht spätere Begnadigung zusichert: Die heikle Frage, ob sie sich vielleicht guter Hoffnung fühlt. In diesem Fall muß die Hinrichtung bis nach der Geburt des zu erwartenden Kindes ausgesetzt werden.

Mata Hari lächelt. „Wer hat Ihnen denn so etwas Dummes weisgemacht?" erwidert sie fast belustigt. „Ich kann ja gar nicht schwanger sein, aus einem sehr triftigen Grund . . ."

Sie befindet sich seit vollen neun Monaten in Haft.

Beim Verlassen der Zelle will der Oberaufseher ihren Arm ergreifen, um sie hinauszuführen. Mit jähem Ruck reißt Mata Hari sich los. „Lassen Sie mich! Was erlauben Sie sich, mich zu berühren!" Brummend zieht der Beamte sich zurück, und sie nimmt den Arm der Schwester Leonide.

Sie steigen die Treppe hinab in die Gefängniskanzlei. Jäh bricht das Gespräch der hier wartenden Offiziere, Beamten und Gendarmen ab. Unwillkürlich treten alle zurück und geben dem Tod den Weg frei.

Mata Hari ist erstaunt, ein so zahlreiches Publikum vorzufinden. Sie kommt sich vor wie eine Artistin, die Abschied von der Bühne nimmt und zum letztenmal auftritt. In der Tat, sie spielt heute ihre letzte Rolle auf der großen Bühne des irdischen Theaters ... Sie drückt den Arm der Nonne Leonide fester. „Wie viele Menschen! Welch ein Erfolg!" flüstert sie ihr mit mattem Lächeln zu.

Von ihren alten Freunden und Bewunderern ist zwar keiner erschienen, aber sie erhält wenigstens die Erlaubnis, von ihnen schriftlich Abschied zu nehmen. Am Schreibtisch des Gefängnisdirektors darf sie drei Abschiedsbriefe schreiben. Mit eleganter Gebärde streift Mata Hari den Handschuh von der Rechten, um ruhig und sicher die Feder zu führen. Für einen letzten kurzen Augenblick gleitet noch einmal ihr ganzes bisheriges Leben vorüber, über dem an diesem Tag, in wenig mehr als einer Stunde, der Vorhang fallen soll.

Der erste Brief ist an ihre Tochter Luisa gerichtet, an die kleine Non, die sie vor neunzehn Jahren in Indien geboren hat: *Liebe kleine Non, Deine Mutter ist von Dir gegangen, hat Dich und den Vater verlassen, um einem trügerischen Phantom nachzujagen. Heute geht sie für immer von Euch ... Verzeihe einer Sterbenden und gedenke bisweilen ohne Haß und Bitterkeit einer unglücklichen Frau, die Deine Mutter gewesen ist ...*

Auch dem Russen Masloff muß sie ein paar Abschiedsworte sagen. Er ist der letzte Mann gewesen, der ihrem Herzen nahestand.

In den qualvollen, schlaflosen Nächten der Gefängnishaft hat sie sich oft ein stilles Glück ausgemalt, das sie an der Seite des russischen Hauptmanns zu finden hoffte, wenn sie die Freiheit wiedererlangen sollte. Es ist anders gekommen, als sie geträumt hatte. Alles ist Täuschung ... Der Tod ist nichts, das Leben auch nichts: Sterben, schlafen, träumen, wandern, alles, alles ist eitel; ganz gleich, ob uns heute oder morgen die Erfüllung wird, in unserem Bett oder bei der Rückkehr vom Spaziergang ... Lebewohl!

Die große Schar ihrer übrigen alten Freunde, Verehrer und Bewunderer aus den Tagen ihres Glanzes? Ach, sie sind nicht wert, daß sie ihrer in diesem letzten bitteren Augenblick gedenkt.* Nur einem schuldet sie Dank für sein ritterliches Verhalten, das er selbst noch vor Gericht bekundet hat. Es ist jener hohe französische Beamte – General oder Minister –, dessen Name die Quellen schamhaft und hartnäckig verschweigen, dem sie nach ihrer Rückkehr aus Madrid, kurz vor ihrer Verhaftung, noch drei Abende gewidmet hatte. Ihm gilt der dritte Brief.

Und nun noch rasch die Anschriften, dann darf sie die Feder für immer aus der Hand legen. Unwillkürlich muß sie lächeln, wenn sie daran denkt, welche Gesichter die Empfänger machen würden, wenn man die Briefe verwechseln sollte. Sie darf sie ja nicht selbst schließen, das Gericht muß erst die Abschiedsbriefe der Verurteilten lesen.

Nun ist auch diese Arbeit beendet. Mata Hari erhebt sich, zieht den Handschuh über und geht mit festen Schritten zur Tür.

Die Fahrt in das Land ohne Heimkehr

Im Hof warten fünf Autos. Im zweiten nimmt sie Platz, ihr zur Seite Pastor Arboux und die Nonne Leonide. Die Vorhänge sind herabgelassen, so daß sie nichts von dem Leben sehen wird,

---

* Anm. d. Verf.: Kurze Zeit nach der Hinrichtung Mata Haris wußte die Presse von einem romanhaften Befreiungsversuch zu berichten, den ein junger französischer Leutnant namens Pierre de Mortissac noch im letzten Augenblick unternommen haben sollte, um seine Braut (!) vor den Todeskugeln seiner Landsleute zu retten. Mortissac, der damals angeblich 22 Jahre zählte, soll, nachdem sein Rettungsversuch mißglückt war, sich in tiefster Verzweiflung in das Kloster Miraflores bei Burgos, nach anderen Aussagen in das Kartäuserkloster Aula Dei bei Penaflor unweit Saragossas zurückgezogen haben und Mönch geworden sein. 18 Jahre überlebte er hier in strengster Askese und Weltabgeschiedenheit den Tod seiner Geliebten, bis endlich auch seine Stunde schlug. Als während des Spanischen Bürgerkrieges marxistische Horden in das Kloster einzudringen suchten, habe Mortissac sich seines früheren Berufs als Offizier erinnert und allein, nur mit einem Maschinengewehr ausgerüstet, das er selbst bediente, das Kloster verteidigt, bis Mangel an Munition ihn zur Kapitulation zwang. „Die Verwunderung der Marxisten war grenzenlos, als sie feststellten, daß nur ein einziger Mönch ihnen tagelang Widerstand geleistet hatte. Sie ergriffen den nunmehr wehrlosen Klosterbruder und stellten ihn an die Wand: Von 20 Gewehrkugeln durchbohrt, sank der heldenmütige Verteidiger von Aula Dei zu Boden. Als die Soldaten General Francos kurze Zeit darauf das Kloster besetzten, fanden sie am Fuße des Hügels die Leichen von 60 toten Milizen: Es waren die Opfer der Maschinengewehrsalven des Mönches Mortissac", so läßt sich das *Hamburger Fremdenblatt* 1936 aus Paris berichten. Der tapfere Mortissac soll kein anderer als der ehemalige Verlobte Mata Haris gewesen sein. Unbeschadet der Tapferkeit des Verteidigers des Klosters Aula Dei muß festgestellt werden, daß die Tat des Leutnants Mortissac eine von phantasiebegabten und sensationslüsternen Reportern frei erfundene Legende ist.

das im Morgengrauen draußen auf den Straßen erwacht und das bald hinter ihr liegen wird ...

Dann setzen sich die Wagen in Bewegung, fahren über den Boulevard de Magenta, biegen um den Platz der Republik und schlagen die Richtung nach Vincennes ein. Als die Fahrer anhalten und Gendarmen die Tür öffnen, sieht sie die düsteren Mauern des altersgrauen Festungsturms von Vincennes aus dem Nebeldunst emporragen. Vor ihr liegt ein freier, durch einen Wall begrenzter Platz, der auf drei Seiten von Soldaten eingesäumt ist. Seitwärts hält ein schwarzverhängter Wagen, mit zwei Pferden bespannt. Ein hagerer Mann in schwarzer Livree, von der gespenstisch das gelbe, vertrocknete Gesicht absticht, thront auf dem Bock. Das ist der Kutscher des Todes, der hier mit dem Sarg wartet, der die Leiche der Gerichteten aufnehmen soll.

Mühsam klettert der Pastor als erster aus dem Auto; seine Knie schlottern. Dann folgt die Verurteilte. Sie reicht der alten Nonne die Hand, um ihr beim Aussteigen zu helfen.

Trommelwirbel, Hörnerschall, schrille Kommandos ... Die Tamboure schlagen den Generalmarsch, die Soldaten präsentieren das Gewehr ... wie bei der Parade ... Achtung, der Tod schreitet die Reihen entlang, *Mors Imperator*, dem diese Ehrenbezeigungen gelten. Fast könnte Mata Hari glauben, diese Ehrung sei ihr zugedacht, der berühmten Tänzerin. Diese Fiktion erleichtert ihr den Gang zum Pfahl, der wenige Meter vor dem Wall aufragt. Wie eine Königin, mit festen Schritten und freier, aufrechter Haltung, schreitet sie durch die Reihen der blinkenden Gewehre. Sie glaubt sich auf die Bühne zurückversetzt: ringsum die Menge begeisterter Zuschauer, die ehrfürchtig ein Spalier vor der gefeierten Künstlerin bilden. Die Blicke von mehr als zweihundert tapferen Männern, die jahrelang vorm Feind gestanden und dem Tod ins Angesicht geschaut haben, folgen ihr, bewundern und bedauern im stillen diese Frau, die sieghaft dem Tod entgegengeht.

Sie hat es eilig, das letzte Ziel zu erreichen. Ihr Blick ist geradeaus gerichtet, auf diesen verhängnisvollen Pfahl, der mit jedem Schritt näher kommt und größer wird. Zwischen Nonne und Pastor nimmt Mata Hari wie eine Fürstin die Parade ab.

Nun steht sie vor dem Pfahl, der hier an der Grenze des Lebens errichtet ist. Dahinter liegt, in ewige Nacht gehüllt, das weite, geheimnisvolle Reich des Todes. Der Weg, den sie gekommen ist, wird von einer Abteilung von zwölf Mann abgeriegelt. Es gibt kein Zurück mehr. Ein letzter kräftiger Händedruck dankt Maître Clunet. Ein Seufzer: „Ach, diese Franzosen . . .!"

Schwester Leonide hat ihn verstanden. Sie mahnt die Verurteilte, im Angesicht des Todes allen zu vergeben, auch ihren Feinden. „Gut, da Sie es wünschen, liebe Mutter, will ich den Franzosen verzeihen . . ."

Entschlossen tritt sie an den Pfahl. Ein Gendarm will ihr die Augen zubinden, aber sie weigert sich. Frei und offen will sie dem Tod ins Angesicht schauen, der sie in wenigen Augenblicken umarmen wird.

Nur ein Strick fesselt ihren Leib an den Pflock. Noch einmal winkt sie Maître Clunet zu, der das Taschentuch vor den Mund preßt. *Moritura te salutat* – die dem Tode Geweihte grüßt dich . . .

Die Nonne flüstert Sterbegebete, der Pfarrer empfiehlt Gott die Seele der Todgeweihten.

Ein Unterleutnant, ein blutjunger Mensch, tritt mit gezogenem Degen vor die zwölf Mann. Ein Kommando, und sie reißen die Gewehre hoch. Zwölf Mündungen sind auf Mata Hari gerichtet. Die Klinge blitzt durch die Luft. Eine Salve knattert in den dämmernden Oktobermorgen. Vom Turm rollt das Echo herüber.

Die Verurteilte ist in die Knie gesunken. Ein Revolverschuß, aus nächster Nähe ins Ohr abgefeuert, zerschmettert ihr den Schädel. Trommelwirbel, Hörnerschall. Die Truppe defiliert vor dem Leichnam.

Dann löst sich Maître Clunet aus der Gruppe der abseits stehenden Beamten und eilt wankenden Schrittes auf die Leiche zu. In Gegenwart der Richter und Offiziere hat er mit äußerster Willensanstrengung seine Erregung gemeistert; nun bricht er zusammen. Er kniet vor der blutigen, zerfetzten Leiche seiner Mandantin nieder und weint.

Die Sanitäter tragen einen Korporal zur Wache. Der arme Junge ist während der Hinrichtungsszene ohnmächtig geworden.

Der Gerichtsarzt tritt vor, um den Tod der Gerichteten festzustellen. Die Soldaten haben gut gezielt: Eine Kugel hat mitten ins Herz getroffen, ein zweiter Schuß die Knie zerschmettert. Aber da war es schon überstanden . . .

Der Protokollführer fragt mit lauter Stimme: „Beansprucht niemand die Leiche?"

Nein, keiner ist da, der der Toten den letzten Liebesdienst erweisen, sie in geweihte Erde betten will. Nicht einmal Maître Clunet, ihr tapferer Verteidiger, hat die paar hundert Francs für ein bescheidenes Grab übrig.

Wärter eilen herbei, ergreifen mit rauhen Händen die Leiche und werfen sie in den bereitstehenden Sarg. Eine Stunde später werden die jungen Mediziner der Sorbonne eine besondere Sensation erleben: Sie werden mit scharfen Messern Mata Haris Leib zerstückeln. Der Seziertisch der Anatomie ist das Grab der Bajadere geworden . . .

1876	7. August: Margaretha Geertruida Zelle wird in Leeuwarden in der holländischen Provinz Friesland geboren.
1891	Tod der Mutter. Margaretha besucht ein Internat in Leiden, bricht jedoch ihren Schulbesuch ab und wohnt danach bei ihrem Onkel Taconis in Den Haag.
1895	11. Juli: Heirat mit dem Offizier Rudolf MacLeod
1896	30. Januar: Geburt ihres Sohns Norman 23. April: Empfang bei der Königinmutter Emma und der Königin Wilhelmina
1897	1. Mai: Schiffsreise nach Java, wo MacLeod zunächst in Ambarawa und anschließend in Malang stationiert ist
1898	2. Mai: Geburt der Tochter Luisa Johanna, genannt Non Herbst: Auftritt Margarethas in einer Operette bei einem Fest zur Thronbesteigung von Königin Wilhelmina
1899	März: Versetzung MacLeods nach Medan auf Sumatra 26. Mai: Eintreffen Margarethas auf Sumatra 28. Juni: Tod des Sohnes Norman infolge Vergiftung Versetzung MacLeods nach Banjoe Biroe auf Java Beginnende Entfremdung der Eheleute
1900	September: Ausscheiden MacLeods aus der Armee Oktober: Übersiedlung nach Sindaglaja auf Java
1901	Zunehmende Zerrüttung der Ehe
1902	März: Rückkehr nach Amsterdam. Trennung von MacLeod nach heftigen Auseinandersetzungen
1903	Oktober: Reise nach Paris, Modellsitzungen November: Rückkehr in die Niederlande

1904	Erste Auftritte als Mata Hari in Pariser Salons
1905	15. März: Auftritt im Musée Guimet. Begeisterte Berichte in der Pariser Presse. In der Folgezeit Engagements u. a. im Olympiatheater und in Monte Carlo
1906	26. April: Scheidung von MacLeod Triumphale Gastspiele in Wien und Berlin
1907	Einjähriger Aufenthalt in Ägypten
1908–13	Rückkehr nach Paris, erneut große Erfolge in allen bedeutenden Varietés. Bezug der Villa Rémy in Neuilly-Saint-James. Häufige Besuche von Staatsmännern, Journalisten und Offizieren
1913	Vergebliches Bemühen um einen Auftritt vor dem deutschen Kronprinzen Wilhelm in Berlin
1914	Ausbruch des 1. Weltkriegs, Rückgang ihrer Popularität Oktober: Umzug nach Den Haag
1915	Aufenthalt in Paris, Reisen durch Europa. Zunehmend Betätigung als Kurtisane. Erster Spionageverdacht und Verhör durch den englischen Spionageabwehrdienst
1916	Überwachung durch französische Spionageabwehr
1917	13. Februar: Verhaftung in Paris wegen Spionageverdachts, Überführung in das Gefängnis Saint-Lazare 24. Juli: Beginn des Prozesses gegen Mata Hari, am folgenden Tag Verurteilung zum Tod 15. Oktober: Hinrichtung in Vincennes durch ein Erschießungskommando

Ludwig van BEETHOVEN

Die Geschichte eines unglücklichen glücklichen Lebens

Eine Kurzfassung des Buches von

Cedric Dumont

Mit zahlreichen Abbildungen

Beethoven – unverrückbar steht dieser Name heute an zentraler Stelle der Musikgeschichte. Werke wie die fünfte, die Schicksalssinfonie, oder die neunte Sinfonie mit der Ode „An die Freude" gehören zum Standardrepertoire der großen Orchester der Welt. Über das unsterbliche musikalische Erbe des großen Komponisten hinaus fasziniert aber auch sein ungewöhnliches Schicksal: Zahlreiche der Meisterwerke Ludwig van Beethovens entstanden in unbeirrbarem Kampf gegen das schwerste Los, das einen Komponisten treffen kann – die Taubheit.

Cedric Dumont erzählt das an Höhepunkten, aber auch Entbehrungen und Enttäuschungen reiche Leben des großen Komponisten einfühlsam nach, und er führt den Leser behutsam an das Werk des Künstlers heran.

Der Notenfuchs

Längst stand die Sonne schon über den spitzen Giebeln der kleinen kurfürstlichen Residenzstadt Bonn, als ihre Strahlen erst den Weg in die enge Hofstätte des Bäckerhauses an der Rheingasse fanden. Auch sie vermochten aber die verdrossene Miene der Meistersfrau nicht aufzuhellen, die eben vor die Türe trat. Seit Tagen wollten die Hühner nicht mehr recht legen, die Zahl der Eier hatte bedenklich abgenommen. Da – verdächtig raschelt es hinter dem Gatter des Hühnerhauses, und ein kleiner, stämmiger Junge schiebt sich verlegen ins Freie.

„Na, na, Ludwig, was machst du da?"

Schnell gefaßt erwidert dieser, sein Bruder hätte ihm sein Sacktuch hineingeworfen, und nun habe er es nur wieder herausholen wollen.

„Ja, ja, das mag wohl sein, daß ich so wenig Eier bekomme."

Aber der kleine Ludwig gibt sich nicht geschlagen: „Oh, Frau Fischer", meint er, „die Hühner verlegen oft die Eier, wenn Sie sie dann mal wieder finden, dann freuen Sie sich um so mehr. Es gibt auch Füchse, wie man sagt, die holen auch die Eier."

„Ich glaube, du bist auch einer von den schlauen Füchsen. Was wird aus dir noch werden!" mahnt die gute Frau, angesichts der drolligen Unschuldsmiene des Missetäters schon mehr lachend als scheltend.

„Oh, das weiß der Himmel!" seufzt der kleine Sünder verschmitzt, „nach Ihrer Aussage bin ich noch bis dato ein Notenfuchs!"

Dieser stets zu Streichen aufgelegte und schon so früh selbstbewußte Knirps war der älteste Sohn des Hoftenoristen Johann van Beethoven und seiner sanften Frau Maria Magdalena, die mit ihrer kleinen Familie im Hause des Bäckermeisters Fischer an der Rheingasse Nr. 934 zur Miete wohnten. Dessen Sohn Gottfried hat uns auch die geschilderte Szene überliefert.

355

Die Musik stak den Beethovens im Blut: Großvater Louis, ein stimmgewaltiger Bassist, war 1733 aus seiner flämischen Heimat nach Bonn an die kurfürstliche Residenz berufen worden, wo er vierzig Jahre später sein Leben als wohlbestallter, hochgeachteter Hofkapellmeister beschloß. Sein Sohn Johann trat beizeiten ebenfalls in die Hofkapelle ein und diente ihr bis zu seiner Entlassung als rechtschaffener und nützlicher Musikus. 1767 vermählte er sich mit der hübschen Maria Magdalena Keverich, einer jungen, frühverwitweten Frau aus respektabler Familie. Sie gebar ihm sieben Kinder, von denen aber nur drei über das zarteste Alter hinauswuchsen. Der erste Sohn starb kurz nach seiner Geburt, und am 17. Dezember 1770 wurde die Taufe des Zweitgeborenen, Ludovicus van Beethoven, in das Kirchenregister von St. Remigius eingetragen.

Wir dürfen deshalb annehmen, daß Ludwig kurz zuvor, wahrscheinlich am 16. Dezember, das Licht dieser Welt erblickte, in einem niedrigen Zimmer des ärmlichen Hinterhauses Nr. 515 an der zum Markt hinführenden Bonngasse. Das Gebäude überstand wie durch ein Wunder Revolutionen und Kriege und blieb bis zum heutigen Tag ein Ziel der Beethovenfreunde aus aller Welt.

Wohl im Bestreben, das Genie Ludwig van Beethovens auf dunklem Hintergrund besonders hell leuchten zu lassen, hat man seine Kindheit oft zu streng und düster gezeichnet: war der Vater auch ein leichtlebiger, willensschwacher Mensch, der sich nur widerstrebend der Disziplin des Alltags unterwarf, so vernachlässigte er in den ersten Jahren doch weder Familie noch Amt. Musiker waren noch nie besonders einfügsame, beherrschte Naturen, und so wechselten auch am häuslichen Himmel der Beethovens dunkle Wolken mit heiterer Sonne. Ludwig aber erhielt keine schlechtere und keine bessere Erziehung als manch andrer Junge seiner Zeit und seines Standes auch. Wir wollen Vater Johann zudem zugute halten, daß er früh in seinem Sohn die ersten Regungen des schlummernden Talents wahrnahm und ihm nach bestem Können und Wissen in harter Schule die Anfangsgründe des musikalischen Handwerks beibrachte, so wie er es von seinem Vater nicht anders gewohnt gewesen war.

Noch bevor Ludwig recht gehen kann, nimmt der Vater ihn auf seine Knie und läßt ihn mit seinen Fingerchen einfache Melodien auf dem Klavier nachspielen, die dem Kleinen ein seliges Lächeln entlocken. Bald erhält er auf diesem Instrument wie auf der Geige täglich Unterricht, so daß schon wenige Jahre später sein erstes öffentliches Auftreten angekündigt werden kann:

> Heut dato den 26ten Martii 1778. wird auf dem musikalischen Akademiesaal in der Sternengaß der Churköllnische Hoftenorist BEETHOVEN die Ehre haben zwey seiner Scholaren zu produciren; nämlich: Madlle Averdonc Hofaltistin, und sein Söhngen von 6. Jahren. Erstere wird mit verschiedenen schönen Arien, letzterer mit verschiedenen Clavier-Concerten und Trios die Ehre haben aufzuwarten, wo er allen hohen Herrschaften ein völliges Vergnügen zu leisten sich schmeichle, um je mehr da beyde zum größten Vergnügen des ganzen Hofes sich hören zu lassen die Gnade gehabt haben.

Wir wollen nicht untersuchen, ob das Alter des kindlichen Künstlers auf dieser Anzeige absichtlich oder aus Nachlässigkeit um zwei Jahre zu niedrig angegeben wurde. Wenn auch die aufsehenerregenden Konzertreisen des Wunderkindes Mozart noch in frischer Erinnerung waren und dem Vater für seinen Sohn gleiche Erfolge und Ehren vorschweben mochten, liegt doch die Vermutung näher, der oberflächliche Johann habe damals schon das genaue Geburtsdatum Ludwigs nicht mehr im Kopfe gehabt, um so mehr, als in den katholischen Rheinlanden der Namens- und nicht der Geburtstag gefeiert wurde.

Auch sonst wissen wir wenig von diesem Konzert. Nur ein Gutes scheint es bewirkt zu haben: der Vater mußte erkennen, daß er mit seinem Wissen dem Sohn, dessen Begabung immer stärker hervortrat, nicht mehr weiterhelfen konnte. „Mein Ludwig, mein Ludwig, ich sehe es ein, er wird mit der Zeit ein großer Mann in der Welt werden", sagte er stolz vor Besuchern, denen der Knabe auf dem Klavier vorspielen mußte, und er sah sich nach geeigneten Lehrkräften um, seinen Sohn im Klavier- und Orgelspiel, in der Musik- und Harmonielehre zu unterweisen. Damit begann für Ludwig aber eine Leidenszeit: war schon der Vater als Lehrer und Mensch nicht gerade feinfühlend gewesen, so mußte der stets wechselnde, unregelmäßige Unterricht,

Johann und Maria van Beethoven,
die Eltern Ludwigs

Das Beethovenhaus
in Bonn

welcher nun anhob, sich erst recht hemmend auf die Entwicklung des Knaben auswirken, der immer verschlossener und eigenbrötlerischer wurde.

Die sonderbaren Lehrmethoden Tobias Friedrich Pfeiffers zum Beispiel, eines tüchtigen, aber launenhaften Musikers, sind uns überliefert: „Oft, wenn Pfeiffer mit Beethovens Vater in einer Weinschenke bis elf oder zwölf Uhr gezecht hatte, ging er mit ihm nach Hause, wo Louis im Bette lag und schlief; der Vater rüttelte ihn ungestüm auf, weinend sammelte sich der Knabe und ging ans Klavier, wo Pfeiffer bis zum frühen Morgen bei ihm sitzen blieb, da er das ungewöhnliche Talent desselben erkannte." Ein Psychologe könnte wohl verschiedene Charaktereigenschaften des späteren Beethoven auf diese unbeherrschte Art früher Beeinflussung zurückführen.

Ludwig wäre aber nicht am heiteren Rhein aufgewachsen, hätte er nicht auch fröhliche Stunden erlebt. So berichtet der schon erwähnte Gottfried Fischer: „Alljährlich wurde auf Magdalenentag der Namens- und Geburtstag der Madam van Beethoven herrlich gefeiert. Dann wurden . . . die Notenpulte herbeigebracht und auf beide Zimmer nach der Straße rechts und links gesetzt, und ein Baldachin auf das Zimmer gemacht, wo der Großvater Hr. Hofkapellmeister Ludwig van Beethoven im Porträt hing, mit schönen Verzierungen und schönen Blumen, Lorbeerbäumchen und Laubwerk verfertigt. Am Abend davor wurde Madam van Beethoven beizeiten zum Schlafengehen gebeten, bis zehn Uhr war alles in der größten Stille herbeigekommen und alles bereitgemacht. Nun fing die Stimmung an, jetzt wurde Madame v. B. aufgeweckt, mußte sich anziehen, und nun wurde sie in den Baldachin auf einen schönen verzierten Sessel geführt und hingesetzt. Nun fing eine herrliche Musik an, die erscholl in der ganzen Nachbarschaft, alles, was sich zum Schlafe eingerichtet hatte, wurde nun wieder munter und heiter gemacht. Nachdem die Musik geendigt, dann wurde aufgetischt und gegessen und getrunken, und wenn nun die Köpfe was toll wurden, und Lust hatten zu tanzen, dann wurden, um im Hause keinen Tumult zu machen, die Schuhe ausgetan und auf bloßen Strümpfen getanzt, und zuletzt so geendigt und beschlossen."

Des weiteren wurde bei Beethovens daheim fleißig musiziert, und auf den Rheinfahrten mit dem Vater zu geselligen Zusammenkünften bei Gutsbesitzern, Gelehrten und Herren vom Hofe wurde in das empfängliche Knabengemüt der Same gesenkt zur späteren, für sein Schaffen so bedeutungsvollen Naturliebe. Bonn, die anmutige grüne Kurfürstenstadt am freundlichen Rheingestade, inmitten fruchtbarer Gärten und Felder, im Anblick der runden Kuppen des sagenumwobenen Siebengebirges mit seinem romantischen Drachenfels, der Wolkenburg und dem Petersberg – keine verlockendere Einladung läßt sich denken, die Schönheiten der Natur ahnungsvoll zu erfassen und in sich aufzunehmen. Beethoven hat die gesegnete Landschaft seiner Heimat zeitlebens nicht vergessen.

MAN MÖCHTE an höhere Fügung glauben, wenn Ludwig um diese Zeit – er war inzwischen zehn, elf Jahre alt geworden – in Christian Gottlob Neefe einen neuen Lehrer erhielt. Der lernbegierige Knabe stand am Ende einer Schulzeit, die ihm nur die elementarsten Kenntnisse vermittelt hatte, und ihn dürstete nach mehr Wissen; auch sein musikalischer Genius regte die Flügel, und es bedurfte nur eines verstehenden Menschen, um sie sich entfalten zu lassen. Ein solcher war Neefe: dieser Kapellmeister, der am Bonner Hof die Stelle eines Organisten, Cembalisten und Klavierlehrers innehatte, war ein charaktervoller, hochgebildeter Künstler, dessen lebendiger Geist allen kulturellen Strömungen seiner Zeit offenstand.

Ihm schloß sich der junge Beethoven vertrauensvoll an, in ihm fand er einen Mentor, der ihn nicht nur das musikalische Handwerk lehrte, sondern der auch die Bildung des Menschen nicht vergaß. Von Neefe lernte der junge Beethoven, daß mehr zum Komponieren gehört als „die Kunst, einige Töne über- und nacheinander . . . verbinden zu wissen, welche leicht jeder Dorfschulmeister erlernen kann. Eine feurige Einbildungskraft, ein tiefes Eindringen in das innre Heiligtum der Harmonie, inniges heißes Gefühl, eine genaue Bekanntschaft mit den verschiedenen Charakteren, mit den Leidenschaften werden erfordert, wenn die Musik kein leerer Klingklang, kein tönendes Erz noch klingende Schelle sein soll" – mutet das nicht an wie eine Vorausnahme der hohen sittlichen Kunstauffassung des reifen Beethoven?

Neefe seinerseits erkennt bald die außerordentliche Begabung seines Schülers: „Dieses junge Genie verdiente Unterstützung, daß er reisen könnte. Er würde gewiß ein zweiter Wolfgang Amadeus Mozart werden, wenn er so fortschritte, wie er angefangen", schreibt er 1783 in der damals vielgelesenen Zeitschrift *Cramers Magazin*. Und er fährt fort, er habe zu des Knaben Ermunterung in Mannheim Beethovens erstes Opus stechen lassen, die „Variations pour le clavecin sur une Marche de Mr. Dresler", ein Werk, das Zeugnis ablegt von der beachtlichen Fertigkeit des jugendlichen Meisters auf seinem Instrument.

Mit dem Erzieher und väterlichen Freund Neefe wandten sich die äußeren Lebensumstände des jungen Beethoven zum Besseren. Der zwölfjährige Musiker trat, wie zuvor schon sein Vater und Großvater, durch die Protektion des Lehrers in den kurfürstlichen Hofdienst, wo er ihn als Organist und Cembalist vertreten durfte. Der kleine gedrungene Ludwig mit seinem dunkelfarbigen Gesicht – „Spangol", „Spanier" nannte man ihn daheim – wurde in die Galatracht der Hofmusiker gesteckt: seegrüner Frackrock, grüne kurze Hose, weiße Strümpfe, Schuhe mit schwarzen Schleifen, weißseidene, geblümte Weste – so sehen wir ihn, den Klapphut unterm Arm erwartungsvoll und etwas schüchtern an der Schloßwache vorbei zu seinem ersten Dienst in den Rokokopalast eilen. Was geht wohl in dem aufgeweckten Knaben vor, wie er aus dem krummwinkligen Netz der nicht gerade reinlichen Gassen in die blendende Helle des von zwölf glitzernden Kronleuchtern strahlenden, mit erlesenem Raffinement ausstaffierten Saales tritt, wo die vornehme Gesellschaft auf den Beginn des Konzerts wartet? Muß er sich nicht hinaussehnen aus der Enge und Armseligkeit zu Hause? Nimmt er sich in jugendlichem Trotz schon vor, auch einmal ein Herr zu werden – ein Herr im Reiche der Töne?

So erwirbt sich der junge Beethoven am Hof, als Organist in der mit kostbaren Gobelins ausgeschmückten Schloßkirche und als Cembalist im blaugrüngolden schimmernden Theater die Grundlagen für seine künftige Laufbahn. Dort hilft er Opern und deutsche Singspiele von Grétry, Cimarosa, Mozart und Hiller einstudieren, hinter dem Chorgitter der schmalen Schloßkapelle nimmt er an feierlichen Hochämtern und Vespern teil zu Musik von Pergolesi, Holzbauer, Albrechtsberger, und mit der Hofmusik lernt er Orchesterwerke von Haydn, Dittersdorf kennen. All diese Schöpfungen aus den Pariser, Wiener, Mannheimer Schulen sind Werke genialer Neuerer, die dem in Tradition erstarrten Musikleben neue Ideen zuführten. Die Mannheimer besonders, mit Johann Stamitz an ihrer Spitze, wahre musikalische Hexenmeister, die das Crescendo und Decrescendo, das gleichmäßige An- und Abschwellen über lange Strecken in der Orchestersprache erfanden, ja, die Form der mehrsätzigen Sinfonie, wie wir sie heute noch kennen, eigentlich erst einführten – sie legten in das wache Gemüt des jungen Menschen jene Keime, die später zu köstlicher Blüte aufgehen sollten.

Auch die Komponierlust regte sich, und der jugendliche Musiker bot seinem Kurfürsten drei Klaviersonaten dar, in denen schon echt Beethovensche Kraft und Phantasie deutlich spürbar nach Ausdruck suchen.

Nach diesen ersten Beweisen seiner Tüchtigkeit durfte Beethoven die Hoffnung hegen, eine feste Anstellung bei Hofe zu erhalten – daheim hätte man einen Zuschuß gut brauchen können –, als 1784 der Tod seines Dienstherrn solche Erwartungen zunichte machte. Man sah am Hof mit Sorgen in die Zukunft. Maximilian Franz aber, der neue Kurfürst und Erzbischof, erwies sich bald als ein aufgeschlossener Landesherr, der die kleine Residenz am Rhein einer letzten kurzen Blüte zuführte. Die Akademie wurde zur Universität erhoben, in Hofbibliothek und Lesekabinett sammelte und diskutierte man die neuesten Werke von Goethe, Klopstock und Kant, und in den kurfürstlichen Schlössern inmitten herrlicher Parkanlagen wechselten erlesene Konzerte und Empfänge mit prunkvollen Festlichkeiten, bevor der rauhe Besen der Revolution die ganze Pracht wie einen Spuk wegfegte.

Noch aber freute man sich des Lebens, und Beethoven lernte hier jene Welt überlieferter Eleganz und vergeistigter Kultur kennen, in der er sich dereinst in Wien so oft und selbstverständlich bewegen sollte. Und es scheint wie eine gute Laune des Schicksals, daß schon sein erster Mäzen in Bonn oberstem österreichischem Adel entstammte, einem Kreise, dem er hernach viel zu verdanken hatte: sein Dienstherr Maximilian Franz war ein Sohn der großen Kaiserin Maria Theresia und jüngster Bruder des in Wien regierenden Kaisers Joseph II.; seine besondere Neigung zur Musik hatte er von der Mutter geerbt, und nicht ohne Erfolg bemühte er sich, in Bonn etwas vom Glanze des heimatlichen Musiklebens einzufangen.

Hier gab es Platz für manches junge Talent, und so wurde Ludwig van Beethoven nun doch als Organist angestellt, zu der allerdings bescheidenen Besoldung von einhundertfünfzig Gulden. Die Familie aber war immer mehr auf die Hilfe des Ältesten angewiesen, weshalb sich dieser nach weiteren Einkünften umsah. Dabei kam er als Klavierlehrer in das Haus der Familie von Breuning, deren Oberhaupt, eine angesehene Persönlichkeit und kurfürstlicher Hofrat, 1777 beim großen Schloßbrand tragisch ums Leben gekommen war. Die junge Witwe Therese hatte beherzt die Erziehung ihrer vier unmündigen Kinder in die Hand genommen. Der befreundete Medizinstudent Franz Gerhard Wegeler empfahl ihr den jungen Musiklehrer, in dem sie wohl auch einen passenden Gefährten für ihre Kinder sah, und bald ging Beethoven in dem gastlichen Haus am Münsterplatz ein und aus. Es begann für ihn eine ersprießliche Zeit: Unter dem sanften und verständnisvollen Einfluß der klugen Frau, die ihm zur zweiten Mutter wurde, löste sich sein verkrampftes und verschlossenes Wesen, unbeschwert genoß er die Freuden heiterer Häuslichkeit. Wegeler, nachmals Königlich Preußischer Geheimer und Regierungs-Medizinal-Rat und lebenslanger Freund Beethovens, berichtet in seinen Erinnerungen über das Leben und Treiben im Hause Breuning: „In diesem Hause herrschte, bei allem jugendlichen Mutwillen, ein ungezwungener, gebildeter Ton. Hausfreunde zeichneten sich durch gesellige Unterhaltung aus, welche das Nützliche mit dem Angenehmen verband ... Beethoven wurde bald als Kind des Hauses behandelt; er brachte nicht nur den größten Teil des Tages, sondern selbst manche Nacht dort zu. Hier fühlte er sich frei, hier bewegte er sich mit Leichtigkeit, alles wirkte zusammen, um ihn heiter zu stimmen und seinen Geist zu entwickeln. – Die noch bei mir lebende Mutter von Breuning besaß die größte Gewalt über den oft störrischen, unfreundlichen Jüngling."

Diesem mochten die sich immer schwieriger gestaltenden Verhältnisse daheim zu schaffen machen: Die kränkliche, früh verbrauchte Mutter hatte nicht mehr die Kraft, im Haus nach dem Rechten zu sehen, und an ihrem haltlosen, immer unheilvoller zum Trinken neigenden Mann hatte sie keine Stütze, so daß es oft am Nötigsten mangelte.

UM SO freudiger ergriff Ludwig die Gelegenheit zu einer Studienreise nach Wien, die sich ihm jetzt bot. Was für Gründe dazu führten, konnte bis heute nicht restlos geklärt werden. Mag sein, daß auch hier wieder der treue Lehrer Neefe einsprang, der seinem Schüler ja schon früher eine solche Reise gewünscht hatte; mag sein, daß der Kurfürst selbst seinem Schützling die nötigen Empfehlungen mitgab, nachdem dieser erst kürzlich wieder mit drei mozartschen Geist atmenden Quartetten eine beachtliche Probe seines Könnens abgelegt hatte – Maximilian Franz, der Mozart persönlich kannte und bewunderte, den seine Herkunft eng mit dem Wiener Kunstleben verband, mußte daran gelegen sein, daß auch seine Bonner Künstler durch diese hohe Schule der Musikpflege gingen. So besteigt denn der junge Beethoven Mitte März 1787 guten Mutes die Postkutsche, die ihn auf mehrtägiger Fahrt über Augsburg und München kurz vor Ostern nach Wien bringen soll, die glanzvolle Metropole der mächtigen habsburgischen Erblande, die Stadt Glucks, Haydns und Mozarts.

Verwirrt läßt der junge Rheinländer auf dem Kohlmarkt das bunte Völkergemisch der Donaumonarchie an sich vorbeiziehen, sehnsüchtig betrachtet er die verschwenderischen Auslagen der reichen Läden am Graben, scheu mischt er sich unter die elegante, promenierende Menge. Aber nicht zum Flanieren war er ja nach Wien gekommen, sondern um dem berühmten und verehrten Mozart vorgestellt zu werden und von ihm zu lernen. Es gelingt Beethoven auch, beim Meister Zutritt zu erlangen und ihm vorzuspielen. Begreiflich, daß die Nachwelt sich von dieser Begegnung zweier der größten Geister der Tonkunst ihr eigenes Bild gemacht, ja, ihnen Aussprüche in den Mund gelegt hat, die in keiner Weise verbürgt sind. Wollen wir der Wahrheit die Ehre geben, können wir über diesen Besuch nur berichten, daß Mozart die außergewöhnlichen Anlagen seines jugendlichen Besuchers erkannt und ihm mit wohlwollenden, aber nicht überlieferten Worten seine Anerkennung ausgesprochen hat.

Die häuslichen Sorgen jedoch verfolgen Beethoven bis nach Wien: Aus Bonn erreicht ihn die böse Nachricht, daß seine Mutter auf den Tod krank darniederliege, und so kehrt er Anfang Juni eilends zurück. Dort findet er sie „in den elendesten Gesundheitszuständen", wie er in einem Brief an eine befreundete Familie klagt. Am 17. Juli 1787 schließt, nach einem Leben, das mit Mühsal beladen war, die Frau für immer ihre Augen, die der Welt eines ihrer großen Genies geschenkt hatte.

NUN LASTET die Verantwortung für den mutterlosen Haushalt ganz auf dem Ältesten – der Vater, willenlos dem Trunk verfallen, muß mit einer kleinen Pension aus dem Dienst entlassen und entmündigt werden, die beiden jüngeren Brüder Karl und Johann kommen in eine Lehre, und um dem ärgsten Elend gegenzusteuern, wandern die Kleider der Verstorbenen zum Trödler, ein Teil des Hausrats in die Pfandleihanstalt.

Zu all dem Unheil befällt Ludwig eine Erkrankung, die ihn befürchten läßt, er habe das Lungenleiden seiner Mutter geerbt, und er versinkt in Melancholie, „ein fast ebenso großes Übel, als meine Krankheit selbst". Die Wiener Eindrücke, der Tod der Mutter, die Kümmernisse und Nöte, das alles ist für den empfindsamen Jüngling im Entwicklungsalter zuviel. Um so bewunderungswürdiger, wie der junge Beethoven trotz allem, ganz auf sich gestellt, seinem späteren Leitspruch getreu „dem Schicksal in den Rachen greift" und seine Pflichten als Haushaltsvorstand, Erzieher, Lehrer und Musiker tapfer und gewissenhaft erfüllt. In ihm wohnt ein Pflichtgefühl, das ihm schon damals alle Unbill überwinden hilft und seine Persönlichkeit festigt.

In dieser schweren Zeit findet er wieder Zuflucht im Hause Breuning. Hier wachsen Freundschaften fürs Leben, mit den Söhnen Stephan und Christoph, mit dem Medizinstudenten Wegeler, hier lernt er seinen ersten wahrhaft fürstlichen Beschützer kennen, den österreichischen Grafen Ferdinand Ernst von Waldstein, der 1788 als Novize des Hoch- und Deutschmeisterordens an den kurfürstlichen Hof nach Bonn gekommen war, und hier keimt auch seine erste innige Zuneigung zu einem Mädchen, zur feinen und klugen Tochter des Hauses Eleonore, seinem „Lorchen". Aber ach, es ist nicht leicht, Beethovens Freund zu sein, schon melden sich sein Temperament und seine Reizbarkeit, schwärmerische Wertherstimmung schlägt beim kleinsten Anlaß jäh in unbeherrschten Zorn um. Es stellt seinen damaligen Gefährten ein gutes Zeugnis aus, daß sie solchen „Raptus", wie sie sein Aufbrausen scherzhaft nennen, als Ausbruch leidenschaftlicher und genialer Kräfte verstehen, deren ihr Besitzer selbst nicht Herr zu werden vermag.

Das gesellschaftliche und kulturelle Leben in der rheinischen Residenz nimmt einen letzten Aufschwung: Berühmte auswärtige Künstler beehren Bonn mit ihrem Besuch, der neue Direktor Joseph Reicha bringt das Theater zu hoher Blüte, und zusammen mit dessen ihm befreundeten Neffen Anton läßt sich

Ludwig van Beethoven gar in die philosophische Fakultät der kurfürstlichen Universität immatrikulieren. Hier haben der freiheitliche Aufklärungsgedanke, das Ideal der Humanität eine hochherzige Pflegestätte gefunden. Diese fruchtbare Zeit straft jene immer wieder verbreitete Fabel von Beethovens trostloser Jugend Lügen: hat er doch neben aller Plage in Bonn auch reiche Eindrücke empfangen, Heiterkeit und Anregung genossen.

Sein kompositorisches Können wächst ebenfalls; neben verschiedenen Liedern und Klavierstücken entstehen ein noch heute gespieltes Trio für Klavier, Flöte und Fagott, zwei nur unvollständig erhaltene Klavierkonzerte, sogar der Entwurf zu einer Sinfonie. Am Fastnachtssonntag 1791 wird im Redoutensaal ein prächtiges, farbenfrohes Ritterballett in altdeutscher Tracht aufgeführt, mit Musik von Beethoven und von seinem Förderer Waldstein arrangiert. Der feinsinnige Graf hat in dem eigenwilligen jungen Musiker den göttlichen Funken erkannt und wird ihm geistig wie materiell zum selbstlosen Freund und Helfer. Er führt damit würdig die lange Reihe hochgestellter Protektoren an, die Beethoven in seinem Leben noch finden sollte.

Nicht als Komponist aber, sondern als Virtuose erregte Beethoven vorerst die Aufmerksamkeit der Musikliebhaber. Ausflüge mit dem kurfürstlichen Hof den Rhein und Main hinauf boten ihm Gelegenheit, seine Kunst zu zeigen, und der nachmalige kurkölnische Rat Wurzer schildert anschaulich einen solchen Anlaß: „Beethoven fing nun an, Themata, die ihm die Gesellschaft aufgab zu variieren, so daß wir wahrhaft davon ergriffen wurden; aber was weit mehr war und den neuen Orpheus verkündigte: gemeine Arbeitsleute, die unten in der Kirche das durch das Bauen Beschmutzte rein machten, wurden lebhaft davon affiziert, legten vor und nach ihre Werkzeuge hin und hörten mit Staunen und sichtbarem Wohlgefallen zu." Schon hier erweist sich Beethovens später so berühmte Kunst des freien Phantasierens und seine Macht über das einfache Menschenherz, das fein und unverbildet Echt von Unecht zu unterscheiden vermag. Beethovens Spiel weicht bereits damals von der üblichen glatten Virtuosität ab und will sich „einen ganz eigenen Weg bahnen" – einen Weg, der zur Erschließung neuer musikalischer Landschaften führen sollte, hinauf zu den Gipfeln des poetischen und rein persönlichen Ausdrucks.

Um diese Zeit war es auch, daß der vielgeehrte Meister Joseph Haydn eingeladen wurde, auf einer Reise in Bonn Station zu machen, wo man ihn festlich empfängt. Nach dem üppigen Bankett läßt der Kurfürst dem illustren Gast zum Beweise, daß man am Rhein nicht nur leiblichen Genüssen hold ist, seine Künstler von der Hofkapelle vorstellen, und stolzverlegen zeigt Ludwig van Beethoven eine der zwei Kantaten, die er kurz zuvor komponiert hat, die eine auf den Tod Josephs II., die andere auf die Erhebung Leopolds II. zum Kaiser. Der kluge Haydn spürt sofort die ungewöhnliche Begabung des jungen Komponisten, und seine väterlichen Ratschläge bestätigen, was Beethoven in seinem Innern schon längst ahnte: In Bonn ist seines Bleibens nicht länger. Er hat gelernt, was hier zu lernen war, und es drängt ihn aus der kleinen, ruhigen Residenz hinaus in die große Welt. Seine getreuen Freunde helfen ihm auch diesmal wieder, er wird vom Kurfürsten bei Weiterzahlung des Gehalts gnädigst beurlaubt, und am 2. November 1792, nicht ganz ein Jahr nach Mozarts Tod, tritt der hoffnungsvolle Musiker seine zweite Studienreise nach Wien an.

Der Schüler als Meister

„Aus allen Fenstern schallt Musik, in allen Hofräumen Musik, aus jedem Gasthause Musik", so ruft in komischer Verzweiflung ein Reisender aus, als er Ende des achtzehnten Jahrhunderts Wien besucht. An den Straßenecken fiedeln blinde Geiger, Volkssänger ziehen von Gasthof zu Gasthof, und Musikleidenschaft herrscht in den Bürgerhäusern wie in den Palästen des Adels.

Werfen wir einen Blick durch die hohen Fenster eines solchen vornehmen Wiener Stadthauses, in den Salon des Palais Lichnowsky an der Alsergasse. Es ist spätabends. Topasener Kerzenschein beleuchtet eine illustre Gesellschaft, die sich plaudernd zur Assemblee eingefunden hat, die schönen Damen mit graugepuderten Locken, in kostbar faltenreichen Roben, die Herren fast

Ansicht der Stadt Wien um 1780

noch farbenfreudiger, in besticktem Rock mit Kniehosen oder gar schon im neumodischen Schwalbenschwanz, im bunten Frack. Während Diener Erfrischungen herumreichen, geleitet der Hausherr einen jungen Künstler nach vorn. Schaute nicht ein kräftig gebautes, dunkelfarbiges Gesicht mit kühner Stirn aus der kunstvoll geschlungenen weißen Halsbinde, wir erkennten hinter der eleganten Fassade unsern rheinischen Musiker nicht wieder. Er nickt den Anwesenden kurz zu, setzt sich ans Pianoforte und beginnt zu spielen.

Lange noch erinnert sich einer der Zuhörer an dieses Erlebnis: „Nach einigen Anklängen und gleichsam hingeworfenen Figuren, die er unbedeutsam so dahingleiten ließ: entschleierte der selbstschaffende Genius so nach und nach sein tiefempfundenes Seelengemälde. Während er sich ganz seiner Einbildungskraft dahingegeben, verließ er allemach den Zauber seiner Klänge und mit dem Feuer der Jugend trat er kühn (um heftige Leidenschaften auszudrücken) in weit entfernte Tonleitern. Nachdem der Künstler seine Virtuosität so meisterhaft beurkundet: verändert er die süßen Klänge in traurig wehmütige, sodann in zärtlich rührende Affekte, dieselben wieder in freudige bis zur scherzenden Tändelei. Jeder dieser Figuren gab er einen bestimmten Charakter, und

sie trugen das Gepräge leidenschaftlicher Empfindung, in denen
er das Eigene, Selbstempfundene rein aussprach. – In der Ausführung dieser Phantasie herrschte die größte Richtigkeit."
Betroffen lauscht die Gesellschaft diesem erregenden musikalischen Bekenntnis. Das ist nicht mehr die maßvolle Grazie eines
Mozart, nicht mehr die konventionelle Kunstfertigkeit gefeierter
Virtuosen wie Hummel oder Clementi oder Wölffl – nein, hier
glüht ein Feuergeist, der das Instrument unter seinen starken Fin-
gern jubeln, klagen, aufbrausen und sich wieder besänftigen läßt.
Beethoven achtet des Beifalls nicht und begibt sich zu zwei
älteren Herren, die während des Vortrages steif, aber aufmerksam
auf einem Sofa an der Seite des Salons gesessen haben, beide kor-
rekt nach der alten höfischen Mode gekleidet, mit gepudertem
Haarbeutel, weißseidenen Wadenstrümpfen und großen Schnal-
len an den Schuhen: Hofkapellmeister Antonio Salieri und neben
ihm Joseph Haydn, auf dessen Rat Beethoven vor zwei Jahren
nach Wien gekommen war.
Sie kamen einander allerdings nicht gleich näher, Schüler und
Meister: der vielbeschäftigte Komponist hatte sich mehr aus
Gefälligkeit wohl anerboten, den jungen Künstler in der Komposition zu unterweisen, während dieser eine systematische Fort-
setzung seiner Bonner Studien erwarten mochte, die ihn, wie wir
wissen, schon recht weit gebracht hatten. Bei Haydn jedoch
beschränkte sich der Unterricht auf unregelmäßige Zusammen-
künfte, in denen zwanglos Übungen und Aufgaben im strengen
Satz durchgearbeitet wurden, jener gelehrten musikalischen
Schreibweise, wie sie im 15. und 16. Jahrhundert von der niederländischen Schule aufgestellt und mit höchster Vollendung
gepflegt worden war. Diese festen Regeln der Stimmführung
haben bis zum heutigen Tag ihre Gültigkeit behalten als eine Art
musikalischer Grammatik für jeden angehenden Komponisten.
Nun war aber Beethoven auf diesem Gebiet kein Anfänger mehr,
sein tüchtiger Lehrer Neefe hatte ihn gut vorbereitet. Ihn dürstete, tiefer in Wesen und Geist dieser Kunst eingeführt zu werden, und so mußte es ihn enttäuschen, von Haydn nicht viel mehr
als oberflächliche Unterweisung zu erhalten. Als gar Johann
Schenk, ein beliebter Singspiel-Komponist, in den Übungsheften
einige Schnitzer entdeckte, die Haydn übersehen hatte, war

Beethovens Entschluß gefaßt: hinter des Meisters Rücken nahm er nun Unterricht beim braven Schenk und später bei einem der berühmtesten Theoretiker seiner Zeit, bei Johann Georg Albrechtsberger, während ihn Maestro Salieri, der erfolgreiche Opernkomponist, in die Geheimnisse der Gesangskomposition einführte.

AUCH andere Schwierigkeiten blieben Beethoven in der ersten Wiener Zeit nicht erspart. Wenige Wochen nach seiner Ankunft starb in Bonn der Vater, und damit fiel auch ein Teil der Einkünfte weg, die Ludwig an dessen Statt für die Erziehung seiner beiden Brüder vom kurfürstlichen Hof ausgesetzt worden waren. Zwei Jahre später gar versiegte diese Einnahmequelle gänzlich – die wilden Heere der Französischen Revolution besetzten 1794 das linke Rheinufer, und der Kurfürst mußte Hals über Kopf die Residenz verlassen. Als einsamer Flüchtling beschloß er wenige Jahre später in Hetzendorf bei Wien sein Leben.

Beethoven brachte sich trotz dieser Schläge recht und schlecht als Pianist und Klavierlehrer durch. Der nüchterne Rechner, der er immer gewesen ist, wußte aber auch, was er seiner künftigen Laufbahn schuldig war: In seinem Notizbuch finden wir gewissenhaft Ausgaben für schwarze seidene Strümpfe, für den Perückenmacher, ja, für einen Tanzmeister vermerkt. Beethoven beim Tanzlehrer! Zum Vergnügen wird er diesen Unterricht nicht genommen haben, aber er wollte vor der hohen Gesellschaft bestehen. Die Empfehlungen des Grafen Waldstein verschafften ihm bald Zutritt zu solchen Kreisen; insbesondere der Fürst Karl Lichnowsky und seine feine Gemahlin Christiane nahmen sich mit rührender Fürsorge des armen Musikers an. Ihnen hatte es Beethoven vor allem zu danken, wenn sein Stern bald strahlend am Wiener Kunsthimmel aufging.

Hier fand er ein gastliches Heim, hier teilte man seine Sorgen, hier huldigte man dem hinreißenden Klavierspieler. So finden wir ihn auch als ständigen Gast bei den allwöchentlichen Soireen, an denen man Theater spielte oder, eine beliebte Gesellschaftsunterhaltung jener Zeit, lebende Bilder stellte. Den Abschluß machten meist musikalische Darbietungen, wie wir vorhin einer beim Fürsten Lichnowsky beigewohnt haben. Während sich nun Beethoven leise mit seinen Lehrern Haydn und Salieri unterhält, trägt eine adelige Dilettantin eine anmutige Arie vor. Allerdings, nach dem feurigen Sturm, den eben Beethoven auf dem Flügel entfesselte, klingt das recht brav und konventionell. So beruhigt sich die angeregte Konversation im Salon erst wieder, als der Fürst stolz die erste Aufführung dreier Trios seines Schützlings ankündigt, für Klavier, Violine und Violoncello. Hat der eigenwillige Virtuose auch als Komponist Neues zu sagen? Erwartungsvoll nimmt alles seinen Platz ein, darunter auch der schon erwähnte Ferdinand Ries, Sohn eines Bonner Musikers und Freundes der Familie: „Die Trios wurden gespielt und machten gleich außerordentliches Aufsehen. Auch Haydn sagte viel Schönes darüber, riet aber Beethoven, das dritte in c-moll nicht herauszugeben. Dieses fiel Beethoven sehr auf, indem er es für das beste hielt. Daher machte diese Äußerung Haydns auf Beethoven einen bösen Eindruck und ließ bei ihm die Idee zurück: Haydn sei neidisch, eifersüchtig und meine es mit ihm nicht gut."

Dieses Mißtrauen war unbegründet. Der warmherzige Haydn dachte nicht daran, den jungen Musiker herabzusetzen. „Kenner und Nichtkenner müssen eingestehen, daß Beethoven mit der Zeit die Stelle eines der größten Tonkünstler in Europa vertreten werde, und ich werde stolz sein, mich seinen Meister nennen zu können", hatte er vor kurzem erst Beethovens ehemaligem Schirmherrn Maximilian Franz geschrieben und sich selbstlos für seinen Schüler eingesetzt – nein: Haydn mußte fürchten, diese erstaunlich selbständigen Werke persönlichster Empfindung würden beim Hörer auf Verständnislosigkeit oder gar Ablehnung stoßen. Hier wurden wirklich von ungeduldiger Hand die Schranken niedergerissen, die höfische Kultur und musikalische Tradition bisher allzu unverhüllter Darstellung innerster Seelenregungen gesetzt hatten. Solche Kräfte mußten Haydn beunruhigen, Haydn, der in seinem tiefsten Wesen vornehm war und im schönen Sinne des Wortes ein Aristokrat.

Beethoven aber wußte, daß er mit diesen Trios sein Meisterstück geliefert hatte, und er ließ sie als sein Opus 1, sein erstes Werk, drucken.

DER IHM dies durch die Übernahme der Druckkosten ermöglicht hatte, der Fürst Lichnowsky, lud nun Beethoven als Hausgast in sein Palais ein. Das enthob den Künstler wohl aller finanziellen Sorgen, zwängte ihn aber in einen Panzer gesellschaftlicher Etikette, in dem es ihm bald zu eng wurde: „Nun soll ich täglich um halb vier Uhr zu Hause sein, mich etwas besser anziehen, für den Bart sorgen – das halt' ich nicht aus!" Er bleibt der alte Querkopf und spielt aus purem Steifsinn den großen Herrn. Ein eigener Bursche muß her, und von dem Reichsgrafen von Browne erhält Beethoven gar ein Reitpferd geschenkt, das er, wie wieder Ries berichtet, auch einige Male ritt; aber er „vergaß es bald darauf und, was schlimmer war, auch dessen Futter. Sein Bedienter, der dieses gar bald merkte, fing an, das Pferd für Geld zu seinem eigenen Vorteile auszuleihen, und übergab, um Beethoven nicht aufmerksam zu machen, lange keine Futterrechnung. Endlich aber ward zu Beethovens größtem Erstaunen eine gar große eingereicht, welche ihm plötzlich sein Pferd und zugleich seine Nachlässigkeit ins Gedächtnis zurückrief . . ."

Diese Nachlässigkeit griff bald auch wieder auf sein Äußeres über: „Er war klein und unscheinbar, mit einem häßlichen roten Gesicht voll Pockennarben", schildert ihn eine junge Zuhörerin. „Sein Haar war ganz dunkel und hing fast zottig ums Gesicht. Sein Anzug war sehr gewöhnlich und nicht entfernt von der Gewähltheit, die in jenen Tagen und besonders in unseren Kreisen üblich war. Dabei sprach er sehr im Dialekt und in einer etwas gewöhnlichen Ausdrucksweise, wie denn überhaupt sein Wesen nichts von äußerer Bildung verriet, vielmehr unmanierlich in seinem ganzen Gebaren und Benehmen war. Er war sehr stolz . . ." und hielt es, so möchten wir beifügen, nicht mehr für nötig, sich in Artigkeiten zu ergehen. „Mit dem Adel ist leicht verkehren", verkündete er selbstbewußt, „wenn man etwas hat, womit man ihm imponiert."

Und wahrlich, das hatte Beethoven: Sein geniales Klavierspiel und die hohe Protektion seines fürstlichen Gönners öffneten ihm die Türen zu all den vornehmen und reichen Salons, in denen damals vor kunstsinnigem Publikum musiziert wurde. Wir begegnen dem gelehrten Bibliothekar Baron van Swieten, dem Grafen Moritz Lichnowsky, Bruder des Fürsten und Schüler Mozarts,

Titelseite der drei Klaviertrios op. 1, die anläßlich einer Soiree beim Fürsten Lichnowsky erstmals öffentlich gespielt wurden

TROIS TRIOS
Pour le Piano-Forte
Violon, et Violoncelle
Composés & Dediés
A Son Altesse Monseigneur le Prince
CHARLES de LICHNOWSKY
par
LOUIS van BEETHOVEN
Oeuvre N°

Fürst Karl Lichnowsky, einer der großen Gönner Beethovens. Er förderte den Künstler vor allem in dessen ersten Wiener Jahren.

Ihrer Hartnäckigkeit verdanken wir die endgültige Fassung des „Fidelio": Fürstin Maria Christiane Lichnowsky

dem russischen Gesandten Graf Rasumowsky, dem musikbegeisterten Grafen Lobkowitz, alles Männer von Rang, denen noble Gesinnung den Ruhm erwarb, auf immer mit dem Werk Ludwig van Beethovens verbunden zu sein. Standen Haydn und Mozart noch im Dienste der Gesellschaft, so wurde hier zum ersten Mal der Künstler als freie, unabhängige Persönlichkeit anerkannt.

Binnen kurzem galt Beethoven als Wiens erster Virtuose, über dessen wunderbare Fähigkeiten man sich wahre Märchen erzählte. Zu diesem frühen Ansehen verhalfen ihm besonders die Wettstreite mit anderen geschätzten Pianisten, die damals das Publikum fesselten wie heute ein sportlicher Kampf. Der mit Beethoven bekannte Kapellmeister Ignaz von Seyfried läßt uns an solch einem Wettspiel mit dem berühmten Virtuosen Josef Wölffl teilnehmen:

> Jeder trug seine jüngsten Geistesprodukte vor; bald ließ der eine oder der andere den momentanen Eingebungen seiner glühenden Phantasie freien, ungezügelten Lauf; bald setzten sich beide an zwei Pianoforte, improvisierten wechselweise über gegenseitig sich angegebene Themas und schufen also gar manches vierhändige Capriccio, welches, hätte es im Augenblicke der Geburt zu Papier gebracht werden können, sicherlich der Vergänglichkeit getrotzt haben würde.

> Im Phantasieren verleugnete Beethoven schon damals nicht seinen mehr zum unheimlich Düstern sich hinneigenden Charakter; schwelgte er einmal im unermeßlichen Tonreich, dann war er auch entrissen dem Irdischen; der Geist hatte zersprengt alle beengenden Fesseln, abgeschüttelt das Joch der Knechtschaft und flog siegreich jubelnd empor in lichte Ätherräume, jetzt brauste sein Spiel dahin gleich einem wild schäumenden Katarakte, und der Beschwörer zwang das Instrument mitunter zu einer Kraftäußerung, welcher kaum der stärkste Bau zu gehorchen imstande war, nun sank er zurück, abgespannt, leise Klagen aushauchend, in Wehmut zerfließend . . .

Solche Kunst der Improvisation, die Beethoven als einen letzten Erben jenes musikalischen Zeitalters, in dem die Niederschrift nur als Skizze und Hinweis diente, mit seinen großen Vorgängern Buxtehude und Bach verband, mußte ihren Niederschlag auch in seinen Kompositionen finden. Nur schwer läßt sich der unbändige Quell von Ideen fassen, der dem jugendlichen

Kopf entsprudelt, doch mit beharrlicher Selbstzucht zwingt er ihn in die Form der Sonate.

Dieses „Klingstück", im Gegensatz zur Kantate, zum „Singstück", wurde aus der alten Tanzsuite geboren. Die lose Kette einzelner Sätze wird zum wohlerwogenen Gefüge, auf Satz folgt Gegen-Satz, der Ablauf verdichtet sich zur Ordnung Schnell – Langsam – Schnell. Es gereicht Philipp Emanuel Bach, dem genialen Sohn des großen Thomaskantors, zum wesentlichen Verdienst, diese Form mit poetischem Inhalt erfüllt, das überlieferte Schema zu pulsierendem Leben erweckt zu haben. Nach seinen Anweisungen unterrichtete Neefe in Bonn den jungen Beethoven, und mit den drei Klaviersonaten op. 2 tritt der Schüler das Erbe an. Mit ihnen beginnt auch eine Auseinandersetzung, die den Meister sein Leben lang nicht loslassen sollte: die Auseinandersetzung mit sich selbst, das Ringen um den Ausgleich zwischen persönlicher Aussage und formaler Zucht. Beethoven war kein rücksichtsloser Revolutionär, der bedenkenlos das Bestehende niederriß, er respektierte die Überlieferung und machte sich ihre Regeln zu eigen, bevor er sie durch neue ersetzte.

Beethoven steht auf einem Scheitelpunkt der Musikgeschichte, als Vollender und Anreger zugleich. Er verkörpert den Beginn der Romantik und das Ende der Klassik. Denn neben seinen ersten vorwärtsdrängenden Werken entsteht, zum Teil noch für den Bonner Hof, in leichter Folge Kammermusik für verschiedenste Besetzungen, von den Stücken für eine Spieluhr bis zum Oktett für Oboen, Klarinetten, Fagotte und Hörner; Kunstformen also, die ganz dem gesellschaftlichen Divertissement dienen. Dazu zählt vornehmlich das bezaubernde Septett op. 20, von dem Beethoven selbst in seinen späteren Jahren weniger begeistert war als wir Nachfahren heute: natürliche Empfindung sei darin, gibt er zwar zu, aber wenig Kunst.

Überhaupt stellte Beethoven höchste Ansprüche an seine Arbeit. Eines Morgens kam der Hofkapellsänger Barth, so berichtet dessen Sohn, zum Meister, mit dem er auf freundschaftlichem Fuße stand. „Guten Tag, was gibt es Neues?"

„Hier!" erwiderte Beethoven und reichte dem Eintretenden ein Manuskript. „Ich habe es heute niedergeschrieben und seht, just brennt das Feuer im Ofen lustig, da soll's hinein."

„Laßt sehen!" Barth nahm das Blatt, las, versuchte, las wieder; endlich sagte er zu Beethoven: „Will's einmal probieren, wenn Ihr's hören wollt?"

„Singt's, wenn Ihr wollt!" Barth begann, Beethoven wurde, in Papieren stöbernd, aufmerksam, hörte endlich ganz ruhig zu, sein Gesicht, eben noch finster, wurde ernst, und als der Sänger begeistert geendet hatte, sagte er ganz heiter: „Nein, lieber Alter! Das werden wir nicht verbrennen!"

Es war . . . Beethovens unsterbliches Lied „Adelaide"!

AM SONNTAG, dem 29. März 1795, gab die Tonkünstlersozietät im Burgtheater ein Wohltätigkeitskonzert, bei dem auch Beethoven mitwirkte. Es war sein erstes öffentliches Auftreten in der österreichischen Metropole, und die *Wiener Zeitung* äußerte sich sehr wohlwollend über das Debüt: „Am ersten Abend hat der berühmte Herr Ludwig van Beethoven mit einem von ihm selbst verfaßten ganz neuen Konzerte auf dem Pianoforte den ungeteilten Beifall des Publikums geerntet" – vermutlich war es dasjenige in B-Dur, das als sein Opus 19 erst später veröffentlicht werden sollte.

Man darf nämlich bei Beethoven von den Opuszahlen nicht auf die Entstehungszeit der Werke schließen: sie erhalten oft ihre Nummer erst im Augenblick der Herausgabe und sind deshalb nicht chronologisch geordnet. So gehört op. 129, die ergötzliche „Wut über den verlornen Groschen, ausgetobt in einer Caprice", gleichfalls in diese Zeit erster Erfolge. „Etwas Lustigeres gibt es schwerlich als diese Schnurre!" ruft Robert Schumann später begeistert aus. „Hab' ich doch in einem Zug lachen müssen, als ich's neulich zum ersten Male spielte."

Bald darauf, im Jahr 1796, nimmt Fürst Lichnowsky seinen Schützling auf eine Kunstreise nach Prag mit. Stolz schreibt Beethoven von da aus seinen Brüdern, die er inzwischen nach Wien hatte kommen lassen: „Fürs erste geht mir's gut, recht gut. Meine Kunst erwirbt mir Freunde und Achtung, was will ich mehr. Auch Geld werde ich diesmal ziemlich bekommen."

Berichte solcher Freunde lassen uns diese Reise miterleben. So meldet der junge Komponist Wenzel Tomaschek: „Er gab im Konviktssaale ein sehr besuchtes Konzert . . . Durch Beethovens großartiges Spiel und vorzüglich durch die kühne Durchführung seiner Phantasie wurde mein Gemüt auf eine ganz fremdartige Weise erschüttert. Wenn verglichen sein soll, so denke ich mir Mozarts Geist als eine Sonne, die leuchtet und erwärmt, ohne ihre gesetzmäßige Bahn zu verlassen; Beethoven nenne ich einen Komet, der kühne Bahnen bezeichnet, ohne sich einem System zu unterordnen."

Von Prag geht es über Dresden und Leipzig nach Berlin, wo Beethoven sich vor dem musikverständigen König hören läßt. Obwohl der Künstler, so berichtet Ries, „in seinem Betragen gar keinen Unterschied zwischen den höchsten und hohen Personen und jenen niedrigern Standes machte, so war er doch für die Artigkeiten der ersteren nicht unempfindlich. In Berlin spielte er einigemal bei Hofe ... Beim Abschiede erhielt er eine goldene Dose mit Louisdors gefüllt. Beethoven erzählte mit Selbstgefühl, daß es keine gewöhnliche Dose gewesen sei, sondern eine der Art, wie sie den Gesandten wohl gegeben werden."

Schon mischen sich aber Verständnislosigkeit und Ablehnung in das allgemeine Urteil. Der gleiche Tomaschek gibt nach einem zweiten Konzert Beethovens in Prag zu bedenken: „Ich bewunderte zwar sein kräftiges und glänzendes Spiel, doch entgingen mir nicht seine öfteren kühnen Absprünge von einem Motiv zum andern, wodurch dann die organische Verbindung, eine allmähliche Ideenentwicklung, aufgehoben wird. Solche Übelstände schwächen oft seine großartigsten Tonwerke, die er in seiner überglücklichen Konzeption schuf. Das Sonderbare und Originelle schien ihm bei der Komposition die Hauptsache zu sein."

Während man so dem neuartigen Genie etwas ratlos gegenübersteht, eilt in Oberitalien der junge französische General Bonaparte von Sieg zu Sieg, vollendet in Weimar der Geheime Rat von Goethe seinen Entwicklungsroman „Wilhelm Meisters Lehrjahre". Beethoven ist aus demselben Holz geschnitzt wie diese zwei Großen, die er so sehr bewunderte und die ihm nie recht nahe kommen sollten. Gleich ihnen strebt er über die Grenzen seines Zeitalters hinaus, und in seinem Tagebuch nimmt er sich vor: „Mut! Auch bei allen Schwächen des Körpers soll doch mein Geist herrschen. – Fünfundzwanzig Jahre, sie sind da, dieses Jahr muß den völligen Mann entscheiden. Nichts muß übrigbleiben."

Das Klavier ist noch immer die Grundlage seiner Existenz, aber schon beginnt er mit Skizzen zu einer Sinfonie. Ringt er in der Klaviersonate mit dem eigenen Ich, so sucht er in der Sinfonie Allgemeingültiges auszusagen. Die Eingangstakte zur ersten Sinfonie in C-Dur sind das Portal, durch das Beethoven seine Zeitgenossen in eine neue musikalische Welt führt, in das Reich der Idee, wo Töne ausdrücken, was dem Wort zu sagen verwehrt ist. „Musik ist höhere Offenbarung als alle Weisheit und Philosophie."

Jeder Takt ist das Ergebnis zäher Arbeit. „Ich verändere manches, verwerfe und versuche aufs neue so lange, bis ich damit zufrieden bin; dann aber beginnt in meinem Kopfe die Verarbeitung in die Breite, in die Enge, Höhe und Tiefe, und da ich mir bewußt bin, was ich will, so verläßt mich die zugrundeliegende Idee niemals, sie steigt, sie wächst empor, ich höre und sehe das Bild in seiner ganzen Ausdehnung, wie in einem Guß vor meinem Geiste stehen." Der Neuerer Beethoven ist zugleich Klassiker genug, um sich nicht ganz nur dem Gefühl, dem ersten Impuls hinzugeben: er ringt um die Vervollkommnung jedes Gedankens. Seine Skizzenbücher sind kostbare Zeugnisse dieses harten, unerbittlichen Kampfes um eine Synthese zwischen Inhalt und Form, zwischen Leidenschaft und Zucht, der einen guten Teil seiner Größe ausmacht.

In dieser Zeit der Vorbereitung auf seine Aufgabe sucht und findet Beethoven Erholung bei seinen Freunden. Neben den Brüdern Karl und Johann, an denen er weiterhin getreulich die Vaterstelle versieht, war der gute Wegeler zum Abschluß seines Medizinstudiums nach Wien gekommen, und später folgten die Jugendgefährten Stephan und Lorenz von Breuning. „Lieber guter Breuning!" trägt Beethoven in Stephans Album ein, „nie werde ich die Zeit, die ich sowohl schon in Bonn, als wie auch hier, mit Dir zubrachte, vergessen. Erhalte mir die Freundschaft, so wie auch Du mich immer gleich finden wirst."

Zu diesen Bonner Gefährten, die Beethovens Herz stets am nächsten standen, gesellt sich noch der junge Musiker und Theologe Karl Amenda – „Du bist kein Wiener Freund, nein, Du bist einer von denen, wie sie mein vaterländischer Boden hervorzubringen pflegt", schreibt er ihm als Zeichen seiner besonderen Hochschätzung und Zuneigung.

Mit anderen Getreuen wiederum geht er weniger zartfühlend um. Es macht ihm nichts aus, den ihm rührend ergebenen und hilfsbereiten Nikolaus Zmeskall, Edlen von Domanovecz, mit derbem Humor als „Liebster Baron Dreckfahrer", dann wieder „nicht Musikgraf, sondern Freßgraf" zu titulieren. Oder lesen wir die temperamentvollen Schreiben an den Mozartschüler Nepomuk Hummel, die so drastisch den leicht aufbrausenden, aber ebenso schnell wieder reuigen Beethoven vor uns erstehen lassen: „Komme Er nicht mehr zu mir! Er ist ein falscher Hund und falsche Hunde hole der Schinder", und einen Tag später: „Herzens-Nazerl! Du bist ein ehrlicher Kerl und hattest recht, das sehe ich ein. Komm also diesen Nachmittag zu mir. Du findest auch den Schuppanzigh und wir beide wollen Dich rüffeln, knüffeln und schütteln, daß Du Deine Freude daran haben sollst. Dich küßt Dein Beethoven, auch Mehlschöberl genannt."

Denn wenn Beethoven zuweilen auch recht selbstherrlich mit seinen Freunden umspringen konnte, war er ihnen doch ehrlich zugetan. Seinen Gefährten half er selbstlos, wo immer er konnte. „Keiner meiner Freunde darf darben, solange ich etwas hab'."

Daneben aber spürt und läßt er die Kluft spüren, die zwischen ihm und allen anderen Menschen klafft. Er weiß, seinen Weg wird er sich allein erkämpfen müssen. Hatte er damals auch wohl die Lehren Kants noch nicht tiefer kennengelernt, war er seiner ganzen Veranlagung nach doch ein Kantianer. Aus seinem ureigenen Wesen heraus befolgte er die sittliche Forderung, den „kategorischen Imperativ" des Königsberger Philosophen, so zu handeln, „dass die Maxime deines Willens jederzeit zugleich als Prinzip einer allgemeinen Gesetzgebung gelten könnte."

Dieser Wille läßt Werke in ihm reifen wie die Sonate pathétique op. 13, einen Gipfel unter den Schöpfungen seiner ersten Wiener Zeit. Aus ihr weht uns der leidenschaftlich erregte Geist Frankreichs entgegen, das in diesen unruhigen Tagen mit seinen freiheitlichen Gedanken und siegreichen Truppen die österreichische Monarchie bedrängte.

Aber nicht nur dieses Werk erregte Aufsehen, es entstanden in verschwenderischer Fülle Kompositionen mannigfacher Art:

für Klavier die anmutige Sonate op. 7 in Es-Dur, der Schülerin Gräfin Babette von Keglevics gewidmet, der Beethoven in Zipfelmütze, Schlafrock und Pantoffeln Lektionen zu erteilen pflegte; dann Lieder und Variationen, zwölf deutsche Tänze und zwölf Menuette, geschrieben für einen Ball der Gesellschaft der bildenden Künstler im Redoutensaal. Zum in Prag aufgeführten, später als zweites bezeichneten Klavierkonzert in B-Dur gesellt sich das erste in C-Dur, op. 15, der Pathétique

Der Violinvirtuose Ignaz Schuppanzigh, Primgeiger des nach ihm benannten berühmten Quartetts

gehen die drei Klaviersonaten op. 10 voraus. Die drei ersten Sonaten op. 12 für Klavier und Violine, fein und formvollendet, und die beiden Klaviersonaten op. 14 mit ihrem „Streit zweier Prinzipe oder einem Dialog zwischen zwei Personen" vervollständigen das Bild wachsender Schaffenskraft und Reife.

Beethoven hatte das Glück, fast alle Werke in den Salons seiner adligen Freunde praktisch erproben zu können. Die Klavierstücke trug er meist selbst vor, und seine Kammermusik konnte er getrost dem famosen Hausquartett des Fürsten Lichnowsky anvertrauen, das sich jeden Freitag zu gemeinsamem Musizieren einfand. Der gutmütige, beleibte Geiger Ignaz Schuppanzigh – seinen „Falstafferl" nannte er ihn im Scherz – blieb Beethoven bis ans Lebensende ein treuer Freund, der manches Werk aus der Taufe heben half.

Solch günstigen Verhältnissen haben wir es zweifellos mit zu verdanken, wenn uns Beethoven in den Streichquartetten sein kostbarstes Vermächtnis hinterließ. Diese „gesittete Unterhaltung gebildeter Menschen", wie Goethe das Streichquartett nannte, ist die geistigste Art musikalischer Aussage. Der edle Zusammenklang vier gleichberechtigter Instrumente, zweier Violinen, einer Viola und eines Violoncellos, verkündet den reinen musikalischen Gedanken, wie das keine andere Gattung dieser Kunst vermag. Klingt in der Klaviersonate die Fertigkeit der Improvisation, der Ausdruck freier persönlicher Phantasie nach, wendet sich die Sinfonie mit ihrem massiven Orchesterapparat an ein breites Publikum, so spricht das Streichquartett zu wenigen Gleichgesinnten. Herrscht in der Sonate individuelle Freiheit der Gestaltung, so muß sich im Quartett der einzelne dem Gesamten unterordnen; verschmelzen auf der Palette der Sinfonie die Farben vieler Instrumente, behaupten sich beim Quartett die differenzierten Persönlichkeiten der vier Partner in klarem Linienspiel. Ordnung in der Freiheit – das gibt uns Beethoven in seinen Streichquartetten.

Er fand diese Form der Kammermusik schon vollendet vor. Das Quartett galt als das Ideal verfeinerter Gesellschaftskunst, und Haydn hatte fast zwanzig Jahre zuvor nach langer Schaffenspause die Streichquartette op. 33 geschrieben, die nach seinen eigenen Worten auf eine „ganz neue besondre Art" gesetzt waren. Beethoven spürte, daß er nicht einfach da fortfahren konnte, wo der alte Meister nach den Erfahrungen eines langen Lebens angelangt war; so schlug er mit den ersten sechs Streichquartetten op. 18, die, vorwiegend in Dur geschrieben, Frische und Zuversicht atmen, jenen eigenen Weg ein, der ihn zu den Höhen reinsten persönlichen Bekenntnisses führen sollte.

Damals stand Beethoven am Anfang einer Laufbahn, die ihm äußeren Erfolg und innere Befriedigung verhieß. Man erkannte und bewunderte in Wien seine Gaben, sein Ruhm breitete sich über die Grenzen Österreichs aus. Während nicht weit von den Palästen der Hauptstadt, in der Lichtenthaler Vorstadt, der kleine Franz Schubert in einer bescheidenen Lehrerswohnung heranwächst, verwöhnt und verhätschelt die hohe Gesellschaft den jungen Rheinländer. Seinem Freund Wegeler, der inzwischen nach Bonn zurückgekehrt ist, schreibt er:

> Von meiner Lage willst du was wissen; nun sie wäre eben so schlecht nicht, seit vorigem Jahr hat mir Lichnowsky, der, so unglaublich es dir auch ist, wenn ich dir sage, immer mein wärmster Freund war und geblieben, (kleine mißhelligkeiten gab's ja auch unter unß), (und haben nicht eben diese unsere Freundschaft mehr befestigt? –) eine sichere Summe von 600 fl. ausgeworfen, die ich, so lang ich keine für mich

passende Anstellung finde, ziehen kann, meine Komposizionen tragen mir viel ein, und ich kann sagen, daß ich mehr Bestellungen habe, als es fast möglich ist, daß ich machen kann, auch habe ich auf jede Sache 6, 7 Verleger und noch mehr, wenn ich mir's angelegen seyn lassen will, man accordiert nicht mehr mit mir, ich fodere und man zahlt, du siehst, daß es eine hübsche Lage ist z. B. ich sehe einen Freund in Noth und mein Beutel leidet eben nicht, ihm gleich zu helfen, so darf ich mich nur hinsezen und in kurzer Zeit ist ihm geholfen – auch bin ich ökonomischer als sonst, sollte ich immer hier bleiben, so bringe ichs auch sicher dahin daß ich jährlich immer eine Tag zur Academie erhalte . . .

Am 2. April 1800 stellte man Beethoven zum ersten Mal das Hoftheater für solch ein Konzert zur Verfügung. „Dies war wahrlich die interessanteste Akademie seit langer Zeit", berichtet der Kritiker der Leipziger *Allgemeinen Musikalischen Zeitung.* „Er spielte ein neues Konzert von seiner Komposition, das sehr viele Schönheiten hat – besonders die zwei ersten Sätze. Dann wurde ein Septett von ihm gegeben, das mit sehr viel Geschmack und Empfindung geschrieben ist. Er phantasierte dann meisterhaft und am Ende wurde eine Sinfonie von seiner Komposition aufgeführt, worin sehr viel Kunst, Neuheit und Reichtum der Ideen war . . ."

Ein reich befrachtetes Konzert also, mit dem Beethoven Rechenschaft ablegt über seine ersten Wiener Jahre: neben Werken von Haydn, mit denen er dem – trotz allem – verehrten Meister seine Reverenz erweist, gibt Beethoven Proben seiner Improvisationskunst am Klavier; dazu ein Klavierkonzert – wohl dasjenige in C-Dur – und, zum ersten Mal in der Öffentlichkeit, das Septett und die erste Sinfonie.

Dieses Konzert beschließt eine glückliche, zukunftsfrohe Zeit im Leben Beethovens. Stattlich und imponierend ist die Ernte, wenn man bedenkt, daß er nebenher noch Studierender, Solist und Lehrer war. Sein von hohem Ethos erfüllter Wille bewahrte ihn jedoch davor, vom frühen Erfolg verwöhnt und träge zu werden, und den Freunden in Bonn versprach er: „So viel will ich euch sagen, daß ihr mich nur recht groß wieder sehen werdet; nicht als Künstler sollt ihr mich größer, sondern auch als Mensch sollt ihr mich besser, vollkommener finden."

Der Stachel im Fleische

Ein frühlingsblauer Maimorgen ist's, im Jahre 1799, als es an Beethovens hochgelegener Wohnung am St.-Peters-Platz klopft. Vor ihm stehen drei elegante Damen, noch etwas atemlos vom Erklimmen der steilen Wendeltreppe – die vornehme Gräfin Brunswick und ihre zwei Töchter, die anmutigen Komtessen Therese und Josephine. Die energische Frau Mama war vom heimatlichen Schloßgut Martonvásár im Ungarischen für einige Tage nach Wien gekommen, um die beiden jungen Damen in die Gesellschaft einzuführen, und auf dem Programm stand auch Musikunterricht beim berühmten Herrn Louis van Beethoven. Nur eine persönliche Visite, so hatte man ihr erklärt, könnte den verwöhnten Künstler zu solchem Dienst bewegen.

Überraschend höflich und galant geleitet Beethoven sie in sein Zimmer. Eine geniale Unordnung herrscht da, am Boden Bücher und Musikalien, in einer Ecke Frühstücksreste, in einer anderen ein Stehpult mit bekritzelten Blättern.

Therese muß sich ans verstimmte Klavier setzen und vorspielen. Sie macht ihre Sache gut, denn ihr Spiel, so erinnert sie sich später, „entzückte ihn so sehr, daß er versprach, täglich zu kommen, in das Hôtel zum Erzherzog Carl – damals goldenen Greifen. Er kam fleißig, blieb aber statt einer Stunde von zwölf oft bis vier oder fünf Uhr, und wurde nicht müde, meine Finger, die ich empor zu strecken und flach zu halten gelehrt ward, nieder zu halten und zu biegen. Der Edle muß sehr zufrieden gewesen sein; denn durch sechzehn Tage blieb er nicht ein einzigsmal aus."

Es entspann sich eine jahrelange, innige Freundschaft mit der Familie Brunswick, in die auch der Bruder Franz einbeschlossen ward. Ja, bald verband Beethoven mit Therese, wie wir annehmen dürfen, und später mit Josephine mehr als Freundschaft. Er war immer für weibliche Reize empfänglich und „nie ohne eine Liebe und meistens von ihr im hohen Grade ergriffen", versichert uns Wegeler. „In Wien war Beethoven, wenigstens solange ich da lebte, immer in Liebesverhältnissen und hatte mitunter

Eroberungen gemacht, die manchem Adonis, wo nicht unmöglich, doch sehr schwer geworden wären."

Bei Brunswicks nun lernt er auch eine Cousine der Komtessen kennen, die anziehende brünette Gräfin Giulietta Guicciardi. Sie ist sehr talentiert, aber der gestrenge Lehrer wandelt sich bald zum feurigen Liebhaber, und er verlebt selige Augenblicke mit dem „lieben zauberischen Mädchen". Das holde Wesen mit den klugen dunkelblauen Augen hilft ihm über manche Nöte und Sorgen hinweg, die ihn immer mehr bedrängen.

Ihn plagen seit einiger Zeit ruhr- oder typhusartige Unterleibsbeschwerden. Sein robuster Körper überwindet sie zwar immer wieder, und den Anzeichen, daß in ihrer Folge sein Gehör nachzulassen beginnt, schenkt er keine besondere Beachtung. Mit der allgemeinen Unpäßlichkeit, so sagt er sich, werde auch dieses Übel wieder schwinden. Oder will er sich nur nicht eingestehen, was ihm langsam zur furchtbaren Erkenntnis wird? Das Ohrenleiden verschlimmert sich. Stumm trägt er seine Not. Bis es die gequälte Seele nicht mehr aushält, bis sie sich dem Herzensfreund Amenda anvertraut: „. . . Dein Beethoven lebt sehr unglücklich, im Streit mit Natur und Schöpfer; schon mehrmals fluchte ich letzterem, daß er seine Geschöpfe dem kleinsten Zufalle ausgesetzt, so daß oft die schönste Blüte dadurch vernichtet und zerknickt wird; wisse daß mir der edelste Teil, mein Gehör sehr abgenommen hat, schon damals, als Du noch bei mir warst, fühlte ich davon Spuren, und ich verschwieg's, nun ist es immer ärger geworden . . .", und im Juni 1801 wendet er sich hilfesuchend an den Freund und Arzt Wegeler:

> Mein Gehör ist seit drei Jahren immer schwächer geworden und zu diesem Gebrechen soll mein Unterleib, der schon damals, wie Du weißt, elend war, hier sich aber verschlimmert hat, indem ich beständig mit einem Durchfall behaftet war, und mit einer dadurch außerordentlichen Schwäche, die erste Veranlassung gegeben haben. Frank wollte meinem Leibe den Ton wiedergeben durch stärkende Medizinen, und meinem Gehör durch Mandelöl, aber prosit! daraus ward nichts, mein Gehör ward immer schlechter und mein Unterleib blieb immer in seiner vorigen Verfassung; das dauerte bis voriges Jahr im Herbst, wo ich manchmal in Verzweiflung war. Da riet mir ein medizinischer Asinus das kalte Bad für meinen Zustand, ein

Gescheiterer das gewöhnliche lauwarme Donaubad; das tat
Wunder; mein Bauch ward besser, mein Gehör blieb, oder
ward noch schlechter. Diesen Winter ging's mir wirklich elend;
da hatte ich wirklich schreckliche Koliken und ich sank wieder ganz in meinen vorigen Zustand zurück, und so blieb's bis
vor ungefähr vier Wochen, wo ich zu Vering ging, indem ich
dachte, daß dieser Zustand zugleich auch einen Wundarzt
erfordere, und ohnedem hatte ich immer Vertrauen zu ihm.
Ihm gelang es nun fast gänzlich, diesen heftigen Durchfall zu
hemmen; er verordnete mir das laue Donaubad, wo ich jedesmal noch ein Fläschchen stärkender Sachen hineingießen
mußte, gab mir gar keine Medizin, bis vor ungefähr vier Tagen
Pillen für den Magen und einen Tee fürs Ohr, und darauf kann
ich sagen, befinde ich mich stärker und besser; nur meine
Ohren, die sausen und brausen Tag und Nacht fort. Ich kann
sagen, ich bringe mein Leben elend zu, seit zwei Jahren fast
meide ich alle Gesellschaften, weils mir nicht möglich ist den
Leuten zu sagen: ich bin taub. Hätte ich irgendein anderes
Fach, so gings noch eher, aber in meinem Fache ist das ein
schrecklicher Zustand; dabei meine Feinde, deren Zahl nicht
geringe ist, was würden diese hiezu sagen! – Um Dir einen
Begriff von dieser wunderbaren Taubheit zu geben, so sage ich
Dir, daß ich mich im Theater ganz dicht am Orchester anleh-
nen muß, um den Schauspieler zu verstehen. Die hohen Töne
von Instrumenten, Singstimmen, wenn ich etwas weit weg bin,
höre ich nicht; im Sprechen ist es zu verwundern, daß es Leute
gibt, die es niemals merkten; da ich meistens Zerstreuungen
hatte, so hält man es dafür. Manchmal auch hör ich den
Redenden, der leise spricht, kaum, ja die Töne wohl, aber die
Worte nicht; und doch sobald Jemand schreit, ist es mir un-
ausstehlich. Was es nun werden wird, was weiß der liebe Himmel. Vering sagt, daß es gewiß besser werden wird, wenn auch
nicht ganz ... Ich will, wenns anders möglich ist, meinem
Schicksale trotzen, obschon es Augenblicke meines Lebens
geben wird, wo ich das unglücklichste Geschöpf Gottes sein
werde.

Verzweifelt stemmt sich Beethoven gegen das Leiden, versucht's mit allen möglichen Arzneien und Kuren, läßt sich Rin-
den und Kräuter auflegen, bis ihn die Glieder schmerzen, nimmt
Bäder, verspricht sich vom neumodischen Galvanismus Wunder. Umsonst – das graue Gespenst der Taubheit rückt immer
näher.

**Ihr widmete Beethoven die Mondschein-
sonate: Gräfin Giulietta Guiccardi**

In der Arbeit sucht er Vergessen, mit wahrer Schaffenswut
versenkt er sich in neue Aufgaben. Salvatore Vigano, der
virtuose Ballettmeister des
Hoftheaters, stellt ihm eine
solche mit der Musik zu
einem Tanzpoem „Die Ge-
schöpfe des Prometheus". Neben der Ouvertüre, die bis
heute eines der populärsten
Orchesterwerke Beethovens geblieben ist, zählt sie sechzehn
Nummern, darunter klangliche Kost-
barkeiten. Das Ballett hat bei seiner ersten
Aufführung am 28. März 1801 großen Erfolg und wird im selben Jahr gleich fünfzehnmal wiederholt.

Das dritte Klavierkonzert in c-Moll, op. 37, entsteht, echter
Beethoven schon in seiner trotzig-düsteren und dann wieder
verklärten Stimmung. Der Solist ruft nicht mehr eitel nach Beifall, er fühlt sich als Teil des Ganzen, zwischen dem Orchester
und ihm entspinnt sich ein anregender Austausch der Gedanken.

Auch die so glänzend begonnene Reihe der Klaviersonaten
wird fortgesetzt, zuerst mit dem Opus 22 in B-Dur, das sich, nach
Beethovens eigenen Worten, „gewaschen hat". Es ist lebensbe-
jahend und voll froher Zuversicht. Er sucht eine neue Ordnung,
eine innere Spannung zu entwickeln, die vom ersten Satz auf die
anderen übergreift und sie alle zu einem festgefügten Ganzen bindet. So beginnt die As-Dur-Sonate op. 26 – ihr dritter Satz ist
jener Trauermarsch „sulla morte d'un Eroe" – mit Variationen,
wie es schon Mozart erprobt hatte. Die zwei Werke op. 27 gehen
in dieser Auflösung der Form weiter und gewinnen dadurch an
Einheit des dreisätzigen Gefüges. „Quasi una Fantasia" nennt sie
Beethoven, und es ist, als wohne man einem Schöpfungsakte bei,
wenn sich zu Beginn wie zufällig aus dem Nebel des musikalischen Kosmos das Thema verdichtet.

Diese beiden Sonaten op. 27 gehören zueinander wie Freude und Kummer, zusammengehalten durch das Band der Liebe:

„Dich, o Freude, lehr' ich weinen;
Lächeln lehr' ich, Kummer, Dich."

(J. A. Gallisch, 1784)

Die erste in Es-Dur, hell und klar wie ein Volkslied, ringt sich zu ungestümem, alles besiegendem Humor durch, die zweite in cis-Moll ist in dunkle Schwermut getaucht. Man hat ihr, zum Verdruß so manches gestrengen Musikrichters, den Namen „Mondscheinsonate" gegeben. Gar so schlecht trifft er aber die stimmungshafte Melancholie ihres ersten Satzes nicht, und wenn man bedenkt, daß sie der geliebten Schülerin Giulietta Guicciardi gewidmet wurde, versteht man, daß gern etwas mehr Mondscheinromantik in sie hineingedichtet wird, als es der Komponist wohl beabsichtigt hat.

In der folgenden Sonate, op. 28 in D-Dur, beruhigt sich das Gemüt wieder, sie ist von bezaubernder Natürlichkeit. Das Andante daraus war lange Zeit Beethovens Lieblingsstück, er trug es gern und oft vor.

Setzt sich Beethoven in diesen Klaviersonaten mit sich selbst, mit seinem eigenen Wesen auseinander, so erfüllen die Werke für andere Instrumente meist Wünsche befreundeter Künstler. Die beiden Sonaten für Klavier und Violine – schon im Titel bewahrt das Klavier seine dominierende Position – op. 23 a-Moll und op. 24 F-Dur sind wieder ein Paar, das sich in seinen Gegensätzen ergänzt, die eine erfüllt von rastloser Bewegung, die andere, die „Frühlingssonate", von betörendem Liebreiz.

In den ersten Wiener Jahren schreibt Beethoven für einen Kreis von Bläsern das Quintett op. 16 für Klavier, Oboe, Klarinette, Horn und Fagott, ein Musikstück von goldenem Überfluß der Ideen. Er spielt in einer Aufführung selbst das Klavier. Bei einem der Halte im letzten Satz beginnt er unverhofft aus dem Stegreif zu improvisieren, zum Entzücken des Publikums, zur Überraschung der Mitspieler. „Wirklich sah es possierlich aus, wenn diese Herren, die jeden Augenblick erwarteten, daß wieder angefangen werde, die Instrumente unaufhörlich an den Mund setzten, und dann ganz ruhig wieder abnahmen", meldet Ries amüsiert.

ALLER schaffensfrohe Übermut aber vermag Beethoven nicht über seinen Zustand hinwegzutäuschen. Das Gehörleiden verschlimmert sich unaufhaltsam. Auf Anraten des Professors Schmidt begibt er sich im Sommer 1802 ins nahe Heiligenstadt. Die Stille des abgeschiedenen Dorfes soll Herz und Ohren schonen, ihnen Linderung verschaffen. Zeiten höchster Schöpferkraft wechseln mit Stunden tiefer Niedergeschlagenheit. Verbissen versucht Beethoven, sich auf seine Arbeit zu konzentrieren. Vergebens – der Dämon der Taubheit verfolgt ihn Tag und Nacht. Er bricht zusammen.

Einsam und verzweifelt schreibt er für den Bruder Karl – den Namen Johanns läßt er aus – in geradezu vulkanischer Schrift seinen letzten Willen nieder, ein erschütterndes Dokument, das von seiner Qual zeugt und von seinem Kampf.

Dieses sogenannte Heiligenstädter Testament offenbart einen verlassenen, zuinnerst getroffenen Menschen. Aber nicht das Leiden macht Beethoven groß, sondern wie er es überwindet. Wie Homer, dem blinden Seher, wie Michelangelo, dem ungestalten Former des Erhabenen, erwachsen auch Beethoven aus diesem Stachel im Fleische Wille und Kraft, in seiner Kunst Höchstes zu leisten. Perlen gleich, die ihr Dasein ja auch der kranken Muschel verdanken, entstehen in dieser Zeit der Prüfung unvergängliche Werke.

Die zweite Sinfonie op. 36 in D-Dur ist ein helles, heiteres Bekenntnis zum Leben, dem man nichts von inneren Kämpfen anmerkt. Wie zuvor die Klaviersonate, so sucht Beethoven nun auch die Sinfonie durch Verstärkung des improvisatorischen Elements zu bereichern. Er führt uns in einen Garten, in dem die Gedankenblüten üppig wuchern; die Melodien flattern von Instrument zu Instrument und lassen die ganze Skala des Orchesters farbig aufleuchten. Es mag ihm nicht leicht geworden sein, diese Fülle zu einem Strauß zu binden, denn er hat lange an der Sinfonie gefeilt, sie immer wieder verbessert und geändert.

Dabei mußte er auch erkennen, daß, wollte er diesen Weg weiter beschreiten, er in ein unentwirrbares Gestrüpp gelangte. Er mußte Neues wagen, woanders beginnen.

Solches gelingt ihm mit der sogleich anschließenden dritten

Sinfonie op. 55 in Es-Dur, komponiert, um das Andenken eines großen Mannes zu feiern, wie es in der Titelschrift heißt.

Dieser große Mann war Bonaparte, jener Feldherr, der damals das Antlitz Europas veränderte und seinen Zeitgenossen Bewunderung und Schrecken zugleich einjagte. Er war einer jener Helden und Staatsmänner antiken Maßes, wie sie Beethoven als Ideal vorschwebten. Bis – aus dem Consul ein Imperator wurde. Beethovens Schüler Ferdinand Ries war der erste, der dem Meister die Nachricht von der Kaiserkrönung Napoleons überbrachte. „Ist der auch nichts anders, wie ein gewöhnlicher Mensch!" rief Beethoven zornig aus. „Nun wird er auch alle Menschenrechte mit Füßen treten, nur seinem Ehrgeize frönen; er wird sich nun höher, wie alle andern stellen, ein Tyrann werden!" Und er radierte heftig den Namen „Bonaparte" aus der Partitur – mit der selbstherrlichen Erhebung vom Feldherrn zum Diktator hatte Napoleon die Idee der Freiheit verraten.

Von der zweiten zur dritten Sinfonie ist es ein entscheidender Schritt: Mit der „Sinfonia Eroica", wie sie fortan heißt, die nun nicht mehr einem einzigen, sondern dem Helden schlechthin gilt, betritt Beethoven ein neues, ganz ihm eigenes Reich. Aus dem ruhigen, gegen Überraschungen gefeiten Ablauf des musikalischen Geschehens wird ein von heißem Atem durchwehtes sinfonisches Drama. Beethoven verwirklicht so, was frühere Meister geahnt und vorbereitet hatten. Da waren Johann Stamitz und die Mannheimer Schule, die aus der Sinfonia, dem Opernvorspiel, der Suiteneinleitung, eine selbständige Sinfonie machten, jene viersätzige Instrumentalform, die sich damit zum eigenwilligen, volle Aufmerksamkeit heischenden Kunstwerk erhob. Da war der geniale Joseph Haydn, der in seinen vielen Sinfonien – er schrieb deren über hundert   diese Entwicklung mit Riesenschritten neuerlich durchmaß und weiter vorstieß. Ohne diese starken Wurzeln wären Beethovens Sinfonien, wäre seine Eroica nicht gewachsen.

Ihr erstes Allegro con brio, von ungewohnter Länge, stellt uns den Helden vor, wie er männlich entschlossen von Tat zu Tat schreitet. Der zweite, langsame Satz ist ein ergreifender Trauermarsch, der sich von schmerzlicher Klage zu tröstlicher Hoffnung erhebt und wieder in tiefes Leid versinkt. Unmöglich schier, nach solchen Tönen fortzufahren. So wird das Scherzo, mit dem Beethoven wie schon in der zweiten Sinfonie das bisher übliche brave Menuett ersetzt, zu einem geisterhaft huschenden Scherz, der alle trüben Gedanken zu verscheuchen sucht. Der letzte Satz ist die Krönung dieser heroischen Sinfonie. Prometheus mag Beethoven vorgeschwebt haben, der Titanensohn, der das Feuer des Himmels auf die Erde brachte und Menschen nach seinem Bilde formte, „zu leiden, zu weinen, zu genießen und zu freuen sich" (Goethe), als er eines der großartigsten Tongefüge unserer Musik aufbaute. Hymnisch schließt dieses bisher bedeutendste Werk Beethovens, das kühn die Fesseln der Tradition sprengt: Die Form wird erweitert, eine neue Fülle von Gedanken eingeführt und verarbeitet, und über das Ganze der große Bogen eines einheitlichen Schöpferwillens gespannt. Mit der Eroica steht der Komponist Beethoven fertig vor uns.

Während das gewaltige Werk heranreift, befaßt er sich schon mit neuen Plänen, als wolle er den bösen Geist seiner Krankheit mit Arbeit bannen. „Ebenso wie du dich hier in dcn Strudcl der Gesellschaft stürzest, ebenso möglich ist's Opern trotz allen gesellschaftlichen Hindernissen zu schreiben – kein Geheimniß sey dein Nichthören mehr – auch bey der Kunst", so schreibt er 1804 in sein Skizzenbuch.

Er hat ins Leben zurückgefunden und nimmt mit Eifer die Einladung Emanuel Schikaneders an, eine Oper zu komponieren. Der findige Theatermann, der schon den Text zu Mozarts „Zauberflöte" gedichtet hatte, suchte nach cincm zugkräftigen Stück, um mehr Publikum in sein Theater an der Wien zu locken, welches in scharfem Wettbewerb mit dem Hoftheater des Barons Braun stand. In Beethoven meinte er den rechten Mann für seine Pläne gefunden zu haben.

Der Komponist erhielt freie Wohnung im Theatergebäude, aber unerwartete Hindernisse legten sich der Arbeit in den Weg, bevor sie noch begonnen war. Schikaneder geriet in Geldnöte, das Theater an der Wien wurde von Baron Braun aufgekauft und damit auch der Vertrag mit dem Komponisten hinfällig. Dieser ungewisse Zustand dauerte jedoch nicht lange, der Baron sprang ein und erneuerte den Auftrag.

Dieses Porträt zeigt den jungen Beethoven, der als kraftvoller Klavierspieler und Orchesterleiter bewundert wurde.

Beethoven schwebte eine Oper mit tiefem ethischem Gehalt vor, „es muß etwas Sittliches, Erhebendes sein". Eine so hohe Vorstellung hatte er davon, daß ihm selbst die Texte zu Mozarts Opern zu frivol waren: „Texte, wie Mozart komponieren konnte, wäre ich nie in der Lage gewesen, in Musik zu setzen. Ich konnte mich für liederliche Texte nie in Stimmung versetzen." Der Stoff des „Fidelio" aber oder, wie Beethoven ihn genannt haben wollte, der „Leonore", war nach seinem Geschmack: die Geschichte einer heldenmütigen Frau, die ihrem schuldlos eingekerkerten Gatten zur Freiheit verhilft. Der französische Dramatiker Jean Nicolas Bouilly hatte nach einer Begebenheit, die er während der stürmischen Revolutionstage selbst erlebt hatte, ein Textbuch „Léonore, ou l'amour conjugal" verfaßt. Beethoven diente eine deutsche Fassung von Joseph Sonnleithner zur Vorlage.

Abermals bezog der Komponist seine Dienstwohnung im Theater an der Wien. „Da diese aber nach dem Hofe zu lag", berichtet wieder Ries, „so behagte sie ihm nicht. Er mietete sich also zu gleicher Zeit ein Logis im roten Haus an der Alserkaserne, wo auch Stephan von Breuning wohnte. Als der Sommer kam, nahm er eine Wohnung in Döbling auf dem Lande; und in Folge eines Streites mit Stephan von Breuning trug er mir auf, ein Logis auf der Bastei zu suchen. Ich wählte nun auf der Mölker-Bastei im Pasquillatischen Hause eine Wohnung im vierten Stocke, wo eine sehr schöne Aussicht war, und so hatte Beethoven vier Wohnungen zugleich."

Auf dieser Wanderschaft von Wohnung zu Wohnung, von der Stadt hinaus aufs Land, entstand der „Fidelio". „Von allen meinen Kindern", seufzt er später einmal, „hat mir dieses die schlimmsten Schmerzen verursacht." Allein die Entwürfe zur Oper machten ein dickes Buch aus. Die Dichtung des Wortes beengt den Dichter in Tönen, und so bleibt Beethoven formal beim Hergebrachten, die Abkunft vom Typus der großen französischen Befreiungsoper, wie sie damals Mode war, ist unverkennbar. Was aus dieser Oper dennoch ein Meisterwerk ohnegleichen macht, packend und gültig bis zum heutigen Tag, ist der Schwung hoher Sittlichkeit und menschlicher Größe.

Napoleon sorgt auch jetzt wieder für einen dramatischen Coup: Am 13. November 1805 überrumpeln seine Soldaten die Hauptstadt der Donaumonarchie, und auf wenig später, den 20. November, war die erste Aufführung des „Fidelio" festgesetzt. So muß sie vor einem Publikum stattfinden, das zum größten Teil aus Offizieren und Soldaten einer fremden Armee besteht. Die Oper fällt durch.

Heute danken wir dem Schicksal diesen Mißerfolg. Auch vor einem wohlwollenderen Publikum hätte die Oper kaum auf Dauer bestehen können, zu groß sind noch ihre Mängel und Schwächen. Schweren Herzens willigt Beethoven in eine Einladung des Fürsten Lichnowsky, der bei sich im engsten Freundeskreise die Oper nochmals durchspielen läßt und den Komponisten davon überzeugen möchte, daß eine Umarbeitung not tut. Der Tenor Josef Röckel soll die Partie des Florestan singen, des gefangenen Gatten. Er berichtet von diesem Erlebnis:

> Wir wurden in den mit kerzenreichen Armleuchtern und schweren seidenen Draperien ausgestatteten Musiksaal geführt ... Die Fürstin, eine ältere Dame von gewinnender Freundlichkeit und unbeschreiblicher Milde, aber infolge großer körperlicher Leiden bleich und schwächlich, saß bereits am Klavier, ihr gegenüber, nachlässig in einem Lehnstuhl, Beethoven, die dicke Pandora-Partitur seiner unglücksreichen Oper auf den Knien ... Meine Kollegen und Kolleginnen von der Oper, welche die Stimmen schon in der Hand hielten, hatten in einem Halbkreise unweit des Flügels Platz genommen. Nachdem ich dem Fürsten und der Fürstin vorgestellt worden war, und Beethoven unsre ehrfurchtsvolle Begrüßung entgegengenommen hatte, legte er seine Partitur der Fürstin auf das Notenpult, und – die Aufführung begann.

Die beiden ersten Akte, in denen ich nicht mitzuwirken hatte, wurden von der ersten bis zur letzten Note durchgenommen, man sah nach der Uhr und bestürmte Beethoven, einzelne zu lang ausgesponnene Partien von untergeordneter Bedeutung wegfallen zu lassen; – der aber verteidigte jeden Takt, und dies zwar mit einer Hoheit und Künstlerwürde, daß ich ihm hätte zu Füßen sinken mögen. –

Mitternacht war vorüber, als die Aufführung – durch vielfache Wiederholungen verlängert – endlich beendet war. ‚Und die Umarbeitung, die Kürzung?' frug die Fürstin den Meister mit einem flehenden Blicke. ‚Verlangen Sie das nicht', antwortete dieser düster, ‚nicht eine Note darf fehlen!' ‚Beethoven!' rief sie mit einem tiefen Seufzer, ‚so soll Ihr großes Werk verkannt und geschmäht bleiben?' ‚Es ist belohnt genug durch Ihren Beifall, gnädigste Fürstin', sprach der Meister, und seine Hand glitt leise zitternd aus der ihrigen.

Plötzlich aber war es, als ob die zarte Frau ein stärkerer, mächtigerer Geist erfaßte; halbkniend und ihn mit ihren Armen umfangend, rief sie ihm begeistert zu: ‚Beethoven! Nein – so darf Ihr größtes Werk, so dürfen Sie selbst nicht untergehen! Das will Gott nicht, der die Klänge reinster Schönheit in Ihre Seele gelegt – das will der Geist Ihrer Mutter nicht, der in diesem Augenblick durch mich mahnend zu Ihnen fleht – Beethoven, es muß sein! Tun Sie's für mich, für Ihre einzige, Ihre treueste Freundin!'

Der große Mann mit dem an olympische Erhabenheit mahnenden Haupte stand lange vor der engelsbleichen Verehrerin seiner Muse, dann strich er mit seiner Hand das lang herabwallende Lockenhaar aus dem Gesicht, als ob ein schöner Traum durch seine Seele zöge, und, den Blick voll Rührung gen Himmel gerichtet, rief er schluchzend: ‚Ich will's – will alles – alles tun; für Sie – für meine Mutter!' Dabei zog er die Fürstin mit Ehrfurcht zu sich empor und reichte die Hand dem Fürsten, wie zum Gelöbnis. Wir aber umstanden die Gruppe mit ernster Rührung, denn wir alle fühlten schon damals die Bedeutung des großen Augenblickes.

Wenige Wochen später wird „Fidelio" in abgeänderter Form abermals aufgeführt. Das Pech aber verfolgt die Oper weiter: Nach einem Zerwürfnis mit Baron Braun, von dem er sich übervorteilt wähnt, zieht Beethoven das Werk zurück. Oder war es wieder eine Fügung des Schicksals? Diese zweite Fassung nämlich war nur eine grobe Kürzung von drei auf zwei Akte, welche die organischen Mängel nicht behob. Erst acht Jahre später, als Beethoven die nötige Distanz gewonnen hatte, sollte „Fidelio" in seiner letzten, endgültigen Gestalt erstehen.

Man möchte meinen, Eroica und „Fidelio" hätten in diesen innerlich wie äußerlich zerrütteten Zeiten Beethovens ganze Kraft beansprucht. Sein ungebrochener Schöpferwille aber bringt daneben noch zahlreiche weitere Werke hervor.

Das Oratorium „Christus am Ölberge" ist Beethovens einzige Komposition dieser Gattung. Solche Chorwerke, eine Art geistlicher Opern, wurden meist für die Fastenzeit geschrieben, während der theatralische Aufführungen nicht erlaubt waren. Beethoven entwarf das Oratorium zusammen mit Franz Xaver Huber in nur vierzehn Tagen, „allein der Dichter war musikalisch und hatte schon mehreres für Musik geschrieben, ich konnte mich jeden Augenblick mit ihm besprechen". Wegen des ledernen Texts und der teilweise allzu bravourösen Musik zur Passionsgeschichte ist dieses Werk allerdings für uns heute nur noch schwer genießbar. Gleichwohl enthält es eindrückliche Stellen voll echter Ergriffenheit.

Dem aufgeklärten Zar Alexander von Rußland widmet Beethoven die drei Sonaten op. 30 für Klavier und Violine; zwei gelöstheitere in A-Dur und G-Dur fassen eine heroische in c-Moll ein. Von hier war es nur ein kleiner Schritt zur großen Sonate op. 47 in A-Dur, der „Kreutzersonate". Beethoven schrieb sie in aller Eile für den ausgezeichneten Violinisten Bridgetower, mit dem zusammen er sie im Frühjahr 1803 aufführte. Sie ist ein Konzertstück, das in seiner Verschmelzung von Virtuosität mit Kraft des Ausdrucks den Rahmen der bisher üblichen Kammermusik sprengt; Klavier und Violine werden zu gleichberechtigten Partnern. Da Beethoven sich wenig später eines Mädchens wegen mit Bridgetower überwarf, widmete er das Werk dem berühmten Virtuosen Rodolphe Kreutzer, der aber wenig Verständnis für das Format der Sonate zeigte. Erst ein dreiviertel Jahrhundert später schreibt Leo Tolstoi, den sie zu einer Novelle gleichen Namens anregte: „Solche Musik darf man nur zu bestimmten, bedeutsamen, wichtigen Anlässen vortragen, nur dann, wenn durch diese Musik etwas ganz Bestimmtes, das ihr entspricht, getan werden soll."

Nach den beiden gesanglich-schlichten Romanzen für Violine und Orchester op. 40 und 50 entsteht ein Tripelkonzert op. 56 in C-Dur für Klavier, Violine und Violoncello. Diese konzertanten Werke mit Streichinstrumenten gipfeln im Konzert für Violine und Orchester op. 61 in D-Dur. Die Violine, nicht wie das Klavier ein fremder, zur Diskussion reizender Gast des Orchesters, sondern, aus seinen Rängen emporgestiegen, ein Primus inter pares, erhebt sich in reinem Gesang, um losgelöst und doch in Harmonie mit seinen Gefährten verbunden über allem zu schweben.

Eine Fülle köstlicher Werke also, deren Aufzählung allein den Rahmen dieses Buches zu sprengen droht. Dabei haben wir noch längst nicht alle genannt. Wir stehen vor dem Wunder einer schier unfaßlichen Produktivität, die jene Zeit der Heimsuchung zu einer der fruchtbarsten in Beethovens Leben macht.

Im Spätsommer 1806 weilt der Komponist in Graetz bei Troppau auf dem schlesischen Landgut des Fürsten Lichnowsky. Als dieser ihn eines Abends bittet, vor einquartierten Offizieren – die Franzosen hielten das Land nach der Schlacht von Austerlitz besetzt – Proben seiner Kunst zum besten zu geben, weigert sich der Unbeugsame. „Wenn nicht Graf Oppersdorf und einige andere gewesen wären, so wäre es zu einer derben Schlägerei gekommen, denn Beethoven hatte den Stuhl schon aufgehoben, um ihn auf des Fürsten Kopf in seinem eigenen Hause zu zerbrechen", schildert Ries diese unerfreuliche Szene. „Beethoven ging auf der Stelle zu Fuß nach Troppau" und kehrte bald erbost nach Wien zurück.

Hier schloß er sich immer enger dem russischen Gesandten Graf Rasumowsky an, der in seinem Palais einen selbst für Wien ungewöhnlichen Prunk entfaltete und unter vielen großzügigen Förderern der Künste einer der großzügigsten war. „Wie bekannt", so schreibt Kapellmeister Ignaz von Seyfried, „war Beethoven im fürstlich Rasumowskyschen Hause sozusagen Hahn im Korbe. Alles, was er komponierte, wurde dort brühwarm aus der Pfanne durchprobiert und nach eigener Angabe haarscharf, genau, wie er es eben so und schlechterdings nicht anders haben wollte, ausgeführt, mit einem Eifer, Liebe, Folgsamkeit und einer Pietät, die nur solch glühenden Verehrern seines erhabenen Genius entstammen konnte."

Der Graf hatte das Schuppanzighsche Streichquartett auf Lebenszeit für sich engagiert; es hob als treuer Hüter der Kunst Beethovens seine drei Quartette op. 59 aus der Taufe, in die er seinem Gönner zu Ehren russische Volksweisen eingeflochten hatte. Fünf Jahre nur waren vergangen seit den ersten Streichquartetten op. 18, doch welche Entwicklung birgt diese kurze Zeitspanne! Mit seinem Opus 59 zieht Beethoven die Summe dieses Lebensabschnittes, in ihm spiegelt sich die Überwindung von Leid und Krankheit. Was er durch die Eroica, durch den

Der russische Diplomat Graf Andrej Rasumowsky spielte als Kunstmäzen in Wien eine herausragende Rolle.

„Fidelio" und die vielen anderen Werke an Erkenntnis und Vertiefung gewonnen hat, in den Rasumowsky-Quartetten legt er es nieder, und sie werden zu einem Höhepunkt nicht nur in Beethovens Schaffen, sondern in der Geschichte des Streichquartetts überhaupt.

Der Wille zur Freiheit

Kopfschüttelnd verlassen die Zuhörer den Konzertsaal im Augarten, um sich durch eine Promenade in den langen schattigen Alleen der Parkanlage zu erfrischen. Wir schreiben das Jahr 1806. Soeben hatte Ignaz von Schuppanzigh auf seine temperamentvolle Art ein neues Werk des Herrn Ludwig van Beethoven dirigiert. Bedenklich, zu welchen Monstrositäten sich die Phantasie dieser modernen Komponisten verstieg, unerhört, was sie sich an Kühnheit leisteten! Wohin sollte diese pietätlose Aufhebung aller Form und Harmonie noch führen? So fragte auch der *Freymütige*, eine Zeitung für „gebildete, unbefangene Leser", der am 11. September folgende Kritik veröffentlichte:

... Vor kurzem wurde die Ouvertüre zu seiner Oper „Fidelio",
die man nur einige Male aufgeführt hatte, im Augarten gegeben und alle parteilosen Musikkenner und Freunde waren
vollkommen darüber einig, daß so etwas Unzusammenhän-
gendes, Grelles, Verworrenes, das Ohr Empörendes schlechterdings noch nie in der Musik geschrieben worden sei. Die
schneidendsten Modulationen folgen aufeinander in wirklich
gräßlicher Harmonie, und einige kleinliche Ideen, welche
auch jeden Schein von Erhabenheit daraus entfernen, vollen-
den den unangenehmen, betäubenden Eindruck.

Was uns heute selbstverständlich scheint, klang in den Ohren
so manches Zeitgenossen damals wirr und verwirrend. Aber dürfen wir darüber lächeln? Neigen nicht auch wir noch dazu, über
ein Kunstwerk solch voreiliges Urteil abzugeben, nur weil es in
einer neuen, ungewohnten Sprache zu uns spricht?

Und Neues sagte Beethoven mit seinen Ouvertüren. Das war
nicht mehr die feierlich-pompöse Eröffnungszeremonie der Franzosen, nicht mehr die geschwätzige Sinfonia der Italiener – hier
stand man mitten im pulsierenden Leben selbst. Beethoven
wollte mit der Ouvertüre nicht, wie ihr Name eigentlich besagt,
ein musikalisch-dramatisches Geschehen nur eröffnen, er wollte
es in konzentrierter Form vorwegnehmen, als selbständiges
Musikdrama im Kleinen. Daß er sich diese Aufgabe nicht leicht
machte, bezeugen die Leonoren-Ouvertüren. (Wir erinnern uns:
die Oper „Fidelio" hätte nach Beethovens Willen eigentlich
„Eleonore" heißen sollen.) Dreimal setzte er an, für den dramatischen Inhalt die kongruente Form zu finden. War die erste
Ouvertüre schon vor der Aufführung der Oper als zu schwach
verworfen worden, erlebte die zweite den Mißerfolg des „Fidelio"
im Jahr 1805. In ihr faßte er kühn die wesentlichen Handlungs-
elemente des folgenden Dramas zusammen, dichtete und deutete
es in der Sprache der Musik voraus. Wie das ganze Werk, so stieß
auch diese Neuerung auf Unverständnis und Ablehnung, und so
arbeitete Beethoven sie für die Wiederaufnahme der Oper im folgenden Jahr um. In dieser dritten, der „großen" Leonoren-Ouver-
türe, findet der Komponist wieder zur Sonatenform zurück, die er
bei der zweiten im Drange des dramatischen Geschehens verlassen hatte. Sie wirkt deshalb formal geschlossener und klarer, aber
nicht mehr so elementar wie ihre Vorgängerin.

Dadurch, daß die Ouvertüre die Handlung, wenn auch nur in Tönen, vorwegnimmt, verliert aber das folgende Geschehen an Spannung, das vorausgegangene musikalische Drama verdrängt das gesprochene und gesungene. Von dieser Erkenntnis ist es nur noch ein Schritt zur selbständigen, sogenannten Konzert-Ouvertüre, wie sie Beethoven mit den Ouvertüren zu „Coriolan" und „Egmont" schuf. Damit wird er zum Anreger einer Form, die über Mendelssohn, Liszt und Berlioz bis zu Richard Strauß manchen Komponisten fesseln sollte: der sinfonischen Dichtung.

Streitbare Werke wie die Eroica und die Coriolan-Ouvertüre haben das Wort vom „Titanen" Beethoven aufkommen lassen, der, wie er einmal selbst sagt, trotzig dem löwenstarken Schicksal „in den Rachen greift". Das ist, wie jede Verallgemeinerung, eine arge Vereinfachung. Beethoven hat nie nur um des Kampfes willen einen Kampf geführt, er ist nie gegen eine Ordnung angerannt, nur um sie zu stürzen. Er wußte, daß die Freiheit, um die zu seiner Zeit geistig und körperlich erbittert gekämpft wurde, nicht in bare Zügellosigkeit und Willkür ausarten durfte, wenn sie nicht allen Fortschritt in Frage stellen wollte. So wird denn auch der Name Napoleons, der vom bewunderten Helden zum Tyrannen herabsinkt, von der Titelseite der Eroica gelöscht. Nein – mit der Freiheit des Menschen wächst auch seine Verantwortung. Solche ethischen Erkenntnisse durch seine Musik vermittelt zu haben, macht den großen Komponisten Beethoven zu einer der großen Geistesgestalten der Neuzeit. Nicht, daß sein mächtiges Genie die Fesseln überlieferter Form sprengte, gibt ihm Bedeutung, sondern daß er, was er zu sagen hatte, zu meistern, in neue Gestalt zu pressen verstand.

Dabei lebte Beethoven in einer unruhigen Zeit, die ein feuriges Temperament wie das seine wohl zu ungestümer Leidenschaft hätte verleiten mögen. Während Napoleons Stern noch im Zenit zu stehen schien, begann sich allerorten schon der Widerstand gegen ihn zu regen. Auch auf anderen Gebieten als der Politik kündigte sich eine neue, die industrielle Zeit an: In London wird die Straßenbeleuchtung mit Gas eingeführt, im fernen Amerika macht das erste Dampfschiff seine Fahrt auf dem Hudson.

Zudem mußte jener Überschwang, der damals das geistige

Europa erfaßt hatte, in Beethoven verwandte Regungen wecken. Die Romantik, wie wir diese Strömung heute nennen, mit ihrer Auflösung aller Form, mit ihrer Überbetonung des Gefühls, das nicht selten in verzweifelten Rausch umschlug, verhexte manchen Zeitgenossen Beethovens. Allein seine Selbstzucht hinderte ihn, sich dieser betörenden Ekstase allzu willig hinzugeben.

Eine Neigung allerdings teilte er ganz mit der Romantik: die Naturliebe. Hatten bisher geometrisch-künstliche Anlagen mit schnurgeraden Alleen als Ideal und Sinnbild der vom menschlichen Geist bezwungenen Schöpfung gegolten, so entdeckte man nun die Schönheiten der unberührten Natur, die der Geist des Allmächtigen beseelte.

> „Es tönet sein Lob Feld und Wald, Tal und Gebirg,
> Das Gestad' hallet, es donnert das Meer dumpfbrausend
> Des Unendlichen Lob, siehe, des Herrlichen,
> Unerreichten von dem Danklied der Natur!"

sang Klopstock, dessen schwärmerische Oden eine ganze Generation begeisterten, und Hölderlins Worte „Die große Natur in diesen Gegenden erhebt und befriedigt meine Seele wunderbar" hätte auch Beethoven ausrufen können. Wenige Künstler haben wie er Kraft und Trost aus der Natur geschöpft; in ihr fand er die Ruhe, sich ganz nur seinen Gedanken, seiner Arbeit hinzugeben. „Unsern Meister vermochte bis in sein vierundfünfzigstes Lebensjahr nur allein die Natur ganz zu befriedigen und nebst seiner Kunst umfangen zu halten", schreibt später sein Diener Schindler.

So wanderte Beethoven gar manchen Sommer am Schönbrunner Schloßpark vorbei, wo alles noch auf französische Manier gekappt und ausgerichtet war, hinaus in die liebliche Landschaft Wiens, die dieser Stadt ihr unvergleichliches Gepräge gibt. Hier fand sein Natursinn, in frühen Jahren schon am Rhein geweckt, reiche Nahrung. Der Wienerwald, als ein Ausläufer der Alpen im Westen der Stadt vorgelagert, war eine Landschaft so recht nach dem Geschmack der damaligen empfindsamen Zeit: Schattige Buchenwälder umhegen grüne Fluren, neben saatstrotzenden Feldern steigen Weingärten empor, und von den sanftgeschwungenen Hügeln schweift der Blick über den silbrig breiten Strom weit hinein in die ungarische Ebene. Dieses freundliche Bild wird aufs anmutigste belebt von klappernden Mühlen, von friedlich weidenden Herden und von fleißigem Landvolk, das heiter seiner Arbeit nachgeht.

Hier, in der gesegneten Umgebung Wiens, verbrachte Beethoven viele fruchtbare Stunden, und Orte wie die kaiserliche Sommerresidenz Baden, die idyllischen Dörfer Döbling, Heiligenstadt, Nußdorf und Mödling blieben bis zum heutigen Tag mit seinem Namen verbunden. Ignaz von Seyfried schildert einen ergötzlichen Auszug aufs Land:

> Es wurde also ein vierspänniger Lastwagen mit wenig Mobilien zwar, dagegen aber mit einer ungeheuren Wucht von Musikalien befrachtet; die turmhohe Maschine setzte sich langsam in Bewegung, und der Besitzer dieser Schätze marschierte seelenvergnügt per pedes apostolorum voraus. Kaum außerhalb der Linien zwischen blühenden, vom sanften Zephyr wellenförmig bewegt sich schaukelnden Kornfeldern, unter dem Jubelsang schwirrender Lerchen, die trillernd mit Wonnegruß des lieblichen Lenzes ersehnte Ankunft feierten, erwachte schon der Geist; Ideen durchkreuzten sich, wurden ausgesponnen, mit der Bleifeder notiert – und rein vergessen war nunmehr auch der Wanderung Zweck und Ziel. Die Götter wissen, wo sich unser Meister in der ganzen langen Zwischenzeit herumgetrieben haben mag; genug, er langte erst mit einbrechender Dämmerung schweißtriefend, staubbedeckt, hungrig, durstig und todmüde in seinem erwählten Tuskulum an. Aber, hilf Himmel! Welch gräßliches Spektakel wartete dort seiner! Der Fuhrmann hatte seine Schneckenfahrt sonder Gefährde vollendet, den Patron aber, dem er sich verdungen und welcher ihn auch bereits bezahlt, zwei Stunden vergebens erwartet. Unbekannt mit dessen Namen, konnte auch keine Nachfrage stattfinden. Der Rossebändiger wollte wenigstens zu Hause schlafen – er machte also kurzen Prozeß, lud den gesamten Transport frei auf dem Marktplatze ab und retournierte ungesäumt – – Beethoven ärgerte sich vorerst tüchtig, dann brach er in ein schallendes Gelächter aus, dingte nach kurzer Überlegung ein halbes Dutzend gaffender Straßenjungen und hatte vollauf zu tun, um bis zum die Mitternachtsstunde verkündenden Nachtwächterrufe glücklicherweise bei Lunas Silberschein die Kinder seiner Phantasie mindestens pêle-mêle noch unter Dach und Fach zu bringen.

Einmal auf dem Lande, schweift Beethoven nach Herzenslust umher, bei brennender Sonne, in Wind und Wetter. Träumend legt er sich unter einen schattenspendenden Baum oder stürmt wild gestikulierend über die Felder, mit wirren Haaren und feurigem Blick. Aus den vollgepfropften Taschen des Rockes hängt ein grobes Tuch heraus, und ein umfangreiches zusammengefaltetes Quart-Notennotizheft nebst einem dicken Zimmermannsbleistift sind stets zur Hand. „Bei einem ähnlichen Spaziergange", so erzählt Ries, „auf dem wir uns so verirrten, daß wir erst um acht Uhr nach Döbling, wo Beethoven wohnte, zurückkamen, hatte er den ganzen Weg über für sich gebrummt oder teilweise geheult, immer herauf und herunter, ohne bestimmte Noten zu singen. Auf meine Frage, was es sei, sagte er, ‚da ist mir ein Thema zum letzten Allegro der Sonate eingefallen' (in f-Moll op. 57). Als wir ins Zimmer traten, lief er, ohne den Hut abzunehmen, ans Klavier. Ich setzte mich in eine Ecke, und er hatte mich bald vergessen. Nun tobte er wenigstens eine Stunde lang über das neue, so schön dastehende Finale in dieser Sonate. Endlich stand er auf, war erstaunt, mich noch zu sehen, und sagte: ‚Heute kann ich Ihnen keine Lektion geben, ich muß noch arbeiten.' "

Der „Appassionata" op. 57 – auch dieser Name ist nicht von Beethoven – waren die Klaviersonaten op. 53 in C-Dur und op. 54 in D-Dur vorausgegangen. Die erstere, mit der er seines Bonner Gönners und Freundes Waldstein gedachte, ist ein freudig erregtes Jubellied, die andere ein feines Werk in nur zwei Sätzen, das vom virtuosen Stil zur intimen Kammermusik weist.

Dieser helle, heitere Geist, dem wir mehr Werke verdanken, als es die Mär vom trotzigen Kämpfer Beethoven gemeinhin glauben machen will, waltet auch in der poetischen vierten Sinfonie op. 60 in B-Dur, die drei Jahre nach der gigantischen Eroica entstand. Man hat sie mit der zweiten verglichen, die ebenso unbeschwert von glücklicher Schaffensfreude zeugt. Und doch – dem aufmerksamen Ohr entgeht nicht der tiefe Unterschied: damals noch ein Suchen nach Form und Klarheit, hier selbstsichere Beherrschung der Mittel. Die vierte Sinfonie ist jener „sichtbare Geist des Gesanges", von dem Novalis träumte, mit ihr bricht in der Musik die Knospe der wundersamen blauen Blume der Romantik auf. Nur einer, der die dunkle Gewalt der Mächte erfahren und bezwungen hatte, konnte sich zu so reiner Schönheit, so befreiendem Humor aufschwingen. Ohne Eroica keine vierte Sinfonie, ohne dieses Verweilen in lauterer Harmonie wieder nicht der gewaltige Block der fünften und sechsten.

AUF DEN 22. Dezember des Jahres 1808 war im Theater an der Wien eine große musikalische Akademie angekündigt mit lauter Novitäten, die Herr Ludwig van Beethoven geben wollte. In den Logen und im Parkett versammelte sich ein erlesenes Publikum von kunstverständigen Freunden und Gönnern, an ihrer Spitze Fürst Lobkowitz. Freundlicher Applaus begrüßte den Künstler, als er das Podium betrat, die Aufführung selbst zu leiten.

Mit gebieterischen Gesten beschwor der Meister das Orchester. Wollte er die Tongewalt zurückdämmen, machte er sich kleiner und kleiner, um beim Pianissimo fast unter dem Pult zu verschwinden; schwoll die Musik an, kam er wieder darunter hervor, wuchs mit dem Klang und turnte auf Zehenspitzen, um mit rudernden Armbewegungen seine Ideen kundzutun. Darunter litt natürlich die Deutlichkeit der Zeichen, die Schwerhörigkeit des Komponisten tat ein übriges, und ohne eigene Taktfestigkeit wäre das Orchester wohl oft verloren gewesen. Kein Wunder deshalb, daß dieses Konzert vor allgemeiner Nervosität nur schlecht und recht zu seinem Ende kam: Die arme Sängerin, der einige Arien und Lieder anvertraut waren, brachte vor Lampenfieber kaum einen Ton heraus, und am Schluß „schmiß" das Orchester gar, wie es in der Musikersprache heißt. Die Fantasie für Klavier, Chor und Orchester, die als letztes auf dem Programm stand, hatte am Morgen nur sehr flüchtig geprobt werden können. Am Abend nun wiederholte der Klarinettist eine Stelle, die nur einmal hätte gespielt werden sollen. Ein heilloses Durcheinander entstand, das Beethoven nur durch den wütenden Zwischenruf „Noch einmal – von Anfang!" unter Kontrolle bringen konnte. Es spricht für die Geduld und Anhänglichkeit des Publikums, daß es sich's nicht verdrießen ließ und geduldig bis zum Schluß ausharrte. Um halb sieben Uhr hatte das Konzert begonnen, um halb elf erst war es zu Ende.

Was hatte Beethoven aber auch nicht alles in dieses denkwürdige Konzert hineingezwängt! Den Beginn machte eine Pastoralsinfonie. Es folgten eine Arie im italienischen Stil und das Gloria aus der Messe op. 86 in C-Dur, die das Jahr vorher zur Feier des Namenstages der Fürstin Esterházy in Eisenstadt erstmals aufgeführt worden war. Mit dem Vortrag eines neuen Klavierkonzerts in G-Dur beschloß Beethoven den ersten Teil. Den zweiten eröffnete eine große Sinfonie in c-Moll, dann folgte ein „Heilig" wieder aus der Messe. Eine freie Improvisation Beethovens auf dem Klavier und die erwähnte Chorfantasie beendeten das monströse Konzert. Dennoch: waren sich die Anwesenden wohl bewußt, welcher Sternstunde der Musik sie an diesem Donnerstag im späten Dezember des Jahres 1808 beiwohnen durften?

Mit der Generosität des wahren Genies breitete Beethoven vor ihnen eine gleißende Fülle von Schätzen aus: zunächst das Klavierkonzert op. 58 in G-Dur, das vierte, das allerdings schon früher in einem Hauskonzert beim Fürsten Lobkowitz erklungen war. Es mutet wie eine schnurrige Laune des Zufalls an, daß die geradzahligen Werke Beethovens weniger populär geworden sind als ihre Nachbarn, die dritte, fünfte, siebte, neunte Sinfonie, das dritte und fünfte Klavierkonzert. Das vierte Klavierkonzert teilt so das Schicksal der vierten Sinfonie: der dominierende Glanz der beiden Werke, zwischen die es hineingestellt ist, läßt, so scheint es, seine besinnlicheren poetischen Schönheiten verblassen. Und doch enthält auch es den echten Beethoven, den Dichter und Sänger, dessen innere Heiterkeit ihn alle Nöte und Stürme des Lebens überstehen ließ. Beide, Sinfonie und Konzert, lassen sich unter die bedeutendsten Werke des Meisters reihen.

Weniger geglückt ist die Fantasie op. 80 in C-Dur. Wir wissen, wie sehr Beethoven die Aufgabe beschäftigte, die Improvisation in eine feste, dauerhafte Form zu gießen. Dieses Bestreben mag ihn dazu verführt haben, ein Werk für Klavier, Chor und Orchester zu schreiben. Der freie Strom der Klavierimprovisation wird vom Orchester aufgefangen, dem sich im Finale der Chor zugesellt. Das zwitterhafte Werk überzeugt nicht, und Beethoven setzte den hier begonnenen Versuch nicht fort.

Die fünfte Sinfonie op. 67 in c-Moll hingegen machte schon

auf seine Zeitgenossen einen ungeheuren Eindruck. Von Hector Berlioz, der die Erschütterung durch Beethoven mit einem Donnerschlag verglich, bis zum geknechteten Menschen des zwanzigsten Jahrhunderts, der nur im Versteckten das lapidare Thema der Sinfonie als Symbol des „V" für Victoria zu deuten wagt – für sie alle war und ist die Fünfte ein Fanal der Freiheit und des Sieges über dunkle Mächte. Worin liegt das Geheimnis dieser aufrüttelnden Wirkung? „So pocht das Schicksal an die Pforte", hat Beethoven selbst der Überlieferung nach von den Anfangstakten der Sinfonie gesagt. Er wollte mit seiner Musik packen, erschüttern, „ja, von oben muß es kommen, das, was das Herz treffen soll, sonst sind's nur Noten, Körper ohne Geist". Die Eroica galt der Verherrlichung des einsamen Helden; hier aber wird der Kampf der ganzen Menschheit ausgefochten gegen Gefahr und Bedrängnis – ein Kampf also, der einen jeden angeht.

Weckt das vollkommene Kunstwerk im Menschen neben ehrfürchtiger Bewunderung oft eine Empfindung idealer Distanz, so fühlt er sich von Beethoven in all seinen Nöten und Sehnsüchten angesprochen. Nicht alle vertragen die Höhenluft reiner Schönheit eines Mozart oder Bach, aber aus Beethovens Werk weht einen jeden unmittelbar der heiße Atem des Lebens an.

„Wie führt diese wundervolle Komposition in einer fort und fort steigenden Klimax den Zuhörer unwiderstehlich fort in das Geisterreich des Unendlichen", schwärmte der kongeniale, nur sechs Jahre jüngere Dichter-Komponist E. T. A. Hoffmann. Er hatte erkannt, daß Beethoven in großartiger Konsequenz alle Sätze seiner fünften Sinfonie aus einem Kern entwickelt. Dem unerbittlichen Kampf im ersten Satz folgt ein inniges Andante: der bedrängte Mensch besinnt sich auf sich selbst und findet Trost in beseeltem Gesang. Der dritte Satz läßt uns einen Blick tun in das „Reich des Ungeheuern und Unermeßlichen. Glühende Strahlen schießen durch dieses Reiches tiefe Nacht, und wir werden Riesenschatten gewahr, die auf- und abwogen", beschwört abermals Hoffmann die gespenstische Stimmung herauf. Das Schicksalsmotiv des ersten Satzes greift nach uns, droht uns zu vernichten, die Spannung wächst ins Unerträgliche. Da, wie ein

Lichtstrahl bricht das Tutti-Dur zu Beginn des letzten Satzes durch den gärenden Nebel, und Jubelklänge führen den Menschen empor zum Licht, zum guten Ende.

Wüßte man es nicht aus den erhaltenen Skizzen, man glaubte es kaum, daß Beethoven, noch bevor er die Fünfte abschloß, schon an einer nächsten Sinfonie zu arbeiten begann, einem Gegenstück in jeder Beziehung zur wildbewegten Schicksalsdichtung. War dort alles geballte Kraft, so herrscht nun reine, gelöste Empfindung, als habe Beethoven während der anspannenden Arbeit an der Fünften hier Atem geschöpft und Erholung gesucht. Wir meinen die Pastorale, dieses glückselige Bild von den Freuden des Landlebens.

Mit ihr nimmt Beethoven eine alte Tradition wieder auf. Schon ein Jahrhundert früher hatte François Couperin Vogelgezwitscher und verträumte Landschaft in graziöse Musik verwandelt, und 1784 hatte der süddeutsche Komponist Justin Heinrich Knecht mit seiner Sinfonie „Le Portrait musical de la Nature" gar das Programm vorweggenommen, das Beethoven seiner Sechsten zugrunde legt: „Pastorale Sinfonie keine Malerey, sondern worin die Empfindungen ausgedrückt sind welche der genuß des Landes im Menschen hervorbringt", vermerkt unser Meister in den Skizzen und versieht erläuternd die einzelnen Sätze mit Überschriften: Erwachen heiterer Empfindungen bei der Ankunft auf dem Lande – Szene am Bach – Lustiges Zusammensein der Landleute – Gewitter, Sturm – Hirtengesang, frohe und dankbare Gefühle nach dem Sturm.

Schon die ersten Takte atmen ländliches Behagen, mit feinen, duftigen Strichen entwirft Beethoven eine heitere Idylle. Schier unfaßlich, es muß noch einmal gesagt werden, daß neben der aufwühlenden Erregung, der die fünfte Sinfonie entsprang, solch innere Ruhe in einer Brust Platz fand.

Jahre nachdem Beethoven die Pastorale niedergeschrieben hatte, durchwanderte er eines schönen Frühlingstages mit seinem Begleiter Schindler ein anmutiges Wiesental. Im Schatten einer hohen Ulme hielten sie Rast, und nachdenklich meinte Beethoven: „Hier habe ich die Szene am Bach geschrieben, und die Goldammern da oben, die Wachteln, Nachtigallen und Kuckucke ringsum haben mitkomponiert."

Der dritte Satz, das Scherzo, schildert eine fröhliche Zusammenkunft auf dem Lande, die von einem heranziehenden Gewitter jäh unterbrochen wird. Alles sucht Schutz und Deckung, während sich im vierten Satz das Unwetter austobt. Bald aber kehrt wieder Ruhe ein, der letzte Satz beginnt mit dem inbrünstigen Danklied des Hirten. Die Natur, vom Regen erquickt, erglänzt wie neu erschaffen, und Friede breitet sich über die Felder.

GEGEN Ende des Jahres 1808, vor jenem Dezemberkonzert, traf in Wien ein Graf Truchseß-Waldburg aus Kassel ein. Er überbrachte Beethoven eine Einladung seines Herrn, des Königs Jérôme Bonaparte, als Kapellmeister an dessen Hof zu kommen. Der allgewaltige Napoleon hatte seinen jüngeren Bruder dort zum Herrscher des neugeschaffenen Königreichs Westfalen ernannt. Jérôme führte ein fideles Regime – „morgen wieder lustig" lautete seine Devise –, und es fehlte ihm nur noch die Attraktion eines großen, weltberühmten Musikers. Das Angebot war verlockend: ein jährliches Gehalt von sechshundert Dukaten in Gold, zuzüglich einhundertfünfzig Dukaten Reisegeld, gegen die keineswegs beschwerliche Verpflichtung, die wenigen Konzerte für den König zu leiten.

Diese Einladung erreichte Beethoven in einem Augenblick, da er sich über seine Zukunft Gedanken zu machen begann. Nicht, daß er finanzielle Sorgen hätte haben müssen. Nein, der Meister begehrte, frei von allen Rücksichten auf Gesellschaft und Publikum nur seinem Schaffen leben zu können, und durch die Anstellung in Kassel wäre ihm dies ermöglicht worden. So war er nahe daran, die glänzende Berufung anzunehmen, als drei seiner nobelsten Gönner mit einem großherzigen Anerbieten an ihn herantraten. Man hatte in der Wiener Aristokratie bestürzt vom Antrag aus Kassel gehört, und es herrschte nur eine Meinung: Beethoven muß Wien erhalten bleiben, der Stadt, die durch Mozart und Haydn ihre musikalische Weihe empfangen und in Beethoven deren würdigen Nachfolger gefunden hatte. So taten sich auf Anregung des Erzherzogs Rudolph die Fürsten Kinsky und Lobkowitz mit ihm zu einem Konsortium zusammen, das nach kurzen Verhandlungen dem Komponisten eine jährliche Rente von viertausend Gulden ausschrieb.

Mit dem entsprechenden, wahrhaft fürstlichen Vertrag, den Beethoven im März 1809 aus den Händen des Erzherzogs entgegennahm, hat sich der österreichische Adel in der Geschichte der Künste ein Denkmal gesetzt, das länger währen wird als aller Kriegsruhm: Nicht die kleinste Gegenleistung wird vom Komponisten verlangt, nichts weiter, als daß er auf Lebzeiten in Wien oder einer anderen Stadt der Erbländer wohnen bleibt. Damit erhält Beethoven eine gesicherte Freiheit, wie sie vor ihm kein Künstler genossen hatte. Haydn noch war auf dem Schloß des Fürsten Esterházy nicht viel mehr gewesen als ein Diener unter Lakaien, Mozart, der sich sein Leben lang von jeder Dienstbarkeit freizumachen suchte, war daran zerbrochen, und selbst der hochgeachtete Goethe seufzte lange unter der Bürde seiner hohen Ämter in Weimar. Mit Beethoven aber beginnt die Epoche des frei Schaffenden, der nur sich selbst und seinem künstlerischen Gewissen verantwortlich ist. Es sei jedoch nicht verhehlt, daß der Komponist damit auch Gefahr läuft, sich von der Gesellschaft auszuschließen; zwischen ihm und seinem Publikum beginnt sich eine Kluft zu öffnen, die von da an immer tiefer und weiter wird. Vor Beethoven wäre es keinem Komponisten eingefallen, ohne Auftrag zu schreiben und ohne engste Beziehung zum gesellschaftlichen und kulturellen Leben. Erst seit jenen Tagen schreibt er für die Schublade und für eine Nachwelt, deren spätes Verständnis ihm oft mehr Traum als Gewißheit ist.

Einem vor allen verdankte Beethoven das ehrenvolle Angebot: dem feingebildeten Erzherzog Rudolph, dem Bruder des Kaisers. Seine schwache Gesundheit und sensible Natur hatten ihn bereits früh bewogen, die geistliche Laufbahn einzuschlagen, die er als Fürsterzbischof von Olmütz beenden sollte. Seit manchem Jahr schon war er Beethovens Schüler im Klavierspiel sowie, als einziger, in der Theorie, und die Gefühle des Lehrers für seinen fürstlichen Eleven hatten sich von Hochachtung vor dessen Fähigkeiten zu echter Freundschaft gewandelt, die vom kaiserlichen Prinzen trotz des Standesunterschiedes erwidert wurde. Und wenn etwa der Meister seinem hohen Freund klagte, er könne sich bei aller Ehrerbietung nicht an die steife Hofetikette gewöhnen, gebot dieser gutmütig lachend, man möge Beethoven nicht behelligen und ihn so nehmen, wie er nun einmal sei.

**Ebenso kunstsinnig
wie großzügig:
Fürst Ferdinand Kinsky**

**Erzherzog Rudolph, der Bruder des
Kaisers, hier im Ornat des Fürsterzbischofs
von Olmütz, des Amtes, das er am Ende
seiner geistlichen Karriere innehatte**

**In seinem Palast erklang
die „Eroica" erstmals:
Fürst Joseph Franz Lobkowitz**

**Auszug aus der Urkunde, mit der Erzherzog Rudolph sowie die Fürsten Kinsky
und Lobkowitz Beethoven eine jährliche Rente von 4000 Gulden garantierten**

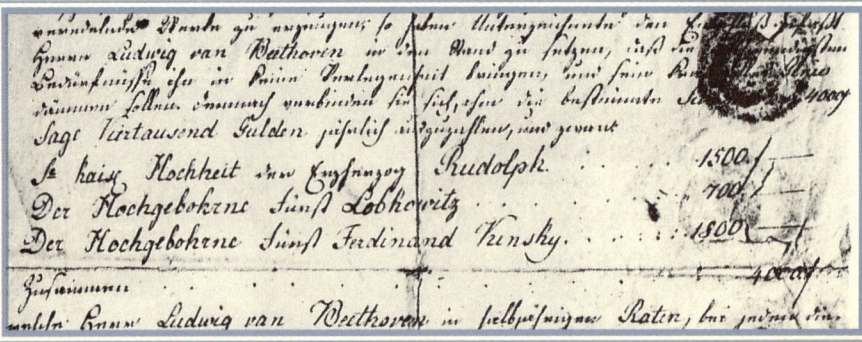

Fürst Joseph Franz Lobkowitz, in dessen Palast Beethovens Eroica zum ersten Mal erklang, war ein leidenschaftlicher Kunstliebhaber und „Musiknarr", der sich Sänger und ein eigenes Orchester hielt; der junge, liebenswürdige Fürst Kinsky schließlich führte ebenfalls ein gastfreies Haus, das Künsten und Künstlern offenstand.

Jäh aber sollte alle Musik in den Salons verstummen. Die fürstlichen Mäzene hatten den Vertrag mit Beethoven kaum unterzeichnet, als Mars, der rauhe Kriegsgott, die Musen vertrieb. Am 9. April 1809 erklärte Österreich Napoleon, den man in Spanien hinreichend engagiert wähnte, den Krieg, und wenige Tage später schon war das feindliche Franzosenheer im Anmarsch, stand Wien zum zweiten Mal innerhalb kurzer Zeit vor einer Besetzung. Erzherzog Rudolph mußte mit dem Hof, mit den Ämtern und Kanzleien, mit den Galerien und kaiserlichen Schätzen die Hauptstadt verlassen. Fürst Lobkowitz stellte auf eigene Kosten eine Kompanie Jäger auf, und Fürst Kinsky trat als Hauptmann in ein Linienregiment, um sich dem Feind zu stellen. So blieb Beethoven allein in einer Stadt zurück, die sich fieberhaft für die Verteidigung rüstete. Wälle wurden aufgeworfen, die Basteien mit Kanonen bestückt, die Zugbrücken der Tore instand gesetzt und alle verfügbaren Truppen samt Bürgermiliz auf ihre Stellungen verteilt. Am 10. Mai begann das Bombardement, Haubitzen spien ihre glühende Fracht in die erschrockene Stadt. „Welch zerstörendes, wüstes Leben um mich her, nichts als Trommeln, Kanonen, Menschenelend in aller Art!" jammert Beethoven und flüchtet sich in den Keller seines Bruders Karl, wo er den Kopf ängstlich in Kissen steckt, so schmerzhaft dröhnt der Geschützdonner in seinen Ohren. Am 31. Mai, inmitten dieser Misere, stirbt Joseph Haydn, dem Beethoven vor einem Jahr noch, bei einer öffentlichen Huldigung, ehrfürchtig die Hand geküßt hatte.

Mit den Franzosen rückte auch der Baron de Trémont in Wien ein, Abgesandter des französischen Staatsrats und überdies ein gebildeter Musikdilettant, der viele Werke Beethovens auswendig kannte und nun begierig war, den bewunderten Meister persönlich kennenzulernen. Ein Empfehlungsschreiben von Beethovens Jugendfreund Anton Reicha öffnete ihm die Tür zu des Meisters Wohnung, wo er auf einem einfachen Strohstuhl Platz nehmen mußte. „Beethovens Improvisationen", so berichtet er in seinen Memoiren, „waren wohl die tiefsten musikalischen Erlebnisse meines Lebens. Ich kann versichern, daß, wer ihn nicht frei und gelöst improvisieren gehört hat, die ungeheure Tragweite seines Talents nur unvollkommen kennt. Dann plauderten wir über Philosophie, Religion, Politik und besonders über Shakespeare, seinen Abgott . . . Beethoven war gebildet."

Die Unruhe jener Zeit hinterließ auch im Schaffen Beethovens ihre Spur. Nach der heute zu Unrecht fast vergessenen Fantasie für Klavier op. 77, jenem Abbild Beethovenscher Improvisationskunst, nach den feinen, intimen Sonaten op. 78 in Fis-Dur und op. 79 in G-Dur entstand als Opus 81a die berühmte Sonate „Les Adieux" in Es-Dur, die dem fernen Freund Erzherzog Rudolph gewidmet ist. In drei Sätzen „Der Abschied – Die Abwesenheit – Das Wiedersehen" schildert er seine Gefühle während der Trennung vom geliebten Prinzen; mit einer „Lebewohl" unterschriebenen Tonfolge beginnt er die Sonate, herzergreifend beklagt er die Einsamkeit, und voll stürmischer Erwartung freut er sich aufs Wiedersehen.

Die Krönung all dieser Werke aus jener Zeit jedoch ist das fünfte und letzte Konzert für Klavier und Orchester op. 73 in Es-Dur. Voll kriegerischen Pathos scheint es inmitten elender Zeiten mit strahlender Zuversicht zum Durchhalten aufzufordern: keine düstere, kampfgeschwängerte Stimmung herrscht, sondern freudige Gewißheit – in seiner glänzend heroischen Haltung ein würdiges Gegenstück zur Eroica.

Ein anderer Kreis von Werken aber läßt uns einen Blick tief in Beethovens Seele tun: In diesen Jahren komponierte er nach langer Unterbrechung wieder eine Reihe von Liedern nach Texten von Goethe und anderen Dichtern: „Nur wer die Sehnsucht kennt" und wie sie alle heißen, und wir gehen wohl nicht fehl, wenn wir annehmen, daß sie Ausdruck eines schmerzlichen Sehnens sind, das den Meister damals oft übermannte. Beethoven, durch sein Schaffen und sein Leiden immer einsamer in der Welt, verlangte nach der warmen Geborgenheit der Ehe.

Der Liebe und des Ruhmes Bann

Kaum hatte Beethoven seine Unterschrift unter den Vertrag gesetzt, der ihn aller materiellen Sorgen entheben sollte, als er eilends, es war der 18. März 1809, seinem Freunde Ignaz von Gleichenstein nach Freiburg schrieb:

> Du siehst, mein lieber, guter Gleichenstein, aus Beigefügtem, wie ehrenvoll nun mein Hierbleiben für mich geworden, – der Titel als Kaiserl. Kapellmeister kommt auch nach –. Nun kannst Du mir helfen eine Frau suchen; wenn Du dort in F eine schöne findest, die vielleicht meinen Harmonien einen Seufzer schenkt, so knüpf im voraus an. – Schön muß sie aber sein, nichts nicht Schönes kann ich nicht lieben – sonst müßte ich mich selbst lieben. Leb wohl und schreibe bald.

Beethoven war seinem Wesen nach nicht für die Einsamkeit geschaffen, er liebte Gesellschaft und Geselligkeit. Im Kreis guter Freunde konnte er recht burschikos und „aufgeknöpft", wie er selbst sagte, das Behagen frohen Beisammenseins genießen. Wie sollte er sich da nicht auch nach einer Gefährtin sehnen, deren Zuneigung und Fürsorge ihm die Wonnen häuslichen Glücks bescheren möchte?

Versetzen wir uns zurück in Beethovens erste Zeit in Wien: Wir lernten dort schon eine frühe Liebe kennen, die bezaubernde Komtesse Giulietta Guicciardi, daneben ihre Cousinen, die Schwestern Therese und Josephine von Brunswick, als die drei jungen Gräfinnen bei ihm Unterricht genossen. Therese, die unvermählt blieb, schrieb als Einundsiebzigjährige ihre Memoiren nieder: „Damals ward mit Beethoven die innige, herzliche Freundschaft geschlossen, die bis an sein Lebensende dauerte. Er kam nach Ofen; er kam nach Martonvásár, er wurde in unsere Societäts-Republik von auserlesenen Menschen aufgenommen. Ein runder Platz ward mit hohen edlen Linden bepflanzt; jeder Baum trug den Namen eines Mitgliedes, und auch in deren schmerzlicher Abwesenheit sprachen wir mit ihren Sinnbildern, unterhielten und belehrten uns mit ihnen."

Mehr noch als die schöne, gescheite Therese schlug die jüngere

Schwester Josephine den Meister in ihren Bann. Auf Drängen der standesbewußten Mutter hatte sie noch während ihres Wiener Aufenthalts in eine, wie sich bald zeigen sollte, wenig glückliche Ehe mit dem um vieles älteren Grafen Josef Deym eingewilligt. Dem ihr innerlich fremden Mann fehlte jedes Verständnis für Literatur und Musik, und so fand die einsame Josephine im Umgang mit Beethoven, der sie getreulich besuchte, Trost und Zerstreuung. Als Graf Deym nach nur viereinhalbjähriger Ehe im Januar 1804 starb, erwartete die junge Witwe ihr viertes Kind. Während dieser schweren Zeit sah sie Beethoven fast täglich, und es keimte zwischen beiden eine tiefe Liebe auf. Die Verwandten der Gräfin mißbilligten die Beziehungen der Adeligen zu einem Musiker, und Therese schrieb besorgt an die gemeinsame Schwester Charlotte: „Aber sage mir, Pepi und Beethoven, was soll daraus werden? Sie soll auf ihrer Hut sein! Ihr Herz muß die Kraft haben nein zu sagen, eine traurige Pflicht, wenn nicht die traurigste aller!" Für Beethoven aber ist die Geliebte ein Halt in jenen unheilvollen Tagen, da ihn sein Gehörleiden zu quälen beginnt.

Nach langen inneren Kämpfen stellt Josephine Mutterpflicht über Gattenliebe: Um ihren Kindern einen guten Erzieher zu geben, verzichtet sie auf eine eheliche Verbindung mit Beethoven und heiratet 1810 den estnischen Baron von Stackelberg, den sie bei Pestalozzi in Yverdon kennengelernt hatte. „Glauben Sie – daß ich, durch Erfüllung meiner Pflichten, am meisten leide – und daß gewiß, edle Beweggründe meine Handlungen leiteten –", gesteht sie in einem Briefentwurf. Damit findet diese Liebe ihr entsagungsvolles Ende. Sagen wir zuviel, wenn wir vermuten, daß die zu jener Zeit entstandene Oper „Fidelio", dieses Bekenntnis zur reinen Gattenliebe, ihr viel zu verdanken hat?

Enttäuscht und verletzt zieht sich Beethoven zurück – gibt es keine Erfüllung seines Sehnens? Er, der hübsche Frauen gern sieht und sich auf der Straße schmunzelnd nach ihnen umdreht, flüchtet sich in kurze Verliebtheiten. Einmal findet ihn Ries mit einer schönen jungen Dame auf dem Sofa sitzen. Der Schüler will sich zurückziehen, aber Beethoven bittet ihn zu bleiben. „Ries! spielen Sie etwas Verliebtes!" ruft er auf einmal, und dann: „etwas Melancholisches!", dann: „etwas Leidenschaftliches!" Offenbar versucht Beethoven, die Besucherin, die er vorher gekränkt haben muß, mit Musik zu besänftigen. Plötzlich springt er auf: „Das sind ja lauter Sachen von mir!" und die Dame benützt die Gelegenheit zu verschwinden. Beethoven weiß nicht einmal, wer sie ist; kurz zuvor erst war sie hereingekommen, um den berühmten Komponisten kennenzulernen . . .

Solche tragikomischen Intermezzi sagen mehr über den ungestümen und unglücklichen Liebhaber Beethoven aus als lange Abhandlungen. Sein rasch entflammtes Temperament, sein unbeherrschtes Werben mußten immer wieder auf Widerstand stoßen. Dabei fehlte es in Beethovens Leben nicht an noblen Frauengestalten, die ihm Verstehen und warme Freundschaft entgegenbrachten.

Früher schon, nach der Episode mit Giulietta Guicciardi, hatte er in der edlen Gräfin Maria Erdödy eine gütige Freundin gefunden, der er sein Herz ausschütten konnte. Diese tapfere Frau war seit ihrem ersten Kindbett in jungen Jahren schwer leidend, hatte sich aber ihren guten Humor und ihre Liebe zur Musik bewahrt. Wie alle Freunde Beethovens mußte auch sie oft Mißtrauen und grimmige Launen des Meisters über sich ergehen lassen. Sie hielt ihm aber die Treue, und zum Dank widmete ihr Beethoven die beiden Trios op. 70 in D-Dur und in Es-Dur für Klavier, Violine und Violoncello. Im Dezember des Jahres 1808 – die fünfte und sechste Sinfonie waren eben vollendet – spielte er sie mit seinen Kollegen Schuppanzigh und Linke in einem Hauskonzert seiner Förderin und einigen geladenen Gästen vor. Der anwesende Hofkapellmeister Reichardt berichtet: „Die liebe kränkliche und doch so rührend heitre Gräfin und eine ihrer Freundinnen, auch eine ungarische Dame, hatten solchen innigen, enthusiastischen Genuß an jedem schönen kühnen Zuge, an jeder gelungenen feinen Wendung, daß mir ihr Anblick fast ebenso wohl tat als Beethovens meisterhafte Arbeit und Exekution. Glücklicher Künstler, der solcher Zuhörer gewiß sein kann!"

Die hohe Empfindung, die schon die Sonate op. 69 in A-Dur für Klavier und Violoncello, ebenfalls in dieser Zeit entstanden, ausströmt, steigert sich im Kern des ersten Trios, dem Largo assai ed espressivo, zu einem ergreifenden Gesang, der geheimnisvoll in tiefste Nacht hineinleuchtet. Diese geradezu mystische Stimmung hat dem Werk den Namen „Geistertrio" eingetragen, während das zweite Trio von ruhiger, fast schubertscher Heiterkeit ist.

Wenig später begegnet derselbe Reichardt in einem anderen Wiener Salon einer weiteren Freundin Beethovens, der hochgewachsenen Pianistin Dorothea von Ertmann. „Solche Kraft neben der innigsten Zartheit hab' ich, selbst bei den größten Virtuosen, nie vereinigt gesehen; in jeder Fingerspitze eine singende Seele . . ." Ihr, die als die beste und verständnisvollste Interpretin seiner Klaviermusik galt, bewahrte Beethoven schwärmerische Verehrung. Sie erzählte später ihrer Nichte: „Nie werde ich vergessen, welch warmes und inniges Interesse Beethoven mir und den Meinigen bezeigte. Es schien mir daher unbegreiflich, daß er nach dem Tode meines einziggeliebten Kindes mich nicht besuchte. Nach mehreren Wochen erschien er endlich. Mich stumm grüßend, setzte er sich an das Klavier und phantasierte während langer Zeit. Wer könnte diese Musik beschreiben! Man glaubte Engelschöre zu hören, welche den Eingang meines armen Kindes in die Welt des Lichtes feierten. Dann, als er geendet, drückte er wehmütig meine Hand und ging stumm, wie er gekommen."

In den ersten Tagen des Monats Mai 1810 erhält Franz Wegeler in Koblenz einen Brief, in dem Beethoven seinen alten Freund bittet, ihm seinen Taufschein zu besorgen – es scheint, daß er wieder Heiratspläne schmiedet. Sie dürften der um vieles jüngeren Therese von Malfatti gelten, Nichte eines angesehenen Arztes, in dessen gastlichem Haus Beethoven damals viel verkehrte. Mit ihren schwarzbraunen Locken und dem feurigen Temperament war sie eines der faszinierendsten Mädchen Wiens, „ganz des Lebens Sonnenseite zugewandt". Die Kapriziöse läßt den armen Beethoven mit seiner stürmischen Neigung zwischen Hoffnung und Verzagtheit bangen. „Empfehlen Sie mich dem Wohlwollen Ihres Vaters, Ihrer Mutter, obschon ich mit Recht noch keinen Anspruch darauf machen kann", schreibt er ihr einmal. „Leben Sie nun wohl, verehrte Therese, ich wünsche Ihnen alles, was im Leben gut und schön ist, erinnern Sie sich meiner und gern – vergessen Sie das Tolle – sein Sie überzeugt, niemand kann Ihr Leben froher, glücklicher wissen wollen als ich und selbst dann, wenn Sie gar keinen Anteil nehmen an Ihrem ergebensten Diener und Freunde Beethoven."

Schon zittert wieder die Ahnung vergeblichen Sehnens durch. Die endgültige Absage trifft ihn dennoch hart: „So sei es denn, für Dich, armer Beethoven, gibt es kein Glück von außen". Musikalisch aber hat er dieser Liebe mit dem Therese zugeeigneten, später fälschlich „Für Elise" betitelten Klavierstück ein Denkmal gesetzt, das in seiner Anspruchslosigkeit eines der rührendsten Zeugnisse Beethovenscher Kunst ist.

Hatte Beethoven im Jahr zuvor noch zukunftsfroh das Quartett op. 74 in Es-Dur geschrieben, das „Harfenquartett", mit dem er alles im besetzten Wien erlittene Ungemach von sich zu schütteln schien, so bricht im Oktober 1810 mit dem Quartetto serioso op. 95 in f-Moll seine neuerliche Enttäuschung durch. Serioso – düster und trotzig hadert Beethoven mit seinem Los. Die leidenschaftliche künstlerische Auseinandersetzung aber macht ihn innerlich frei, in reinem Frieden klingt das Quartett aus. Abermals wurde Beethoven durch sein Schaffen mit dem Leben fertig.

Nun steht der Weg offen für eines seiner beglückendsten Werke, das große Trio op. 97 in B-Dur. Es ist nicht nur ein Juwel unter den Schöpfungen Beethovens, sondern wohl die Krone allen Schaffens für Kammermusik mit Klavier. Idee und Werk, Schönheit und Wahrheit sind eins geworden, Freiheit des Gedankens und Zucht der Form kristallisieren sich zu reinster Kammermusik. So sehr lag Beethoven dieses Trio am Herzen, daß er sich wenige Tage vor seinem Tode noch, auf dem Krankenlager, mit seinem treuen Gehilfen Schindler darüber unterhielt, und aus den Konversationsheften, in die dem tauben Meister Fragen und Antworten hineingeschrieben wurden, können wir heute noch seine Gedanken zu diesem Werk herauslesen. Hier, was Schindler notierte: „Ich bin sehr gespannt auf die Charakterisierung im B Trio. Der erste Satz träumt von lauter Glückseligkeit. Auch Mutwille, heiteres Tändeln und Eigensinn ... ist darin? Nicht wahr? – Im zweiten Satz ist der Held auf dem höchsten Gipfel der Seligkeit. – Im dritten Satz verwandelt sich das Glück in Rührung, Duldung, Andacht usw. – Das Andante halte ich für das Ideal von Heiligkeit und Göttlichkeit. – Worte vermögen hier nichts, sie sind schlechte Diener des göttlichen Wortes, das die Musik ausspricht. –"

In der zwischen Niedergeschlagenheit und hochgemuter

Arbeitslust schwankenden Stimmung jener Tage bezauberte Beethoven die Begeisterung eines jungen Mädchens, das im Frühjahr 1810 aus Frankfurt zu ihrem Bruder nach Wien gekommen war: Bettina Brentano. Anschaulich schildert sie nach ihrem ersten Besuch den vergötterten Meister: „Endlich kam er. Seine Person ist klein (so groß sein Geist und Herz ist), braun, voll Blatternarben, was man nennt: garstig, hat aber eine himmlische Stirn, die von der Harmonie so edel gewölbt ist, daß man sie wie ein herrliches Kunstwerk anstaunen möchte."

Bettina, die Schwester des Dichters Clemens Brentano, war ein Schwarmgeist, der die Musik als das Unendliche im Endlichen erlebte. Verwischen ihre überschwenglichen Berichte an den väterlichen Freund Goethe oft auch die Grenzen zwischen Wahrheit und Dichtung, hat diese Sibylle der deutschen Romantik doch tief in die Seele des Komponisten geschaut, hellsichtig das Wesen des musikalischen Genius erfaßt.

Der literaturbewanderten Anregerin haben wir es wohl mit zu verdanken, wenn in den Jahren 1809 und 1810 die Lieder op. 75 und 83 entstehen, vornehmlich auf Texte von Goethe. Unter ihnen sind vor allem das meisterliche „Wonne der Wehmut", das stürmische „Herz, mein Herz", das sehnsuchtsvolle „Kennst du das Land" und das derb-humoristische Flohlied aus dem Faust, „Es war einmal ein König" zu nennen.

Wie in diesen Liedern, so erschloß Beethoven auch im Leben dem genialischen Mädchen sein Herz, und noch im Februar 1811 schrieb er ihr:

> Ihren Brief habe ich den ganzen Sommer mit mir herumgetragen und er hat mich oft selig gemacht. – An Goethe, wenn Sie ihm von mir schreiben, suchen Sie alle die Worte aus, die ihm meine innigste Verehrung und Bewunderung ausdrücken, ich bin eben im Begriff, ihm selbst zu schreiben wegen Egmont, wozu ich die Musik gesetzt und zwar bloß aus Liebe zu seinen Dichtungen, die mich glücklich machen – wer kann aber auch einem großen Dichter genug danken, dem kostbarsten Kleinod einer Nation! – – Nun leb wohl, liebe, liebe B., ich küsse Dich auf Deine Stirne und drücke damit wie mit einem Siegel alle meine Gedanken für Dich auf. – Schreiben Sie bald, bald, oft Ihrem Freunde
>
> Beethoven

Egmont, der strahlende Held, der mit mutiger Hand die Sonnenpferde an seines Schicksals Wagen zu lenken sucht, das war eine Gestalt so recht nach Beethovens Sinn. Der niederländische Feldherr, der sein Streiten für die Freiheit mit dem Tode besiegelt, ihr aber durch seinen Untergang zum Durchbruch verhilft, war ein Streiter, dessen Schicksal in Tönen nachzudichten den Komponisten locken mußte. Diesem Vorbild danken wir die neben Fidelio bedeutendste Bühnenmusik Beethovens, und aus der heute meist nur noch im Konzertsaal erklingenden Ouvertüre weht uns der wilde Wind der Freiheitsbewegung entgegen, der damals fortschrittliche Politiker und Künstler zu erfassen begann. Mit unerbittlicher Logik füllt Beethoven leidenschaftlichen Inhalt in vollendete Form, und die Siegessinfonie, mit der er seine Ouvertüre beschließt, wird zur Apotheose, die den Zeitgenossen Freiheit nach Kampf und Leid verheißt.

In jenen unruhigen Tagen gewahrten die Wiener eines Morgens am Haupttor des Stefansdomes ein großes Plakat mit der rätselhaften Inschrift:

W. w. w. W. w. W. W. W. w.
W. w. w. W. w. W. W. W. w.

Das allgemeine Kopfzerbrechen wich grimmigem Schmunzeln, als am nächsten Tag ein neues Plakat die Lösung brachte:

Wie wohl war Wien, wie Wallis' Worte Wiener Währung waren,
Wie weh ward Wien, wie Wallis' Worte Wiener Währung wurden.

Der Finanzminister Graf Wallis hatte eine allgemeine Abwertung angeordnet, um den durch die unglücklichen Kriegsläufte in Unordnung geratenen Staatshaushalt vor dem Bankrott zu retten. Viele Bürger aber brachte dieses „Finanzpatent" an den Rand des Ruins, verringerte es doch alle Vermögen um rund vier Fünftel ihres bisherigen Wertes.

Auch Beethoven war unter den Betroffenen, denn über Nacht schmolzen die von seinen Gönnern ausgesetzten viertausend Gulden auf weniger als die Hälfte zusammen. Während der großzügige Erzherzog sich sofort bereit erklärte, die Rente weiterhin im vollen, ursprünglichen Wert auszuzahlen, konnte der sonst so freigebige Fürst Lobkowitz eine solche Verpflichtung nicht eingehen: sechs Monate später wurde er, der durch verschwenderischen Aufwand sein Vermögen fast durchgebracht hatte, unter Kuratel gestellt. Aus dem Freund wurde mit Beethovens Worten ein „fürstlicher Lumpenkerl", und selbst der uneigennützige Prinz mußte herhalten: „In all' diese Verlegenheit haben mich S. K. H. Erzherzog Rudolf gebracht". In seinem unbilligen Zorn vergaß Beethoven, daß auch seine hohen Protektoren von den Finanzmaßnahmen betroffen worden waren.

Diese Aufregungen und die angegriffene Gesundheit seines Patienten ließen es Beethovens Arzt ratsam erscheinen, ihm einen längeren Kuraufenthalt im böhmischen Teplitz zu verordnen. Dort versuchte ein Kreis Gleichgesinnter, ihn aus seiner Einsamkeit herauszuholen: der gewandte Diplomat, Offizier und Schriftsteller Varnhagen von Ense, welcher hier seine zukünftige Gattin, die vielbewunderte Rahel Levin besuchte, die kluge Gräfin Elisa von der Recke mit ihrem unzertrennlichen Gefährten Tiedge und der jungen Sängerin Amalie Sebald, der das Herz Beethovens allen schlechten Erfahrungen zum Trotz bald entgegenschlug. Wenige Tage nach seiner Ankunft schon hinterließ er ihr eine Karte mit den Worten:

> Ludwig van Beethoven
> den Sie, wenn Sie auch wollten,
> doch nicht vergessen sollten.

Wenn wir den zärtlich-heiteren Schreiben, die ausgetauscht wurden, glauben dürfen, erwiderte die Sängerin diesen Schwarm, und so überrascht es uns nicht, Beethoven im nächsten Jahr, im Sommer 1812, wieder in Teplitz zu finden.

Die tändelnde Zuneigung aber, die beide füreinander hegen, vermag Beethoven nicht von seiner inneren Vereinsamung, von den erlittenen Enttäuschungen zu befreien. Allein und in Gedanken versunken, streift er stundenlang durch die romantischen Parks des Kurorts, die Menschen meidend, von den Menschen achtungsvoll gemieden. Nach seinem Tode erst fand man in einem geheimen Fach drei Briefe, die er in jenem Teplitzer Juli voll ungestillter Liebessehnsucht geschrieben haben muß. Wurden sie je abgeschickt? Erhielt er sie von der Angebeteten wieder zurück? Wem überhaupt galten sie, Therese Malfatti, Amalie Sebald oder gar, was am wahrscheinlichsten ist, einer uns noch unbekannten Freundin? Auf alle diese Fragen wissen wir, obwohl ganze Bücher darüber geschrieben worden sind, heute noch keine Antwort. Beethoven aber hat mit diesen glutvollen Briefen an eine ungenannte Geliebte seiner Liebe ein unsterbliches Denkmal gesetzt.

Am 6ten Juli Morgends

Mein Engel, mein alles, mein Ich – nur einige Worte heute, und zwar mit Bleistift – (mit deinem), – erst bis morgen ist meine Wohnung sicher bestimmt, welcher nichtswürdiger Zeitverderb in d.g. – warum dieser tiefe Gram, wo die Nothwendigkeit spricht – kann unsere Liebe anders bestehn als durch Aufopferungen, durch nicht alles verlangen, kannst du es ändern, daß du nicht ganz mein, ich nicht ganz dein bin. – Ach Gott, blick in die schöne Natur und beruhige Dein Gemüt über das Müssende – die Liebe fordert Alles und ganz mit Recht, so ist es mir mit dir, dir mit mir – nur vergißt du so leicht, daß ich für mich und für dich leben muß – wären wir ganz vereinigt, du würdest dieses Schmerzliche ebensowenig als ich empfinden. – Meine Reise war schrecklich; ich kam erst Morgens 4 Uhr gestern hier an; da es an Pferden mangelte, wählte die Post eine andre Reiseroute, aber welch schrecklicher Weg; auf der vorletzten Station warnte man mich bei Nacht zu fahren – machte mich einen Wald fürchten, aber das reizte mich nur, und ich hatte Unrecht; der Wagen mußte bei dem schrecklichen Wege brechen, grundlos, bloßer Landweg – ohne solche Postillione, wie ich hatte, wäre ich liegen geblieben unterwegs. Esterhazy hatte auf dem andern gewöhnlichen Wege hierhin dasselbe Schicksal mit acht Pferden, was ich mit vier – jedoch hatte ich zum Teil wieder Vergnügen wie immer, wenn ich was glücklich überstehe. – Nun geschwind zum innern vom äußern. Wir werden uns wohl bald sehn, auch heute kann ich Dir meine Bemerkungen nicht mitteilen, welche ich während dieser einigen Täge über mein Leben machte – wären unsre Herzen immer dicht aneinander, ich machte wohl keine d.g. Die Brust ist voll, dir viel zu sagen – ach – es gibt Momente, wo ich finde, daß die Sprache noch gar nichts ist – erheitere dich – bleibe mein treuer, einziger Schatz, mein alles, wie ich dir; das Übrige müssen die Götter schicken, was für uns sein muß und sein soll.

Dein treuer Ludwig

Abends Montags am 6. Juli

Du leidest, Du mein teuerstes Wesen – eben jetzt nehme ich wahr, daß die Briefe in aller Frühe aufgegeben werden müssen. Montags – Donnerstags – die einzigen Täge, wo die Post von hier nach K(arlsbad) geht. – Du leidest – ach, wo ich bin, bist auch du mit mir, mit mir und dir werde ich machen, daß ich mit dir leben kann, welches Leben!!!! so!!!! ohne dich – verfolgt von der Güte der Menschen hier und da, die ich meine – eben so wenig verdienen zu wollen, als sie zu verdienen – Demuth des Menschen gegen den Menschen – sie schmerzt mich – und wenn ich mich im Zusammenhang des Universums betrachte, was bin ich und was ist der – den man den Größten nennt – und doch – ist wieder hierin das Göttliche des Menschen – ich weine, wenn ich denke, daß Du erst wahrscheinlich Sonnabends die erste Nachricht von mir erhältst – wie du mich auch liebst – stärker liebe ich dich doch – doch nie verberge dich vor mir – gute Nacht – als Badender muß ich schlafen gehen. Ach Gott – so nah'! so weit! ist es nicht ein wahres Himmelsgebäude unsre Liebe – aber auch so fest wie die Veste des Himmels.

Guten Morgen am 7. Juli –

Schon im Bette drängen sich die Ideen zu dir, meine unsterbliche Geliebte, hier und da freudig, dann wieder traurig, vom Schicksale abwartend, ob es uns erhört – Leben kann ich entweder nur ganz mit Dir oder gar nicht, ja ich habe beschlossen, in der Ferne so lange herumzuirren, bis ich in deine Arme fliegen kann und mich ganz heimatlich bei Dir nennen kann, meine Seele von Dir umgeben ins Reich der Geister schicken kann – Ja leider muß es sein – du wirst dich fassen, umsomehr da du meine Treue gegen dich kennst, nie eine andre kann mein Herz besitzen, nie – nie – o Gott, warum sich entfernen müssen, was man so liebt, und doch ist mein Leben in W(ien) so wie jetzt ein kümmerliches Leben – deine Liebe machte mich zum glücklichsten und zum unglücklichsten zugleich – in meinen Jahren jetzt bedürfte ich einiger Einförmigkeit, Gleichheit des Lebens – kann diese bei unserm Verhältnisse bestehn? – Engel, eben erfahre ich, daß die Post alle Tage abgeht – und ich muß daher schließen, damit du den B. gleich erhältst – sei ruhig, nur durch ruhiges Beschauen unsres Daseins können wir unsern Zweck zusammen zu leben erreichen – sei ruhig – liebe mich – heute – gestern – welche

420

Sehnsucht mit Tränen nach dir – dir – dir – mein Leben – mein alles – leb wohl – o liebe mich fort – verkenne nie das treuste Herz

deines geliebten L.
ewig dein – ewig mein – ewig unß

Der verregnete Sommer 1812 war mit beklemmender Spannung geladen: Im Juni hatte der besessene Napoleon mit seiner großen Armee den Njemen überschritten. Während sechshunderttausend Mann, unter ihnen Österreicher und Preußen, Verbündete und Vasallen, sich anschickten, in das unendliche, unheimliche Rußland einzumarschieren, versammelten sich in Teplitz der Adel und die Diplomatie Mitteleuropas. Nach außen hin ließen sie harmlos vergnügt die Bäder und Kuren des Modeortes über sich ergehen, in Wahrheit aber waren sie, erschreckt von dem unersättlichen Machthunger des Empereur, gekommen, um Rat zu halten und sich zu verschwören: Österreichs Kaiser Franz, der König von Sachsen, in ihrem Gefolge Fürsten, Prinzen und Minister. Am 15. Juli vermeldet die Kurliste die Ankunft des herzoglich weimarischen Geheimen Rates Johann Wolfgang von Goethe, der im „Goldenen Schiff" Logis nahm. Vier Tage später schon suchte er den „Compositeur aus Wien" auf, Herrn Ludwig van Beethoven, wohl auf Drängen Bettina Brentanos, die wußte, wie sehr diesem an einer Begegnung mit dem großen, verehrten Dichter lag. Und auch Goethe schrieb seiner Frau beeindruckt: „Zusammengefaßter, energischer, inniger habe ich noch keinen Künstler gesehen."

Die beiden trafen sich in jenen Tagen öfter, doch war ihr Wesen zu verschieden, als daß sich daraus ein herzliches Verhältnis hätte entfalten können. Dem Dichter mußte das Ungestüm Beethovens suspekt scheinen, er mußte ihn sich fernhalten, wollte er nicht die eigene, mühsam erworbene Abgeklärtheit gefährden. Daß er den Komponisten aber dennoch klar gesehen hat, geht aus den Zeilen hervor, die er im September an seinen Freund Zelter richtete:

Beethoven habe ich in Teplitz kennen gelernt. Sein Talent hat mich in Erstaunen gesetzt; allein er ist leider eine ganz ungebändigte Persönlichkeit, die zwar gar nicht unrecht hat, wenn sie die Welt detestabel findet, aber sie freilich dadurch weder

für sich noch für andere genußreicher macht. Sehr zu ent-
schuldigen ist er hingegen und sehr zu bedauern, da ihn sein
Gehör verläßt, das vielleicht dem musikalischen Teil seines
Wesens weniger als dem geselligen schadet. Er, der ohnehin
lakonischer Natur ist, wird es nun doppelt durch diesen Mangel.

Beethoven aber kehrt des Erlebten voll – „Was hat der große
Mann da für Geduld mit mir gehabt! Was hat er an mir getan!" ruft er noch zehn Jahre später aus – nach Wien zurück.
Und er war mit Schätzen beladen. Hatte er während seines
ersten Aufenthalts in Teplitz nur zwei Gelegenheitsarbeiten zur
Eröffnung des Pester Theaters im Februar 1812 abgeschlossen,
die Bühnenmusiken zu Kotzebues „Ruinen von Athen" und
„König Stephan", so brachte er diesmal neben dem schon
erwähnten Trio op. 97 nach fast vierjähriger Unterbrechung
zwei Sinfonien heim, seine siebte und die achte, fast fertig.

Eine „Apotheose des Tanzes" nannte Richard Wagner Beethovens siebte Sinfonie op. 92 in A-Dur, die im Mai 1812 vollendet
wurde. Was bei der fünften der Geist des Kampfes, was in der
sechsten die Poesie des Idylls, das ist für die siebte der Elan des
Rhythmus. Er ist ihre beherrschende Idee, ihr eigentliches Programm, Melos und Harmonie sind seine Trabanten. Daß sie sich
ihm aber nicht unter-, sondern einord-

Zwei Künstler – zwei Charaktere: barsch marschiert Beethoven durch die in Teplitz versammelte europäische Prominenz, während Goethe (links) höflich grüßend beiseite tritt.

nen, zeugt für Beethovens Beherrschung der Form, die auch den wilden Rausch des letzten Satzes gliedernd zügelt.

Es ist, als habe Beethoven im Taumel der Niederschrift dieser hinreißenden Musik nicht einhalten können: gleich anschließend bringt er in einem Zug die achte Sinfonie zu Papier, op. 93 in F-Dur. Im Oktober 1812 wird in Linz der letzte Strich gezogen. Der Bruder Johann besaß dort eine Apotheke, und Ludwig hatte ihn aufgesucht, um ihn von der Heirat mit der Haushälterin, einem „schlechten Weibsbild", abzuhalten. Vergebens – nach häßlichen Auftritten muß er unverrichteter Dinge wieder abziehen. Von all diesen Szenen und Streitigkeiten läßt aber die achte Sinfonie nichts spüren; sie ist im Gegenteil von einer überlegenen, wahrhaft himmlischen Heiterkeit, die dort einsetzt, wo die irdische Ekstase der siebten aufhört.

Als Beethoven noch in Linz weilte, stürzte sein jugendlicher Mäzen Fürst Kinsky auf einem Ausritt so unglücklich vom Pferd, daß er noch am gleichen Tag verschied. Beethoven sah sich um einen weiteren Teil seiner Pension gebracht, denn bis zur Regelung des Nachlasses wurden alle Zahlungen eingestellt. Es begann eine Folge hartnäckiger Klagen und Prozesse um die Aufwertung und volle Ausrichtung seiner Rente, die Beethoven nicht immer sehr ritterlich führte. Sowohl der bevormundete Fürst Lobkowitz wie auch die Erben Kinskys ließen es nicht an gutem Willen fehlen, ihre Verpflichtungen einzuhalten; allein die Verhältnisse waren stärker als alle Intentionen. Beethovens leidenschaftliches Bestreben, seine freie Existenz zu sichern, verführte ihn jedoch dazu, sich oft mit einer gehörigen Portion Egoismus und Berechnung für seine Interessen zu wehren.

Dabei fehlte es ihm gerade damals nicht an Anerkennung und Erfolg in künstlerischer wie materieller Hinsicht. Während andernorts eine neue Generation von Musikern geboren wird, Chopin und Liszt, Wagner und Verdi, schreitet Beethoven dem Gipfel seines Ruhms entgegen. Seine Werke werden immer öfter aufgeführt, von nah und fern kommen Besucher und Verehrer. Pierre Rode, Europas berühmtester Geiger, begibt sich eigens nach Wien, um den angesehenen Meister kennenzulernen. In einer Soiree beim Fürsten Lobkowitz spielt er zusammen mit dem Erzherzog Rudolph die Sonate op. 96 in G-Dur, die letzte von

Beethovens zehn Violinsonaten. In ihrer sonnigen Heiterkeit, in ihrer feinsinnigen Poesie steht sie der achten Sinfonie nahe.

Ende Juni 1813 verbreitete sich durch Wien wie ein Lauffeuer die Kunde von Wellingtons Sieg bei Vittoria, mit welchem das englische Expeditionsheer den verhaßten Franzosen auf der Pyrenäenhalbinsel einen vernichtenden Schlag versetzt hatte. Das war der Anfang vom Ende Napoleons. Eine ungeheure Erregung bemächtigte sich ganz Europas, und die Sache des Vaterlands verdrängte alle anderen Gedanken.

Der Hofkammermaschinist Johann Nepomuk Mälzel, ein origineller Kopf und Erfinder – wir verdanken ihm das Metronom, jenes Gerät zur Fixierung des musikalischen Zeitmaßes –, hatte gerade ein Panharmonikon konstruiert, das mit Bälgen und Walzen Blas- und Schlaginstrumente zum Tönen brachte. Geschäftstüchtig malte er sich und Beethoven den Eindruck aus, den eine eigens für dieses Monstrum komponierte Schlachtenmusik auf das für alles Patriotische entfachte Publikum machen müßte. Und Beethoven schrieb ein bombastisches Stück „Wellingtons Sieg oder die Schlacht bei Vittoria". Es tut heute noch manchem Beethovenverehrer weh, daß dieses Machwerk dem Meister selbst so gefiel, daß er es gar für Orchester instrumentierte. Und welch ein Orchester: vier Trompeten befinden sich darin und drei Posaunen, Pauken, Trommeln, ja Kanonen in Form von großen Trommeln und Kleingewehre in Form von Ratschen! Eine Akademie wird arrangiert, und am 8. Dezember 1813 findet in der Universitätsaula das einzigartige Konzert statt, zu Gunsten der Invaliden der Schlacht bei Hanau: eine neue Sinfonie steht auf dem Programm, die siebte, und die Schlachtenmusik. Dazwischen ... der mechanische Trompeter, eine weitere Erfindung Mälzels, mit zwei Siegesmärschen!

Unter unbeschreiblichem Jubel wird das kolossale Schlachtengemälde unter der Leitung des Komponisten aus der Taufe gehoben: Auf den Galerien dirigieren die Hofkapellmeister Salieri und Weigl die Schlachteninstrumente der „englischen" und der „französischen" Seite, im Orchester selbst sitzen namhafte Musiker. „Es war ein seltener Verein vorzüglicher Tonkünstler, worin ein jeder, einzig durch den Gedanken begeistert, mit seiner Kunst auch etwas zum Nutzen des Vaterlandes beitragen zu können,

Titelblatt der Klavierbearbeitung von
„Wellingtons Sieg oder die Schlacht bei Vittoria"

ohne alle Rangordnung, auch auf untergeordneten Plätzen, zur vortrefflichen Ausführung des Ganzen mitwirkte", bedankte sich Beethoven nachher.

Der eigentliche Held des Konzerts aber war nicht das Orchester, war nicht Wellington, sondern Beethoven, der mit diesem Spektakel erreichte, was ihm in solchem Maß mit sieben Sinfonien, mit Chor- und Bühnenwerken, Kammermusik und Klavierkompositionen kaum gelungen war: Er wurde zum Tagesgespräch weit über Österreich hinaus; wer etwas auf sich hielt, mußte ihn gesehen haben.

UND BALD sollte Wien halb Europa in seinen Mauern beherbergen: Glockengeläut und Kanonendonner verkündeten den Bürgern im September 1814 fast täglich die Ankunft hoher Gäste. Was Rang und Namen hatte, fand sich ein, das Fest des Friedens zu feiern. Napoleon hatte mit dem russischen Abenteuer sein guter Stern verlassen, und die nun ihrerseits verbündeten Heere Österreichs, Rußlands, Preußens und Schwedens verfolgten die Überreste der Großen Armee mit bitterem Grimm über den ganzen Kontinent bis ins Herz Frankreichs hinein. Endlich, ein halbes Jahr zuvor, hatte der niedergeschlagene Korse in Fontaine-bleau die Abdankung unterschrieben, und Europa erwachte aus einem Alptraum.

In der alten Kaiserstadt an der Donau sollte nun eine neue oder vielmehr die frühere Ordnung wiederhergestellt werden. Ehrenabteilungen und Truppen in frischen, farbigen Uniformen, der österreichische Kaiser selbst, an seiner Seite der kühle Diplomat Metternich und der Hofstaat, standen bereit, die Souveräne und Notabilitäten festlich zu empfangen: den glänzenden Zar Alexander von Rußland, den pflichttreuen König Friedrich Wilhelm von Preußen mit seinen Beratern Hardenberg und Humboldt, die Könige von Dänemark, Bayern und Württemberg, Goethes großen Freund, den Herzog von Weimar, die englischen Abgesandten, den schlauen Fuchs Talleyrand gar als Vertreter des geschlagenen Frankreichs – unabsehbar die Schar von Prinzen, Ministern und Generälen, welche in dem politischen Festspiel auftreten wollten. Im Schweif dieser glänzenden Kometen die Sterne der Schönheit, der Liebe und der Künste: die geistsprühende Rahel Varnhagen verlegte ihren Salon von Berlin nach Wien, die „göttliche" Tänzerin Bigottini betörte vor und hinter den Kulissen ihre Verehrer, der Maler Thomas Lawrence, der Bildhauer Dannecker, sie alle kamen, zu sehen und gesehen zu werden.

All diesen Gästen zu Ehren beginnt ein nicht enden wollender Reigen von Festlichkeiten und Belustigungen, wie sie Europa in solcher Pracht noch nicht gesehen hatte; Bals parés und Kostümfeste, Carrousels in der Hofreitschule, Schlittenfahrten, Truppenparaden, Illuminationen, Picknicks und – der neumodische Wiener Walzer ließen die Teilnehmer nicht zu Atem kommen. Auf festlichen Empfängen wurden die Schicksale ganzer Landstriche entschieden, während Jagden Staatsverträge geschlossen, bei Soupers Grenzen bereinigt.

Inmitten des tollen Wirbels von Vergnügen und Intrigen, von Politik und Liebe bewegt sich Ludwig van Beethoven, seit seiner Schlachtenmusik der Künstler des Tages. In den Salons streitet man sich um seine Anwesenheit, auf den Promenaden tritt man ehrerbietig zur Seite, wenn der berühmte Komponist vorbeigeht. Überall erklingen seine Werke, das Konzert mit der Schlachtensinfonie muß dreimal wiederholt werden, die achte Sinfonie erlebt ihre erste Aufführung. Auch des „Fidelio" erinnert man sich wieder; am 23. Mai 1814 wird im Theater am Kärntner Tor die neue, endgültige Fassung gegeben. Aufregende Tage waren vorausgegangen: In freundschaftlicher, aber anstrengender Zusammenarbeit mit dem geschickten Schriftsteller Heinrich Treitschke wurde die Oper kritisch überholt. Fester gefügt, dramatisch gerafft ersteht ein neuer „Fidelio". Und ist diese Schöpfung auch immer noch nicht ganz frei von Schwächen, so verleiht ihr doch die Glut Beethovenscher Leidenschaft jenen Stempel des Besonderen, Einzigartigen, der sie zu einem der großen Werke der musikalischen Dramatik macht. Selbst die Ouvertüre wird, zum vierten Mal, neu geschrieben in der richtigen Erkenntnis, daß alle bisherigen Versuche mit ihrer dramatischen Eigenkraft die Wirkung der nachfolgenden Oper einschränken. Die herrliche Ouvertüre in E-Dur aber – sie wurde erst für die zweite Vorstellung fertig – erfüllt in idealer Weise die Anforderungen einer Operneinleitung: sie versetzt uns in gehobene Stimmung und macht uns aufnahmebereit für das folgende Geschehen.

Der Kupferstich rechts zeigt das Hoftheater am Kärntner Tor.
Im Theater an der Wien (unten) wurde 1805 der „Fidelio" uraufgeführt.

So glänzend war der Erfolg der Neuaufführung, daß der Wiener Kongreß am 26. September mit „Fidelio" feierlich eröffnet wird. Damit begann der Siegeszug der Oper – im November wurde sie unter Carl Maria von Weber in Prag aufgeführt, ein Jahr später in Berlin.

Beethoven wird zum offiziellen Komponisten des Wiener Kongresses. Auf den Namenstag des Kaisers Franz schreibt er eine „Namensfeier-Ouvertüre", die als reizvolle Konzertouvertüre heute noch Bestand hat, zur Begrüßung der Kongreßteilnehmer verfaßt er eine Festkantate „Der glorreiche Augenblick"; der Kaiserin von Rußland überreicht er in Audienz eine Polonaise, und am 29. November 1814 findet jene denkwürdige Akademie statt, in der Beethoven vor den versammelten Häuptern Europas und erlauchten Gästen, über fünftausend sind's, die siebte Sinfonie, die Festkantate und die Schlachtenmusik dirigiert, eine Ehrung, wie sie wohl kein Komponist vor oder nach ihm erfahren hat.

Bei all diesen Anerkennungen und Huldigungen bleibt ihm nicht viel Zeit für schöpferische Arbeit. Nach langer, fast fünfjähriger Pause entsteht wieder ein Werk für Klavier allein, die Sonate op. 90 in e-Moll. Noch einmal dichtet und phantasiert der nun fast taube Meister auf seinem geliebten Instrument. Einem erregten ersten Satz folgt ein beseligendes Rondo, dessen reine Lyrik schon auf Beethovens späten, abgeklärten Stil weist. Für Joseph Linke, den Cellisten des Schuppanzigh-Quartetts, schreibt Beethoven im Sommer 1815 die letzten der nur fünf Sonaten für Klavier und Violoncello, op. 102 in C- und D-Dur. Spröde sind diese Werke und schwer zu gestalten, aber sie enthüllen den ganzen Zauber bewegter und bewegender Phantasie, wenn man sich ernsthaft mit ihnen beschäftigt. Für vier Singstimmen und Streichquartett schreibt er einen Elegischen Gesang, für Chor und Orchester eine kurze Kantate über Goethes „Meeresstille und glückliche Fahrt", beides wohlgelungene, geistvolle Kompositionen, die es verdienten, öfter aufgeführt zu werden, als dies heute geschieht.

Am frühen Morgen des 31. Dezember 1814 erschreckt furchterregende Brandröte am noch dunklen Himmel die späten Heimkehrer – das Palais Rasumowsky steht in Flammen. Fassungslos starrt der alternde Fürst und Kunstsammler in die Trümmer seiner Lebensarbeit; alles, was er mit erlesenem Geschmack und verschwenderischen Mitteln an Schätzen zusammengetragen hatte, die berühmte Gemäldesammlung, die kostbare Bibliothek, der Canova-Saal, alles wird ein Raub der Flammen. Von diesem Schlag vermag sich Rasumowsky nicht zu erholen; er entsagt allem gesellschaftlichen Leben und entläßt ein Jahr später das berühmte Rasumowsky-Quartett. Schuppanzigh geht nach Rußland, der zweite Geiger Sina nach Paris. Im Frühjahr 1815 löst sich der Kongreß unter dem verwirrenden Eindruck der Rückkehr Napoleons aus seinem Exil auf Elba überstürzt auf, und der Vorhang senkt sich über einen bewegten Abschnitt europäischer Geschichte. Rasumowsky vereinsamt, Lobkowitz unter Vormundschaft, der große Gönner und Freund Lichnowsky seit kurzem tot – damit versinkt auch für Beethoven eine Welt strahlender Gesellligkeit, glanzvollen Ruhms, und er zieht sich in eine andere, innere zurück, in seine eigene Welt sittlicher Hoheit und Größe. „Nicht mein jetziges Alltagsleben fortsetzen, die Kunst fordert auch dieses Opfer", notiert er in sein Tagebuch, und „Alles, was Leben heißt, sei der Erhabenen geopfert und ein Heiligtum der Kunst!"

Der Weg in die Einsamkeit

Unter den vielen Besuchern, die Beethoven zur Kongreßzeit ihre Aufwartung machten, befand sich auch der Prager Musiker Wenzel Tomaschek, derselbe, der vor Jahren schon den Komponisten in seiner Heimatstadt so enthusiastisch empfangen hatte. „Der Arme hörte außerordentlich schwer an diesem Tage, so daß man mehr schreien als sprechen mußte, um für ihn verständlich zu sein. Das Empfangszimmer, in dem er mich freundlich begrüßte, war nichts weniger als glänzend möbliert, nebstbei herrschte auch darin eine so große Unordnung als in seinem Haare. Ich fand hier ein aufrechtstehendes Pianoforte und auf dessen Pulte den Text zu einer Kantate; . . . auf der Klaviatur lag ein Bleistift, womit er die Skizze seiner Arbeiten entwarf; daneben fand ich auf einem . . . Notenblatte die verschiedenartigsten

Ideen ohne allen Zusammenhang hingeworfen, die heterogensten Einzelheiten nebeneinandergestellt, wie sie ihm eben in den Sinn gekommen sein mochten. Es waren die Materialien zu der neuen Kantate. So zusammengewürfelt wie diese musikalischen Teilchen war auch sein Gespräch, das er, wie es bei Schwerhörenden der Fall zu sein pflegt, mit sehr starker Stimme führte,

Beethovens Schreibtisch mit persönlichen Gegenständen

Ein Hörrohr des Künstlers auf dem Manuskript der Eroica

dabei fortwährend mit einer Hand um das Ohr herumstreichend, gleichsam als wollte er die geschwächte Gehörkraft aufsuchen."

Beethoven lebte in seiner eigenen Welt, durch die Taubheit auch körperlich von der Umwelt abgeschlossen. Frühmorgens beim ersten Sonnenstrahl setzte er sich an sein großes Schreibpult, auf dem durcheinander Hefte, Notenpapier, Bleistifte und Federn lagen, dazu ein Metronom, die Taschenuhr und sein Hörrohr. Hier wurde nun komponiert und korrigiert und auch Geschäftskorrespondenz geführt. Ein kurzer, stürmischer Spaziergang, „wie gestachelt", unterbrach die Arbeit, oder aber – eine kalte Dusche: vor Wohlbehagen brummend, singend oder gar laut heulend goß der Ungestüme sich Kannen frischen Wassers über den heißen Kopf.

Nach dem hastig verschlungenen Mittagessen um zwei, drei Uhr ging's ins Freie, bei Wind und Wetter, bei Regen und Sonnenschein. Am späteren Nachmittag kehrte Beethoven alsdann in sein Stammwirtshaus ein, um sich bei Zeitungen, einem Glas Bier und einer Pfeife Tabak über Politik und die Tagesläufe zu unterrichten. War er für den Abend nicht eingeladen oder sonst beschäftigt, begab er sich nach einem herzhaften Imbiß auf den Heimweg, den Tag mit ernster Lektüre zu beschließen.

Licht und Luft blieben ihm auch in der Stadt Bedürfnis, und so bevorzugte er hochgelegene Wohnungen, die den Blick freigaben auf die schöne, offene Landschaft Wiens. Hatte er sich einmal häuslich niedergelassen, entstand bald jene wahrhaft geniale Unordnung, jenes „Allegro di confusione", von der seine Besucher immer wieder berichten. Beethoven gab nicht viel auf Behaglichkeit und gepflegte Einrichtung, wenn der Raum nur groß war und weite Aussicht hatte. Allerdings verließ der unstete Mieter ebendeshalb immer wieder sein Logis – oft ohne die Hausleute zu verständigen –, wenn er ein anderes, ihm besser zusagendes entdeckt hatte. „Er kann sich niemals an eine feste Wohnung gewöhnen", erzählte man sich achselzuckend in Wien, „er muß die Wohnung alle sechs Monate und das Dienstmädchen alle sechs Wochen wechseln."

War es schon ein schwieriges Unterfangen, dem reizbaren, launenhaften Beethoven die Freundschaft zu halten, setzte in seinen Diensten zu stehen vollends mehr Langmut voraus, als sie der gewöhnliche Sterbliche gemeinhin aufbringt. Es tut dem Bild des Menschen Beethoven keinen Abbruch, wenn man feststellt, daß seine häufigen Klagen über die Arglist und Pflichtvergessenheit der Dienstboten meist den wahren Grund der bösen Erfahrungen verheimlichen: sein eigenes heftiges Temperament, sein oft unberechtigtes und beleidigendes Mißtrauen.

Dauerte ihm das Kehren der Aufwärterin zu lang, ergriff er kurzerhand einen vollen Wasserkübel und ergoß dessen Inhalt über den Boden. Ärgerte ihn das unbesonnene Wort eines Bediensteten, wurde dieser mit einer handfesten Ohrfeige bedacht. Fanden sich unter den Eiern, die ihm zur Inspektion gereicht werden mußten, nicht mehr ganz frische, flogen sie mir nichts, dir nichts durchs Fenster auf die Gasse oder der stets fluchtbereiten

Haushälterin gegen den Rücken. Kein Wunder also, daß Beethovens Tagebücher das ständige Kommen und Gehen der Hausbedienten vermelden. Im Jahre 1820 heißt es etwa:

Am 17. April die Küchenmagd eingetreten.
Am 16. Mai dem Küchenmädchen aufgesagt.
Am 19. Mai die Küchenmagd ausgetreten.
Am 30. Mai die Frau eingetreten.
Am 1. Juli die Küchenmagd eingetreten.
Am 28. Juli abends ist die Küchenmagd entflohen.
Am 30. Juli ist die Frau von Unter-Döbling eingetreten.
Am 28. der Monat von der Frau aus.
Am 6. September ist das Mädchen eingetreten.
Am 22. Oktober das Mädchen ausgetreten.
Am 12. Dezember das Küchenmädchen eingetreten.
Am 18. Dezember dem Küchenmädchen aufgesagt.
Am 27. Dezember das neue Stubenmädchen eingetreten.

Wenn es ihm gar zu bunt wird, kocht Beethoven selbst, das struppige Haar mit einer Schlafmütze bedeckt, um die Hüften eine blaue Küchenschürze. Belustigt schildert Ignaz von Seyfried, wie die Freunde des Meisters diese kulinarischen Experimente über sich ergehen lassen mußten: „Nach einer Geduldprobe von mehr denn anderthalb Stunden, nachdem des Magens ungestüme Forderungen kaum mehr durch kordiale Zwiegespräche beschwichtigt werden konnten, wurde endlich serviert. Die Suppe gemahnte an den in Gasthöfen der Bettlerzunft mild gespendeten Aufhub; das Rindfleisch war kaum zur Hälfte gargekocht und für eine Straußennatur berechnet; das Gemüse schwamm im Fett und Wasser, und der Braten schien im Schornstein geräuchert. Nichtsdestoweniger sprach der Festgeber allen Schüsseln tüchtig zu, geriet durch den zu erwartenden Beifall in einen so rosafarbenen Humor, daß er sich selbst nach einer Person in der Burleske ‚Das lustige Beilager‘ den Koch ‚Mehlschöberl‘ titulierte, und suchte sowohl durch das eigene Beispiel als durch unmäßiges Angreifen der vorhandenen Leckerbissen seine saumseligen Gäste zu animieren."

Beethoven war kein Feinschmecker. „Wozu so viele verschiedene Gänge?" rief er einmal aus, „der Mensch steht wenig über anderen Tieren, wenn der Eßtisch sein Hauptvergnügen bildet."

Eine breiige Brotsuppe, Blutwurst mit Kartoffeln, Kälbernes, Bücklinge, Forellen und überhaupt Fische, das waren so seine Leibspeisen. Dazu ein Glas Bier oder Wein – Beethoven wußte einen guten Trunk zu schätzen, war aber nie, wie behauptet worden ist, ein Trinker.

Zu jeder Tageszeit jedoch nahm er, ganz wienerisch, starken schwarzen Kaffee, den er, die Tasse zu sechzig Bohnen, sorgfältig in einem Glaskolben selbst zubereitete.

So bescheidene Ansprüche Beethoven auch für sein leibliches Wohlergehen stellte, hätte er sich's jetzt doch etwas leichter machen können. Die Verhandlungen über die Ausrichtung seiner Rente waren, nicht zuletzt dank dem Verständnis und der Großzügigkeit seiner noblen Gönner, im Januar 1815 zu einem akzeptablen Vergleich gekommen, und die Konzerte der vergangenen Jahre hatten es ihm ermöglicht, eine kleine Summe zu ersparen, wovon er einige tausend Gulden sogar in Bankaktien anlegte.

Zudem wachte nun Nanette Streicher wie ein guter Engel über seinen Haushalt. Diese hingebende Freundin, Tochter des Klavierbauers Andreas Stein, den Beethoven als Jüngling schon auf der Rückkehr von seiner ersten Wiener Reise in Augsburg aufgesucht hatte, war im Jahre 1794 mit ihrem Mann Andreas Streicher, einem Jugendfreund Schillers, nach Wien gekommen. Im Musiksalon ihres Pianofortegeschäfts, der zu einem Treffpunkt des musikalischen Wien wurde, war Beethoven oft und gern gesehen, und nach seinen Angaben entwickelte der findige Instrumentenbauer ein Fortepiano, das den hohen Ansprüchen des Meisters gerecht werden sollte. „Streicher", so urteilt Kapellmeister Reichardt, „hat . . . seinen Instrumenten einen größern und mannigfachern Charakter verschafft; so daß sie jeden Virtuosen, der nicht bloß das Leichtglänzende in der Spielart sucht, mehr wie jedes andre Instrument befriedigen müssen."

Frau Nanette aber, selbst eine achtbare Klavierspielerin, erkennt in ihrem häuslich-praktischen Sinn, daß Beethoven vor allem tätige Hilfe not tut. Sie berät ihn mütterlich in allen Wirtschaftsangelegenheiten, verhandelt mit den Dienstboten, kümmert sich um Garderobe, Wäsche und Anschaffungen, ja ordnet seine Geldangelegenheiten. Sie ist eine der liebenswürdigsten Frauengestalten in Beethovens Leben.

AM 15. NOVEMBER 1815, einen Tag bevor Beethoven das Ehren-
bürgerrecht der Stadt Wien verliehen wurde, starb sein Bruder
Karl, Kassierer in behördlichen Diensten. Beethoven und seine
Brüder – das ist ein Kapitel steter Reibereien und Streitigkeiten.
Johann und Karl hatten von ihrem Vater wohl dessen kleinliche
Denkart geerbt, nicht aber die musische Veranlagung. Sie vermochten dem hohen Geistesflug ihres Bruders nicht zu folgen,
und mit gewisser Berechtigung beantwortete dieser einmal ein
Schreiben des reichgewordenen Johann, das mit „Gutsbesitzer"
unterzeichnet war, spöttisch-stolz mit „Ludwig van Beethoven,
Hirnbesitzer". Allen Differenzen zum Trotz aber war der Meister
immer wieder rührend bemüht, seinen Brüdern mit verzeihender
Liebe entgegenzukommen. Die Bande des Bluts und der Familie
waren ihm heilig. Das mag Karl gespürt haben, als er Ludwig
zusammen mit seiner Frau testamentarisch zu Vormunden seines
einzigen Sohnes bestimmte. Beethoven nahm dieses Vermächtnis
denn auch als eine ethische Verpflichtung an. Mit der Vormundschaft begann für ihn jedoch eine neue Zeit der Leiden und Prüfungen, auch diese Art von Sorgen sollte dem Junggesellen nicht
erspart bleiben.

Mit ganzer Seele widmete er sich nun der Erziehung seines
neunjährigen Neffen Karl, „der Knabe muß Künstler werden
oder Gelehrter, um ein höheres Leben zu leben und nicht ganz
im Gemeinen zu versinken. Nur der Künstler oder der freie
Gelehrte tragen ihr Glück im Innern." Bald erkannte er, daß der
Einfluß der liederlichen, nach seiner Meinung unwürdigen Mutter auf ihren Sohn nicht gut war, und so suchte er den Knaben
mehr und mehr ihrer Obhut zu entziehen, indem er ihn bald
in Erziehungsanstalten, bald bei sich selbst unterbrachte. Die
Witwe aber kämpfte, was ihr als Mutter nicht zu verübeln ist,
erbittert um ihren Sohn. Dieser Zwiespalt, dieses Hin und Her
zwischen zwei Parteien war der Entwicklung Karls begreifli-
cherweise nicht förderlich, und so wurde er zum schwer lenkbaren, widerspenstigen Knaben, an dem sein Onkel wenig Freude
haben sollte. Intrigen wurden um ihn gesponnen, Verhandlungen angebahnt, schließlich, als keine Maßnahme mehr nützte,
Gericht und Polizei angerufen. Endlose Rechtshändel waren die
Folge, in deren Verlauf Beethoven die Vormundschaft einmal

entzogen, ein andermal wieder zugesprochen wurde. Endlich, wir schreiben schon den 8. April 1820, entscheidet der Appellationshof: Unter Ausschluß der Mutter bleibt Beethoven, zusammen mit einem Dr. Peters, Karls Vormund. Edelmütig verzichtet Beethoven auf den gerichtlich verfügten Beitrag der Mutter, ja, er bietet an, ihre Schulden zu zahlen und sie weiterhin zu unterstützen. So geschäftstüchtig und berechnend Beethoven oft seine Interessen zu wahren verstand, hatte er doch stets eine offene Hand, ein offenes Herz dem bedürftigen Nächsten gegenüber. Wie er jederzeit bereit war, seine Kräfte unentgeltlich Veranstaltungen für die Notleidenden zur Verfügung zu stellen, so begegnete er auch jetzt, nach seinem Sieg in den Streitigkeiten um den Neffen Karl, der bedrängten Schwägerin mit echter, verzeihender Großmut. Dieser Sieg aber war teuer erkauft – Beethoven verbrauchte Kraft und Zeit, und viele kostbare Werke blieben über den Widerwärtigkeiten und häuslichen Sorgen ungeschrieben.

TROTZ ALLEM Verdruß erwacht in Beethoven, der sich seiner zunehmenden Taubheit wegen schon 1814 als Klavierspieler aus der Öffentlichkeit zurückgezogen hatte, noch einmal die Lust an virtuosem Spiel, an improvisatorischer Freiheit. Neigten seine letzten Werke für Klavier bis zum Opus 90 mehr zu kammermusikalischer, inhaltlich und formal gebändigter Gestaltung, so knüpft er mit der im wesentlichen 1816 entstandenen Sonate op. 101 in A-Dur wieder an den konzertanten Stil seiner jungen Mannesjahre an.

Beethoven widmete die Sonate der treuen Freundin und einfühlsamen Interpretin Dorothea Ertmann. Bald sollte sie nun nach Mailand übersiedeln, nachdem vor einem Jahr schon die Gräfin Erdödy Wien verlassen hatte; am 16. Dezember 1816 stirbt Fürst Lobkowitz – stiller wird es um Beethoven, die Zeugen und Protektoren seines hellen Ruhms gehen einer nach dem anderen; sie entlassen ihn in die große Einsamkeit, machen ihn frei für die letzte Erfüllung seiner Aufgabe. Es ist die Zeit, da in schwerleserlichen Skizzen die Keime gelegt werden zur Großen Messe und zur neunten Sinfonie.

Im Jahr 1818 erhält Beethoven vom Londoner Klavierfabrikanten

Broadwood einen prächtigen Flügel geschenkt, ein robustes, volltönendes Instrument. Nur zu gern ersetzt er damit seinen alten, abgespielten Pariser Erard-Flügel, den ihm wohl Fürst Lichnowsky fünfzehn Jahre zuvor überlassen hatte. Das englische Instrument entspricht dem neuen Klangbewußtsein und hilft endgültig seine älteren Brüder zu verdrängen: das empfindsame Klavichord, dessen Ton durch den Druck eines Metallstiftes, und das silbrige Cembalo, dessen Klang durch das Zupfen eines Federkiels erzeugt wurde. Das neue Pianoforte nun, das „Leise-laut", wie es sein Erfinder Cristofori 1709 in Florenz getauft hatte, konnte mit seinen Hämmerchen, die an die Saiten schlugen, eine ganz neue Skala des Ausdrucks und der Tonstärke hervorbringen. Der Weg des Klavierbaus ist der Weg vom Piano gesitteter Gesellschaftskunst über das Crescendo glatter Virtuosität zum Forte der expansiven Ausdruckskraft Beethovens.

Für solch ein Pianoforte schreibt Beethoven ein grandioses Stück, dem sich vor- und nachher nichts an die Seite stellen läßt, die große Sonate op. 106 in B-Dur. Und als wäre noch ein Zweifel möglich, was für ein Instrument allein gemeint sei, überschreibt er sie „Sonate für das Hammerklavier".

Vor seinen tauben Ohren ersteht noch einmal jener hinreißende Virtuose, der er einst gewesen ist, geläutert aber durch Leid und Verzweiflung. Mit gewaltiger Phantasie entwirft er vor uns ein Bild des Ringens zwischen Geist und Materie, das mit entschlossener Kühnheit in neue Regionen des musikalischen Ausdrucks vorstößt. Der erste Satz ist eine heroische Kampfansage, der, in Umkehrung der üblichen Folge, ein von Zweifeln geschütteltes Scherzo folgt. Das eigentliche Kernstück der Sonate, das Adagio, singt ergreifend von der Trauer um alles, was dem Menschen zu tragen auferlegt ist. Welcher Trost, welche Form aber kann solch abgrundtiefer Klage folgen? Hier müssen alle herkömmlichen Mittel versagen, und so ist es gewagt, aber inhaltlich wie formal berechtigt, daß sich als vierter Satz eine Fuge anschließt, jenes streng kunstvolle Gebilde, mit dessen Meisterung Beethoven seinen Triumph über die Materie besiegelt. Die Hammerklaviersonate ist Beethovens Vermächtnis als Klavierkomponist.

DAS ERZIEHUNGSINSTITUT des Herrn Cajetan Giannatasio del Rio genoß in Wien einen ausgezeichneten Ruf, und so entschloß sich Beethoven, seinen Neffen in die Obhut dieses angesehenen Pädagogen zu geben. Fast jeden Abend erschien der besorgte Oheim, um sich nach den Fortschritten Karls zu erkundigen, und es entspann sich ein vertrauter Verkehr mit der Familie Giannatasio. Die Tochter Fanny beschreibt in ihren Erinnerungen, wie Beethoven am runden Tisch meist still und in Gedanken versunken dasaß, fortwährend in sein Schnupftuch spuckend – ein bronchitisches Leiden plagte ihn. Nur ab und zu warf er ein Wort in die Unterhaltung. Häusliche Schwierigkeiten drückten ihn, die Sorge um seinen Neffen und sein eigener kränklicher Zustand. In Fanny wächst ein tiefes Gefühl zu dem verehrten Freunde, das sie jedoch nur ihrem Tagebuch anzuvertrauen wagt. Beethoven aber übergeht diesmal achtlos die ihm entgegengebrachte Zuneigung, ja, er gesteht der Familie, daß er seit fünf Jahren unglücklich liebe. Der fernen Geliebten gilt der Liederkreis, den er 1816 schrieb. Dieser erste große Liederzyklus in der Musik ist in seiner schlichten, aber ausdrucksvollen Lyrik das Bekenntnis seiner unerfüllten Sehnsucht nach Liebe.

Damit vollendet sich Beethovens Schaffen als Liedkomponist, wenn man von den Bearbeitungen fremder Volksmelodien absieht, deren er sich seit 1809 über fast fünfzehn Jahre hin annimmt. Sie verdanken ihr Entstehen nüchternen materiellen Erwägungen, hatte doch der schottische Verleger Thomson ihm einst das verlockende Angebot gemacht, gegen eine angemessene Honorierung die Weisen verschiedener Völker zu bearbeiten. So entsteht eine Reihe schottischer, irischer und walisischer Lieder, später für andere Verleger noch deutsche, österreichische, spanische, polnische, russische, schwedische und andere mehr, die er zwar alle mit typisch beethovenschem Kolorit übertüncht, denen er selbst aber manche musikalische Anregung verdankt.

Dies war nicht Beethovens einzige Beziehung zu Großbritannien, das er hoch achtete. Die Engländer seien doch ein ehrenwertes Volk, das die Kunst nicht bloß zu schätzen, sondern auch zu belohnen wisse. Immer noch sei bei ihnen als einzigem Volk die Freiheit der Rede und Schrift gewährleistet, selbst wenn sie gegen den König oder die mächtigsten Minister gerichtet sei, meinte er, und er dachte dabei gewiß auch an die Ehren, mit denen diese Nation seinen großen Lehrer Joseph Haydn überhäuft hatte. Immer wieder schmiedete Beethoven Pläne, in England Konzerte zu geben – die Schlachtenmusik auf Wellingtons Sieg war eigentlich für eine Aufführung in London gedacht –, aber sie scheiterten an seiner Taubheit und anderen Widrigkeiten. Jenseits des Kanals jedoch traten einflußreiche Freunde für ihn ein, sein ehemaliger Schüler Ferdinand Ries, der Dirigent Sir George Smart, die Pianisten Ignaz Moscheles und Charles Neate. Wenngleich Beethoven es ihnen nicht immer leichtmachte: Als die Philharmonische Gesellschaft London zum Beispiel durch ihre Vermittlung bei dem Wiener Komponisten neue Orchesterwerke bestellt, schickt dieser für ein Honorar von fünfundsiebzig Guineen die schon längst aufgeführten, zudem nicht sehr bedeutenden Gelegenheits-Ouvertüren zu den „Ruinen von Athen", zum „König Stephan" und zur Namensfeier des österreichischen Kaisers. Es spricht für die Großmut und das Kunstverständnis der Engländer, daß sie Beethoven solche Streiche nicht nachtrugen.

EINES Abends Ende März 1814 bittet ein Violinist des Theaters an der Wien seinen Pultnachbarn Anton Schindler, eine Nachricht seines Lehrers Schuppanzigh für ihn zu Beethoven zu bringen und dessen Antwort abzuwarten. Erfreut nimmt der junge Musiker die unverhoffte Gelegenheit wahr, den schon lange verehrten Komponisten von Angesicht zu sehen, und klopfenden Herzens steigt er am andern Morgen die vier Treppen zur Wohnung Beethovens hinauf. Im Vorraum sitzt ein Bedienter bei Schneiderarbeit. Er führt ihn hinein ins Arbeitszimmer, in dem Beethoven an seinem Pult eifrig schreibt. Der Meister hebt kaum den Kopf, liest das Blatt und nickt als Antwort dem Boten ein knappes „Ja!" zu. Einige hastige Fragen noch, und die Audienz ist beendet.

Ein Jahr später fast geht Schindler nach Brünn, dort eine Stelle als Erzieher anzutreten. Kaum angekommen, lädt ihn die Polizei vor; man verdächtigt ihn politischer Umtriebe und hält ihn trotz seiner Beteuerungen wochenlang in Haft. Von diesem Mißgeschick erfährt Beethoven. Er fordert Schindler nach seiner Rückkehr auf, ihm alles genau zu schildern, und seine wohlwollende Teilnahme rührt diesen zu Tränen. Der Meister aber findet Gefallen an dem bescheidenen jungen Mann und lädt ihn in jene Wirtschaft am Ballgäßchen ein, wo er spätnachmittags einzukehren pflegt. Bald darf ihn Schindler auf seinen Spaziergängen begleiten, er wird zu seinem Vertrauten, seinem „Geheim-Sekretär ohne Gehalt". Beethoven konnte solch einen Gehilfen wohl brauchen, und der brave, unermüdliche Schindler steht dem lebensfremden Künstler fortan beflissen zur Seite. Gewiß, er war kein Verwandter im Geiste, aber wir verdanken seiner eher subalternen Natur gleichwohl die treue und uneigennützige Pflege, die er seinem Herrn während jener so schweren Jahre angedeihen ließ. Und konnte er vielleicht auch nicht die ganze künstlerische und menschliche Größe Beethovens ermessen, so sammelte und überlieferte er doch unermüdlich die Steinchen, aus denen wir uns heute ein lückenloses Bild der letzten Lebenszeit des Meisters zusammensetzen können.

Eines allerdings verzeihen wir Schindler nicht: daß er von den rund vierhundert ursprünglich in seinem Besitz befindlichen Konversationsheften Beethovens – ob aus Unachtsamkeit oder weil er einen Teil nicht bekanntmachen wollte, wissen wir nicht –, daß er von diesen Heften nur hundertsiebenunddreißig der Nachwelt aufbewahrte. Seit dem Jahre 1818 hatte sich Beethovens Gehör derart verschlechtert, daß eine mündliche Verständigung mit ihm nicht mehr möglich war. So waren nun stets Hefte großen Formats zur Hand, eben die Konversationshefte, in die Besucher und Gesprächspartner ihre Fragen einschreiben mußten. Dann und wann, wenn er keine Ohrenzeugen wünschte, warf auch Beethoven die Antworten in seiner furiosen, schwer zu entziffernden Handschrift in sie hinein. Freunde erkundigen sich da nach seinem Wohlergehen, geben gute Ratschläge, fremde Gäste stellen sich vor, finanzielle Fragen wechseln mit künstlerischen, Dienstbotenstreitigkeiten werden beigelegt, dazwischen derbe Witze erzählt, Bemerkungen über die Bedürfnisse des täglichen Lebens, die Politik finden sich darin und immer wieder die rührende Fürsorge um den Neffen Karl – die Konversationshefte sind das faszinierende Kaleidoskop der banalen Nichtigkeiten und hohen Ideen, die Beethoven damals bewegten.

Sooft das Bild auch schon gezeichnet wurde – es ergreift immer wieder: der taube Musiker, dessen einzige Brücke zur tönenden

Umwelt das geschriebene Wort ist. Doch welch tiefe Bedeutung liegt darin: „Der wahre Weg zum Kunstwerk geht durch die Einsamkeit", sagt Rilke. In dieser Einsamkeit, in die ihm kein Laut drang, eröffnete sich Beethovens innerem Ohr jene Harmonie der Sphären, die von einer anderen, höheren Welt kündet.

SELBST die Zeitgenossen empfanden die Stille um ihn, hielten sie gar für ein Versiegen seiner Schöpferkraft: „Beethoven beschäftigt sich, wie einst Vater Haydn, mit Motiven schottischer Lieder, für größere Arbeiten scheint er gänzlich abgestumpft zu sein", erklärte die ihm sonst wohlgesinnte *Allgemeine Musikalische Zeitung* in Leipzig. Der Meister aber amüsiert sich über solch voreilige Glossen: „Wartet nur, ihr sollt bald eines andern belehrt werden!" Er weiß, binnen kurzem wird er die Welt mit Werken überraschen, die alles Bisherige übertreffen, in ihm reifen die Missa solemnis, die neunte Sinfonie und die letzten großen Kompositionen für Klavier: die drei Sonaten op. 109 in E-Dur, op. 110 in As-Dur, op. 111 in c-Moll und die 33 Variationen op. 120 in C-Dur über einen Walzer von Diabelli.

Opus 109 ist eine sinnreiche Verknüpfung von Inhalt und Form. Die scheinbar freie, nur der Eingebung folgende Phantasie gehorcht doch, unmerklich fast, den Gesetzen der musikalischen Architektur. Über allem aber schwebt der Geist reiner Poesie.

„Moderato cantabile molto espressivo" steht über dem ersten Satz der folgenden Sonate op. 110 – auch sie ist ganz Gesang und Empfindung. Allerdings nicht von der innigen Verklärung ihrer Vorgängerin: Mit klagendem Gesang sucht die schmerzgeprüfte Seele in einem wunderbaren Adagio Tröstung und Frieden. Wie in der Hammerklaviersonate richtet sie sich wieder auf an der reinen Logik der Fuge. Beethoven macht, um ein bedeutungsvolles Wort Nietzsches zu zitieren, „Musik über Musik".

Die Sonate op. 111 beginnt dort, wo die Sonate pathétique aufhört. Mit ungeheurer Konzentration entwickelt sich aus einem einzigen Thema ein erregender Sturm des Aufstands und Kampfes, der sich in seiner eigenen Wut verzehrt. Im zweiten Satz findet der erschöpfte Geist Ruhe, aus Tränen des Schmerzes werden Tränen der Verklärung, aus Trauer wird Trost. Diese Sonate ist mit ihren nur zwei Sätzen so vollendet wie Schuberts „Unvollendete": nach solchem Himmelsgesang gibt es keinen neuen Beginn.

Mit diesen drei Werken, in den Jahren 1820 und 1821 entstanden, schließt Beethoven den gewaltigen Zyklus seiner zweiunddreißig Klaviersonaten. Er führte uns darin vom Diesseits zum Jenseits, von der virtuosen Improvisation zur beseelten Aussage, die der technischen Unzulänglichkeit des Instruments keine Beachtung schenkt. Mit Beethoven erlebt die Form der Sonate ihre höchste Blüte. Wie der gleichaltrige Philosoph Hegel die Vernunft über Thesis und Antithesis zur Synthese entwickelt, so verbindet Beethoven in der Sonate Thema und Gegenthema zu höherer Einheit.

Der Gegensatz zur Sonatenform ist die Variationenform. Hier geht es nicht um den Ausgleich von Kontrasten, hier sprießen aus dem Stamm eines Themas die verschiedenen Variationenblüten. Diese Art der musikalischen Veränderungen ein und desselben Gedankens pflegten schon seit dem 16. Jahrhundert zahlreiche Komponisten als Zeugnis ihrer handwerklichen Kunstfertigkeit. Bach aber machte mit den herrlichen Goldberg-Variationen erst den entscheidenden Schritt von bloßer Abwandlung zu tiefgehender Umwandlung, und wie in vielem ist ihm Beethoven auch darin gefolgt.

Im Jahr 1821 forderte der Pianist Diabelli mehrere namhafte Komponisten auf – unter ihnen Schubert, Hummel und der Knabe Liszt –, über ein von ihm verfaßtes, einfaches Wälzerchen je eine Variation zu schreiben, die er dann gemeinsam in seinem Verlag herausgeben wollte. Nach mehrmaligem Drängen sagte auch Beethoven zu, der sich immer wieder mit dieser musikalischen Form beschäftigt und es darin zum Meister gebracht hatte. Und Diabelli erhielt nicht nur eine, sondern dreiunddreißig Variationen, nicht nur eine Veränderung, sondern ein wahres Feuerwerk kunstvoller Evolutionen. Mit grimmigem Humor, mit schier unerschöpflicher Erfindung kehrt und wendet Beethoven den biederen Walzer zum Marsch und zum Menuett, zu Imitation und Fuge, springt er von einem zum anderen Zeitmaß, kurz, macht aus dem simplen Thema etwas ganz Neues, Eigenes. Den „Mikrokosmos des Beethovenschen Geistes überhaupt, ja sogar ein Abbild der ganzen Tonwelt im Auszuge" nennt sie der große

Pianist und Dirigent Hans von Bülow, der als einer der ersten die wahre Größe des späten Beethoven erkannte.

So nimmt Beethoven, wenn man von den fein ziselierten Bagatellen op. 119 und 126 aus den Jahren 1822 und 1823 absieht, mit überlegener Heiterkeit Abschied vom Klavier. Bis zuletzt und als Letzter vereinigt er in sich alle Erscheinungen des Klaviermusikers: den kühnen Virtuosen, dessen Erbe Franz Liszt antritt, den sensiblen Poeten, dessen Empfindsamkeit Chopin empfängt, und den spekulativen Gestalter, dessen erhabene Gedanken Brahms befruchten. Beethoven selbst aber hat ausgesagt, was auf dem Klavier auszusagen ihm gegeben war. Nicht dem Instrument mehr, nur seiner inneren Vorstellung vom Klang wird er von nun an noch dienen.

GEGEN Ende August 1819 suchte Schindler mit einem befreundeten Musiker Beethoven im reizenden Mödling auf, wo dieser schon den zweiten Sommer im Hause des Töpfermeisters Duschek verbrachte. Es war vier Uhr nachmittags. Gleich beim Eintreffen erfuhren sie von den Hausleuten, daß es am Abend zuvor wieder einmal einen unangenehmen Auftritt gegeben hatte: Wie schon oft war der Meister erst gegen Mitternacht zum Essen erschienen und hatte die beiden Dienerinnen schlafend vorgefunden, die Speisen verdorben. Erbost über die Vorwürfe, die sie einstecken mußten, waren die zwei am Morgen auf und davon gegangen. In einem der Wohnzimmer hörte man den Meister durch die verschlossene Tür „über der Fuge des Credo singen, heulen, stampfen. Nachdem wir", so berichtet Schindler, „dieser nahezu schauerlichen Szene lange schon zugehorcht und uns eben entfernen wollten, öffnete sich die Tür, und Beethoven stand vor uns mit verstörten Gesichtszügen, die Beängstigung einflößen konnten. Er sah aus, als habe er soeben einen Kampf auf Tod und Leben ... bestanden. Seine ersten Äußerungen waren konfuse; – niemals wohl dürfte ein so großes Kunstwerk unter widerwärtigeren Lebensverhältnissen entstanden sein als diese Missa solemnis!"

Schon im Jahr zuvor war bekannt geworden, daß Erzherzog Rudolph zum Fürsterzbischof von Olmütz ernannt werden sollte und daß seine Inthronisation auf den 9. März 1820 festgelegt war, den Gedenktag der mährischen Slawenapostel Cyrill und Methodios. Beethoven nahm sich vor, zu Ehren seines hohen Freundes und zum Zeichen seiner Dankbarkeit für diesen weihevollen Anlaß eine feierliche Messe zu komponieren. Zu kurz aber war die Zeit, die ihm für die Vollendung des gewaltigen Werks bemessen war, erst drei Jahre nach der Installationsfeier konnte er dem Erzherzog eine fertige Kopie der Missa überreichen. Sie war über das Tagesereignis hinausgewachsen, war zur Botschaft Beethovens an die gesamte Menschheit geworden.

Beethoven war in Bonn katholisch erzogen worden. Die Beschäftigung mit der Philosophie hatte ihn dann jedoch zum Begriff der antiken heroischen Tugend geführt; es sind die Jahre der Eroica und des Fidelio. Die Welt der klassischen deutschen Literatur und Dichtung, mit der er sich später vertraut machte, senkte die humanistische Idee in ihn hinein, die den Menschen durch sittliche Erziehung zur Harmonie mit sich selbst und seiner Umwelt entwickeln will; die fünfte Sinfonie, die Musik zu Coriolan und Egmont waren ihre Frucht. Beethovens Anschauung von der Natur, in der er ein Werk Gottes sah, durch das dieser seine Allmacht, seine Güte und Weisheit offenbart, ließ in ihm mit den Jahren einen tiefen religiösen Glauben wachsen: Aus der tätigen Bewunderung Gottes, nicht aus gewohnheitsmäßigem Innehalten aller Regeln und Riten, erwachse das wahre Christentum.

Natürlich vollzog sich diese Entwicklung nicht so sprunghaft und leichthin, wie sie hier skizziert wurde; bei aller Resonanz, die die geistigen Strömungen der liberalen Aufklärung in ihm fanden, bewahrte Beethoven sich trotz mancher Anfechtungen doch zeit seines Lebens ein aufrichtiges Gottvertrauen. Schon 1807 hatte er ja für die Fürstin Marie von Esterházy eine Messe geschrieben, die von echter Gläubigkeit erfüllt ist, und immer wieder beschäftigt er sich mit Fragen der Kirchenmusik und des Messetextes. So legt er auch sein eigentliches Glaubensbekenntnis nicht in Worten ab – „Religion und Generalbaß sind beide in sich abgeschlossene Dinge, über die man nicht weiter disputieren soll" –, sondern in Tönen, eben in der Missa solemnis.

„Von Herzen – Möge es wieder – Zu Herzen gehn", schreibt Beethoven an den Anfang ihres ersten Satzes, des „Kyrie". Über

443

alle kirchlichen Schranken hinweg wendet er sich an den Mitmenschen. Die Konfession seines geistlichen Glaubens sprengt mit ihren gewaltigen Dimensionen fast den Rahmen der katholischen Liturgie, und so ist es zu verstehen, daß man sie öfter im Konzertsaal hört als in der Kirche.

Mit dem feierlich-innigen Ruf nach Erbarmen beginnt die Messe, das Beten der Menschheit steigt vertrauensvoll empor zu Gott und seinem Sohn, von deren Herrlichkeit majestätische Harmonien künden.

„Gloria in excelsis Deo", „Ehre sei Gott in der Höhe", schmettern die Trompeten, jauchzen die Chöre – der zweite Satz ist die Lobpreisung des himmlischen Herrschers. Im Mittelteil „Qui tollis" weicht der Triumph zerknirschter Demut, das „Miserere nobis" fleht um Erbarmen, bis eine mächtige Fuge die Gläubigen zu neuem Jubel emporreißt. Hier erweist sich die gestalterische Kraft Beethovens: Mit feinstem Verständnis zeichnet er jeden Stimmungswechsel des Messetextes nach, verbindet aber alle Teile durch seinen schöpferischen Willen zu einem lebendigen Ganzen.

Vollends wunderbar wird diese Kunst, das Vielfältige einend zu zwingen, im Glaubensbekenntnis des „Credo". Dieser längste, vielschichtigste Teil der Messe wird zu Beethovens persönlichem Ringen um Glauben – er bringt nicht die kindliche Frömmigkeit auf wie vor ihm Haydn, nach ihm Bruckner, er kann den Text nicht als unumstößliches Dogma annehmen. Nicht auf die Kirche baut er und auf ihre Sakramente, sondern auf Gott selbst, der allein die Sünden vergeben kann. Durch eigene Interpretation des Textes gestaltet er den Satz zum Bekenntnis seiner innersten Überzeugung. Ist es nicht tief bedeutsam, daß die Anforderungen, die er hier an die Ausführenden stellt, manchmal die Grenzen des Erfüllbaren übersteigen? Beethovens transzendentaler Gedankenflug trägt ihn jenseits allen natürlichen Vermögens.

Wie erlöst betet der Mensch nach schwerer Erschütterung sein „Sanctus", bis er befreit in das jubelnde „Osanna" ausbricht. Ein mystisches Zwischenspiel begleitet die heiligste Handlung der Messe, die Wandlung von Brot und Wein in Jesu Leib und Blut. Verklärt steigt aus lichten Höhen wie eine Verheißung die Solovioline herab, das „Benedictus" verkündet Erhörung des Gebets. In dankbarer Zuversicht singen die Gläubigen ihr „Osanna".

Nach dieser Vision ewigen Friedens führt uns das „Agnus Dei", das „Lamm Gottes" wieder in die Wirklichkeit zurück. „Bitte um innern und äußern Frieden", schrieb Beethoven über diesen letzten Satz seiner Messe. Angstvoll vernimmt die Menschheit die kriegerischen Trompetenfanfaren, die drohenden Paukenwirbel, angstvoll fleht sie um Errettung aus aller Wirrnis und Not.

Der Überwinder

Flirrend schwebt der letzte Orchesterakkord in der Luft, als schon frenetischer Beifall losbricht. Das Publikum jubelt einem jungen, blonden Mann zu, der sich lächelnd auf der Bühne verneigt, das Gesicht eine seltsame Mischung von Genußfreude und scharfem Intellekt. Es ist Signor Gioacchino Rossini, der geniale Melodienzauberer, der mit seiner Musik, die bald schmeichelt, bald aufreizt, nun auch die Donaustadt verhext. Abend für Abend berauschen sich die Wiener im Theater am Kärntner Tor am göttlichen Leichtsinn des „Barbiers von Sevilla", der „Diebischen Elster", der „Zelmira" – selbst der so unerbittliche Denker Hegel gesteht: „Solange ich Geld für die italienische Oper habe, gehe ich von Wien nicht fort."

Beethoven aber grollt: „Für das Gute, das Kräftige, kurz für die wahre Musik hat man keinen Sinn mehr! Ja, ja, so ist's, ihr Wiener! Rossini und Konsorten, die sind eure Helden. Von mir wollen sie nichts mehr! Manchmal holt Schuppanzigh ein Quartett von mir hervor: zu den Sinfonien haben sie nicht Zeit, und den ‚Fidelio' wollen sie nicht. Rossini, Rossini geht euch über alles!"

Und er trägt sich mit dem Gedanken, seine neuesten Werke, die Missa und die neunte Sinfonie, in Berlin uraufführen zu lassen, wo er sich besser verstanden wähnt. Wie schon einmal, bei seiner Berufung nach Kassel, tun sich Wiener Kunstfreunde und Gönner zusammen, ihn von diesem Vorhaben abzuhalten. Sie lassen ihm eine ehrfurchtsvolle Adresse überreichen: „. . . Ob auch Beethovens Name", so heißt es darin, „und seine Schöpfungen der gesamten Mitwelt und jedem Lande angehören, wo der Kunst ein

445

fühlendes Gemüt sich öffnet, darf Österreich ihn doch zunächst den Seinigen nennen. Noch ist in seinen Bewohnern der Sinn nicht erstorben für das, was im Schoße der Heimat Mozart und Haydn Großes und Unsterbliches für alle Folgezeit geschaffen, und mit freudigem Stolze sind sie sich bewußt, daß die heilige Trias, in der jene Namen und der Ihrige als Sinnbild des Höchsten im Geisterreich der Töne strahlen, sich aus der Mitte des vaterländischen Bodens erhoben hat. – Entziehen Sie dem öffentlichen Genusse, entziehen Sie dem bedrängten Sinne für Großes und Vollendetes nicht länger die Aufführung der jüngsten Meisterwerke Ihrer Hand."

Bewegt von solcher Anhänglichkeit und Verehrung, läßt sich Beethoven umstimmen: in einer Akademie sollen Teile der Messe und die neunte Sinfonie mit dem Schlußchor zum ersten Mal in Wien aufgeführt werden. Diese Entschließung bedeutete zugleich den Beginn endloser Plackereien und Aufregungen: Ein Saal mußte gefunden, das Orchester, Chor und Solisten zusammengestellt, Proben angesetzt werden. Und als einmal die drei Freunde und Berater Graf Moritz Lichnowsky, der wieder aus Rußland zurückgekehrte Schuppanzigh und Schindler ihn in einer organisatorischen Angelegenheit wohlmeinend zu überreden suchen, wittert der Mißtrauische gar Verrat und Betrug. Am gleichen Tag noch erhält jeder von ihnen ein erbostes Schreiben:

> An den Grafen Moritz Lichnowsky.
> Falschheiten verachte ich. Besuchen Sie mich nicht mehr. Akademie hat nicht statt.
>
> Beethoven

> An Herrn Schuppanzigh.
> Besuche Er mich nicht mehr. Ich gebe keine Akademie.
>
> Beethoven

> An Herrn Schindler.
> Besuchen Sie mich nicht mehr, bis ich Sie rufen lasse. Keine Akademie.
>
> Beethoven

Aber so rasch der Zorn entbrannt war, so rasch verflog er auch wieder. Die Vorbereitungen zur Akademie gingen weiter, in Beethovens Wohnung fanden die ersten Gesangsproben statt, und die beiden jugendlichen Sängerinnen Henriette Sontag und Caroline Unger seufzten über die schier unmöglichen Forderungen, die Beethoven an ihre Stimmen stellte. Er aber blieb unerbittlich; wie er früher einmal Schuppanzigh bei einer heiklen Geigenpassage zugerufen hatte: „Glaubt Er, daß ich an seine elende Geige denke, wenn der Geist zu mir spricht?" durchbrach auch hier der Drang seiner Ideen die Schranken menschlichen Vermögens. „So quälen wir uns denn in Gottes Namen weiter", fügten sich die Sängerinnen.

Endlich, am 7. Mai 1824, ist es soweit: der Saal des Theaters am Kärntner Tor füllt sich mit erlesenem Publikum, und die majestätischen Klänge der Ouvertüre „Die Weihe des Hauses", 1822 zur Eröffnung des Josefstädter Theaters komponiert, leiten das historische Konzert ein. Während Kapellmeister Umlauf die Mitwirkenden unauffällig leitet, steht der taube Komponist am Dirigentenpult und fährt „wie ein Wahnsinniger hin und her". Schon nach den einzelnen Sätzen tobt unbeschreiblicher Jubel los, aber der Arme steht, Strähnen ergrauten Haares in der Stirn, verlegen vor dem Orchester und merkt nicht, was hinter seinem Rücken vorgeht. Erst als Caroline Unger ihn sanft gegen die applaudierende und mit Tüchern winkende Menge wendet, verneigt er sich linkisch. Ein herzergreifendes Bild der Verlassenheit inmitten allen Erfolgs.

Das finanzielle Ergebnis ist allerdings betrüblich: nach Abzug aller Unkosten bleiben für Beethoven nur vierhundertzwanzig Gulden, wovon noch verschiedene kleine Posten zu bestreiten sind. Als Freunde ihm nach dem Konzert den Kassenrapport zeigen, bricht er zusammen – er hatte sich von der Akademie eine Besserung seiner infolge widriger Umstände und Krankheiten immer bedrängteren ökonomischen Lage erhofft. Man legt ihn auf ein Sofa, wo er nach langem Schweigen endlich einschläft. So, noch in der Konzerttoilette, finden ihn am nächsten Morgen seine Dienstleute.

IDEEN und Notizen zur neunten Sinfonie lassen sich weit zurückverfolgen. „Ich trage meine Gedanken lange, oft sehr lange mit mir herum, ehe ich sie niederschreibe. Dabei bleibt mir mein Gedächtnis so treu, daß ich sicher bin, ein Thema, das ich einmal

Tragik eines Genies: Mitten im Orchester stehend, kann Beethoven seine eigene Musik nicht mehr hören.

erfaßt habe, selbst nach Jahren nicht zu vergessen", sagt der Meister einmal zu einem Besucher. So finden wir unter den Skizzen zur fünften Cellosonate aus dem Jahr 1815 schon das Thema zum zweiten Satz der neunten Sinfonie. Zu solchen Plänen kommt der Wunsch, Schillers Ode „An die Freude" zu vertonen, der ihn schon seit 1793 beherrscht, und 1822 nimmt er sich vor: „Finale. Freude, schöner Götterfunken, Tochter aus Elysium. Die Symphonie aus 4 Stücken, darin das 2. Stück im $^2/_4$-Takt wie in dem 1. des 4. könnte in $^6/_8$-Dur sein und das 4. Stück recht fugiert." So reifen die verschiedenen Pläne durch Jahre hindurch, erfahren manche Änderungen und Läuterung, bis sie in der neunten Sinfonie endlich ihre letzte Gestalt finden.

Aus brodelndem Urgrund erhebt sich das wilde Hauptthema des ersten Satzes, als wolle Beethoven mit ihm die Entbehrungen und Kämpfe seiner Mannesjahre wieder heraufbeschwören. Noch einmal erleben wir das Ringen um Freiheit und Glück, das so manches seiner früheren Werke beherrschte, und vor unseren Augen ersteht die düstere Vision des Schicksals selbst.

Noch findet der zerrissene Mensch keine Ruhe: im zweiten Satz, einem Scherzo, schlagen die Wellen der Klanggewalt über ihm zusammen, in furiosem Taumel sucht er Vergessen. Wie Blitze schlagen die Oktavsprünge des Themas ein, und die schon bei der ersten Aufführung mit Beifall bedachte Eingebung, die

Pauke solistisch einzusetzen, offenbart den kühnen Instrumentator, dem das moderne Orchester manch heute selbstverständliche Neuerung verdankt: Beethoven führte die Posaunen, das Kontrafagott und die kleine Flöte im Sinfonieorchester ein, die Klarinette wurde zum festen, gleichberechtigten Mitglied des Holzbläsersatzes Flöte – Oboe – Fagott, und in der neunten Sinfonie erweiterte er die Zahl der Hörner von zwei auf vier. Allerdings hat Beethoven die Entwicklung und Erweiterung des Orchesters nie systematisch betrieben wie nach ihm die großen Reformer Berlioz, Wagner und Richard Strauß. Für Beethoven ist das Orchester kein kompaktes Ganzes, sondern eine Versammlung einzelner Instrumente, die er einsetzt, hinzufügt oder wegnimmt, wann immer es seine Vorstellung vom Klang fordert. Damit überfordert er häufig das technische Vermögen, und so ist das Orchester wie die menschliche Stimme und das Klavier bei Beethoven oft nur beschränkter Ausdruck seiner künstlerischen Idee. Besonders die neunte Sinfonie stellt den Ausführenden in dieser Hinsicht manches Problem.

Ihr dritter Satz indessen, ein Adagio, ist im Gehalt wie in der Instrumentation eines der meisterlichsten Werke Beethovens. Einer Verheißung gleich folgt er dem langen, aber nicht zu langen Scherzo, als einer Botschaft, daß jenseits aller Trübsal Friede und Freude wohnen. Sein seraphischer Gesang stellt sich schlichtend zwischen die beiden ersten wildtrotzigen Sätze und den vierten, letzten, der alles Vorangehende wie eine Synthese in sich schließt. In stürmischem Presto bricht das Orchester los. Erschreckt wehren die Bässe ab. Beethoven ringt nach Ausdruck für die überirdische Ergriffenheit, die seine Seele erfüllt. Da, die Holzbläser stimmen ein neues, zugleich beseeltes und elektrisierendes Thema an, und er jauchzt auf: „Ha, dieses ist es, es ist nun gefunden – – Freude!" Und nur ein Instrument gibt es, dieses Letzte, Höchste auszudrücken: die menschliche Stimme, und nur einen, der es in Worte zu fassen vermocht hatte: Schiller, den feuertrunkenen Sänger. Mit dem Jubelhymnus „An die Freude", angestimmt von vier Solisten, Chor und Orchester, klingt das gewaltige Werk aus.

Mit der neunten Sinfonie und der Missa solemnis trat Beethoven in jene klare Welt einsamer Vollendung und Überwindung ein, die die späten Werke aller wahrhaft Großen verbindet. Die Messe, die Neunte und die letzten Quartette Beethovens sind Vermächtnisse, die zutiefst zu ergründen ein Menschenleben kaum ausreicht.

VIELE Zeitgenossen aber standen diesen gewaltigen Äußerungen verständnis- oder gar fassungslos gegenüber. „Das klingt ja, als ob dreitausend Narren durcheinander schrien", ruft ein Zuhörer bei einer Aufführung der Messe aus, und noch dreißig Jahre nach Beethovens Tod erscheint in Paris eine Schrift des Russen Ulibischew, der das Leben des Komponisten in drei Abschnitte teilt: Kindheit und Jugend, das reifere Alter, und schließlich, von 1813 an, das „Hinwelken, welches Unglück und körperliche Leiden beschleunigten". Ihm, der die früheren Werke Beethovens auf seine Art wohl zu würdigen weiß, erscheinen die Schöpfungen aus dieser dritten Periode „als die Negation der Musik selbst, als die Verleugnung der Elementarprinzipien der Harmonie". Er teilt damit die Meinung so manchen Kritikers, der den Grund zum schweren Zugang zu Beethovens letzten Werken nicht im eigenen Unvermögen, sondern in dessen Taubheit sucht.

Zu dieser gesellten sich nun allerdings Gebrechen, die Beethoven das Leben immer mehr vergällten. Die Darmkatarrhe häuften sich, Erkältungskrankheiten und ein Augenleiden kamen hinzu; schon 1821 war er von einer heftigen Gelbsucht befallen worden, und im Mai 1825 schreibt er an seinen Arzt:

> Wir stecken in keiner guten Haut – noch immer sehr schwach, mein katarrhalischer Zustand äußert sich hier folgendermaßen, nämlich speie ziemlich viel Blut aus, wahrscheinlich aus der Luftröhre, aus der Nase strömt es aber öfter, welches auch der Fall diesen Winter öfters war, daß aber der Magen schrecklich geschwächt ist und überhaupt meine ganze Natur, das leidet keinen Zweifel, bloß durch sich selbst, so viel ich meine Natur kenne, dürften meine Kräfte schwerlich ersetzt werden . . .

Andere Sorgen noch nagen an seiner Kraft: Die täglichen, wenn auch bescheidenen Bedürfnisse und das ständige Kranksein zehren die Einnahmen auf. Wohl bieten ihm die Verleger, ein Novum in der Musikgeschichte, hohe Honorare für die Übernahme seiner Werke, so daß er fünfen die Messe verspricht, um sie schließlich einem sechsten zu geben – „man reißt sich um Werke von mir, welch unglücklicher glücklicher Mensch bin ich!!" schreibt er seinem Bruder Johann; wohl verfügt er noch über Erspartes aus der Kongreßzeit, wohl wird ihm die kleine Pension pünktlich ausbezahlt. Beethoven jedoch vermag seine Einkünfte immer weniger einzuteilen, und die Spargulden tastet er nicht an; sie sollen dereinst als Erbteil dem geliebten Neffen Karl zufallen.

Auch dieser entwickelt sich nicht zum Guten: Von Natur schon leichtsinnig und flatterhaft, hat er sich dem Onkel wegen dessen unpädagogischer Art entfremdet. Er treibt sich in liederlicher Gesellschaft herum, studiert flüchtig an der Universität und wird 1825 ins polytechnische Institut gesteckt. Es gibt Zusammenstöße und Zerwürfnisse, nach denen Beethoven den Neffen mit rührenden, flehenden Worten um Vergebung bittet – die Liebe macht ihn zum Sklaven des ungezogenen Jünglings: „Mein teurer Sohn! Nur nicht weiter – komm nur in meine Arme, kein hartes Wort wirst Du hören, o Gott, gehe nicht in Dein Elend . . . Komm nur – komm an das treue Herz Deines Vaters . . ."

Im Oktober 1825 bezog Beethoven nach langer Wanderschaft seine letzte irdische Behausung; der als Knabe „Spangol" genannt wurde, zieht in das von spanischen Mönchen erbaute sogenannte Schwarzspanierhaus, und der Kreis schließt sich: Schräg gegenüber wohnt Stephan von Breuning, der „Steffen" der Bonner Jugendzeit, nun wohlbestallter Hofkriegsrat. In seinen Erinnerungen berichtet dessen Sohn Gerhard:

> Licht, Wärme, Geräumigkeit, meines Vaters Nachbarschaft u.a.m. gestalteten diese Wohnung dem nach solchen Verhältnissen verlangenden Beethoven zu höchst angenehmer Behausung. –
>
> Im einfensterigen Eintrittszimmer standen, außer einigen Sesseln an den Wänden, ein einfacher Speisetisch, rechts an der Wand ein Kredenzkasten, oberhalb desselben hing das Öl-Brustbild des von Beethoven so sehr geliebten väterlichen Großvaters Ludwig. – Das einfensterige Zimmer links entbehrte, außer jenem damals außer Gebrauch gesetzten Schreibpulte rechts neben dem Fenster, aller Möbeleinrichtung. Nur im Fond desselben hing inmitten der Mauer Beethovens

eigenes großes Bild . . . Rundum am Boden aber lagen in un-
gesichteter Unordnung Stöße gestochener wie geschriebener
Noten, fremder wie eigener Komposition.

Die beiden Gemächer rechts vom Eintrittszimmer waren
nun erst eigentlich Beethovens Aufenthalt, und zwar das erste
sein Schlaf- und Klavierzimmer, das letzte, das Kabinett, die
Schöpfungsstätte seiner letzten Werke, d. i. sein Kompositions-
zimmer.

Inmitten des ersten, zweifensterigen Zimmers standen ineinander, Bauch an Bauch gesetzt, zwei Klaviere . . . An dem
Pfeiler zwischen beiden Fenstern dieses Zimmers stand ein
Schubladkasten, und auf demselben die Wand hinan eine vier-
fächerige, schwarz angestrichene Bücherstellage mit Büchern
und Schriften, vor derselben auf dem Kasten aber lagen mehrere Hörrohre und zwei Geigen; all dies in Unordnung und arg
bestäubt. Beethovens Bett, Nachtkästchen, ein Tisch und Klei-
derstock nächst des Ofens machten den Rest dieser Zimmer-
einrichtung aus.

Das letzte, wieder einfensterige Zimmer war Beethovens
Arbeitsstube. Hier saß er an einem etwas ab vom Fenster, gerade vor die Eingangstüre gestellten Tische, mit dem Gesichte
nach der Türe zum großen Zimmer gewendet, die rechte Kör-
perseite dem Fenster zugekehrt . . .

. . . und hier, so möchten wir hinzufügen, empfing er die vielen
Besucher aus nah und fern, die ihm immer noch ihre Aufwartung
zu machen wünschten. Schon lange galt unter Künstlern und
Kunstbeflissenen die Gepflogenheit, in Wien den berühmten
Meister aufzusuchen, den wie Goethe bereits zu Lebzeiten die
Aura der Unsterblichkeit umschwebte. „Du bist ein Teufelskerl!
Grüß Dich Gott!" empfing er den jungen Carl Maria von Weber,
und aufgeräumt plauderte er mit dem Schwiegervater Robert
Schumanns, Friedrich Wieck, über die Leipziger Musikzustände.
Sogar den berühmten Rossini, der ihn hoch verehrte, empfing er
und bedachte seinen „Barbier von Sevilla" mit Lob: „Glauben Sie
mir eines: verlassen Sie nie diese Art, in der Sie unübertrefflich
sind." Er sah den zwölfjährigen Franz Liszt Klavier spielen, und
mit Franz Grillparzer unterhielt er sich über Opernpläne. All
diese Besucher waren für den Einsamen Boten der Außenwelt,
die sich ihm mehr und mehr verschloß.

Im Herbst 1826 erreicht ihn eine böse Kunde: Sein Neffe,

der vor einer Prüfung stand, für die er sich nicht genügend vorbereitet wußte, den zudem Schulden und die Angst vor des Oheims Tadel drückten, hatte in Baden einen Selbstmordversuch unternommen. Obwohl er sich dabei nur leicht verletzte, traf Beethoven dieser Schlag furchtbar. „Der Schmerz, den er über dies Ereignis empfand, war unbeschreiblich; er war niedergeschlagen wie ein Vater, der seinen vielgeliebten Sohn

Beethovens Arbeitszimmer im Schwarzspanierhaus. Diese Zeichnung wurde drei Tage nach dem Tod des Komponisten angefertigt.

verloren", berichtet Gerhard von Breuning, und Schindler fügt hinzu: „Dahin war das immer noch Feste, Stramme in allen seinen Körperbewegungen, ein Greis von nahezu siebzig Jahren stand vor uns, willenlos, fügsam, jedem Luftzuge gehorchend . . .“

Nach der Genesung sollte Karl nun Soldat werden, und es fand sich ein Feldmarschall von Stutterheim, der die Aufnahme in sein Regiment vermittelte. Dankbar und um ihn gnädig zu stimmen, widmete Beethoven dem unbekannten Offizier eines seiner kostbaren letzten Quartette, die sein eigentliches Testament sind und sein künstlerisches Glaubensbekenntnis. Streichquartette standen schon am Schluß einer jeden Schaffensperiode, und mit ihnen zieht er nun die Summe seines Lebens. Alle Mittel musikalischen Ausdrucks hatte er bis an, ja bis über die Grenzen des Möglichen eingesetzt. Und wo die unvollkommene Klaviermechanik, der schwerfällige Orchesterapparat, sogar die menschliche Stimme ihre Dienste versagten, da erhob sich, über alle

Unzulänglichkeit hinweg, der reine vergeistigte Einklang von vier Streichinstrumenten – Musik ohne Erdenschwere.

Diese fünf letzten Quartette Beethovens scheinen alle Form und Ordnung aufzulösen: Die herkömmlichen vier Sätze wachsen bis zu sieben an, kunstvolle Polyphonie wechselt mit naivem Wohllaut, Themen und Tempi zerfließen in stetem Wandel. Wie Visionen schweben die verschiedenen Episoden an uns vorüber, ein Spiegel des vielgestaltigen Daseins selbst. Das ist auch die höhere Einheit, welche dennoch diese Quartette untereinander und ineinander bindet; sie sind zyklische Variationen über das Thema Leben, das alle Gegensätze in sich einschließt und aufhebt. Darum auch gehört die Gruppe zusammen.

Schon 1822 hatte Beethoven nach zwölfjähriger Pause ein Werk dieser Gattung zu entwerfen begonnen, das allerdings dann wegen der Arbeiten zur Missa und zur Neunten liegenblieb. Als aber Schuppanzigh aus Rußland zurückkehrte, konnte er wenig später, am 6. März 1825, das Quartett op. 127 in Es-Dur erstmals öffentlich vortragen. „Das Resultat jener Aufführung war das offene Geständnis fast aller Zuhörer, Professoren sowohl als Liebhaber, daß sie wenig oder gar nichts von dem Gange des Tongedichtes verstanden hätten", war darauf in der Theaterzeitung zu lesen, „und schon schien sich ein neidischer Nebel vor den jüngsten Stern dieses Schöpfer-Genies ziehen zu wollen, da veranstaltete ein standhafter Kunstfreund und edler Kenner eine neue Produktion dieses Quartetts durch die obigen genannten Herren mit der Besetzung der ersten Violine durch Herrn Professor Böhm. Dieser Professor trug nun das wunderbare Quartett zweimal an demselben Abend vor derselben sehr zahlreichen Gesellschaft von Künstlern und Kennern so vor, daß nichts zu wünschen übrig blieb, die Nebeldecke schwand und das herrliche Kunstgebilde in blendender Glorie erstrahlte." Abermals erwiesen sich die Wiener als aufgeschlossenes Publikum: Innerhalb der nächsten zwei Monate wurde das Werk, welches, im geliebten Baden entstanden, Ruhe und Frieden ländlicher Abgeschiedenheit atmet, noch mehrmals gespielt.

Unterdessen arbeitete Beethoven schon am nächsten Quartett, das in a-Moll steht. Wegen des Datums seines Erscheinens erhielt es die späte Opuszahl 132. Grelle Kontraste kennzeichnen es:

Von düsterer Klage schwingt sich der erste Satz zu heller Zuversicht auf, die sich im zweiten Satz, einem Scherzo, tänzerisch, in dessen Trio gar behaglich entspannt. Während der Niederschrift erholte sich Beethoven nur mühsam von einer hartnäckigen Erkrankung, und so fügt er einen dritten Satz zu: „Heiliger Dankgesang eines Genesenen an die Gottheit, in der lydischen Tonart", in einer jener Kirchentonarten also, wie sie im Mittelalter üblich waren. Und wie ein inbrünstiger Choral erklingt auch die Weise des körperlich und geistig Erstarkten, der sich, „neue Kraft fühlend" – so heißt der zweite Teil des Satzes –, wieder dem Leben zuwendet.

Ein aufgeräumter Marsch leitet zum Finale über, das nach erneutem Zweifel in froher Gewißheit endet.

War das Adagio, der Dankgesang des Genesenen, erst nachträglich dem Quartett op. 132 eingefügt worden, so wurde umgekehrt ein eigentlich für dieses vorgesehener Satz in das gleichfalls im Jahre 1825 entstandene Quartett op. 130 übernommen. Auch dies ein Beweis der inneren Zusammengehörigkeit der letzten fünf und insbesondere der mittleren drei Quartette Beethovens.

Das Quartett op. 130 in B-Dur reihte ursprünglich sechs Sätze in Suitenart aneinander, fünf musizierfreudige und als mächtiges, alles überschattendes Kapitell die Große Fuge. Schon der erste Satz schillert in vielen Farben: Zeitmaße und Tonarten wechseln, und gegensätzliche Stimmungen jagen einander wie Wolken am herbstlichen Himmel. Dem leichtfüßig vorbeihuschenden Presto des zweiten Satzes steht ein Andante von pastoraler Heiterkeit gegenüber.

Es folgen der kleine Walzer „alla danza tedesca" – selige Erinnerungen an frohe Stunden ländlicher Lustbarkeit – und die Cavatina, ein Gesang von wahrhaft himmlischer Abgeklärtheit. Nie habe seine eigene Musik einen solchen Eindruck auf ihn gemacht, gestand Beethoven, der das Werk mit leiblichen Ohren niemals hörte – selbst das Zurückempfinden dieses Stückes koste ihn immer neue Tränen.

Solch inniger Beseelung folgte in der ersten Fassung des Quartetts eine letzte, äußerste Zusammenraffung schöpferischer Kraft, die Große Fuge. „Tantôt libre, tantôt recherchée" ist sie überschrieben – bald frei, bald kunstvoll streng: Dies Motto könnte über Beethovens Künstlerleben stehen, der in seinem Geist diese Gegensätze zu einem Wesen verband. Mit beängstigender Eruption entlädt sich die Spannung in einem Auf und Nieder der Tongewalten, das von dem klaren und unerbittlichen Willen Beethovens in höchster Schaffenslaune gemeistert wird.

Der zweite und vierte Satz mußten wiederholt werden, als das Quartett am 21. März 1826 zum ersten Mal aufgeführt wurde, aber der überragende letzte Satz in Form einer Fuge stieß, wie nicht anders zu erwarten war, auf ratloses Unverständnis. Er war zu lang, zu ungewöhnlich, zu schwer faßbar. So ließ sich Beethoven von seinen Freunden und dem Verleger Artaria überzeugen, diesem Werk einen neuen Schluß zu komponieren. Die Große Fuge aber wurde als op. 133 selbständig herausgegeben. Heute noch gilt sie, vom Quartett oder vom Streichorchester gespielt, als eines der erhabensten Zeugnisse menschlichen Geistes, in seiner zeitlosen Gültigkeit den gefesselten Sklaven Michelangelos, dem Saul Rembrandts vergleichbar.

Mit den Quartetten op. 127, 132 und 130 aber war der Fluß der Ideen nicht beendet. Kurz nach dem Abschluß von op. 130 arbeitete Beethoven am vierten Quartett.

Dieses, op. 131 in cis-Moll, mutet nach der übermächtigen Anstrengung der Großen Fuge wie die Rückkehr ins warme, frische Leben an. Formal allerdings ist es wieder ungewöhnlich: sieben zum Teil zusammenhängende Sätze. Dadurch erhält es bei aller Vielfalt aber eine Kontinuität, die das Ganze in steter Steigerung unter einen Bogen bindet. Stellen wir zudem fest, daß einzelne Sätze nicht viel mehr sind als Ein- oder Überleitungen zum nächsten, so erkennen wir auch hier wieder den überlegten Bau des Kunstwerks. Heitere und düstere Facetten fügen sich zur erlesenen Kostbarkeit.

Zu Beethovens Lebzeiten wurde das Quartett nicht mehr aufgeführt. Es war jenes Werk, das er dem Feldmarschall von Stutterheim widmete, nachdem dieser seinem Neffen behilflich gewesen war. Karl bedurfte zur vollständigen Heilung seiner Verletzung eines Landaufenthaltes, und so wurde beschlossen, gemeinsam nach Gneixendorf hinauszufahren, wo der reichgewordene Bruder Johann sein Gut bewirtschaftete. Ende September 1826 langten sie dort an, und bei schönstem Wetter ergeht sich Beethoven ein letztes Mal in der über alles geliebten Natur.

Vergnügt stapft er, den alten Filzhut aus der Stirn geschoben, durch die Felder, läßt die beiden ungeknöpften Rockflügel und die Zipfel des weißen Halstuchs hinter sich her wehen, gestikuliert, brummt, schreit, daß die Bauern ihn für närrisch halten, steht plötzlich still, stürmt dann wieder davon. Die burgenbestandenen Höhen der Wachau, die sich in sanftem Schwung zur Donau hinsenken, sie wandeln sich seinem Blick im Schimmer des Morgens zur Landschaft der Heimat: „Die Gegenden, worin ich mich jetzt aufhalte, erinnern mich einigermaßen an die Rheingegenden, die ich sehnlich wiederzusehen wünsche, da ich sie schon in meiner Jugend verlassen."

Wie die Weinbauern und Schnitter draußen die Feldfrüchte ernten, sammelt er reife Gedanken, und mit heiterem Gemüt vollendet er das fünfte und letzte Streichquartett op. 135 in F-Dur. Es ist in das goldene Licht der Vergangenheit getaucht, das alle Gegensätze tilgt. Frohe Musizierlaune, Improvisationslust sind wieder erwacht.

Frei von jeder Gedankenschwere schreibt er nun auch das neue Finale zum Quartett op. 130. Ein tänzerisches Rondo entsteht, das mit überlegener Heiterkeit entspannt, wo die Große Fuge höchste Konzentration erforderte – das versöhnliche Bekenntnis eines Mannes, der die Höhen und Tiefen des menschlichen Daseins durchmessen hat.

Dieser Satz ist die letzte vollendete Arbeit von Beethovens Hand. Was darüber hinaus übrigblieb, sind Skizzen, Pläne und Entwürfe. Beethoven hatte noch Gewaltiges vor: eine zehnte Sinfonie, Oratorien, ein Requiem, eine Ouvertüre über die Töne B-A-C-H; Opernpläne ließen ihn nicht los, Kammermusik wurde entworfen, und von einem Streichquintett in C-Dur besitzen wir schon die fertige Einleitung. Unermeßliche Schätze warteten darauf, gehoben zu werden.

Doch das Schicksal wollte es anders: Der so glücklich begonnene Aufenthalt wurde zur Beschwernis. Beethoven war ein unbequemer Gast, und sein Bruder besaß nicht das Feingefühl, seine Launen als Ausbrüche eines überempfindlichen Geistes hinzunehmen. Ludwig mischte sich in Haushaltsangelegenheiten, klagte über Essen und Unterkunft, Johann behandelte den Bruder als armen Schlucker, häßliche Reibereien häuften sich. Bald meldeten sich auch wieder Beethovens alte Leiden, Darmbeschwerden und Durchfall, und Füße und Bauch schwollen an. Von innerer Unruhe und vielleicht schon düsterer Ahnung gepackt, treibt Beethoven zu baldiger Heimkehr. Auf einem elenden Milchwagen tritt er am naßkalten, frostigen Morgen des 1. Dezember 1826 mit seinem Neffen die traurige Reise an. In Stockerau, in einem armseligen, ungeheizten Gasthof müssen sie übernachten; heftiger Schüttelfrost befällt ihn. Hustenanfälle und Seitenstechen quälen den Hilflosen. Hastig stürzt er, die ärgste Hitze im Leib zu löschen, ein paar Maß eiskalten Wassers hinunter. Weiter nur, weiter nach Wien! Fiebrig und erschöpft, in erbärmlichem Zustand, erreicht er die Stadt.

Die beiden früheren Ärzte lassen sich, wohl in Erinnerung an manche störrische Laune des Patienten, vergebens rufen, und am 5. Dezember erst findet sich ein Helfer, Dr. Andreas Wawruch, der Beethoven bis zu seinem Ende treu und gewissenhaft beistehen wird. Er konstatiert eine böse Lungenentzündung, aber die immer noch robuste Natur Beethovens überwindet sie, am siebten Tag kann er wieder aufstehen, lesen und schreiben. „Doch am achten Tage erschrak ich nicht wenig", schreibt Wawruch in seinem Krankheitsbericht. „Beim Morgenbesuche fand ich ihn verstört, am ganzen Körper gelbsüchtig; ein schreckbarer Brechdurchfall drohte ihn die verflossene Nacht zu töten. Ein heftiger Zorn, ein tiefes Leiden über erlittenen Undank und unverdiente Kränkung veranlaßte die mächtige Explosion. Zitternd und bebend krümmte er sich vor Schmerzen, die in der Leber und in den Gedärmen wüteten, und seine bisher nur mäßig aufgedunsenen Füße waren mächtig geschwollen."

Die chronische Darmentzündung, Folge wahrscheinlich einer um die Jahrhundertwende ausgestandenen typhösen Erkrankung, führte zu einer Zirrhose, einer Verhärtung der Leber, in deren Verlauf sich Gelbsucht und Bauchwassersucht eingestellt hatten, die nun unheimlich und unaufhaltsam fortschritten.

Der tapfere Kranke läßt selten eine Klage über seine Lippen kommen. Er beschäftigt sich mit neuen Kompositionsplänen, läßt sich von seinen Besuchern über das Tagesgeschehen unterrichten. In die Konversationshefte, die zu stetem Gebrauch bereit auf einem Tisch neben dem Bett liegen, tragen sie ihre Bemerkungen zu Musik, Kunst und Politik ein, manchmal auch eine lustige Anekdote, für die Beethoven den Sinn nicht verloren hat. Neben den Nächsten, dem getreuen Schindler und Karl Holz, einem jungen Beamten und Musiker, der in letzter Zeit das besondere Vertrauen Beethovens genoß, neben dem Bruder Johann, dem Neffen Karl und dem Jugendgefährten Breuning mit seinem zwölfjährigen Sohn Gerhard, leistet ihm manch alter Weggenosse Gesellschaft: Schuppanzigh, Graf Moritz Lichnowsky, der Klavierbauer Andreas Streicher. Immer noch sucht Beethovens wacher Geist sich zu erheben und zu erbauen; die vom Arzt empfohlene leichte Lektüre verschmäht er und flüchtet sich zu seinen „ältesten Freunden und Lehrern aus Hellas", Plutarch, Homer, Platon und Aristoteles.

Eines Vormittags bringt Streicher im Auftrage des Londoner Freundes Johann Strumpff ein großes Paket; es enthält in prächtiger Ausgabe sämtliche Werke Händels, vierzig Bände. „Das ist das Wahre!" ruft Beethoven aus und vergißt vor freudiger Erregung seinen Zustand. Dem gleich ihm einsam gealterten, heroisch fühlenden Händel weiß er sich zuinnerst verbunden, achtet ihn als den größten aller Meister: „Für den beuge ich meine Knie!" rief er einmal begeistert aus.

Vom Verleger Diabelli erhält er ein Bildchen von Haydns ärmlichem Geburtshaus im niederösterreichischen Rohrau. „Sieh, das habe ich heute bekommen", sagt er zum kleinen Gerhard. „Sieh mal das kleine Haus, und darin ward ein so großer Mann geboren." Getreulich hat er die Flamme des Genius gehütet, die er von diesem Meister empfangen hatte, brennend kann er sie Schubert weitergeben, dem Bruder im Geiste, dessen Lieder ihm jetzt vorgelegt werden. Voller Interesse studiert er sie, staunend erkennt er das Genie des Jüngeren: „Wahrlich, in dem Schubert wohnt ein göttlicher Funke!"

Alle diese Lichtblicke vermögen aber über die wahre Natur des Leidens nicht hinwegzutäuschen. Als sich nach drei Wochen nächtliche Erstickungsanfälle einstellen, rät Wawruch zu einem Bauchstich, die bedrohlich angesammelte Flüssigkeit abzulassen. „Herr Professor, Sie kommen mir vor wie Moses, der mit seinem

Stab an den Felsen schlägt", empfängt der Patient den Chirurgen in einem Anflug seines früheren Humors.

Am 7. Januar 1827 wird eine zweite Punktion nötig; fast vierzehn Liter Flüssigkeit verlassen den aufgedunsenen Leib. Beethoven ruft flehentlich nach dem alten Freund und Arzt Dr. Malfatti, der allein, so meint er, ihm noch helfen könnte. Dieser, einer Kränkung wegen erbost, läßt sich erst nach langem Bitten bewegen, das Schwarzspanierhaus aufzusuchen. Er verordnet Puncheis, das der Kranke nach den vielen Medikamenten und Pillen gierig löffelt. Die Wirkung aber ist entmutigend: Nach einer kurzen trügerischen Besserung schwillt der Bauch wieder beängstigend an, Kolik und Durchfall schwächen den Patienten. Abermals muß er punktiert werden. Er magert zusehends ab, und alle Lebenskraft schwindet.

Weil er das für den Neffen Karl Ersparte unter keinen Umständen angreifen will, stellen sich zu allem finanzielle Sorgen ein; auch am Essen wird gespart. Da fällt ein letzter Lichtstrahl auf sein Krankenlager: Die Philharmonische Gesellschaft London, an die er sich in seiner Not mit einem Bittgesuch gewandt hatte, überwies ihm hundert Pfund Sterling. Dankbar faltet er die Hände, und Tränen der Freude rinnen über seine Wangen. Flugs müssen Fische her, seine Leibspeise, und ein Großvaterstuhl, in dem er sitzen kann, während sein Bett gemacht wird. Auch an seinen Verleger Schott in Mainz hat er noch einen Wunsch: einige Flaschen Rheinweins.

NACH der vierten Operation am 27. Februar ist sich Beethoven über seinen hoffnungslosen Zustand klar: „Mein Tagewerk ist vollendet. Wenn hier noch ein Arzt helfen könnte, *his name shall be called wonderful*", antwortet er wehmütig mit den Worten aus Händels „Messias", als man ihn mit dem Hinweis auf den nahenden Frühling zu trösten sucht. Ergeben schickt der große Ungeduldige sich in die letzte Prüfung, getreu seinem vor zehn Jahren geprägten Wort: „So gewinnen wir noch beim höchsten Elend und machen uns würdig, daß Gott unsre Fehler verzeiht."

Mühsam diktiert er eine Antwort auf den letzten Brief seines ältesten Freundes Franz Wegeler und dessen Frau Eleonore, geborene Breuning, Beethovens „Lorchen", mit zittriger Hand, seiner Sinne kaum mehr mächtig, schreibt er das kurze Testament; der Neffe Karl, der bei seinem Regiment in Iglau weilt, wird zum Universalerben eingesetzt.

Mit seinem Freund Anselm Hüttenbrenner sucht der schüchterne Schubert den verehrten Meister auf, aber der Anblick der stummen Gestalt auf dem Krankenlager erschüttert ihn so, daß er das Zimmer verlassen muß, ohne ein Wort gesagt zu haben.

Am 24. März endlich stellt man ihm einige Flaschen Rüdesheimer Wein neben das Bett; Schott hat sie geschickt. „Schade! Schade! – – Zu spät!" seufzt er, seine letzten Worte. Der Kopf fällt ihm auf die Brust, hilflos und elend liegt er da, erkennt die Besucher nicht mehr. Am Abend schwindet das Bewußtsein, aber laut röchelnd wehrt sich der Leib noch gegen das hereinbrechende Ende. Schrecklich ist der Kampf anzusehen, den der ausgezehrte, aber immer noch starke Körper gegen seinen Verfall ausficht, ein Kampf auf den Tod, zwei Nächte und zwei Tage lang.

Am späten Nachmittag des 26. März 1827, zwischen fünf und sechs Uhr, erhellt ein greller Blitz das Sterbezimmer, ein Donnerschlag läßt das Bett erbeben. Mit letzter Anstrengung öffnet Ludwig van Beethoven noch einmal seine Augen, hebt mühevoll die zur Faust geballte rechte Hand – – und sinkt leblos zurück. Draußen tobt unter Hagel und Schneegestöber ein heftiges Gewitter, die Naturgewalten geleiten ihren Sänger ins Reich der Unsterblichkeit, zum ewigen Leben.

1770	Ludwig van Beethoven wird am 17. Dezember in Bonn getauft. Davon ausgehend wird als sein Geburtsdatum der 16. Dezember angesehen.
1778	26. März: Erstes öffentliches Auftreten des „Sechsjährigen" als Klavierspieler
1782	Bekanntschaft mit der Familie von Breuning
1787	Im März und April Beethovens erste Reise nach Wien
1792	2. November: Abreise nach Wien, das ihm zur zweiten Heimat wird. Bis Ende 1793 Unterricht bei Haydn
1793/94	Ende 1793 oder Anfang 1794 werden die drei Trios op. 1 in einer Soiree beim Fürsten Lichnowsky erstaufgeführt.
1796	Reisen nach Prag, Dresden, Leipzig und Berlin
1798	Erste Anzeichen eines Ohrenleidens, das sich in den Folgejahren bis zur Taubheit verschlimmert
1800	2. April: Erstes eigenes Konzert im Hofburgtheater; Erstaufführung der ersten Sinfonie und des Septetts
1803	5. April: Erstaufführung der zweiten Sinfonie und des dritten Klavierkonzerts. Den Sommer verbringt Beethoven – wie noch öfter in späteren Jahren – außerhalb Wiens, diesmal in Baden und Döbling.
1805	7. April: Erste Aufführung der dritten Sinfonie (Eroica) 20. November: Erstaufführung des „Fidelio"
1807	Im März Erstaufführung der vierten Sinfonie, der Coriolan-Ouvertüre und des vierten Klavierkonzerts

1808	22. Dezember: Erstaufführung der fünften und der sechsten Sinfonie
1809	26. Februar: Zusicherung einer Jahresrente durch Erzherzog Rudolph und die Fürsten Lobkowitz und Kinsky
1812	Briefe an die Unsterbliche Geliebte; im Juli Begegnungen mit Goethe in Teplitz
1813	8. Dezember: Erstaufführung der siebten Sinfonie und der Schlachtensinfonie
1814	27. Februar: Erstaufführung der achten Sinfonie 29. November: Festliche Akademie vor den Teilnehmern des Wiener Kongresses
1815	Beethovens Bruder Karl stirbt am 15. November. Zusammen mit der Witwe übernimmt er die Vormundschaft über seinen Neffen Karl, ab 1820 hat er die alleinige Vormundschaft.
1819	Anton Schindler wird Beethovens Gehilfe
1824	18. April: Erstaufführung der Missa Solemnis 7. Mai: Erstaufführung der neunten Sinfonie
1826	30. Juli: Selbstmordversuch des Neffen Karl Nachdem sich Beethovens Gesundheitszustand das ganze Jahr über verschlechtert hat, kehrt er im Dezember schwer krank (u. a. Bauchwassersucht und Leberzirrhose) von einer Reise zu seinem Bruder Johann nach Wien zurück.
1827	Ludwig van Beethoven stirbt am 26. März während eines heftigen Gewitters.

DIESEL – DER MENSCH, DAS WERK, DAS SCHICKSAL
© by Wilhelm Heyne Verlag, München 1983
© für die Fotos: S. 6: Archiv für Kunst und Geschichte; S. 7, 32 (oben), 47, 129: Historisches Archiv MAN AG, Augsburg; S. 32 (unten), 41, 59, 80 (rechts), 105 (oben links), 173: Deutsches Museum München; S. 80 (links), 204: Ullstein-Bilderdienst; S. 105 (oben rechts), 236 (rechts): Keystone; S. 105 (Mitte und unten), 120 (unten): Karger-Decker/Interfoto; S. 120 (oben): Bildarchiv Preußischer Kulturbesitz; S. 201, 236 (links): Bilderdienst Süddeutscher Verlag.

MATA HARI – ROMAN IHRES LEBENS
© by Fritz Klaußecker jr., Uffenheim 1936, 1994
© by Gustav Kiepenheuer Verlag GmbH, Leipzig 1994
© für die Fotos: S. 244: Bildarchiv Preußischer Kulturbesitz; S. 253, 266 (oben, Mitte rechts und links), 288 (oben rechts, unten rechts und links), 297, 310, 339 (oben und Mitte): Sam Waagenaar; S. 266 (unten), 339 (unten): Bilderdienst Süddeutscher Verlag; S. 288 (oben links): Interfoto; S. 304: Keystone.

LUDWIG VAN BEETHOVEN – DIE GESCHICHTE EINES UNGLÜCKLICHEN GLÜCKLICHEN LEBENS
© by Cedric Dumont
© für die Fotos: S. 352: Interfoto; S. 358, 427 (oben), 448: Bildarchiv Preußischer Kulturbesitz; S. 368: Westermann-Archiv/Bildarchiv Preußischer Kulturbesitz; S. 373 (oben und unten), 380: Karger-Decker/Interfoto; S. 373 (Mitte), 396, 430, 453: Erich Lessing/Archiv für Kunst und Geschichte; S. 386, 408 (Mitte links), 422, 427 (unten): Archiv für Kunst und Geschichte; S. 391: Alfredo Dagli Orti/Bildarchiv Preußischer Kulturbesitz; S. 408 (oben und unten): Österreichische Nationalbibliothek, Wien; S. 408 (Mitte rechts): Historisches Museum der Stadt Wien; S. 425: Mit Genehmigung des Beethoven-Hauses Bonn; S. 461: Archiv Gerstenberg.

Umschlaggestaltung: Verlag Das Beste, Stuttgart. © für die Illustrationen: Archiv für Kunst und Geschichte (Diesel); Sam Waagenaar (Mata Hari); Interfoto (Beethoven).

Die ungekürzte Ausgabe von „Mata Hari – Roman ihres Lebens" ist im Buchhandel erhältlich.